SOCIEDADES LIMITADAS
(de acordo com o Código Civil)

ROMANO CRISTIANO

SOCIEDADES LIMITADAS
(de acordo com o Código Civil)

SOCIEDADES LIMITADAS
(DE ACORDO COM O CÓDIGO CIVIL)
© *Romano Cristiano*

ISBN 978-85-7420-902-9

Direitos reservados desta edição por
MALHEIROS EDITORES LTDA.
Rua Paes de Araújo, 29, conjunto 171
CEP 04531-940 – São Paulo – SP
Tel.: (11) 3078-7205 – Fax: (11) 3168-5495
URL: www.malheiroseditores.com.br
e-mail: malheiroseditores@terra.com.br

Editoração Eletrônica
Letra por Letra Studio

Capa
Criação: Vânia L. Amato
Arte: PC Editorial Ltda.

Impresso no Brasil
Printed in Brazil
09-2008

A
Fausto Cristiano,
autêntico exemplo de
integridade moral.

Sumário

Introdução 19

CAPÍTULO I – NOVO AMBIENTE: CÓDIGO UNIFICADO
1. Quadro das pessoas jurídicas em geral 21
2. Agentes econômicos (pessoas físicas e jurídicas)
  2.1 Algumas considerações de cunho preliminar 23
  2.2 Atividades econômicas e respectivos agentes 25
  2.3 Exercício coletivo das atividades econômicas 27
  2.4 Sociedades atualmente ditas "empresárias" 29
  2.5 Algumas normas de natureza complementar 31

CAPÍTULO II – CONSIDERAÇÕES PRELIMINARES
1. Legislação aplicável em sentido global
  1.1 Informações sobre a origem do tipo societário 34
  1.2 Aplicação de normas classificáveis como gerais 37
    1.2.1 Dispositivos de cunho geral e sobre sociedades coligadas 38
    1.2.2 Dispositivos sobre liquidação e conseqüente extinção 38
    1.2.3 Dispositivos sobre transformação, incorporação, fusão e cisão 38
    1.2.4 Dispositivos sobre sociedade dependente de autorização 39
    1.2.5 Dispositivos sobre estabelecimento, registro, nome empresarial 39
  1.3 Aplicação de normas classificáveis como específicas 39
    1.3.1 Dispositivos sobre capital e sua divisão em quotas 40

8 SOCIEDADES LIMITADAS

1.3.2 *Dispositivos sobre administração e respectivo exercício* 40
1.3.3 *Dispositivos sobre conselho fiscal e seu funcionamento* 40
1.3.4 *Dispositivos sobre como os sócios deverão deliberar* ...40
1.3.5 *Dispositivos sobre como aumentar e reduzir o capital* ..41
1.3.6 *Dispositivos sobre exclusão de sócios e sobre dissolução* 41
1.4 *Aplicação de normas classificáveis como supletivas* 41
2. Não é necessariamente sociedade empresária
2.1 *Comentários com base nos princípios gerais estruturais* 45
2.2 *Comentários com base nas normas do direito positivo* 48
3. Trata-se de sociedade de pessoas ou de capitais?
3.1 *Algumas considerações sobre definições gerais* 51
3.2 *Algumas considerações sobre definições específicas* 53
   3.2.1 *O nome empresarial pode ser firma ou denominação* ...55
   3.2.2 *A responsabilidade dos sócios é limitada mas solidária* 55
   3.2.3 *A administração pode ser confiada a sócios ou não* 55
   3.2.4 *A entrada de herdeiros pode ser impedida ou não* 56
   3.2.5 *Minha presente opinião pessoal sobre este assunto* 56
3.3 *Nem sempre se está diante de limitadas verdadeiras* 56
   3.3.1 *Limitada ostentando capital sobejamente grande* 57
   3.3.2 *Limitada composta de notável número de sócios* 58
   3.3.3 *Limitada operando como empresa multinacional* 59
3.4 *Oferecimento de sugestão minha aos estudiosos* 60
4. Não foi criada para ser empresa grande
4.1 *Algumas considerações de cunho jurídico* 62
4.2 *Algumas considerações de cunho econômico* 65

CAPÍTULO III – CARACTERÍSTICAS BÁSICAS
1. Trata-se de sociedade contratual por quotas
1.1 *Como foi na vigência da legislação anterior* 69
1.2 *Como ficou na vigência da atual legislação* 72
2. A responsabilidade dos sócios é diferente
2.1 *Cotejo de vários tipos de responsabilidade social* 74
2.2 *Característica fundamental da sociedade limitada* 76
2.3 *Não se deve confundir sócio com administrador* 78
3. Quem pode figurar na posição de sócio
3.1 *As hipóteses mais comuns de pessoas físicas* 79
   3.1.1 *Pessoas físicas capazes e sem impedimentos legais* 79

SUMÁRIO 9

3.1.2 Funcionários públicos de qualquer tipo ou esfera 80
3.1.3 Pessoas físicas que ainda não saíram da menoridade ...81
3.1.4 Pessoas físicas maiores mas com incapacidade 81
3.1.5 Pessoas físicas maiores mas declaradas ausentes 82
3.2 Hipóteses menos comuns de pessoas em geral 82
3.2.1 Profissionais não-empresários de todos os tipos 83
3.2.2 Empresas individuais (ou firmas individuais) 84
3.2.3 Marido e mulher como sendo os únicos sócios 84
3.2.4 Espólios de sócios que vieram a falecer 85
3.2.5 Pessoas jurídicas de qualquer natureza e espécie 85
3.2.6 Agrupamentos não-personificados em geral 86
4. Sociedade tão-somente entre cônjuges
4.1 Análise com base apenas na legislação anterior 86
4.2 Análise com base apenas na legislação atual 90
5. A questão da entrada do menor de idade 93
6. Sócios estrangeiros em sentido amplo 97

CAPÍTULO IV – ATOS CONSTITUTIVOS
1. Natureza do contrato na nova legislação
1.1 Considerações gerais acerca do contrato inicial 104
1.2 Considerações acerca das alterações contratuais 106
1.3 Considerações de cunho eminentemente prático 108
2. Contrato social e respectivo instrumento
2.1 O contrato pode agora ser pluri-instrumental 112
2.2 Estrutura básica do instrumento principal 115
2.3 O instrumento e a escolha de seu registro certo 118
3. Elementos componentes do instrumento
3.1 Conjunto dos classificáveis como essenciais 120
3.1.1 Nome e qualificação dos sócios, se pessoas naturais ..120
3.1.2 Dados identificadores dos sócios, se pessoas
jurídicas 121
3.1.3 Denominação, objeto, sede e prazo da sociedade 122
3.1.4 Capital da sociedade, expresso em moeda corrente 123
3.1.5 A quota de cada sócio e o modo de realizá-la 124
3.1.6 As prestações a que se obriga o sócio de serviços 125
3.1.7 As pessoas naturais incumbidas da administração 126
3.1.8 A participação de cada sócio nos lucros e nas
perdas 127
3.1.9 Responsabilidade subsidiária pelas obrigações
sociais 127

10 SOCIEDADES LIMITADAS

3.2 Conjunto dos classificáveis como não-essenciais 128
3.3 Sociedade fechada em nível grande, médio ou pequeno 130
   3.3.1 Cessão total ou parcial de quota (art. 1.057) 131
   3.3.2 Atribuição de cargos administrativos (art. 1.061) 132
   3.3.3 Retirada de sócio dissidente, com pagamento de
      haveres (arts. 1.077 e 1.031) 132
   3.3.4 Exclusão de sócio por justa causa (art. 1.085) 132
   3.3.5 Morte ou desaparecimento de sócio (art. 1.028) 133
4. Alterações do instrumento contratual 133
   4.1 Como redigir o preâmbulo ou cabeçalho 133
   4.2 Como redigir a modificação do quadro social 134
   4.3 Como redigir a modificação do nome empresarial 135
   4.4 Como redigir a modificação do quadro administrativo 135
   4.5 Como redigir a modificação do objeto social 136
   4.6 Como redigir a modificação do capital social 136
   4.7 Como redigir a modificação do prazo de duração 137
   4.8 Como redigir as várias hipóteses de exclusão de sócio 137
   4.9 Como redigir as eventuais outras modificações 137
   4.10 Considerações acerca da forma do instrumento 138
   4.11 Considerações acerca do registro competente 138
5. Inexistência de instrumento ou registro
   5.1 Algumas noções sobre a sociedade em comum 138
   5.2 Em quê o assunto interessa à sociedade limitada 140
6. Necessidade de autorização para funcionar 142
7. Tipos de sociedade rural (empresária e não)
   7.1 Algumas considerações sobre o empresário rural 144
   7.2 Sociedades rurais e a forma jurídica da limitada 146

CAPÍTULO V – NOME
1. Análise das normas jurídicas vigentes 149
2. Breve conceituação geral da firma social
   2.1 Sua origem, seu significado, sua função e seu uso 152
   2.2 Elemento consistente no nome de um ou mais sócios 153
   2.3 Elemento consistente na indicação da relação social 155
3. Breve conceituação geral da denominação
   3.1 Em quê se apresenta diferente da firma social 157
   3.2 Elemento individualizador da pessoa jurídica 159
   3.3 Elemento objetivo (ou indicador do objeto social) 161
4. Complemento geral: indicação do tipo societário
   4.1 Considerações válidas para firmas e para denominações ...166

SUMÁRIO

4.2 Posição da palavra "limitada" na denominação 168
4.3 Evolução da questão até o momento presente 170
5. Princípios aplicáveis a firmas e denominações
5.1 Não-simultaneidade, diferenciação, não-confusão
   5.1.1 Princípio de interdição de uso simultâneo 171
   5.1.2 Princípio de obrigatoriedade de diferenciação 172
   5.1.3 Princípio de obrigatoriedade de não-confusão 174
5.2 O velho e tão conhecido princípio de veracidade 175
6. Algumas questões sobre o termo "companhia"
6.1 Ausência de uso em firma com apenas um nome 178
6.2 Presença de uso no contexto de denominação 180
7. Insofismáveis vantagens da denominação
7.1 O que acontece com relação à firma social 182
7.2 O que acontece com relação à denominação 185
8. Firma integrada por nome de pessoa jurídica 186
9. O uso da palavra "limitada" por cooperativa 190

CAPÍTULO VI – OBJETO, PRAZO E SEDE
1. Algumas considerações sobre o objeto social 195
2. Algumas considerações sobre o prazo de duração
2.1 Prazo de duração tido como determinado 198
2.2 Prazo de duração tido como indeterminado 199
2.3 Como definir o termo inicial do prazo 200
3. Algumas considerações sobre a sede social
3.1 Atual conceito ampliado de "sede social" 203
   3.1.1 Como identificar a sede propriamente dita 203
   3.1.2 A sede subsidiária e sua exata conceituação 205
   3.1.3 A sede apenas de fato e sua plena justificação 207
3.2 Figuras que complementam a sede social 208

CAPÍTULO VII – CAPITAL
1. ASPECTOS E CARACTERÍSTICAS ESTRUTURAIS
1.1 Clara e absoluta necessidade de sua existência 214
1.2 Como surge: fixação, subscrição e realização
   1.2.1 Fixação do capital social em moeda nacional 216
   1.2.2 Subscrição das parcelas em que o capital se divide 217
   1.2.3 Realização dos valores subscritos pelos sócios 217
   1.2.4 Algumas questões no tocante à realização 219
1.3 Sua histórica e indispensável divisão em quotas 219
1.4 Avaliação recomendável nas subscrições em bens 222

SOCIEDADES LIMITADAS

1.4.1 *Pessoas que podem fazer a avaliação* 224
1.4.2 *Os sócios que podem fazer a nomeação* 225
1.4.3 *Critérios a serem adotados na avaliação* 225
1.4.4 *Não há problemas de presença na constituição* 226
1.4.5 *O laudo de avaliação deve ser aceito e aprovado* 226

2. Quais as operações que podem modificá-lo
2.1 *Notas sobre as deliberações que aprovam o aumento* 226
2.2 *Operação de aumento: como deve ser processada*
    2.2.1 *Como fazer surgir a deliberação inicial* 231
    2.2.2 *Que fazer na utilização de recursos internos* 232
    2.2.3 *Que fazer na utilização de recursos externos* 232
    2.2.4 *Como determinar o valor de subscrição* 233
    2.2.5 *Como exercer o direito de preferência* 234
    2.2.6 *Como fazer surgir a deliberação final* 234
2.3 *Operação de redução: como deve ser processada* 235
    2.3.1 *Redução do capital social por perdas irreparáveis* 237
    2.3.2 *Redução do capital social por ser excessivo* 238
    2.3.3 *Redução do capital social de pleno direito* 240

3. Aplicabilidade de institutos da companhia
3.1 *Subscrição pública e presença de capital autorizado* 242
3.2 *Existência de quotas desprovidas de valor nominal* 244
3.3 *Instituição contratual de preferências e vantagens* 247

4. Figuras discutíveis com relação às quotas
4.1 *O notável mistério da indivisibilidade da quota* 250
4.2 *A curiosa persistência do condomínio de quota* 252
4.3 *A já inexistente aquisição de quota pela sociedade* 257
4.4 *Cancelamento de quota: como era e como ficou* 259
4.5 *Distinção entre a quota primitiva e as posteriores* 261

CAPÍTULO VIII – DELIBERAÇÕES DOS SÓCIOS

1. Enumeração das competências exclusivas 266
1.1 *A aprovação das contas da administração* 266
1.2 *A designação dos administradores, em ato separado* 266
1.3 *A destituição dos administradores, em qualquer caso* 267
1.4 *O modo de remuneração dos administradores* 267
1.5 *A modificação do contrato social* 267
1.6 *Incorporação, fusão, dissolução, cessação da liquidação* 268
1.7 *A nomeação e a destituição dos liquidantes* 268
1.8 *O pedido de concordata, que hoje é de recuperação* 269
1.9 *As citadas competências exclusivas não são as únicas* 269

SUMÁRIO

2. Modos para as deliberações tomarem corpo 270
  2.1 *Assembléia (modo de deliberação formal)* 273
  2.2 *Reunião efetiva (modo de deliberação semiformal)* 273
  2.3 *Reunião virtual (modo de deliberação informal)* 274
3. O primeiro dos modos: a assembléia dos sócios
  3.1 *Como promover a convocação dos participantes* 274
  3.2 *A conhecida figura do "quorum" e seus dois aspectos* 279
    3.2.1 *Considerações acerca do "quorum" de instalação* 280
    3.2.2 *Considerações acerca do "quorum" de deliberação* ...280
      3.2.2.1 Em que consiste a maioria absoluta 281
      3.2.2.2 Em que consiste a maioria simples 282
      3.2.2.3 Em que consiste a maioria qualificada 282
    3.2.3 *Observações complementares sobre votações* 283
  3.3 *Roteiro de realização de qualquer assembléia* 284
  3.4 *Roteiro de realização da assembléia obrigatória* 288
4. Os modos restantes: os dois tipos de reuniões
  4.1 *De que forma estruturar e processar a reunião efetiva* 292
  4.2 *De que forma estruturar e processar a reunião virtual* 294
5. Como processar a deliberação de um sócio só
  5.1 *Colocação do problema na sociedade unipessoal* 297
  5.2 *Colocação do problema na sociedade pluripessoal* 300
6. Responsabilidades do sócio que deliberou
  6.1 *Algumas considerações de cunho introdutório* 303
  6.2 *Breves comentários sobre as normas legais em vigor* 305
    6.2.1 *"As deliberações (...)"* 308
    6.2.2 *"(...) infringentes do contrato ou da lei (...)"* 308
    6.2.3 *"(...) tornam ilimitada a responsabilidade (...)"* 308
    6.2.4 *"(...) dos que expressamente as aprovaram"* 309

CAPÍTULO IX – ADMINISTRADORES E FISCAIS
1. Gestão desvinculada da condição de sócio
  1.1 *O que acontecia no âmbito da legislação anterior* 312
  1.2 *O que acontece no âmbito da legislação vigente* 313
2. A atual nova figura do administrador social
  2.1 *Características fundamentais e preliminares do cargo* 315
  2.2 *Requisitos indispensáveis para exercício do cargo* 317
  2.3 *Maneiras diferentes de designação para o cargo* 319
  2.4 *Como interpretar a designação em ato separado* 322
  2.5 *Maneiras diferentes de investidura no cargo* 324
  2.6 *Maneiras diferentes de término do exercício do cargo* 327

14 SOCIEDADES LIMITADAS

2.7 *Deveres, competências e prerrogativas do cargo* 331
2.8 *Responsabilidades decorrentes do exercício do cargo* 334
3. A questão da solidariedade e os administradores 337
4. Significado exato da expressão "uso da firma" 339
5. Transferência de poderes a procuradores 342
6. Semelhanças possíveis com a sociedade anônima 344
6.1 *Diretoria com hierarquização e setorização* 344
6.2 *Os poderes de eventual conselho de administração* 345
6.3 *Órgãos administrativos complementares* 346
7. Os administradores e a limitada de grande porte 346
8. O conselho fiscal virou agora órgão legal
8.1 *Considerações preliminares com base na companhia* 349
8.2 *Surgimento e composição, investidura dos membros* 351
8.3 *Atribuições e deveres, individuais ou conjuntos* 354
8.3.1 *Exame periódico de livros, papéis, caixa e carteira* 355
8.3.2 *Emissão de parecer anual sobre negócios e*
operações 355
8.3.3 *Denúncia de erros, fraudes ou crimes descobertos* 356
8.3.4 *Convocação da assembléia em certas hipóteses* 357
8.3.5 *Funcionamento durante o período da liquidação* 358
8.4 *Alguns dispositivos complementares sobre o órgão* 358

CAPÍTULO X – SÓCIO QUE DEIXA DE SER TAL
1. Exclusão de sócio por razões de cunho objetivo
1.1 *Sócio que descumpriu o dever de realizar sua quota* 359
1.2 *Sócio que deixou de pagar débito a credor particular* 364
1.3 *Sócio que, como empresário, teve a falência decretada* 367
2. Exclusão de sócio pela prática de atos graves
2.1 *Algumas opiniões com base na legislação anterior* 369
2.2 *Minha opinião com base na legislação anterior* 372
2.3 *Como o problema foi resolvido pela atual legislação* 375
3. Diferentes hipóteses de sucessão de sócio
3.1 *Sucessão "inter vivos", por cessão total de quota* 379
3.2 *Sucessão "causa mortis", por herança ou outras figuras* 384
4. Retirada de sócio em caso de dissidência
4.1 *Normas sobre a companhia, para eventuais subsídios* 388
4.1.1 *Determinação do valor de reembolso* 388
4.1.2 *Último balanço ou balanço especial* 389
4.1.3 *Utilização de contas de lucros ou reservas* 389
4.1.4 *Possibilidade de redução do capital social* 389

SUMÁRIO 15

4.2 Normas específicas constantes da nova legislação 390
5. Estimação de bens para liquidação de quota 392

CAPÍTULO XI – TÉRMINO
1. Primeiro passo para alcançar o término
   1.1 A figura jurídica da dissolução e sua noção conceitual 397
   1.2 As diversas causas que podem resultar em dissolução 400
     1.2.1 Vencimento do prazo de duração 400
     1.2.2 Consenso unânime dos sócios 401
     1.2.3 Deliberação dos sócios, havendo prazo
        indeterminado 402
     1.2.4 Falta de pluralidade de sócios 402
     1.2.5 Extinção de autorização para funcionar 404
     1.2.6 Decretação da falência de sociedade empresária 404
     1.2.7 Causas de origem contratual e dissolução judicial 405
   1.3 As antigas causas de dissolução que desapareceram 406
     1.3.1 Falecimento de um dos sócios 407
     1.3.2 Vontade de apenas um dos sócios 408
   1.4 Por que sócio único não pode mais provocar a dissolução ...408
   1.5 A deliberação; a nomeação do liquidante; as
     conseqüências 411
2. Segundo passo: o processamento da liquidação 415
3. Terceiro passo: a declaração de extinção 416
   3.1 Elementos constitutivos do cabeçalho 419
   3.2 Referências que não podem ser omitidas 419
   3.3 Prestação final das contas da liquidação 420
   3.4 Declarações que não podem ser evitadas 420
   3.5 Elementos componentes do encerramento 420
   3.6 Posteriores providências judiciais cabíveis 420
4. Algumas formas extraordinárias de extinção
   4.1 Extinção "de fato" e a questão da responsabilidade 421
   4.2 Cancelamento do registro contratual e conseqüências 424

CAPÍTULO XII – MUDANÇAS SUBSTANCIAIS
1. A transformação e seus múltiplos aspectos
   1.1 Algumas observações de natureza conceitual 430
   1.2 Normas gerais a serem observadas na operação 433
   1.3 Quando a operação envolve a sociedade anônima 437
   1.4 Quando a operação envolve sociedade contratual
     empresária 440

16 SOCIEDADES LIMITADAS

1.4.1 *Observações sobre o cabeçalho* 441
1.4.2 *Observações sobre o nome empresarial* 441
1.4.3 *Observações sobre o quadro social* 442
1.4.4 *Observações sobre o capital social* 442
1.4.5 *Observações sobre a administração* 442
1.4.6 *Cumpre aprovar consolidação contratual* 442
1.4.7 *Algumas observações complementares* 443
1.5 Quando a operação envolve a sociedade simples 443
1.5.1 *Limitada empresária que vira limitada simples* 444
1.5.2 *Limitada empresária que vira simples de outro tipo* ...444
1.5.3 *Sociedade anônima que vira limitada simples* 445
1.5.4 *Empresária de outro tipo que vira limitada simples* ...445
1.5.5 *Possível necessidade de mudança de registro* 446
1.5.6 *Que acontece na realização das operações inversas* ...446
1.6 Quando a operação envolve, de fato, a empresa individual ..447
1.6.1 *Sociedade limitada substituída por empresa individual* 448
1.6.2 *Empresa individual substituída por sociedade limitada* 449

2. A fusão, figura societária quase não utilizada
2.1 Conceituação; em quê ela difere de outras figuras 450
2.2 Dispositivos legais aplicáveis; algumas dúvidas 453
2.2.1 *Assinatura conjunta de protocolo* 453
2.2.2 *Elaboração separada de justificação* 453
2.2.3 *Deliberação da fusão, pelos sócios* 454
2.2.4 *Avaliação do patrimônio líquido* 454
2.2.5 *Aprovação dos laudos de avaliação* 455
2.2.6 *Constituição da nova sociedade* 456
2.2.7 *Anulação judicial por credor anterior* 456
2.2.8 *Sucessão nos registros públicos* 456

3. A incorporação, arma eficiente para concentrar
3.1 Conceituação e algumas observações introdutórias 457
3.2 Quadro sinóptico dos atos fundamentais da operação 460
3.2.1 *Incorporadora: grupo das deliberações introdutórias* 461
3.2.2 *Sociedades a incorporar: grupo único de deliberações* 461
3.2.3 *Sociedades a incorporar: avaliação patrimonial* 462
3.2.4 *Incorporadora: grupo das deliberações conclusivas* ..462
3.3 Normas complementares e conseqüências da operação

SUMÁRIO 17

3.3.1 Tipos de "quorum" das sociedades limitadas 463
3.3.2 Avaliação dos patrimônios líquidos 463
3.3.3 Registro e publicação dos atos da operação 464
3.3.4 Anulação judicial por credor anterior 464
3.3.5 Sucessão nos registros públicos 465
4. A cisão, arma bem eficiente para reestruturar
4.1 Admissibilidade da figura com relação à limitada 465
4.1.1 Norma geral da Lei 6.404/1976..............................466
4.1.2 Ausência, na lei, de unidade perfeita 467
4.1.3 A exclusão estaria desprovida de lógica 467
4.2 A cisão da limitada e o estranho conteúdo do Código.........468
4.3 Conceituação da figura e suas complexas modalidades........470
4.4 Roteiros básicos para realização da operação
4.4.1 Documentos preliminares: elaboração e assinatura ...474
4.4.2 Cisão sem incorporação, com ou sem extinção...........475
4.4.3 Cisão com incorporação, com ou sem extinção 475
4.5 Normas complementares e conseqüências da operação........476

CAPÍTULO XIII – CONSIDERAÇÕES CONCLUSIVAS
1. Relações entre sociedades econômicas
1.1 A limitada e o grupo econômico de subordinação 482
1.1.1 Combinação de recursos ou esforços 483
1.1.2 Relacionamento sem despersonalização....................483
1.1.3 Surgimento mediante convenção 483
1.1.4 Designação própria e exclusiva 484
1.1.5 Registro e publicidade da convenção 484
1.1.6 Definição da estrutura administrativa 484
1.1.7 Representação das sociedades participantes..............485
1.1.8 Publicação de demonstrações consolidadas 485
1.2 A limitada e a figura societária da subsidiária integral 485
1.3 A limitada e o consórcio ou grupo de coordenação..............489
1.3.1 Constituição mediante contrato 490
1.3.2 Cláusulas contratuais básicas 490
1.3.3 Registro e publicidade do contrato 491
1.3.4 Designação própria e exclusiva 491
1.3.5 Necessidade de endereço próprio 492
1.3.6 Obrigações das sociedades consorciadas 492
1.3.7 Falência de sociedade consorciada 492
2. Capitais públicos e formas empresariais
2.1 Pode a limitada ser sociedade de economia mista? 493

18 SOCIEDADES LIMITADAS

2.2 Pode a limitada dar forma jurídica a empresa pública? 495
   2.2.1 "A entidade dotada de personalidade jurídica (...)" ..496
   2.2.2 "(...) de direito privado, (...)" 496
   2.2.3 "(...) com patrimônio próprio (...)" 496
   2.2.4 "(...) e capital exclusivo da União, (...)" 496
   2.2.5 "(...) criada por lei (...)" 497
   2.2.6 "(...) para a exploração de atividade econômica
       (...)" 497
   2.2.7 "(...) que o Governo seja levado a exercer (...)" 498
   2.2.8 "(...) por força de contingência ou de conveniência
       administrativa, (...)" 498
   2.2.9 "(...) podendo revestir-se de qualquer das formas
       admitidas em Direito" 498
   2.2.10 Alguns comentários complementares 498
3. Desconsideração da personalidade jurídica 499
4. Algumas considerações a respeito dos prepostos.........503
5. Algumas considerações a respeito da escrituração 506
   5.1 Livros contábeis e sua escrituração 507
   5.2 Existência também de livros societários 508

Bibliografia...509

Introdução

Não faz muito tempo, escrevi livro intitulado *Sociedade Limitada no Brasil* (Malheiros Editores, São Paulo, 1998). Pois bem, tempos depois, a casa editora me fez saber que a edição estava esgotada, acrescentando que seria bom, para o mercado, providenciar nova edição.

Retruquei dizendo que não via qualquer possibilidade de rever o conteúdo do livro, para permitir segunda edição, em razão de o novo Código Civil, que incluíra o Direito Empresarial, ter aproveitado o ensejo para introduzir, neste último, inúmeras modificações; a sociedade limitada, por exemplo, fora submetida a verdadeiro processo de reestruturação. Em tais condições, elaborar segunda edição – ainda que com as conhecidas expressões "revista e enriquecida" ou "de acordo com o novo Código Civil" – poderia significar, na prática, transmitir ao leitor, sobretudo se já na posse de um exemplar da primeira, mensagem tecnicamente incorreta. Em outras palavras, poderia o leitor ser levado a crer que a segunda edição estivesse com texto substancialmente igual, apesar de reformulado.

Concluí fazendo notar que, sem a menor dúvida, havia surgido uma *nova sociedade limitada*, a respeito da qual só poderia ser escrito um texto quase inteiramente novo, dando origem a livro novo. A resposta foi imediata: "Concordamos com seu raciocínio: pode começar a escrever". Retruquei novamente, alegando que as coisas não eram assim tão simples; afinal, o novo Direito Empresarial, por intermédio da Exposição de Motivos, havia chegado alardeando o término do famoso "ato de comércio", sem no entanto acabar com a clássica distinção das atividades econômicas em comerciais e civis. Com efeito, a referida distinção havia sobrevivido com terminologia diferente, eis que as antigas atividades comerciais haviam passado

20 SOCIEDADES LIMITADAS

a ser empresariais, e as antigas atividades civis, sem receber nome específico, haviam passado a ser não-empresariais, tão-somente por oposição. E uma vez que, antes do novo Código, era justamente o ato de comércio que permitia, ou não, caracterizar as atividades comerciais, ficara difícil, sem ele, e sem outro critério em substituição, caracterizar as atividades empresariais. Mas que outro critério? O critério da organização, proposto por alguns, se revelara a meu ver insuficiente, em razão da presença de organização, em proporções grandes ou ao menos razoáveis, praticamente em todas as atividades. Como resolver problema assim?

Mais uma vez concluí fazendo notar que, antes de qualquer outra coisa, era necessário elaborar profundo estudo preliminar de toda a sistemática empresarial do novo Código Civil, e que tal estudo preliminar poderia ser tão vasto, a ponto de permitir a preparação de um inteiro livro sobre o assunto; sendo que só depois eu poderia tentar escrever mais um livro sobre a nova sociedade limitada. A resposta foi de novo imediata: "Concordamos com a sua idéia de que haja antes um livro introdutório: pode escrevê-lo". Escrevi. O livro saiu no começo de 2007, com o título de *Empresa É Risco – Como Interpretar a Nova Definição*; pode servir para que se tenha, com extrema clareza, idéia bem precisa da característica essencial da empresa econômica, pois muita gente não tem (há pessoas que ignoram a grande abrangência que tem a palavra "empresa", a qual não indica apenas a empresa econômica), e é justamente tal característica que faz entender o motivo pelo qual somente a empresa pode e deve estar registrada na Junta Comercial e pode ter sua falência decretada.

Uma vez publicado o livro preliminar, só me restou cumprir a promessa feita, escrevendo mais este livro sobre a nova sociedade limitada, que, espero vivamente, possa ser muito útil a muita gente. De qualquer forma, ele não pretende, por certo, ensinar nada a ninguém: só quer sugerir algumas interpretações; pois foi escrito tendo como finalidade principal a de alimentar o mais amplo debate sobre a melhor maneira de interpretar o Direito Empresarial contido no novo Código Civil.

ROMANO CRISTIANO

Capítulo I

Novo Ambiente: Código Unificado

1. Quadro das pessoas jurídicas em geral. 2. Agentes econômicos (pessoas físicas e jurídicas): 2.1 Algumas considerações de cunho preliminar – 2.2 Atividades econômicas e respectivos agentes – 2.3 Exercício coletivo das atividades econômicas – 2.4 Sociedades atualmente ditas "empresárias" – 2.5 Algumas normas de natureza complementar.

1. Quadro das pessoas jurídicas em geral

A Lei federal 10.406, de 10.1.2002, ao instituir no Brasil novo Código Civil, acabou oferecendo aos cidadãos brasileiros quadro geral de pessoas jurídicas que, muito embora, em substância, quase igual ao anterior, contém, no entanto, algo que a legislação anterior não tinha: mais hierarquia, mais lógica; enfim, mais ordem. E, uma vez que as leis fazem parte daquilo que costuma ser chamado ordenamento jurídico, convém concluir que leis dando especial destaque à ordem (em todos os sentidos) são sempre bem-vindas, merecendo o legislador pátrio os maiores elogios.

Com base no Código Civil/2002, as pessoas jurídicas são de direito público, externo ou interno, e de direito privado (art. 40). São *pessoas jurídicas de direito público externo* os Estados estrangeiros e todas as pessoas regidas pelo direito internacional público (art. 42). São *pessoas jurídicas de direito público interno*: I – a União; II – os Estados, o Distrito Federal e os Territórios; III – os Municípios; IV – as autarquias, inclusive as associações públicas; V – eventuais outras entidades de caráter público criadas por lei (art. 41, *caput*). Deve, no

22 SOCIEDADES LIMITADAS

entanto, ser observado que, salvo disposição legal em contrário, as pessoas jurídicas de direito público a que se tenha dado estrutura de direito privado regem-se, nos limites do admissível, quanto ao seu funcionamento, pelas normas do Código Civil (art. 41, parágrafo único). São *pessoas jurídicas de direito privado*: I – as associações; II – as sociedades; III – as fundações; IV – as organizações religiosas; V – os partidos políticos (art. 44, *caput*). No que diz respeito à existência legal das pessoas jurídicas de direito privado, começa ela – sempre nos termos do Código Civil/2002 – com a inscrição do respectivo ato constitutivo no competente registro, precedida, quando necessário, de autorização ou aprovação do Poder Executivo; sendo averbadas nesse mesmo registro todas as alterações do referido ato constitutivo (art. 45, *caput*).

Ainda de acordo com o Código Civil/2002, as pessoas jurídicas de direito privado dividem-se em duas grandes categorias: as que exercem atividades não-econômicas, e que são as *associações* e as *fundações* (hoje, curiosamente, é preciso acrescentar a elas as *organizações religiosas* e os *partidos políticos*; tais entidades, no entanto, a meu ver, não deixam de ser, em substância, associações ou fundações), e as que exercem atividades econômicas. Constituem-se as *associações* pela união de pessoas que se organizem para fins não-econômicos, não havendo, entre os associados, direitos e obrigações recíprocos (art. 53, *caput* e parágrafo único). Ao passo que a *fundação* somente poderá ter escopos religiosos, morais, culturais ou de assistência; sendo que, para criá-la, fará o respectivo instituidor, por escritura pública ou testamento, dotação especial de bens livres, especificando o fim a que se destina e declarando, se quiser, a maneira de administrá-la (art. 62, *caput* e parágrafo único). As pessoas jurídicas que exercem atividades econômicas, e que, por sua vez, se dividem em dois grandes setores, serão examinadas na subseção seguinte, no âmbito do quadro dos agentes econômicos em geral.

Cumpre, por fim, ressaltar, nos termos do que já foi visto, que a corporação definida pelo Código Civil/2002 como sendo a união de pessoas (físicas ou jurídicas) que se organizem para fins não-econômicos deve, agora, em minha opinião, ser indicada apenas pelo nome de "associação", não mais podendo ser utilizado o nome "sociedade", como freqüentemente ocorria no passado; sendo que, ao mesmo tempo, seus membros não podem mais ser classificados como "sócios", devendo ser sempre mencionados como "associados". A terminologia "sociedade" e "sócios" passou, ao que tudo indica, a ser exclusiva das pessoas jurídicas de direito privado de fins econômicos

NOVO AMBIENTE: CÓDIGO UNIFICADO 23

(note-se que, no meu modo de entender, a chamada "sociedade coope-rativa" deveria ser considerada mera exceção a tal regra, uma vez que a mesma, a meu ver, no fundo, não passa de uma associação).

2. Agentes econômicos (pessoas físicas e jurídicas)

2.1 Algumas considerações de cunho preliminar

O Código Civil brasileiro de 2002 entrou em vigor contendo inovação de certo vulto, uma vez que incluiu em seu texto – ao menos na essência delas – as normas referentes ao inteiro universo das atividades econômicas, não excluídas, em conseqüência, as atividades outrora classificadas como comerciais. A bem da verdade, sinto-me obrigado a admitir que os juristas pátrios esperavam, por certo, alguma inovação de peso com referência ao campo da economia: pode-se porventura sustentar, em razão disso, que o Código/2002 tenha correspondido plenamente aos anseios gerais? Não me parece existir, na maioria dos estudiosos, tanta certeza assim! Houve, sem dúvida, diversas modificações, inclusive algumas bastante acertadas, em minha opinião; nenhuma delas, no entanto, ao que tudo indica, foi substancial o suficiente para acompanhar, ao menos com relativa fidelidade, o momento histórico que a economia global estava e está vivendo. Por que motivo? A impressão que eu sempre tive é a de que – excetuados uns poucos casos históricos absolutamente extraordinários, como, por exemplo, o da revolução bolchevique na Rússia czarista, onde de repente chegou a ser abolida nada menos que a propriedade privada – os legisladores do mundo inteiro tenham o hábito de revelar forte tendência a agirem de maneira notavelmente conservadora, correndo com freqüência até mesmo o risco de fazerem leis em amplo e total desacordo com as novas realidades sociais ou econômicas que possam ter surgido, as quais, curiosamente, acabam não sendo sequer percebidas ou, quando muito, sendo vislumbradas sem quaisquer contornos definidos e de forma assaz confusa.

Muitos esperavam que o famoso e tão execrado *ato de comércio* – que, considerado um verdadeiro bicho-de-sete-cabeças, fez no passado perder o sono a grande número de estudiosos – fosse abolido; e o foi, sem dúvida. Mas – em franca oposição aos anseios quase gerais no sentido de as atividades econômicas serem unificadas – a antiga divisão da economia em dois diferentes setores foi mantida, com pequena mudança terminológica: onde antes havia *atividades comerciais* e *civis*

24 SOCIEDADES LIMITADAS

passou a haver *atividades empresariais* e *não-empresariais*, com os mesmos dois registros e com a Lei de Falências aplicável unicamente às atividades empresariais. Sim, porque o Código Civil/2002 não mais menciona palavras como "comércio", "comerciante" e "comercial", usando tão-somente a palavra "empresário", como uma espécie de palavra-chave, posto que ela indica a nova figura que substituiu o comerciante e, por exclusão, a figura do outro agente econômico, no passado definido como civil.

O *empresário rural* foi autorizado a efetuar, caso tenha interesse, seu registro na Junta Comercial, sendo agora possível surgirem, em conseqüência, ao que tudo indica, duas espécies de empresário rural: o desprovido de registro, de um lado, e o dotado de registro, de outro. Os antigos gêneros societários denominados "sociedade comercial", "sociedade de fato" e "sociedade civil" passaram a ser indicados, respectivamente, como "sociedade empresária", "sociedade em comum" e "sociedade simples"; sendo que a expressão "sociedade simples" ficou caracterizada por sua ambigüidade, já que ela foi atribuída não apenas ao inteiro gênero das sociedades econômicas não-empresárias, mas também a determinada espécie societária dentro do mencionado gênero. No âmbito das sociedades empresárias desapareceu a antiga espécie conhecida como "sociedade de capital e indústria", a qual, no entanto, curiosa e misteriosamente, renasceu de suas próprias cinzas (como a mitológica fênix), reaparecendo incorporada à estrutura da sociedade simples (como espécie), a qual, conforme já foi visto, nem é empresária. A antiga "sociedade por quotas, de responsabilidade limitada" passou a ser indicada, de forma bem mais concisa e aceitável, com a expressão "sociedade limitada" (conforme, aliás, foi preconizado por mim, quando fiz notar que a abreviação "sociedade por quotas", usada outrora amiúde, quer por juristas, quer por editores, não tinha a menor lógica, pois eram "por quotas" todas as sociedades contratuais); suas normas legislativas foram, em sua quase-totalidade, reformuladas e sensivelmente enriquecidas, transformando assim, na prática, a respectiva espécie societária numa pequena anônima. A "sociedade anônima" ou "companhia" foi mantida sob a disciplina da respectiva lei especial, com raríssimas exceções (a denominação deve, agora, como acontecia em tempos passados, designar o objeto social). Quanto à "sociedade em comandita por ações", foi abandonada de vez a terminologia histórica referente às duas categorias de sócios, passando os sócios comanditários a ser designados como "acionistas", e os comanditados só como "diretores".

2.2 Atividades econômicas e respectivos agentes

Uma vez tecidas, à guisa de rápida introdução, as considerações preliminares acima reproduzidas, é oportuno, agora, que eu passe a oferecer quadro – ainda que muito sucinto – de como as coisas ficaram após o advento do Código Civil/2002, a fim de que os estudiosos disponham das melhores condições possíveis para literalmente "sentir" (assim como se costuma sentir qualquer coisa bem no meio de certa atmosfera) as novas normas legais sobre a sociedade limitada, no âmbito do mais amplo contexto das normas legais gerais aplicáveis a todas as atividades de natureza econômica.

As *atividades econômicas* – assim entendidas as exercidas profissionalmente (portanto, em caráter habitual) com finalidade de lucro – não são, como poderiam parecer à primeira vista, de natureza unitária; elas se apresentam, com efeito, tradicionalmente divididas em dois grandes e importantes setores, que são o das *atividades empresariais* e, por exclusão, o das *atividades não-empresariais*. Os respectivos agentes são, de um lado, os *empresários* e, de outro, os profissionais ditos *autônomos*. O Código Civil/2002 considera *empresário* "quem exerce profissionalmente atividade econômica organizada para a produção ou a circulação de bens ou de serviços" (art. 966, *caput*). Trata-se de definição que, em verdade, pouco define, em consideração à seguinte realidade: organização, bens e serviços podem hoje ser encontrados em qualquer atividade econômica. Em tais condições, a figura do empresário resulta, em minha opinião, insuficientemente caracterizada, impedindo também, em conseqüência, a caracterização perfeita do outro agente econômico, cuja figura costuma ser definida por exclusão. Não pretendo, agora, entrar em detalhes sobre como se pode distinguir, com segurança e precisão suficientes, uma figura da outra, independentemente da definição legal, para não ter de abordar, de novo, assunto de que já tratei, e de forma bem exaustiva, em livro inteiro, de 320 páginas (*Empresa É Risco – Como Interpretar a Nova Definição*, 2007).

O Código/2002 continua: "Não se considera empresário quem exerce profissão intelectual, de natureza científica, literária ou artística, ainda com o concurso de auxiliares ou colaboradores, salvo se o exercício da profissão constituir elemento da empresa" (art. 966, parágrafo único). Trata-se, ao que tudo indica, da tradicional e conhecida figura do *profissional autônomo*, que é, sem dúvida alguma, agente econômico tal qual o empresário, ainda que com características diferentes, sem, no entanto, ter registro equivalente ao deste último,

26 SOCIEDADES LIMITADAS

que é obrigado a estar inscrito na Junta Comercial. Surge imperiosa uma dúvida: por que o legislador pátrio só mencionou um único agente que representa espécie (o que exerce profissão intelectual, de natureza científica, literária ou artística), sem qualquer alusão ao respectivo gênero, abrangendo todos os agentes que, de uma forma ou de outra, exercem atividades não-empresariais sob a forma de profissionais autônomos? Aliás, se a economia se divide em setor empresarial e setor não-empresarial, qual o motivo que teria impelido o legislador pátrio a demonstrar preocupação tão-somente com a definição do agente empresarial e a ignorar por completo, em conseqüência, a definição do agente não-empresarial, dito profissional autônomo?

Em sã consciência, creio que teria sido bem melhor para todos se tivesse sido também definida a figura do *agente autônomo*. Por outro lado, a existência no Código Civil/2002 (Parte Especial, Livro I, Título VI, Capítulo VII, arts. 593-609) de normas sobre contrato de prestação de serviços não me parece tenha o condão de dispensar a definição do prestador autônomo de serviços e a fixação, para este, de comportamento especial. Afinal, as normas sobre contrato de prestação de serviços são válidas para todos, pois qualquer pessoa física pode, a rigor, prestar serviços, com direito a remuneração; mas nem todas as pessoas nessas condições são profissionais. Os *profissionais* – que são aqueles que exercem determinada atividade com habitualidade – costumam ser objeto de atenções especiais por parte dos legisladores em geral, por mais de um motivo; por exemplo: para pagarem certos tributos, para recolherem contribuições previdenciárias, para às vezes serem fiscalizados em seu exercício profissional, para em certos casos poderem ser fixadas com relação a eles determinadas responsabilidades especiais, e assim por diante. Não existe, em conseqüência, a menor possibilidade de confundir idéias como, de um lado, a celebração de um genérico contrato de prestação de serviços e, de outro, a existência de determinados prestadores de serviços operando como profissionais autônomos; estes – sem qualquer dúvida – precisam de legislação própria.

Aliás, cumpre, a esta altura, fazer observação que me parece importante. Foi visto que o Código Civil/2002 acabou criando duas espécies de empresário rural, pois há, de um lado, o dotado de registro e, de outro, o desprovido de registro, este último, a meu ver, chamado impropriamente de *empresário*. Foi visto também que o Código/2002 menciona como não sendo empresário quem exerce profissão intelectual, de natureza científica, literária ou artística; tal significa que está sendo mencionada uma única espécie de agente

NOVO AMBIENTE: CÓDIGO UNIFICADO 27

econômico, sem qualquer alusão ao respectivo gênero, que abrange todos os agentes exercendo, de uma forma ou de outra, atividades não-empresariais sob a forma de profissionais autônomos; o referido gênero nem sequer está sendo definido. Pois bem, apesar disso, o Código/2002, curiosamente, disciplina não somente o empresário e a sociedade empresária, mas também a sociedade não-empresária, que ele designa como simples; a tal ponto que a disciplina da sociedade simples contém muitos dispositivos gerais que são aplicáveis a todas as sociedades contratuais, ainda que empresárias. Nessas condições, peço vênia para chamar a atenção de todos sobre o seguinte: o Livro II da Parte Especial do Código Civil/2002 foi designado como sendo "Do Direito de Empresa" impropriamente, pois, ao que me parece, deveria ter sido designado, de forma bem genérica e abrangente, como sendo "Das Atividades Econômicas Profissionais".

2.3 Exercício coletivo das atividades econômicas

De acordo com o Código/2002, celebram contrato de sociedade as pessoas que reciprocamente se obrigam a contribuir, com bens ou serviços, para o exercício de atividade econômica, com conseqüente partilha, entre si, dos resultados (art. 981, *caput*). Salvo as exceções expressas, considera-se *empresária* a sociedade que tenha por objeto o exercício de atividade própria de empresário sujeito a registro; e *simples* as demais (art. 982, *caput*). Exceções: independentemente de seu objeto, considera-se empresária a sociedade por ações, e simples a cooperativa (art. 982, parágrafo único).

A *sociedade empresária* deve ser constituída segundo um dos seguintes tipos: sociedade em nome coletivo, sociedade em comandita simples, sociedade limitada, sociedade anônima e sociedade em comandita por ações. A *sociedade simples* pode ser constituída segundo um dos tipos citados (menos os dois últimos, evidentemente), subordinando-se, caso não o faça, às normas que lhe são próprias (art. 983, *caput*). Ressalvam-se as disposições relativas à sociedade em conta de participação e à cooperativa, assim como as constantes de algumas leis especiais que, para certas atividades, imponham a adoção de determinado tipo societário (art. 983, parágrafo único).

Curiosamente, logo após a preliminar criação dos gêneros *sociedade empresária* e *sociedade simples*, o Código/2002 acaba agrupando as sociedades de fins econômicos em duas categorias bem diferentes: uma, pequena, é a das *sociedades não-personificadas*; a outra, maior, é a das *sociedades personificadas*.

As *sociedades não-personificadas* – assim chamadas por estarem desprovidas de personalidade jurídica, sendo, em conseqüência, equiparáveis a uma espécie de condomínio ou de comunhão de interesses – são duas: a sociedade em comum e a sociedade em conta de participação. A *sociedade em comum* é qualquer sociedade de fins econômicos (exceto sociedades anônimas e sociedades em comandita por ações, quando em fase regular de organização) cujos atos constitutivos, se existentes, não tenham sido ainda inscritos no registro competente; é, portanto, a antiga *sociedade de fato*, em cujo âmbito todos os sócios respondem solidária e ilimitadamente pelas obrigações sociais. Note-se que, na hipótese de existência de contrato social escrito, criando tipo societário bem determinado, como, por exemplo, uma sociedade limitada, enquanto tal contrato não for submetido a registro a sociedade não poderá ser considerada uma limitada, posto que a mesma será apenas e tão-somente uma sociedade em comum, com as inevitáveis e funestas conseqüências no tocante à responsabilidade dos sócios. A *sociedade em conta de participação* – que deve operar sem nome, não podendo, em conseqüência, ter firma social nem denominação – é, segundo o Código/2002 (arts. 991 e 992), aquela em que a atividade constitutiva do objeto social é exercida unicamente pelo sócio ostensivo, em seu nome individual e sob sua própria e exclusiva responsabilidade, participando os demais sócios dos resultados correspondentes. Obriga-se perante terceiros tão-somente o sócio ostensivo, obrigando-se o sócio participante (outrora designado como "sócio oculto") apenas perante este último, nos termos do contrato social. Quanto à constituição da sociedade, independe ela de qualquer formalidade, podendo ser provada por todos os meios de direito. Resta observar que, ao menos no plano técnico, não me parece possa a figura jurídica ora em questão ser considerada uma verdadeira sociedade.

As *sociedades personificadas*, assim chamadas por terem personalidade jurídica (que é de direito privado), pertencem a dois gêneros bem diferentes um do outro: o das sociedades simples e o das sociedades empresárias. As *sociedades simples* – limito-me, aqui, a fazer referência àquelas que só podem pertencer a tal gênero – são duas: a *sociedade simples propriamente dita* e a *sociedade cooperativa*. A *sociedade simples propriamente dita* tem por objeto o exercício de atividade diferente da atividade própria de empresário sujeito a registro, sendo outrora conhecida como *sociedade civil de fins lucrativos*, e podendo hoje abrigar também sócios cuja contribuição consista em serviços. A *sociedade cooperativa*, a rigor, não

NOVO AMBIENTE: CÓDIGO UNIFICADO 29

merece a classificação de simples, pois, ao menos de acordo com minha maneira de encarar as coisas, não exerce atividade econômica, devendo ser vista como uma espécie de associação (portanto, sem fins lucrativos) de agentes econômicos em geral ou de consumidores e usuários; sua caracterização fundamental não me parece ter ficado suficientemente clara no novo texto legal, em que pese à existência, neste último, de característica consistente na "distribuição dos resultados, proporcionalmente ao valor das operações efetuadas pelo sócio com a sociedade" (art. 1.094, VII). As *sociedades empresárias* – mais precisamente, as que devem por força ser utilizadas em todas as hipóteses de exercício de atividade própria de empresário sujeito a registro – são (conforme relação já mencionada) as seguintes: *sociedade em nome coletivo*, *sociedade em comandita simples*, *sociedade limitada*, *sociedade anônima* e *sociedade em comandita por ações*.

2.4 Sociedades atualmente ditas "empresárias"

A *sociedade em nome coletivo* só pode ter como sócios pessoas físicas; e como nome, uma firma social, na qual poderá figurar o nome de qualquer dos sócios; só pode ser administrada por sócios; sendo que todos os sócios respondem solidária e ilimitadamente pelas obrigações sociais.

A *sociedade em comandita simples* tem duas espécies de sócios: a dos sócios comanditados, que não podem ser senão pessoas físicas, e que respondem solidária e ilimitadamente pelas obrigações sociais, e a dos sócios comanditários, cada um deles obrigado unicamente a realizar sua respectiva quota; a sociedade só pode ter firma social e ser administrada por sócios comanditados, cujos nomes são os únicos que podem figurar na firma.

A *sociedade limitada* manteve, em substância, todas as características fundamentais que sempre a distinguiram, inclusive quanto ao nome, que pode ser firma social ou denominação, ambas com o acréscimo necessário da palavra "limitada" (mas a firma só pode conter nomes de sócios pessoas físicas, enquanto a denominação deve, como outrora, designar o objeto social; acrescente-se que o contrato pode permitir a existência de administradores não-sócios); convém ressaltar que a limitada é hoje regulada por quantidade muito maior de normas legais bem minuciosas, que serão longamente examinadas e comentadas nos próximos capítulos.

A *sociedade anônima* ou *companhia*, ainda regida por lei especial, tem o capital dividido em ações e só pode usar como nome uma denominação, que deve, como antigamente, designar o objeto social.

30 SOCIEDADES LIMITADAS

Quanto à *sociedade em comandita por ações*, regida pela mesma lei especial da anônima, tem, ela também, capital dividido em ações, tendo, como a comandita simples, duas categorias de sócios: de um lado os acionistas comuns, cada um deles obrigado unicamente a realizar suas respectivas ações, e de outro os acionistas diretores, que, nomeados no ato constitutivo por tempo ilimitado, não podem ser senão pessoas físicas, e respondem solidária e ilimitadamente pelas obrigações sociais; a sociedade pode ter firma social ou denominação: a firma só pode conter nomes de acionistas diretores (os únicos que podem administrar a sociedade), ao passo que a denominação deve dar a conhecer o objeto social, devendo ser integrada pela expressão "comandita por ações".

Em meu entendimento, ficou um pouco estranho ou, ao menos, não ficou claro, no Código Civil/2002, o sentido da norma constante do art. 983, *caput*, que dispõe: "A sociedade empresária deve constituir-se segundo um dos tipos regulados nos arts. 1.039 a 1.092; a sociedade simples pode constituir-se de conformidade com um desses tipos, e, não o fazendo, subordina-se às normas que lhe são próprias". Os tipos societários regulados nos referidos arts. 1.039 a 1.092 do Código já foram, neste capítulo, mencionados mais de uma vez; são: sociedade em nome coletivo (arts. 1.039-1.044), sociedade em comandita simples (arts. 1.045-1.051), sociedade limitada (arts. 1.052-1.087), sociedade anônima (arts. 1.088-1.089), sociedade em comandita por ações (arts. 1.090-1.092).

Com base em racional e rigorosa análise gramatical, o texto ora citado leva o intérprete a concluir que qualquer sociedade simples, mesmo permanecendo como tal, possa resultar da adoção de qualquer tipo societário empresarial, inclusive sociedade anônima ou companhia e sociedade em comandita por ações, que são os dois únicos tipos societários que compõem as sociedades por ações. Ao menos parcialmente, porém, a referida interpretação está em flagrante conflito com o parágrafo único do artigo anterior (art. 982), que dispõe, conforme já foi visto: "Independentemente de seu objeto, considera-se empresária a sociedade por ações; e, simples, a cooperativa". Com efeito, não deixa de aparecer situação bastante curiosa e decididamente muito estranha. A título apenas de exemplo, imagine-se determinada sociedade que, com base nas atividades constantes de seu objeto social, deveria ser simples, mas que acaba sendo constituída segundo o tipo da sociedade anônima: ela é simples ou empresária? Se for considerada simples, estará em conflito com o citado parágrafo único; mas, se ela for considerada empresária, estará em conflito com o citado

NOVO AMBIENTE: CÓDIGO UNIFICADO　　31

caput, que, de forma clara e indiscutível, autoriza a utilização do tipo societário em questão por parte de sociedade simples.

Entendo que, na hipótese ora em exame, a interpretação deva ser necessária e exclusivamente lógica, sem a menor preocupação com a análise gramatical dos dois textos legais, os quais podem ter sido o resultado de um banal cochilo por parte do legislador pátrio (pode acontecer a qualquer um). Minha interpretação está contida no citado livro *Empresa é Risco – Como Interpretar a Nova Definição*, mais precisamente em pequena abordagem que fiz da *holding* pura, contida no Capítulo VIII, pp. 247-248, sob o título "Definição de Empresário e Posicionamento da *Holding*".

2.5 Algumas normas de natureza complementar

O Código Civil/2002 contém ainda diversas normas complementares, regulando e às vezes definindo as sociedades coligadas, a liquidação das sociedades, a transformação, incorporação, fusão e cisão das sociedades, a sociedade dependente de autorização (nacional ou estrangeira), o estabelecimento, o registro, os prepostos (gerente, contabilista, outros auxiliares), a escrituração.

A inclusão de dispositivos gerais referentes às *sociedades coligadas* (controladas, filiadas ou de simples participação) é, a meu ver, sinal evidente de que, hoje, a figura da sociedade coligada pode surgir no âmbito de qualquer atividade empresarial, desde que tecnicamente possível. As normas sobre *liquidação das sociedades* (mais precisamente dissolução, liquidação e extinção) chegaram em boa hora, uma vez que as do velho Código Comercial eram tão antigas que não eram mais aplicáveis: imagine-se que o distrato das sociedades contratuais era celebrado no próprio ato da dissolução social e imediatamente levado a registro; a liquidação era realizada depois. Tal modo de agir podia ser admissível quando a sociedade contratual não dispunha de personalidade jurídica; mas quando, com o advento do primeiro Código Civil, foi outorgada personalidade a quase todas as sociedades, passou a ser inaceitável a realização de liquidação após o registro do distrato social.

O velho Código Comercial não continha dispositivos sobre *transformação, incorporação, fusão* e *cisão*; em conseqüência, as normas gerais sobre ditas figuras jurídicas incluídas no Código Civil/2002 vieram preencher notável lacuna e facilitar a vida das chamadas *sociedades contratuais*. Por outro lado, também neste caso, em minha opinião, a inclusão de dispositivos gerais referentes à

32 SOCIEDADES LIMITADAS

sociedade (nacional ou estrangeira) *dependente de autorização para funcionar* é sinal evidente de que, hoje, tal figura jurídica pode surgir no âmbito de qualquer atividade empresarial, tanto no país como no exterior, desde que ausentes restrições, quanto ao tipo societário ou quanto ao objeto.

Muito oportunamente, o Código/2002 incluiu em seu texto alguns dispositivos (arts. 1.142-1.149) sobre o *estabelecimento*, que ficou assim definido: "Considera-se estabelecimento todo complexo de bens organizado, para exercício da empresa, por empresário, ou por sociedade empresária" (art. 1.142). Quanto ao *registro*, o Código/2002 estabelece que as atividades empresariais (exercidas por empresários e por sociedades empresárias) se vinculam ao Registro Público de Empresas Mercantis, que fica a cargo das Juntas Comerciais; ao passo que as atividades não-empresariais (desde que exercidas por sociedades, melhor dizendo, por todos os tipos de sociedade simples, mesmo que adotada uma das formas de sociedade empresária) se vinculam ao Registro Civil das Pessoas Jurídicas, em São Paulo executado nos mesmos cartórios do Registro de Títulos e Documentos.

O Código/2002 conclui o Livro II da Parte Especial ("Do Direito de Empresa") com alguns dispositivos referentes aos prepostos e à escrituração. No tocante aos *prepostos*, convém ponderar que, ao que tudo indica, eles são os auxiliares – portanto, empregados – do empresário ou da sociedade empresária (note-se que, na hipótese de outorga de poderes cujo instrumento dependa de arquivamento ou averbação, o legislador só menciona o Registro Público de Empresas Mercantis), sendo todos, em conseqüência, a meu ver, regidos pela Consolidação das Leis do Trabalho e devendo todos, assim, ter registro em carteira. O legislador menciona, entre os prepostos, o *gerente*, definido nos seguintes termos: "Considera-se gerente o preposto permanente no exercício da empresa, na sede desta, ou em sucursal, filial ou agência" (art. 1.172). Tal gerente não deve, ao que me parece, ser confundido com as antigas figuras de *sócio-gerente* e de *gerente-delegado*, as quais ficavam na posição de administradores e representantes da empresa, com os mais amplos poderes. De forma que o atual *gerente-preposto* não passa de empregado da empresa, regido pela Consolidação das Leis do Trabalho e com registro em carteira, mesmo que disponha de notáveis poderes, outorgados mediante especial instrumento, devidamente registrado, e seja tido como chefe de todos os demais prepostos. Voltarei a este delicado assunto, com maiores e mais esclarecedores detalhes, no último capítulo.

Capítulo II
Considerações Preliminares

1. Legislação aplicável em sentido global: 1.1 Informações sobre a origem do tipo societário – 1.2 Aplicação de normas classificáveis como gerais: 1.2.1 Dispositivos de cunho geral e sobre sociedades coligadas – 1.2.2 Dispositivos sobre liquidação e conseqüente extinção – 1.2.3 Dispositivos sobre transformação, incorporação, fusão e cisão – 1.2.4 Dispositivos sobre sociedade dependente de autorização – 1.2.5 Dispositivos sobre estabelecimento, registro, nome empresarial – 1.3 Aplicação de normas classificáveis como específicas: 1.3.1 Dispositivos sobre capital e sua divisão em quotas – 1.3.2 Dispositivos sobre administração e respectivo exercício – 1.3.3 Dispositivos sobre conselho fiscal e seu funcionamento – 1.3.4 Dispositivos sobre como os sócios deverão deliberar – 1.3.5 Dispositivos sobre como aumentar e reduzir o capital – 1.3.6 Dispositivos sobre exclusão de sócios e sobre dissolução – 1.4 Aplicação de normas classificáveis como supletivas. 2. Não é necessariamente sociedade empresária: 2.1 Comentários com base nos princípios gerais estruturais – 2.2 Comentários com base nas normas do direito positivo. 3. Trata-se de sociedade de pessoas ou de capitais? 3.1 Algumas considerações sobre definições gerais – 3.2 Algumas considerações sobre definições específicas: 3.2.1 O nome empresarial pode ser firma ou denominação – 3.2.2 A responsabilidade dos sócios é limitada mas solidária – 3.2.3 A administração pode ser confiada a sócios ou não – 3.2.4 A entrada de herdeiros pode ser impedida ou não – 3.2.5 Minha presente opinião pessoal sobre este assunto – 3.3 Nem sempre se está diante de limitadas verdadeiras: 3.3.1 Limitada ostentando capital sobejamente grande – 3.3.2 Limitada composta de notável número de sócios – 3.3.3 Limitada operando como empresa multinacional – 3.4 Oferecimento de sugestão minha aos estudiosos. 4. Não foi criada para ser empresa grande: 4.1 Algumas considerações de cunho jurídico – 4.2 Algumas considerações de cunho econômico.

34 SOCIEDADES LIMITADAS

1. Legislação aplicável em sentido global

1.1 Informações sobre a origem do tipo societário

No decorrer do século XIX ainda era bastante comum (observe-se que não me refiro apenas ao Brasil) a existência, de um lado, de sociedades classificadas como sendo *de pessoas* (caracterizadas pela simplicidade de sua constituição e de seu funcionamento, mas também pela responsabilidade ilimitada de alguns ou de todos os seus sócios, no tocante às obrigações sociais) e, de outro, de sociedades classificadas como sendo *de capitais* (caracterizadas por considerável complexidade em sua constituição e em seu funcionamento, mas de igual forma por notável limitação da responsabilidade de seus sócios, no tocante às obrigações sociais). Entre as primeiras devia ser vista como tipo básico a chamada *sociedade em nome coletivo*, cujos sócios, independentemente da quota subscrita, com relação ao capital social, respondiam (aliás, continuam respondendo) em caráter ilimitado e solidário, ainda que subsidiário, por todas as obrigações da sociedade; entre as segundas devia ser vista como tipo básico a *sociedade anônima* ou *companhia*, cujos sócios respondiam (aliás, continuam respondendo) tão-somente por suas subscrições individuais, no âmbito do capital social.

A chamada *Revolução Industrial*, contudo, acabou favorecendo o surgimento, no âmbito das atividades mercantis, de mentalidade nova, que começou a reclamar a existência de mais um tipo societário que tivesse condições de aliar, ainda que em parte, as vantagens das sociedades de pessoas às das sociedades de capitais. O preconizado tipo novo apareceu no fim do século XIX, como s*ociedade de pessoas com responsabilidade limitada dos sócios*. Onde e quando apareceu?

Segundo Rubens Requião (*Curso de Direito Comercial*, vol. I, p. 310), o aparecimento da *sociedade por quotas de responsabilidade limitada* está envolto em viva controvérsia, eis que uns consideram tal tipo societário de origem britânica, ao passo que outros, de origem alemã; sendo que a divergência é devida ao uso que a legislação inglesa fez da expressão *limited*, nisso acompanhada pela legislação francesa, que, em 1863, instituiu sociedade anônima impropriamente denominada *société à responsabilité limitée*. O ilustre Mestre paranaense conclui: "Afastadas assim as leis inglesas e a lei francesa, como geratrizes da nova espécie de sociedade, essa láurea cabe ao Direito Germânico, que modelou um novo tipo de sociedade" (p. 312).

CONSIDERAÇÕES PRELIMINARES 35

Da mesma opinião é Fran Martins, que informa, com grande clareza. "De fato, existindo, na Alemanha, o mesmo problema econômico, um grande movimento legislativo se operou a fim de ser criado um tipo de sociedade capaz de atender aos interesses do comércio. E nisso se diferencia o modo de introdução dessas sociedades no Direito Inglês e no Direito Continental.

Enquanto na Inglaterra as *private companies* foram, primeiramente, organizadas pelos comerciantes, como sociedades de fato e sem personalidade jurídica, na Alemanha, sem que houvesse essa prática, procurou-se legislar sobre o assunto, traçando todas as normas necessárias para que a nova sociedade pudesse cumprir as suas finalidades econômicas e, ao mesmo tempo, caracterizar-se, juridicamente, como uma sociedade autônoma dentro do quadro das sociedades comerciais" (*Sociedades por Quotas no Direito Estrangeiro e Brasileiro*, vol. I, pp. 18-19).

Com a mesma clareza e igual simplicidade, o ilustre Mestre cearense continua: "O incentivador desse movimento foi o deputado Oechelhaeuser, por ocasião da reforma do direito alemão das sociedades, nos fins do século passado. Ouvindo as Câmaras de Comércio sobre o assunto, declarando-se essas favoráveis à criação de um novo tipo de sociedades para atender àquele problema econômico, Oechelhaeuser debateu a questão no Parlamento. E sua ação foi tão decisiva que o Governo formulou um projeto de lei instituindo as 'sociedades de responsabilidade limitada' (*Gesellschaft mit beschränkter Haftung*), que, amplamente discutido, foi, finalmente, transformado em lei, promulgada em 20.4.1892. Tinha nascido, nesse momento, no campo do Direito legislado, um novo tipo de sociedades comerciais, destinado a se expandir por todo o mundo e a preencher relevante papel econômico, favorecendo, grandemente, o desenvolvimento do comércio".

Digno de nota – para futuras conclusões sobre o assunto em questão – é, a meu ver, comentário que Rubens Requião faz, no mesmo volume, com base em Villemor do Amaral: "Narra, ainda, aquele jurista que, desde 1882, se procurava remediar, na Alemanha, o mal de que se dizia ressentir-se o comércio do país, pela falta de uma forma de sociedade que, sem o aparato e as dificuldades de constituição das sociedades anônimas, pudesse reduzir a responsabilidade de seus associados à importância do capital social. Nesse sentido, o deputado Oechelhaeuser, que foi um dos principais promotores da lei sobre as sociedades alemãs, preconizava a criação de uma forma de sociedade de pessoas, a qual se aproximasse, pela sua estrutura interior, das sociedades em nome coletivo, e delas se distinguisse pela redução da

36 SOCIEDADES LIMITADAS

responsabilidade de seus sócios à soma do capital" (Rubens Requião, *Curso de Direito Comercial*, vol. I, p. 312).

O segundo país a adotar, nove anos depois, o novo tipo societário comercial foi Portugal, cuja lei específica a respeito da matéria, de 1901, segue bastante a lei alemã, com algumas divergências e também com nome ligeiramente diferente: "sociedade por quotas, de responsabilidade limitada".

No Brasil a *sociedade limitada* foi primeiramente incluída, sob inspiração da lei portuguesa a que acabo de aludir, no Projeto de novo Código Comercial apresentado, em 1912, por Inglês de Souza; Projeto, esse, que, no entanto, nunca logrou aprovação no Congresso Nacional, visto como o velho Código Comercial de 1850 foi mantido ao longo do inteiro século XX. Foi esse o motivo pelo qual, em 1918, o deputado e jurista Joaquim Luís Osório apresentou, com estranha pressa, projeto de lei visando a permitir a constituição de sociedades por quotas, de responsabilidade limitada. O referido projeto, que foi elaborado com base no texto de Inglês de Souza, deveria ter sido, segundo a praxe, calmamente discutido e emendado no Congresso Nacional. Tal não aconteceu, porém, uma vez que, de maneira inexplicável, teve ele tramitação bastante rápida, e acabou sendo aprovado com redação igual à inicial, transformando-se no Decreto 3.708, de 10.1.1919, o qual foi publicado no *DOU* do dia 15 do mesmo mês, entrando em vigor com força de lei, apesar de denominado "decreto", pois que aprovado pelo Congresso Nacional e apenas sancionado pelo chefe do Estado.

O Decreto 3.708/1919 constituiu, por quase um século, a legislação básica brasileira regulando o surgimento, o funcionamento e o término das sociedades por quotas, de responsabilidade limitada. Não foi pacífica sua longa existência, uma vez que foi objeto de contínuas e insistentes críticas, sendo amiúde considerado verdadeiro desafio para a inteligência dos intérpretes, em razão das imperfeições técnicas de linguagem, dos dispositivos obscuros, das manifestas lacunas. Quanto a estas últimas, sempre muito importantes para fins de interpretação, mais precisamente para fins de escolha da legislação subsidiária que deveria ser aplicada, houve constantes dúvidas a respeito do alcance das normas contidas no velho Código Comercial e na legislação sobre sociedades anônimas. Com o advento do Código Civil/2002 a situação melhorou bastante, uma vez que a matéria recebeu sistematização bem mais racional; na atualidade, com efeito, no tocante ao tipo societário que é objeto deste estudo, e que passou a ser indicado, em termos mais simples e práticos, mediante o uso da expressão "sociedade limitada", há, com clareza: normas gerais (de aplicação bastante

CONSIDERAÇÕES PRELIMINARES 37

ampla e pertencentes, com algumas exceções, a inteiras categorias de figuras jurídicas), normas específicas (aplicáveis tão-somente à sociedade limitada) e normas supletivas (aplicáveis à limitada em caráter meramente subsidiário, por livre e espontânea decisão dos sócios em seu instrumento contratual).

1.2 Aplicação de normas classificáveis como gerais

Entendo por *normas gerais*, em primeiro lugar, aquelas que o Código/2002 destinou a todas as pessoas jurídicas de direito privado, portanto também às sociedades personificadas e, em última análise, à própria sociedade limitada. Encontram-se elas contidas nos arts. 45 a 52, dispondo a respeito dos seguintes assuntos: começo da existência legal; registro; alcance dos atos dos administradores; decisões de administração coletiva; vacância dos cargos administrativos; abuso da personalidade jurídica; dissolução; liquidação; cancelamento de inscrição; direitos da personalidade.

Em segundo lugar, entendo devam ser apontadas como normas gerais as destinadas às associações, nos termos do art. 44, parágrafo único, que estabelece: "As disposições concernentes às associações aplicam-se, subsidiariamente, às sociedades que são objeto do Livro II da Parte Especial deste Código"; tal Livro II trata das atividades econômicas, abrangendo, em conseqüência, também a sociedade limitada. Cuidam das referidas normas sobre associações os arts. 54 a 61, os quais dispõem a respeito dos seguintes assuntos: cláusulas essenciais do estatuto; direitos do associado; qualidade de associado; titularidade de quota ou fração ideal do patrimônio; exclusão de associado; exercício de direito ou função conferido a associado; competências, deliberações e convocação da assembléia-geral; dissolução da associação; destinação do remanescente do patrimônio líquido.

Em terceiro lugar, é preciso apontar como normas gerais as destinadas à espécie societária de fins econômicos e de natureza não-empresarial indicada com o nome de "sociedade simples", nos termos da legislação específica da própria sociedade limitada, que, no art. 1.053, *caput*, estabelece: "A sociedade limitada rege-se, nas omissões deste Capítulo, pelas normas da sociedade simples". Cuidam das referidas normas sobre sociedade simples os arts. 997 a 1.038, os quais dispõem a respeito dos seguintes assuntos: contrato social; direitos e obrigações dos sócios; administração social; relações com terceiros; resolução da sociedade em relação a um sócio; dissolução.

38 SOCIEDADES LIMITADAS

Em quarto lugar, cumpre apontar como normas gerais as destinadas a todas as sociedades de fins econômicos, empresariais e não-empresariais, por constituir a limitada uma forma societária utilizável, mediante escolha de todo livre, tanto no plano empresarial como no não-empresarial. Tais normas foram agrupadas pelo Código/2002 em vários capítulos, sob estes títulos: "Disposições Gerais", "Sociedades Coligadas", "Liquidação", "Transformação, Incorporação, Fusão e Cisão", "Sociedade Dependente de Autorização", "Estabelecimento", "Registro", "Nome Empresarial". Passo a analisar brevemente o conteúdo de cada um dos referidos capítulos.

1.2.1 Dispositivos de cunho geral e sobre sociedades coligadas

As respectivas normas estão contidas: nos arts. 981 a 985 (os quais dispõem a respeito dos seguintes assuntos: definição da sociedade econômica em geral; gêneros de sociedades econômicas; constituição de cada gênero; exercício de atividade própria de empresário rural e inscrição no Registro Público de Empresas Mercantis); e nos arts. 1.097 a 1.101 (os quais dispõem a respeito dos seguintes assuntos: definição de sociedades coligadas e de suas espécies, que são a sociedade controlada, a sociedade filiada e a sociedade de simples participação; fixação de limite para participação recíproca; conseqüências da não-observância de tal limite).

1.2.2 Dispositivos sobre liquidação e conseqüente extinção

As respectivas normas estão contidas nos arts. 1.102 a 1.112, os quais dispõem a respeito dos seguintes assuntos: investidura do liquidante; deveres, obrigações, responsabilidade e poderes do liquidante; representação social; pagamento das dívidas; partilha do remanescente; prestação de contas; encerramento; dissidência; direito de credor não-satisfeito; liquidação judicial.

1.2.3 Dispositivos sobre transformação, incorporação, fusão e cisão

As respectivas normas estão contidas nos arts. 1.113 a 1.122, os quais dispõem a respeito dos seguintes assuntos: definição e deliberação da transformação; direitos dos credores; falência da

CONSIDERAÇÕES PRELIMINARES 39

sociedade transformada; definição e deliberações da incorporação; nomeação dos peritos e avaliação patrimonial; aprovação dos atos e extinção da incorporada; definição e deliberações da fusão; nomeação dos peritos e avaliações patrimoniais; aprovação dos laudos, decisões finais; constituição da nova sociedade; anulação de atos por credores anteriores; falência da sociedade incorporadora, da sociedade nova ou da sociedade cindida.

1.2.4 Dispositivos sobre sociedade dependente de autorização

As respectivas normas estão contidas nos arts. 1.123 a 1.133, os quais dispõem a respeito dos seguintes assuntos: competência, prazo e cassação; definição de sociedade nacional; ações nominativas; mudança de nacionalidade; requerimento, documentos, escritura pública; alterações no contrato ou estatuto; recusa da autorização; decreto de autorização e publicação; registro da sociedade; subscrição pública do capital; aprovação das alterações.

1.2.5 Dispositivos sobre estabelecimento, registro, nome empresarial

As respectivas normas (as quais são, ao que me parece, de natureza complementar) estão contidas: nos arts. 1.142 a 1.149, os quais dispõem a respeito do estabelecimento do empresário ou da sociedade empresária; nos arts. 1.150 a 1.154, os quais dispõem a respeito de um dúplice registro, uma vez que atinge, de um lado, o empresário ou a sociedade empresária e, de outro, a sociedade simples; e nos arts. 1.155 a 1.168, os quais dispõem a respeito do nome empresarial (portanto, do empresário e das diversas sociedades empresárias).

1.3 Aplicação de normas classificáveis como específicas

Entendo por *normas específicas* todas aquelas que o Código Civil/2002 destinou única e exclusivamente ao tipo societário denominado "sociedade limitada", e que se encontram nos arts. 1.052 a 1.087, os quais, em diversas seções, contêm, primeiramente, curtas "Disposições Preliminares" (sobre responsabilidade dos sócios, omissões, normas supletivas e conteúdo do contrato) e, depois, detalhadas disposições sobre: "Quotas", "Administração", "Conselho Fiscal",

40 SOCIEDADES LIMITADAS

"Deliberações dos Sócios", "Aumento e Redução do Capital", "Resolução da Sociedade em Relação a Sócios Minoritários" e "Dissolução". Passo a analisar brevemente o conteúdo de cada uma destas últimas seções.

1.3.1 Dispositivos sobre capital e sua divisão em quotas

Conjunto de normas dispondo a respeito de: divisão do capital; estimação de bens; inexistência de serviços; indivisibilidade das quotas; condomínio de quota; responsabilidade de condômino; cessão de quota; eficácia da cessão; exclusão de sócio remisso; reposição de lucros.

1.3.2 Dispositivos sobre administração e respectivo exercício

Conjunto de normas dispondo a respeito de: número de administradores; todos os sócios administradores; administradores não-sócios; designação em separado; prazo para posse; averbação da nomeação; destituição ou término do prazo; *quorum* para destituição; averbação da cessação do exercício; eficácia da renúncia; uso do nome social; inventário e balanços anuais.

1.3.3 Dispositivos sobre conselho fiscal e seu funcionamento

Conjunto de normas dispondo a respeito de: características do órgão; quem não pode dele fazer parte; eleição por minoritários; termo de posse; prazo do termo; remuneração; atribuições e deveres; exclusividade das atribuições; responsabilidade; assistência de contabilista.

1.3.4 Dispositivos sobre como os sócios deverão deliberar

Conjunto de normas dispondo a respeito de: matérias que dependem de deliberação; reunião ou assembléia; convocação feita pelos administradores; existência de mais de 10 sócios; dispensa das formalidades de convocação; deliberação por escrito, sem reunião ou assembléia; urgência para requerer recuperação judicial; vinculação de todos os sócios; convocação feita por outros; *quorum* de instala-

CONSIDERAÇÕES PRELIMINARES 41

ção; representação de sócio; interesse pessoal na votação; mesa diretora; assinatura de ata; registro de cópia; entrega de cópia a sócio; *quorum* de deliberação; dissidência de sócio e direito de retirada; obrigatoriedade de assembléia anual; ordem-do-dia; documentos à disposição dos sócios; procedimento de realização; exoneração de responsabilidade; prazo para requerer anulação; disposições para realização de reuniões; deliberações infringentes.

1.3.5 *Dispositivos sobre como aumentar e reduzir o capital*

Conjunto de normas dispondo a respeito de: aumento após integralização das quotas; preferência dos sócios para subscrição; cessão do direito de preferência; subscrição total e modificação do contrato; razões para redução do capital; perdas irreparáveis e diminuição do valor das quotas; excesso de capital e restituição parcial do valor das quotas; prazo para oposição de credores quirografários; eficácia por ausência de impugnações ou por pagamento da dívida ou por depósito judicial; averbação, no registro, da ata contendo a aprovação da redução.

1.3.6 *Dispositivos sobre exclusão de sócios e sobre dissolução*

Conjunto de normas dispondo a respeito de: resolução da sociedade em relação a sócios minoritários, mais precisamente, exclusão de sócios minoritários pela maioria, por atos graves; determinação em reunião ou assembléia convocada para tal fim; direito de defesa; liquidação da respectiva quota; redução do capital; pagamento em dinheiro; ulteriores responsabilidades; causas de dissolução.

1.4 *Aplicação de normas classificáveis como supletivas*

Na legislação anterior ao Código Civil/2002 também havia, com relação à "sociedade por quotas, de responsabilidade limitada", normas supletivas, as quais podiam ser procuradas na chamada Lei das Sociedades Anônimas. Mas havia, nisso, notável e curioso complicador: a ausência absoluta de clareza no citado Decreto 3.708/1919, mais precisamente em seu art. 18, que dispunha: "Serão observadas quanto às sociedades por quotas, de responsabilidade limitada, no que não for

42   SOCIEDADES LIMITADAS

regulado no estatuto social, e na parte aplicável, as disposições da Lei das Sociedades Anônimas". Surgiam logo duas dúvidas. Em primeiro lugar, como poderia a Lei das Sociedades Anônimas ser supletiva do contrato social? Não deveria sê-lo do Decreto 3.708/1919? Em segundo lugar, como se deveria distinguir, com segurança ao menos relativa, a parte aplicável da parte não-aplicável?

Com relação à primeira dúvida, fiz notar, naquela época, que as sociedades contratuais, por muitos ditas "de pessoas", nunca haviam sido consideradas instituições e tratadas como tais. Em conseqüência, o legislador pátrio nunca havia demonstrado preocupação em editar grande número de normas a respeito de seu funcionamento, limitando-se a fixar umas poucas normas essenciais, e deixando a mais ampla margem possível à decisão dos sócios quanto ao resto. Por outro lado, em 1919 a sociedade limitada havia aparecido com duas importantes novidades que, em minha opinião, a haviam aproximado, ainda que em pequena parte, da sociedade anônima ou companhia: refiro-me à personalidade jurídica (que, poucos anos antes, havia sido outorgada a todas as sociedades comerciais) e à responsabilidade limitada (desconhecida, até então, para o quadro social inteiro de qualquer sociedade contratual). Havia-se tornado, assim, indispensável que determinadas normas, inexistentes ou mesmo superadas no velho Código Comercial e, por outro lado, absolutamente não previstas pelos sócios no contrato social, fossem aplicadas sem falta; com o quê se havia pensado na aplicação supletiva da legislação societária mais avançada. A título de exemplo, se o contrato social nada tivesse disposto a respeito de liquidação e extinção, deveriam ser aplicadas à hipótese as correspondentes normas contidas na Lei das Sociedades Anônimas, uma vez que a sociedade limitada, tendo personalidade jurídica e sócios respondendo limitadamente, não tinha a menor condição de ser liquidada e ser extinta de conformidade com normas obsoletas como as do Código Comercial.

A segunda dúvida guardava certa relação com a primeira, mas isso não tornava as coisas mais fáceis. Com efeito, a aparente simplicidade do texto do referido art. 18 esbarrava em obstáculo representado pela famosa expressão "na parte aplicável". Afinal, em que consistia, na prática, essa "parte aplicável"? Ao que me parecia, não existia critério seguro para defini-la. O que fazer, então?

Acabei sustentando, naquela mesma época, tese segundo a qual, para que se chegasse a conclusão relativamente clara e definida sobre

CONSIDERAÇÕES PRELIMINARES   43

o assunto, convinha lembrar que havia diferença entre as pessoas jurídicas na medida em que elas ostentassem natureza institucional ou natureza contratual. Nas primeiras, diante de seu altíssimo valor social, prevalecia a vontade do legislador; nas segundas, diante de seu menor valor social, prevalecia a vontade das partes contratantes. Estabelecida tal diferença, surgia certa conseqüência que me parecia de todo inevitável: a legislação das primeiras só poderia ser tida como aplicável às segundas na medida em que estas não ficassem desvirtuadas em sua natureza; pois eventual desvirtuamento seria flagrante contra-senso, uma vez que o legislador pátrio não tinha a menor condição de atribuir e ao mesmo tempo de retirar determinada natureza.

Na hipótese em questão, havia, de um lado, a sociedade anônima, pacificamente considerada de natureza institucional, e, de outro lado, a sociedade por quotas, de responsabilidade limitada, ainda pertencente à categoria de pessoa jurídica de natureza contratual. Esta última estava, sem dúvida, atravessando período de transição, registrando grandes transformações, com base nas quais estava assumindo cada vez mais as feições de pequena anônima. Tal assunção, contudo, nunca havia atentado contra as características essenciais do tipo societário, e sempre havia sido conseqüência de livre escolha das partes contratantes. Dessa forma, eu não via como pudessem inúmeros dispositivos legais extraídos da legislação que regulava a sociedade anônima, no âmbito da qual prevalecia a vontade do legislador, ser aplicados – sobretudo se à revelia das partes contratantes – à sociedade limitada, no âmbito da qual prevalecia justamente a vontade dessas mesmas partes contratantes.

Em minha opinião, pois, as normas da Lei das Sociedades Anônimas podiam e deviam ser aplicadas, desde que de cunho geral; melhor dizendo, desde que representassem solução para problemas que qualquer sociedade comercial tivesse. Não podiam, em conseqüência, ser aplicadas caso desvirtuassem a limitada em suas características essenciais. A título de exemplo, as normas sobre avaliação de bens, aumento ou redução do capital social, liquidação e extinção, transformação, fusão, incorporação e cisão podiam e deviam ser aplicadas; afinal, qualquer sociedade mercantil, independentemente de sua forma, podia vir a ter algum ou alguns dos problemas apontados, ou mesmo todos. Não podiam, porém, ser aplicadas normas próprias ou características do tipo "sociedade anônima", pois tal aplicação, por certo, desvirtuaria ou descaracterizaria o tipo "sociedade limitada".

As grandes transformações da limitada, no entanto, continuaram e, a certa altura, saíram de controle. Começaram, com efeito, a ser levadas a registro alterações contratuais introduzindo na limitada figuras como quotas sem valor nominal, quotas preferenciais sem voto, assembléias-gerais ordinárias e extraordinárias, complexos quadros administrativos, com conselho de administração e diretoria, o primeiro elegendo a segunda, e diversas outras coisas, todas bem características da sociedade anônima, revelando uma imaginação surpreendente e deslumbrantemente fértil, até então desconhecida por completo. Eu nunca concordei com tais comportamentos, por considerá-los fora dos padrões jurídicos normais. Afinal, Direito é ordem. Se, portanto, o Direito ordena as atividades econômicas, instituindo diversos tipos de sociedades, cada um com suas próprias características, é evidente, a meu ver, que tais características não podem de forma alguma ser embaralhadas, sob pena de surgir forma de confusão conceitual perigosíssima para a administração da vida em sociedade.

Como é que ficaram as coisas após o advento do Código Civil/2002? O art. 1.053, em seu parágrafo único, dispõe: "O contrato social poderá prever a regência supletiva da sociedade limitada pelas normas da sociedade anônima". Confesso que não foi do meu agrado o estilo aparentemente abrangente – e, note-se, abrangente em demasia – utilizado pelo legislador pátrio ao redigir a norma ora em exame. O motivo reside em que não existem mais as expressões "no que não for regulado no estatuto social, e na parte aplicável". Tal ausência pode funcionar como terrível estimulante para a imaginação fértil a que aludi pouco acima. Sim, porque, se a regência supletiva depender apenas da livre vontade dos sócios, e se não existirem limites para escolha dos dispositivos a serem utilizados supletivamente, como se poderá dizer aos referidos sócios que podem escolher certos dispositivos e não podem escolher certos outros? Falta um critério lógico. Uma tarefa dessas parece bem difícil.

Teria sido melhor se o dispositivo legal tivesse sido completado com a expressão "desde que a utilização destas não chegue a descaracterizar o tipo societário", ou outra equivalente. Convém, no entanto, ponderar que, de qualquer forma, com ou sem o acréscimo da expressão, o resultado não deixa de ser sempre o mesmo. Com efeito, não creio ser possível imaginar que o legislador pátrio, verdadeiro guardião do ordenamento jurídico do país, e, portanto, supremo responsável pela ordem reguladora da vida em sociedade, possa primeiro – conforme já comentei – estabelecer diversos tipos societários, para em seguida permitir o livre e ilimitado embaralhamento das peculiaridades de

CONSIDERAÇÕES PRELIMINARES 45

cada tipo, com a inevitável conseqüência de poderem surgir tipos inesperada e completamente novos, englobando apenas vantagens, como, por exemplo, as vantagens da limitada e da anônima, ao mesmo tempo, sem qualquer desvantagem. Não haveria a menor lógica em tudo isso, nem unidade. De forma que a interpretação correta do novo dispositivo legal não pode, a meu ver, ser outra: o acréscimo por mim imaginado deve ser considerado como sendo de existência implícita. Aliás, o uso da palavra "supletiva" (a qual significa "que completa") é uma confirmação eloqüente de minha argumentação, eis que indica, com clareza, que a legislação da sociedade anônima deve limitar-se a completar. Completa-se algo incompleto: operação que exige que o objeto escolhido para completar tenha a mesma natureza do objeto a ser completado. Com o quê fica bem claro, em minha opinião, que a limitada só pode usar, como supletivas, normas da anônima que não a descaracterizem.

2. Não é necessariamente sociedade empresária

2.1 Comentários com base nos princípios gerais estruturais

É possível encontrar em magnífica monografia de autoria de Nelson Abrão (*Sociedade por Quotas de Responsabilidade Limitada*, 3ª ed., pp. 31-32) determinado enfoque que, ao menos à primeira vista, pode até mesmo parecer um tanto curioso. Chega ele a sustentar que, se alguma dúvida houvesse acerca da comercialidade da sociedade por quotas, ela seria definitivamente afastada pelo uso da expressão "limitada". A observação vem a propósito de que certas sociedades, principalmente prestadoras de serviços, se rotulam de civis, mas acrescentam o termo "limitada", pretendendo, com isso, não só escapar ao caráter comercial – e, portanto, do procedimento da falência – como também restringir a responsabilidade dos sócios à sua contribuição ao capital social. Ora, o emprego da expressão "limitada" confere caráter comercial a quem quer que exerça, coletivamente, uma atividade de conteúdo econômico, porquanto a limitação da responsabilidade é fenômeno tipicamente mercantil, inexistindo na esfera civil, onde o devedor responde com a totalidade de seus bens, pois é princípio informador do direito das obrigações aquele segundo o qual "o patrimônio do devedor responde por suas dívidas", consagrado legislativamente pelo modelo dos códigos modernos, o Código Civil italiano (art. 2.740). Até aqui o comentário do professor Nelson Abrão, no livro citado; comentário esse por ele concluído pouco

46 SOCIEDADES LIMITADAS

depois, no mesmo livro, ao afirmar que, aposto o termo "limitada", ainda que acompanhado da incorreta expressão "sociedade civil", há uma sociedade por quotas de responsabilidade limitada, sujeita, em conseqüência, à falência, pouco importando o registro em Cartório de Títulos e Documentos, e não na Junta Comercial, dado que o caráter de nosso Direito, para atribuir a qualidade de empresário, é realista, e não formalista, ou seja, independe de registro.

Sempre tive grande simpatia e estima pelo saudoso professor Nelson Abrão, advogado e jurista brasileiro entre os mais respeitados, porque nunca deixou de aliar, a notáveis qualidades humanas, saber jurídico do mais alto nível. Por isso, apesar da posição contrária por mim anteriormente defendida, acabei refletindo, durante longos anos, sobre as afirmações acima citadas, desejoso de compreendê-las em profundidade e em sua verdadeira essência. A prolongada reflexão foi benéfica, permitindo-me ver, afinal, as posições do ilustre Mestre paulista com outros olhos, ao menos no que diz respeito às linhas estruturais do nosso ordenamento jurídico. É esse o motivo pelo qual quero aproveitar a presente oportunidade para tentar fazer justiça ao eminente jurista, muito embora meu referido ponto de vista anterior não tenha, a rigor, sofrido qualquer mudança realmente substancial.

Há certa lógica na posição do professor Abrão. Em verdade, ao que tudo indica, nosso ordenamento jurídico deveria ter evoluído de forma diferente, mais em consonância com os princípios históricos que o regem. Com efeito, as atividades econômicas, não sendo unitárias, não têm todas a mesma natureza e as mesmas características, havendo, assim, grande diferença entre, de um lado, as atividades empresariais, outrora ditas comerciais, e, de outro, as atividades não-empresariais, outrora ditas civis, uma vez que – conforme ressaltei em meu livro *Empresa É Risco – Como Interpretar a Nova Definição*, já mencionado – as primeiras dependem da aplicação maciça de capital, ao passo que as segundas se fundamentam na prestação de serviços de cunho eminentemente pessoal.

Serviços de cunho pessoal são dificilmente quantificáveis, tanto assim que, na hipótese de as respectivas atividades serem exercidas por sociedades, estas, para terem alguma chance de êxito, costumam resultar da união de pessoas recrutadas entre membros da mesma categoria ou de categorias equivalentes; sendo que, a rigor, tais pessoas deveriam ter igual peso na estrutura societária. Ao passo que a necessidade maciça de capital faz surgir situação bem diferente, pois, no eventual exercício da atividade por sociedades, estas costumam resultar da união de pessoas em posição de desigualdade, pelo fato

CONSIDERAÇÕES PRELIMINARES 47

de umas possuírem mais capital, outras menos. É este, a meu ver, o verdadeiro sentido da expressão "sociedade de capitais", a qual, no fundo, denuncia a existência de um novo equilíbrio societário, fundamentado não mais no número de pessoas de igual peso, como deveria ser, mas no número de parcelas de capital de igual valor (refiro-me aqui à parcela mais típica: a ação), conforme a economia exige.

Por outro lado, a personalidade jurídica, ao menos quando atinge atividades econômicas, nunca deveria ter como resultado a redução da responsabilidade de cada membro do agrupamento. Afinal, a responsabilidade ilimitada de cada agente pelas conseqüências negativas de tudo o que ele faz deveria ser princípio sagrado e inviolável em qualquer situação da vida em sociedade, sobretudo nas situações econômicas; e ocorre que, a rigor, a pessoa jurídica não passa de ficção, que encobre o comportamento de pessoas que, em última análise, são físicas e que atuam diretamente ou por meio de outras pessoas físicas, por elas eleitas ou nomeadas. Por que, então, foi idealizada, e introduzida na legislação do país, a *personalidade jurídica*? Em minha opinião, apenas e tão-somente para que, com finalidades de cunho altamente social, fosse facilitada a administração dos agrupamentos em geral.

As atividades comerciais (hoje, ditas empresariais) corriam, porém, riscos enormes e, ao mesmo tempo, eram importantes demais para o desenvolvimento da economia do país. Os respectivos agentes, assim, começaram a lutar para que houvesse redução de responsabilidade não apenas para os grandes empreendimentos (veja-se a sociedade anônima), mas também para os médios e os pequenos. Por fim, venceram em parte (pois o comerciante individual continuou com sua responsabilidade ilimitada), conseguindo a referida redução para uma nova sociedade contratual, a *limitada*, utilizável para médios e pequenos empreendimentos. Mas a luta foi dos comerciantes ou empresários, e teve motivos de alto interesse para o país, pois agilizou as atividades comerciais, em benefício da inteira economia nacional. Em tais condições, creio que o resultado deva ser considerado autêntica exceção, aplicável apenas a eles (não se pode negar que, no fundo, em todas as atividades comerciais há capitais operando, não pessoas físicas). Em resumo, sou de opinião que, a rigor, ao menos em termos de princípios gerais estruturais, o legislador pátrio, por uma questão de coerência, talvez não devesse ter estendido a redução da responsabilidade dos sócios da sociedade limitada aos sócios de sociedades operando na esfera das atividades econômicas não-empresariais.

48 SOCIEDADES LIMITADAS

2.2 Comentários com base nas normas do direito positivo

No entanto, ao que tudo indica, não foi exatamente o que aconteceu; pois, pela maneira com que nosso direito positivo evoluiu (ainda que, eventualmente, tal evolução possa ser considerada um tanto incoerente), ficou bastante claro que o legislador pátrio teve preocupações bem diferentes: de um lado, a de estender a limitação da responsabilidade dos sócios a toda a economia, portanto também às atividades de natureza não-empresarial (outrora ditas civis); de outro, a de confirmar e fortalecer o fenômeno da crescente consolidação das sociedades em geral como pessoas jurídicas. Prevaleceu, em conseqüência, a força administrativa da ficção, ao ficar consagrado, em caráter definitivo, o princípio de que as pessoas jurídicas têm existência distinta da dos seus membros (Código Civil anterior, art. 20, *caput*); e significando isso, na prática, que, salvo exceções legais expressas, a responsabilidade por obrigação assumida pela pessoa jurídica só atinge a esta, não a seus membros, meros terceiros estranhos à relação entre a pessoa jurídica e seus credores. O que acabo de afirmar pode ser claramente encontrado no Código Civil, tanto no anterior como no atual.

O art. 1.364 do Código Civil anterior (Lei 3.071, de 1.1.1916) estabelecia: "Quando as sociedades civis revestirem as formas estabelecidas nas leis comerciais, entre as quais se inclui a das sociedades anônimas, obedecerão aos respectivos preceitos, no em que não contrariem os deste Código; mas serão inscritas no Registro Civil, e será civil o seu foro". Após certo tempo o dispositivo legal não mais vigorava em seus precisos termos. Com efeito, à parte o fato que havia cessado o foro especial para as sociedades comerciais, passara a vigorar norma segundo a qual, qualquer que fosse seu objeto, a sociedade anônima ou companhia seria mercantil, e se regeria pelas leis e usos do comércio (Lei 6.404, de 15.12.1976, art. 2º, § 1º), devendo, inclusive, arquivar, em conseqüência, seus atos constitutivos e alterações sempre na Junta Comercial. Tanto assim que a Lei 6.015, de 31.12.1973 (com as alterações posteriores), em seu art. 114, II, dispunha, taxativa e claramente, que no Registro Civil de Pessoas Jurídicas seriam inscritas também as sociedades civis que revestissem as formas estabelecidas nas leis comerciais, exceto as sociedades anônimas.

Parece-me, pois, insofismável a seguinte conclusão: o direito positivo brasileiro anterior ao Código Civil/2002 admitia, sem problemas, que as sociedades de fins econômicos tivessem natureza civil e

CONSIDERAÇÕES PRELIMINARES 49

forma comercial, desde que excluída a forma "anônima". Ocorre que "anônima" e "limitada" – embora a segunda, ao longo do tempo, se tivesse aproximado bastante da primeira – continuavam sendo formas societárias de tipo diferente, a tal ponto que não podia haver a menor confusão entre uma e outra. Com o quê – e visto que a exceção atingia apenas a "anônima" – tornava-se indiscutível que a forma "limitada" poderia ser tranqüilamente adotada por sociedade civil, a qual não deixava, por isso, de ser civil, devendo ser tratada como tal, quer quanto ao registro, quer quanto à falência.

O Código Civil/2002 confirmou o entendimento acima, e o fez de uma forma ainda mais explícita e precisa. Com efeito, em seu art. 982, ele, em primeiro lugar, define:

"Art. 982. Salvo as exceções expressas, considera-se empresária a sociedade que tem por objeto o exercício de atividade própria de empresário sujeito a registro (art. 967); e, simples, as demais.

"Parágrafo único. Independentemente de seu objeto, considera-se empresária a sociedade por ações; e, simples, a cooperativa."

Logo em seguida, em seu art. 983, *caput*, estabelece: "A sociedade empresária deve constituir-se segundo um dos tipos regulados nos arts. 1.039 a 1.092; a sociedade simples pode constituir-se de conformidade com um desses tipos, e, não o fazendo, subordina-se às normas que lhe são próprias".

Percebe-se que a sociedade não-empresária, indicada pelo legislador pátrio como *simples*, dispõe, em sua forma típica, de legislação própria. Só que ela não tem a obrigação de adotar a forma típica estabelecida pela legislação que lhe é própria: poderá livremente adotar uma das formas criadas para abrigar as sociedades empresárias. Tais formas são: sociedade em nome coletivo, sociedade em comandita simples, sociedade limitada e sociedades por ações, que são a sociedade anônima ou companhia e a sociedade em comandita por ações. Não se perca de vista que, se a sociedade simples adotar uma das formas das sociedades por ações, ela automaticamente deixará de ser simples, devendo passar a agir e a ser tratada como sociedade empresária. Mas, se ela adotar uma das demais formas de sociedade empresária (portanto: em nome coletivo, em comandita simples e limitada), continuará sendo simples, devendo comportar-se e ser tratada como simples.

Em conclusão, a sociedade limitada constitui forma societária que pode ser utilizada para o exercício de atividades econômicas em geral, isto é, tanto de atividades empresariais como de atividades

50 SOCIEDADES LIMITADAS

não-empresariais. Se ela for utilizada para o exercício de atividades empresariais, será sociedade empresária, vinculada ao Registro Público de Empresas Mercantis (Junta Comercial); ao passo que, se ela for utilizada para o exercício de atividades não-empresariais, será sociedade simples, vinculada ao Registro Civil das Pessoas Jurídicas (muito embora este último deva, no caso específico, ora em exame, observar as mesmas disposições válidas para o registro empresarial).

Note-se que, confirmando dito entendimento, o Código/2002 inova, em seu art. 997, VIII, ao dispor, com relação à sociedade simples: "A sociedade constitui-se mediante contrato escrito, particular ou público, que, além de cláusulas estipuladas pelas partes, mencionará: (...) VIII – se os sócios respondem, ou não, subsidiariamente, pelas obrigações sociais". Percebe-se que, hoje, até mesmo no âmbito da sociedade simples, que é a mais típica sociedade não-empresarial, a existência de responsabilidade subsidiária dos sócios pelas obrigações sociais depende de livre decisão dos mesmos sócios; podendo tal tipo de responsabilidade, em conseqüência, nem sequer existir. Nesta última hipótese, ao que tudo indica, surge o fenômeno da responsabilidade limitada em esfera que não é empresarial.

Aliás, afirmações como "a limitação da responsabilidade é fenômeno tipicamente mercantil", "inexistindo na esfera civil, onde o devedor responde com a totalidade de seus bens" e "o patrimônio do devedor responde por suas dívidas" parecem-me, mesmo nos tempos estranhos de hoje, um pouco fortes, podendo, inclusive, gerar certa confusão. Com efeito, também na esfera comercial o devedor responde sempre com a totalidade de seus bens: o titular de empresa individual responde com seu patrimônio inteiro; a sociedade empresária também. A posição dos sócios com relação à respectiva sociedade e aos credores desta é coisa diversa, algo que atualmente não mais se confunde com a posição da própria sociedade como devedora. Afinal, as sociedades, de forma geral, estão deixando, no fundo, de ser verdadeiras sociedades, para aos poucos virarem autênticas organizações, as quais têm estrutura e funcionamento que, sem dúvida, obedecem a princípios novos, bem diferentes. Em conseqüência disso tudo, a consolidação da idéia da *personalidade jurídica* é, a meu ver, uma coisa boa para o Direito: pois permite administrar mais facilmente as estruturas de tipo organizacional, ainda que tais estruturas não cheguem a ser complexas, sendo apenas embrionárias ou, mesmo, potenciais. Ora, se, no lugar de um agrupamento de pessoas físicas exercendo determinada atividade, surge uma pessoa nova, ainda que jurídica, englobando as

CONSIDERAÇÕES PRELIMINARES 51

referidas pessoas físicas, deve, por força de lógica, desaparecer a personalidade destas últimas, uma vez que, na vida em sociedade, em situações como a que foi descrita, as personalidades nunca se somam: sempre se substituem, para que não se corra o risco de elas criarem confusões danosas à convivência social.

3. Trata-se de sociedade de pessoas ou de capitais?

3.1 Algumas considerações sobre definições gerais

Com relação aos sistemas de classificação das velhas sociedades comerciais, sempre foi muito importante – porque bastante arraigado na mente de quantos tinham o hábito de lidar com as atividades mercantis – aquele que opunha as sociedades *de pessoas* às sociedades *de capitais*. Não se quer dizer, com isso, que possa haver sociedades só com pessoas, de um lado, e sociedades só com capitais, de outro: em verdade, os dois elementos estão necessariamente presentes em todas as sociedades empresárias, outrora ditas comerciais. Aliás, por mera curiosidade, fenômeno semelhante também surge nas sociedades não-empresárias, outrora conhecidas como sociedades civis de fins lucrativos, atingindo até mesmo as associações, as quais nem sequer têm fins lucrativos: as primeiras, hoje em dia, nascem com capital cada vez mais consistente e notável (conseqüência de outro fenômeno dos tempos atuais, que é o da crescente capitalização das atividades humanas em geral); as segundas nunca prescindiram, em condições normais, de patrimônio relevante para o exercício de suas atividades. As próprias fundações, que são igualmente de natureza não-econômica, mas que não têm a natureza das associações, por constituírem mero patrimônio personificado, não podem prescindir da presença de pessoas, para deliberações estruturais e para administração.

No tocante às *sociedades empresárias*, pois, o que se deseja ressaltar é que às vezes predomina um dos dois elementos, às vezes o outro, muito embora a presença de capital, em proporções bem relevantes, costume ser por demais importante – chego a dizer *determinante* ou *indispensável* – para o exercício de atividades empresariais (decididamente, sem um bom capital não há empresa). De forma que melhor seria se a questão fosse colocada em termos um pouco diferentes, afirmando-se que os sócios se escolhem com base em preocupações que nem sempre têm a mesma origem; tanto assim que há casos em que decorrem do predomínio de um dos elementos, e casos em que decorrem do predomínio do outro. O problema é saber quando o predomínio é de um e quando é do outro.

Para Fran Martins são *sociedades de pessoas* "aquelas em que a pessoa do sócio tem papel preponderante, não apenas na constituição como durante a vida da pessoa jurídica. Assim, constituindo-se uma dessas sociedades, ficará, durante sua existência, subordinada à pessoa dos sócios; a morte ou incapacidade de um se refletirá na pessoa jurídica, provocando a sua dissolução" (*Curso de Direito Comercial*, p. 245). E são *de capitais* aquelas "em que a pessoa dos sócios não é levada em consideração para seu funcionamento, não sofrendo, assim, nenhuma alteração a pessoa jurídica com a mudança ou incapacidade dos sócios. Para essas sociedades a importância principal está na contribuição do sócio para o capital; a sociedade não indaga quem é o possuidor dessa contribuição, que pode ser pessoa física ou jurídica, menor ou maior, incapaz ou capaz. Existindo o capital social regularmente, tais sociedades podem funcionar mesmo sem a colaboração individual dos sócios. A sua administração poderá ser confiada a terceiros, bem como a fiscalização dessa administração. Os sócios apenas tomarão contas da administração, vigorando a lei da maioria do capital: as decisões sociais serão tomadas não pelo maior número de sócios, mas pelo maior número de *ações*, ainda que essa maioria pertença a apenas uma pessoa".

João Eunápio Borges, após informar que para alguns são *de pessoas* as sociedades contratadas *intuitu personae* – isto é, em que os sócios se escolhem tendo em conta principalmente razões de ordem pessoal, o conhecimento e a confiança recíproca etc. – e *de capital* aquelas em que tais considerações não existem ou passam a plano secundário, acaba afirmando: "Se se quiser, por amor à tradição, e apesar de sua inutilidade prática, manter essa classificação, cumpre encontrar para ela um critério mais positivo e menos vago que os usualmente propostos. Seria perfeitamente aceitável distribuí-las de acordo com a garantia oferecida pela sociedade a seus credores: *de pessoas* as sociedades cujas obrigações fossem garantidas não apenas pelo patrimônio social, mas pelo patrimônio individual de um ou mais sócios; *de capital* aquelas em que, depois de integralizado o capital, nada possam os credores exigir de qualquer sócio, individualmente; o patrimônio social será a sua única garantia" (*Curso de Direito Comercial Terrestre*, vol. II, pp. 55-56).

Peço vênia para não concordar com a afirmação de "inutilidade prática": experiência de longos anos na Procuradoria da Junta Comercial do Estado de São Paulo me fez ver o sentido lógico e prático

CONSIDERAÇÕES PRELIMINARES 53

da classificação ora em exame, que é necessária, a meu ver, em determinadas hipóteses de lacuna legislativa ou de falta de clareza, para que o intérprete possa definir, com alguma segurança, qual a legislação aplicável a certo tipo societário, e qual a não-aplicável. A referida classificação merece, pois, ao que tudo indica, estudo mais atento, uma vez que, com o devido respeito, o critério de Fran Martins me parece um tanto genérico, e o de João Eunápio Borges um tanto insuficiente.

Sem dúvida, a pessoa que assume responsabilidade ilimitada pelas obrigações de certa sociedade empresária faz questão de saber muito bem – portanto, sem o menor grau de superficialidade – com quem está contratando, e quer que o quadro social seja permanentemente mantido sob controle. Surge, assim, um sinal de existência da *sociedade de pessoas*; não é o único, no entanto, nem o mais importante (aliás, pode até mesmo não ser encontrado no tipo societário). Há outros sinais, alguns deles muito importantes. Só pode ser de pessoas uma sociedade empresária em que a administração possa ser confiada unicamente a sócios; em que haja fortes restrições, ou até mesmo impedimento, à livre circulação das respectivas participações societárias; em que seja possível impedir a entrada de herdeiros de sócios. Por quê? Porque sinais dessa natureza deixam claro que os sócios realmente se escolheram tendo em conta razões de ordem pessoal, como, por exemplo, a confiança recíproca.

3.2 Algumas considerações sobre definições específicas

Com relação ao assunto ora em exame, como é que ficou a sociedade limitada após o advento do Código Civil/2002? Em minha opinião, as normas que hoje regem a sociedade limitada são, sem dúvida, mais extensas e mais complexas; as características substanciais do tipo societário, no entanto, permanecem as mesmas. De forma que nada impede, a meu ver, que a nova limitada seja analisada quase nas mesmas condições da antiga. Entre os juristas pátrios há quem sustente ser a limitada uma sociedade de pessoas, não faltando, porém, quem defenda, com firmeza, clara tese contrária.

Fran Martins escreve: "A sociedade por quotas, de responsabilidade limitada, é, pelas suas características gerais, intermediária entre as sociedades de pessoas e as de capital, possuindo das primeiras o modo simples de constituição, já que se forma por um contrato, mesmo particular, entre as partes, e da segunda a limitação de responsabilidade

54 SOCIEDADES LIMITADAS

dos sócios ao total do capital social. Entre nós, contudo, quanto à sua formação, essas sociedades devem ser consideradas como sociedades de pessoas, pois a lei que as regula estabelece, taxativamente (art. 2º), que se constituirão do mesmo modo que as sociedades de pessoas, ou seja, de acordo com o art. 302 do Código Comercial. Em tais condições, a morte ou retirada de um dos sócios, na sociedade brasileira, dá motivo à dissolução, não podendo as quotas ser cedidas, a não ser que haja acordo unânime dos sócios, o que não acontece com as sociedades anônimas" (*Curso de Direito Comercial*, pp. 310-311). Observe-se que hoje os dois citados dispositivos (arts. 2º e art. 302) não mais vigoram; em compensação, e apesar de a limitada ter normas próprias, estas são supridas, em suas omissões, pelas normas da chamada *sociedade simples*, a qual, conforme explicarei melhor mais adiante, é a sociedade de pessoas por excelência.

Bem mais taxativo, em idêntica direção, é Rubens Requião (*Curso de Direito Comercial*, vol. I, pp. 249-250), o qual, após afirmar (com base na legislação anterior) que as sociedades comerciais podem ser classificadas de acordo com vários critérios, e que, pelo critério da estrutura econômica, elas podem ser tanto de pessoas como de capitais, define as sociedades de pessoas como sendo aquelas que acabam constituídas em função das qualidades pessoais dos sócios, "porque o que forma uma sociedade somente se liga com pessoa de sua eleição" (Título XXV, 5, das *Institutas* de Justiniano), sendo as seguintes: sociedades em nome coletivo, sociedades em comandita simples, sociedades de capital e indústria, sociedades em conta de participação e sociedades limitadas.

Em posição diametralmente oposta fica João Eunápio Borges (*Curso de Direito Comercial Terrestre*, vol. II, p. 128), que, após lembrar critério anteriormente proposto para fundamentar a tradicional distinção entre sociedades de pessoas e sociedades de capitais (refiro-me ao critério da maior ou menor garantia oferecida aos credores sociais), não hesita em classificar a sociedade limitada entre as sociedades de capitais.

Ao que me parece, a existência de opiniões discordantes entre os juristas pátrios deve-se ao fato de a sociedade limitada ter sido estruturada de forma curiosa e levemente híbrida, ficando um pouco afastada das sociedades pacificamente consideradas de pessoas e, por isso mesmo, menos longe da sociedade anônima, que é a sociedade de capitais por excelência. Para que possa surgir noção claramente incontestável de tal conclusão é suficiente que sejam analisados e comentados, ainda que de forma bem sucinta, alguns aspectos fun-

CONSIDERAÇÕES PRELIMINARES   55

damentais do tipo societário ora objeto de exame. É o que passo a fazer.

3.2.1 O nome empresarial pode ser firma ou denominação

A sociedade limitada pode ter como *nome empresarial* tanto firma como denominação (uma ou outra, evidentemente). A *firma* deve conter, além da palavra "limitada" em posição final, o nome de um ou mais sócios, desde que pessoas físicas. A *denominação* deve conter, além da palavra "limitada" em posição final, uma expressão individualizadora qualquer e a designação do objeto social. Sem dúvida, a utilização de firma social põe em ressalte a pessoa do sócio, sobretudo agora que ela só pode ser pessoa física; esta, no entanto, permanece escondida com a utilização de denominação, em benefício exclusivo da correspondente contribuição econômica.

3.2.2 A responsabilidade dos sócios é limitada mas solidária

A *responsabilidade ilimitada* da sociedade em nome coletivo não existe na sociedade limitada, onde se encontra, porém, a figura da *responsabilidade solidária* entre os sócios pelo capital a realizar. Dessa forma, determinado capital social que seja mantido sempre totalmente realizado não pode, em hipótese alguma, ensejar o surgimento de problemas entre os sócios, cuja contribuição econômica acaba ficando, assim, ressaltada; mas, se esse mesmo capital chegar a ter parcelas a realizar, surgirá fatalmente o problema, não pequeno, da existência de total confiança recíproca entre os sócios, o que, de certa forma, não deixará de pôr em ressalte a pessoa destes.

3.2.3 A administração pode ser confiada a sócios ou não

Se o contrato social não dispuser diversamente, a *administração* da sociedade limitada ficará a cargo de um, alguns ou todos os sócios, conforme designação. Trata-se de norma típica de sociedade de pessoas. Ocorre, porém, que o contrato social pode permitir a existência de administradores não-sócios, o que, sem dúvida, constitui exceção, quebrando a rigidez do antigo princípio que exigia apenas sócios na administração das sociedades. A exceção reduz a importância da pessoa dos sócios, por certo em benefício da importância da respectiva contribuição econômica.

56 SOCIEDADES LIMITADAS

3.2.4 A entrada de herdeiros pode ser impedida ou não

É freqüente a inclusão em contrato constitutivo de sociedade limitada de cláusula impedindo a *entrada de herdeiros* (e outros sucessores *causa mortis*) de sócios, ou condicionando-a em excesso. Em tal caso se está, evidentemente, diante de elemento característico próprio de sociedade de pessoas, uma vez que, no âmbito desta última, os sócios revelaram duas coisas importantes: em primeiro lugar, que se escolheram, entre si, também com base em suas qualidades pessoais; e, em segundo lugar, que tiveram forte preocupação no tocante à possibilidade de desentendimento com os herdeiros de sócio falecido. Se, porém, a referida cláusula contiver restrições bem pequenas ou permitir a entrada, haverá sinais evidentes de que a pessoa do sócio não é considerada tão importante assim, diante da importância da respectiva contribuição econômica.

3.2.5 Minha presente opinião pessoal sobre este assunto

As ponderações acima oferecidas não têm, porém, a meu ver, força suficiente para que se conclua – como cheguei, certa vez, a sustentar, no passado, por influência de outros estudiosos – poder a sociedade limitada ser livremente estruturada sob a forma de sociedade de pessoas ou de sociedade de capitais. A título de exemplo, pergunto: se determinado empresário, ao iniciar o processo de criação de sociedade limitada, fosse informado a respeito da responsabilidade solidária, com a conseqüência de poder vir a responder, ainda que eventualmente, pela integralização das quotas dos outros sócios, ele se preocuparia, ou não, com a pessoa destes? Acredito que sim! É por isso que, reformulando meu pensamento anterior, sustento, agora, que *a sociedade limitada sempre foi, e ainda é, autêntica sociedade de pessoas.*

3.3 Nem sempre se está diante de limitadas verdadeiras

Conforme observei na parte final da subseção anterior, cheguei a sustentar, anos atrás, seguindo a opinião de outros estudiosos do assunto, que a sociedade limitada poderia ser estruturada tanto sob a forma de sociedade de pessoas como sob a forma de sociedade de capitais. Justificava eu tal tese, naquela época, alegando que a legislação específica concedia às partes contratantes, direta ou indiretamente,

CONSIDERAÇÕES PRELIMINARES   57

ampla liberdade para tanto, desde que escolhida uma única forma, mediante a tomada de determinadas providências contratuais concernentes a alguns aspectos fundamentais, que são: nome empresarial, responsabilidade, administração, restrições circulatórias, entrada de herdeiros.

Ao longo dos anos, porém, meu pensamento sofreu lenta evolução, e acabou captando melhor a intenção que o legislador pátrio teve quando instituiu o novo tipo societário. Hoje, não tenho mais dúvidas em afirmar – conforme já pude ressaltar – que *a sociedade limitada sempre foi, e ainda é, apenas uma sociedade de pessoas.* Acontece, no entanto, que ela – conforme também já ressaltei – foi estruturada de forma levemente híbrida, ficando um pouco afastada das sociedades pacificamente de pessoas e, por isso, menos longe da sociedade anônima, que é a sociedade de capitais por excelência. É esse, ao que tudo indica, o motivo pelo qual inúmeras sociedades que, a rigor, são genuinamente de capitais, e que, como tais, deveriam ter assumido a forma de sociedade anônima, ostentam, ao contrário, a forma de sociedade limitada, justificando a tese de todos aqueles que já sustentaram, e daqueles que ainda sustentam, poder a limitada ser livremente estruturada sob uma forma ou outra.

Só que, em minha firme opinião, não se está diante de verdadeiras sociedades limitadas, uma vez que elas não passam, ao contrário, de sociedades limitadas apenas aparentes. Para ilustrar tal tese, tenho condições de dar alguns exemplos, que exporei ao abordar os seguintes assuntos: "limitada com capital grande", "limitada com grande número de sócios", "limitada como empresa multinacional".

3.3.1 *Limitada ostentando capital sobejamente grande*

Inúmeras vezes a grande empresa – "grande" apenas no sentido de "detentora de capital grande" – escolhe, hoje em dia, a forma de sociedade limitada, por ser de funcionamento mais prático e menos dispendioso (mas, às vezes, também por permitir reduzida transparência). Ocorre, no entanto, que, quando a estrutura empresarial é grande e complexa, as cláusulas típicas de sociedade de pessoas se tornam, no meu entender, meramente formais e desprovidas de eficácia. Em tais circunstâncias, a sociedade, ao menos em sua essência, é de capitais; não, evidentemente, no sentido de que possa existir a limitada como sociedade de capitais, mas, ao contrário, no sentido de que a sociedade, na hipótese objeto de exame, não é uma verdadeira

58 SOCIEDADES LIMITADAS

limitada. Tanto assim que já houve época em que, em proporções cada vez maiores, foram corriqueiras as tentativas para utilização, no todo ou em parte, dos institutos típicos da sociedade anônima, inclusive de alguns que, em minha opinião, chegavam mesmo a desvirtuar a natureza da limitada.

A tal ponto a sociedade é de capitais – portanto, não verdadeira limitada – que entendo ser permitido ao Poder Judiciário desconsiderar cláusulas em sentido contrário em casos de injustos prejuízos a terceiros. Em outras palavras, assim como o Poder Judiciário construiu, a partir do direito positivo, a figura da desconsideração da personalidade jurídica, pode também, a meu ver, construir legitimamente outra figura: a da *desconsideração da forma jurídica*, para impor determinadas obrigações. Por exemplo: elaboração de balanços não apenas anuais; publicação de tais balanços na imprensa; admissão de estranho como sócio, em razão de cessão de quotas ou de herança; proibição de excluir sócio minoritário com base apenas no argumento da ausência de *affectio societatis*.

Por que a sociedade de pessoas não pode ser identificada com empresa grande e complexa? Porque, ao crescer, a empresa gera o fenômeno do alargamento dos interesses que surgem em seu interior e dos que giram em torno dela. À medida que os interesses se alargam, a empresa tende a adquirir a natureza de algo socializado. Ora, no âmbito de empresa socializada não há lugar para a velha noção de *sociedade contratual*, considerada de pessoas. Voltarei a este assunto, com maiores pormenores, mais adiante.

3.3.2 Limitada composta de notável número de sócios

Lembro-me de que em determinada época se falou, no Brasil, de certo tipo empresarial novo chamado "empresa de participação comunitária". A idéia surgira para estimular a iniciativa de pequenos empresários, proporcionando-lhes a possibilidade de terem êxito no competitivo mundo dos negócios e permitindo-lhes, depois, até mesmo certo grau de desenvolvimento. Sabe-se, no entanto, que as atividades comerciais ou empresariais não podem prescindir da utilização de capital relevante: como, então, conseguir tudo isso se o pequeno empresário, via de regra, luta com enormes dificuldades, não dispondo de capital suficiente? Pensou-se em tornar as coisas mais simples envolvendo a inteira comunidade. De que forma?

Imaginou-se a observância do seguinte roteiro básico: em primeiro lugar, elaborava-se projeto de constituição de determinada socieda-

CONSIDERAÇÕES PRELIMINARES 59

de de porte médio, sob a forma de ***holding pura*** (tipo societário que tinha e ainda tem por objeto tão-somente o de participar de outras sociedades, controlando-as); em segundo lugar, convidava-se a inteira comunidade local (via de regra, a cidade onde a sociedade deveria ter sua sede social) a participar da iniciativa, subscrevendo parcelas, ainda que assaz pequenas, do capital social (aliás, nem se permitia a existência de grandes participações); em terceiro lugar, criava-se a sociedade; em quarto lugar, uma vez em funcionamento, a chamada *empresa de participação comunitária* promovia a paulatina constituição de diversas pequenas empresas, exercendo atividades as mais diferentes, sugeridas pelas necessidades da comunidade.

A empresa de participação comunitária não chegava a ter grande capital, pois ela surgia como sociedade média ou quase; por fazer, no entanto, apelo à economia popular, ela só conseguia juntar o capital de que precisava com a participação de inúmeras pessoas. Tenho notícia de que ela chegava a ter 100, 200, 300, 400 sócios! Tal fato não costumava gerar problemas práticos porque os fundadores, desejando emitir ações e registrar a empresa na Junta Comercial, preferiam constituí-la sob a forma de sociedade anônima. Porém, nada impedia que ela fosse constituída sob a forma de sociedade limitada, com inscrição no Registro Civil das Pessoas Jurídicas (uma vez que a atividade econômica de mera participação não é empresarial); aliás, havia mesmo quem entendesse que, para reduzir custos, ela deveria adotar justamente a forma da limitada. Se tal acontecesse, ela seria uma limitada aparente, uma vez que não pode ser classificada como de pessoas uma sociedade em que os sócios, por serem relativamente muito numerosos, não se conhecem e não têm a menor condição de serem escolhidos com base em qualidades pessoais, prevalecendo o critério da contribuição de capital.

3.3.3 *Limitada operando como empresa multinacional*

Cada vez mais freqüente, hoje em dia, é a *empresa multinacional*, que surge no âmbito do ordenamento jurídico brasileiro sob a forma de sociedade limitada. Trata-se de fenômeno extremamente curioso, eis que a multinacional tem, amiúde, capital enorme (não raro, de tamanho alucinante) e organização tentacular, muito extensa e bem complexa, a tal ponto que as pessoas, em seu âmbito, com freqüência, se perdem completamente de vista, sem a menor escolha com base em qualidades pessoais. Dessa forma, a multinacional como sociedade limitada não é apenas algo aparente: é, sem dúvida, a meu ver, autêntica amenidade jurídica!

60 SOCIEDADES LIMITADAS

3.4 Oferecimento de sugestão minha aos estudiosos

As considerações até aqui oferecidas têm sido válidas até agora, sem dúvida, e continuam válidas na situação presente. A esta altura, no entanto, sinto-me moralmente obrigado a chamar a atenção dos estudiosos sobre importante fato novo que, por certo, tem o condão de modificar os conceitos. O fato novo consiste na ulterior evolução das atividades empresariais (antes ditas comerciais), em razão das substanciais modificações econômicas ocorridas, numa rapidez inesperada e espantosa, quase alucinante, nos últimos tempos. Por que "ulterior"? Porque, se no passado o exercício individual do comércio evoluiu para o exercício coletivo, surgindo a sociedade comercial (hoje, dita "empresária"), em tempos recentes o exercício coletivo começou a evoluir ulteriormente, desta vez para o exercício organizacional (isto é, realizado por organizações), obrigando os estudiosos a serem bem mais rigorosos que outrora na distinção conceitual existente entre os dois grandes e famosos ramos das atividades econômicas: o das *atividades empresariais* e o das *atividades não-empresariais*.

Entenda-se: enquanto determinadas figuras obsoletas de sociedades empresárias forem mantidas em vigor pelo legislador pátrio, haverá sempre, no âmbito das atividades econômicas empresariais, alguma diferença entre sociedades contratuais, ou de pessoas, e sociedades institucionais, ou de capitais. Mas a terminologia, em minha opinião, a partir de agora, deveria começar a ser modificada, para passar a permitir a empresários, advogados, juristas e outros profissionais interessados captarem melhor, e com maior rapidez e segurança, a verdadeira essência do *agente empresarial*, com conseqüente estabelecimento de clara distinção entre este último e o *agente não-empresarial*.

Tentarei explicar sucintamente o que quero dizer. Em meu livro *Empresa É Risco – Como Interpretar a Nova Definição*, já citado, fiz notar, por meio de extensos e bem compreensíveis comentários, que hoje, para conceituar com nitidez as *atividades empresariais* – portanto, a empresa –, é preciso conferir enfoque especial à presença do *capital*, utilizado de forma preponderante. Aliás, o capital, no âmbito da empresa, opera com força tão grande que, de início apenas preponderante, logo quer tomar conta de tudo, assumindo em pouco tempo posições totalitárias. Prova disso é que nas sociedades empresárias, quando – em conseqüência de fenômeno que há tempo detectei, e que defini como consistindo na fragmentação da antiga fi-

CONSIDERAÇÕES PRELIMINARES 61

gura do comerciante – o controlador assume funções administrativas, ele é remunerado pelo capital como se fosse simples e autêntico empregado da sociedade. Mas a prova mais evidente está, sem dúvida, em que até mesmo quando o agente econômico é um empresário individual ele figura, nos registros contábeis da atividade exercida, na posição de destinatário de parcela mensal comumente chamada de *pró-labore*, que tem igualmente a curiosa função de remunerar serviços administrativos pessoais, independentemente da existência de lucros, como se o empresário, nesta hipótese, fosse nada menos que um empregado de si mesmo.

Ao passo que nas *atividades econômicas não-empresariais* a utilização de capital, ainda que presente, não é preponderante ou determinante, nem ao menos importante, para o respectivo exercício. Isso porque o verdadeiro capital da atividade está dentro do próprio agente: às vezes em sua mente, às vezes em seus braços (ao menos *lato sensu* ou metaforicamente; podendo, portanto, estar também em outras partes do corpo), às vezes em ambos os lugares. E a remuneração do agente, após deduzidas algumas despesas de fato realizadas, consiste tão-somente no resultado ou lucro da atividade. Em tais condições, as atividades econômicas não-empresariais acabam tendo um resultado que consiste, comumente, em serviços prestados, em caráter estritamente pessoal, pelo próprio agente. Por outro lado, se dois ou mais agentes constituírem sociedade, a atividade desta terá, via de regra, como resultado, serviços prestados, em caráter estritamente pessoal, por cada um dos sócios; em razão do quê, uma vez que a atividade social depende, por isso, do trabalho pessoal dos sócios, estes tenderão a formar o grupo após rigorosa verificação das qualidades pessoais de cada membro.

Conseqüência importante de tal nova realidade é que, ao menos nos tempos atuais – mais precisamente na época econômica de grandes transições que todos estão vivendo, e em que novos conceitos estão aos poucos tomando corpo –, é preciso, para que sejam evitadas eventuais e perigosas confusões conceituais, que a terminologia antiga seja levemente modificada, a fim de que, a partir de agora, passem a ser classificadas como *sociedades de capitais* todas as *sociedades empresárias*, e como *sociedades de pessoas* apenas e tão-somente as *sociedades não-empresárias*. Naturalmente, nada impede, em meu entendimento, que, por amor à clareza e à precisão, as sociedades empresárias ditas por quotas, ou de cunho contratual, em razão de suas incontestáveis e claras peculiaridades, passem ao mesmo tempo a ser classificadas como sociedades de capitais com conotações pessoais.

62 SOCIEDADES LIMITADAS

Concluo pondo em ressalte pormenor deveras curioso. Já critiquei mais de uma vez, em tempos idos, a insistência com que o legislador pátrio mantém instituto jurídico completamente obsoleto e, por isso, de todo ultrapassado: a *firma social*. É mesmo incrível como inclusive os próprios sócios e administradores das sociedades com firma não têm a menor idéia de como esta última deva ser composta e, mais ainda, de como deva ser usada. Pois bem, em pleno século XXI, o Código/2002 manteve a firma social para quase todas as sociedades empresárias (só ficou de fora a sociedade anônima ou companhia), a despeito de estas, ao menos hoje em dia, serem todas, em última análise, sociedades de capitais. Em compensação, a sociedade simples, que representa a forma mais típica das sociedades não-empresárias, e cuja atividade consiste em trabalho pessoal dos próprios sócios (do contrário ela estará desvirtuada), sendo, em última análise, a verdadeira sociedade de pessoas, opera apenas e tão-somente sob *denominação*, como se fosse sociedade anônima ou companhia.

4. Não foi criada para ser empresa grande

4.1 Algumas considerações de cunho jurídico

Na época em que entrou em vigor a chamada "nova Lei das Sociedades Anônimas" (Lei 6.404, de 15.12.1976), diversos empresários ficaram sobremaneira preocupados. Não sem razão, aliás. Com efeito, a nova lei fora aprovada contendo inúmeras inovações, nem sempre extraídas da realidade nacional e, portanto, nem sempre de fácil compreensão, como, por exemplo, a ação sem valor nominal, a ação escritural, o acionista controlador e o voto múltiplo. Ademais, chegara, curiosamente, acompanhada de uma espécie de mito: o da *proteção aos acionistas minoritários* (que depois se revelaria, em grande parte, simples ilusão). A solução adotada para o problema, em quantidade grande de casos, foi a da imediata transformação da sociedade anônima ou companhia em sociedade por quotas, de responsabilidade limitada, passando esta a ser vista como uma espécie de refúgio ou porto seguro, capaz de proteger suficientemente a empresa dos perigos decorrentes de situações imprevistas, com base nas maiores, menos claras e mais pesadas exigências da nova legislação.

Aliás, foi a própria Lei 6.404 que, em última análise, acabou dando pequena sugestão em tal sentido. Com efeito, no art. 298 ("Disposições Transitórias") ela permitiu às sociedades anônimas com capital

CONSIDERAÇÕES PRELIMINARES 63

então inferior a cinco milhões de Cruzeiros que deliberassem, dentro do prazo de um ano (contado da data da entrada em vigor), e pelo voto de acionistas representando dois terços do capital social (dispensada, em conseqüência, a totalidade), sua transformação em sociedade por quotas, de responsabilidade limitada. Só que os empresários em geral, pouco a pouco, acabaram tomando gosto pela coisa, perdendo por completo de vista as grandes desvantagens deste último tipo societário e enxergando, assim, apenas as vantagens (menores formalismos, falta de publicações obrigatórias, falta de emissão de ações, falta de especial proteção aos sócios minoritários e algumas outras).

Foi dessa forma que o número de transformações de sociedades anônimas em sociedades limitadas começou a crescer sensivelmente, passando o fenômeno a atingir as sociedades anônimas em geral. Tanto assim que, hoje em dia, é possível encontrar, em todo o território nacional, sob a forma de sociedades limitadas, não somente notável número de empresas pequenas e médias, mas também muitas empresas grandes, às vezes empresas enormes, até mesmo poderosas empresas multinacionais, exercendo atividades no mundo inteiro e, por isso, universalmente conhecidas.

Uma situação dessas gera com facilidade, em qualquer observador (até mesmo em quem não tenha feito curso de Direito), sentimentos de enorme perplexidade, e me obriga a formular a seguinte indagação: apesar das aparências em sentido contrário, será que a legislação brasileira permite mesmo, de verdade, que empresa grande se constitua sob a forma de sociedade limitada, ou que se transforme em tal tipo societário? Em minha opinião (aliás, não tenho mais a menor dúvida a respeito disso), o legislador pátrio, quando instituiu a sociedade por quotas, de responsabilidade limitada, não pensou na empresa grande, produzindo esquema jurídico que ainda hoje – portanto, inclusive após o advento do Código Civil/2002 – só serve para a empresa pequena e, quando muito, para a empresa média. Passo, em seguida, a analisar sucintamente os respectivos motivos, tecendo algumas considerações que são em parte de natureza jurídica e em parte de natureza econômica.

Já fiz notar que em 10.1.1919, quando deu vida ao Decreto 3.708, o legislador pátrio teve em mente apenas criar novo tipo de sociedade contratual, dito "de pessoas", formando grupo com as chamadas "sociedades comerciais" do velho Código Comercial (arts. 300-353). Tanto assim que o novo tipo societário foi chamado "sociedade por quotas, de responsabilidade limitada", porque já existia no citado Código o tipo chamado "sociedade em nome coletivo": este, muito

64 SOCIEDADES LIMITADAS

estranhamente, ainda existe, sendo que, em verdade, ele não passa de uma "sociedade por quotas, de responsabilidade ilimitada". Em outras palavras, foi utilizado o critério da definição do novo tipo por identidade do gênero próximo e por diferenciação da espécie como sendo de clara oposição.

Podia-se perceber, com efeito, na legislação anterior, que o contrato social da sociedade limitada devia ser elaborado nos termos dos arts. 300 a 302 do Código Comercial; que os gerentes deviam ser sócios (ainda que admitida a exceção dos delegados); que o nome continuava sendo uma firma social (ainda que concedida a faculdade de sua substituição por denominação); e – digno de nota – que continuava havendo solidariedade entre os sócios, o que tornava claro e incontestável que o novo tipo societário se alinhava com as sociedades ditas "de pessoas". A bem da verdade, ele não perdeu tal alinhamento, uma vez que com base no Código Civil/2002 continua havendo solidariedade entre os sócios; o nome continua sendo uma firma (permitida sua substituição por denominação); e os sócios continuam sendo os administradores naturais da atividade (devendo a existência de administradores não-sócios ser permitida pelo contrato). Quanto ao contrato social, deve ele ser elaborado, no que seja cabível, com base no art. 997, *caput*, que pertence ao capítulo dedicado à sociedade simples; ocorre que esta última, no âmbito do inteiro universo das sociedades de fins econômicos, é, sem a menor dúvida, a que mais legitimamente merece o título de sociedade contratual dita "de pessoas".

Ora, nos tipos normais desta última categoria de sociedade (refiro-me aos tipos desprovidos de participações com características extraordinárias) cada sócio deve ter grande confiança nos demais; e a confiança – todos sabem – deriva de conhecimento aprofundado, que não é coisa simples, nem se consegue facilmente, exigindo convivência diuturna ao longo do tempo. Em outras palavras, não há condições psicológicas para que uma sociedade empresária normal, dita "de pessoas", funcione com grande quantidade de membros; pois, se tal hipótese viesse mesmo a existir, os sócios, com certeza, se conheceriam bem pouco, e a sociedade dificilmente teria bom êxito. Na limitada, por exemplo, a solidariedade entre os sócios no tocante à integralização do inteiro capital social seria fardo pesado demais, quase comparável a uma espécie de *espada de Dâmocles*, e acabaria criando problemas de certa monta; poderia, inclusive, a meu ver, tornar totalmente inviável a existência da sociedade.

Dir-se-á que o fato de os sócios serem poucos não impede que a empresa (vista, evidentemente, como sociedade dita "de pessoas") seja

CONSIDERAÇÕES PRELIMINARES 65

grande, isto é com capital apenas grande ou, mesmo, muito grande. Em minha opinião, porém, tem condições de impedir. Com relação à limitada (excluída – claro! – a que tenha sido porventura desvirtuada, não passando, em conseqüência, de mera limitada aparente), a presença da solidariedade entre os sócios poderia ter efeitos igualmente desastrosos. Sem dúvida, alguém poderia ulteriormente contestar-me, dizendo: "Que efeitos? Afinal, a sociedade não poderia ficar sempre com capital integralizado, equiparada, assim, de fato, a uma pequena anônima?". Em teoria sim, evidentemente; na prática, contudo, não creio que seria possível a uma limitada grande manter o capital perenemente integralizado: a vida sempre reserva surpresas! Pode, aliás, ser dado significativo exemplo. Imagine-se que determinada sociedade limitada, com poucos sócios mas com capital bastante grande, resolva participar de licitação pública para a qual esteja sendo exigida a existência de capital social bem maior. Diante da enorme importância que a licitação tem para as atividades da sociedade, decidem os sócios, apesar de não terem recursos pessoais disponíveis naquele momento e de preferirem manter sempre integralizado o capital social, ser inevitável, no entanto, promover aumento de capital às pressas. Reúnem-se, então, e aprovam substancial aumento do capital social, a ser realizado posteriormente, de acordo com as futuras possibilidades financeiras dos sócios. Cabe indagar: durante o período da falta de realização do aumento de capital não estarão, ao menos alguns sócios (os mais ricos), correndo riscos excessivos?

4.2 Algumas considerações de cunho econômico

Na subseção anterior, para demonstrar que a sociedade limitada não foi criada para ser empresa grande, apresentei alguns argumentos de cunho predominantemente jurídico. Para completar a idéia, apresento, agora, alguns argumentos de cunho predominantemente econômico, o primeiro dos quais é, em meu entendimento, o que toma em consideração o chamado "valor social" da atual empresa.

Antigamente a palavra "empresa" indicava apenas a atividade do comerciante, individual ou coletivo (aliás, no plano jurídico ainda é assim). Hoje, ao menos no plano econômico, ela indica realidade diversa, a saber: complexa organização de trabalho e capital, que exerce as atividades empresariais no lugar dos antigos comerciantes, individuais e coletivos. Tal transformação ocorreu em razão da chamada "Revolução Industrial", que em fins do século XIX gerou o fenômeno da crescente ampliação de muitas atividades econômicas;

66 SOCIEDADES LIMITADAS

fenômeno, esse, que, por sua vez, fez surgir inúmeras empresas grandes, em torno das quais começaram a gravitar interesses os mais diferentes, atingindo a inteira sociedade (maiores detalhes a respeito do assunto poderão ser encontrados em meu livro *Conceito de Empresa*, 1995). Verificou-se então que a empresa se tornara importante para a sociedade toda; o que levou ao reconhecimento da existência, na empresa, de autêntica função social e, por conseqüência, também de algo que acabou sendo designado como "valor social". Evidentemente, a função social é maior na empresa grande, em razão do maior número de interesses que giram em torno desta. É justamente por isso que a sociedade anônima ou companhia – tipo societário por certo criado para ser empresa grande – é regida por legislação bem ampla e minuciosa, contendo inúmeros dispositivos cuja função é a de proteger ditos interesses.

Um dos exemplos mais significativos que poderiam ser dados é, sem dúvida, o da obrigação legal que a sociedade anônima tem de publicar, na Imprensa Oficial e na comum, as atas das assembléias-gerais e, anualmente, as demonstrações financeiras. Parece-me muito justo tal encargo. Afinal, se é verdade que a sociedade, como um todo, depende cada vez mais das grandes empresas, também a recíproca é verdadeira: as grandes empresas dependem bastante da sociedade; a qual, em conseqüência, tem o direito de acompanhar sua vida, seu funcionamento, sua evolução. Em outras palavras, as grandes empresas devem, de certa forma, prestar contas do que fazem à sociedade.

Note-se que estou mencionando as "grandes empresas", e não as sociedades anônimas, de caso pensado. Com efeito, os encargos que protegem os interesses da sociedade são aplicáveis às grandes empresas não porque estas sejam sociedades anônimas; ao contrário, tais encargos são aplicáveis às sociedades anônimas porque estas costumam ser grandes empresas. A verdade é que para o legislador pátrio a grande empresa se identifica com a sociedade anônima; ao passo que a pequena empresa se identifica com os tipos societários contratuais, não excluído o da sociedade limitada.

Em conseqüência, quando a grande empresa não adota a forma da sociedade anônima ou companhia, preferindo a da sociedade limitada, está, a rigor, subtraindo-se – em minha opinião, de forma incontestavelmente indevida – à aplicação de determinadas normas que, em verdade, foram feitas com exclusividade e sob medida para ela. Uma prova patente e irrefutável disso é que, uma vez adotada a forma da sociedade limitada, a grande empresa percebe amiúde (e aí

CONSIDERAÇÕES PRELIMINARES 67

vai mais um argumento, de natureza complementar) que esta última de modo algum combina com seu tamanho, gerando grande número de problemas práticos que ela, curiosamente, procura resolver forçando aplicação analógica cada vez maior das normas que regem a sociedade anônima; aplicação analógica, essa, que, a meu ver, é na maioria dos casos absolutamente incabível e, portanto, de todo inaceitável.

Vou exemplificar. Vi certa vez os atos constitutivos de sociedade limitada cujo capital havia sido dividido em pequeninas quotas de igual valor (como se fossem ações), as quais, de um lado, eram todas sem valor nominal e, de outro, em parte ordinárias e em parte preferenciais. As preferenciais eram todas sem voto; ao passo que as ordinárias haviam sido subdivididas em duas classes: as da classe "A" conferiam todos os direitos de sócio e as da classe "B" conferiam o direito de voto em separado para eleição de alguns membros da diretoria. Ora, se é verdade que a divisão do capital em pequeninas quotas de igual valor constitui, hoje, comportamento corriqueiro e – ao que parece – até mesmo permitido pela lei (art. 1.055, *caput*, do Código Civil/2002), não se pode dizer o mesmo do resto. Com efeito, a legislação brasileira, ainda que indiretamente, impede, a meu ver, a existência de quotas sem valor nominal, em razão de as quotas de capital em qualquer sociedade contratual, inclusive na limitada, não serem representadas por título livremente negociável; refiro-me tanto ao título de fato emitido como ao título apenas presumido, próprio das ações escriturais (voltarei a este assunto em outro capítulo, com maiores detalhes). Quanto às quotas preferenciais sem voto e também às quotas ordinárias de classe "B", com direito de voto em separado, entendo não ser possível a retirada, total ou parcial, do direito de voto, uma vez que este último é inerente à própria posição de sócio, a tal ponto que somente a lei pode autorizar sua supressão. Por outro lado, a autorização legal não se presume: deve ser expressa e clara. A única coisa que não me parece contestável é defender tese segundo a qual podem existir quotas preferenciais em si, isto é, apenas providas de algum privilégio, com base no art. 55 do Código/2002, que dispõe: "Os associados devem ter iguais direitos, mas o estatuto poderá instituir categorias com vantagens especiais". Note-se que tal dispositivo, muito embora pertença à legislação específica das associações, é, no entanto, aplicável, subsidiariamente, a todas as sociedades de fins econômicos (art. 44, parágrafo único), sem exclusão da sociedade limitada.

Em outra oportunidade, na vigência da legislação anterior, vi os atos constitutivos de sociedade limitada que tinha apenas duas sócias, pessoas jurídicas, e cujo quadro administrativo apresentava certa

68 SOCIEDADES LIMITADAS

complexidade, eis que as duas sócias haviam assumido a gerência, em seguida haviam delegado a mesma gerência a algumas pessoas físicas que integravam órgão chamado "conselho de administração", e enfim este último havia nomeado algumas outras pessoas físicas para integrarem órgão chamado "diretoria"; tudo nos moldes do que acontece no âmbito da sociedade anônima. Tal comportamento, a meu ver, era naquela época de todo inadmissível, por uma razão muito simples, que dispensava eventuais outras: na sociedade limitada a delegação da gerência podia, é verdade, ser feita livremente; mas o gerente-delegado não podia, por sua vez, delegar a gerência. Hoje, sob o império da nova legislação, eventual exegese de caso análogo realizada por mim teria, na prática, resultado idêntico. Com efeito, mesmo que admitida, por hipótese, a possibilidade de existência, em sociedade contratual como a limitada, de órgão chamado "conselho de administração", não poderia este, contudo, ser destinatário da competência de eleger os administradores da sociedade, por ser tal competência sempre privativa do conjunto dos sócios, pouco importando se exercida no âmbito da celebração de contrato social ou de alteração contratual, ou ainda da elaboração de ato separado.

Mais um argumento que pode ser apresentado é o que se fundamenta no *direito de retirada de sócio*, com pagamento do valor da respectiva participação. Na sociedade anônima o acionista poderá retirar-se (obtendo o reembolso do valor de suas ações) em raros casos, relacionados pela Lei 6.404/1976 em seu art. 136, *caput* (maior parte dos incisos); na sociedade limitada o sócio poderá fazer o mesmo sempre que, basicamente, dissentir da modificação do contrato social (art. 1.077 do Código/2002), portanto, em qualquer alteração contratual, independentemente do assunto que tiver sido tratado. Por que tão grande diferença entre os dois tipos societários? Não é difícil imaginar o motivo. Na sociedade anônima, tipo societário destinado a empresas grandes, o legislador pátrio não poderia mesmo permitir a retirada dos acionistas de forma indiscriminada, uma vez que, se assim fosse, número relevante de empresas grandes poderia, de repente, ficar com capital escasso, com graves prejuízos para a própria economia nacional. Tal preocupação do legislador, evidentemente, não existiu com relação à sociedade limitada, a qual – nos mesmos moldes das demais sociedades contratuais – não foi concebida, nem estruturada, para ser empresa grande.

Capítulo III
Características Básicas

1. Trata-se de sociedade contratual por quotas: 1.1 Como foi na vigência da legislação anterior – 1.2 Como ficou na vigência da atual legislação. 2. A responsabilidade dos sócios é diferente: 2.1 Cotejo de vários tipos de responsabilidade social – 2.2 Característica fundamental da sociedade limitada – 2.3 Não se deve confundir sócio com administrador. 3. Quem pode figurar na posição de sócio: 3.1 As hipóteses mais comuns de pessoas físicas: 3.1.1 Pessoas físicas capazes e sem impedimentos legais – 3.1.2 Funcionários públicos de qualquer tipo ou esfera – 3.1.3 Pessoas físicas que ainda não saíram da menoridade – 3.1.4 Pessoas físicas maiores mas com incapacidade – 3.1.5 Pessoas físicas maiores mas declaradas ausentes – 3.2 Hipóteses menos comuns de pessoas em geral: 3.2.1 Profissionais não-empresários de todos os tipos – 3.2.2 Empresas individuais (ou firmas individuais) – 3.2.3 Marido e mulher como sendo os únicos sócios – 3.2.4 Espólios de sócios que vieram a falecer – 3.2.5 Pessoas jurídicas de qualquer natureza e espécie – 3.2.6 Agrupamentos não-personificados em geral. 4. Sociedade tão-somente entre cônjuges: 4.1 Análise com base apenas na legislação anterior – 4.2 Análise com base apenas na legislação atual. 5. A questão da entrada do menor de idade. 6. Sócios estrangeiros em sentido amplo.

1. Trata-se de sociedade contratual por quotas

1.1 Como foi na vigência da legislação anterior

Notei diversas vezes no passado que estudiosos do direito comercial e profissionais que se utilizavam do mesmo em suas atividades tendiam, por questões de brevidade, a substituir a expressão

70 SOCIEDADES LIMITADAS

"sociedade por quotas, de responsabilidade limitada" pela expressão "sociedade por quotas". Exemplos bem eloqüentes de tal fato podiam ser encontrados até mesmo em velhas edições do Código Comercial brasileiro; tanto assim que ainda possuo em minha biblioteca particular edição de 1979 que foi feita por uma das mais importantes editoras jurídicas do país e que, ao ordenar a legislação complementar por assuntos, encabeçados por títulos específicos, usou a expressão "sociedades por quotas" para indicar matéria que abrangia apenas o Decreto 3.708, de 10.1.1919, que regulava a constituição de sociedades por quotas, de responsabilidade limitada.

É sobejamente sabido por todos que, quando – no âmbito de gênero que contém diversas espécies – se abrevia determinada designação específica, não pode por certo ser utilizado o próprio elemento designativo do gênero, devendo, ao contrário, ser procurado elemento capaz de, ainda que sinteticamente, dar a entender a espécie designada. Era, porventura, observado tal princípio quando a sociedade por quotas, de responsabilidade limitada, era designada simplesmente como "sociedade por quotas"? Em minha opinião, não, certamente! É o que, de forma sucinta, tentarei demonstrar.

No âmbito da legislação anterior havia no direito comercial, além da sociedade por quotas, de responsabilidade limitada, mais os seguintes tipos societários: sociedade anônima ou companhia e sociedade em comandita por ações, de um lado; sociedade em nome coletivo, sociedade em comandita simples, sociedade de capital e indústria e sociedade em conta de participação, de outro. Separei dos demais os primeiros dois tipos de caso pensado, por constituírem as duas únicas espécies do gênero "sociedades por ações", ostentando capital que se encontrava (e se encontra) dividido em quantidade maior ou menor de algo que sempre foi indicado com o nome de "ação".

Houve época em que a *ação* era definida como sendo uma das parcelas de igual valor em que se dividia o capital da sociedade, e que eram representadas por título negociável. Posteriormente surgiram determinados complicadores: as *ações sem valor nominal*, que podiam coexistir com ações do outro tipo (*com valor nominal*), podendo, assim, provocar a coexistência, no âmbito da mesma sociedade, de ações com valor desigual; e as *ações escriturais*, aparentemente não representadas por título negociável. Mesmo assim, no entanto, a meu ver, a substância da definição não ficava modificada, eis que, de um lado, ao menos no âmbito de cada tipo, as ações eram parcelas de valor igual; ao passo que, de outro, com relação às ações escriturais, o título negociável ficava, em verdade, presumido, substituído na prá-

CARACTERÍSTICAS BÁSICAS 71

tica por algo no fundo equivalente (o extrato da conta das ações). De forma que, nas sociedades ora em exame, primeiro se fixava o capital social; este era depois dividido em ações; a seguir – note-se: só *a seguir* –, cada interessado, de acordo com suas conveniências e com sua capacidade econômica, e nos termos também de eventual proposta de subscrição, tomava livres decisões a respeito da quantidade de ações a subscrever. Com o quê cada participação, ainda que de valor global diferente das demais, e caso não fosse de uma única ação, resultaria sempre da soma de duas ou mais ações, as quais, ao menos dentro de cada tipo, seriam sempre de igual valor.

Quota era, em substância, algo bem diferente. Tal acontecia não apenas porque ela nunca era representada por título negociável, nem de fato, nem presumidamente, mas também e sobretudo porque ela não resultava de preliminar divisão do capital social em parcelas de igual valor. Não se perca de vista que a prática corrente de divisão preliminar do capital social em pequeninas quotas de igual valor, como autênticas ações, era apenas tolerada na sociedade por quotas, de responsabilidade limitada; pois, em verdade, ela estava em flagrante desacordo com a legislação brasileira. Qual o motivo? O motivo estava em que a palavra "quota" tinha apenas o sentido genérico de "porção", de "quinhão". Naturalmente, a porção era determinada, em cada caso, de forma arbitrária; melhor dizendo, ela era definida de acordo com as condições particulares de cada um dos que contribuíam. Em conseqüência, na hipótese de sociedade comercial, "quota" era a porção de capital social que cada sócio, de acordo com seus interesses e suas possibilidades econômicas, subscrevia. Disso resultavam dois princípios básicos: em primeiro lugar, cada sócio era titular de uma única quota; em segundo lugar, no âmbito do mesmo capital social, as diferentes quotas em que ele se dividia podiam ser de valor desigual, porque elas acabavam coincidindo com a participação total de cada um dos sócios.

Verificada a substancial diferença existente entre *ação* e *quota*, cabia perguntar: quantas e quais eram as sociedades comerciais por quotas? A resposta não era difícil caso se considerasse (como eu considerava) que a divisão do capital social em ações devia ser tida como excepcional, pois no âmbito das sociedades comerciais era regra a divisão do capital social em quotas. Ora, sabe-se que onde a exceção não é aplicável vale a regra. Em conseqüência, cumpria classificar como sendo por quotas todas as sociedades que não fossem por ações, a saber: sociedade em nome coletivo, sociedade em comandita simples, sociedade de capital e indústria, sociedade em conta de par-

72 SOCIEDADES LIMITADAS

ticipação e, por fim, sem a menor dúvida, sociedade por quotas, de responsabilidade limitada.

Encontrava-se clara confirmação disso tudo no velho Código Comercial, que, no Título XV ("Das Companhias e Sociedades Comerciais"), Capítulo III ("Das Sociedades Comerciais"), art. 302, n. 4, dispunha que a escritura contratual de qualquer sociedade comercial devia conter, entre outras coisas, a designação específica da quota com que cada um dos sócios entrava para o capital. Chamo a atenção dos estudiosos para os seguintes pormenores: de um lado, o uso da palavra "quota" no singular; de outro, a plena aplicabilidade do dispositivo a todas as chamadas sociedades comerciais, que eram as já relacionadas, não excluída, portanto, a limitada, nos termos do art. 2º do Decreto 3.708/1919, segundo o qual o título constitutivo era regulado pelas disposições dos arts. 300 a 302 e seus números do Código Comercial. Em conclusão, a sociedade por quotas, de responsabilidade limitada, não passava de apenas uma das sociedades por quotas; motivo pelo qual a abreviação mais correta e aceitável de sua designação específica somente poderia ser, em minha opinião, a seguinte: *sociedade limitada*.

1.2 Como ficou na vigência da atual legislação

Ao que parece, o legislador pátrio acabou adotando justamente a solução por mim preconizada, pois o Código Civil/2002, que incorporou a seu texto a antiga sociedade por quotas, de responsabilidade limitada, o fez, porém, designando-a simplesmente como "sociedade limitada". Porventura houve, no mais, mudanças substanciais? Não creio. *Ações* e *quotas* continuam sendo conceituadas nos mesmos moldes de outrora; sendo que, quando em certos casos as quotas são mencionadas no plural, com relação à participação de cada sócio (art. 1.010: "... valor das quotas de cada um"; art. 1.055: "... cabendo uma ou diversas a cada sócio"), tal fato não significa necessariamente que o Código/2002 tenha acolhido a já mencionada prática corrente de divisão preliminar do capital social em pequenas quotas de igual valor, como se fossem ações (voltarei a este assunto, com maiores pormenores, em outro capítulo). As sociedades por ações continuam sendo as mesmas de sempre: a pujante sociedade anônima ou companhia e a obsoleta sociedade em comandita por ações. As que sobram são todas sociedades por quotas. Quais são elas, atualmente?

É preciso, de início, ponderar que, por pertencer o Código/2002 a tipo comumente classificado como "unificado", todas as sociedades

CARACTERÍSTICAS BÁSICAS 73

de fins econômicos acabaram sendo, de certa forma, disciplinadas em conjunto; e que foi justamente a *sociedade simples* propriamente dita – a qual consiste na figura societária que mais e melhor representa o setor das atividades não-empresariais – a escolhida pelo legislador pátrio para funcionar como sociedade-padrão. Por outro lado, desapareceu a antiga *sociedade de capital e indústria*, a qual, no entanto, reapareceu (a meu ver, indevidamente) escondida na estrutura da sociedade simples; note-se que não me passou despercebido o fato de o anterior Código Civil ter previsto (mais uma vez indevidamente, a meu ver) a figura do sócio de indústria; mesmo assim, tenho bons motivos para crer que, para a redação do Código/2002, neste caso específico, a fonte principal de inspiração tenha sido encontrada no velho Código Comercial.

Por conseqüência, e independentemente da classificação (não importante, neste momento) das sociedades econômicas em *personificadas* e *não-personificadas*, é possível afirmar que, de forma geral, as *sociedades por quotas* são atualmente as seguintes: *sociedade em comum, sociedade em conta de participação, sociedade simples, sociedade em nome coletivo, sociedade em comandita simples* e, por fim, *sociedade limitada.* Incluí a *sociedade em comum* porque ela, mesmo não tendo atos constitutivos registrados, é igual, no mais, a todas as outras sociedades (registradas, exceto as por ações), tendo, por isso, um capital social, ainda por cima dividido em quotas; também não deixei de fora a *sociedade em conta de participação* porque, muito embora o legislador pátrio não use, a respeito dela, a palavra "quota", preferindo referir-se à "contribuição" do sócio, não se pode negar, entretanto, que esta última não deixa de ser uma quota de participação. Após tudo isso, não há como não afirmar: *a limitada continua sendo, sem dúvida, uma das sociedades econômicas por quotas.*

Convém, porém, não parar por aí, sendo bem oportuno aperfeiçoar a definição com o acréscimo de nova idéia, bastante enriquecedora. Em verdade, as *sociedades por ações* e as *sociedades por quotas* não se diferenciam tão-somente pela maneira com que seu capital social é dividido entre os sócios: há algo mais que separa as duas categorias societárias.

As *sociedades por ações* são comumente de estrutura grande, porque seu envolvimento social é grande; ele é tão grande que, só em razão de seu tamanho, chega a proporcionar lucros igualmente grandes. Torna-se necessário, em tais condições, que o legislador pátrio mantenha as referidas sociedades sob controle bem rígido, a fim de garantir transparência e evitar injustos prejuízos para o grupo social

74 SOCIEDADES LIMITADAS

maior. Tudo isso é conseguido pelo processo da *institucionalização*: o legislador, com efeito, deixa tão pouco espaço à livre vontade dos sócios, regulando tão minuciosamente o comportamento das sociedades por ações, que estas últimas ficam transformadas em autênticas instituições nacionais; portanto, em sociedades institucionais.

Ao contrário, as *sociedades por quotas*, em condições normais, não conseguem ser grandes, em razão de seu pequeno envolvimento social, eis que recebem do legislador pátrio estrutura pequena, para atender a interesses em sua maioria pessoais. Resultado importante disso é que o legislador deixa espaço bem maior à livre vontade dos sócios, os quais revelam tal livre vontade na fixação de diversas normas, via de regra escritas, cujo conjunto costuma ser conhecido como *contrato social*. De forma que todas as sociedades por quotas são sempre, também, típicas sociedades contratuais, mesmo na hipótese de não terem contrato registrado ou de estarem desprovidas de contrato escrito. Tudo isso me deixa, agora, em condições de completar, em caráter conclusivo, a definição acima dada: *a limitada é, sem a menor dúvida, uma das sociedades econômicas contratuais por quotas*.

2. A responsabilidade dos sócios é diferente

2.1 Cotejo de vários tipos de responsabilidade social

A característica fundamental da *responsabilidade dos sócios na sociedade limitada* poderá, em meu entendimento, ser compreendida com maior facilidade e mais ampla clareza se for estabelecido sucinto paralelo com a característica fundamental da responsabilidade do empresário individual juntamente com a de algumas sociedades empresárias que representam não apenas dois tipos societários dotados de estrutura classificável como comum ou ordinária, mas também dois tipos de responsabilidade ocupando posições literalmente antagônicas. Refiro-me, como não poderia deixar de ser, à *sociedade em nome coletivo*, de um lado, e à *sociedade anônima* ou *companhia*, de outro.

O *empresário individual* responde ilimitadamente (portanto, com seu patrimônio pessoal inteiro) por suas obrigações empresariais. Vou ilustrar o conceito com pequeno exemplo. Determinada pessoa física, que tem patrimônio pessoal (líquido) de R$ 500.000,00, registra empresa individual com capital inicial de R$ 50.000,00, realizando-o totalmente no ato. Tal capital dá origem apenas a conjunto de elementos

CARACTERÍSTICAS BÁSICAS 75

ativos, utilizados para fins de efetuar negócios e pagar tributos; de forma que sua separação não faz surgir a conhecida figura jurídica do *patrimônio separado*, que é um conjunto de elementos ativos e passivos. Em conseqüência disso, se porventura ocorrer a falência, e a dívida total da empresa for, por exemplo, de R$ 200.000,00, o empresário deverá pagá-la por inteiro; e se – pior ainda – a dívida for bem maior que o dobro, ele poderá perder tudo o que tem.

O mesmo princípio aplica-se à *sociedade em nome coletivo*, cujos sócios também respondem com seu patrimônio pessoal inteiro pelas obrigações sociais; sendo tal responsabilidade, além de ilimitada, também solidária (pode-se executar um único sócio pela dívida de todos) e subsidiária (só será possível executar os sócios se não houver bens sociais que possam ser executados). Vou dar outro exemplo: José, Pedro e Paulo têm patrimônios pessoais de R$ 1.000.000,00, R$ 500.000,00 e R$ 300.000,00, respectivamente. Resolvem constituir sociedade em nome coletivo com capital social de R$ 150.000,00 (R$ 50.000,00 cada um), totalmente realizado no ato. Na falência da sociedade verifica-se que os bens sociais são de apenas R$ 90.000,00, ao passo que a dívida social é de R$ 300.000,00. Em tal caso, os sócios respondem pela diferença: R$ 210.000,00 (R$ 70.000,00 cada um). Só que o administrador judicial, sabendo que o sócio José possui patrimônio pessoal maior que os demais, pode promover a execução dele pela totalidade da diferença (salvo o direito do executado de conseguir, em juízo ou não, dos outros sócios, o pagamento das respectivas partes).

A sociedade anônima ou companhia fica em posição diametralmente oposta, uma vez que seus acionistas têm responsabilidade limitadíssima no que concerne às obrigações sociais. Isto porque cada acionista – ausente qualquer tipo de solidariedade com relação aos demais – só responde pela integralização do preço das ações por ele subscritas ou adquiridas. Vou dar mais um exemplo: em determinada sociedade anônima, com capital social de R$ 600.000,00, dividido em 600.000 ações de R$ 1,00 cada uma, mas subscritas pelo preço de R$ 1,50 cada uma, o acionista José subscreveu 100.000 ações, o acionista Pedro 200.000 e o acionista Paulo 300.000. Na falência da sociedade verifica-se o seguinte: a dívida social é de R$ 1.000.000,00; os bens sociais são de apenas R$ 400.000,00; o acionista José realizou R$ 100.000,00, devendo ainda R$ 50.000,00; o acionista Pedro realizou R$ 150.000,00, devendo ainda R$ 150.000,00; e o acionista Paulo realizou tudo (R$ 450.000,00). Em tal caso, o administrador judicial só pode promover a execução de José e Pedro pelas importâncias de

76 SOCIEDADES LIMITADAS

R$ 50.000,00 e R$ 150.000,00, respectivamente. Aumenta, assim, o valor dos bens sociais (R$ 600.000,00); o resto da dívida representará autêntico prejuízo para os credores.

2.2 Característica fundamental da sociedade limitada

A *sociedade limitada* fica, de certa forma, a meio-caminho entre a sociedade em nome coletivo e a sociedade anônima ou companhia. Isto porque, enquanto não realizado o capital social, todos os sócios respondem pela realização, solidariamente (podendo, portanto, um ou mais sócios, livremente escolhidos, ser executados pela dívida de todos); ao passo que, uma vez integralizado – isto é, realizado totalmente – o capital social, os sócios nada mais ficam devendo à sociedade, nem aos respectivos credores, tal como acontece no âmbito da sociedade anônima. Em outras palavras, na sociedade limitada os sócios respondem pelas obrigações sociais até o montante do capital social, desde que este não se encontre totalmente realizado; hipótese em que, pela diferença de capital ainda a ser realizada, podem ser executados os sócios que deixaram de realizar totalmente suas quotas ou (em razão da figura da solidariedade) apenas um ou alguns, independentemente de suas realizações pessoais. A fim de que a noção possa resultar bem clara, vou dar, neste caso, mais de um exemplo.

Primeiro exemplo: José, Pedro e Paulo têm patrimônios pessoais de R$ 1.000.000,00, R$ 500.000,00 e R$ 300.000,00, respectivamente. Resolvem constituir sociedade limitada com capital social de R$ 150.000,00. Cada sócio subscreve uma quota de R$ 50.000,00, realizando-a totalmente no ato, em moeda corrente do país. Sobrevém, a certa altura, a falência da sociedade. Verifica-se, então, que os bens sociais só atingem a importância de R$ 90.000,00, ao passo que a dívida social é de R$ 300.000,00. Em tal hipótese, os sócios não podem ser executados pela diferença, uma vez que eles já deram à sociedade tudo aquilo que lhe deviam; e o prejuízo será inteiramente dos credores.

Segundo exemplo: na mesma sociedade acima mencionada, cada sócio subscreve uma quota de R$ 50.000,00, realizando, porém, no ato apenas 10% de sua subscrição e comprometendo-se a realizar a parte restante aos poucos, dentro de certo prazo máximo, estabelecido no contrato social. Sobrevém a falência da sociedade. Verifica-se, então, que o capital social não se encontra devidamente integralizado, em razão de a quota subscrita por cada sócio ter atingido realização

CARACTERÍSTICAS BÁSICAS 77

parcial que não foi além dos 80% (portanto, valor individual de R$ 40.000,00 e valor total de R$ 120.000,00); verifica-se também que, naquele momento, o valor dos bens sociais é de apenas R$ 90.000,00, enquanto o valor da dívida social é de R$ 300.000,00. Em tal hipótese, cada sócio pode ser executado pela importância de R$ 10.000,00, passando o valor dos bens sociais a ser de R$ 120.000,00; o prejuízo dos credores não será enorme, mas será razoável.

Terceiro exemplo: a sociedade é sempre a mesma, sendo que os sócios subscrevem e realizam inicialmente suas quotas na forma da hipótese anterior. Sobrevindo a falência da sociedade, verifica-se que bens e dívidas sociais são, respectivamente, de R$ 90.000,00 e de R$ 300.000,00. Verifica-se também que a realização das quotas aconteceu de forma desordenada, nos seguintes termos: o sócio José realizou 100% (R$ 50.000,00), o sócio Pedro 50% (R$ 25.000,00) e o sócio Paulo, por falta absoluta de disponibilidades financeiras posteriores, limitou-se à realização inicial de 10% (R$ 5.000,00); total realizado: R$ 80.000,00 (inferior até mesmo aos bens sociais). Em tal hipótese, os sócios Pedro e Paulo deveriam ser executados pelos valores de R$ 25.000,00 e R$ 45.000,00, respectivamente. O administrador judicial, porém, sabendo que José é o sócio mais abastado, pode promover a execução, pelo total da dívida dos sócios (R$ 70.000,00), justamente contra ele, sem tomar em consideração ter o mesmo realizado por inteiro sua própria quota. O ativo social passará a ser de R$ 160.000,00. Também neste caso haverá bom prejuízo para os credores.

Percebe-se com extrema facilidade, com base em tudo quanto foi explicado até este momento, que não é totalmente exato o que muitos pensam da sociedade limitada quando acham que esta seja uma pequena anônima, quase como se ela tivesse todas as vantagens da sociedade anônima sem, contudo, ter as respectivas desvantagens (inúmeras vezes, ao longo de todos os anos em que atuei como procurador-chefe da Junta Comercial do Estado de São Paulo, pude verificar a existência de tal mentalidade). Em verdade, o fato de a sociedade limitada ter um pé na sociedade em nome coletivo e outro na sociedade anônima ou companhia significa que ela, sem a menor dúvida, é tipo societário que, mais que os outros, está próximo desta última, mas não deixa de pertencer ao grupo das sociedades contratuais e por quotas, até agora ditas "de pessoas", concebidas para atividades pequenas ou médias. A própria responsabilidade limitada, em conseqüência, deve ser vista como uma idéia que não é, de forma alguma, absoluta; em outras palavras – e usando conhecida linguagem musical –, na

78   SOCIEDADES LIMITADAS

sociedade limitada a responsabilidade dos sócios é limitada, sim, *ma non troppo*.

2.3 Não se deve confundir sócio com administrador

Não se deve confundir a *responsabilidade do sócio* como tal com a do sócio como *administrador* da sociedade. Nos termos da legislação anterior (art. 10 do Decreto 3.708, de 10.1.1919), os sócios-gerentes respondiam para com a sociedade e para com terceiros, solidária e ilimitadamente, pelo excesso de mandato e pelos atos praticados com violação do contrato ou da lei. Curiosamente, o Código Civil/2002 não contém dispositivo tão claro, preciso e abrangente, pois em seu art. 1.016 se limita a dispor: "Os administradores respondem solidariamente perante a sociedade e os terceiros prejudicados, por culpa no desempenho de suas funções". Pareceu-me um tanto estranha tal redação legal: afinal, será que ela é suficientemente abrangente? Por outro lado, será que – ao menos para a maioria dos cidadãos – ela é suficientemente clara em seu excessivo laconismo? De qualquer forma, o Código Tributário Nacional (Lei 5.172, de 25.10.1966), em seu art. 135, III, complementa a citada norma, dispondo que são pessoalmente responsáveis pelos créditos correspondentes a obrigações tributárias resultantes de atos praticados com excesso de poderes ou infração de lei, contrato social ou estatutos os diretores, os gerentes ou os representantes de pessoas jurídicas de direito privado.

Sem dúvida, tais dispositivos legais têm sido, muitas vezes, mal-interpretados. Em outras palavras, há quem entenda que, não pagando determinada sociedade um tributo qualquer, por este respondam pessoalmente os respectivos administradores. Não há como concordar com semelhante maneira de pensar. Com efeito, pode uma sociedade qualquer não estar pagando seus tributos simplesmente porque os negócios vão mal; e os negócios podem estar indo mal por motivos completamente alheios à vontade dos administradores, com relação aos quais, por conseqüência, não pode sequer ser colocado o problema da eventual existência de dolo ou de culpa. Pode ser até mesmo que os administradores se esforcem bastante, comportando-se não somente com muita honestidade, diligência e prudência, mas também com grande competência técnica, não conseguindo, entretanto, impedir que intensa, repentina e de todo imprevista crise em algum setor importante da economia nacional acabe arrastando inexoravelmente a sociedade a grave insolvência sem volta.

CARACTERÍSTICAS BÁSICAS

Na falência, se couber e for mesmo decretada, por ser empresária a sociedade, o crédito tributário terá preferência, nada mais que isso, nos termos do art. 186 do referido Código Tributário Nacional, o qual dispõe, *ipsis litteris*: "O crédito tributário prefere a qualquer outro, seja qual for a natureza ou o tempo da constituição deste, ressalvados os créditos decorrentes da legislação do trabalho".

Substancialmente diferente (ficando em posição – diria eu – quase diametralmente oposta) é, no entanto, a conhecida e não muito rara hipótese daqueles administradores de sociedades em geral – portanto, também de sociedades limitadas – que, em certos casos em que a lei assim determina, recolhem de terceiros (que os devam por qualquer motivo) determinados impostos ou determinadas contribuições, deixando depois de repassá-los à repartição pública competente, de acordo com a forma prescrita e dentro do prazo estabelecido. Em casos como estes, é minha firme opinião que acabe surgindo a incontestável figura do ato jurídico praticado com flagrante violação da lei, por ele sem dúvida respondendo, em caráter exclusivamente pessoal, os administradores da sociedade.

3. Quem pode figurar na posição de sócio

3.1 As hipóteses mais comuns de pessoas físicas

A sociedade limitada tem sido inúmeras vezes classificada como híbrida. Não sem algum fundamento. Com efeito, ao que tudo indica, e conforme já fiz notar, muito embora formando grupo com as sociedades até agora ditas "de pessoas", foi ela instituída para, de certa forma, ficar, na prática, a meio caminho entre estas últimas e as chamadas sociedades de capitais. Em conseqüência disso, não pode *a priori* ser excluída a hipótese de surgirem dúvidas sobre quem possa e quem não possa ser inserido em seu quadro de sócios, o que me leva a tecer – logo a seguir – breves comentários sobre o assunto.

3.1.1 Pessoas físicas capazes e sem impedimentos legais

Nos termos do art. 972 do atual Código Civil, poderão exercer a atividade de empresário os que estiverem em pleno gozo da capacidade civil e não forem legalmente impedidos. Em minha opinião, tal dispositivo aplica-se não apenas aos agentes econômicos empresariais, mas também aos agentes econômicos não-empresariais

80 SOCIEDADES LIMITADAS

e a quantos participam de sociedades em geral. Em outras palavras, não mais vigoram as antigas restrições que existiam no velho Código Comercial. Podem, assim, figurar na posição de sócios da sociedade limitada: homens e mulheres, estas inclusive casadas; jovens e velhos, estes de qualquer idade; sadios e doentes, estes mesmo terminais ou contagiantes; cidadãos nacionais ou estrangeiros, além de apátridas, residentes no país ou no exterior; ministros de qualquer religião, não importando o nível a que eles pertençam e o cargo que eles ocupem; membros de ordens ou congregações religiosas de qualquer tipo, até mesmo monges de clausura; e – claro! – eventuais outros (a relação é somente exemplificativa). Passo a dar alguns exemplos, com breve comentário para cada um.

3.1.2 Funcionários públicos de qualquer tipo ou esfera

Os *funcionários públicos* de qualquer tipo ou de qualquer esfera administrativa são às vezes alvo de proibições por parte da legislação que os rege. No Estado de São Paulo, por exemplo, a Lei 10.261, de 28.10.1968 (Estatuto dos Funcionários Públicos Civis do Estado), em seu art. 243, II e VI, dispõe que é proibido ao funcionário participar da gerência ou administração de empresas bancárias ou industriais, ou de sociedades comerciais, que mantenham relações comerciais ou administrativas com o governo do Estado, sejam por este sub-vencionadas ou estejam diretamente relacionadas com a finalidade da repartição ou serviço em que esteja lotado; e também comerciar ou ter parte em sociedades comerciais nas condições mencionadas no inciso II, podendo, em qualquer caso, ser acionista, quotista ou comanditário. Percebe-se que a proibição, neste caso específico, é bem restrita; mas poderia ser ampla. Importante, por isso, é não perder de vista que, quando o funcionário público é apenas acionista ou quo-tista de sociedades de fins econômicos, tal não significa outra coisa senão que o mesmo aplicou suas economias em alguma atividade lícita; e ocorre que qualquer cidadão pode aplicar suas economias em atividades lícitas, livremente. Em conclusão, sou de opinião que o funcionário público em geral possa participar sempre, sem problemas, de sociedades limitadas, ao menos sem assumir funções administrativas. De qualquer forma, mesmo na hipótese improvável de proibições bem rígidas e abrangentes na legislação, sua existência, a meu ver, não terá o condão de tornar nula ou anulável a sociedade, uma vez que poderá apenas fazer surgir algo classificável como falta disciplinar do funcionário público.

CARACTERÍSTICAS BÁSICAS 81

3.1.3 *Pessoas físicas que ainda não saíram da menoridade*

Nos termos do art. 308 do velho Código Comercial, quando a sociedade, dissolvida por morte de um dos sócios, tivesse de continuar com os herdeiros do falecido, se entre os herdeiros algum ou alguns fossem menores, estes não poderiam ter parte nela, ainda que fossem autorizados judicialmente, salvo sendo legitimamente emancipados. Tal norma, a rigor, deveria ter sido aplicada também à limitada, sociedade contratual, dita "de pessoas"; aliás, durante certo tempo foi aplicada. Só que, a certa altura, começaram a surgir pressões para que os menores fossem normalmente admitidos na limitada. Houve acesas discussões, sendo defendidas opiniões doutrinárias bem discordantes. Entre os que contestavam a entrada dos menores havia quem fizesse notar que *mesmo na sociedade limitada o menor não podia ser admitido, por não poder assumir a gerência e, sobretudo, por não poder responder no lugar de outros sócios, na eventualidade de quotas subscritas mas não realizadas* (com efeito, ainda hoje, a solidariedade entre os sócios pode chegar a obrigar um destes últimos a responder pelo que outro esteja devendo). Afinal, surgiu a almejada solução (com base em proposta minha): enquanto houver menores na sociedade, o capital social deverá ficar sempre integralizado; sendo que os menores em momento algum poderão exercer cargos administrativos. A questão, sem sombra de dúvida, é bastante espinhosa, merecendo seus lances ser contados em todos os detalhes; motivo pelo qual voltarei ao assunto mais adiante.

3.1.4 *Pessoas físicas maiores mas com incapacidade*

Além dos menores absoluta ou relativamente incapazes, há, de acordo com o Código Civil/2002, outros *incapazes*, nas mesmas condições. Nos termos do art. 3º, são também absolutamente incapazes de exercer pessoalmente os atos da vida civil: os que, por enfermidade ou deficiência mental, não tiverem o necessário discernimento para a prática desses atos; e os que, mesmo por causa transitória, não puderem exprimir sua vontade. Ao passo que, nos termos do art. 4º, são também incapazes relativamente a certos atos, ou à maneira de os exercer: os ébrios habituais, os viciados em tóxicos e os que, por deficiência mental, tenham o discernimento reduzido; os excepcionais, sem desenvolvimento mental completo; os pródigos (há também os índios, para cuja capacidade, porém, o Código remete à legislação

82 SOCIEDADES LIMITADAS

especial). Em minha opinião, o que se aplica aos menores em geral é igualmente aplicável aos demais incapazes, por uma questão de mera lógica. De forma que o problema se prende apenas à manifestação da vontade do incapaz (assim como do menor), entrando em ação figuras como as de representantes, assistentes, curadores. Faço notar, por fim, que o Código/2002 não chega a mencionar menores e outros incapazes como sócios na sociedade limitada; mas parece confirmar, e demais, o quanto por mim já foi exposto, ao dispor, em seu art. 974, *caput*: "Poderá o incapaz, por meio de representante ou devidamente assistido, continuar a empresa antes exercida por ele enquanto capaz, por seus pais ou pelo autor de herança".

3.1.5 Pessoas físicas maiores mas declaradas ausentes

O Código Civil/2002 também dispõe, em seu art. 22: "Desaparecendo uma pessoa do seu domicílio sem dela haver notícia, se não houver deixado representante ou procurador a quem caiba administrar-lhe os bens, o juiz, a requerimento de qualquer interessado ou do Ministério Público, declarará a ausência, e nomear-lhe-á curador". Por que resolvi mencionar tal dispositivo? Porque nada impede que o *ausente*, no momento de seu desaparecimento, faça parte do quadro social de uma sociedade limitada, empresária ou não. E ocorre que, em minha opinião, poderá continuar a figurar em dito quadro social, desde que a maioria dos demais sócios, judicialmente, ou a maioria representativa de mais da metade do capital social, com base em cláusula contratual prevendo a exclusão por justa causa, não se oponha a essa permanência. Mas poderá um ausente ingressar em sociedade limitada, nova ou já existente? Por mais estranho que isso pareça, não há, a meu ver, como excluir tal hipótese *a priori*, uma vez que problemas de família ou problemas de herança ou eventuais outros problemas podem sugerir ou, mesmo, recomendar o ingresso em questão. Naturalmente, convém que ninguém se esqueça de que também nesta hipótese será necessário contar com o beneplácito das demais partes contratantes.

3.2 Hipóteses menos comuns de pessoas em geral

Continuando com meus breves comentários, e após ter acenado a pessoas físicas em geral, maiores ou menores de idade, capazes ou incapazes, inclusive ausentes (a ausência gera situação parecida com

CARACTERÍSTICAS BÁSICAS 83

a incapacidade) e ocupantes de cargos públicos (o exercício de cargo público gera, não raro, restrições quanto ao exercício de atividades econômicas), passo, agora, a fazer algumas rápidas referências a hipóteses bem menos corriqueiras: pessoas físicas no exercício isolado de atividades econômicas (empresariais e não-empresariais), cônjuges, espólios, pessoas jurídicas de qualquer gênero, espécie e natureza e, por fim, também agrupamentos desprovidos de personalidade jurídica.

3.2.1 *Profissionais não-empresários de todos os tipos*

Muito embora a sociedade limitada faça parte do grupo societário a ser necessariamente utilizado no exercício de atividades econômicas empresariais, ela pode, por livre opção das partes interessadas, ser utilizada também para exercício de atividades econômicas não-empresariais. Em razão disso, creio oportuno tecer alguns comentários sobre a possibilidade de criação de sociedade limitada por parte de todos aqueles agentes econômicos que, quando operam sozinhos, o fazem na qualidade de *profissionais autônomos*. No âmbito destes últimos há profissionais que dão origem às chamadas *profissões regulamentadas* (em grande parte, profissões ditas liberais), com relação às quais a liberdade que os membros têm de constituir sociedades em geral está sujeita a restrições especiais. Por exemplo, a Lei federal 8.906, de 4.7.1994, sobre o Estatuto da Advocacia e a Ordem dos Advogados do Brasil/OAB, dispõe o seguinte, a respeito das sociedades de advogados: "Não são admitidas a registro, nem podem funcionar, as sociedades de advogados que apresentem forma ou características mercantis, que adotem denominação de fantasia, que realizem atividades estranhas à Advocacia, que incluam sócio não inscrito como advogado ou totalmente proibido de advogar " (art. 16, *caput*); também dispõe: "Além da sociedade, o sócio responde subsidiária e ilimitadamente pelos danos causados aos clientes por ação ou omissão no exercício da Advocacia, sem prejuízo da responsabilidade disciplinar em que possa incorrer" (art. 17). Neste caso específico, a meu ver, a sociedade limitada não pode sequer ser utilizada. Creio, porém, existirem outros profissionais liberais com permissão, ainda que implícita, para utilizarem a sociedade limitada, muito embora em presença de alguma restrição especial, como a de que a sociedade só tenha sócios no livre exercício da profissão em causa e só tenha por objeto o exercício desta última. Convém, pois, que sejam feitas, sempre, todas as verificações preliminares.

84 SOCIEDADES LIMITADAS

3.2.2 *Empresas individuais (ou firmas individuais)*

Empresa individual é a figura jurídica que por muito tempo ficou conhecida como *firma individual*. Algo assaz curioso acontece: em razão da maneira com que ela se comporta, e por estar inscrita no CNPJ, acaba sendo considerada por muitos uma autêntica pessoa jurídica. Em verdade, ela não é e nunca foi uma pessoa jurídica, sendo apenas, em certos casos, equiparada a uma pessoa jurídica para determinados fins específicos. O que ela é, então? Ela só constitui uma figura jurídica não-personificada que tem por fim exclusivo representar a atividade econômica do empresário individual; nada mais é, portanto, que a própria pessoa física do empresário individual (outrora, comerciante individual). Em tais condições, ela não constitui categoria à parte, devendo ser incluída na categoria das "pessoas físicas capazes e sem impedimentos legais". Em conseqüência, no contrato social da limitada, o sócio que eventualmente seja titular de empresa individual deverá constar apenas e tão-somente com seu nome civil e com seus dados civis, sem qualquer alusão à sua posição de agente econômico empresarial. Venho insistindo nisso em razão dos erros que às vezes são cometidos. Imagine-se que, algum tempo atrás, passou por minhas mãos curiosíssimo contrato constitutivo de uma sociedade limitada empresária cujo quadro social apresentava dois únicos nomes: um era o nome civil de determinada pessoa física, ao passo que o outro era nada menos que a firma de uma empresa individual cujo titular era a mesma pessoa física titular do citado nome civil; em outras palavras, esta última havia conseguido a surpreendente façanha de contratar consigo mesma!

3.2.3 *Marido e mulher como sendo os únicos sócios*

De uns tempos para cá aparecem com certa freqüência sociedades limitadas compostas de apenas duas pessoas: um homem e uma mulher, casados um com a outra. São admissíveis tais sociedades? Aliás, qual o motivo da existência da dúvida? O motivo da dúvida reside em que, quando um homem e uma mulher estão casados um com a outra, já há sociedade total e completa entre os cônjuges, de que resulta sempre algum tipo de patrimônio único: "único" no sentido jurídico da palavra, quando o regime de bens é, por exemplo, o da comunhão universal, ou "único de fato", simplesmente em razão da enorme vinculação que nunca deixa de existir entre os cônjuges. Em

CARACTERÍSTICAS BÁSICAS 85

conseqüência disso, ao menos no império da legislação anterior a sociedade limitada empresária (outrora, dita "comercial") surgida apenas entre cônjuges poderia, de um lado, ser considerada nula de pleno direito, por impossibilidade do objeto (afinal, é impossível criar sociedade entre determinadas pessoas quando já existe, entre as mesmas, sociedade total e completa); ou poderia, de outro lado, ser considerada anulável, por vício resultante de fraude contra credores (afinal, quando um dos cônjuges, ao invés de utilizar a figura da empresa individual, que tem responsabilidade ilimitada, constitui sociedade limitada com o outro cônjuge, ele, de fato, está limitando indevidamente sua responsabilidade). Trata-se de questão particularmente espinhosa, cujo estudo exige maior profundidade, e à qual voltarei, por isso, mais adiante, neste mesmo capítulo.

3.2.4 Espólios de sócios que vieram a falecer

Nos termos do art. 1.028 do Código/2002, no caso de morte de sócio, sua quota será liquidada, salvo: I – se o contrato dispuser de forma diferente; II – se os sócios remanescentes optarem pela dissolução da sociedade; III – se, mediante acordo com os herdeiros, for regulada a substituição do sócio falecido. Percebe-se que há diversas hipóteses legais. Se a quota do sócio falecido for liquidada, não poderá o espólio, a meu ver, passar a figurar no quadro social no lugar do sócio, devendo, ao contrário, os respectivos haveres, ao chegar o momento oportuno, ser postos à disposição do juízo competente. Se os sócios remanescentes optarem pela dissolução da sociedade, o resultado prático será, a meu ver, basicamente idêntico, pois não creio que haveria lógica e cabimento em tirar o sócio falecido do quadro social e nele colocar o espólio, no preciso instante em que a própria sociedade estaria desaparecendo. Mas se, em razão de acordo entre os sócios remanescentes e os herdeiros do sócio falecido, for regulada a substituição deste último em sua posição de membro da sociedade, o nome do mesmo, a meu ver, deverá imediatamente dar lugar ao respectivo espólio, no quadro social, ali permanecendo durante o tempo do processo de inventário.

3.2.5 Pessoas jurídicas de qualquer natureza e espécie

Conforme já tive a oportunidade de fazer notar, as *pessoas jurídicas* brasileiras podem ser de direito público e de direito privado. As

86 SOCIEDADES LIMITADAS

primeiras são: União, Estados, Distrito Federal, Territórios, Municípios, autarquias, demais entidades de caráter público criadas por lei. As segundas são, de um lado, associações e fundações, todas sem fins econômicos ou lucrativos; e, de outro, as sociedades, todas com fins econômicos ou lucrativos. As sociedades, por sua vez, são empresárias e não-empresárias. As empresárias são: sociedades em nome coletivo, sociedades em comandita simples, sociedades limitadas, sociedades anônimas ou companhias e sociedades em comandita por ações. As não-empresárias são basicamente as sociedades simples propriamente ditas e as sociedades cooperativas. A todas elas é preciso acrescentar as empresas públicas sem forma prevista pelo direito positivo. Por fim, não podem ficar esquecidas as pessoas jurídicas estrangeiras, de direito privado, operando ou não no país. Em minha opinião, nada impede, em princípio, que todas as pessoas jurídicas acima mencionadas venham a figurar como sócias de sociedade limitada.

3.2.6 Agrupamentos não-personificados em geral

Não podem, evidentemente, ser sócios de qualquer sociedade limitada, quer seja ela empresária, quer não seja empresária, os *agrupamentos não-personificados*, tais como: sociedades em comum, sociedades em conta de participação, consórcios de sociedades, grupos de sociedades, condomínios residenciais ou comerciais, condomínios de fins econômicos, eventuais outros. Tais agrupamentos não podem ser sócios de sociedade limitada, assim como de qualquer outra sociedade, por não serem agentes, nem econômicos, nem de qualquer outro tipo; e não são agentes porque o Direito não os reconhece como pessoas. Dirão alguns: "Por que será que, no meio de tantos agrupamentos humanos que existem no mundo, há os que têm personalidade jurídica e os que não a têm?". O motivo da inexistência de personalidade jurídica em certos agrupamentos humanos reside na absoluta ausência, neles, de patrimônio próprio; pois sem tal patrimônio próprio acaba faltando aos mesmos o substrato indispensável para que o legislador lhes possa outorgar a personalidade.

4. Sociedade tão-somente entre cônjuges

4.1 Análise com base apenas na legislação anterior

Na vigência da legislação anterior começaram, a certa altura, a aparecer, com alguma freqüência, sociedades limitadas com apenas

CARACTERÍSTICAS BÁSICAS 87

dois sócios, um homem e uma mulher, em que somente o homem era o administrador, e onde se percebia claramente que os dois estavam casados um com a outra. Tornou-se inevitável o surgimento de controvérsia a respeito da legalidade de tal sociedade. Uns entendiam que ela não era admissível, nos termos mais absolutos; outros, no entanto, sustentavam que a mesma só não poderia ser admitida no caso de o regime de bens ser o da comunhão universal, pois do contrário acabaria surgindo, na prática, nada menos que um comerciante individual com responsabilidade limitada, figura que o ordenamento jurídico não admitia, de maneira alguma.

De fato, não havia como negar que o comerciante individual casado no regime da comunhão universal de bens estaria apenas – ao celebrar contrato de sociedade limitada com sua esposa – limitando sua responsabilidade, visto que, na prática, não deixaria de continuar a exercer o comércio individualmente; afinal, já existindo entre os dois sociedade total e completa, a constituição da referida sociedade só teria o condão de reduzir a garantia dos credores, em franca oposição ao pensamento do legislador. O mesmo poderia acontecer se o regime adotado fosse o da comunhão parcial (comunhão apenas dos aqüestos) e os dois tivessem casado sem bens de qualquer espécie.

O Supremo Tribunal Federal, contudo, chegou a entender que não poderia ser considerada nula de pleno direito qualquer sociedade entre cônjuges, nem ilícito seu objeto; podendo ela apenas ser invalidada, porque anulável, com base nas circunstâncias que tivessem levado as partes contratantes à sua constituição. A esse respeito, voto do Min. Thompson Flores (Relator), em acórdão de 27.11.1973 referente ao RE 76.953-SP (2ª Turma, *RTJ* 68/247-250), esclarecia quanto abaixo exposto:

"(...).

"2. Como o despacho presidencial, tenho por comprovada a divergência pretoriana. É que, enquanto o aresto recorrido considera que a sociedade por quotas de responsabilidade limitada entre marido e mulher é nula de pleno direito, daí extraindo conseqüências, diversamente considerou o padrão indicado, do Tribunal de Justiça de São Paulo, que entendeu, notadamente com o destaque transcrito, o qual está na *RT* 392/215-217, e diz: 'Não é certo que só por serem sócios marido e mulher a sociedade se devesse considerar irregular. Não existe nulidade absoluta na constituição de sociedades por cotas de responsabilidade limitada entre cônjuges, ou de sociedade de que estes participem, porque a fraude à lei não se pode presumir *juris et de jure*' (Egberto Lacerda Teixeira, *Sociedades por Cotas*, p. 45)'.

88 SOCIEDADES LIMITADAS

"Justifico, pois, o conhecimento do excepcional.

"3. E procede ele, a meu ver. Certo, lavra dissídio doutrinário, não só entre nós, como em países outros, a respeito da validade da sociedade comercial ou civil entre os cônjuges, refletindo-se na jurisprudência. Penso, porém, que a melhor orientação é a refletida pelo paradigma. Nula não é, porque texto algum assim a considera (Código Civil, art. 145, n. V), nem ilícito o seu objeto (artigo citado, n. II). Admito que possa ser invalidada, porque anulável, quando provada, por exemplo, a simulação, a fraude ou sua infringência a preceito de lei. Neste sentido se tem orientado o Supremo Tribunal Federal, mesmo antes do advento da Lei n. 4.121/1962 (*RT* 122/393-396, RE n. 9.903, rel. Min. H. Guimarães; e *RTJ* 48/254-256, RE n. 61.582, rel. Min. Victor Nunes), rememorando ambas opiniões e julgados (...)."

Até aqui o texto judicial parcial que achei interessante citar. O acórdão do qual ele foi extraído, no entanto, não foi o único, do Supremo Tribunal Federal, que consegui encontrar a respeito do assunto ora objeto de exame. Voto, por exemplo, do Min. Rafael Mayer (1ª Turma), após relatório, referente ao RE 104.597-3-PR, em acórdão de 10.5.1985, esclarecia quanto abaixo exposto:

"(...).

"Em outra ordem de argumentos, pretende o recorrente tenham sido violados, pelo acórdão recorrido, os arts. 230 e 262 do Código Civil, pois, nesse teor normativo, o regime de comunhão universal a que estão sujeitos os únicos sócios-quotistas, marido e mulher, importa a comunicação de todos os bens e, obviamente, de suas dívidas passivas. O acórdão recorrido teria relevado a preceituação civil, ao recusar que os bens do casal respondessem pelas dívidas por ambos contraídas, e ao fazer prevalecer a cláusula social de responsabilidade limitada, absolutamente nula e ineficaz em face da incidência do art. 262 do Código Civil (fls. 118-119).

"Com efeito, como se vê da transcrição, no relatório, o v. acórdão admite, limpidamente, a jurídica 'possibilidade de constituição de sociedade comercial composta por marido e mulher, porque nenhum preceito de lei a proíbe' (fls. 90). A controvérsia sobre tal proposição, viva no passado, amaina notadamente a partir das novas realidades institucionais introduzidas pela Lei n. 4.121/1962 (Estatuto da Mulher Casada).

"Nesta Corte, a antiga jurisprudência, infensa à hipótese excepcionada pelo pensamento do Min. Hahnemann Guimarães, sofreu um giro, no sentido de sua admissibilidade, a partir do julgado no RE

CARACTERÍSTICAS BÁSICAS 89

n. 61.582, da 1ª Turma, relatado pelo eminente Min. Victor Nunes, onde se pesquisam precedentes e doutrinas (*RTJ* 48/254). E veio a ser claramente posta em acórdão da 2ª Turma, no n. RE 76.953, de que relator o eminente Min. Thompson Flores, de cuja ementa se lê: 'Sociedade entre cônjuges. Não merece considerada nula *pleno jure*, posto que passa ela a ser anulável, segundo as circunstâncias que levarem à sua constituição – Doutrina – Jurisprudência, inclusive do Supremo Tribunal Federal. II – Recurso extraordinário conhecido pelo dissídio, e provido' (...).

"A doutrina contemporânea também se orienta nesse sentido, dizendo o notável comercialista, que é Cunha Peixoto, não haver, 'expressa ou implicitamente, dispositivo legal que proíba a sociedade entre cônjuges, mesmo comunheiros', e que, portanto, 'em princípio, a sociedade entre marido e mulher é válida: ela só se torna nula quando disfarça uma fraude à lei' (*Sociedade por Quotas*, 2ª ed., I/239). Na mesma linha, Egberto Teixeira, *Sociedades por Cotas*, p. 54; Pontes de Miranda, *Tratado*, 49/225; Eunápio Borges, *Curso*, p. 139; Darcy Arruda Miranda Jr., *Curso de Direito Comercial*, 5ª ed., II/146.

"À vista disso, não há recusar integridade jurídica ao acórdão recorrido, ao reconhecer validade a uma sociedade comercial devidamente constituída, sem desconsideração de sua personalidade e patrimonialidade próprias, que somente se poderiam infirmar pela desconstituição judicial diante de vícios ou defeitos de formação que, na espécie, inocorrem."

Até aqui o segundo texto judicial parcial que achei interessante citar. As referidas decisões do Supremo Tribunal Federal me pareceram, de um lado, bem louváveis, por seu irrefutável e claro alcance prático; afinal, enquanto a economia evoluía com espantosa celeridade, o direito comercial estava quase parado, o que tornava necessário o aparecimento de iniciativas capazes de forçar a simultânea evolução das leis que regulavam o comércio. De outro lado, entretanto, não tenho mesmo condições de negar que, em conformidade com minha maneira estritamente pessoal de enxergar as coisas, estas, em verdade, ao menos no plano teórico, se passavam de forma um tanto diferente.

Entendia eu que, quando um homem e uma mulher, casados um com a outra, resolviam constituir, apenas e tão-somente entre si, uma sociedade limitada, o faziam, na maioria dos casos, com a evidente intenção de fraudar a lei, na parte em que esta fixava responsabilidades. Isso ficava patente, por exemplo, na hipótese de o cônjuge varão, antigo comerciante individual, constituir de repente sociedade limitada com esposa desprovida de bens pessoais e de prendas domésticas.

90 SOCIEDADES LIMITADAS

Em outros casos poderia até mesmo não existir tal intenção; mas o resultado prático era sempre, e de forma inevitável, a limitação da responsabilidade de um comerciante individual, algo que a lei, clara e decididamente, proibia. Chego, aliás, a afirmar que, ao que me parecia, isso poderia ocorrer independentemente do regime de bens adotado. Com efeito, a colaboração entre cônjuges, em todos os sentidos, sempre foi considerada mera e natural conseqüência do casamento, nada mais; portanto, mera conseqüência da sociedade maior ou geral ou total existente entre os dois. Tanto assim que o Decreto-lei 486, de 3.3.1969, ao definir a figura do *pequeno comerciante* (portanto, do comerciante individual), incluía entre os elementos característicos de tal figura a predominância do trabalho próprio e de familiares (art. 1º, parágrafo único, "b"); ora, o primeiro e mais importante familiar, o *alter ego*, a *outra metade*, é, sem dúvida alguma, o cônjuge.

Acontece que o ordenamento jurídico obrigava o comerciante individual a responder de forma ilimitada por suas obrigações comerciais. Tal significava, na prática, que o comerciante individual solteiro estava sujeito à imposição legal nos termos mais absolutos, sem qualquer saída, ao passo que o casado conseguia escapar. Por quê? Tratava-se de imposição legal destinada aos solteiros?

4.2 Análise com base apenas na legislação atual

Como é que ficou o problema acima comentado após o advento da legislação atual? Ao que tudo indica, minhas posições doutrinárias resultaram acolhidas, ainda que em parte, pelo Código Civil/2002, que em seu art. 977 dispõe, textualmente: "Faculta-se aos cônjuges contratar sociedade, entre si ou com terceiros, desde que não tenham casado no regime da comunhão universal de bens, ou no da separação obrigatória". O regime de comunhão universal importa a comunicação de todos os bens presentes e futuros dos cônjuges e suas dívidas passivas, com as exceções da lei (art. 1.667). Quanto ao regime da separação de bens, é ele obrigatório com relação: I – às pessoas que contraírem o casamento com inobservância das causas suspensivas de sua celebração; II – à pessoa maior de 60 anos; III – a todos os que dependerem, para casar, de suprimento judicial (art. 1.641).

Por outro lado, cabe fazer certa observação com referência ao regime de comunhão parcial, no âmbito do qual se comunicarão os bens que sobrevierem ao casal na constância do casamento, com as exceções da lei (art. 1.658). Não pode ser excluída a hipótese de que

CARACTERÍSTICAS BÁSICAS 91

os cônjuges, ao iniciarem sua vida a dois, se encontrem completamente desprovidos de bens pessoais, podendo surgir, em conseqüência, situação "de fato" perfeitamente análoga à da comunhão universal de bens (note-se que a existência de exceções na comunhão parcial não desvirtua o instituto jurídico; atente-se, por exemplo, para a comunhão universal: não deixa ela de ser tal só por existirem alguns itens patrimoniais que ficam fora da mesma). É possível, então, que venha um dia a ser colocada questão bem curiosa: deve a restrição do citado art. 977 do Código ser estendida à hipótese de comunhão universal apenas de fato? Em minha opinião, a idéia da extensão não carece de lógica, uma vez que, no caso ora em exame, a interpretação legal que mais me parece cabível é justamente a teleológica, que encontra sua base na finalidade do preceito legal. Conseqüência disso é que os interessados deverão estar sempre preparados para eventuais discussões do problema em juízo.

Não faz muito tempo, tive a oportunidade de ler – ocasionalmente e de forma muito rápida, sem qualquer possibilidade de fazer anotações – opinião doutrinária sobre o art. 977 do Código Civil/2002. O autor, após tecer diversas considerações gerais, que não mais recordo, a respeito do assunto, concluiu seu breve texto afirmando, mais ou menos, que, de qualquer forma, sobre uma coisa não podia haver dúvidas: *o dispositivo legal só era aplicável às situações novas*. Em outras palavras, se não entendi mal, ele quis dizer que qualquer sociedade limitada constituída apenas entre cônjuges antes do advento do Código Civil/2002 poderia continuar existindo legalmente e sem problemas, aplicando-se o novo dispositivo legal tão-somente às sociedades constituídas posteriormente.

Confesso que tal conclusão me deixou assaz perplexo. Com efeito, já fiz notar, na subseção anterior, algo a meu ver fundamental: desde que a sociedade limitada entre cônjuges começou a aparecer, sua legalidade foi vigorosamente contestada, e não por poucos. Em que se basearam esses contestadores: no "nada" absoluto? E se eles não tinham qualquer base para sustentar sua tese, por que se deram ao trabalho – correndo, inclusive, os riscos correspondentes – de recorrer ao próprio Poder Judiciário? Foi pura loucura? Simples aventureirismo? Em sã consciência, não acredito.

Em verdade, o ordenamento jurídico do país é algo por demais complexo, visto que ele não surge de repente, na mesma época, nem é feito num só lugar e sobretudo por uma única pessoa. Ele é fruto de um trabalho intensíssimo, realizado ao longo de muito tempo, por inúmeras pessoas, as mais diferentes entre si, em termos de temperamento, educação, religião, moral, idade, sexo, origem geográfica e étnica, nível cultural e muitas outras coisas. Mesmo assim, para conseguir ser eficaz, ele deve ser aplicado de forma unitária, uma vez que sua função é a de estabelecer ordem; sendo que, se ele não fosse aplicado de forma unitária, seria poderosa e indiscutível fonte de desordem.

Como é que o ordenamento jurídico, mesmo surgindo de forma extremamente heterogênea, pode acabar sendo aplicado de forma unitária? Quem faz o milagre é o intérprete: é ele que analisa o texto gramatical, a lógica do comando, a finalidade da norma, a vontade do legislador; é ele que resolve os conflitos temporais e geográficos, preenche as lacunas, procura o sentido mais profundo e autêntico dos dispositivos, confere homogeneidade, e assim por diante. A força do advogado e do jurista se vê justamente em sua capacidade de interpretar, fazendo-o da melhor forma possível.

O ordenamento jurídico não se compõe apenas de leis; pois nem tudo está nas leis. Melhor dizendo, nem todas as normas se encontram diretamente nas leis, ou claramente nas leis, ou explicitamente nas leis. Sem dúvida, ao menos hoje em dia, é justamente a lei que constitui a fonte primordial do Direito; em tais condições, mesmo quando aparentemente ela não declara a norma a ser aplicada, não deixa, porém, de dar suas dicas, de apontar seus caminhos, de oferecer sua ajuda. É assim que acabam surgindo outras figuras, que não são propriamente leis, mas que integram por igual o ordenamento jurídico do país; por exemplo, os chamados *princípios gerais de Direito*.

Por tudo isso é que – apesar de meu enorme respeito pelos ilustres membros de nossa mais alta Corte de Justiça e pelos ilustres juristas citados nos dois acórdãos acima reproduzidos – não me pareceram muito felizes (peço vênia; afinal, o Direito não é ciência exata; com o quê, para serem aprimoradas, as idéias devem sempre ser discutidas, pois é da discussão que nasce a luz) frases como estas: "Nula não é, porque texto algum assim a considera (Código Civil, art. 145, n. V)"; "(...) porque nenhum preceito de lei a proíbe"; não haver, "expressa ou implicitamente, dispositivo legal que proíba a sociedade entre cônjuges, mesmo comunheiros". Em meu entendimento, na vigência da legislação anterior não era sequer necessário recorrer aos princípios gerais de Direito, pois existia dispositivo legal expresso regulando a matéria; só que tal dispositivo era indireto, e acabou não sendo percebido. Havia, com efeito, no Código Civil, norma dispondo: "Art. 145. É nulo o ato jurídico: (...) II – quando for ilícito, ou impossível, o seu objeto (...)". Pois bem, parece incrível, mas é verdade: é literalmente

CARACTERÍSTICAS BÁSICAS 93

impossível a duas pessoas que já constituíram, entre si, sociedade total e completa, sob todos os aspectos, constituir entre si uma nova sociedade. A lógica não o permite.

Naturalmente, sempre pode haver solução, ainda que parcial, para qualquer tipo de problema; vou demonstrá-lo com pequeno exemplo. Imagine-se um casal em regime de comunhão universal de bens: se eles constituírem sociedade limitada apenas entre si, ficando, em conseqüência, sozinhos na sociedade, estarão em situação irregular, porque frontalmente contrária à lei; mas, se eles incluírem no quadro social um filho, com pequena participação, automaticamente sairão, em minha opinião, da irregularidade. Dir-se-á: mas eles não continuarão sendo atingidos pela restrição legal, por terem contratado sociedade "entre si ou com terceiros"? À primeira vista, sim. Cabe, no entanto, pequeno reparo: neste caso específico, tem o intérprete, ao que tudo indica, o dever de descobrir a verdadeira finalidade da norma legal. Se ele fizer isso, perceberá, de um lado, que o legislador pátrio quer impedir que o empresário casado limite ilegalmente sua responsabilidade; e, de outro, que o empresário casado deste exemplo, ao admitir na sociedade um filho, limitou sua responsabilidade dentro da mais plena legalidade. Resultado: a inclusão do cônjuge no quadro social em nada desrespeita a vontade do legislador pátrio e, ao mesmo tempo, não causa quaisquer danos a ninguém, devendo ser encarada, pura e simplesmente, como mais uma fórmula de colaboração conjugal.

5. A questão da entrada do menor de idade

Já fiz notar que o velho Código Comercial, em seu art. 308, dispunha: "Quando a sociedade dissolvida por morte de um dos sócios tiver de continuar com os herdeiros do falecido (art. 335, n. 4), se entre os herdeiros algum ou alguns forem menores, estes não poderão ter parte nela, ainda que sejam autorizados judicialmente; salvo sendo do legitimamente emancipados". Com base em tal dispositivo, foi por muito tempo contestada, antes impedida, a entrada de *menores* em sociedades limitadas. É que tais sociedades, muito embora não fizessem parte do texto do Código, eram tidas como integrando o grupo das sociedades comerciais, ditas "contratuais", "por quotas", "de pessoas".

Com razão, aliás, a meu ver. Com efeito, ao que tudo indicava, e conforme já ressaltei, o legislador pátrio de 1919, ao editar o Decreto 3.708, outra coisa não tivera em mente senão instituir mais um tipo de sociedade contratual, de pessoas. O próprio nome conferido ao novo instituto comprovava minha assertiva. Pois "por quotas" eram todas as sociedades contratuais (Código Comercial, arts. 300 e ss.), inclusive, e notadamente, a sociedade em nome coletivo, que era por excelência a "sociedade por quotas, de responsabilidade ilimitada"; e, para que se distinguisse desta, o novo instituto jurídico fora chamado "sociedade por quotas, de responsabilidade limitada".

Mas o Decreto 3.708/1919 fora elaborado com ambigüidades e hibridismos que, estranhamente, lhe haviam permitido acompanhar, ainda que em parte, a extraordinária evolução econômico-social dos últimos tempos, sem quaisquer modificações em seu texto. Fora, assim, suficiente pequeno esforço interpretativo para que – diante das constantes pressões sociais – se conseguisse chegar à conclusão de que ao menos a sociedade limitada não estava mesmo sujeita à restrição do art. 308 do Código.

Na Junta Comercial do Estado de São Paulo, o Dr. Francisco Alberto Camargo Veiga de Castro, procurador do Estado, começou, a certa altura, a defender a entrada dos menores nas sociedades limitadas. Ainda hoje me lembro vivamente do dia em que, em fins de 1971, o então Presidente da Junta Comercial, Dr. João Baptista Morello Neto, durante sessão plenária de que participei (eu entrara na Procuradoria daquela Corte Administrativa poucos dias antes), ordenou a leitura – para simples conhecimento – de parecer daquele ilustre jurista em tal sentido. O parecer não estava na pauta dos julgamentos do dia; portanto, não foi votado; mas, após sua leitura integral, foi amplamente discutido, sendo contestado com veemência pela maioria dos vogais presentes, a qual não tinha dúvidas sobre a perfeita aplicabilidade, à espécie, do art. 308 do Código Comercial.

Foi por isso que me senti no dever moral de cerrar fileiras em torno do Dr. Veiga de Castro, passando a defender a mesma tese. A luta foi árdua, pois o inimigo se identificava com algo bem arraigado na mente das pessoas; mas, com o tempo, as coisas começaram a melhorar. Houve uma primeira vitória em determinado caso de entrada de menores em virtude de sucessão *causa mortis*. Por mera coincidência, esteve em jogo parecer meu que, em sessão plenária, foi amplamente debatido e afinal votado e aprovado; tornando-se, a partir de então, pacífica a admissão de sócios menores em sociedades limitadas em virtude de sucessão *causa mortis*, e apenas nesta hipótese.

Foi, evidentemente, uma vitória parcial, sem muita lógica. Tanto assim que, tempo depois, em outro parecer, cheguei a escrever, textualmente: "O que sempre constituiu objeto de acirradas discussões

CARACTERÍSTICAS BÁSICAS 95

foi apenas e tão-somente a possibilidade de o menor fazer parte de sociedade por quotas, a possibilidade de estar dentro, nunca a maneira de entrar. Por esse motivo, se agora alguns menores estão dentro, e essa situação é considerada normal, a que título impedir que outros menores também fiquem dentro? Afinal, para a sociedade por quotas tanto faz os menores terem entrado por ato *inter vivos* ou por transmissão *causa mortis*; pois o problema da responsabilidade solidária (até o montante do capital) existe em ambos os casos, e em ambos os casos pode muito bem ser resolvido".

A respeito do referido problema eu havia, algum tempo antes, recebido uma espécie de alerta de um dos vogais mais experientes, o Dr. Frans Machado. Ele me havia dito, basicamente: "Bastante interessantes os seus argumentos; porém, não ficou claro como poderá ser resolvido o problema da responsabilidade solidária dos sócios". Muito justo. Tal crítica me obrigou a refletir. Cheguei, inclusive, à conclusão de que a sociedade limitada apresentava, em verdade, não um, mas dois problemas básicos. O primeiro dizia respeito à gerência. Conforme interpretação pacífica entre os juristas, o Decreto 3.708/1919, por suas alusões constantes aos "sócios-gerentes", deixava claramente entender que, na sociedade limitada, apenas e tão-somente os sócios poderiam ser gerentes, isto é, administradores; por outro lado, o exercício da gerência pressupunha a existência de capacidade plena, a qual não fazia parte das características do menor. O problema, no entanto, apresentava solução bastante fácil. Pois o fato de somente os sócios poderem ser gerentes não significava que todo e qualquer sócio devesse sê-lo, necessariamente. De forma que, havendo menores na sociedade, bastaria que o contrato social, expressa e categoricamente, os excluísse do exercício da gerência.

O segundo problema dizia respeito à responsabilidade solidária dos sócios. Conforme já foi visto, na sociedade limitada os sócios respondiam (e continuam respondendo) pelas obrigações sociais até o montante do capital social. Tal responsabilidade, entretanto, era (e continua sendo) solidária. Nessas condições, na hipótese de o capital social não ter sido totalmente realizado e de haver na sociedade sócios ricos e pobres, um dos sócios ricos poderia, caso sobreviesse a falência da sociedade, ser executado pela dívida dos demais, ainda que já tivesse realizado por inteiro sua própria quota. Ora, o menor era irresponsável. Como conciliar situações legais que, ao menos na aparência, eram tão contrárias?

No meio de oposição muito grande, e praticamente geral, acabei-me lembrando, a certa altura, do que acontecia com as sociedades

96 SOCIEDADES LIMITADAS

anônimas ou companhias, em que a entrada de menores nunca havia sido dificultada. Na sociedade anônima, ainda que todos os demais acionistas realizassem parcialmente suas subscrições, não se permitia que o acionista menor fizesse o mesmo; exigia-se que ele realizasse sempre no ato a totalidade de suas subscrições, justamente para que nunca pudesse surgir, a seu respeito, qualquer problema de responsabilidade. Cheguei, então, à conclusão de que algo não digo idêntico, mas pelo menos perfeitamente análogo, poderia acontecer com relação às sociedades limitadas. Em outras palavras, pareceu-me viável que, havendo menores na sociedade, ficasse esta última obrigada a exigir de todos os seus sócios (menores e maiores) a realização sempre imediata e total de quaisquer subscrições. Pois assim, com o capital social continuamente integralizado, de modo algum poderia aparecer o problema da responsabilidade dos sócios menores.

E em publicação posterior sobre o assunto tive a oportunidade de justificar amplamente minhas idéias perante o público, declarando: "Tal exigência não seria de forma alguma prejudicial. Inúmeras são as sociedades que se constituem e alteram seu contrato social com realização imediata e total de seu capital e respectivos aumentos. Só que, no presente caso, essa realização imediata e total, ao invés de ser facultativa, seria obrigatória. Seria o preço que a sociedade estaria pagando por ter permitido, direta ou indiretamente, o surgimento desse problema (a entrada dos menores)" ("O menor e a sociedade por cotas de responsabilidade limitada", *RT Informa* 104, de 30.4.1974).

Minha tese não teve acolhida; e a oposição à entrada dos menores na sociedade limitada continuou como dantes, com grande força e com a maior tranqüilidade. Mas, certo dia, determinada sociedade limitada de São Paulo pretendeu arquivar alteração contratual em virtude da qual o sócio majoritário admitia na sociedade seus filhos e sobrinhos menores. O arquivamento foi votado e indeferido; e parecer meu, em sentido favorável ao arquivamento, não logrou, assim, aprovação.

A sociedade, então, impetrou mandado de segurança contra a Junta Comercial do Estado de São Paulo, ganhando em primeira instância e também na segunda, indo o processo parar, afinal, no Supremo Tribunal Federal. Em terceira e última instância, a mais alta Corte do país deu igualmente ganho de causa à impetrante; e o fez acolhendo, *ipsis litteris*, minha tese. Com efeito, a ementa da decisão, de 26.5.1976, reza: "Sociedade por quotas de responsabilidade limitada – Participação de menores, com capital integralizado e sem poderes de gerência e administração como cotistas – Admissibilidade reconhecida, sem ofensa ao art. 1º do Código Comercial – Recurso

CARACTERÍSTICAS BÁSICAS 97

extraordinário não conhecido" (RE 82.433-SP). À vista de vitória judicial tão esmagadora, tornou-se pacífica, a partir de então, quer com base em ato *inter vivos*, quer com base em transmissão *causa mortis*, a entrada de quaisquer menores, relativa ou absolutamente incapazes, em sociedades limitadas.

Como ficou a situação no regime da nova legislação? O Código Civil/2002 não alude ao problema dos menores, o que para mim é bom sinal, pois indiretamente significa que, em mais este caso, o legislador pátrio acabou aceitando minha tese. Ademais, a nova sociedade limitada, ao menos no tocante a suas características essenciais, continua como dantes: a responsabilidade dos sócios é a mesma de outrora; quanto aos administradores, em condições normais eles continuam sendo os próprios sócios. De forma que, na presença de sócios menores de idade no quadro social, não devem nunca ficar esquecidos os seguintes pormenores: a administração da sociedade não poderá em hipótese alguma ser atribuída a sócios menores; e, enquanto durar a menoridade, o capital social deverá permanecer sempre integralizado. Não basta, porém, a meu ver. Melhor ainda se for inserida no contrato social cláusula especial confirmando o compromisso da sociedade no sentido de cumprir fielmente as duas referidas obrigações (mais ou menos nos seguintes termos: "Enquanto houver sócios menores na sociedade, obriga-se esta, sob todas as penas da lei, a manter o capital social sempre integralizado e a não atribuir a administração social aos referidos sócios menores").

6. Sócios estrangeiros em sentido amplo

Estou usando a palavra "estrangeiros" em seu sentido mais amplo, portanto no de: pessoas físicas estrangeiras residentes ou domiciliadas no Brasil; pessoas físicas estrangeiras residentes ou domiciliadas em qualquer país estrangeiro, sendo ou não nacionais desse mesmo país; pessoas físicas brasileiras residentes ou domiciliadas em qualquer país estrangeiro; pessoas físicas desprovidas de qualquer nacionalidade (apátridas), residentes ou domiciliadas no Brasil ou em qualquer país estrangeiro; pessoas jurídicas de direito privado, de fins lucrativos ou não, de natureza empresarial ou não, de tipo associativo ou fundacional, com sede em qualquer país estrangeiro, funcionando ou não em território brasileiro mediante estabelecimento subordinado, autorizado pelo Poder Executivo. Percebe-se que mencionei duas categorias: *pessoas físicas*, de um lado, e *pessoas jurídicas de direito privado*, de outro; sendo oportuno que a matéria não seja tratada em conjunto,

98 SOCIEDADES LIMITADAS

para que a problemática de cada categoria possa ser estudada melhor e com bem maior eficácia.

Convém iniciar o breve estudo com a categoria das *pessoas físicas*. Em condições normais – portanto, fora do alcance de dispositivos constitucionais ou legais expressos criando restrições por motivos muito especiais –, ninguém pode impedir que estrangeiros ou apátridas residentes ou domiciliados no Brasil façam parte, como sócios, de sociedade limitada. A Constituição Federal de 1988, com efeito, em seu art. 5º, *caput*, assim dispõe: "Todos são iguais perante a lei, sem distinção de qualquer natureza, garantindo-se aos brasileiros e aos estrangeiros residentes no país a inviolabilidade do direito à vida, à liberdade, à igualdade, à segurança e à propriedade, (...)". Em alguns incisos do mesmo artigo ela especifica: "é livre o exercício de qualquer trabalho, ofício ou profissão, atendidas as qualificações profissionais que a lei estabelecer" (inciso XIII); "é plena a liberdade de associação para fins lícitos, vedada a de caráter paramilitar" (inciso XVII); "é garantido o direito de propriedade" (inciso XXII).

Também o Código Civil/2002 contém dispositivo, a meu ver, bem significativo, uma vez que, em seu art. 1.126, após definir, no *caput*, a sociedade nacional ("É nacional a sociedade organizada de conformidade com a lei brasileira e que tenha no país a sede de sua administração"), dispõe, em seu parágrafo único: "Quando a lei exigir que todos ou alguns sócios sejam brasileiros, as ações da sociedade anônima revestirão, no silêncio da lei, a forma nominativa. Qualquer que seja o tipo da sociedade, na sua sede ficará arquivada cópia autêntica do documento comprobatório da nacionalidade dos sócios". A parte final do dispositivo parece-me bastante eloqüente nos seguintes sentidos: em sociedade nacional é permitida, em princípio, a presença de sócios estrangeiros (*lato sensu*); tal sociedade nacional pode ser, em princípio, de qualquer tipo, podendo, em conseqüência, ser também do tipo "limitada". Em condições normais, nada impede, ao que tudo indica, que sócios estrangeiros ou apátridas, residentes ou domiciliados no Brasil, possam até mesmo assumir cargos administrativos da sociedade limitada, com funções, portanto, de representação e administração.

Acontece, porventura, o mesmo com relação a estrangeiros, brasileiros ou apátridas residentes ou domiciliados em qualquer país estrangeiro? Não totalmente. Eles não podem, com efeito, assumir a administração de uma sociedade limitada, eis que esta, por ter sede no Brasil e operar no âmbito do ordenamento jurídico brasileiro, não pode ter órgão administrativo com membros (todos ou alguns)

CARACTERÍSTICAS BÁSICAS 99

situados fora de tal ordenamento (a pessoa jurídica é figura unitária: ao menos em sua estrutura básica, ela deve estar por inteiro dentro de um único ordenamento jurídico). Podem livremente, porém, participar da sociedade limitada como sócios. Afinal, quando alguém é titular de quotas de certa sociedade empresária, está em situação perfeitamente análoga à de quem investiu dinheiro em qualquer outro setor econômico; e ocorre que qualquer pessoa pode investir dinheiro em país estrangeiro (a lei, quando muito, estabelece sistemas de controle, não costumando impedir tal fato).

Note-se que, neste caso, o investidor residente ou domiciliado no estrangeiro não precisa sequer vir ao Brasil para passar a fazer parte do quadro social de sociedade limitada: basta que ele mande procuração com poderes especiais, devidamente legalizada em consulado brasileiro, e depois, já no Brasil, traduzida por tradutor público. E se determinado investidor quiser vir ao Brasil para conhecer, para fazer turismo, poderá, porventura, aproveitar a oportunidade para assinar contrato constitutivo de sociedade limitada? Em minha opinião, não há como impedir. Afinal, se ele pode mandar procuração, pode também assinar pessoalmente: o investimento não perde, por isso, sua natureza. O que o turista não pode fazer é tão-somente exercer atividade profissional remunerada; sendo que "profissional" significa "habitual", excluídas, portanto, em minha opinião, as atividades esporádicas, ainda que remuneradas, como, por exemplo, proferir conferência, realizar espetáculo de dança, promover exibição musical, participar de competição esportiva ou de desfile de modas.

Resta saber se o investidor residente ou domiciliado no estrangeiro é obrigado, após ingressar em sociedade limitada brasileira, a tomar eventuais outras providências. Ao regular a sociedade anônima ou companhia, a já citada Lei 6.404, de 15.12.1976, em seu art. 119, *caput*, dispõe: "O acionista residente ou domiciliado no exterior deverá manter, no país, representante com poderes para receber citação em ações contra ele, propostas com fundamento nos preceitos desta Lei". E, no parágrafo único do mesmo artigo, acrescenta que "o exercício, no Brasil, de qualquer dos direitos de acionista confere, ao mandatário ou representante legal, qualidade para receber citação judicial".

É, porventura, aplicável tal dispositivo aos sócios de uma sociedade limitada? Há pessoas que entendem que não; há, inclusive, alguns profissionais, daqueles que prestam serviços de assessoria empresarial, os quais sustentam com certa firmeza que a Lei 6.404/1976, muito embora aplicável às sociedades limitadas, o seja, porém, apenas em parte. Quanto a isso, nada a objetar. Só que o critério por eles adotado para

100 SOCIEDADES LIMITADAS

a escolha dos dispositivos aplicáveis, e também dos não-aplicáveis, não resiste à análise mais superficial, resultando por demais estranho e desprovido de lógica. Tem-se às vezes a curiosa impressão de que o critério de escolha obedeça unicamente a razões de mera conveniência pessoal: se o dispositivo legal convém, se aplica; se não convém, não se aplica. Em verdade, os dispositivos aplicáveis só podem ser determinados com base em autêntico trabalho interpretativo de natureza científica, capaz de conduzir à perfeita identificação tanto do pensamento do legislador pátrio como dos mais altos interesses da inteira comunidade. Evidentemente, não é a conveniência pessoal de alguns que pode levar à exata interpretação das leis. Aliás, a conveniência pessoal é coisa que pode mudar a todo instante; de forma que hoje ela pode provocar certa interpretação, amanhã a contrária, com isso podendo surgir certo fenômeno altamente perigoso: o da incerteza do Direito.

Já fiz notar que o Código Civil/2002, no parágrafo único de seu art. 1.053, dispõe: "O contrato social poderá prever a regência supletiva da sociedade limitada pelas normas da sociedade anônima". Tal significa, porventura, que, se o contrato social nada tiver previsto, não poderão surgir, em hipótese alguma e em tempo algum, dispositivos da Lei das Sociedades Anônimas aplicáveis a sociedades limitadas? Não é bem assim: os princípios que regem a interpretação das normas em geral não permitem isso. Existe o grave problema das lacunas legais, totais ou parciais. Em caso de lacuna, o intérprete tem ampla permissão para recorrer à aplicação analógica de dispositivos extraídos de legislação regulando assunto semelhante. Trata-se de regra que encontra clara e pacífica aceitação.

Concluindo esta minha crítica, faço notar – conforme, aliás, já ressaltei em outras oportunidades – que meu pensamento no tocante ao assunto ora em exame pode assim ser resumido: não se aplicam à sociedade limitada as normas da Lei 6.404/1976 que constituem as características essenciais e, portanto, identificadoras da sociedade anônima ou companhia; aplicam-se, entretanto, as normas que regulam a sociedade anônima apenas e tão-somente na sua qualidade de sociedade como tal (portanto, não na sua qualidade de anônima), sobretudo nas hipóteses em que a legislação específica das limitadas nada disponha a respeito. Decididamente, o art. 119 da Lei 6.404/1976 pertence a esta segunda categoria. Entendo, pois, seja ele aplicável à sociedade limitada; devendo, assim, seus sócios residentes ou domiciliados no estrangeiro, ao que me parece, manter no Brasil representante com poderes para receber citação judicial, e constando

CARACTERÍSTICAS BÁSICAS 101

a representação, com a qualificação completa do representante, do respectivo contrato social. É costume que tal representante seja um procurador.

Passando à categoria das *pessoas jurídicas*, cumpre perguntar: pode uma pessoa jurídica de direito privado, de fins lucrativos ou não, de natureza empresarial ou não, de tipo associativo ou fundacional, com sede em qualquer país estrangeiro, funcionando ou não em território brasileiro mediante estabelecimento subordinado, autorizado pelo Poder Executivo, fazer parte, como sócia, de sociedade limitada? Ao que me parece, não pode. Com efeito, o Código Civil/2002, em seu art. 1.134, *caput*, dispõe, textualmente: "A sociedade estrangeira, qualquer que seja o seu objeto, não pode, sem autorização do Poder Executivo, funcionar no país, ainda que por estabelecimentos subordinados, podendo, todavia, ressalvados os casos expressos em lei, ser acionista de sociedade anônima brasileira". Percebe-se que a lei é taxativa no sentido de permitir a entrada no quadro social de sociedade brasileira, desde que esta seja sociedade anônima ou companhia; excluída claramente, portanto, a entrada no quadro social de qualquer outro tipo societário, inclusive no da limitada. Por outro lado, convém observar que quando o legislador pátrio menciona a "sociedade estrangeira" ele se refere, a meu ver, à pessoa jurídica estrangeira, em geral; a própria expressão "qualquer que seja o seu objeto" parece ser bastante eloqüente em tal sentido. Com efeito, se não há restrições com relação ao objeto, creio não possa haver restrições também com relação à natureza do agente, desde que se trate, evidentemente, de agente não-público; portanto, de pessoa jurídica de direito privado.

Capítulo IV

Atos Constitutivos

1. Natureza do contrato na nova legislação: 1.1 Considerações gerais acerca do contrato inicial – 1.2 Considerações acerca das alterações contratuais – 1.3 Considerações de cunho eminentemente prático. 2. Contrato social e respectivo instrumento: 2.1 O contrato pode agora ser pluri-instrumental – 2.2 Estrutura básica do instrumento principal – 2.3 O instrumento e a escolha de seu registro certo. 3. Elementos componentes do instrumento: 3.1 Conjunto dos classificáveis como essenciais: 3.1.1 Nome e qualificação dos sócios, se pessoas naturais – 3.1.2 Dados identificadores dos sócios, se pessoas jurídicas – 3.1.3 Denominação, objeto, sede e prazo da sociedade – 3.1.4 Capital da sociedade, expresso em moeda corrente – 3.1.5 A quota de cada sócio e o modo de realizá-la – 3.1.6 As prestações a que se obriga o sócio de serviços – 3.1.7 As pessoas naturais incumbidas da administração – 3.1.8 A participação de cada sócio nos lucros e nas perdas – 3.1.9 Responsabilidade subsidiária pelas obrigações sociais. 3.2 Conjunto dos classificáveis como não-essenciais – 3.3 Sociedade fechada em nível grande, médio ou pequeno: 3.3.1 Cessão total ou parcial de quota (art. 1.057) – 3.3.2 Atribuição de cargos administrativos (art. 1.061) – 3.3.3 Retirada de sócio dissidente, com pagamento de haveres (arts. 1.077 e 1.031) – 3.3.4 Exclusão de sócio por justa causa (art. 1.085) – 3.3.5 Morte ou desaparecimento de sócio (art. 1.028). 4. Alterações do instrumento contratual: 4.1 Como redigir o preâmbulo ou cabeçalho – 4.2 Como redigir a modificação do quadro social – 4.3 Como redigir a modificação do nome empresarial – 4.4 Como redigir a modificação do quadro administrativo – 4.5 Como redigir a modificação do objeto social – 4.6 Como redigir a modificação do capital social – 4.7 Como redigir a modificação do prazo de duração – 4.8 Como redigir as várias hipóteses de exclusão de sócio – 4.9 Como redigir as eventuais outras modificações – 4.10 Considerações acerca da forma do instrumento – 4.11 Considerações acerca do registro competente. 5. Inexistência de instrumento ou registro: 5.1 Algumas noções sobre a sociedade em

104 SOCIEDADES LIMITADAS

comum – 5.2 Em quê o assunto interessa à sociedade limitada. 6. Necessidade de autorização para funcionar. 7. Tipos de sociedade rural (empresária e não): 7.1 Algumas considerações sobre o empresário rural – 7.2 Sociedades rurais e a forma jurídica da limitada.

1. Natureza do contrato na nova legislação

1.1 Considerações gerais acerca do contrato inicial

Pode ser que nem todos os que lidam com as sociedades de cunho econômico tenham percebido, mas o Código Civil/2002, ao regulamentar a sociedade limitada, instituiu órgão outrora inexistente, chamado "assembléia dos sócios" (art. 1.074, *caput*). Tal novo órgão, cuja existência formal nem sempre depende de livre escolha dos sócios, surge e opera ostentando as seguintes características fundamentais: realização mínima anual (para aprovação das contas da administração), representação de sócio, *quorum* de instalação, mesa diretora dos trabalhos (com presidente e secretário escolhidos entre os sócios), leitura e discussão de documentos, votação, impedimentos para votar, *quorum* de deliberação, dissidências de sócios, lavratura e assinatura de ata, fornecimento de cópia a sócio. Não parece, mesmo, que se trata de autêntica assembléia-geral de acionistas de uma normal sociedade anônima ou companhia? Está tudo tão idêntico, semelhante ou análogo, ao menos em substância!

É verdade! A tal ponto que pode surgir até mesmo curiosa dúvida, que passo a explicar. A sociedade anônima não pertence ao grupo das sociedades empresárias conhecidas sob a classificação de contratuais: por ser comumente grande (às vezes, muito grande ou até enorme) e por haver inúmeros interesses gravitando em torno de suas atividades, ela é uma das sociedades que costumam ser classificadas como *institucionais*, surgindo e deliberando por meio de algo chamado *assembléia*, que, no ato inicial, é de constituição, passando, em seguida, via de regra, a ser geral. A assembléia produz sempre um documento conhecido como *ata*, que costuma reunir, em seu corpo unitário, os textos mais importantes da vida da sociedade: o estatuto social aprovado, os dados completos dos membros eleitos de todos os órgãos estatutários (conselho de administração, diretoria, conselho fiscal, outros órgãos), o conjunto das informações técnicas referentes a determinado aumento do capital social aprovado, todas as alterações estatutárias aprovadas, e mais alguns outros textos.

ATOS CONSTITUTIVOS 105

Não há como pegar tais textos e colocá-los, no todo ou em parte, em outros tantos documentos separados, anexos à ata; pois eles, após a realização da assembléia e a lavratura da respectiva ata, deveriam, para sua plena validade, ser todos assinados por quantos tivessem assinado a própria ata. Por mais simples que pudesse parecer à primeira vista, situação com características desse tipo estaria fadada a apresentar, com certa freqüência, complexidades de todo inesperadas, em razão do grande número de acionistas que amiúde teriam condições de participar de uma assembléia-geral. Em verdade, é difícil administrar, com prudência e eficiência, a vasta gama de problemas referentes à realização de assembléia-geral de uma grande e poderosa sociedade anônima aberta. É justamente por isso que a ata da assembléia acaba englobando todos os textos aprovados, que, por conseqüência, ficam todos validados de uma única vez, no momento da assinatura final dos acionistas presentes.

Pois bem, não me parece difícil imaginar, agora, a existência de profissionais – daqueles que, de uma forma ou de outra, assessoram sociedades com finalidades econômicas – entendendo que a mesma coisa possa acontecer no âmbito interno de uma sociedade limitada. Pode ocorrer, por exemplo, que eles entendam ser possível equiparar o contrato social da limitada a mera peça de cunho estatutário, suscetível, por isso, de ser incluído, com as características de autêntico "estatuto social", no texto de uma ata de assembléia, como parte integrante do mesmo. Seria aceitável, ou ao menos tolerável, algo assim? A meu ver, não, sem a menor dúvida; aliás, nem aceitável, nem tolerável, pois estaria – conforme acredito, com a maior firmeza – em total e flagrante desacordo com a sistemática das sociedades por quotas e com o verdadeiro pensamento do legislador pátrio.

De acordo com tal pensamento, a sociedade limitada, muito embora, em sua nova legislação reguladora, tenha sido concebida quase como uma pequena anônima, não deixou, no entanto, conforme já fiz notar, de continuar sendo basicamente uma sociedade com fortes conotações de cunho estritamente pessoal, regida, em razão disso, por um *contrato*. Ocorre que a peça jurídica que costuma ser indicada com o nome de "contrato" não é, em absoluto, algo que se possa apresentar sob diversas formas, uma vez que há uma única forma contratual para todos os atos jurídicos e igualmente para todas as sociedades por quotas, gênero que abrange também a sociedade limitada; a qual, à vista disso, não pode surgir, em minha opinião, mediante assinatura de ata de assembléia de constituição. Para a sociedade anônima ou companhia o legislador pátrio previu – e regulou com minúcias – a

106 SOCIEDADES LIMITADAS

produção e a assinatura de ata de assembléia-geral de constituição; não fez o mesmo com relação à sociedade limitada, para a qual, em conseqüência, a assembléia de constituição não existe, não podendo igualmente, por motivos lógicos, existir a respectiva ata. Dir-se-á que o art. 1.074, *caput*, do Código Civil/2002 criou, no tocante à sociedade limitada, órgão chamado "assembléia dos sócios". É verdade. Mas tal assembléia só passa a existir, juridicamente, após a constituição da sociedade. Antes ela não existe, não podendo, por isso, operar para nada, nem sequer para constituir.

A limitada, pois, deve necessariamente ser constituída mediante celebração de um normal *contrato*, no sentido mais tradicional possível da expressão. Que estabelece o Código/2002 sobre constituição de sociedade limitada? O art. 1.054 dispõe: "O contrato mencionará, no que couber, as indicações do art. 997, e, se for o caso, a firma social". O art. 997, que regula a constituição da sociedade simples, dispõe, por sua vez:

"Art. 997. A sociedade constitui-se mediante contrato escrito, particular ou público, que, além de cláusulas estipuladas pelas partes, mencionará: (...).

"Parágrafo único. É ineficaz em relação a terceiros qualquer pacto separado, contrário ao disposto no instrumento do contrato."

Não pode, por fim, ser ignorado o art. 981, *caput*, que, de forma geral, no tocante a todas as sociedades contratuais, dispõe: "Celebram contrato de sociedade as pessoas que reciprocamente se obrigam a contribuir, com bens ou serviços, para o exercício de atividade econômica e a partilha, entre si, dos resultados". Percebe-se com notável clareza que o legislador pátrio usa sempre a palavra "contrato", inclusive ressaltando indiretamente que tal acordo inicial de vontades, ao menos via de regra, não deixa de ter sua base em instrumento único. Logo mais terei a oportunidade de ressaltar que há hoje, com relação ao instrumento contratual da limitada, pequena exceção; a qual porém, ao que parece, não desvirtua a limitada como genuína sociedade contratual.

1.2 Considerações acerca das alterações contratuais

Mudam, porventura, as coisas no tocante às alterações contratuais da sociedade limitada? Em minha opinião, ao menos em teoria (conforme será visto mais adiante, a prática permite certa amenização da tese), nada muda, uma vez que a nova legislação específica da

ATOS CONSTITUTIVOS   107

limitada, ao que tudo indica, não deixa dúvidas a respeito. Para demonstrá-lo, basta citar poucos dispositivos.

"Art. 1.077. Quando houver modificação do contrato, (...) terá o sócio que dissentiu o direito de retirar-se da sociedade, (...) aplicando-se, no silêncio do contrato social antes vigente, o disposto no art. 1.031."

"Art. 1.081. Ressalvado o disposto em lei especial, integralizadas as quotas, pode ser o capital aumentado, com a correspondente modificação do contrato.

"(...).

"§ 3º. Decorrido o prazo da preferência, e assumida pelos sócios, ou por terceiros, a totalidade do aumento, haverá reunião ou assembléia dos sócios, para que seja aprovada a modificação do contrato."

"Art. 1.085. Ressalvado o disposto no art. 1.030, quando a maioria dos sócios, (...) entender que um ou mais sócios estão pondo em risco a continuidade da empresa, (...) poderá excluí-los da sociedade, mediante alteração do contrato social, desde que prevista neste a exclusão por justa causa.

"Parágrafo único. A exclusão somente poderá ser determinada em reunião ou assembléia especialmente convocada (...)."

Percebe-se com clareza, também aqui, que o legislador pátrio usou, nos dispositivos citados, três vezes a expressão "modificação do contrato" e uma vez a expressão "alteração do contrato". Disso pode ser tirada, ao que me parece, importantíssima conclusão, que consiste no seguinte: se o contrato inicial deve – conforme afirmei – ser celebrado de forma tradicional, isto é, por meio de peça avulsa, a modificação ou alteração do contrato só pode ser celebrada da mesma forma, portanto mediante peça avulsa também, pois nas relações jurídicas vigora princípio segundo o qual o acessório segue o principal. A única diferença existente entre as duas referidas figuras jurídicas (contrato inicial e respectiva alteração) consiste nas preliminares. Com efeito, na celebração do contrato inicial é estritamente obrigatória a presença da mais ampla concordância possível entre todos os sócios, o que torna irrelevante saber, em caráter oficial, por que e de que forma os sócios conseguiram chegar ao momento da prática do ato; ao passo que com relação à alteração do contrato, e uma vez que ela não exige, em casos comuns, a presença de quaisquer tipos de unanimidade entre os sócios, é necessário que se possa verificar, em caráter oficial, se o momento da prática do ato foi atingido com plena observância do contrato e sem a menor infringência da lei.

108 SOCIEDADES LIMITADAS

Feita tal verificação, e resultando que houve a mais plena observância de todas as normas contratuais e legais no tocante à decisão social de praticar o ato, só resta formalizar a prática do ato em questão, mediante produção de mais uma peça avulsa, chamada, como outrora, "alteração contratual". Afinal, há, a meu ver, uma analogia perfeita entre as preliminares do contrato e as da respectiva alteração, em razão de todas elas, nas duas hipóteses, serem insuscetíveis de supressão e, paralelamente, levarem à decisão social de praticar o ato (a única diferença está em que as primeiras são extra-oficiais e as segundas são oficiais, o que não me parece relevante para os fins do raciocínio ora em curso). De forma que não vejo como possam umas preliminares levar à produção de peça avulsa e outras, não. Ademais, tomo a liberdade de pôr em ressalte que, quando o legislador pátrio usa expressões como "(...) haverá reunião ou assembléia dos sócios, para que seja aprovada a modificação do contrato (...)", "(...) poderá excluí-los da sociedade, mediante alteração do contrato social, (...)" e "A exclusão somente poderá ser determinada em reunião ou assembléia (...)", ele se refere a dois diferentes atos jurídicos, não apenas a um. Em outras palavras, em meu entendimento, "aprovar a modificação do contrato" não significa "modificar o contrato", assim como "determinar a exclusão de sócio" não significa "excluir sócio"; trata-se, em verdade, de dois diferentes momentos, no âmbito dos quais são praticados dois diferentes atos, que são corporificáveis em duas diferentes peças.

Dir-se-á que, a final, o resultado prático é sempre o mesmo, e que, portanto, é aconselhável simplificar as coisas, uma vez que, no fundo, o problema é apenas de forma. Pode até ser, em termos de resultado prático imediato! Convém, no entanto, não perder de vista que o Direito é justamente um conjunto de formas, criadas para facilitar a vida em sociedade e utilizadas pela mente humana o tempo todo. Conforme já afirmei outras vezes, embaralhar tais formas jurídicas significa confundir as idéias, favorecer o surgimento de problemas psicológicos, dificultar a vida em sociedade. Em conseqüência de tudo isso, e uma vez que a sociedade limitada acabou não recebendo, no Código Civil/2002, regulamentação como entidade institucional, mas continuou sendo tratada como sociedade contratual, nos moldes de outrora, deve continuar a agir como sociedade contratual.

1.3 Considerações de cunho eminentemente prático

Até aqui houve apenas uma única preocupação: a de examinar e elaborar a presente questão jurídica (sobre a natureza do contrato

ATOS CONSTITUTIVOS 109

da nova sociedade limitada) unicamente em termos de Direito puro. Vejo-me, no entanto, obrigado a reconhecer, mais uma vez (pois não é a primeira vez que o faço), que não existem formas puras na vida em geral. Com efeito, visão humana que atribua demasiada importância à essência pura das coisas não terá condições de oferecer as melhores soluções possíveis para os problemas sociais; deverá tal visão, para tanto, ser amenizada pela utilização simultânea de outra visão, capaz de fazer concessões à simples realidade existencial das coisas e respectivas peculiaridades, numa clara e eloqüente aplicação de certo princípio – aliás, sobejamente conhecido como autêntico fator de equilíbrio social – segundo o qual a virtude está sempre no meio (diziam os antigos: *In medio virtus*). Em outras palavras, e utilizando alegoria relacionada com assuntos bélicos, eu diria que, para vencer uma guerra, qualquer exército precisa, sem a menor dúvida, de uma estratégia que coordene as operações e inclua táticas; mas a existência de uma estratégia não é suficiente, uma vez que, para consecução da vitória, é preciso também que ocorram contínuas e rápidas mudanças táticas, com base na realidade nua e crua, amiúde inesperada e surpreendente, dos campos de batalha e conseqüentes enfrentamentos com as forças adversárias.

Outra coisa que me vejo obrigado a reconhecer é que o legislador pátrio – ao criar complexo quadro de formas deliberativas, as quais vieram sem suficientes pormenores e sem uma adequada sistematização – acabou, *data venia*, embaralhando, numa proporção que não me parece pequena, o inteiro panorama das deliberações sociais na nova sociedade limitada. Tratarei disso, de forma bem ampla e abrangente, em capítulo próximo, dedicado especificamente ao assunto em questão. No presente momento só me cumpre ressaltar que o citado embaralhamento não tem apenas um aspecto negativo, que é o de dificultar a compreensão da matéria; tem também aspecto que, a meu ver, é altamente positivo: o de dar maior liberdade até mesmo ao intérprete mais rigoroso, o qual fica, assim, sem grandes restrições para, de um lado, imaginar e propor os pormenores faltantes e, de outro, para tentar um aperfeiçoamento da referida sistematização. Só resta ao intérprete não perder de vista o verdadeiro pensamento do legislador pátrio, melhor dizendo, o verdadeiro espírito da norma que ele teve a intenção de editar; pois é isso que de fato importa. Não creio, porém, que tal problema ofereça qualquer dificuldade de solução: pois é suficiente, primeiro, que se descubra a finalidade da norma para que, em seguida, possa ser aplicada uma boa dose de lógica jurídica.

Como é que pode, então, ser aqui redesenhado, em termos bastante práticos, simples e fáceis, o panorama das deliberações dos sócios da nova sociedade limitada, sem que a necessária fidelidade ao pensamento do legislador pátrio sofra qualquer prejuízo? Para começar, cumpre-me deixar bem claro que não vejo a menor possibilidade de mudança com relação ao contrato social inicial e seu instrumento: em conseqüência, deve o instrumento contratual inicial ser elaborado, redigido em papel e neste assinado de forma tradicional, aliás, a mais tradicional possível, exceto no tocante às testemunhas, cuja intervenção foi indiretamente dispensada pelo Código Civil/2002. Pois, se assim não for, surgirá, a meu ver, uma espécie de "mostrengo": uma sociedade que o legislador pátrio insiste em chamar de "contratual" (porque a concebeu com clareza como tal), mas que, de forma arbitrária, acaba sendo constituída como se fosse uma sociedade institucional, parecida com a sociedade anônima. Em palavras menos técnicas, algo que tem grandes possibilidades de criar problemas de convivência, das mais diferentes espécies, no âmbito do grupo social onde pretende operar economicamente.

A partir do exato momento em que a sociedade, em moldes de todo tradicionais, resulta definitiva e formalmente constituída, nada impede que mude o panorama das deliberações sociais, passando estas a ser tomadas em assembléia ou reunião (esta última podendo ser formal ou informal, conforme será visto no capítulo próprio). Só que haverá, em meu modo de pensar, duas diferentes figuras deliberativas: de um lado, a *deliberação que modifica o texto contratual*, em qualquer uma de suas partes componentes (portanto, não apenas em cláusulas ou artigos em geral, mas também no cabeçalho, no fecho ou eventual outro texto); de outro, a *deliberação que não modifica o texto contratual*, em qualquer de suas partes componentes. Não tenho a menor dúvida em afirmar ser de enorme e insofismável importância a diferenciação ora fixada; a tal ponto que as duas referidas figuras deliberativas se tornam até mesmo merecedoras de tratamento jurídico diversificado.

Creio tecnicamente mais vantajoso começar pela segunda figura. Entendo por "deliberação que não modifica o texto contratual" algo identificável, por exemplo, com a designação, em ato separado, de pessoas naturais, sócias ou não, para administrarem a sociedade; ou, então, com a aprovação de aumento do capital social mediante subscrição, com imediata abertura do prazo de 30 dias para que os sócios possam exercer seu direito de preferência. No primeiro exemplo supõe-se que o contrato social contenha, sobre a administração, meras

ATOS CONSTITUTIVOS 111

normas genéricas, sem qualquer menção a nomes de pessoas naturais incumbidas de exercer as funções administrativas; pode ser, inclusive, que o contrato estabeleça expressamente que todos os administradores tenham prazo determinado de mandato, devendo, por isso, ser sempre designados em ato separado, a começar pelo momento seguinte ao da constituição da sociedade. No segundo exemplo a única coisa que de fato aconteceu foi a etapa inicial de ato complexo que pode, ou não, levar ao aumento de capital; em linguagem mais simples, os sócios se limitaram a permitir que fossem iniciadas as providências necessárias para o referido aumento, mas este não foi ainda subscrito, nem se sabe se o será; é preciso, primeiro, que decorra o prazo legal. Resultado: em ambos os exemplos a deliberação social não tem o condão de mexer no texto contratual, podendo a ata da assembléia ou da reunião ser redigida da forma mais corriqueira possível, já que não apresenta problemas de cunho especial. O único pormenor diferente é o seguinte: uma vez que a sociedade limitada não tem livro de registro de sócios, nem livro de presença de sócios em assembléias ou reuniões, é preciso, na parte inicial da ata, mencionar o nome de todos os sócios presentes, juntamente com a participação de cada um no capital social, para que possa ser verificado o *quorum* legal de instalação, além do de deliberação.

A segunda figura deliberativa não se apresenta de forma tão simples, uma vez que, na hipótese, a deliberação social provoca "modificação do texto contratual". Com relação ao aumento de capital mediante subscrição, por exemplo, o Código/2002, em seu art. 1.081, § 3º, dispõe: "Decorrido o prazo da preferência, e assumida pelos sócios, ou por terceiros, a totalidade do aumento, haverá reunião ou assembléia dos sócios, para que seja aprovada a modificação do contrato". Em termos de Direito puro, conforme já fiz notar, esta última frase deveria ser interpretada como apontando para a elaboração e a assinatura de instrumento à parte, de acordo com a tradição, para modificação da cláusula do capital social; afinal, cabe pôr de novo em ressalte que, se a limitada é uma sociedade contratual, a alteração ou modificação do contrato deveria, como algo acessório, observar a forma de seu principal. Não se estaria, no entanto, diante de repetição inútil e complicadora, por já existir uma ata que, sozinha, bem poderia resolver o problema por inteiro? Na prática, tudo indica que sim.

A ata, com efeito, de forma geral: pode e deve, a meu ver, em sua parte inicial, mencionar os nomes dos sócios presentes, com as respectivas participações (observei isso com relação à primeira figura deliberativa); não precisa de testemunhas, hoje dispensáveis nos

SOCIEDADES LIMITADAS

próprios instrumentos do contrato e de suas alterações; pode reproduzir, entre aspas, textos novos de cláusulas ou artigos, resultantes da modificação ou alteração de textos anteriores, ou textos novos de cláusulas ou artigos, resultantes de meros acréscimos; pode reproduzir, entre aspas, ao que tudo indica, até mesmo redações novas do cabeçalho (com a qualificação completa de eventuais novos sócios), do fecho e de outras partes do contrato, em decorrência de quaisquer mudanças no quadro social e de possíveis outras mudanças; pode, enfim, declarar a simples supressão de qualquer texto contratual. Por mais incrível que possa parecer, entendo não haver empecilhos legais inclusive para consolidações contratuais celebradas assim, desde que a competente ata da assembléia ou da reunião reproduza, entre aspas, todos os textos contratuais esparsos em vigor naquele dia, portanto: título, cabeçalho, cláusulas ou artigos, fecho, data do dia. Não creio ser necessário acrescentar nomes de sócios signatários, em razão da inexistência de tais figuras; com efeito, haverá reprodução não de peça avulsa, devidamente assinada, mas de peça montada naquele momento para fins de aprovação, sendo suficientes, para que ela tenha valor jurídico, as assinaturas apostas na parte final da própria ata.

Faço notar que somente dessa maneira poderá ser respeitada a natureza de sociedade contratual que a limitada ostenta, por soberana decisão do legislador pátrio; pois somente assim poderá ser evitada certa confusão possível entre atos jurídicos diferentes, como contratos sociais e suas alterações, de um lado, e atas de assembléias ou de reuniões, de outro. Com efeito, não haverá, sem dúvida, como negar a existência de confusão instrumental: atos diferentes praticados por meio de instrumento único. Em compensação, a necessidade de reproduzir, no corpo da ata, entre aspas, todo e qualquer texto contratual novo, resultante de deliberação dos sócios, ainda que tal texto novo inclua, por exemplo, o próprio cabeçalho do contrato (caso tenha ocorrido mudança no quadro social), não deixará de respeitar e preservar a essência do contrato social e, por conseqüência, também sua forma tradicional, a esta altura já irrefutavelmente arraigada no espírito de todos.

2. Contrato social e respectivo instrumento

2.1 O contrato pode agora ser pluri-instrumental

Foi visto que a sociedade limitada deve ser constituída mediante *contrato*, nos mesmos moldes de qualquer outra sociedade de fins

ATOS CONSTITUTIVOS 113

econômicos, empresária ou não, desde que classificável como sendo de natureza contratual, por quotas, com conotações de cunho pessoal, excluídas, portanto, todas as sociedades por ações. O referido contrato não deve, como é comum acontecer, ser confundido com o respectivo instrumento. *Contrato* nada mais é que puro e simples acordo de vontades, independentemente da correspondente existência, ou não, de papel assinado; conseqüência notável disso é que, se, por exemplo, surgir, entre duas ou mais pessoas, algum tipo de acordo de vontades tendo por objeto alguma atividade lícita e com finalidade lucrativa, a presença de contrato vinculando ditas pessoas será automática e incontestável, mesmo na hipótese da mais absoluta ausência de papéis nas mais diferentes condições. A prova do contrato, em tal caso, será, sem dúvida, mais difícil de ser produzida, mas não será impossível; tanto assim que, inclusive entre pessoas que não freqüentaram escolas jurídicas, é bastante conhecida a figura do chamado "contrato verbal".

O *contrato verbal*, porém, é figura excepcional, uma vez que as partes contratantes, justamente para poderem evitar eventuais dificuldades, no momento de precisarem provar a existência do contrato, costumam produzir prova pré-constituída, resumindo e sistematizando todos os termos do acordo, lançando-os em folha ou folhas de papel e, por fim, assinando em baixo. Tal folha ou conjunto de folhas de papel costuma ser indicado com o nome de "instrumento do contrato". Pois bem, no tocante à sociedade limitada, empresária ou não, não pode de forma alguma existir a figura do contrato verbal. Com efeito, qualquer sociedade de fins econômicos nasce com o escopo precípuo de interagir com o público em geral, o qual, em conseqüência, tem o direito de saber até que ponto os respectivos sócios respondem pelas obrigações sociais. O público fica sabendo disso por intermédio do registro societário próprio; este, por sua vez, só pode ser feito com base no instrumento do contrato. Em conclusão, sem instrumento contratual registrado nenhuma sociedade tem condições de limitar a responsabilidade de seus sócios classificando-se como limitada (voltarei a este assunto, com maiores detalhes, mais adiante, neste mesmo capítulo, ao tratar da sociedade em comum).

Paralelamente, cabe observar que houve, com relação à nova sociedade limitada, modificação que, sem ser absolutamente essencial, não deixa, no entanto, de ficar revestida de certa importância. A modificação diz respeito justamente ao instrumento do contrato. O contrato social corporificava-se outrora em instrumento, via de regra, único; hoje, muito embora nada impeça que continue a ser corporificado em instrumento único, pode, entretanto, com base em algumas sugestões do próprio legislador pátrio, tornar-se pluri-instrumental, hipótese em que acaba surgindo, de um lado, um instrumento principal e, de outro, simultaneamente ou não, um ou mais instrumentos acessórios, com a função precípua de, complementando o primeiro, conferir plenitude à prova da existência contratual. Os últimos podem ser direta e claramente encontrados em normas do Código Civil/2002.

O art. 1.060, *caput*, dispõe: "A sociedade limitada é administrada por uma ou mais pessoas designadas no contrato social ou em ato separado". Está claro no dispositivo citado que a expressão "contrato social" indica o instrumento principal (pode até mesmo não ser o instrumento inicial), ao passo que a expressão "ato separado" indica um instrumento acessório. Este deve porventura ser emitido posteriormente? Não me parece necessário. Em verdade, quando a designação é feita em ato separado, tal comportamento, em minha opinião, pode ser o resultado de meras conveniências administrativas, sugeridas por circunstâncias especiais, como as decorrentes, por exemplo, da designação de administrador não-sócio. Em razão disso, nada impede – caso não haja empecilhos de outra ordem – que o instrumento acessório venha a ser emitido no mesmo dia do correspondente instrumento principal, sendo levado a registro juntamente com este e com eventuais outros papéis.

Que "ato separado" é esse a que alude o legislador pátrio? Ao que tudo indica, não há qualquer fórmula sacramental a ser aplicada e qualquer norma específica a ser cumprida; podendo, em conseqüência, ser livremente produzido qualquer tipo de instrumento, desde que observados, com a maior fidelidade possível, todos os princípios constantes do ordenamento jurídico do país. Dessa forma, o *ato separado* pode consistir em ata de reunião dos sócios, em ata de assembléia dos sócios, ou mesmo em instrumento de todo informal emitido pela totalidade dos sócios (art. 1.072, § 3º).

O art. 1.057, por sua vez, dispõe:

"Art. 1.057. Na omissão do contrato, o sócio pode ceder sua quota, total ou parcialmente, a quem seja sócio, independentemente de audiência dos outros, ou a estranho, se não houver oposição de titulares de mais de um quarto do capital social.

"Parágrafo único. A cessão terá eficácia quanto à sociedade e terceiros, inclusive para os fins do parágrafo único do art. 1.003, a partir da averbação do respectivo instrumento, subscrito pelos sócios anuentes."

ATOS CONSTITUTIVOS 115

Percebe-se, aqui, a existência de duas hipóteses em que o sócio pode transferir quotas sem precisar da intervenção da totalidade do quadro social. Na *transferência para sócio* o ato é simplesmente bilateral, assim dispensando a concordância de todos os demais sócios; na *transferência para estranho* o ato é, em substância, bilateral também, mas precisando da anuência de sócios em condições de impedir o surgimento de certo tipo de oposição. Em ambas as hipóteses é suficiente que seja produzido um instrumento acessório, com relação ao qual, igualmente, não creio exista fórmula sacramental.

O art. 1.066, *caput*, por fim, dispõe: "Sem prejuízo dos poderes da assembléia dos sócios, pode o contrato instituir conselho fiscal composto de três ou mais membros e respectivos suplentes, sócios ou não, residentes no país, eleitos na assembléia anual prevista no art. 1.078". Trata-se, aqui, de situação análoga à da designação de administradores em ato separado. Só que, no caso, em caráter excepcional, a natureza do ato separado é melhor definida pelo legislador pátrio. Com efeito, uma vez que a eleição dos membros do conselho fiscal só pode ser realizada no decorrer da assembléia anual dos sócios, e considerando que se aplica às reuniões dos sócios, nos casos omissos no contrato, o estabelecido sobre a assembléia (art. 1.079), sou de opinião que, nesta hipótese, o ato separado deva circunscrever-se a uma ata de assembléia ou, quando muito, de reunião dos sócios.

2.2 Estrutura básica do instrumento principal

Nos termos do art. 997, *caput*, do Código Civil/2002, a sociedade simples – por conseqüência, também a sociedade limitada, empresária ou não – deve necessariamente ser constituída mediante contrato escrito, o qual pode, no entanto, tomar corpo através de instrumento público ou particular, dependendo a escolha, em situação normal, da livre vontade dos sócios. Observe-se que, mesmo quando o contrato é de tipo pluri-instrumental, há sempre, conforme já fiz notar, determinado instrumento contratual classificável como principal, e que consiste em peça única englobando diversos itens básicos, a saber: quadro social; deliberação relativa à constituição da sociedade; normas fixadoras da estrutura da pessoa jurídica; normas reguladoras do funcionamento da mesma pessoa jurídica; em certos casos, também eleição dos membros de todos os órgãos societários.

Instrumento público é o lavrado por tabelião de notas, em livro próprio; *instrumento particular* é o lavrado pelas próprias partes con-

116 SOCIEDADES LIMITADAS

tratantes em folhas soltas, em duas ou mais vias, datilografadas ou computadorizadas.

Sustentava-se no passado que, na hipótese não-corriqueira de realização do capital social mediante transferência da propriedade de bens imóveis, deveria o contrato social ser celebrado por instrumento público; tal entendimento, ao que me parece, ficou de todo superado com o advento da Lei 8.934, de 18.11.1994, cujo art. 64 estabelece: "A certidão dos atos de constituição e de alteração de sociedades mercantis, passada pelas Juntas Comerciais em que foram arquivados, será o documento hábil para a transferência, por transcrição no registro público competente, dos bens com que o subscritor tiver contribuído para a formação ou aumento do capital social".

O instrumento particular compõe-se, comumente, dos seguintes setores: título geral, preâmbulo (ou cabeçalho), articulado, fecho (ou encerramento) e assinaturas.

O *título geral* pode ser assim composto: "Contrato Constitutivo de Sociedade Limitada Empresária Denominada ALPES TRANSPORTE RODOVIÁRIO DE CARGAS LTDA.".

O *preâmbulo* (ou *cabeçalho*) pode ser redigido nos seguintes termos: "Os abaixo-assinados, ÉMILE VALADIER, brasileiro, casado, médico, RG 00.000.000, CPF 00.000.000-00, domiciliado e residente à rua da Consolação n. 123, Vila Buarque, 00000-000, São Paulo, SP; JOHANN ZIMMERMANN, brasileiro, solteiro, maior, engenheiro, RG 00.000.000, CPF 00.000.000-00, domiciliado e residente à avenida Paulista n. 246, Paraíso, 00000-000, São Paulo, SP; e FRANCESCO ROSSI, brasileiro, viúvo, advogado, RG 00.000.000, CPF 00.000.000-00, domiciliado e residente à praça Roosevelt n. 369, Consolação, 00000-000, São Paulo, SP; por este instrumento particular, contratam entre si a constituição de sociedade limitada, empresária, a qual se regerá pelos arts. 1.052 a 1.087 do Código Civil (Lei n. 10.406, de 10.1.2002), pela restante legislação aplicável e pelas normas a seguir livremente pactuadas". Se houver sócia pessoa jurídica, poderá ela ser assim indicada e qualificada: "CIA. ALENTEJO DE TRANSPORTE MARÍTIMO TRANSATLÂNTICO, sociedade anônima brasileira, inscrita no CNPJ sob n. 00.000.000/0000-00, registrada na Junta Comercial do Estado de São Paulo sob NIRE n. (inserir), com sede à rua Conselheiro Furtado n. 468, Liberdade, 00000-000, São Paulo, SP, neste ato devidamente representada, de acordo com seu estatuto social, por seu diretor presidente, Manoel Laranjeiras (qualificação), e por seu diretor administrativo, Joaquim Cerejeira (qualificação)".

O *articulado* é um setor instrumental que prefiro designar dessa forma porque o respectivo texto costuma ficar distribuído em

ATOS CONSTITUTIVOS 117

pequenos trechos numerados, chamados "artigos" (porém, é muito usada também a palavra "cláusulas"); em caso de necessidade, para consecução de estrutura capaz de facilitar em grau máximo a compreensão das normas contratuais, nada impede que cada um dos artigos fique dividido em *caput* e parágrafos (parágrafo único ou, conforme a quantidade de assuntos a serem coordenados, § 1º, § 2º, § 3º etc.); cada *caput* e cada parágrafo, por sua vez, podem ficar subdivididos em incisos (para os quais são usados os números romanos), cada um deles com suas alíneas (para as quais são usadas as letras minúsculas do alfabeto). O articulado constitui o setor mais extenso do instrumento, sendo aconselhável que seu conteúdo fique disposto em ao menos três partes, cada uma com seu próprio título, assim: "Primeira Parte – Estrutura Básica da Sociedade"; "Segunda Parte – Órgãos Societários e seus Membros"; "Terceira Parte – Funcionamento da Sociedade". Mais uma parte poderia ser: "Quarta Parte – Disposições Diversas" (ou "Finais").

O *fecho* costuma ser redigido da seguinte forma: "E por estarem, assim, justas e contratadas, assinam as partes o presente instrumento, em cinco vias de igual teor, obtidas mediante processos mecânicos ou eletrônicos, para todos os fins e efeitos de direito" (as cinco vias mencionadas constituem apenas um exemplo). Seguem: local, data, assinaturas.

As *assinaturas* dos sócios é bom que sejam apostas em cima (ou mesmo embaixo) dos respectivos nomes escritos mecânica ou eletronicamente, a fim de que, na hipótese de assinatura ilegível, se saiba com facilidade quem assinou. O Código Civil/2002 não mais exige testemunhas (outrora eram exigidas ao menos duas); tal não significa, porém, que a lei esteja impedindo sua presença. De forma que, se as partes contratantes, por motivos de segurança, quiserem a presença de duas testemunhas, como dantes, ninguém poderá, a meu ver, recusar o documento só por isso. Deve haver, por fim, a assinatura de advogado inscrito na Ordem dos Advogados do Brasil, seção local, nos termos da Lei 8.906, de 4.7.1994, que, no § 2º de seu art. 1º, dispõe: "Os atos e contratos constitutivos de pessoas jurídicas, sob pena de nulidade, só podem ser admitidos a registro, nos órgãos competentes, quando visados por advogados". Dita assinatura pode ser colocada embaixo da palavra "Visto", em cima do nome e da inscrição na OAB, bem na parte final do instrumento. O número de vias pode ser determinado arbitrariamente, com base nas necessidades do momento; assim, por exemplo: três para os sócios (uma para cada um) e duas para o registro (uma para ficar, outra para ser devolvida

118 SOCIEDADES LIMITADAS

registrada); ou, então, as cinco vias para o registro: uma para ficar, as outras para serem devolvidas registradas (sendo uma para os arquivos da sociedade, as outras três para os sócios, uma para cada um).

2.3 O instrumento e a escolha de seu registro certo

Nos termos do art. 985 do Código Civil/2002, a sociedade em geral adquire personalidade jurídica com a inscrição, no registro próprio e na forma da lei, dos seus atos constitutivos. Qual é o registro próprio? A informação é fornecida pelo art. 1.150, que dispõe: "O empresário e a sociedade empresária vinculam-se ao Registro Público de Empresas Mercantis a cargo das Juntas Comerciais, e a sociedade simples ao Registro Civil das Pessoas Jurídicas, o qual deverá obedecer às normas fixadas para aquele Registro, se a sociedade simples adotar um dos tipos de sociedade empresária". Como escolher o registro certo? A questão reveste-se, a meu ver, da maior importância, pois a forma da sociedade limitada, muito embora imaginada, pelo legislador pátrio, para ser basicamente utilizada em função do exercício de atividades empresariais, pode, no entanto – conforme ressalta a própria norma citada –, ser utilizada também para exercício de atividades econômicas de natureza não-empresarial; o que torna indispensável encontrar critério que permita distinguir, sem excessivas complicações e com alguma segurança, as atividades empresariais das não-empresariais. Trata-se, em verdade, de problema bem delicado, uma vez que a linha divisória entre os dois tipos de atividades econômicas raramente, hoje em dia, se revela com suficiente nitidez, por causa das confusões conceituais e das interações entre atividades cada vez mais freqüentes na economia contemporânea. Mesmo assim, acabei mergulhando em profundo estudo, que me levou, inclusive, a produzir algo classificável como *ampla sistematização* da matéria; sistematização, essa, que, a final, juntamente com notável quantidade de análises e conclusões, incluí em alentado volume (320 pp.), o que não permite, por razões técnicas, a elaboração de resumo bem sucinto. É esse o motivo pelo qual tomo a liberdade de remeter os estudiosos em geral ao meu último livro, intitulado *Empresa É Risco – Como Interpretar a Nova Definição* (2007).

Com base no art. 1.151, o registro dos atos constitutivos (na limitada, basicamente o instrumento contratual) deve ser requerido pela pessoa obrigada em lei, no prazo de 30 dias, contado da respectiva lavratura; requerido fora desse prazo, o registro somente produzirá

ATOS CONSTITUTIVOS 119

efeitos a partir da data de sua realização. A citada "pessoa obrigada em lei" só pode ser, ao que me parece, um membro qualquer do corpo dos administradores sociais designados, ou mesmo um ou mais administradores específicos, de conformidade com norma em tal sentido eventualmente existente no contrato social; em caso de omissão ou demora, tal pessoa ou tais pessoas responderão por perdas e danos, sendo que o registro poderá, nesta hipótese, ser requerido por sócio ou por qualquer outro interessado.

O art. 998 (que diz respeito à sociedade simples, mas que se aplica, subsidiariamente, também à sociedade limitada) dispõe, em seu § 1º: "O pedido de inscrição será acompanhado do instrumento autenticado do contrato, e, se algum sócio nele houver sido representado por procurador, o da respectiva procuração, bem como, se for o caso, da prova de autorização da autoridade competente". Como deve ser interpretada a expressão "instrumento autenticado do contrato"? Certamente, o contrato deve ser apresentado por meio de seu instrumento original, o que exclui *a priori*, a meu ver, a possibilidade de o mesmo contrato ser apresentado por meio de cópia autenticada. Indicará, então, a expressão ora em causa a necessidade de o contrato ser apresentado devidamente assinado? Não creio, igualmente; pois, se o instrumento contratual não contiver a assinatura de cada sócio, ele não será um instrumento contratual: será apenas um conjunto de folhas de papel, contendo um texto qualquer. Por conseqüência, creio que a expressão "instrumento autenticado do contrato" deva ser entendida como alusiva a um instrumento contratual em que a firma de cada signatário tenha sido devidamente reconhecida por tabelião. Com efeito, não se pode negar que a firma reconhecida, ao identificar a pessoa de cada signatário, acaba conferindo autenticidade ao instrumento contratual.

Por intermédio dos arts. 1.153 e 1.154 o legislador pátrio estabelece, outrossim, que cumpre à autoridade competente, antes de efetivar o registro, verificar a autenticidade e a legitimidade do signatário do requerimento, bem como fiscalizar a observância das prescrições legais concernentes ao ato ou aos documentos apresentados; sendo que das irregularidades encontradas deve ser notificado o requerente, que, se for o caso, poderá saná-las, obedecendo às formalidades da lei. Por outro lado, o ato sujeito a registro, ressalvadas disposições especiais da lei, não pode, antes do cumprimento das respectivas formalidades, ser oposto a terceiro, salvo prova de que este o conhecia; mas o terceiro não pode alegar ignorância, desde que cumpridas as mencionadas formalidades.

120 SOCIEDADES LIMITADAS

Por derradeiro, o art. 1.000 (que mais uma vez diz respeito à sociedade simples, mas que, a meu ver, se aplica igualmente, em caráter subsidiário, à sociedade limitada) dispõe que a sociedade que instituir sucursal, filial ou agência na circunscrição de outro registro neste deverá inscrevê-la também, com a prova da inscrição originária; em qualquer caso, a constituição da sucursal, filial ou agência deverá ser averbada no registro da respectiva sede. A título de exemplo, se a sociedade limitada for empresária e tiver sede na cidade paulista de Campinas, deverá estar registrada na Junta Comercial do Estado de São Paulo; pois bem, se a certa altura ela abrir filial na cidade de Belo Horizonte, tal filial deverá primeiro ser registrada na Junta Comercial do Estado de São Paulo e, a seguir, com a documentação básica paulista, na Junta Comercial do Estado de Minas Gerais.

3. Elementos componentes do instrumento

3.1 Conjunto dos classificáveis como essenciais

De acordo com o art. 1.054 do Código Civil/2002, o contrato mencionará, no que couber, as indicações do art. 997 e, se for o caso, a firma social. O art. 997, por sua vez, dispõe que a sociedade (a qual, no caso, é a chamada "sociedade simples") se constituirá mediante contrato escrito contendo, além das cláusulas estipuladas livremente pelas partes contratantes, também a menção de diversos outros elementos que, por serem da essência de qualquer sociedade contratual de fins econômicos, são de inclusão obrigatória, não podendo, em conseqüência, ser omitidos em hipótese alguma. Vou, assim, passar sumariamente em revista tais elementos, tecendo, para cada um, brevíssimo comentário.

3.1.1 Nome e qualificação dos sócios, se pessoas naturais

O texto da lei menciona, especificamente: "nome, nacionalidade, estado civil, profissão e residência dos sócios, se pessoas naturais".

Nome é apenas e tão-somente o que consta da certidão de nascimento, sendo composto de prenome (nome pessoal) e sobrenome (nome de família). Em conseqüência, não podem ser utilizados títulos de qualquer espécie, ainda que na prática incorporados ao nome (só para exemplificar: "príncipe", "conde", "barão", "cônego",

ATOS CONSTITUTIVOS

"bispo", "cardeal", "comendador", "professor", "doutor", "maestro" etc.), alcunhas, pseudônimos (ainda que sólida e amplamente consagrados por longos anos de uso e, por isso mesmo, protegidos pela lei), ressalvadas, porém, as incorporações ao nome averbadas em registro de nascimento, com base em sentença judicial. Note-se que, se o sócio tiver muitos prenomes e muitos sobrenomes e, para simplificar sua vida, usar, na prática, um único prenome e um único sobrenome, nada impede, ao que me parece, que tal fato conste do contrato (por exemplo: "Joaquim Manoel Francisco Antônio Barbosa Vasconcellos dos Santos Cerejeira, que também se assina como Joaquim Cerejeira").

A *nacionalidade* deve, evidentemente, referir-se a país soberano existente. Em conseqüência, se o sócio nasceu em país que desapareceu, sua nacionalidade não pode continuar a ser declarada como dantes, devendo passar a sê-lo com base no novo país que surgiu em substituição; sendo que, se não recebeu automaticamente a nova nacionalidade, ele se tornou apátrida (é o que pode ter acontecido, por exemplo, com estrangeiros residentes no Brasil vindos da antiga Iugoslávia). De acordo com seu *estado civil*, o sócio pode ser solteiro, casado, viúvo, separado ou divorciado; no caso de ser solteiro, deverá constar também sua condição de maior ou menor, pois como menor deverá ser representado ou assistido. Por *profissão* deve ser entendida toda e qualquer atividade lícita que o sócio exerça em caráter habitual, independentemente de ser lucrativa ou não, civil ou religiosa, empresarial ou não, liberal ou não, e assim por diante. É aconselhável acrescentar o número de algum documento oficial de identidade (por exemplo, o Registro Geral da Polícia) e o número de inscrição no Cadastro de Pessoas Físicas, da Receita Federal. Uma vez que a figura do *domicílio* não desapareceu, convém mencioná-la, juntamente com todos os dados da *residência* (por exemplo, assim: "... domiciliado e residente à rua Treze de Maio n. 000, Bela Vista, 00000-000, São Paulo, SP").

3.1.2 *Dados identificadores dos sócios, se pessoas jurídicas*

O texto da lei menciona, especificamente: "a firma ou a denominação, nacionalidade e sede dos sócios, se pessoas jurídicas".

Somente as sociedades em nome coletivo e as sociedades em comandita simples podem ter *firma social* como nome; e somente as sociedades limitadas e as sociedades em comandita por ações podem ter *firma* ou *denominação*. Todas as demais pessoas jurídicas só po-

122 SOCIEDADES LIMITADAS

dem usar como nome uma *denominação*. Quanto à *nacionalidade*, volto a fazer notar que o Código Civil/2002, em seu art. 1.134, *caput*, dispõe: "A sociedade estrangeira, qualquer que seja o seu objeto, não pode, sem autorização do Poder Executivo, funcionar no país, ainda que por estabelecimentos subordinados, podendo, todavia, ressalvados os casos expressos em lei, ser acionista de sociedade anônima brasileira". Se a sociedade estrangeira só pode participar de sociedade brasileira desde que esta seja anônima, estão excluídas todas as demais sociedades, inclusive a limitada; com o quê, ao que tudo indica, a nacionalidade, neste caso, é apenas brasileira.

A *sede* não é qualquer estabelecimento da pessoa jurídica: é apenas o estabelecimento onde os principais administradores exercem suas funções em caráter permanente. Em razão disso, se, por exemplo, certa pessoa jurídica de São Paulo, com filial em Manaus, estiver entrando como sócia em sociedade limitada de Manaus, não poderá dar como seu endereço o de sua filial em Manaus: deverá dar seu endereço de São Paulo. A identificação e a qualificação da sócia pessoa jurídica devem, ao que me parece, ser completadas com os seguintes dados: número de inscrição no Cadastro Nacional de Pessoas Jurídicas, da Receita Federal; caso se trate de qualquer pessoa jurídica de direito privado, número de inscrição dos atos constitutivos na Junta Comercial competente ou em cartório competente do Registro Civil das Pessoas Jurídicas; nome completo, dados pessoais e cargo de quem vai representar a sócia pessoa jurídica na assinatura do contrato.

3.1.3 Denominação, objeto, sede e prazo da sociedade

Denominação é o nome da sociedade; esta última, contudo, caso seja uma limitada e tenha ao menos um único sócio pessoa física, maior de idade, pode usar como nome uma firma social, no lugar da denominação; com o quê, de acordo, aliás, com o art. 1.054 do Código Civil/2002, a palavra vira uma expressão, devendo ser lida como se fosse "denominação ou firma". Nos termos da citada Lei 8.934/1994, art. 35, III, não podem ser arquivados os atos constitutivos de empresas mercantis que não contenham, além de outras coisas, a declaração precisa de seu *objeto*. O termo "preciso" significa "exato, certo, definido" (*Dicionário Aurélio*); e também "claro, categórico, terminante". Percebe-se que o legislador pátrio usou palavra bastante genérica e abrangente. Assim sendo, diante da escassa clareza do dispositivo legal, sugiro que se tomem em consideração as idéias de *gênero próximo* e de *diferença específica*. Exemplo: "transporte rodoviário de passageiros", onde "transporte"

ATOS CONSTITUTIVOS 123

representa o gênero remoto, ao passo que "rodoviário" o gênero próximo e "de passageiros" a diferença específica (outra diferença específica poderia bem ser "de cargas"). Voltarei a este assunto, com maiores pormenores, num dos próximos capítulos.

Com relação à *sede*, tomo a liberdade de remeter os estudiosos ao comentário do item anterior; fazendo, porém, notar que qualquer sociedade deve ter sempre uma sede que corresponda não somente a uma cidade, mas também a um endereço completo, com o nome do logradouro público, o número, a indicação da unidade autônoma interna (se houver), o Código de Endereçamento Postal. Não creio, de forma alguma, em conseqüência, que estaria de pleno acordo com a lei uma sociedade que indicasse como sua sede apenas e tão-somente uma cidade (com respectivo Estado) ou, além da cidade, apenas uma caixa postal, ou um telefone, ou um *fax*, ou um endereço eletrônico, ou mesmo um endereço completo mas em tudo igual ao de outra sociedade. Pois as sociedades, em condições normais, são pessoas jurídicas, e estas, justamente porque não passam de meras ficções da lei, inexistentes na realidade, precisam de elementos exteriores bem concretos para serem pronta e seguramente reconhecidas, sem qualquer confusão com outras pessoas jurídicas. Afinal, o Direito foi inventado não para confundir os membros da sociedade em geral, assim atrapalhando sua vida, mas para ajudar a resolver, da melhor forma possível, os problemas decorrentes da convivência social.

O art. 981, parágrafo único, do Código Civil/2002 estabelece que a atividade da sociedade pode restringir-se à realização de um ou mais negócios determinados; o que significa, em minha opinião, que a sociedade pode também, por via de conseqüência ou por uma questão de simples lógica, ter *prazo de duração determinado*. Neste caso, nada impede, a meu ver, que haja declaração apenas do número de anos ("a sociedade terá prazo de duração de cinco anos"). Trata-se, no entanto, de hipótese bem rara; pois é extremamente corriqueiro que as sociedades de cunho econômico tenham prazo de duração indeterminado, uma vez que costumam surgir para terem vida bastante longa. Em ambas as hipóteses entendo possa ser fixado dia determinado para início das atividades sociais (a respeito deste assunto fornecerei maiores detalhes em capítulo próximo).

3.1.4 *Capital da sociedade, expresso em moeda corrente*

O texto completo da lei é um pouco mais extenso: "capital da sociedade, expresso em moeda corrente, podendo compreender qualquer espécie de bens suscetíveis de avaliação pecuniária".

124 SOCIEDADES LIMITADAS

Em toda e qualquer sociedade de fins econômicos é indispensável a presença do *capital social*, base e representante do patrimônio social; *base* porque o patrimônio social começa a ser formado, quer em termos positivos, quer em termos negativos, a partir justamente da existência e da utilização, no sentido operacional ou instrumental, do capital social; *representante* porque, mesmo quando o patrimônio social pertence, em última análise, aos sócios (aliás, é quase sempre assim), tal fato não ocorre, porém, de forma direta, uma vez que os sócios, por ocuparem com grande freqüência posições desiguais, só conseguem, no plano jurídico, figurar como titulares de partes do capital social (quotas ou ações). A *moeda corrente* é, evidentemente, a do nosso país. Minha afirmação parece por demais elementar, mas é só aparência; pois durante minha longa permanência na Procuradoria da Junta Comercial do Estado de São Paulo, na preocupante e triste época da inflação galopante, cheguei certa vez a examinar contrato de determinada sociedade em que o capital social havia sido fixado em Dólares norte-americanos. Sem dúvida, considerando que a sociedade deve comumente realizar negócios, é aconselhável que o capital social não deixe de ser realizado em dinheiro; não se trata, porém, de algo obrigatório, uma vez que a referida realização pode, ao menos em parte, ser efetivada por intermédio da transferência de bens ou de direitos.

Única condição é que tais bens e direitos sejam *suscetíveis de avaliação em dinheiro*. Parece absurdo, mas pode acontecer fato assim: certo grupo de amigos se reúne com o intuito de constituir sociedade limitada empresária, para exercício de atividade de venda de determinadas mercadorias. Subscrevem-se as quotas, para realização imediata, e de repente um dos subscritores diz aos outros: "Não tenho dinheiro para realizar minha quota, mas tenho, junto à comunidade, notável prestígio, que será muito útil para a venda das mercadorias. Peço, então, que minha quota de capital fique por conta de tal prestígio". Uma proposta dessas seria, a meu ver, de todo inviável. Com efeito, o prestígio pessoal é algo muito interessante para que alguém fique bem-sucedido na atividade de vendedor, ganhando, inclusive, ótimas percentagens; não podendo, porém, ser avaliado em dinheiro, tal prestígio certamente não serve para que possa ser negociada uma posição de sócio de capital.

3.1.5 *A quota de cada sócio e o modo de realizá-la*

O texto completo da lei é o seguinte: "a quota de cada sócio no capital social, e o modo de realizá-la".

ATOS CONSTITUTIVOS 125

Note-se o uso da palavra "quota" no singular, o que demonstra ser a *quota* uma parcela de capital diferente da *ação*, não podendo ser tratada com tal (voltarei a este assunto mais adiante, com maiores detalhes). Numa sociedade contratual o elemento ora em exame é mera conseqüência do anterior; pois seria inconcebível colocar o capital social no contrato sem que este revelasse o modo de subscrição do mesmo capital pelos sócios. O contrato deve, outrossim, informar se as *subscrições* foram realizadas no ato, e de que forma: se em dinheiro, basta declarar que o foram em moeda corrente do país, contada e achada exata; se em bens, estes devem ser suficientemente identificados e descritos (com a menção de como foram adquiridos e de todos os dados do competente registro, se imóveis); se em direitos, estes devem igualmente ser identificados e descritos. Se porventura os referidos bens e direitos foram transferidos à sociedade não a título de propriedade, mas de simples uso, deve o contrato deixar bem clara tal circunstância, informando o prazo e, eventualmente, todas as demais condições de uso.

Caso as subscrições não tenham sido realizadas no ato, ou o tenham sido em parte, deve o contrato informar o modo pelo qual o capital social será integralizado, e em quanto tempo; o tempo pode ser fixado de forma mais ou menos determinada (por exemplo: "em cinco parcelas mensais, iguais e sucessivas, vencendo a primeira daqui a 30 dias, e cada uma das demais em igual dia de cada mês seguinte"; ou, então: "dentro do prazo improrrogável de um ano, a contar de hoje inclusive, de acordo com as possibilidades financeiras de cada sócio") ou de forma bem indeterminada (por exemplo: "em parcelas periódicas, com base nas necessidades reais da sociedade, de acordo com critérios e procedimentos fixados livremente pela administração"). É suficiente, pois, que a cláusula do capital fique assim redigida: "O capital social é de R$ 3.000.000,00 (três milhões de Reais), totalmente realizado neste ato, em moeda corrente do país, contada e achada exata, dividido em três quotas de valor desigual, assim distribuídas entre os sócios: ÉMILE VALADIER uma quota de R$ 1.000.000,00 (um milhão de Reais); JOHANN ZIMMERMANN uma quota de R$ 1.200.000,00 (um milhão e duzentos mil Reais); e FRANCESCO ROSSI uma quota de R$ 800.000,00 (oitocentos mil Reais)".

3.1.6 *As prestações a que se obriga o sócio de serviços*

O texto completo da lei é o seguinte: "as prestações a que se obriga o sócio, cuja contribuição consiste em serviços".

126 SOCIEDADES LIMITADAS

Trata-se de norma legal que deixo de comentar, por não ser aplicável à sociedade limitada, cuja legislação específica é categórica em não admitir a figura do *sócio de serviços* (portanto, não de capital). A esse respeito, o art. 1.055, § 2º, dispõe o seguinte: "É vedada contribuição que consista em prestação de serviços".

3.1.7 As pessoas naturais incumbidas da administração

O texto completo da lei é um pouco mais extenso: "as pessoas naturais incumbidas da administração da sociedade, e seus poderes e atribuições".

Sustentava-se no passado que o legislador pátrio, ao mencionar com freqüência a figura jurídica do *sócio-gerente*, havia deixado bem claro, ainda que de forma indireta, que a sociedade limitada só poderia ser administrada por sócios. Pois bem, mesmo no momento atual, no império da nova legislação, o administrador natural da sociedade limitada continua sendo o sócio; tanto assim que a existência do *administrador não-sócio* – figura que foi criada justamente agora pelo legislador pátrio – só é possível caso tenha sido permitida pelo contrato social. Ocorre que nem sempre é desejo dos sócios serem todos administradores, e nem sempre é possível, tanto no plano prático como no plano técnico, que todos os sócios sejam administradores; com o quê o elemento ora em questão acaba sendo indiretamente necessário. Afinal, é possível, hoje em dia, surgirem quadros administrativos complexos, de acordo com as seguintes hipóteses: todos os sócios são administradores, e apenas eles; todos os administradores são sócios, havendo, porém, sócios que não o são; todos os sócios são administradores, juntamente com administradores não-sócios; alguns sócios são administradores, juntamente com administradores não-sócios; nenhum sócio é administrador, havendo apenas administradores não-sócios. Por outro lado, nos termos de norma absolutamente nova (art. 1.060, parágrafo único), a administração atribuída no contrato a todos os sócios não se estende de pleno direito aos que posteriormente tenham adquirido essa qualidade.

Quanto aos *poderes e às atribuições*, devem mesmo ser mencionados e descritos, uma vez que podem ser diferentes de administrador para administrador. Nada impede, com efeito, que, mesmo no âmbito do corpo administrativo de uma sociedade contratual como a limitada, haja um ou alguns administradores com mais poderes que os outros, ou atos muito importantes da administração social para cuja prática

ATOS CONSTITUTIVOS

os poderes de um só administrador sejam insuficientes, exigindo a intervenção conjunta de dois ou mais administradores; também é possível que a administração total tenha sido organizada de forma rigidamente setorizada, com o surgimento de atribuições isoladas para cada membro do inteiro corpo administrativo. Observe-se, por fim, que a tese defendida outrora, segundo a qual sócia pessoa jurídica poderia assumir a gerência da limitada, exercendo-a depois por meio de seu próprio diretor principal, não pode mais ser sustentada, pois hoje os administradores devem ser todos pessoas naturais, designados diretamente, em contrato ou em ato separado, pelos sócios.

3.1.8 *A participação de cada sócio nos lucros e nas perdas*

Tal dispositivo está na lógica da sociedade simples, a qual prevê a existência de sócios de serviços que, justamente por não serem sócios de capital, ocupam posição diferente da destes últimos, quanto aos resultados sociais. O problema não existe com relação à sociedade limitada, no âmbito da qual os sócios – todos ocupando posição de igual natureza, apesar de as participações poderem ser de valor diferente – têm o hábito muito lógico de distribuir entre si os resultados da atividade exercida na proporção da quota de capital de cada um. Aliás, entendo, inclusive, inexistir por completo na limitada a figura jurídica da participação dos sócios nas perdas, uma vez que tais sócios apenas respondem pela integralização do capital social.

3.1.9 *Responsabilidade subsidiária pelas obrigações sociais*

A redação exata do texto da lei é a seguinte: "se os sócios respondem, ou não, subsidiariamente, pelas obrigações sociais".

O dispositivo não se aplica, evidentemente, à sociedade limitada, a qual, com relação à responsabilidade dos sócios, tem características próprias bem peculiares. Convém, porém, aproveitar o ensejo para fazer outra espécie de observação, no tocante à declaração contratual da responsabilidade típica dos sócios da limitada. O antigo Decreto 3.708/1919, em seu art. 2º, parte final, dispunha que o título constitutivo da sociedade deveria "estipular ser limitada a responsabilidade dos sócios à importância total do capital social"; dispunha também, em seu art. 3º, § 2º, que a firma ou denominação social deveria sempre ser seguida da palavra "limitada", ausente a qual seriam havidos como solidária e ilimitadamente responsáveis

128 SOCIEDADES LIMITADAS

os sócios-gerentes e os que fizessem uso da firma social. O Código Civil/2002 não reproduziu a norma legal do referido art. 2º, parte final, levando justamente a crer não ser mais necessário que o contrato social da limitada contenha cláusula com o famosíssimo texto exigido pela legislação anterior. Pode agora, em conseqüência, o referido texto ser omitido por completo?

No plano técnico sim, sem a menor dúvida; no plano prático, porém, não aconselho. Em verdade, não se pode perder de vista que a sociedade limitada, no fundo, é uma forma societária estranha, pois não é uma sociedade em nome coletivo, mas também não chega a ser uma sociedade anônima. O que ela é, afinal? Note-se que a responsabilidade limitada mas solidária dos sócios chega a ser algo curiosíssimo, a tal ponto que poucos são os que têm noção bem clara do que ela signifique na prática. Por outro lado, a sociedade vive praticamente sob uma espécie de *espada de Dâmocles*, uma vez que, caso não fique sempre muito claro que ela é uma limitada, passa automaticamente a ser considerada uma sociedade em nome coletivo. Os próprios administradores não escapam disso, nos termos do art. 1.158 do Código Civil/2002, que, ao tratar do nome, dispõe, em seu § 3º, que a omissão da palavra "limitada" determina a responsabilidade solidária e ilimitada dos administradores que assim empregarem a firma ou a denominação da sociedade. Diante de um quadro desses, acredito não constituir trabalho excessivo continuar colocando, no instrumento contratual, mais precisamente como parágrafo da cláusula do capital, ou mesmo como cláusula avulsa, o tradicional e breve texto de antigamente: "A responsabilidade dos sócios é limitada à importância total do capital social".

3.2 Conjunto dos classificáveis como não-essenciais

Além dos que acabo de classificar como *essenciais* – portanto, de inclusão estritamente obrigatória –, o instrumento constitutivo da sociedade limitada pode conter diversos outros elementos que venham a ser eventualmente considerados úteis ou mesmo necessários à determinação precisa dos direitos e das obrigações dos sócios, entre si e para com terceiros, tendo em vista o bom êxito das atividades sociais. É oportuno, no entanto, não correr o risco de esquecer que, nos precisos e expressos termos do Código Civil/2002, é nula a estipulação contratual que exclua qualquer sócio de participar dos lucros e das perdas (art. 1.008); e que, por outro lado, é ineficaz, com relação a terceiros, qualquer pacto separado que seja contrário ao disposto no instrumento contratual (art. 997, parágrafo único).

ATOS CONSTITUTIVOS 129

É aconselhável acrescentar ao endereço da sede da sociedade, mediante simples parágrafo ou através de mais uma cláusula, o endereço completo de cada filial (se houver), acompanhado da respectiva parcela de capital que foi destacada. Aliás, cumpre não esquecer que pode ser regulado o modo de abrir e fechar filiais, nada impedindo que a competência para a prática de tais atos, para fins de agilização das atividades sociais, seja atribuída aos administradores, sócios ou não, os quais devem, em tal caso, produzir algum documento, que normalmente não passa de uma ata de reunião dos administradores, para fins de averbação no registro competente. Se isso acontecer, a lista das filiais não poderá, evidentemente, fazer parte do instrumento contratual principal; fará parte, porém, de instrumento contratual acessório, o qual, sozinho ou com outros instrumentos acessórios, permitirá o surgimento da figura do *contrato pluri-instrumental*, a que já fiz alusão neste capítulo.

Acredito ser possível a existência de cláusula proibindo a cada sócio pessoa física que faça concorrência à sociedade, ainda que *lato sensu* (cabendo ao texto contratual estabelecer os limites da proibição), quer na qualidade de comerciante individual ou de profissional autônomo, quer na de sócio ou administrador de outras sociedades, empresárias ou não, desde que lucrativas. Se houver sócios pessoas jurídicas que sejam sociedades de fins lucrativos, empresárias ou não, a cláusula poderá ser aplicada a eles também, quer se trate de concorrência realizada de forma direta, quer se trate de concorrência realizada por intermédio de sócios, administradores, empregados ou, mesmo, eventualmente, de parentes ou amigos das referidas três categorias de pessoas físicas.

Com relação à administração da sociedade, nada impede, a meu ver, sendo, às vezes, até mesmo aconselhável: que o conjunto dos administradores fique constituído como órgão hierarquizado, até mesmo com um presidente, um ou mais vice-presidentes e eventuais outros cargos em destaque; que a administração social fique setorizada, com a atribuição de poderes especiais e alguma autonomia a cada administrador, caso em que tais poderes devem ser relacionados e descritos de forma detalhada e clara; que seja fixado um prazo para exercício de qualquer cargo de administrador, com definição de início e término; que seja estabelecido o número de assinaturas (duas ou mais) necessárias à validade de determinados atos muito importantes para a sociedade; que seja permitida a constituição de um ou mais procuradores para, em conjunto ou separadamente, com prazo determinado ou não, representar a sociedade na prática de certos atos

130 SOCIEDADES LIMITADAS

específicos (entendo não serem admissíveis procurações outorgando amplos e ilimitados poderes de administração, eis que não se pode transformar o procurador em administrador); que seja rigorosamente proibido, sob pena de nulidade e de responsabilização pessoal, mesmo na ausência de prejuízo visível e tangível para a sociedade (portanto, em razão apenas do risco corrido, o qual nunca deixa de causar algum dano), o uso dos poderes administrativos em assuntos absolutamente estranhos ao objeto social e aos interesses gerais da sociedade, como, por exemplo, o oferecimento de garantias a simples título de favor; que haja o estabelecimento de normas destinadas a regular a fixação da remuneração devida pelo exercício da atividade administrativa, podendo tal remuneração ser global ou individual, determinada ou determinável, mensal, anual ou mista (com parte mensal e parte anual, consistindo esta última em percentagem dos lucros).

É bom que sejam fixados o início e o término do exercício social, sem que se perca de vista que este último deve ser anual, não sendo, porém, estritamente necessário que corresponda ao ano do calendário (note-se, contudo, ser bastante corriqueiro que o exercício social comece em 1º de janeiro e termine em 31 de dezembro de cada ano).

Convém também deixar consignado – para hipóteses de lacuna legal ou de eventuais dúvidas – o foro competente para solução de qualquer tipo de litígio.

Algo bem recomendável é prever, com paralela fixação do respectivo *quorum* de deliberação, a possibilidade de a sociedade, por seus sócios: decidir sua transformação em qualquer outro tipo societário; decidir sua cisão, qualquer que seja o tipo desta e mesmo que tenha como conseqüência seu próprio desaparecimento; constituir, se técnica e juridicamente possível, subsidiárias integrais, sob a forma de sociedade anônima; participar de qualquer outra sociedade de fins econômicos, não importa se para torná-la controlada, coligada ou sociedade de simples participação; participar, se técnica e juridicamente possível, de qualquer consórcio de sociedades e de grupo de sociedades.

3.3 Sociedade fechada em nível grande, médio ou pequeno

Com relação ao quadro social e a tudo aquilo que pode modificá-lo, creio serem legalmente aceitáveis algumas importantes ponderações, que passo a expor.

Como toda e qualquer outra sociedade contratual, por quotas, com fortes conotações de cunho pessoal, a sociedade limitada resulta ser

ATOS CONSTITUTIVOS 131

um agrupamento humano fechado, por natureza. É em razão disso que ela, justamente por sua evidente natureza contratual, se autodisciplina, sendo bem pequena a intervenção do legislador pátrio, contrariamente ao que acontece com relação às sociedades institucionais, que são em grande parte disciplinadas pela lei, com pouquíssimo espaço para as decisões dos sócios ou acionistas. Note-se que o Código Civil/2002 introduziu muitos dispositivos novos na disciplina geral da sociedade limitada; mesmo assim, deixou amplos espaços às decisões dos sócios, dessa forma justificando a natureza não-institucional do tipo societário. Tanto isto é verdade que no meio do texto legal podem, com freqüência, ser encontradas frases como as seguintes: "(...) nos casos omissos no contrato (...)", "(...) na omissão do contrato (...)", "(...) se o contrato permitir (...)", "(...) no silêncio do contrato (...)", "(...) salvo se o contrato dispuser diferentemente (...)", "(...) desde que prevista neste (...)" (isto é, no contrato).

Tal constatação leva-me a afirmar com certa firmeza que o legislador pátrio está, decidida e claramente, permitindo que os sócios concebam e estruturem a sociedade limitada como sendo "fechada em nível grande", ou "fechada em nível médio", ou "fechada em nível pequeno", de pleno acordo com seus interesses estritamente pessoais, seus princípios, seus pontos de vista. Passo, agora, a título apenas de exemplificação, a montar algumas hipóteses (segundo meu pensamento, em nada contrárias à lei, para a qual as sociedades contratuais ainda se baseiam bastante na confiança recíproca entre os sócios, ou, como se dizia antigamente, na *affectio societatis*), para que os interessados possam ter alguma idéia a respeito de como redigir cláusulas distinguindo os diversos níveis de fechamento e, assim, efetuando escolhas pessoais.

3.3.1 *Cessão total ou parcial de quota (art. 1.057)*

Nível grande: cessão permitida apenas e tão-somente entre sócios, proporcionalmente às quotas já possuídas, caso haja interesse de todos ou de mais de um.

Nível médio: cessão permitida também com relação a estranhos, mas tendo os sócios direito de preferência para aquisição em igualdade de condições, e proporcionalmente às quotas já possuídas, se necessário.

Nível pequeno: cessão permitida nos termos do art. 1.057 (portanto, sem a menor necessidade de que ela fique disciplinada no âmbito do texto do instrumento contratual).

132   SOCIEDADES LIMITADAS

3.3.2 Atribuição de cargos administrativos (art. 1.061)

Nível grande: cargos atribuíveis apenas e tão-somente a sócios (ninguém se admire: a atribuição a não-sócios só é possível com permissão do contrato), por tempo indeterminado.

Nível médio: cargos atribuíveis a estranhos, por prazo determinado; sempre, porém, parcialmente, uma vez que alguns cargos (por exemplo: presidente, vice-presidente, superintendente e eventuais outros em destaque) ficam reservados apenas para sócios, por tempo indeterminado.

Nível pequeno: cargos atribuíveis sem qualquer restrição, portanto só a sócios, ou só a estranhos, ou a sócios e estranhos ao mesmo tempo, mas sempre por prazo determinado, de conformidade unicamente com as diversas necessidades reveladas pela sociedade.

3.3.3 Retirada de sócio dissidente, com pagamento de haveres (arts. 1.077 e 1.031)

Nível grande: liquidação da quota nos termos do art. 1.031, com pagamento dos haveres em 12 prestações iguais, mensais e consecutivas.

Nível médio: liquidação da quota com base na situação patrimonial e em balanço especial, complementado com estudo realizado pelo próprio contador da sociedade, tendo por objeto a atualização dos valores; pagamento dos haveres em 6 prestações iguais, mensais e consecutivas.

Nível pequeno: liquidação da quota com base em avaliação patrimonial realizada por três peritos nomeados pelos sócios, por maioria simples de capital, sendo utilizados valores de mercado; pagamento dos haveres, em prestações ou não, dentro do prazo legal de 90 dias.

3.3.4 Exclusão de sócio por justa causa (art. 1.085)

Nível grande: exclusão extrajudicial sempre imediata, nos termos do art. 1.085, tão logo conhecidos os atos motivadores da justa causa.

Nível médio: exclusão extrajudicial, nos termos do art. 1.085, após pelo menos um aviso, dado em reunião ou assembléia de sócios.

ATOS CONSTITUTIVOS 133

Nível pequeno: exclusão sempre judicial, sem qualquer tipo de exceção.

3.3.5 Morte ou desaparecimento de sócio (art. 1.028)

Nível grande: liquidação da quota, nos termos e com as conseqüências da lei, em qualquer hipótese.

Nível médio: entrada dos herdeiros, desde que o queiram, mas tão-somente se houver concordância de sócios representando, no mínimo, dois terços do capital.

Nível pequeno: entrada dos herdeiros em qualquer hipótese, desde que o queiram.

4. Alterações do instrumento contratual

Nos precisos e expressos termos do art. 999, *caput*, do Código Civil/2002, as modificações do contrato social que tenham por objeto matéria indicada no art. 997 dependem do consentimento de todos os sócios, ao passo que as demais podem ser decididas por maioria absoluta de votos, se o contrato não determinar a necessidade de deliberação unânime. O dispositivo que acabo de citar diz respeito à sociedade simples, não sendo aplicável à sociedade limitada na parte em que ele fixa *quorum* de deliberação, em razão de a limitada ter seu próprio *quorum* de deliberação (art. 1.076); é aplicável, no entanto, na parte em que deixa bem claro que o contrato social pode ser modificado. Aliás, o próprio capítulo que o Código/2002 dedica por inteiro à limitada dispõe que, entre diversas outras matérias, enumeradas ou não, depende da deliberação dos sócios também a modificação do contrato social (art. 1.071). Não pode, em conseqüência, haver dúvidas: o contrato social da limitada, como qualquer outro contrato constitutivo de sociedade, pode ser modificado ou – como sempre se dizia no império da legislação anterior – alterado. Assim, cumpre, agora, analisar e comentar, ainda que de forma sucinta, os diversos aspectos do problema da alteração do instrumento contratual; o que passo a fazer.

4.1 Como redigir o preâmbulo ou cabeçalho

Há diferenças na alteração. O título geral pode ser o seguinte: "Alteração Contratual de Sociedade Limitada Denominada ALPES

134 SOCIEDADES LIMITADAS

TRANSPORTE RODOVIÁRIO DE CARGAS LTDA.". Quanto ao preâmbulo (ou cabeçalho) propriamente dito, admite ele mais de uma hipótese; vou pois exemplificar.

Com a presença da totalidade dos sócios: "Os abaixo assinados, ÉMILE VALADIER, brasileiro, casado, médico, RG 00.000.000, CPF 00.000.000-00, domiciliado e residente à rua da Consolação n. 123, Vila Buarque, 00000-000, São Paulo, SP; JOHANN ZIMMER-MANN, brasileiro, solteiro, maior, engenheiro, RG 00.000.000, CPF 00.000.000-00, domiciliado e residente à avenida Paulista n. 246, Paraíso, 00000-000, São Paulo, SP; e FRANCESCO ROSSI, brasileiro, viúvo, advogado, RG 00.000.000, CPF 00.000.000-00, domiciliado e residente à praça Roosevelt n. 369, Consolação, 00000-000, São Paulo, SP; únicos sócios componentes da sociedade limitada denominada 'ALPES TRANSPORTE RODOVIÁRIO DE CARGAS LTDA.', inscrita no CNPJ sob n. 00.000.000/0000-00, com sede à avenida Faria Lima n. 579, Jardim Paulistano, 00000-000, São Paulo, SP, registrada na Junta Comercial do Estado de São Paulo sob NIRE n. (inserir), resolvem, de comum acordo, por este instrumento particular, alterar seu contrato social, nos termos a seguir expostos".

Com a presença da maioria dos sócios (maioria de capital): substituir a expressão "únicos sócios componentes da sociedade limitada" pela expressão "sócios titulares de 76% (setenta e seis por cento) do capital da sociedade limitada".

Com a presença de sócios novos entrando na sociedade: substituir a expressão final "alterar seu contrato social, nos termos a seguir expostos" pelo texto "alterar seu contrato social, o que fazem junto com os demais abaixo-assinados, que são PABLO DEL VAL, brasileiro, divorciado, economista, RG 00.000.000, CPF 00.000.000-00, domiciliado e residente à rua Vergueiro n. 456, Paraíso, 00000-000, São Paulo, SP, e JOAQUIM MASCARENHAS, brasileiro, solteiro, maior, contador, RG 00.000.000, CPF 00.000.000-00, domiciliado e residente à alameda Campinas n. 789, Jardim Paulista, 00000-000, São Paulo, SP, nos termos a seguir expostos".

4.2 Como redigir a modificação do quadro social

No tocante ao quadro social, pode haver simples saída ou simples entrada de sócios, assim como simultânea saída e entrada de sócios. A saída pode ser total (isto é, de todos os sócios existentes, caso em que é estritamente necessário que haja, ao mesmo tempo, entrada de dois

ATOS CONSTITUTIVOS

135

ou mais novos sócios) ou parcial (caso em que a alteração contratual pode resultar tão-somente em diminuição do quadro social; observe-se, porém, que, de acordo com o art. 1.033, IV, do Código Civil/2002, eventual diminuição do quadro social a um único sócio só poderá durar 180 dias, sob pena de dissolução automática). O problema patrimonial decorrente da saída de sócio admite as seguintes soluções: pagamento de haveres com redução do capital social; pagamento de haveres sem redução do capital social (na hipótese de os demais sócios suprirem o valor da quota); venda a sócios já existentes; venda a sócios novos, se permitida. A entrada de sócios novos pode resultar da compra de quotas sociais já existentes ou da subscrição de novas quotas, em aumento do capital.

4.3 Como redigir a modificação do nome empresarial

Conforme será visto mais adiante, com notável profusão de detalhes, a sociedade limitada pode ter, como nome empresarial, uma firma ou uma denominação. A alteração contratual, em conseqüência, pode consistir em: modificação substancial ou superficial da firma, ou substituição desta por outra bem diferente; modificação substancial ou superficial da denominação, ou substituição desta por outra bem diferente; substituição de firma por denominação; substituição de denominação por firma. Não se perca de vista, conforme será ressaltado em capítulo próximo, que a modificação do quadro social pode, eventualmente, resultar em modificação obrigatória, substancial ou não, da firma social; e que, por igual, a modificação do objeto social pode, eventualmente, resultar em modificação obrigatória, substancial ou não, da denominação social.

4.4 Como redigir a modificação do quadro administrativo

Caso a administração tenha sido atribuída apenas a sócios, pode a modificação do quadro administrativo consistir na permissão para existência de administradores não-sócios, não excluída a possibilidade de criação de órgão administrativo hierarquizado e setorizado, composto de diversos administradores, sócios e não-sócios. Pode também consistir: na reformulação da estrutura administrativa da sociedade; na supressão de cargos existentes; na instituição de cargos novos; na renomeação de cargos em geral; na atribuição de poderes novos; na retirada de poderes existentes; na eleição de novos administradores;

136   SOCIEDADES LIMITADAS

na recondução de administradores em fim de prazo; na destituição de administradores. Por outro lado, nada impede, por fim, ao que me parece, que ela consista até mesmo na criação de outros órgãos administrativos, desde que, evidentemente, não cheguem a ultrapassar, da forma mais absoluta, as limitações impostas pela legislação em vigor.

4.5 Como redigir a modificação do objeto social

Pode a modificação do objeto social consistir: na substituição completa das atividades sociais; na modificação total ou parcial das mesmas; na supressão de algumas atividades; no acréscimo de atividades novas. Convém não esquecer que o objeto social alterado pode resultar em: necessidade de modificação, ainda que parcial e superficial, da denominação social; necessidade de autorização, às vezes prévia, por parte do Poder Público (ver Código Civil/2002, art. 1.123, e legislação especial); necessidade de adoção de outra forma societária (legislação especial exige, não raro, que a atividade seja exercida sob a forma de sociedade anônima); necessidade de mudança de registro, em virtude da mudança de natureza (de sociedade econômica empresária para não-empresária, e vice-versa).

4.6 Como redigir a modificação do capital social

Pode a modificação do capital social consistir em aumento ou redução, hipóteses em que, em condições normais, é preciso reformular a participação de cada sócio (há exceções, porém: no aumento por subscrição, a participação dos sócios que não tenham exercido seu direito de preferência deve ficar como está; também deve ficar como está a participação de todos os sócios remanescentes, na redução decorrente de liquidação de quota). No *aumento* não devem ser esquecidos os seguintes itens: declaração detalhada dos recursos internos eventualmente utilizados; declaração detalhada dos recursos eventualmente oferecidos por subscritores (caso em que, se houver bens ou direitos, e se o contrato tiver previsto algum tipo de avaliação, esta deverá ser prévia); declaração de sua realização total ou parcial no ato; na hipótese de realização parcial no ato, declaração da forma e do prazo de sua integralização. Na *redução*, convém lembrar que as perdas irreparáveis, se houver, devem, em meu modo de entender, ser amplamente explicadas e justificadas; não podendo, por outro lado, ser esquecido, se for o caso, o prazo legal para que credores

ATOS CONSTITUTIVOS   137

quirografários possam, se assim desejarem, opor-se à deliberação da redução. A modificação pode consistir, por fim, em *reformulação* pura e simples da participação societária, na transferência de um sócio para outro ou para terceiro.

4.7 Como redigir a modificação do prazo de duração

Pode a modificação do prazo de duração consistir em aumento ou diminuição do número de anos, nada impedindo, a meu ver, que haja, em ambas as operações, acréscimo de fração de ano, portanto de meses (muito embora eu não consiga imaginar, na prática, prazo que comece ou termine abrangendo tão-somente alguns meses de um ano do calendário). Pode consistir também: em prorrogação de prazo prestes a terminar; em transformação de prazo determinado em indeterminado, ou vice-versa.

4.8 Como redigir as várias hipóteses de exclusão de sócio

Pouco acima, ao tratar da modificação do quadro social, aludi de forma genérica à saída de sócio. Em verdade, de acordo com o Código Civil/2002, a saída de sócio nem sempre tem a mesma natureza. Dessa forma, assim como existem duas saídas voluntárias – uma mais corriqueira, consistente na cessão de quota (art. 1.057), outra menos corriqueira, consistente na retirada por dissidência (art. 1.077), além da supressão do nome de sócio do quadro social, em razão de falecimento (art. 1.028) –, existem paralelamente algumas saídas involuntárias, ditas de exclusão de sócio, a saber: exclusão de pleno direito, que atinge o sócio declarado falido e o sócio cuja quota tenha sido judicialmente liquidada, em razão de dívida particular (art. 1.030, parágrafo único); exclusão de sócio remisso (art. 1.058); exclusão judicial por falta grave no cumprimento das obrigações sociais ou por incapacidade superveniente (art. 1.030, *caput*), figura essa, no entanto, que me parece de duvidosa aplicabilidade à sociedade limitada, ao menos quando empresária; exclusão extrajudicial por justa causa, por atos de inegável gravidade, pondo em risco a continuidade da empresa (art. 1.085).

4.9 Como redigir as eventuais outras modificações

As outras modificações podem consistir em quaisquer coisas, desde que não contrárias à lei, à ordem pública e aos bons costumes e,

138 SOCIEDADES LIMITADAS

evidentemente, não sujeitas a legislação especial. Em tais condições, a liberdade dos sócios, ao que tudo indica, chega a ser, na prática, quase ilimitada. Em conseqüência de tudo isso, é possível que haja: acréscimo ou supressão de cláusulas; substituição total e completa de cláusulas; modificação parcial do texto de cláusulas; e eventuais outras coisas.

4.10 Considerações acerca da forma do instrumento

Em tempos passados, se a sociedade tivesse sido constituída por escritura pública, suas alterações deveriam sempre revestir-se dessa mesma forma; sendo que, se tivesse sido constituída por instrumento particular, suas alterações poderiam obedecer à forma particular ou pública; entretanto, uma vez adotada a forma pública, prevaleceria sempre esta para os atos posteriores. Sempre notei ausência geral e absoluta de rigor no cumprimento de tal dispositivo, tanto assim que ele acabou sendo abolido. Com efeito, é mais uma vez a já citada Lei 8.934/1994 que, em seu art. 53, dispõe, textualmente: "As alterações contratuais ou estatutárias poderão ser efetivadas por escritura pública ou particular, independentemente da forma adotada no ato constitutivo".

4.11 Considerações acerca do registro competente

Deve ser feito basicamente nos mesmos moldes do que diz respeito ao instrumento inicial do contrato social. De fato, o Código Civil/2002, em seu art. 999, parágrafo único, dispõe, *ipsis litteris*: "Qualquer modificação do contrato social será averbada, cumprindo-se as formalidades previstas no artigo antecedente" (o qual disciplina o registro do instrumento inicial). Insisto porém em idéia já enunciada: a alteração do objeto social pode resultar em necessidade de mudança de registro, em virtude da mudança de natureza (de sociedade econômica empresária para não-empresária, e vice-versa).

5. Inexistência de instrumento ou registro

5.1 Algumas noções sobre a sociedade em comum

De conformidade com o Código Civil/2002, merecem a classificação de *sociedades* tão-somente os agrupamentos de pessoas

ATOS CONSTITUTIVOS

139

destinados ao exercício de atividades econômicas – isto é, lucrativas –, uma vez que os agrupamentos de pessoas destinados ao exercício de atividades sem fins lucrativos devem agora ser indicados com o nome de *associações*. Pois bem, no âmbito das sociedades, mais precisamente das que têm capital dividido em quotas, a existência de instrumento contratual constitutivo é regra, tanto assim que o mesmo Código, em seu art. 981, *caput*, aplicável a todas as sociedades por quotas, empresárias ou não, deixa bem claro que as pessoas que reciprocamente se obrigam a contribuir, com bens ou serviços, para o exercício de atividade econômica e a partilha entre si dos resultados celebram contrato de sociedade. Por outro lado, com base no art. 985, a sociedade adquire sua personalidade jurídica com a inscrição, no registro próprio e na forma da lei, dos seus atos constitutivos; o que significa, na prática, que não basta a existência de simples contrato (afinal, como mero acordo de vontades, um contrato existe sempre), pois é necessário que exista também um instrumento contratual, em condições de ser registrado.

Tal regra admite exceções? Sim. Podem ser citadas a sociedade em conta de participação e a sociedade em comum, outrora indicada como irregular ou de fato. A primeira não oferece problemas relevantes, eis que o sócio ostensivo é o único que se obriga para com terceiro; o art. 991, *caput*, com efeito, dispõe: "Na sociedade em conta de participação, a atividade constitutiva do objeto social é exercida unicamente pelo sócio ostensivo, em seu nome individual e sob sua própria e exclusiva responsabilidade, participando os demais dos resultados correspondentes". E o art. 992 acrescenta que a constituição da sociedade independe de qualquer formalidade, podendo ser provada por todos os meios admitidos em Direito. Com relação à segunda, era outrora aplicável o art. 304 do velho Código Comercial, que dispunha: "São, porém, admissíveis, sem dependência da apresentação do dito instrumento, as ações que terceiros possam intentar contra a sociedade em comum ou contra qualquer dos sócios em particular. A existência da sociedade, quando por parte dos sócios se não apresenta instrumento, pode provar-se por todos os gêneros de prova admitidos em comércio (art. 122), e até por presunções fundadas em fatos de que existe ou existiu sociedade". Os *gêneros de prova admitidos em comércio* (art. 122) eram: escrituras públicas, escritos particulares, notas dos corretores e certidões extraídas dos seus protocolos, correspondência epistolar, livros dos comerciantes, testemunhas. As *presunções*, por sua vez, encontravam exemplificação no art. 305, segundo o qual se presumia que existisse ou que tivesse

140 SOCIEDADES LIMITADAS

existido sociedade sempre que alguém exercitasse atos próprios de sociedade, que regularmente se não costumavam praticar sem a qualidade social.

O Código Civil/2002, muito embora aluda, no art. 212, à *confissão*, ao *documento*, à *testemunha*, à *presunção* e à *perícia* como gêneros de prova que, em condições normais, são admitidos em Direito, preferiu, no entanto, evitar o oferecimento de lista de presunções específicas referentes à sociedade em comum. Limitou-se, então, a dispor que, enquanto não inscritos os atos constitutivos, a sociedade, exceto a que for por ações em organização, se regerá pelo disposto no capítulo próprio, observadas, subsidiariamente e no que com este forem compatíveis, as normas da sociedade simples (art. 986); sendo que os sócios, nas relações entre si ou com terceiros, apenas e tão-somente por escrito poderão provar a existência da sociedade, mas os terceiros poderão prová-la de qualquer maneira (art. 987).

5.2 Em quê o assunto interessa à sociedade limitada

Cabe, de início, ressaltar, com relação à sociedade em comum, que os bens e as dívidas sociais constituem patrimônio especial, do qual os sócios são titulares em comum (art. 988); sendo que os bens sociais respondem pelos atos de gestão praticados por qualquer dos sócios, salvo pacto expresso limitativo de poderes, que somente terá eficácia contra o terceiro que o conheça ou deva conhecer (art. 989). Apesar disso, todos os sócios respondem solidária e ilimitadamente pelas obrigações sociais, excluído do benefício de ordem, previsto no art. 1.024, aquele que contratou pela sociedade. Em outras palavras, ao que me parece, os sócios de uma sociedade em comum, em termos de responsabilidade solidária e ilimitada, estão em situação pior que a dos sócios de sociedade em nome coletivo, uma vez que, se algum deles contratar em nome da sociedade, responderá diretamente com seus bens particulares, independentemente de prévia execução dos bens sociais. Por outro lado, cumpre observar que a sociedade em comum pode surgir em razão de dois diferentes fatos, a saber: em primeiro lugar, pela inexistência de instrumento contratual constitutivo; em segundo lugar, por não ter sido devidamente inscrito, no registro competente, o instrumento contratual constitutivo que porventura tenha sido discutido, elaborado e assinado pelos sócios.

Cumpre perguntar, a esta altura: é possível a existência de sociedade que, por ser irregular ou de fato, em razão de estar desprovida

ATOS CONSTITUTIVOS 141

de instrumento contratual constitutivo ou por ter um que ainda não foi inscrito no registro competente – e sendo, por isso, classificável na atual categoria jurídica de *sociedade em comum* –, possa ao mesmo tempo ser considerada também uma *sociedade limitada*? À primeira vista um tanto estranha (pois, de duas, uma: ou se está diante de sociedade em comum, ou de sociedade limitada), a dúvida tem, entretanto, sua razão de ser; não é impossível, com efeito, imaginar curiosa situação de fato. Suponha-se que determinado grupo de pessoas físicas capazes, com grande e reconhecida experiência em certo ramo de negócios extraordinariamente lucrativo, decida constituir sociedade limitada empresária para exercício da respectiva atividade, comunicando sua intenção a grande número de amigos e conhecidos (os futuros consumidores). Nada impede que, por força de circunstâncias imprevistas, sobretudo por causa das enormes pressões da maioria dos amigos e dos conhecidos (desejosos de dar início imediato à compra e utilização dos prometidos produtos), o referido grupo comece a exercer a atividade empresarial antes mesmo de elaborar e assinar seu instrumento contratual constitutivo, o qual acaba ficando para depois, por falta absoluta de tempo; nada impede também que, ainda que elaborado e assinado o instrumento contratual constitutivo da sociedade limitada, permaneça ele por bastante tempo sem registro, por idêntico motivo: falta absoluta de tempo. Todos sabem, entretanto – nenhuma dúvida pairando no ar a respeito –, que é firme, clara e indubitável vontade de todos os sócios constituir efetivamente uma sociedade limitada, inscrevendo seu contrato social no registro competente. Como deverá ser interpretada, no âmbito do Direito, uma situação dessas? Em minha opinião, tão-somente como uma pia intenção; entenda-se: uma pia intenção incapaz de gerar conseqüências jurídicas.

Em seu art. 2º, o Decreto 3.708/1919 dispunha que o título constitutivo da sociedade limitada seria regulado pelas normas contidas nos arts. 300 a 302 do velho Código Comercial, "devendo estipular ser limitada a responsabilidade dos sócios à importância total do capital social". A citada declaração fazia parte da própria essência da sociedade limitada, a tal ponto que, se ela estivesse ausente, a sociedade não poderia, de forma alguma, ser classificada como limitada. Já ressaltei que o Código Civil/2002 não manteve a obrigatoriedade de inserir a referida declaração no instrumento contratual constitutivo da sociedade limitada; tal não significa, entretanto, que o tipo societário ora em questão, uma vez escolhido, não necessite mais, de uma forma ou de outra, ficar nítida e suficientemente caracterizado em referido

142 SOCIEDADES LIMITADAS

instrumento. Continua tão importante, para o legislador pátrio, a exata e manifesta caracterização do tipo societário como correspondendo a uma limitada, que o art. 1.158, § 3º, do Código/2002, quase repetindo norma anterior, atribui responsabilidade solidária e ilimitada aos administradores que empregarem o nome da sociedade sem o acréscimo da palavra "limitada".

Ora, inexistindo instrumento contratual constitutivo, não pode existir a exata caracterização do tipo societário como sendo uma limitada; nem a fixação do nome da sociedade como sendo uma firma ou uma denominação com a palavra final "limitada" (observe-se que, na ausência de contrato, eventual utilização, por parte dos sócios, de nome social correto não terá valor algum para que a sociedade possa ser considerada uma limitada). Por derradeiro, convém não esquecer que, se é verdade que o contrato dá existência à sociedade entre os respectivos sócios, é igualmente verdade que a inscrição do contrato no registro competente dá existência à sociedade perante o público. Em conseqüência, se duas ou mais pessoas resolverem contratar, entre si, a constituição de determinada sociedade limitada, assinando o respectivo instrumento, enquanto este não for levado ao registro a sociedade não poderá ser considerada e tratada, em todos os sentidos, como sendo uma limitada.

6. Necessidade de autorização para funcionar

Há no Código Civil/2002 capítulo intitulado "Da Sociedade Dependente de Autorização", que corresponde aos arts. 1.123 a 1.141 e que se encontra dividido em três Seções: a das "Disposições Gerais", a "Da Sociedade Nacional" e a "Da Sociedade Estrangeira". O art. 1.123 dispõe, em seu *caput*: "A sociedade que dependa de autorização do Poder Executivo para funcionar reger-se-á por este Título, sem prejuízo do disposto em lei especial"; e em seu parágrafo único: "A competência para a autorização será sempre do Poder Executivo Federal". Convém ponderar que o capítulo do Código a que acabo de aludir só contém poucas normas gerais: normas bem específicas e mais detalhadas devem comumente ser procuradas em lei especial (de fato, é costume haver uma lei especial para cada categoria de sociedade a ser autorizada). Por que algumas atividades econômicas dependem de autorização governamental para ser exercidas, enquanto outras gozam de total liberdade? O motivo reside basicamente no fato de existirem certas atividades econômicas, normalmente de cunho empresarial,

ATOS CONSTITUTIVOS   143

que, pelos mais diferentes motivos, estão intimamente vinculadas, e em grau extraordinário, aos mais altos interesses da Nação; a tal ponto que o ordenamento jurídico do país, em caráter de todo excepcional, confia ao Poder Executivo Federal a tarefa bem delicada de manter rígido controle sobre o surgimento de tais atividades e de velar rigorosamente por seu exercício.

A necessidade de autorização para funcionar pode atingir sociedades nacionais e estrangeiras. As estrangeiras, quando resolvem funcionar no país, não se ligam ao estudo ora desenvolvido, o qual diz respeito apenas à sociedade limitada. Dois são os motivos para tanto: em primeiro lugar, na hipótese de funcionamento direto, ainda que por estabelecimento subordinado, elas sempre se revestirão de forma societária derivada de um ordenamento jurídico estrangeiro, ao passo que a limitada analisada no presente trabalho é uma sociedade eminentemente brasileira; em segundo lugar, na hipótese de funcionamento indireto – portanto, como titulares do controle de sociedade brasileira –, esta última só poderá ser uma sociedade anônima ou companhia (art. 1.134, *caput*). Devem, assim, todas as sociedades estrangeiras ser excluídas, de plano, deste estudo. Quanto às sociedades nacionais, cabe indagar: será que elas têm a obrigação de adotar sempre a forma da sociedade anônima? Decididamente, não é o que a atual legislação leva a crer. Com efeito, no Código Civil/2002 podem ser encontradas as seguintes significativas expressões: "Qualquer que seja o tipo da sociedade (...)" (art. 1.126, parágrafo único); "(...) acompanhado de cópia do contrato, assinada por todos os sócios, ou, tratando-se de sociedade anônima (...)" (art. 1.128, *caput*); "(...) aditamento no contrato ou no estatuto (...)" (art. 1.129); "(...) modificações do contrato ou do estatuto (...)" (art. 1.133). Parece-me, pois, claro demais que as sociedades nacionais, no presente caso, possam ser limitadas.

O requerimento de autorização deve ser acompanhado de cópia do contrato, com a assinatura de todos os sócios; mas, se o contrato tiver sido celebrado por escritura pública, bastará juntar ao requerimento a respectiva certidão. O Poder Executivo tem, de um lado, a faculdade de exigir que o contrato seja alterado ou aditado, devendo, em tal caso, os sócios cumprir as formalidades legais para revisão dos atos constitutivos, juntando ao processo a respectiva prova regular; e, de outro lado, a de recusar a própria autorização, caso a sociedade não atenda às condições econômicas, financeiras ou jurídicas especificadas em lei. Expedido o decreto de autorização, caberá à sociedade publicar os atos aqui mencionados, em 30 dias, no órgão oficial da União, um

144 SOCIEDADES LIMITADAS

exemplar do qual será utilizado para inscrever a sociedade no registro público competente; também no órgão oficial da União, e dentro do mesmo prazo de 30 dias, a sociedade promoverá a publicação do termo de inscrição.

Na falta de prazo estipulado em lei ou em ato do Poder Público, será considerada caduca a autorização se a sociedade não entrar em funcionamento nos 12 meses seguintes à respectiva publicação. Ao Poder Executivo é facultado, a qualquer tempo, cassar a autorização concedida a sociedade que infringir disposição de ordem pública ou praticar atos contrários aos fins declarados em seus atos constitutivos. Quando a lei exigir que todos os sócios ou apenas alguns deles sejam brasileiros, ficará arquivada na sede da sociedade cópia autêntica do documento comprobatório da nacionalidade dos sócios. Por outro lado, não haverá mudança de nacionalidade de sociedade brasileira sem o consentimento unânime dos sócios; sendo classificável como nacional a sociedade organizada de conformidade com a lei brasileira e que tenha no país a sede de sua administração. Cabe, por derradeiro, pôr em ressalte que dependem de aprovação as modificações do contrato de sociedade sujeita a autorização do Poder Executivo, salvo se as mesmas decorrerem de aumento do capital social, em virtude de reavaliação do ativo ou aproveitamento de reservas (desde que livres).

7. Tipos de sociedade rural (empresária e não)

7.1 Algumas considerações sobre o empresário rural

Dispõe o art. 971 do Código Civil/2002: "O empresário, cuja atividade rural constitua sua principal profissão, pode, observadas as formalidades de que tratam o art. 968 e seus parágrafos, requerer inscrição no Registro Público de Empresas Mercantis da respectiva sede, caso em que, depois de inscrito, ficará equiparado, para todos os efeitos, ao empresário sujeito a registro". Comentei tal dispositivo em meu livro *Empresa É Risco – Como Interpretar a Nova Definição*, já citado; nele acabei ressaltando minha notável perplexidade (pois o problema me parece merecer, por certo, colocação mais racional) diante da atual existência de dois tipos jurídicos de empresário rural: aquele que tem registro, de um lado, e aquele que não tem registro, de outro. Não pretendo deter-me, aqui – é evidente –, na análise de minha perplexidade, uma vez que o presente estudo tem por objeto apenas a figura jurídica da sociedade limitada, mais precisamente a maneira

ATOS CONSTITUTIVOS

melhor de esta última agir e resolver todos os seus problemas, de pleno acordo com a legislação em vigor. É por isso que, agora, preocupado tão-somente com a melhor interpretação possível da lei, não hesito em observar – conforme já fiz no livro citado – que não contesto, a rigor, a possibilidade de que venham a existir dois diferentes tipos de agentes rurais; posso até imaginá-los, nos termos que seguem.

Primeiro agente rural: determinada pessoa física que adora permanecer em contato íntimo com a Natureza, e que já conseguiu sua aposentadoria por tempo de serviço, resolve passar a viver, em caráter definitivo, numa área campestre, em confortável casa bem ampla, dotada de enorme quintal, literalmente apinhado de árvores frutíferas dos mais diferentes tipos e tamanhos, as quais estão sempre, durante o ano inteiro, ano após ano, sobrecarregadas de frutos, em razão da extraordinária fertilidade do solo. A referida pessoa não precisa fazer absolutamente nada, não precisa sequer cultivar a área; só precisa dar-se todos os dias ao trabalho de colher frutos em quantidade razoável e, a seguir, levá-los em sua caminhonete até as margens de movimentada rodovia existente nas imediações para, lá expostos, vendê-los aos motoristas desejosos de fazer uma breve parada.

Segundo agente rural: determinada pessoa física, em fase de plena e produtiva atividade econômica mas desejando mudar de ramo para viver experiências novas, tendo vivido sempre na cidade grande e projetando investir pela primeira vez em atividades rurais, vai ao interior e compra vastas extensões de terras, para com elas fazer surgir fazenda produtiva; em seguida adquire máquinas de diferentes tipos, utensílios para as mais diversas finalidades e relevante quantidade de cabeças de gado (para reprodução, para corte e para leite); afinal, contrata notável número de empregados, desenvolve lavouras, procura e abastece os mercados (internos e externos), organiza o transporte e, em pouco tempo, se torna conhecido e pujante produtor de grãos e criador de gado.

Análise sucinta de ambas as descrições permite-me oferecer algumas conclusões, que passo a expor. O primeiro agente rural exerce, sem dúvida, atividade que é, ao mesmo tempo, profissional (porque habitual) e econômica (porque lucrativa), com vistas à circulação de bens, mas sem a presença de organização, porque o agente não se preocupa em separar capital com a finalidade de utilizar o mesmo para exercício de sua atividade; surgindo, ao que me parece, mero e simples *profissional autônomo*, o qual não deveria, em conseqüência, ser classificado como empresário, pois não corre risco de qualquer natureza (mais propriamente, poderia ser indicado, quando muito, co-

146 SOCIEDADES LIMITADAS

mo agente rural autônomo). O segundo agente rural exerce atividade que, nos moldes da do primeiro, pode, sem receios, ser qualificada como profissional e econômica e tendente à circulação de bens, mas na presença de organização, pois que o agente separa capital com a finalidade de utilizar o mesmo para exercício de sua atividade. Ao que tudo indica, surge claramente a figura de um autêntico *empresário*, cuja inscrição no Registro Público de Empresas Mercantis (Junta Comercial) não deveria, de forma alguma, depender de simples escolha livre do próprio agente econômico.

7.2 Sociedades rurais e a forma jurídica da limitada

Dentro do quadro que acabo de montar, como é que fica a sociedade limitada? Em seu art. 984, o Código Civil/2002 dispõe mais, em seu *caput*: "A sociedade que tenha por objeto o exercício de atividade própria de empresário rural e seja constituída, ou transformada, de acordo com um dos tipos de sociedade empresária, pode, com as formalidades do art. 968, requerer inscrição no Registro Público de Empresas Mercantis da sua sede, caso em que, depois de inscrita, ficará equiparada, para todos os efeitos, à sociedade empresária"; e, no parágrafo único: "Embora já constituída a sociedade segundo um daqueles tipos, o pedido de inscrição se subordinará, no que for aplicável, às normas que regem a transformação". O texto legal ora citado não peca, evidentemente, por excessiva clareza; tentarei, por isso, explicá-lo em termos bem claros e simples, até corriqueiros, servindo-me justamente das duas descrições acima inseridas, as quais, referindo-se a dois diferentes tipos de agente rural, parecem ter condições de dar vida a dois tipos, bem diferentes, de sociedade rural.

Com referência ao *primeiro agente rural* não é difícil imaginar a hipótese de o mesmo não ter uma caminhonete e não dispor de dinheiro suficiente para comprar uma. Conversa, então, com seu vizinho, o qual se encontra nas mesmas condições: dono de amplo quintal, apinhado de árvores frutíferas, sempre carregadas de frutos, inclusive sem ter caminhonete e sem dispor de dinheiro suficiente para comprar uma. Os dois decidem assim associar-se economicamente, para comprarem juntos uma caminhonete e exercerem juntos, de forma geral, a própria atividade, até mesmo ampliando-a, mediante comercialização de seus produtos nos lugarejos vizinhos. Que deverão eles fazer para tanto? Deverão celebrar contrato constitutivo de sociedade simples, cujo instrumento deverá ser inscrito em competente cartório de Registro Civil das Pessoas Jurídicas.

ATOS CONSTITUTIVOS 147

Com referência ao *segundo agente rural* não é difícil, igualmente, imaginar que ele, bem-sucedido no exercício da atividade, desejando ampliá-la notavelmente, não dispondo de capital suficiente para tanto e tendo conhecido outro agente rural em condições de todo idênticas, decida propor a este último o exercício conjunto da atividade. Que deverão eles fazer, na hipótese de plena concordância entre os dois? Deverão, em primeiro lugar, celebrar contrato constitutivo de sociedade empresária, a qual poderá ser, evidentemente, uma sociedade limitada; deverão, em seguida, requerer a inscrição do respectivo instrumento contratual na Junta Comercial competente, juntamente com a baixa de suas inscrições como empresários individuais na mesma Junta Comercial, se for o caso.

Convém não perder de vista, por derradeiro, que há a possibilidade de surgir situação jurídica um tanto curiosa, que merece ser ressaltada. Com referência à primeira sociedade rural afirmei que os dois sócios deveriam celebrar contrato constitutivo de sociedade simples, cujo instrumento deveria depois ser inscrito no Registro Civil das Pessoas Jurídicas. Ocorre que a expressão "sociedade simples" é ambígua, podendo significar tipo societário isolado ou categoria societária contratual, abrangendo a sociedade simples propriamente dita e todos os demais tipos de sociedades contratuais (excluídas, portanto, as sociedades por ações, que só podem ser empresárias). Em razão disso tudo, a primeira sociedade rural poderia surgir não como sociedade simples propriamente dita, mas como sociedade limitada, mesmo não saindo da categoria das sociedades ditas simples e sendo, em conseqüência, seu instrumento contratual inscrito no Registro Civil das Pessoas Jurídicas.

Imagine-se, então, que a primeira sociedade rural tenha efetivamente surgido no âmbito da categoria das sociedades simples, mas pela adoção do tipo "sociedade limitada", com inscrição no Registro Civil das Pessoas Jurídicas. Imagine-se também que a atividade social tenha dado, por muito tempo, ótimos resultados financeiros, com sucessivas ampliações, a ponto de induzir os dois sócios a conceber a idéia de uma capitalização total ou quase-total da mesma atividade, passando esta a ser exercida não mais por sociedade simples, mas por sociedade empresária. Que deverão fazer os sócios, numa hipótese dessas? Uma vez que o tipo societário poderá ser mantido, continuando a ser o de uma sociedade limitada, e que o objeto social poderá continuar a ser basicamente o mesmo, consistindo, portanto, em atividade rural, os sócios deverão, a meu ver: elaborar e assinar instrumento contratual que, na prática, será em tudo igual a uma alteração do contrato social;

SOCIEDADES LIMITADAS

em tal instrumento, ressaltar que a sociedade resolveu modificar sua natureza, deixando de pertencer à categoria das sociedades ditas simples ou não-empresárias, para passar a pertencer à categoria das sociedades empresárias; no mesmo instrumento, inserir completa consolidação do contrato social; averbar dito instrumento no Registro Civil das Pessoas Jurídicas; com a prova da tal averbação, inscrever a sociedade na competente Junta Comercial; dar baixa da inscrição da sociedade no Registro Civil.

É bom não esquecer que o Código Civil/2002 considera tal procedimento uma transformação (aliás, convém usar em tudo a terminologia correspondente: "transformação de sociedade simples em sociedade empresária"), a qual exige, de acordo com o art. 1.114, o consentimento unânime dos sócios, salvo se prevista no ato constitutivo, caso em que o dissidente poderá retirar-se da sociedade, com pagamento dos respectivos haveres. Em conclusão, se a hipótese por mim imaginada se realizar (e nada impede que venha a sê-lo), haverá, sem dúvida pela primeira vez, um sociedade limitada transformando-se numa ... sociedade limitada; o que não deixará de ser algo bastante divertido.

Capítulo V
Nome

1. Análise das normas jurídicas vigentes. 2. Breve conceituação geral da firma social: 2.1 Sua origem, seu significado, sua função e seu uso – 2.2 Elemento consistente no nome de um ou mais sócios – 2.3 Elemento consistente na indicação da relação social. 3. Breve conceituação geral da denominação: 3.1 Em quê se apresenta diferente da firma social – 3.2 Elemento individualizador da pessoa jurídica – 3.3 Elemento objetivo (ou indicador do objeto social). 4. Complemento geral: indicação do tipo societário: 4.1 Considerações válidas para firmas e para denominações – 4.2 Posição da palavra "limitada" na denominação – 4.3 Evolução da questão até o momento presente. 5. Princípios aplicáveis a firmas e denominações: 5.1 Não-simultaneidade, diferenciação, não-confusão: 5.1.1 Princípio de interdição de uso simultâneo – 5.1.2 Princípio de obrigatoriedade de diferenciação – 5.1.3 Princípio de obrigatoriedade de não-confusão – 5.2 O velho e tão conhecido princípio de veracidade. 6. Algumas questões sobre o termo "companhia": 6.1 Ausência de uso em firma com apenas um nome – 6.2 Presença de uso no contexto de denominação. 7. Insofismáveis vantagens da denominação: 7.1 O que acontece com relação à firma social – 7.2 O que acontece com relação à denominação. 8. Firma integrada por nome de pessoa jurídica. 9. O uso da palavra "limitada" por cooperativa.

1. Análise das normas jurídicas vigentes

Houve época em que, na antiga Grécia, foi discutida célebre questão: a realidade é "ser" ou é "devir"? A histórica ausência de consenso a respeito do assunto me obriga, agora, a tecer algumas considerações de cunho pessoal. Basicamente, a realidade é "ser", sem dúvida; mas "ser" em contínua evolução, portanto também "devir".

150 SOCIEDADES LIMITADAS

Como é que os seres humanos costumam resolver os problemas decorrentes de tão flagrante contradição? Procurando, como sempre – melhor dizendo, como recomenda o princípio de equilíbrio vital e social –, solução intermediária. Ao formarem grupos, os seres humanos criam inicialmente premissas para regularem os problemas do "ser"; em seguida, criam mecanismos capazes de, ao longo do tempo, resolverem igualmente os problemas do "devir". Servem-se, para tanto, de um instrumento chamado "Direito", cuja missão é a de gerar normas de boa convivência social; sem, porém, perder de vista a realidade que muda, posto que, se não o fizer, perderá por completo seu sentido e, em conseqüência, sua razão de ser. Foi justamente o que aconteceu, em parte, com relação ao *nome da sociedade limitada*, em cujo âmbito o Direito, de forma incontestável, ficou em descompasso com a realidade. Cumpre, por isso, passar em revista, logo de início, todas as atuais normas de direito positivo, tanto as específicas como as subsidiárias.

O Código Civil/2002, em seu art. 1.158, *caput* e parágrafos, dispõe: que a sociedade limitada pode adotar, como nome, uma *firma* ou uma *denominação*, tanto uma quanto outra integradas pela palavra final "limitada" ou sua abreviatura; que a *firma* será composta com o nome de um ou mais sócios, desde que pessoas físicas, de modo indicativo da relação social (esta última expressão – que, para alguns, é literalmente sibilina e, para outros, de qualquer forma, muito pouco clara – será explicada e comentada mais adiante); que a *denominação* deve designar o objeto da sociedade, sendo permitido nela figurar o nome de um ou de mais sócios; que a omissão da palavra "limitada" determina a responsabilidade solidária e ilimitada dos administradores que assim empregarem a firma ou a denominação da sociedade. Até aqui a legislação que regula especificamente o *nome da sociedade limitada*. Convém, no entanto, pôr em ressalte que o dispositivo referente à composição da *firma* é, em minha opinião, insuficiente para perfeita compreensão da maneira pela qual deve ou pode o nome dos sócios ser utilizado, ao ser incluído no tipo de nome social em questão. Para compreensão um pouco maior, recomendo a aplicação subsidiária, ao problema, de outra norma contida no Código Civil/2002, mais precisamente o art. 1.157, *caput*, segundo o qual a sociedade em que houver sócios de responsabilidade ilimitada operará sob *firma*, na qual somente os nomes daqueles poderão figurar, bastando, para formá-la, aditar ao nome de um deles a expressão "e companhia" ou sua abreviatura.

Verifica-se, pois, que a sociedade limitada tem a liberdade de escolher, como seu nome, uma *firma* (evidentemente, uma firma social) ou, no lugar desta, uma *denominação*. Desfruta de igual liberdade de escolha somente a sociedade em comandita por ações; a qual, no entanto, constitui tipo societário em franca decadência, em quase total desuso, de fato já inexistente, ao que tudo indica. Em conseqüência, não tenho dúvidas em afirmar que a limitada pode ser tranqüilamente tratada como se fosse o único tipo societário atual que pode, ao escolher seu nome, optar com toda liberdade por firma ou por denominação. Por outro lado – e uma vez que as duas sociedades empresárias contratuais restantes, que são a sociedade em nome coletivo e a sociedade em comandita simples, ambas obrigadas a operar apenas sob firma, também caíram em quase-total desuso –, a sociedade limitada acabou ficando, na prática, a meio-caminho entre o empresário individual, obrigado a só operar sob firma, e a sociedade anônima ou companhia, obrigada a só operar sob denominação.

Será que uma situação dessas justifica, hoje em dia, a liberdade de escolher entre *firma* e *denominação*, que o legislador pátrio insiste em assegurar ao tipo societário ora em exame? Melhor dizendo, por que será que a sociedade limitada, desde que apareceu pela primeira vez no Direito Brasileiro (com o nome de "sociedade por quotas, de responsabilidade limitada"), sempre teve o privilégio de poder formar seu nome optando, com a maior liberdade possível, entre *firma* e *denominação*? Trata-se de questão bem difícil de ser equacionada, em nível de interpretação pura, cabendo unicamente tentar adivinhar o que pode ter passado pela cabeça do legislador pátrio no momento inicial em que decidiu fixar a opção a que aludi. De acordo com minha maneira de pensar – e lembrando a tradicional distinção das sociedades econômicas outrora ditas comerciais (hoje, ditas empresárias) em *sociedades de pessoas*, de um lado, e *sociedades de capitais*, de outro –, a fórmula legislativa estabelecendo a opção pode ter sido preferida para sinalizar no sentido de que a limitada, justamente por ocupar posição intermediária, é sociedade que se presta para ser estruturada como sendo "de pessoas" ou "de capitais", conforme as conveniências de seus sócios. Ocorre que à referida distinção entre sociedades não se atribui mais o valor de outrora; aliás, com razão, uma vez que as sociedades empresárias são, cada vez mais, e todas elas, sociedades de capitais (quando muito, apenas com algumas conotações, evidentemente secundárias, de cunho pessoal). Por outro lado, o uso de *firma* ou *denominação* não influi mais, em nível prático, na estrutura da sociedade, pois que os dois tipos de nomes sociais são tratados, hoje em dia, como se fossem apenas um, isto é, como se fossem *denominação*. É o que será visto mais adiante, neste mesmo

152 SOCIEDADES LIMITADAS

capítulo. Por enquanto, parece-me ser absolutamente necessário tentar fornecer, em caráter preliminar, breve conceituação geral das duas figuras jurídicas em questão: em primeiro lugar, da *firma social*; em segundo, da *denominação*.

2. Breve conceituação geral da firma social

2.1 Sua origem, seu significado, sua função e seu uso

A palavra "firma" deriva do verbo latino *firmare*, que significa "fazer com que algo seja firme", "torná-lo estável", "confirmá-lo", "oferecer segurança a respeito dele". Com base no *Dizionario Italiano Ragionato* (D'Anna-Sintesi, 1988), a *firma* pode ser definida como sendo um nome que foi escrito embaixo de um ato público ou privado para lhe conferir validade mediante assunção de uma responsabilidade pessoal. Mais rico e mais completo me parece ser, a respeito, o texto que se encontra no *Grande Dizionario Illustrato della Lingua Italiana*, de Aldo Gabrielli (vol. I, 1989), com base no qual a *firma* pode ser definida como sendo o nome e o sobrenome que alguém escreve à mão, no fundo de um documento ou de um trabalho executado, como confirmação de validade, de autenticidade, de aprovação. Complementando as duas definições acima citadas, o *Vocabolario della Lingua Italiana* (Treccani, vol. II, 1987) informa que na Itália a palavra em questão pode também ser considerada como sinônimo não comum de *ditta* comercial; sendo que, neste significado, a palavra reproduz (como fazem o termo francês *firme* e o termo inglês *firm*) a palavra alemã *firma*, a qual, por sua vez, curiosamente, é um empréstimo do Italiano. Note-se que o termo italiano *ditta* é uma variação de *detta*, que, por sua vez, é o particípio passado feminino do verbo *dire*, isto é, "dizer". Mais propriamente, o termo representa a síntese de expressão mais longa, assim: "casa comercial dita, portanto chamada, (...)" (segue o nome da casa).

Fiz questão de reproduzir – ainda que sem grandes preocupações no sentido de que o fossem *ipsis litteris* – as definições ora citadas para deixar bem claro que é da essência da *firma* ser, basicamente, um nome de pessoa física assinado pelo respectivo titular, para assegurar a validade e a autenticidade de alguma coisa. Com o tempo, passou ela a identificar a pessoa física do comerciante no exercício de sua atividade econômica. Quando o comerciante começou a exercer sua atividade em sociedade com outros comerciantes, passou a revelar tal

NOME 153

fato assinando seu nome juntamente com o de seu sócio ou de seus sócios. Surgiu, assim, a *firma* ou *razão social*, que ainda hoje é algo assinado por quantos tenham a faculdade contratual de representar e de administrar a sociedade.

Qual o sentido prático da expressão "algo assinado"? A expressão significa que o administrador da sociedade com firma, ao usar seus poderes de representação social, não deve assinar seu próprio nome pessoal: deve, ao contrário, com sua caligrafia, reproduzir a firma social, mesmo que esta não contenha qualquer elemento extraído de seu nome pessoal. Só para exemplificar, imagine-se a hipótese de que Antônio Nogueira e Vicente Amato constituam uma sociedade limitada, adotando a firma social "Nogueira & Cia. Ltda." e ficando ambos com plenos poderes de administração e de representação: em tal caso, mesmo o sócio Vicente Amato, ao representar a sociedade, deverá reproduzir, com sua própria caligrafia, a referida firma social. Está, pois, absolutamente errado, por evidente desrespeito à lei, o comportamento que muitos adotam hoje em dia: assinar seu próprio nome pessoal logo abaixo da firma social, reproduzida mecanicamente ou mediante carimbo.

Como deve ser composta, na prática, a *firma social da sociedade limitada*? Já foi visto que o Código Civil/2002 permite à sociedade ora em questão algo não-corriqueiro nas sociedades contratuais: adotar como nome uma denominação, integrada pela palavra final "limitada" ou sua abreviação; permite-lhe também, no entanto, caso prefira, continuar com a tradição do uso de firma social, igualmente integrada pela palavra final "limitada" ou sua abreviação. Por outro lado, o mesmo Código determina que a firma social seja composta com o nome de um ou mais sócios, desde que pessoas físicas, de modo indicativo da relação social. Em conseqüência, deve ser tomado em consideração que, de forma geral, a firma da sociedade limitada contém obrigatoriamente três elementos: o nome de um ou mais sócios; a indicação da relação social; o complemento indicativo do tipo societário. Nas próximas duas subseções abordarei sucintamente apenas os dois primeiros elementos, uma vez que o terceiro, por ser comum aos dois tipos de nome social (*firma* e *denominação*), convém seja objeto de abordagem conjunta, em seção próxima deste capítulo.

2.2 Elemento consistente no nome de um ou mais sócios

A sociedade limitada pode ter quadro social composto apenas de pessoas físicas ou apenas de pessoas jurídicas; ou, então, de pessoas

154 SOCIEDADES LIMITADAS

físicas e jurídicas ao mesmo tempo. Como sócias, as pessoas jurídicas podem ter nome consistente em firma ou consistente em denominação. Na composição de sua própria firma, no entanto, a sociedade limitada não tem a menor condição de aplicar as mesmas normas aplicáveis à composição do quadro social. Com efeito, se este último contiver pessoas físicas e jurídicas, somente as primeiras poderão oferecer seus nomes pessoais para composição da firma social. Todos os referidos nomes deverão ser aproveitados? Não exatamente; melhor dizendo, não há obrigatoriedade legal para tanto. Mas cada um dos sócios, dos que são pessoas físicas, tem ao menos o direito de ver seu nome pessoal incluído na firma social. A título de exemplo, se o quadro social contivesse tão-somente três pessoas físicas, chamadas "Miguel Teixeira Silva", "Armando Monteiro" e "Rafael Vargas", a firma social deveria, em tese, ser a seguinte: "Miguel Teixeira Silva, Armando Monteiro & Rafael Vargas Ltda."; e se, além dos mesmos três sócios, contivesse também uma ou mais pessoas jurídicas, a firma deveria passar a ser a seguinte: "Miguel Teixeira Silva, Armando Monteiro, Rafael Vargas & Cia. Ltda."". Mas se, porventura, o referido quadro social contivesse apenas pessoas jurídicas, a sociedade não estaria em condições de optar por firma.

Não é comum, no entanto, que a firma social seja composta com a colaboração de todos os sócios que tenham nome aproveitável. Eventual comportamento em tal sentido seria, de fato, pouco prático, quase inviável, pois a inclusão de todos os nomes poderia resultar em firma social extremamente extensa. Sabe-se que há pessoas que receberam, ao nascer, muitos prenomes (para fazer a felicidade de todos os tios vindos do sul da Itália); assim como há membros de famílias originárias da Espanha com relevante número de sobrenomes; e, por fim, mulheres casadas cujos nomes inteiros acabaram ficando extraordinariamente longos. Muito comum, por isso, é a inclusão de um único nome; mas nada impede, evidentemente, a inclusão de dois ou mais nomes, entre todos os que compõem o quadro social. Para escolha e utilização de cada nome deve servir de base a correspondente certidão de nascimento. Em conseqüência disso, não se permite o uso de títulos (como "doutor", "professor", "bispo", "general", "conde", "príncipe" etc.), de alcunhas, de nomes de arte ou de guerra (ainda que muito famosos, e mesmo na hipótese de os nomes verdadeiros serem por completo desconhecidos), do sobrenome da mãe, caso o mesmo não tenha sido imposto no registro civil.

Em tese, o nome do sócio deveria ser incluído por inteiro, uma vez que só merece, em minha opinião, a classificação de "nome" aquele

NOME 155

que se apresenta provido de todos os seus elementos componentes; portanto, o nome completo. Não é, porém, o que ocorre com muita facilidade, diante da freqüência com que se verifica o fenômeno que acabo de mencionar: existência de grande número de pessoas registradas com mais de um prenome e mais de um sobrenome. As abreviações são permitidas, uma vez que, ao que tudo indica, se aplica aos nomes dos sócios em geral – portanto, também aos da sociedade limitada –, o que se aplica ao nome do empresário (segundo o art. 1.156, o empresário opera sob firma constituída por seu nome, completo ou abreviado). Pode-se abreviar o nome do sócio mediante inclusão da maioria de seus elementos (até mesmo de todos, menos um) pela simples inicial, ou mediante corte puro e simples de alguns de ditos elementos. Nada impede, aliás, que se inclua um único elemento do nome do sócio, caso em que tal elemento só pode ser o sobrenome; sendo que, na hipótese de existência de mais de um sobrenome, a escolha é livre.

A título de exemplo, se a sociedade limitada tiver quadro social contendo as mesmas três pessoas físicas acima mencionadas ("Miguel Teixeira Silva", "Armando Monteiro", "Rafael Vargas"), e apenas elas, a firma social poderá adotar uma das seguintes abreviações, entre eventuais outras: "Silva, Monteiro & Vargas Ltda.", "Teixeira, Monteiro & Vargas Ltda.", "M. T. Silva & Cia. Ltda.", "T. Silva & Cia. Ltda.", "M. Teixeira Silva & Cia. Ltda., "Miguel T. Silva & Cia. Ltda.", "Miguel Teixeira & Cia. Ltda.", "Teixeira Silva & Cia. Ltda.", "Silva, Monteiro & Cia. Ltda.", "Teixeira, Monteiro & Cia. Ltda.", "Silva, Vargas & Cia. Ltda.", "Teixeira, Vargas & Cia. Ltda.", "Monteiro, Vargas & Cia. Ltda.", "Armando Monteiro & Cia. Ltda.", "A. Monteiro & Cia. Ltda.", "Monteiro & Cia. Ltda.", "Rafael Vargas & Cia. Ltda.", "R. Vargas & Cia. Ltda.", "Vargas & Cia. Ltda.".

2.3 Elemento consistente na indicação da relação social

Em seu art. 1.158, § 1º, o Código Civil/2002, conforme já foi visto, dispõe: "A firma será composta com o nome de um ou mais sócios, desde que pessoas físicas, de modo indicativo da relação social". Esta última expressão ("de modo indicativo da relação social") deixou grandes perplexidades em muita gente. Afinal, por que o legislador pátrio foi tão hermético? Por outro lado, qual o significado rigorosamente exato da expressão? O legislador pátrio poderia, sem dúvida, a meu ver, ter usado, sem grandes dificuldades, linguagem bem mais simples e, em conseqüência, mais explícita e

156   SOCIEDADES LIMITADAS

mais compreensível. Mas a expressão ora em exame não me parece, contudo, um "bicho-de-sete-cabeças", desde que submetida a pequena análise fundamentada no contexto da lei e na lógica. Vou tentar, então, interpretar, de acordo com minha visão pessoal das coisas, o pensamento do legislador.

No *caput* de seu art. 1.157, o Código Civil/2002 dispõe que a sociedade com sócios de responsabilidade ilimitada operará com *firma*, na qual somente os nomes daqueles poderão figurar, bastando para formá-la aditar ao nome de um deles a expressão "e companhia" ou sua abreviatura. Percebe-se claramente que o legislador se limitou a mencionar a fórmula clássica ou tradicional, sem entrar em maiores detalhes. Por que teria agido assim? Provavelmente por saber que o dispositivo não seria utilizado, ou o seria muito pouco, não justificando grandes preocupações; com efeito, ele se aplica tão-somente à sociedade em nome coletivo, à sociedade em comandita simples e à sociedade em comandita por ações, tipos societários decididamente obsoletos e de quase nenhuma utilização. Com relação à *firma da sociedade limitada* o legislador pátrio também não entrou em detalhes; mas, em compensação, deixou de oferecer fórmulas, como a do aditamento "e companhia", com isso revelando, ao que tudo indica, certa preocupação prática, destinada a facilitar as coisas no tocante ao tipo societário que é hoje o mais amplamente utilizado, por ser considerado uma espécie de "porto seguro", pois livre, de um lado, da responsabilidade ilimitada do empresário individual e, de outro, dos ônus e complexidades da sociedade anônima. Em conclusão, ao que me parece, o legislador pretendeu, com a expressão hermética ora em exame, transmitir recado mais ou menos assim: quando a firma social não contém o nome de todos os sócios, a fórmula do aditamento "e companhia" não é de uso absolutamente obrigatório, sendo permitida a utilização de eventuais outras fórmulas, livremente escolhidas pelos sócios e isentas de quaisquer restrições, desde que o conjunto revele a existência de sociedade (ou, conforme o texto legal, indique a relação social).

Na hipótese de firma social contendo o nome de todos os sócios, a relação social costuma ser indicada assim: todos os nomes ficam separados mediante vírgula, menos os dois últimos, que acabam sendo separados pelo sinal "&" ("e" comercial). Exemplo: "Alberto Gama e Silva, Antônio da Costa, José Ribeiro & Vicente Machado Ltda."; ou, abreviadamente: "Gama e Silva, Costa, Ribeiro & Machado Ltda.". Mas quando a firma social não contém o nome de todos os sócios, ainda que apenas um tenha sido excluído, tal situação deve ser

NOME 157

revelada ao público. De que forma? Pode sê-lo pela utilização, após os nomes, do aditamento "e companhia" (ou "& companhia"), por extenso ou abreviadamente, sendo "Cia." a abreviação mais comum; não, porém, obrigatoriamente a única, uma vez que, conforme já foi observado, a lei não limita a maneira de abreviar. Exemplos: "Alberto Gama e Silva & Cia. Ltda.", "Gama e Silva, Costa & Cia. Ltda.", "Silva, Costa, Ribeiro & Cia. Ltda.".

Assim como pode não existir, por ser desnecessário, o aditamento "e companhia" tem condições de ser substituído por expressões que, sendo equivalentes, revelam igualmente – em certos casos, até melhor – a relação social. Sociedades limitadas, por exemplo, constituídas entre membros de uma inteira família, ou apenas entre irmãos, entre um pai e seus filhos, entre um avô e seus netos, entre os dois avôs (paterno e materno) e seus netos, entre um ou mais tios e seus sobrinhos, podem ter firmas sociais com a seguinte estrutura: "Família Prado Ltda.", "Irmãos Serra Ltda.", "Camilo Serra & Irmãos Ltda.", "C. Serra & Irmãos Ltda.", "Irmãs Fontana Ltda.", "Cecília Fontana & Irmãs Ltda.", "Gabriel Ferreira & Filhos Ltda.", "Ferreira & Filhos Ltda.", "Júlia Vendramin & Filhos Ltda.", "Clara Prado & Filhas Ltda.", "J. Laranjeira & Filhas Ltda.", "Machado & Netos Ltda.", "Costa, Machado & Netos Ltda.", "Silva, Andrade & Sobrinhos Ltda.".

3. Breve conceituação geral da denominação

3.1 Em quê se apresenta diferente da firma social

Lembro-me de que, não faz muito tempo – mais precisamente, na época em que começou a ser examinado e debatido, no Congresso Nacional, o projeto depois transformado na atual Lei 6.404, de 15.12.1976 (que dispõe sobre as sociedades por ações, portanto, basicamente, sobre a sociedade anônima ou companhia) –, certo jornal paulista publicou estudo realizado por conhecida entidade sindical de segundo grau contendo amplas sugestões para reformulação geral do referido projeto de lei. Sugeria-se, em primeiro lugar, a substituição da palavra "anônima", com a seguinte justificativa: "A expressão 'sociedade anônima' é inadequada, porque o nome da sociedade não é oculto ou obscuro; anônimos podem ser seus acionistas (parte deles)". Tenho quase certeza de que o autor da sugestão não saberia como explicar a aparente incongruência decorrente do fato de a sociedade anônima já ter surgido com denominação e, ao mesmo tempo, com a classificação de anônima.

Em substância, qualquer sociedade que tenha sido devidamente constituída e registrada, não importa o tipo a que pertença, nada mais é que o conjunto de seus próprios sócios, sem a menor abstração possível, capaz de conduzir ao desaparecimento da individualidade de cada um deles. À vista disso, certa sociedade que, por exemplo, tenha sido constituída por três pessoas físicas chamadas "A", "B" e "C" não é, a rigor, e apesar das aparências em contrário, uma entidade abstrata, em cujo âmbito possa literalmente perder-se a individualidade dos três sócios; ela é, ao contrário, o conjunto de "A" mais "B" mais "C", três pessoas físicas determinadas, que conservam íntegras suas individualidades, a ponto de, desaparecendo uma delas, ou sendo substituída, a sociedade não ser mais a mesma. Conhecer, portanto, uma sociedade significa, basicamente, conhecer seus sócios; saber-lhe o nome significa saber o nome de cada um dos sócios. Corroborando minha tese, posso afirmar que uma sociedade limitada nunca poderá ser considerada anônima, ainda que ela costume ser normalmente indicada por intermédio de uma denominação; tal se deve ao fato de que todos os seus sócios têm a obrigação de estar registrados na Junta Comercial, a fim de que o público os conheça. Mas a sociedade da citada Lei 6.404/1976 pode ser anônima, sem o menor problema: basta que todas as suas ações (caso a legislação o permita; aliás, houve época em que o permitiu) sejam ao portador. Ação ao portador transfere-se por tradição, de forma que seu proprietário pode ser pessoa não conhecida. Se nenhum sócio, ainda que em teoria, for conhecido, a sociedade será anônima.

Em verdade, as confusões conceituais que às vezes ocorrem são provocadas pelo fato de a sociedade anônima, a meu ver, não ser uma verdadeira sociedade. Aliás, creio que ela nunca o tenha sido (por isso é que sempre teve, como nome, uma denominação), motivo pelo qual ela não representa problema relevante. Problema bem maior, em minha opinião, é o representado pelas demais sociedades, as quais também, cada vez mais, estão deixando de ser verdadeiras sociedades.

Por que fiz comentário referente à sociedade anônima ou companhia? Foi para deixar bastante em evidência que a *denominação* não é, no fundo, um nome de sociedade; pois autêntico nome de uma sociedade é justamente a *firma social*, a qual revela, direta ou indiretamente, a identidade de todos os sócios. Mas, então, o que é, afinal, uma *denominação*? Ao que me parece, a denominação pode ser sinteticamente definida como sendo o nome de uma estrutura de tipo organizacional, que não tem como fundamento o valor pessoal dos sócios (pessoas físicas), caso estes existam e sejam mais de um em caráter permanente (pois a subsidiária integral tem sempre um só sócio, ainda por cima pessoa jurídica; havendo uma estrutura – a fundação – que nem sócios tem). A sociedade anônima ou companhia ostenta tal característica mesmo quando suas ações são, obrigatoriamente (como agora, em nosso país), todas nominativas; é esse o motivo pelo qual, conforme já foi observado, ela só pode ser indicada por intermédio de uma denominação. No tocante à sociedade limitada, pode ela igualmente ser indicada mediante denominação, porque o respectivo tipo societário representa pequena evolução das sociedades contratuais, por quotas e com conotações pessoais, em direção à sociedade anônima. É bem possível, por esse motivo, que o legislador pátrio, quando instituiu a sociedade limitada, tenha tido a intenção – conforme já fiz notar – de permitir aos sócios produzirem estrutura empresarial nova, bem mais aberta que uma sociedade contratual de tipo tradicional.

Nos mesmos moldes da firma, a *denominação da sociedade limitada* contém obrigatoriamente três elementos: *elemento individualizador da pessoa jurídica*; *elemento objetivo* (ou indicador do objeto social); *elemento complementar* (indicativo do tipo societário). Nas próximas duas subseções abordarei sucintamente apenas os dois primeiros elementos; o terceiro, comum aos dois tipos de nome (*firma* e *denominação*), será objeto de abordagem conjunta na próxima seção deste capítulo.

3.2 Elemento individualizador da pessoa jurídica

Em que pese a haver quem entenda não ser tal elemento necessário, visto não ser expressa e claramente exigido pela legislação aplicável à espécie, não vejo como possa existir denominação de sociedade em geral – portanto, também de sociedade limitada – sem que a mesma tenha sido integrada por um elemento individualizador, a meu ver necessário, antes indispensável, a qualquer nome empresarial, ainda que por razões implícitas. A título de exemplo, não seria, evidentemente, aceitável denominação assim: "Sociedade Editora Ltda.", pois há muitas sociedades editoras. A denominação tornar-se-ia, no entanto, aceitável com a inclusão de elemento individualizador capaz de dizer ao grande público qual a sociedade específica com que se está lidando, no âmbito do gênero próximo das sociedades editoras; como neste caso: "Sociedade Editora Arcádia Ltda.". Aliás, em minha

160 SOCIEDADES LIMITADAS

opinião, o Código Civil/2002 não deixa de exigir – ainda que o faça de forma indireta e sem excessiva clareza – a inclusão de elemento individualizador quando dispõe, em seu art. 1.163, o seguinte: "Art. 1.163. O nome de empresário deve distinguir-se de qualquer outro já inscrito no mesmo registro.

"Parágrafo único. Se o empresário tiver nome idêntico ao de outros já inscritos, deverá acrescentar designação que o distinga."

Trata-se, ao que tudo indica, de norma legal que estabelece autêntico princípio; pois seria inconcebível, no âmbito de atividade econômica genericamente igual (a atividade empresarial), haver tratamento bem diferenciado para agentes individuais, de um lado, e agentes societários, de outro. O que importa, com efeito, é o exercício da atividade, não a natureza do agente. Quanto à necessidade de acrescentar designação distintiva, a norma legal não se aplica à sociedade empresária por motivo bastante evidente: o empresário individual não escolhe seu nome civil e, em condições normais, não pode modificá-lo; ao passo que a sociedade empresária tem a faculdade de escolher seu próprio nome, dispondo de mil maneiras diferentes para compô-lo.

No título desta subseção tratei o elemento ora em exame, que eu chamo de "individualizador", como tendo por objeto a pessoa jurídica (representando, por enquanto, a estrutura organizacional à qual corriqueiramente venho aludindo). Fiz isso para evitar confusões com o elemento indicador do tipo societário, do qual tratarei mais adiante. Desde que as sociedades, de forma geral, foram personificadas, foi justamente a pessoa jurídica que passou a ocupar a posição de agente econômico; à sociedade, como tal, ficou reservado apenas o lugar ou a condição de tipo ou espécie de pessoa jurídica. Em que consiste o *elemento individualizador?* Consiste, normalmente, em nomes (próprios ou comuns), em adjetivos, em siglas e nas chamadas (e tão conhecidas) "expressões de fantasia".

A palavra "nome" é usada, aqui, em seu sentido mais amplo e abrangente, que é o de algo com que se designa pessoa, animal ou coisa. Nada impede, no âmbito das denominações, que, além dos sobrenomes isolados, se usem também prenomes isolados. Pode, assim, determinado sócio majoritário querer ligar seu sobrenome ao empreendimento, formando a seguinte denominação: "Nogueira Empreendimentos Hoteleiros Ltda."; pode também preferir homenagear sua esposa, formando denominação diferente: "Viação Helena Ltda."; e pode, enfim, demonstrar sua admiração por famosíssimo vulto histórico, denominando a sociedade "Napoleão Indústria de Vinhos Ltda.".

NOME 161

Até aqui foram utilizados nomes próprios; há, no entanto, vasto campo de ação também com relação aos nomes comuns. Parecem-me, pois, perfeitamente aceitáveis, por exemplo, denominações assim compostas: "Restaurante das Três Irmãs Ltda.", "Pizzaria da Mamma Ltda.", "Bar dos Dois Compadres Ltda.", "Hotel do Imperador Ltda.", "Automóveis do Campeão Ltda.". É livre, a meu ver, a utilização de nomes comuns de animais; seriam aceitáveis, em conseqüência, denominações como as seguintes: "Raposa Instrumentos para Caça Ltda.", "Dois Leões Indústria de Tapetes Ltda.", "Comércio de Filtros Camelo Ltda.". Quanto aos nomes de coisas, podem ser, igualmente, próprios e comuns; de forma que as denominações podem ser compostas assim: "Panteão Objetos Religiosos Ltda.", "Indústria de Lâmpadas Catedral Ltda.", "Danúbio Transportes Fluviais Ltda.", "Cometa Transportes Rodoviários Ltda.". Os adjetivos concordam, via de regra, com alguma outra palavra. Vejam-se, a título de exemplo, as seguintes denominações: "Sociedade Paulista de Estradas de Ferro Ltda.", "Indústria Nacional de Automóveis Ltda.", "Aço Brasileiro Ltda.", "Vinhos Franceses Ltda.", "Cantina e Pizzaria Napolitana Ltda.", "Objetos Artísticos Europeus Ltda.".

Etimologicamente, "sigla" significa abreviação, a qual costuma ser feita quer pela utilização de uma única letra inicial de diversas palavras formando conjunto, quer pela utilização de uma, duas ou mais letras, iniciais ou não. Convém, mais uma vez, exemplificar. A denominação "Objetos Religiosos Ltda." seria inaceitável, por faltar-lhe elemento individualizador; passaria, porém, a ser aceitável com o acréscimo de sigla extraída das duas palavras indicadoras do objeto social ("ORE – Objetos Religiosos Ltda."). Outro bom exemplo: "SEF – Sociedade de Estradas de Ferro Ltda.". "Expressão de fantasia" é tudo aquilo que não é nome, não é adjetivo, não é sigla; em outras palavras, tudo aquilo que não tem qualquer sentido, incluindo termos estrangeiros não incorporados à língua nacional. Assim: "Marmont Operadora Turística. Ltda.", "Aralc Empresa Jornalística Ltda.", "Monfer Vinhos Ltda.", "Corner Bar e Lanches Ltda.", "Lungarno Objetos de Arte Ltda.".

3.3 Elemento objetivo (ou indicador do objeto social)

Por *elemento objetivo* – que também pode ser chamado, de forma mais clara e compreensível, de *elemento indicador do objeto social* – deve ser entendida a palavra ou o conjunto de palavras que tenham a capacidade de revelar ao público em geral, no todo ou em parte,

162 SOCIEDADES LIMITADAS

de forma específica ou genérica, o objeto social. Deve tal elemento integrar obrigatoriamente a denominação da sociedade limitada? A pergunta tem, sem a menor dúvida, sua razão de ser; sendo que a "razão" é de natureza histórica. Em outras palavras, há uma história a ser contada; e eu decidi contá-la, porque ela pode evitar possíveis confusões e ainda ajudar, eventualmente, na interpretação geral da atual legislação.

Por bastante tempo no passado a legislação sobre sociedade limitada e sobre sociedade anônima ou companhia exigiu categoricamente que as denominações dos dois tipos societários revelassem o objeto social ou os fins sociais. Com efeito, o Decreto 3.708, de 10.1.1919, em seu art. 3º, § 1º, parte final, dispunha que a denominação da sociedade por quotas, de responsabilidade limitada, deveria, quando possível, dar a conhecer o objetivo da sociedade. E o Decreto-lei 2.627, de 26.9.1940, dispunha, por sua vez, em seu art. 3º, *caput*, que a sociedade anônima seria designada por denominação que indicasse seus fins, acrescida das palavras "sociedade anônima" ou "companhia", por extenso ou abreviadamente.

A respeito do Decreto 3.708/1919, João Eunápio Borges chegou, certa vez, a comentar: "'Quando possível' é o que está na lei, tal como foi publicada. É claro, porém, que se trata de erro de fácil verificação. No projeto do deputado Joaquim Osório, assim como na redação final aprovada pelo Congresso, figura a palavra 'quanto' e não 'quando'" (*Curso de Direito Comercial Terrestre*, vol. II, p. 136). Acabou, porém, acrescentando, em pequena nota de rodapé, na mesma página, esta observação: "Apesar de ser evidente o erro que se insinuou na lei, depois de aprovada pelo Congresso, muita discussão tem motivado o dispositivo. Como, porém, é sempre possível que a denominação dê a conhecer *quanto* possível o objeto da sociedade, a controvérsia é destituída de interesse. Mesmo assim, o projeto sobre Juntas Comerciais (n. 2.333, de 1957), apresentado à Câmara pelo deputado Queirós Filho, tratou de resolver a questão, vedando em seu art. 23 seja registrada denominação que não indique quanto possível o seu objeto".

Posteriormente, a Lei 6.404, de 15.12.1976, que veio substituir, em sua quase-totalidade, o Decreto-lei 2.627/1940, limitou-se a dispor, em seu art. 3º, *caput*, que a sociedade seria designada por denominação acompanhada das expressões "companhia" ou "sociedade anônima", expressas por extenso ou abreviadamente, mas vedada a utilização da primeira ao final. Nunca deixou de haver certa concordância entre os estudiosos, sobretudo com base na respectiva "Exposição de

Motivos", quanto à seguinte conclusão: a nova lei, ainda que indiretamente, dispensara a indicação obrigatória dos fins sociais na denominação da sociedade anônima ou companhia. Eventuais dúvidas ainda existentes devem ter desaparecido por completo com o advento da Lei 8.934, de 18.11.1994, que, em seu art. 35, III, parte final, tornou facultativa a indicação do objeto social no nome empresarial de todas as sociedades mercantis, hoje ditas empresárias. Aliás, justamente por esse motivo – melhor dizendo, em razão do alcance geral do citado dispositivo contido na Lei 8.934/1994 –, o assunto da obrigatoriedade da indicação do objeto social na denominação foi por muitos considerado, em sua totalidade, superado também com relação à sociedade por quotas, de responsabilidade limitada.

Tal situação, porém, não me convenceu suficientemente, a tal ponto que cheguei a fazer, na época, alguns reparos. Fiz notar, de um lado, que o Decreto 3.708/1919 era lei substantiva, que regulava a constituição das sociedades por quotas, de responsabilidade limitada, e cujo art. 3º, § 1º, não fora de modo algum ab-rogado. Ao passo que, de outro, conforme ressaltei, a Lei 8.934/1994 era lei adjetiva, que regulava o Registro do Comércio, portanto, apenas o arquivamento do instrumento contratual de sociedades já constituídas; não teria ela, por isso, condições de operar senão tendo em vista tão-somente finalidades de arquivamento, e tendo em conseqüência, ao que me parecia, exclusivo valor interno, no âmbito estrito das Juntas Comerciais. Em outras palavras, ausente a indicação do objeto social, a Junta Comercial não poderia mais, por certo, recusar-se a arquivar; fora da Junta Comercial, no entanto, nada impediria fosse amplamente sustentada, inclusive em juízo, a tese da plena e irrecusável aplicação do Decreto 3.708/1919 para solucionar eventuais problemas vinculados ao relacionamento da sociedade com terceiros, especialmente com outras empresas.

Os problemas, aliás, poderiam surgir mesmo, eis que se vivia no império das marcas, as quais eram cada vez mais usadas na composição dos nomes comerciais. Em verdade, as marcas eram registradas de acordo com 41 classes de atividades econômicas; com o quê, ao menos teoricamente, uma única palavra poderia ser registrada 41 vezes, por 41 pessoas diferentes. Em tais condições, se determinada sociedade limitada tivesse nome sem a indicação do objeto social, ela poderia ser injustamente prejudicada ou, ao contrário, prejudicar terceiros injustamente. Terceiros prejudicados poderiam, evidentemente, recorrer ao Poder Judiciário, o qual teria, a meu ver, a incontestável faculdade de dirimir a questão servindo-se

164   SOCIEDADES LIMITADAS

justamente do Decreto 3.708/1919. De forma que seria conveniente, para todos os estudiosos e todos os profissionais, que o assunto continuasse a ser comentado e tratado com base no decreto ora em questão, independentemente da Lei 8.934/1994.

Houve, de fato, muita discussão a respeito do assunto; tanto assim que nunca faltaram estudiosos entendendo – numa interpretação extremamente literal da palavra "quando" – que a denominação da sociedade limitada nem sempre teria a obrigação legal de dar a conhecer o objeto social, já que se tratava de indicação nem sempre possível na prática. Tal entendimento fazia lembrar bastante, de um lado, a Lei 6.404/1976, que dispensara a indicação dos fins sociais na denominação da sociedade anônima, e, de outro, a respectiva "Exposição de Motivos", segundo a qual a dispensa ocorrera porque referências genéricas – como, por exemplo, "indústria e comércio" – pouco informavam; sendo que nas sociedades com produção diversificada de bens e serviços a indicação do fim era impraticável, e nas grandes companhias, com marcas amplamente conhecidas no mercado, era até dispensável.

A argumentação dos autores do anteprojeto acabou sendo por mim contestada, naquela época. De fato, cheguei a escrever (ver o meu livro *Características e Títulos da Sociedade Anônima*, p. 11) que a referência genérica "indústria e comércio" pouco informava, mas por certo informava. Informava, por exemplo, que a empresa não era instituição financeira, não era seguradora, não era transportadora, não era exibidora ou produtora cinematográfica, não era editora ou oficina de artes gráficas, não era bar ou restaurante, não era agência de turismo, não era hotel, e assim por diante. E a produção diversificada de bens e serviços sempre admitia alguma indicação, nem que fosse bem genérica ou mesmo parcial, isto é, abrangendo só um ou mais itens principais. Quanto às grandes companhias, fiz notar que só conseguiam ter marcas amplamente conhecidas no mercado após terem operado muito e por muito tempo nesse mesmo mercado; quase nunca na constituição. E ocorria que a dispensa de indicação dos fins sociais se aplicava sobretudo aos casos de constituição. Acrescentei que, aliás, exceção não se confundia com regra: a possibilidade de a grande companhia, detentora de marcas amplamente conhecidas, omitir a indicação dos fins sociais na denominação poderia ter sido fixada como exceção, no tocante à regra exigindo a indicação.

Naturalmente, não deixei de observar que meus comentários referentes à denominação da sociedade anônima poderiam, com a maior tranqüilidade, ser aplicados à denominação da sociedade por quotas,

NOME 165

de responsabilidade limitada. Com o quê acabei concordando com o professor João Eunápio Borges quando escreveu ser sempre possível que a denominação da limitada desse a conhecer, quanto possível, o objeto da sociedade. Em conseqüência disso, em última análise – e apesar das enormes dúvidas que sempre haviam existido a respeito do assunto –, nunca deixei de sustentar que, ao menos com relação à sociedade limitada, a indicação dos fins sociais ou do objeto social, na denominação, sempre fora indiscutivelmente obrigatória, com base no velho Decreto 3.708/1919.

Com o advento do Código Civil/2002 cessou, de forma automática, toda e qualquer dúvida ainda eventualmente existente a respeito da questão ora em exame, uma vez que o legislador pátrio, em consonância com meus pontos de vista, deixou bem claro – num tom que me pareceu quase categórico – que a denominação das sociedades econômicas de cunho empresarial deve sempre, em todas as hipóteses possíveis e em caráter claramente obrigatório, designar o objeto social. As hipóteses possíveis são três: a da sociedade limitada, a da sociedade anônima ou companhia e a da sociedade em comandita por ações. Com relação à primeira – que é objeto deste estudo –, o art. 1.158, § 2º, parte inicial, dispõe que a denominação deve designar o objeto da sociedade; com relação à segunda, o art. 1.160, *caput*, primeira parte, dispõe que a sociedade anônima opera sob denominação designativa do objeto social; e, com relação à terceira, o art. 1.161 dispõe que a sociedade pode adotar denominação designativa do objeto social. Digno de nota, aliás, é o fato de o Código Civil/2002 não ter tratado da sociedade anônima ou companhia, cuja disciplina continuou a cargo de lei especial (art. 1.089); mesmo assim, o legislador pátrio não deixou escapar a oportunidade que lhe era oferecida, aproveitando-a para manifestar seu veemente repúdio à norma legal que, ainda que de forma indireta, havia eliminado a menção obrigatória do objeto social.

Resta, agora, discutir ou, melhor dizendo, encontrar a maneira mais correta de fazer a indicação ou designação, eis que, se é verdade que o objeto social deve ser declarado de forma precisa (Lei 8.934/1994, art. 35, III), também é verdade que sua transposição para a denominação não obedece a norma tão rígida. Há, com efeito, expressões genéricas via de regra consideradas aceitáveis e, hoje em dia, consagradas pelo uso: "indústria e comércio", "importação e exportação", "secos e molhados", "bazar", "supermercado" e eventuais outras. Elas podem ser utilizadas na hipótese de objetos sociais muito amplos ou, ainda que não amplos, bem diversificados. Na hipótese de objetos sociais

166 SOCIEDADES LIMITADAS

diversificados é admissível também que a denominação indique apenas uma das atividades abrangidas, corriqueiramente a mais importante; e, se todas forem consideradas importantes, uma qualquer. A título de exemplo, se determinada sociedade limitada se constituir para indústria de pneus e cabos, ela poderá denominar-se "Pirâmide Pneus Ltda.", se a indústria de pneus for a atividade principal; mas, se ambas as atividades forem igualmente importantes, a denominação poderá ser: "Pirâmide Pneus e Cabos Ltda.", ou "Pirâmide Pneus Ltda.", ou "Pirâmide Cabos Ltda.".

Se porventura o objeto social se compuser, simultaneamente, de atividades empresariais (outrora ditas comerciais) e de atividades não-empresariais (outrora ditas civis), a denominação deverá, a meu ver, indicar ao menos uma das atividades empresariais. Tentarei explicar. A Junta Comercial não é um registro de pessoas jurídicas: é um registro de agentes empresariais (outrora comerciantes); tanto assim que também pessoas físicas devem estar lá registradas. É, portanto, um registro especial, o qual, ainda por cima, é atualmente obrigatório. Pois bem, sempre sustentei que, justamente em razão dessas duas características, a Junta Comercial exerce poderosa atração sobre toda e qualquer atividade empresarial que venha a ser exercida em termos de legalidade plena. Em conseqüência de tal atração, e quaisquer que sejam as atividades econômicas que compõem o objeto geral da sociedade, se entre elas houver uma única atividade de cunho empresarial, ainda que muito pequena proporcionalmente, será esta a determinar a escolha do registro (que será sempre a Junta Comercial) e a influir na composição do nome, se ele for uma denominação. Cheguei no passado a contrariar outra ilustre opinião sobre o assunto, na própria Procuradoria da Junta Comercial do Estado de São Paulo; mas acabou prevalecendo pacificamente a minha, por ter sido considerada mais racional.

4. Complemento geral: indicação do tipo societário

4.1 Considerações válidas para firmas e para denominações

A palavra "limitada" deve necessariamente completar o nome da sociedade ora em exame, quer se trate de uma firma, quer de uma denominação. A legislação específica anterior nada dispunha a respeito de abreviação; mas a atual permite expressamente que a palavra "limitada" seja utilizada por extenso ou de forma abreviada.

Só não explica como abreviar; motivo pelo qual, ao que me parece, eventual abreviação pode ser realizada em regime de plena liberdade, desde que fique bem claro que o nome pertence a uma sociedade limitada. Pois, caso não chegue a ficar bem claro que a abreviação indica a palavra "limitada", esta pode vir a ser considerada como omitida e, portanto, inexistente, com duas conseqüências gravíssimas, uma vez que a ausência da palavra terá o condão de determinar, além da responsabilidade ilimitada e solidária dos sócios pelas obrigações sociais (como se eles fossem sócios de sociedade em nome coletivo), também a responsabilidade ilimitada e solidária dos administradores que com tal ausência tenham empregado a firma ou a denominação da sociedade. A abreviação mais comum e corriqueira, praticamente única, em nosso país é "Ltda."; eventuais outras ("Ltd.", "Lim." etc.) dependerão, por certo, da imaginação dos sócios, desde que elas acabem, evidentemente, sendo aceitas pelas Juntas Comerciais do país ou pelo Departamento Nacional de Registro do Comércio ou, mesmo, pelos órgãos competentes do Poder Judiciário.

A palavra "limitada" não pode, nos termos mais absolutos, ser colocada no começo da *firma*; seriam, pois, de todo inaceitáveis firmas assim compostas: "Limitada Guilherme de Sá & Cia.", ou "Limitada Gonçalves & Vasconcelos", ou "Limitada Gonçalves, Vasconcelos & Azevedo". Não pode, com maior razão, para não quebrar a unidade do nome, ser colocada no meio da firma, como poderia ser nos seguintes exemplos: "Guilherme de Sá Limitada & Sobrinhos", ou "Gonçalves, Vasconcelos Limitada & Cia.". Deve, em conseqüência, ser colocada fatalmente na parte final, após a composição dos demais elementos da firma. Tal conclusão, que era apenas doutrinária no regime da legislação anterior, encontrou firme e expresso amparo na lei com o advento do Código Civil/2002.

A palavra "limitada" também não pode, nos termos mais absolutos, ser colocada no começo da *denominação*; seriam, pois, inaceitáveis denominações assim compostas: "Limitada Luso-Brasileira de Transportes Rodoviários de Carga" ou "Limitada Industrial de Autopeças Monza". Poderia, porventura, ser colocada ao menos no meio da denominação? A dúvida tem sua razão de ser: afinal, *denominação não é firma*, tendo, por isso, características bem diferentes. Aliás, a denominação aproxima bastante a sociedade limitada da sociedade anônima ou companhia; e ocorre que na sociedade anônima, quando o elemento indicador do tipo societário é a própria expressão "sociedade anônima" ou sua abreviação ("S.A." ou "S/A"), nada impede que esta fique tranqüilamente no meio da denominação, sem que haja

168 SOCIEDADES LIMITADAS

qualquer dúvida a respeito. São, por isso, corriqueiras denominações como estas: "Alentejo S.A. Indústria e Comercio", "Rio Bonito S/A – Mineração", "Francisco do Nascimento S.A. Supermercados", "Santa Casa de Deus S/A – Comércio de Objetos Religiosos".

Houve época no regime da legislação anterior em que os sócios de sociedades limitadas, ao escolherem como nome social uma denominação, seguiam à risca, em muitos casos, o exemplo oferecido pelas anônimas, produzindo denominações análogas às que acabo de imaginar, com a simples substituição da abreviação "S.A." ou "S/A" pela abreviação "Ltda.". Ainda me lembro perfeitamente de tal época. Por bastante tempo tudo correu dentro da mais plena normalidade. Confesso que eu próprio não via o menor problema no hábito de colocar a abreviação "Ltda." no meio da denominação, uma vez que, a meu ver, não infringia nenhuma lei, ao menos frontalmente, e não prejudicava a ninguém. Mas certo dia aconteceu algo inesperado, que começou a modificar as coisas, conforme tentarei explicar, com os detalhes necessários, nas duas subseções seguintes.

4.2 Posição da palavra "limitada" na denominação

Diversos anos atrás, em pleno regime da legislação anterior, apareceu na Junta Comercial do Estado de São Paulo, para o necessário arquivamento, contrato constitutivo de sociedade por quotas, de responsabilidade limitada, cuja denominação havia sido composta de forma análoga à seguinte: "Lavinium Ltda. Indústria e Comércio"; a palavra "limitada" estava, portanto, no meio. O assessor técnico que estudou o expediente em primeiro lugar sugeriu a formulação de algumas exigências, entre elas uma que dizia respeito à denominação social, cuja composição estaria contrariando o § 2º do art. 3º do Decreto 3.708/1919. Distribuído o expediente a determinada Turma de Vogais, um de seus membros declarou-se favorável à exclusão da exigência relativa à denominação, por entender que, quando a legislação ordenava que a denominação fosse "seguida" pela expressão "limitada", estava ela procurando tão-somente distinguir a sociedade limitada da sociedade solidária, nada mais.

Mesmo assim, o expediente acabou sendo remetido à Procuradoria, para que se manifestasse a respeito da questão; e coube justamente a mim a emissão de parecer. Neste ressaltei, de início, a perfeita lógica da observação do Vogal; com efeito, o verbo "seguir" não pode, por certo, ser considerado como tendo necessariamente um só significado, podendo ter ao menos dois: um etimológico ou estrito e outro lógico ou amplo. De acordo com o primeiro, equivale, sem dúvida, a "vir depois"; mas, de acordo com o segundo, pode muito bem equivaler a "estar incluído", a "estar dentro", não importando a posição exata. Senti, porém, a seguir, o dever de chamar a atenção geral para a Portaria DNRC-DOC-30, de 12.11.1968, publicada no *DOU* de 2.12.1968.

O texto integral da referida portaria federal era o seguinte:

"O Diretor-Geral do Departamento Nacional de Registro do Comércio, usando das atribuições que lhe confere o art. 4º, item I, da Lei n. 4.726, de 13 de julho de 1965, e considerando a ocorrência de arquivamentos de atos em Juntas Comerciais com infringência do disposto no § 2º do art. 3º da Lei n. 3.708, de 10 de janeiro de 1919, contendo denominação social incorreta no que concerne à colocação da palavra 'Ltda.', recomenda:

"Art. 1º. Consoante as disposições do § 2º do art. 3º da Lei n. 3.708, de 10 de janeiro de 1919, a firma ou denominação social, adotada pelas sociedades por quotas de responsabilidade limitada, deverá ser sempre seguida pela palavra 'Ltda.'.

"Art. 2º. Os contratos sociais, suas alterações e outras retificações ou ratificações de instrumentos públicos ou particulares, contendo firma ou denominação social em que a expressão 'Ltda.' não seja a última palavra, deverão sofrer as retificações necessárias, de conformidade com as disposições legais citadas, cabendo às Juntas Comerciais adotar as providências requeridas – *Geraldo Prado Nogueira*, Diretor-Geral/DNRC."

Com base na portaria acima reproduzida, fiz notar que as Juntas Comerciais não poderiam adotar interpretação própria do § 2º do art. 3º do Decreto 3.708/1919; com efeito, a partir do exato momento em que o Departamento Nacional de Registro do Comércio havia dado oficialmente sua própria interpretação do dispositivo legal, havia desaparecido qualquer possibilidade de discussão interna. Comentei, ainda, que discussão poderia haver; antes, seria bom que houvesse. Mas fora da Junta Comercial, a título de contribuição doutrinária para eventual consecução de interpretação melhor, mais exata, mais de acordo com os princípios gerais que norteavam a legislação sobre sociedades mercantis. Mesmo, porém, no caso de ser encontrada interpretação tida como melhor, seria necessário que o Departamento a adotasse oficialmente, por intermédio de nova portaria, revogando a primeira. Concluí afirmando que enquanto vigorasse a citada Por-

170 SOCIEDADES LIMITADAS

taria 30 a Junta Comercial não teria condições de não obedecer a suas diretrizes. Afinal, não se poderia perder de vista serem as Juntas Comerciais órgãos sob dependência técnica do Departamento Nacional de Registro do Comércio.

4.3 Evolução da questão até o momento presente

A Portaria 30, ora objeto de análise, acabou sendo expressamente revogada pela Instrução Normativa 5, de 16.9.1986, também do Departamento Nacional de Registro do Comércio, que não reproduziu a norma segundo a qual a palavra "limitada" deveria necessariamente ser o último elemento da denominação da sociedade por quotas, de responsabilidade limitada. A Instrução Normativa 5, por sua vez, foi revogada pela Instrução Normativa 28, de 10.4.1991, sempre do Departamento Nacional de Registro do Comércio, que também não reproduziu a norma constante da Portaria 30, a qual, em meu modo de entender, continuou em sua situação jurídica de norma revogada. A Instrução Normativa 28, enfim, foi ulteriormente revogada pela Instrução Normativa 53, de 6.3.1996, mais uma vez do Departamento Nacional de Registro do Comércio, que se limitou a reproduzir a linguagem legal, sem qualquer acréscimo interpretativo; seu art. 6º, com efeito, dispunha, entre outras coisas, que, uma vez observado o princípio da veracidade, a denominação social, na sociedade por quotas, de responsabilidade limitada, deveria ser seguida da expressão "limitada", por extenso ou abreviada.

À vista disso, chegou a desaparecer, em minha opinião, em pleno regime da legislação anterior, qualquer interpretação expressa, definida e rígida do Departamento vinculando o comportamento das Juntas Comerciais em termos de aplicação do § 2º do art. 3º do Decreto 3.708/1919. Com o quê – ao menos com relação à denominação –, deveria ter voltado a ser amplamente aceita a palavra "limitada" em posição intermediária, entre o elemento individualizador e o elemento objetivo, caso alguém assim desejasse. Sou, no entanto, levado a crer que as Juntas Comerciais tenham preferido continuar a interpretar e aplicar o dispositivo legal ora em questão nos velhos moldes, por ter ficado bastante arraigada na mente das pessoas a idéia segundo a qual o verbo "seguir" deveria ser tomado em seu sentido literal ou estrito, que é o de "vir depois", portanto, "estar no fim". E sabe-se que problema dessa natureza só tem alguma chance de ser resolvido com pequena ajuda do Poder Judiciário.

NOME 171

Hoje em dia, porém, já no regime da nova legislação, nem o Poder Judiciário poderia ajudar, pois o Código Civil/2002, em seu art. 1.158, *caput*, não deixa o menor espaço para qualquer tipo de trabalho interpretativo ao dispor, categórica e claramente, que a sociedade limitada pode adotar firma ou denominação, integradas pela palavra final "limitada" ou sua abreviatura. A palavra "integradas" admitiria, sem dúvida, ao que me parece, algum trabalho de tipo interpretativo, e nada poderia impedir que o mesmo resultasse numa interpretação aberta, ampla, lógica, no âmbito da qual a idéia de integração tivesse necessariamente o sentido de algo "fazendo parte" ou "estando dentro", portanto, ocupando simples e mera posição interna, sem a menor definição do lugar preciso dessa posição; definição, essa, que, em conseqüência, e por inteira justiça, terminaria ficando a cargo dos membros componentes da sociedade, ainda que com pequenas restrições. Mas a palavra "integradas", infelizmente, não está sozinha, um vez que, pouco depois, o legislador pátrio usa o adjetivo "final", o qual acaba de vez, por completo e sem deixar a menor saída, com qualquer veleidade tendente a fazer do termo "limitada" um elemento caracterizado por posição móvel.

À vista de todo o exposto, entendo que o velho problema doutrinário da posição da palavra "limitada" na denominação da sociedade limitada tenha desaparecido por completo, não existindo mais. De fato – e já sem a menor possibilidade de discussão –, só resta aceitar, de bom grado, a seguinte realidade: a palavra "limitada" não pode, evidentemente (porque nunca foi permitido), ficar no começo da denominação; também não pode ficar no meio (apesar de no passado terem existido entendimentos em sentido contrário); deve, em conseqüência, e em todas as hipóteses, ficar bem no fim – portanto, ser o último elemento componente – tanto da firma social como da denominação.

5. Princípios aplicáveis a firmas e denominações

5.1 Não-simultaneidade, diferenciação, não-confusão

5.1.1 Princípio de interdição de uso simultâneo

Por incrível que pareça, ao menos no passado, houve casos em que comerciantes (hoje, empresários) interpretavam a permissão legal para optar entre *firma social* e *denominação* como possibilidade de

172   SOCIEDADES LIMITADAS

uso simultâneo de ambas as formas. Nada mais errôneo, pois a lei, tanto no antigo como no novo regime, sempre utilizou a partícula disjuntiva "ou", indicando alternância: adoção de uma ou de outra forma; melhor dizendo, a adoção de uma das duas formas exclui automaticamente a possibilidade de adotar a outra. Simultaneidade de uso nunca, em hipótese alguma; afinal, qualquer sociedade só pode ter um único nome. Tal conclusão pode não ter sido objeto de notável destaque no texto legal, mas pode ser obtida facilmente, sem a menor dúvida, através de boa dose de lógica jurídica. Com efeito, toda e qualquer sociedade, por uma porção de motivos, deve estar sempre em condições de ser corretamente identificada; não poderá sê-lo, no entanto, se tiver mais de um nome. De forma que os sócios têm, mesmo, liberdade de escolha; mas, escolhida a firma, não podem também adotar, ao mesmo tempo, a denominação, e vice-versa.

Só será possível adotar uma firma ou, em seu lugar, uma denominação juntamente com um título de estabelecimento. Assim, nada impede que, por exemplo, a firma social "Machado, Queiroz & Cia. Ltda.", pertencente a sociedade com atividades de livraria e de editora, tenha simultaneamente um estabelecimento intitulado "Livraria e Editora Luso-Brasileira". Aliás, casos semelhantes ou análogos já aconteceram, e continuam acontecendo, na realidade brasileira. Ainda hoje existe sociedade limitada – de tipo empresarial e de grande porte, proprietária de relevante quantidade de estabelecimentos, utilizando título conhecido demais por todos – cujo nome consiste numa firma social, por sinal, e curiosamente, muito pouco conhecida pelo grande público. Em compensação, já existiu outra sociedade, no caso, sob a forma de anônima (mas o exemplo é igualmente válido), que era de porte médio e tinha pequeno número de estabelecimentos, para os quais – estranhamente, a meu ver – usava título que todos conheciam em excesso; o nome dela, no entanto, consistente numa denominação (não poderia ser diferente), era quase totalmente desconhecido pelo grande público.

5.1.2 *Princípio de obrigatoriedade de diferenciação*

Muito embora o Código Civil/2002, reproduzindo norma contida na legislação anterior, estabeleça, em seu art. 1.163, *caput*, que o nome do empresário deve distinguir-se de qualquer outro já inscrito no mesmo registro – o que me parece constituir a raiz daquilo que eu classifico como *princípio de diferenciação* –, encontra este, em verdade, seu fundamento direto e mais próximo na Lei 8.934, de

NOME 173

18.11.1994, lei adjetiva que regula os serviços de registro do comércio e que, em seu art. 35, V, dispõe que não podem ser arquivados os atos de empresas mercantis com nome idêntico ou semelhante a outro já existente. Em razão de o dispositivo legal ser parcialmente genérico, pois alude tão-somente às empresas mercantis, ele é, por isso, abrangente, aplicando-se não apenas ao empresário (titular de empresa individual), mas também às sociedades empresárias, de todo e qualquer tipo. Observe-se que o Código Civil/2002 não mais usa as palavras "comerciante", "comercial" e "mercantil". Aliás, com base em minha maneira de ver as coisas, deve ser evitado o uso da expressão "empresa mercantil", como fazem ou faziam alguns; pois o uso da palavra "empresa", ao menos nos tempos atuais, dispensa o simultâneo uso da palavra "mercantil", admitindo apenas, quando muito, a utilização da palavra "econômica". Com efeito, não consigo ver empresa alguma na esfera civil ou não-empresarial, conforme esclareço amplamente em meu livro *Empresa É Risco – Como Interpretar a Nova Definição*, já citado.

O juízo de identidade não é difícil, eis que depende da presença de elementos objetivos. Em outras palavras, para que dois nomes sejam idênticos, devem ser perfeitamente iguais, em todas as suas partes; o que não me parece ser de difícil verificação, ao menos na grande maioria dos casos. Entenda-se, no entanto: é sem dúvida aconselhável que as expressões "perfeitamente iguais" e "em todas as suas partes" não sejam tomadas em consideração em seu sentido mais literal ou em seu valor absoluto; eventual existência, por exemplo, de pequenos senões diferentes pode, conforme a situação ou o contexto, ser tida como irrelevante, ao passo que eventual existência de elementos indicadores de tipos societários diferentes (como nestas duas denominações: "Viação Atlântica Ltda." e "Viação Atlântica S.A.") não influi negativamente, a meu ver, no juízo de identidade.

O juízo de semelhança pode ser difícil, pois depende sempre de elementos subjetivos. Aliás, a semelhança tem graus; e a lei coíbe apenas a existência daquele tipo de semelhança capaz de criar confusão prejudicial. Como chegar a conclusões seguras? Conclusões absolutamente seguras são impossíveis; é possível, no entanto, o estabelecimento de critérios permitindo o surgimento de relativa segurança. Com relação às *denominações*, por exemplo, sugiro o seguinte critério de julgamento: há semelhança prejudicial quando os elementos individualizadores são idênticos ou quase-idênticos e as atividades das respectivas sociedades são basicamente iguais; tal critério, em minha opinião, encontra apoio no que acontece com as

174 SOCIEDADES LIMITADAS

marcas de indústria, comércio e serviços, as quais são registradas de acordo com diversas classes de atividades (o que significa que uma única palavra tem condições de ser registrada o mesmo número de vezes, por igual número de pessoas). Pode haver identidade entre uma *firma social* e uma *denominação*? *Identidade* me parece muito difícil, quase impossível, uma vez que se trata de nomes dotados de natureza diferente; mas a semelhança prejudicial pode surgir com certa facilidade. Convém raciocinar com base numa hipótese bem definida. Nada impede que determinada sociedade limitada cujos dois únicos sócios se chamem "Manoel Machado" e "Joaquim Queirós" e cuja atividade seja a exploração de hotéis adote como nome a *firma* "Machado & Queirós Ltda.". Também é possível que outra sociedade limitada com quatro sócios, dois formando grupo majoritário e chamados "Antônio Machado" e "Fernão Queirós", dois como minoritários e chamados "Alfredo Breda" e "Roberto Caruso", e com atividade de exploração de hotéis adote como nome a *denominação* "Hotéis Machado e Queirós Ltda.". Caso a hipótese se verifique, creio possa ser levantado o problema da semelhança entre os dois nomes.

5.1.3 *Princípio de obrigatoriedade de não-confusão*

Convém não perder de vista que *firma* e *denominação* são duas figuras jurídicas que não podem ser embaralhadas, misturadas, confundidas, conforme já fiz notar diversas vezes, ao longo dos inúmeros anos que dediquei ao estudo das empresas econômicas. Quero, com isso, deixar bem claro que o nome da sociedade limitada não pode, em hipótese alguma, ser composto em parte com elementos característicos de firmas, em parte com elementos característicos de denominações. Em minha opinião, portanto, não seria aceitável, por exemplo, nome que tivesse sido composto assim: "Azevedo, Antunes & Cia. – Indústria e Comércio Ltda.". Tal nome, de fato, em nível tão grande de embaralhamento, poderia fazer surgir, na mente das pessoas, confusão geradora de notável insegurança a respeito da legalidade do mesmo nome; insegurança, essa, que, em conseqüência, poderia também dar origem a fortes dúvidas sobre a possibilidade de celebrar contratos com a sociedade titular do nome. Em tais condições, não haveria como evitar eventuais danos. Ocorre que o Direito foi inventado para transmitir segurança, não o contrário.

No fundo, é pelo mesmo motivo – isto é, para evitar confusões danosas – que às vezes a conjunção "e" das firmas sociais é escrita

NOME 175

mediante uso do sinal "&" (chamado "'e' comercial"). Como é que apareceu o referido sinal? O "e" comercial resultou de progressiva utilização gráfica da conjunção latina *et*; pois na época em que começaram a ser utilizadas as firmas sociais, e muito embora já estivessem definidas as línguas vulgares, estas eram faladas (ao menos pelo povo) mas comumente não eram escritas: quem escrevesse alguma coisa (a não ser que quisesse fazer literatura) fazia-o em Latim, não em vulgar. O italiano Dante Alighieri, por exemplo, que fez literatura em vulgar (*Divina Commedia*), para advogar a causa do vulgar precisou escrever em Latim (*De Vulgari Eloquentia*). Os comerciantes associados, então, viram-se na contingência de escrever a conjunção *et* com excessiva freqüência; tratava-se, por outro lado, de palavra que não era longa, tendo apenas duas letras. Foi assim que o grande desejo de pressa levou, aos poucos, os mencionados comerciantes a escrever as duas letras como se fossem uma única letra, transformada, afinal, em sinal gráfico.

Qual é sua função? A legislação não impõe o uso do "e" comercial ("&"), que, aliás, nem chega a mencionar. Trata-se, com efeito, de sinal que ficou consagrado apenas pelo uso generalizado que se fez dele. Tem certa utilidade: na hipótese de sobrenomes unidos pela letra "e" ajuda a impedir que o público seja induzido em erro. Convém fazer um exemplo: o sócio que empresta seu nome à firma se chama "Roberto Gama e Silva", havendo no quadro social só mais um sócio. Se a firma fosse "Gama e Silva e Cia. Ltda." o público poderia pensar na existência de sócios em número mínimo de três. Da mesma forma, se os sócios fossem três – "João Moura", "Ricardo Gama", "Rodolfo Silva" – e a firma fosse "Moura, Gama e Silva Ltda.", o público poderia pensar na existência de unicamente dois sócios. Não haveria, no entanto, qualquer possibilidade de dúvidas se as firmas fossem compostas com o uso do "e" comercial; assim: "Gama e Silva & Cia. Ltda." e "Moura, Gama & Silva Ltda.".

5.2 O velho e tão conhecido princípio de veracidade

Além dos princípios acima mencionados, definidos e comentados, aplica-se à composição dos nomes empresariais em geral – portanto, igualmente à do nome da sociedade limitada – o chamado *princípio de veracidade*, velho conhecido de quantos exercem funções no âmbito interno de todas as Juntas Comerciais do país, assim como de quantos lidam com ditas Juntas Comerciais, na qualidade de empresários, de sócios de sociedades empresárias, de funcionários e de profissionais

176   SOCIEDADES LIMITADAS

autônomos que prestam serviços às empresas em geral. Com base no referido princípio (que encontra perfeita aplicação tanto a firmas como a denominações), o nome da sociedade deve refletir, com a maior fidelidade possível, elementos sempre verdadeiros, sempre extraídos da realidade das coisas.

Nessas condições, se não houver uso da expressão "e companhia" (ou "& Cia."), todos os sócios da limitada deverão, obrigatoriamente, figurar na *firma social*, por extenso ou de forma abreviada. Suponha-se, por exemplo, que componham o quadro social unicamente as seguintes pessoas físicas: "Antônio Russo", "Joaquim Silva", "Marcelo Dantas" e "Roberto Nigro"; pois bem, caso queiram evitar nome comprido e não queiram utilizar a expressão "e companhia" ou sua abreviação, os sócios só poderão aprovar a seguinte firma social: "Russo, Silva, Dantas & Nigro Ltda.". Por outro lado, o uso da expressão "e companhia" (ou "& Cia.") só será permitido se houver sócios (bastando apenas um) excluídos da menção expressa na firma. A título de simples curiosidade, passou tempo atrás pelas minhas mãos contrato de sociedade limitada pelo qual três jovens mulheres se associavam para exercer atividade de comércio de roupas femininas. Adotavam como nome empresarial certa denominação contendo elemento identificador que foi considerado impróprio pelo colegiado da Junta Comercial; motivo pelo qual o pedido de arquivamento foi devolvido com exigência. Ao voltar o pedido de arquivamento, após cumprimento da exigência, foi notado que a denominação havia sido substituída por firma social, provavelmente para que a anterior expressão contestada pudesse ser utilizada como título de estabelecimento, não sujeito a registro na Junta Comercial. Só que o profissional encarregado da elaboração do texto contratual não se dera conta de pormenor importante; assim, por evidente descuido, havia composto a firma de acordo com o seguinte modelo (os sobrenomes são todos fictícios): "Cavalcante, Fiorentino, Carotenuto & Cia. Ltda.". Composta desse modo, a firma provocou, com base em manifestação minha, a formulação de nova exigência, pois a expressão "& Cia." denunciava a existência de outros sócios, que, na realidade, não existiam.

É absolutamente inaceitável na composição de firmas o uso de palavras como "irmãos", "filhos", "netos", "sobrinhos" etc. sem qualquer correspondência com a realidade. Exemplificando: a firma "Irmãos Carvalho Ltda." será inaceitável se os sócios não forem todos irmãos entre si (podendo ser em parte homens e em parte mulheres, e nada impedindo, a meu ver, que alguns sejam apenas meios-irmãos ou irmãos adotivos); a firma "Irmãs Carvalho Ltda.", por outro lado, só será legal se as sócias forem todas irmãs entre si, não podendo haver cunhadas, ainda menos homens em geral; a firma "Nogueira & Filhos Ltda." só poderá ser aceita se a sociedade tiver sido composta apenas por alguém chamado "Nogueira" e por mais de um de seus filhos; a firma "Figueira, Cerejeira & Sobrinhos Ltda." será legal tão-somente na hipótese de os sócios "Figueira" e "Cerejeira", mesmo não sendo irmãos, serem tios dos demais sócios (bastando, porém, a meu ver, com relação a estes últimos, que um ou mais sejam sobrinhos do sócio "Figueira" e um ou mais sejam sobrinhos do sócio "Cerejeira"); quanto à firma "Família Prado Ltda.", ela só será admissível caso seus sócios pertençam todos a uma única família, devendo-se, a meu ver, entender por "família" o grupo social formado apenas e tão-somente por pai, mãe, filhos e filhas, excluídos por completo parentes e estranhos.

Evidentemente, todos os nomes que figurarem na firma social deverão pertencer a sócios, sendo de todo inadmissível hipótese contrária. Por exemplo, a firma "Konder & Cia. Ltda." não poderá subsistir se os sócios forem apenas "Martins" e "Chaves". Dir-se-á: "Mas como é possível que determinada firma social tenha sido composta com o nome de sócio inexistente?". Não há qualquer mistério nisso. A verdade é que, após constituída a sociedade e composta a firma, o sócio "Konder" pode ter falecido, pode ter sido excluído, pode ter-se retirado; e ocorre que o Código Civil/2002, em seu art. 1.165, dispõe: "O nome de sócio que vier a falecer, for excluído ou se retirar, não pode ser conservado na firma social". Uma curiosidade: se a firma for "Martins & Chaves Ltda." e o primeiro sócio sair da sociedade, sendo substituído por pessoa com o mesmo sobrenome, ainda que de sexo diferente, a firma não ficará em desacordo com a lei, e poderá permanecer como está.

O *princípio de veracidade* é aplicável também às *denominações*, na parte referente ao objeto social. Em outras palavras, a denominação da sociedade limitada, ao indicar – de forma genérica ou específica, total ou parcial, de acordo com as conveniências dos sócios – o objeto constante do texto contratual, deve fazê-lo com a maior fidelidade possível. Não poderia, assim, sociedade destinada ao transporte de passageiros mediante ônibus ter como denominação "Mercúrio – Indústria e Comércio Ltda.". Defrontei-me certa vez com caso quase-pitoresco. Foi parar em minhas mãos, para exame e manifestação, o instrumento contratual constitutivo de sociedade limitada de proporções bem pequenas que tinha entre suas atividades a de conserto de aparelhos telefônicos. Após verificar o objeto social, dei uma olhada

178 SOCIEDADES LIMITADAS

também no nome da sociedade. Havia sido adotada uma denominação para cujo elemento objetivo tinha sido pomposamente escolhida a palavra "telecomunicações". Em minha manifestação, comecei fazendo notar que a atividade de conserto de aparelhos telefônicos nada tinha a ver com a atividade de telecomunicações. Continuei pondo em ressalte que quem fazia telecomunicações era a empresa de telefonia, ao tornar tecnicamente possível a comunicação à distância; melhor dizendo, ao permitir a determinada pessoa fazer contato verbal com outra pessoa situada em lugar bem distante. Concluí, então, sugerindo a formulação de exigência a fim de que a denominação social fosse devidamente modificada, com observância do princípio de veracidade.

6. Algumas questões sobre o termo "companhia"

6.1 Ausência de uso em firma com apenas um nome

Há pelo menos duas questões que envolvem a utilização da palavra "companhia" no âmbito do nome da sociedade limitada: bem curiosamente, uma diz respeito à firma; outra, à denominação.

No regime da legislação anterior havia entre os juristas entendimento pacífico segundo o qual a firma da sociedade limitada deveria ser composta como a firma da sociedade em nome coletivo, com o acréscimo da palavra "limitada". A situação, a meu ver, permanece a mesma, ao menos em seus aspectos fundamentais; por isso, convém continuar a recordar, mesmo com base na nova legislação, a sociedade em nome coletivo, a qual pode ter apenas sócios de responsabilidade ilimitada. De acordo com o art. 1.157, *caput*, do Código Civil/2002, a sociedade em que houver sócios de responsabilidade ilimitada operará sob firma, na qual somente os nomes daqueles poderão figurar, bastando para formá-la aditar ao nome de um deles a expressão "e companhia" ou sua abreviatura. O entendimento dos antigos juristas tinha – e continua tendo – certa lógica. Com efeito, se a limitada for considerada, como sempre o foi no passado, uma das sociedades ditas "de pessoas" (eu preferiria classificá-las, hoje, em termos mais próprios, como *sociedades com algumas conotações pessoais*), só se poderá encontrar facilmente um lugar, para ela, bem perto da sociedade em nome coletivo, com a qual se assemelha de forma extraordinária, consistindo a única diferença entre as duas na responsabilidade dos sócios, que é relativamente limitada na primeira, mas é absolutamente ilimitada na segunda.

Ocorre, no entanto, que na sociedade em nome coletivo a presença do aditamento "e companhia", ao menos nas hipóteses em que a firma deixe de individualizar o quadro social inteiro, é estritamente indispensável, uma vez que, sem tal presença, o uso de um único nome poderia decididamente fazer pensar em firma individual, ao passo que o uso, por exemplo, de dois ou três nomes, no âmbito de quadro social mais complexo, poderia fazer pensar em sociedade de apenas dois ou três sócios; tudo isso tornaria, sem dúvida, inevitável o surgimento de claro conflito com o princípio de veracidade.

Mas a sociedade limitada tem em seu nome, ainda que de forma indireta, seu próprio elemento pluralizador, que é o aditamento "limitada". Por que motivo tal aditamento acaba, na prática, virando elemento pluralizador? Porque ele só pode ser utilizado no nome de sociedades do tipo que está sendo examinado; é, portanto, indicativo de sociedade. Tudo isso significa que, diante de nome empresarial contendo o referido aditamento, não haverá qualquer possibilidade de dúvida: ele estará revelando forçosamente a existência de sociedade, isto é, de duas ou mais pessoas operando em conjunto, visto que a sociedade unipessoal é algo anômalo que só tem condições de ser mantido vivo, em caráter permanente, no âmbito da sociedade anônima, em razão de permissão legal expressa.

Pode, assim, surgir questão nos seguintes termos: é estritamente indispensável, na firma da sociedade limitada, o uso do aditamento "e companhia"? As opiniões sempre foram discordantes. De acordo com a minha, é preciso fazer certa distinção, com base no princípio de veracidade: é dispensável o uso do aditamento na hipótese em que um único sócio tenha emprestado seu nome à firma social, pois a palavra "limitada" é também elemento pluralizador, não havendo necessidade de existirem dois; não é, entretanto, dispensável na hipótese de dois ou mais sócios terem emprestado seu nome à firma social no âmbito de quadro social mais complexo, uma vez que a ausência do aditamento "e companhia" levaria fatalmente o público a crer na inexistência de outros sócios.

Exemplificando, imagine-se sociedade limitada com os seguintes três sócios: "João Moura", "Ricardo Gama", "Rodolfo Silva". A firma pode ser: "Moura, Gama & Silva Ltda.", ou "Moura, Gama & Cia. Ltda.", ou "Moura & Cia. Ltda.". A expressão "& Cia." pode, a meu ver, ser suprimida na terceira firma, uma vez que ela e o aditamento "limitada" enunciam, separadamente, e de forma perfeitamente igual, a idéia de que o sr. Moura tem um ou mais sócios no negócio; podendo,

180 SOCIEDADES LIMITADAS

em conseqüência, a firma ser reduzida a "Moura Ltda.". Não pode, no entanto, a referida expressão ser suprimida na segunda, pois que sem ela a firma daria a entender a existência de dois únicos sócios.

Não pareça exageradamente liberal minha posição, uma vez que ela encontra seu fundamento não apenas na lógica, mas também na lei. De fato, o Código Civil/2002, em seu art. 1.158, § 1º, ao definir a composição da firma da limitada, não repete o texto do art. 1.157, *caput*, onde se alude ao uso da expressão "e companhia"; prefere fazer uso da curiosa expressão "de modo indicativo da relação social", que, em razão de sua notável abrangência (provavelmente desejada pelo legislador pátrio para facilitar o funcionamento do tipo societário), pode tranqüilamente abrigar a interpretação ora elaborada. Note-se que meu raciocínio não impede, de forma alguma, por motivos exclusivamente práticos (isto é, para que não possam surgir, junto ao público em geral, confusões eventualmente prejudiciais), que se aconselhe sempre, em todas as hipóteses, o uso da expressão "e companhia".

6.2 Presença de uso no contexto de denominação

Chegou a ser discutida algum tempo atrás, entre profissionais do direito empresarial, questão absolutamente inusitada e deveras interessante: pode a palavra "companhia" ser utilizada para composição da denominação de sociedade limitada? Note-se que a questão não era meramente acadêmica, desprovida de qualquer significado prático, pois havia aparecido, efetivamente, o contrato social constitutivo de determinada sociedade limitada cuja denominação continha a palavra "companhia", como neste exemplo: "COMINAL – Companhia Industrial de Alimentos Ltda.".

O referido aparecimento causou espécie aos que entendiam ser a palavra "companhia" privativa da denominação das sociedades anônimas ou companhias. Outros havia, entretanto, que ponderavam não existir dispositivo legal ou regulamentar expresso em tal sentido, o que, em conseqüência, tornava impossível – pela absoluta ausência de argumentos específicos – contestar o uso da mencionada palavra em denominação de sociedade limitada. Foi solicitada, então, minha opinião a respeito do assunto; opinião, essa, que resultou de sucinto estudo, realizado a partir da análise do texto legal que define a natureza e disciplina a composição do nome da sociedade anônima. Nos termos do art. 3º, *caput*, da Lei 6.404/1976, que dispõe sobre as sociedades por ações, a sociedade anônima será designada por denominação acompanhada das expressões "companhia" ou "sociedade anônima", expressas por extenso ou abreviadamente, mas vedada a utilização da primeira ao final.

Considerando que o referido dispositivo legal permite a utilização de apenas uma expressão ("companhia" ou "sociedade anônima") e que, em razão disso, as duas expressões se excluem reciprocamente, não podendo a segunda ser usada na hipótese de utilização da primeira, e vice-versa, concluí que o uso, em denominação societária, da palavra "companhia" só pode servir para indicar sociedade anônima; não podendo, em conseqüência, o Registro do Comércio, em hipótese alguma, aceitar a utilização simultânea das palavras "companhia" e "limitada" em denominação societária, uma vez que a nenhuma sociedade é permitido ser anônima e limitada ao mesmo tempo.

Naturalmente, tenho grande respeito pelos que entendem poder a sociedade limitada usar a palavra "companhia" em sua denominação, com base no argumento histórico-etimológico de que o referido termo nada mais significa que apenas e tão-somente "sociedade". O argumento tem lógica, não há como negar. "Companhia", com efeito, deriva das palavras latinas *cum* ("com") e *panis* ("pão"), as quais, na origem, transmitiam, em síntese, a idéia de pessoas que comiam o pão juntas, evidentemente por estarem também fazendo algo juntas. Seu sentido é, por isso, muito amplo, indicando sempre, ao menos em termos gramaticais, grupo de certo número de pessoas que fazem juntas alguma coisa, não importa o quê. Mas, como diz o provérbio popular, *toda regra tem suas exceções*. Em conseqüência, o referido sentido não pode, por certo, ser aceito em seu valor absoluto. Afinal, existe algo chamado "direito positivo", ao qual todos estão sujeitos, e que chega, às vezes, paradoxalmente, até mesmo a mudar a natureza das coisas. "Sociedade", por exemplo, é algo que indica conjunto de duas ou mais pessoas; o direito positivo, no entanto, inventou recentemente a sociedade de uma só pessoa. Com maior razão, pode restringir o uso de determinada palavra.

De forma que, concluindo, reconheço que alguma coisa está errada, sem a menor dúvida. O erro, contudo, ao que me parece, não está em defender a tese da impossibilidade de utilização da palavra "companhia" na denominação da sociedade limitada; o que está errado, certamente, de acordo com o meu ponto de vista, é o fato de o direito positivo ter estabelecido tão curiosa, surpreendente, quase-estranha, sinonímia entre as expressões "sociedade anônima", de um lado, e "companhia", de outro.

7. Insofismáveis vantagens da denominação

7.1 O que acontece com relação à firma social

No regime da legislação anterior, mais precisamente nos termos do antigo Decreto 916, de 24.10.1890, art. 8º, *caput*, uma vez modificada a sociedade pela retirada ou morte de qualquer sócio, a firma social não poderia conservar o nome do sócio que se tivesse retirado ou que tivesse falecido. Hoje a situação permanece basicamente igual, pois, com base no Código Civil/2002, art. 1.165, o nome de qualquer sócio que vier a falecer, que for excluído ou que se retirar não poderá ser conservado na firma social. Foram justamente dispositivos legais como estes dois que permitiram a construção doutrinária do *princípio de veracidade* no âmbito dos nomes empresariais em geral.

O princípio de veracidade já foi objeto de análise, ao longo deste capítulo. Cabe apenas, agora, ressaltar que ele se aplica não somente aos casos de composição inicial de quadros sociais, mas também aos de modificação dos mesmos quadros sociais. Parece lógico e aceitável aos olhos de muitos que "Antônio Mendes" e "João Machado", ao constituírem determinada sociedade limitada, não tenham permissão para incluir na firma social o nome de "José Amato", pessoa que nada tem a ver com a sociedade; mas não parece igualmente lógico e aceitável que certa firma social em cuja composição tenha entrado o nome de apenas um sócio (por exemplo, "Antônio Mendes & Cia. Ltda.") deva, após 50, 60 ou mais anos de uso pacífico, no âmbito de atividade bem-sucedida, pujante e promissora, ser abruptamente modificada só porque o referido sócio faleceu.

No entanto, é assim, por mais estranho que pareça; e não apenas com relação aos falecimentos, mas também com relação aos desligamentos, voluntários ou impostos. Com efeito, o mesmo sócio acima citado pode, ao invés de falecer, simplesmente alienar sua participação e deixar a sociedade, pelos mais diferentes motivos (porque adoeceu, porque deseja descansar etc.); devendo ser modificada a firma social. A única alternativa que o legislador pátrio deixa é a contida no Código Civil/2002, art. 1.164, que dispõe:

"Art. 1.164. O nome empresarial não pode ser objeto de alienação.

"Parágrafo único. O adquirente de estabelecimento, por ato entre vivos, pode, se o contrato o permitir, usar o nome do alienante, precedido do seu próprio, com a qualificação de sucessor."

Há lógica no comportamento do legislador pátrio? Em termos de história, sim, sem dúvida. Outrora, com efeito, as atividades ditas comerciais (hoje, empresariais) giravam basicamente em torno da pessoa física do comerciante, ou dos comerciantes associados; o desaparecimento do comerciante representava, assim, via de regra, golpe mortal para o exercício da respectiva atividade. Hoje o mundo vive época de enormes mudanças, e as coisas se passam de forma bem diferente.

Atualmente as atividades econômicas empresariais giram, em substância, em torno de estruturas de tipo organizacional, as quais ficam corriqueiramente acima das pessoas físicas que as compõem, sendo, em conseqüência, mais duradouras (às vezes, muito mais duradouras). Tais estruturas, no exercício de suas atividades econômicas, costumam provocar o surgimento de algo amplamente conhecido como "aviamento objetivo", o qual é o que permite, de um lado, a consolidação das referidas atividades como geradoras permanentes de lucros e, de outro lado, a conquista de posições reveladoras de pujança, solidez e durabilidade. Ora, o aviamento costuma aderir à estrutura, a qual, por sua vez, é identificada por seu nome. Nessas condições, qualquer tipo de modificação que aconteça, atingindo o nome, pode vir a ser um verdadeiro desastre, grande ou pequeno, para o aviamento da estrutura e para as respectivas posições econômicas, mesmo em caso de uso da expressão legal "sucessor de (...)", uma vez que, antes desta, o potencial usuário ou consumidor deverá ler o novo nome, cujo desconhecimento poderá, decididamente, impeli-lo a não ler o resto.

Note-se que não se trata do único inconveniente. Em verdade, a existência de firma social, como nome, contém outro perigo, que pode eventualmente alcançar proporções relevantes. É que a firma social deve ser "assinada" pelos administradores, mesmo por aqueles cujo nome pessoal não tenha sido utilizado em sua composição. Pois bem, minhas experiências de muitos anos lidando com sociedades empresárias dão conta de que não faltam administradores de sociedades limitadas que perderam por completo a noção do que seja uma firma social, a tal ponto que não somente eles não mais a assinam, como também, quando alertados sobre o problema, acham engraçado terem de assinar aquele conjunto de palavras que a compõe, sobretudo se, porventura, algum elemento de seu próprio nome não a integra. De forma que eles acabam tratando a sociedade com firma como se tivesse denominação: mandam fazer carimbo com a reprodução da firma social, em letras de fôrma, e uma linha pontilhada embaixo, assinando

SOCIEDADES LIMITADAS

nesta seu próprio nome pessoal. A legitimidade de tal representação pode, sem a menor dúvida, ser contestada. Em meu modo de entender, por exemplo, eventual contrato assinado em tais condições deverá, evidentemente, ser tido como não-assinado pela sociedade, com todas as conseqüências que esta conclusão poderá vir a ter no plano prático; com efeito, se a sociedade é identificada por intermédio de uma firma provida de claras características sociais, como pode ser legitimamente representada se o seu representante assina o contrato apondo, no respectivo instrumento, uma firma provida de evidentes características individuais?

Dir-se-á que, até agora, nada aconteceu que pudesse justificar perspectiva tão catastrófica. Pode ser, não duvido. Mas isso não é garantia de que nunca possa vir a acontecer algo desagradável em futuro próximo ou remoto. Nos Estados Unidos da América nunca havia acontecido um processo de *impeachment* contra o presidente; mas um dia surgiu abruptamente o inesperado, e certo presidente precisou renunciar ao cargo para não correr o risco de ser processado. Aliás, nem precisa ir tão longe: há um dito popular segundo o qual as pessoas só providenciam a tranca, para a porta de casa, após ter sofrido o assalto dos criminosos; nunca antes. O relacionamento humano está atravessando fase muito tumultuada e delicada: a moral está bastante em baixa e, na esfera econômica, a livre concorrência entre empresas está ficando terrivelmente renhida e acirrada, transformada numa autêntica guerra sem quartel, onde às vezes impera o princípio do "vale-tudo". Numa atmosfera dessas, não é difícil imaginar que certa empresa tente vencer uma sua concorrente em juízo alegando que determinado contrato importante, celebrado pela concorrente, em verdade acabou não sendo celebrado, porque simplesmente o respectivo instrumento não ... foi assinado.

Por tais motivos, para maior garantia dos direitos de todos, tomo a liberdade de sugerir a esses administradores que não têm o hábito de assinar a firma social que não deixem de tomar ao menos algumas precauções. Em outras palavras, caso eles tenham de fato amplos poderes de administração e de representação da sociedade (o que inclui, a meu ver, o poder de usar a firma social), convém que, antes de mais nada, registrem em tabelionato de notas também sua assinatura da firma social; e que depois, pelo menos ao surgirem documentos muito importantes (documentos não-rotineiros, por exemplo), que devam ser assinados pela sociedade, nunca omitam a assinatura da firma social, mesmo que o façam conjuntamente com sua própria assinatura pessoal (afinal, *o que abunda não prejudica*). Inclusive, nada impede, ao que

NOME 185

me parece, que tudo ocorra nesta ordem: em primeiro lugar, a firma social reproduzida em letras de fôrma; a seguir, na linha de baixo, a assinatura pessoal do administrador (em cima dos dizeres "Fulano de Tal, Administrador", entre parênteses); por fim, mais embaixo, a assinatura da firma social (em cima dos dizeres "Firma Social assinada por Fulano de Tal", entre parênteses). Quando não custa nada ser prudente, por que correr riscos sem razão?

7.2 O que acontece com relação à denominação

A existência de *denominação* não permite, corriqueiramente, o surgimento de problemas idênticos, semelhantes ou análogos aos que foram por mim analisados com relação à *firma social*, pois que se trata de nome empresarial em cuja composição não entram, em condições normais, elementos extraídos do nome pessoal de sócios; com o quê qualquer mudança no quadro social em nada influi no nome da estrutura de tipo organizacional a que aludi mais acima. A título de exemplo, se "Antônio Mendes" e "João Machado" constituírem uma sociedade limitada, com a denominação de "Metaponto – Indústria de Plásticos Ltda.", e se, tempo depois, os dois se retirarem da mesma, em virtude da transferência de suas quotas a "Joaquim Santos" e "Fausto Carvalho", tal substituição não terá como conseqüência necessária a alteração do nome da sociedade, o qual poderá, sem problema algum, continuar perfeitamente idêntico. Em hipótese como esta, o *aviamento objetivo* da empresa terá ótimas chances de não sofrer qualquer prejuízo, nem grande, nem pequeno; e os dois novos sócios poderão, quando muito, tomar a iniciativa de colocar o famoso aviso "Sob Nova Direção".

Há, no entanto, dois importantes esclarecimentos que acredito devam ser prestados, para que possam ser evitadas eventuais confusões danosas quanto à conceituação exata da *denominação*.

Em primeiro lugar, a regra segundo a qual não entram na composição da denominação elementos extraídos do nome pessoal de sócios não deve ser entendida como tendo valor absoluto; de forma que comporta exceções, com base no Código Civil/2002, art. 1.158, § 2º, que permite fazer figurar na denominação da sociedade limitada o nome de um ou mais sócios. Com efeito, não é incomum, na prática, que o nome de um dos sócios entre, no todo ou em parte, na composição de determinada denominação, como elemento individualizador da pessoa jurídica. No exemplo acima, em conseqüência, será possível criar "Indústria Antônio Mendes de Plásticos Ltda." ou, mais simplesmente, "Indústria Mendes de Plásticos Ltda.". Ao passo que, se a sociedade tiver por objeto atividades editoriais e o quadro social contiver unicamente o nome de "João Machado" e de membros de sua própria família, a denominação poderá muito bem ser "Machado Editores Ltda.". Tais tipos de inclusão não me obrigam, evidentemente, a mudar minhas conclusões, posto que, na hipótese ora em exame, não encontra aplicação o *princípio de veracidade*. De fato, uma vez transformados em elementos individualizadores de denominações, tanto o nome pessoal do sócio como o nome da inteira família perdem automaticamente, e por completo, essas condições; melhor dizendo, tanto o nome do sócio como o nome da família entram não como algo estritamente pessoal, mas como algo de todo impessoal, isto é, como algo equivalente a um nome de coisa ou a mera expressão de fantasia, não surgindo a necessidade de mudança no caso de saída do sócio ou da inteira família.

Em segundo lugar, pode parecer, à primeira vista, que a denominação de uma sociedade limitada não tenha nunca a necessidade de ser modificada. A rigor, não é bem assim; pois existe, ainda que apenas em teoria, a *possibilidade* de que ocorra mudança tão substancial e tão radical no objeto social, a ponto de ter como conseqüência absolutamente inevitável a alteração da denominação da sociedade (sim, porque, conforme já fiz notar, voltou a ser claramente obrigatória a designação do objeto social). Percebe-se que utilizei o substantivo "possibilidade". Trata-se realmente de mera e simples possibilidade, a qual, ainda por cima, acontece com rara freqüência, ao que tudo indica; pois é sabido que na prática as modificações do objeto social nunca são tão substanciais e tão radicais. Em conseqüência, há caminhos através dos quais não é impossível escapar da necessidade de efetuar mudanças na denominação. Um dos melhores caminhos é que a denominação existente já esteja aludindo ao objeto social de forma muito genérica, portanto também muito abrangente, capaz de abrigar sem o menor problema as novas atividades; mas há outro, igualmente interessante, que requer a conservação, na cláusula do novo objeto social, de algumas antigas atividades, ao menos.

8. Firma integrada por nome de pessoa jurídica

Foi visto que a sociedade limitada pode ter, como nome, *firma social* ou *denominação*. Foi visto também que a primeira é composta, em sua essência, de elementos nominais (nomes de sócios), o que gerou a prática, agasalhada pelo Direito Brasileiro, de os administradores com poderes para tanto (sócios ou não) a assinarem como se fosse seu próprio nome pessoal. Ao passo que a segunda se compõe de elementos objetivos ou objetivados (por exemplo, nomes de sócios adquirindo posição e valor de expressão de fantasia), não podendo ser assinada pelos representantes da sociedade.

Surgiu há algum tempo, em pleno regime da legislação anterior, curiosa e originalíssima questão: pode determinada pessoa jurídica cujo nome seja uma denominação integrar, como sócia, sociedade empresária com firma? Pode a firma de tal sociedade empresária ser integrada por elementos extraídos da denominação da sócia pessoa jurídica? Em verdade, que eu saiba, o problema nunca chegou a surgir, na prática, no tocante a sociedades limitadas (outrora, sociedades por quotas, de responsabilidade limitada): de fato, primeiro surgiu com relação à sociedade em nome coletivo (portanto, com relação àquela que, por excelência, foi e continua sendo a sociedade por quotas, de responsabilidade ilimitada), tendo sido também levantado, posteriormente, com relação à sociedade em comandita simples. O motivo básico ou principal de tão súbito interesse parece ter sido a existência de vantagens tributárias no âmbito de grupos societários multinacionais; pois, se estou bem lembrado, havia hipóteses em que a responsabilidade ilimitada em sociedade subsidiária podia ser causa de certo tipo de desconsideração da personalidade jurídica desta última, passando o problema tributário a atingir diretamente os sócios, entre estes a sociedade controladora em primeiro lugar.

Naquela época, contudo, concluí que, se porventura viesse a ser estabelecido algum princípio admitindo solução favorável para o problema, poderia por certo tal princípio ser aplicado, pelos mais diferentes motivos (que não me cabia pôr em discussão naquela fase), à sociedade limitada, que também podia, e pode, ter firma. Em razão disso, elaborei pequeno estudo do problema no âmbito deste último tipo societário, e apenas em tese respondi às duas perguntas da questão inicialmente formulada; o que fiz de forma afirmativa com relação à primeira pergunta, e de forma negativa com relação à segunda. A primeira resposta, em meu entendimento, não havia como ser diferente, sem uma sólida base legal específica e expressa; ponderei com efeito, para justificá-la, que, a partir do momento em que havia sido outorgada a personalidade jurídica às sociedades em geral, e justamente por tal motivo (nenhuma pessoa, em verdade, tem condições de sofrer a menor restrição em suas obrigações e em seus direitos apenas e tão-somente por ser jurídica, e não física), qualquer

188 SOCIEDADES LIMITADAS

sociedade poderia, independentemente do nome que estivesse ostentando, participar como sócia de quaisquer outras sociedades, sem que o nome destas pudesse ser fonte ou causa de restrições. Quanto à outra resposta, explico a seguir os motivos da negação.

Fiz notar, de início, que "firma" era um nome de pessoa física assinado pelo respectivo titular. Deveria ser sempre individual. Excepcionalmente, no entanto, em tempos idos, começara-se a permitir a comerciantes individuais que exerciam suas atividades em conjunto com outros comerciantes individuais certa extensão de sua assinatura, pela inclusão, de forma específica ou genérica, do nome dos parceiros. Surgiu, assim, a *firma social*. Disso ao uso da firma social por pessoa física não incluída especificamente na mesma firma social foi só um passo. Houve, então, quem objetasse que, uma vez admitido o princípio da assinatura da firma social, e sendo esta um nome de sociedade, portanto, de pessoa, ainda que jurídica, deveriam ser aplicadas à mesma todas as normas aplicáveis à utilização de nomes de sócios para composição de firma social. Nada a opor, em princípio, desde que, evidentemente, não houvesse qualquer possibilidade de surgirem confusões prejudiciais ao ser composta a nova firma social; o que constituía problema de não fácil solução.

Cheguei a ilustrar tal afirmação com alguns exemplos, para cuja reprodução usarei o tempo presente. Determinada sociedade limitada que utiliza como nome a firma social "Machado, Azevedo & Cia. Ltda." pretende associar-se a "Roberto Cavalcante" (como sócio minoritário), para fins de constituição de empresa subsidiária, sob a forma, também, de sociedade limitada com firma. Tal firma não poderá, evidentemente, ser: "Machado, Azevedo & Cia. Ltda. & Cia. Ltda." (portanto, nome completo da sócia majoritária, seguido da expressão "& Cia. Ltda.") ou, mesmo, "Machado, Azevedo & Cia. Ltda. & Cavalcante Ltda." (portanto, nome completo da sócia majoritária, seguido da expressão "& Cavalcante Ltda."); pois, se assim fosse, ela geraria grande confusão na mente das pessoas. Não poderá, igualmente, ser, em minha opinião: "'Machado, Azevedo' & Cia. Ltda." (ainda que colocada a expressão "Machado, Azevedo" entre aspas, antes dos elementos complementares), eis que, se assim fosse, as duas firmas sociais ficariam idênticas na prática, algo não permitido pela legislação vigente; ademais, o conjunto de nomes "Machado, Azevedo", sozinho, não revelaria a existência dos demais sócios da controladora (com o quê indicaria a pessoa jurídica apenas em parte), coisa não permitida pelo famoso *princípio de veracidade*. Este último argumento também impediria, a meu ver, firma social assim: "'Machado, Azevedo' & Cavalcante Ltda." (com a expressão "Machado, Azevedo" entre aspas, ou não); tal firma, de fato, também não revelaria a existência dos demais sócios da controladora; ademais, estaria ela revelando a existência de três pessoas físicas, no lugar de uma pessoa jurídica e de uma pessoa física, entrando, em conseqüência, mais uma vez em conflito com o citado *princípio de veracidade*.

Se o nome da sociedade controladora resultasse pertencendo à categoria da *denominação* o problema, evidentemente, não desapareceria, mas as coisas se passariam de forma diferente. Tal opinião encontrava seu principal fundamento em anteriores afirmações minhas segundo as quais, sem tomar em consideração os elementos acessórios do nome, era lógico concluir que algo que não poderia ser assinado (no caso, a denominação) também não poderia integrar algo que tivesse a necessidade de o ser; pois não haveria como misturar, ao menos naquela hipótese, elementos de natureza contrária. Tratava-se de argumento que por certo não dispensava outro, que dizia respeito ao problema da confusão. Passara, algum tempo antes, por minhas mãos, contrato constitutivo de sociedade em comandita simples cujo quadro social se compunha de apenas duas pessoas jurídicas, ambas sendo sociedades limitadas com denominação. Para composição da firma social fora utilizada a denominação inteira de uma delas, disso resultando nome parecido com este: "Monferrato – Comércio de Vinhos Ltda. & Cia.". Surgiram dúvidas, uma das quais foi a seguinte: pode a expressão "limitada" estar contida em firma de sociedade em comandita simples? Evitando entrar em outros assuntos – e limitando-me, por isso, ao âmbito estrito da referida dúvida –, não hesitei em concluir que a expressão "limitada" era privativa de sociedades limitadas, não tendo, de forma absoluta, a qualquer título e sob qualquer pretexto, condições de figurar no nome de qualquer outro tipo de sociedade.

Concluí meu breve estudo observando que, com relação aos exemplos dados, a única solução não-contrária à legislação de então seria, a meu ver, a de ignorar a firma ou denominação da sócia majoritária, formando a firma social da subsidiária mediante utilização apenas do nome de sócio minoritário (até mesmo de participação insignificante) que fosse pessoa física (assim, por exemplo: "Roberto Cavalcante & Cia. Ltda."). A ligação entre as duas sociedades – controladora e subsidiária – poderia muito bem ser revelada, ao que me parecia, pelo uso concomitante de expressão designadora do grupo econômico das duas (assim: "Grupo Machado, Azevedo", ou, então, "Grupo Monferrato").

190 SOCIEDADES LIMITADAS

Hoje, nem esta minha "única solução" seria possível; de forma que tudo o que eu acabo de contar tem apenas valor histórico. Naturalmente, tal valor histórico não se encontra de todo desprovido de significado prático; afinal, ele representa experiência, que pode ser muito valiosa para que se entenda em profundidade o que ocorre no âmbito do relacionamento humano, fornecendo a medida exata da capacidade que algumas pessoas têm de engendrar soluções jurídicas completamente fora da lógica, assim contribuindo bastante para o embaralhamento dos conceitos e dificultando demais, em conseqüência, o desenvolvimento correto e promissor de todas as atividades econômicas, além da própria vida em sociedade. Foi justamente por isso que quis contar e comentar o problema.

Aliás, para finalizar, como é que ficou, nos tempos atuais, a questão acima apontada? O Código Civil/2002, seguindo basicamente minha linha de pensamento, oferece, com muita clareza, em alguns de seus dispositivos, solução que, em substância, é bem diferente. Em seu art. 1.039, *caput*, ele dispõe que somente pessoas físicas podem tomar parte na sociedade em nome coletivo. Em seu art. 1.045, *caput*, ele igualmente dispõe que na sociedade em comandita simples os sócios comanditados só podem ser pessoas físicas. Em seu art. 1.157, *caput*, ele estabelece que a sociedade com sócios de responsabilidade ilimitada operará com firma, na qual somente os nomes de tais sócios poderão figurar. E em seu art. 1.158, § 1º, estabelece, por fim, que a firma da sociedade limitada só pode ser composta com nomes de sócios que sejam pessoas físicas. Resultado: a sociedade em nome coletivo não pode ter sócios que sejam pessoas jurídicas, o que impede em absoluto que ela tenha a pretensão de querer compor sua própria firma social utilizando elementos de outras firmas sociais ou de denominações; o mesmo acontece com a sociedade em comandita simples, cuja firma social só pode ser composta com nomes de sócios comanditados; quanto à sociedade limitada, mesmo que tenha sócios pessoas jurídicas, com firma ou com denominação, sua própria firma social (caso tenha sido escolhida como nome) poderá ser composta tão-somente com nomes de sócios pessoas físicas.

9. O uso da palavra "limitada" por cooperativa

Não faz muito tempo, no âmbito interno da Junta Comercial do Estado de São Paulo foi levantado – por provocação de certa entidade privada de cunho associativo – o seguinte problema: pode uma sociedade cooperativa incluir em sua denominação, mais precisamente na parte final, a palavra "limitada"? Com efeito, no passado muitas cooperativas fizeram tal coisa, surgindo, em conseqüência, denominações como estas (que são fictícias): "Cooperativa Agrícola de Araçatuba Ltda.", "Cooperativa de Consumo dos Funcionários Públicos Estaduais Ltda.", "Cooperativa de Crédito dos Taxistas de São Paulo Ltda.", "Cooperativa dos Médicos do Estado da Bahia Ltda.".

As opiniões logo se dividiram, alguns sustentando ser a palavra "limitada" privativa da sociedade limitada, outros fazendo notar que, por poder a cooperativa ser de responsabilidade limitada ou ilimitada, não havia como impedir o uso da palavra "limitada" em sua denominação, mesmo porque o uso simultâneo da palavra "cooperativa" eliminava qualquer risco de confusão com a sociedade dita "limitada". O órgão julgador máximo da Junta Comercial – o Plenário – acabou decidindo ser facultada às sociedades cooperativas a utilização da expressão "limitada" em sua denominação; fundamentou tal entendimento no princípio da legalidade, que a Constituição Federal consignara em seu art. 5º, II, e de acordo com o qual ninguém poderia ser obrigado a fazer ou deixar de fazer alguma coisa senão em virtude de lei. Em outras palavras, como não havia lei proibindo o uso da expressão "limitada" pelas sociedades cooperativas, e uma vez que a responsabilidade do sócio cooperado podia mesmo ser limitada, pelo estatuto social, ao valor da parcela de capital por ele subscrita, tal significava que era facultada às cooperativas a livre utilização da referida expressão.

Em posição contrária ficou a Procuradoria da Junta Comercial, mediante duas manifestações da procuradora Vera Lúcia La Pastina, ambas emitidas com relação a documento protocolado sob n. GP-137/1996. Da primeira extraí alguns trechos mais significativos, que passo a reproduzir.

"Dispõe o art. 3º, § 2º, do Decreto n. 3.708/1919 que para as sociedades regidas pelas suas disposições é obrigatório o uso, na denominação social, da expressão LIMITADA; e a Lei n. 5.764/1971 obriga as sociedades por ela disciplinadas a usarem a expressão COOPERATIVA."

"No ordenamento jurídico brasileiro não há sociedades mistas: ou são limitadas, ou sociedades anônimas, ou cooperativas, ou em nome coletivo etc. Não há figuras híbridas. Logo, a sociedade deve indicar na sua denominação social apenas seu tipo societário e, conseqüentemente, o regime jurídico ao qual está submetida: se limitada, estará sujeita ao Decreto n. 3.708/1919; se anônima, à Lei n. 6.404/1976; se cooperativa, à Lei n. 5.764/1971."

192 SOCIEDADES LIMITADAS

"O art. 11 da Lei n. 5.764/1971 prevê, porém, que a responsabilidade do associado pelos compromissos da cooperativa poderá ser limitada ao valor do capital por ele subscrito. Esse dispositivo legal não torna as cooperativas sociedades sob o regime jurídico do Decreto n. 3.708/1919, que, como já dito, obriga o uso do vocábulo LIMITADA na denominação s ocial (...).".

"(...) a limitação da responsabilidade dos associados deve ser objeto de disposição estatutária expressa."

Da segunda acabei extraindo mais alguns trechos: as expressões ("sociedade anônima", "companhia", "comandita por ações", "limitada", "cooperativa"):

"(...) que o legislador manda utilizar nas denominações sociais não indicam, apesar das aparências às vezes em contrário, a responsabilidade dos sócios. Indicam apenas o tipo societário; porque, se indicassem a responsabilidade.dos sócios, o nome da S/A deveria conter a expressão LTDA., porque também os sócios de uma S/A têm responsabilidade limitada. A lei que manda designar na denominação o tipo societário confere exclusividade de uso da expressão. Surgindo a exclusividade, nenhuma outra sociedade comercial ou civil poderá usar essa expressão".

"A expressão LIMITADA ou LTDA. também indica um tipo societário: aquele regulado pelo Decreto n. 3.708, de 10.1.1919. Essa expressão deve, portanto, ser entendida como exclusiva das sociedades por quotas de responsabilidade limitada, não podendo ser utilizada na denominação social de outros tipos societários para indicar a responsabilidade dos sócios."

Por decisão do próprio Plenário da Junta Comercial, a questão foi, então, transformada numa consulta e, por isso, mediante o Ofício GP-003/1997, de 3.1.1997, da Presidência, submetida à apreciação do Departamento Nacional de Registro do Comércio (naquela época, órgão do Ministério da Indústria, do Comércio e do Turismo, em Brasília), cujo Setor Jurídico emitiu a Informação DNRC/COJUR-007/1997, da qual extraí os seguintes trechos:

"Quanto à responsabilidade do associado ser limitada ou ilimitada, deve-se tomar por base o que dispõem os arts. 11 e 12 da Lei n. 5.764/1971, não cabendo a aplicação da Lei das Sociedades por Cotas de Responsabilidade Limitada".

"Releva esclarecer que a lei de regência das cooperativas determina, sob pena de nulidade, o uso de denominação social, não estabelecendo que as cooperativas utilizem a expressão *limitada*."

"Ora, os dispositivos supramencionados estabelecem de maneira clara e insofismável sobre a *responsabilidade do associado pelos compromissos da sociedade cooperativa.*"

"Assim, em face do exposto, forçoso concluir-se que assiste razão à Procuradoria da JUCESP ao defender a tese da ilegalidade do uso da expressão LIMITADA ou LTDA. na denominação social das sociedades cooperativas e de outras sociedades não disciplinadas pelo Decreto n. 3.708, de 10.1.1919."

A referida manifestação recebeu concordância, primeiro, da Coordenação-Geral para Assuntos Jurídicos, depois do próprio Diretor do Departamento Nacional de Registro do Comércio, sendo a seguir encaminhada à Junta Comercial de origem, cujo Plenário não teve dúvida em acatar o ponto de vista do órgão que lhe era tecnicamente superior. De forma que, a partir de então, as sociedades cooperativas, se, de um lado, não podem dispensar o uso, em sua denominação, da palavra "cooperativa", também não podem utilizar, na mesma denominação, a palavra "limitada". À vista disso, a questão ora em exame ficou definitivamente resolvida e, em minha opinião, bem resolvida. De fato, concordo plenamente com a colocação segundo a qual a expressão "limitada" indica tipo societário, não responsabilidade dos sócios; dessa forma, já que reservada, pelo legislador pátrio, à sociedade limitada, ela se tornou claramente de uso exclusivo, não podendo, por isso, ser utilizada, em qualquer hipótese, por quaisquer outros tipos societários. Note-se que o Código Civil/2002 parece ter confirmado, ainda que indiretamente, o entendimento acima citado, uma vez que, em seu art. 1.159, ele se limitou a dispor que a sociedade cooperativa funciona sob denominação integrada pelo vocábulo "cooperativa"; nada mais. Tal silêncio, em minha opinião, é por demais eloqüente.

Capítulo VI

Objeto, Prazo e Sede

1. Algumas considerações sobre o objeto social. 2. Algumas considerações sobre o prazo de duração: 2.1 Prazo de duração tido como determinado – 2.2 Prazo de duração tido como indeterminado – 2.3 Como definir o termo inicial do prazo. 3. Algumas considerações sobre a sede social: 3.1 Atual conceito ampliado de "sede social": 3.1.1 Como identificar a sede propriamente dita – 3.1.2 A sede subsidiária e sua exata conceituação – 3.1.3 A sede apenas de fato e sua plena justificação. 3.2 Figuras que complementam a sede social.

1. Algumas considerações sobre o objeto social

Com relação a qualquer sociedade, empresária ou não, é necessário que se entenda por *objeto social* a atividade que a sociedade exerce, de um lado, em caráter essencial ou fundamental e, de outro, em caráter permanente. Em tais condições, se a sociedade, por exemplo, mantiver seu dinheiro disponível corriqueiramente aplicado em instituições financeiras, tal atividade, apesar de habitual e lucrativa, não integrará seu objeto, por ser acessória; e se ela praticar determinado ato em razão apenas e tão-somente de especiais circunstâncias, que não se repetirão com facilidade, também se estará, com toda certeza, diante de algo que não integra o objeto social, por não ser permanente.

O Código Civil/2002, na parte em que regula a sociedade limitada (arts. 1.052-1.087), nada dispõe a respeito do objeto social, mas remete à parte que regula a sociedade simples, cujo art. 997 dispõe que o contrato social deve conter, entre outras coisas, a menção do objeto

196 SOCIEDADES LIMITADAS

da sociedade. Assim, diante da absoluta ausência, no atual Código, de dispositivos fornecendo pormenores a respeito da maneira de compor o objeto da sociedade limitada, entendo que qualquer intérprete esteja pacífica e amplamente autorizado a aplicar, em caráter supletivo, a legislação sobre as sociedades anônimas ou companhias, consistente, em substância, na Lei 6.404, de 15.12.1976, cujo art. 2º, § 2º, dispõe textualmente que o estatuto social "definirá o objeto de modo preciso e completo". De forma bem clara e, a meu ver, bastante lógica, surgem, em conseqüência, à vista do dispositivo legal ora citado, as primeiras características do objeto da sociedade limitada: com efeito, tem esta última, igualmente, tal como a anônima, a necessidade de celebrar seu contrato constitutivo sem deixar de, no mesmo, fazer inserir objeto empresarial definido de modo preciso e completo.

Por sua vez, a Lei 8.884, de 11.6.1994, sobre o Conselho Administrativo de Defesa Econômica/CADE, em seu art. 56, I, dispõe que as Juntas Comerciais ou órgãos correspondentes nos Estados não poderão arquivar quaisquer atos relativos a constituição, transformação, fusão, incorporação ou agrupamento de empresas, bem como quaisquer alterações nos respectivos atos constitutivos, sem que dos mesmos conste, entre outras coisas, a declaração precisa e detalhada do seu objeto. Com o quê surge outra característica do objeto social da limitada, vinculada à idéia de detalhamento. Por fim, a Lei 8.934, de 18.11.1994, sobre Juntas Comerciais, confirma a idéia de precisão, ao dispor, em seu art. 35, III, entre outras coisas, que não podem ser arquivados os atos constitutivos de empresas mercantis os quais não contenham a declaração precisa de seu objeto.

Em conclusão, o objeto social da limitada deve consistir em atividade descrita de modo detalhado, preciso e completo. "Detalhado" é o particípio passado do verbo "detalhar", que significa "descrever com riqueza de pormenores", ainda que muito pequenos. "Preciso" significa "delineado" ou "delimitado com exatidão". "Completo" diz respeito a algo que se apresenta com todas as suas partes, com todos os seus elementos essenciais. A bem da verdade, as mencionadas três palavras, apesar de impressionarem bastante e parecerem perfeitas, não são, a rigor, muito esclarecedoras, pois análise atenta acaba revelando-as como sendo de cunho relativo, genérico e abrangente. Assim sendo, diante da escassa clareza dos dispositivos legais citados, sugiro que se tome em consideração conhecido método filosófico segundo o qual é suficiente declarar o *gênero próximo* e a *diferença específica*.

OBJETO, PRAZO E SEDE

Evidentemente, "gênero" é algo que pode ter enorme amplitude; por isso é que a enunciação do objeto social deve atingir tão-somente o *gênero próximo*, dentro dos limites da *diferença específica*, que é a única que interessa ao legislador pátrio; aliás, o gênero próximo acaba sendo enunciado apenas para que a diferença específica possa melhor ser definida. Por "gênero" pode-se entender categoria de objetos caracterizados por propriedades essenciais comuns, que se diferenciam, no entanto, em razão de suas propriedades não-essenciais (note-se que esta última oração subordinada define, ao mesmo tempo, a própria diferença específica). A título de exemplo, no âmbito do gênero mais amplo do transporte em geral, que abrange o aéreo, o marítimo, o fluvial, o lacustre, o ferroviário, o rodoviário etc., é possível destacar este último, que admite, basicamente, duas espécies (a que atinge passageiros e a que atinge cargas), e definir o *objeto empresarial* como sendo a atividade de "transporte rodoviário de passageiros", onde a palavra "transporte" representa o *gênero remoto*, a palavra "rodoviário" o *gênero próximo* e a expressão "de passageiros" a *diferença específica*.

Por que tão grande preocupação do legislador pátrio com referência ao *objeto social*? Porque é justamente através do objeto que o Poder Público consegue ficar de olho nas sociedades em geral, sobretudo nas sociedades empresárias, exercendo a fiscalização genérica ou específica que lhe compete. Vou fazer pequeno exemplo. As empresas de armazéns-gerais devem, para poderem funcionar legalmente, inclusive emitindo determinados títulos (conhecimentos de depósito e *warrants*), receber especial matrícula da Junta Comercial em cuja jurisdição se encontrem localizadas suas sedes. Como se poderá ter certeza de que se está, mesmo, diante de empresa de armazéns-gerais? Pela análise atenta de seu objeto empresarial. Tal análise revelará, principalmente, se a atividade declarada está, ou não, de acordo com as condições da lei e se a empresa se enquadra, ou não, na proibição legal de exercer o comércio de mercadorias idênticas às que deverá receber em depósito. Mas, se fosse permitido declarar o objeto empresarial de forma incompleta ou, ainda que apenas sob certos aspectos, de forma genérica, a empresa, por certo, poderia acabar ficando na cômoda posição de quem exerce atividade proibida sem poder ser atingido pelas sanções existentes na legislação.

Já tive a oportunidade de fazer notar que a forma jurídica da sociedade limitada pode, com toda a liberdade, ser utilizada, de um lado, por agentes econômicos de natureza empresarial e, de outro, por agentes econômicos de natureza não-empresarial; sendo que pa-

198 SOCIEDADES LIMITADAS

ra o registro dos respectivos atos constitutivos é competente a Junta Comercial, na primeira hipótese, e um cartório do Registro Civil das Pessoas Jurídicas, na segunda. Como escolher o registro certo? Com base em diversas ponderações que, ainda hoje, apesar das aparências em contrário, têm como pontro de partida análise atenta do *objeto social*. Nada impede, no entanto, ao menos em muitos casos, que o objeto seja híbrido ou misto (meio empresarial e meio não-empresarial, ou muito empresarial e um pouco não-empresarial, ou muito não-empresarial e um pouco empresarial). Como resolver, nestes casos, o problema da escolha do registro certo? Aplicando, porventura, o *princípio da preponderância*, como sustentam alguns? Não nestes casos! Em verdade, conforme já tive a oportunidade de afirmar neste estudo, com fundamento em repetidas afirmações feitas no passado, tendo o registro das empresas certo poder de atração com relação a tudo o que é empresarial, mesmo que o seja em proporções pequenas, o registro certo será sempre a Junta Comercial todas as vezes que a análise do objeto social revelar a presença, ainda que pequena, de atividades empresariais (a respeito do que caracteriza a natureza empresarial do objeto, tomo a liberdade de remeter de novo os estudiosos ao meu livro *Empresa É Risco – Como Interpretar a Nova Definição*, 2007).

2. Algumas considerações sobre o prazo de duração

2.1 Prazo de duração tido como determinado

O art. 981, parágrafo único, do Código Civil/2002 dispõe que a atividade da sociedade pode restringir-se à realização de um ou mais negócios determinados; o que significa, em minha opinião, que a sociedade pode, por via de conseqüência ou por uma questão de simples lógica, ter prazo de duração determinado, curto ou longo que seja, de acordo com as proporções do negócio que ela pretenda realizar. Pode parecer estranho que se constitua determinada sociedade limitada com a finalidade de realizar um único negócio; mas é hipótese bem possível de acontecer na realidade. Eu próprio me lembro de que, diversos anos atrás, certos amigos advogados me mostraram os atos constitutivos de uma sociedade limitada que haviam organizado por conta de clientes empresários. Estes haviam sido contratados para construir grande ponte cortando ampla baía; e, uma vez que a obra era muito importante e bem grande, e demoraria bastante para ser terminada, haviam pensado, por motivos ligados a conveniências administrativas, em constituir sociedade à parte, com aquela única finalidade. A própria denominação da sociedade denunciava a existência de objeto social consistente na realização de obra única: "Consórcio *Tal* para Construção da Ponte sobre a Baía *Tal* Ltda.". Achei estranho o uso da palavra "consórcio", que, ao que me parece, em termos societários, ficou reservada para a figura homônima, sem personalidade jurídica, prevista pela legislação sobre as sociedades anônimas (de fato, a rigor, a limitada que havia sido constituída não era um consórcio, merecendo, quando muito, a designação de *joint venture*); no entanto, a sociedade havia sido registrada, sem exigências, e a ponte havia sido construída.

Em casos como este, nada impede, a meu ver, que haja declaração apenas do número de anos ("A sociedade terá prazo de duração de 5 anos", por exemplo); mas, se os sócios puderem prever, com extrema exatidão, a duração do negócio único da sociedade, não haverá como impedir também que o prazo seja declarado com a menção de meses, ou mesmo de qualquer outra forma aceitável. Por exemplo: "A sociedade terá prazo de duração de 9 meses"; ou "A sociedade terá prazo de duração de 5 anos e 6 meses"; ou "A sociedade terá prazo de duração de 36 meses"; ou "A sociedade terá prazo de duração que se encerrará automaticamente em 31 de julho de 2015".

2.2 Prazo de duração tido como indeterminado

Casos como o acima mencionado e descrito são, por certo, muito raros, pois dependem, para surgir, da existência de condições assaz especiais, criando conveniências ou necessidades que, sem dúvida, não são classificáveis como normais, ordinárias ou corriqueiras. Não é fácil montar uma sociedade de cunho econômico, sobretudo se empresária: é necessário, via de regra, que se tenha capital de certo vulto e alguma experiência; é necessário também que, ao menos durante certo período, a atividade seja desenvolvida com habilidade deveras especial, capaz de gerar fluxo constante de clientes, em condições de proporcionar à sociedade lucros suficientes para manutenção da mesma atividade e para sobrevivência econômica de cada sócio. Uma vez conseguido tudo isso, ninguém é louco a ponto de encerrar abruptamente as atividades. Se isso acontecesse, não teria o menor sentido; pois, como diz o provérbio, *cesteiro que faz um cesto, faz um cento*. O cesteiro que foi capaz de fazer um cesto, e de fazê-lo bem, vendendo-o a seguir, não vai, certamente, parar no primeiro cesto: vai

200 SOCIEDADES LIMITADAS

querer fazer outros cestos, até 100 ou mais, procurando transformar aquela sua habilidade, se possível, em profissão, para assegurar sua subsistência e a de sua família. É esse o motivo básico pelo qual, nos tempos atuais, é extremamente corriqueiro que as sociedades de cunho econômico tenham prazo de duração indeterminado, uma vez que costumam ser constituídas para exercer suas atividades, no mínimo, durante a vida inteira dos seus sócios.

E se a sociedade for empresária a coisa poderá ir, sem dúvida, bem mais longe. Tive, mais de uma vez, a oportunidade de fazer notar (ver, por exemplo, o meu livro *Empresa É Risco – Como Interpretar a Nova Definição*, já citado) que as atividades empresariais, herdeiras das atividades comerciais, não são mais exercidas, em substância, por pessoas físicas, ainda que operando em conjunto (isto é, formando sociedades): passaram aos poucos a ser exercidas por organizações, que, no plano econômico, são com insistência indicadas mediante uso da palavra "empresa"; palavra, essa, que, a rigor, não é nada nova, mas que outrora indicava apenas a atividade do comerciante. Em conseqüência, a limitada, muito embora continue a ser indicada, no plano jurídico, com a palavra "sociedade", é, em verdade – ela também –, uma organização, não importa se grande ou pequena, simples ou complexa, atual ou potencial. Como organização, a limitada empresária não precisa mais ficar preocupada com a vida física de seus sócios, pois passou a ter sólidas condições para existir durante várias gerações. Aliás, tem, mesmo, autêntica tendência para tanto. Em razão de tudo isso, na grande maioria dos casos o prazo de duração da sociedade limitada, empresária ou não, acaba sendo declarado como indeterminado (assim: "A sociedade terá prazo de duração indeterminado").

2.3 Como definir o termo inicial do prazo

Certa vez, no passado, surgiu dúvida – que chegou a ser discutida comigo – a respeito do momento exato em que o prazo de duração da sociedade começa. Evidentemente, a questão diz respeito tanto ao prazo determinado como ao indeterminado. Em caráter preliminar, é preciso notar que o início do prazo de duração da sociedade pode ser fixado pelos sócios, sendo a seguir inserido na respectiva cláusula contratual, como texto complementar. Porventura, tal fixação é de todo livre? É o que se verá. Outrora, quando o registro na Junta Comercial era facultativo (ainda que apenas em teoria; pois em teoria era comerciante quem simplesmente exercesse o comércio), poderia,

OBJETO, PRAZO E SEDE   201

a meu ver, ser aceita como válida, com relação à sociedade empresária, a fixação de início coincidindo com o dia da celebração do contrato. Não creio que isso seja possível hoje, de acordo com o art. 967 do Código Civil/2002, que dispõe: "É obrigatória a inscrição do empresário no Registro Público de Empresas Mercantis da respectiva sede, antes do início de sua atividade". Percebem-se claramente duas diferentes idéias: uma que, pela primeira vez, torna formalmente obrigatória a inscrição do empresário em geral (portanto, individual e coletivo) na Junta Comercial (que é o órgão que executa o Registro Público de Empresas Mercantis); outra que exclui categoricamente a possibilidade de iniciar a atividade empresarial antes que seja efetuado o mencionado registro.

Pois bem, se antes do registro não pode ser iniciada a atividade, tal significa, em minha opinião, por via de conseqüência, que também não pode ser iniciada a contagem do prazo de duração da própria sociedade. Afinal, uma sociedade de cunho econômico, empresária ou não, justamente em virtude de sua necessidade vital de interagir com o grande público, só existe na prática para este último; não, por certo, para si mesma. Numa linguagem um pouco mais técnica, pode-se dizer que a sociedade ora em questão representa realidade dinâmica, não estática, necessitando nos termos mais absolutos do mercado, portanto, de notável e contínua interação com o grande público, e constituindo sua atividade, por causa disso, o fulcro de sua própria essência. Ora, se a atividade constitui a essência da sociedade econômica, esta última não pode ser tida como verdadeiramente existente enquanto não tiver permissão para iniciar dita atividade; por outro lado, se ela não estiver existindo, não terá, ao que parece, a menor possibilidade de dar início à contagem do prazo de sua duração. Dir-se-á que nem sempre, após o registro, a interação com o grande público é imediata. É verdade. Ocorre porém que, no caso, a interação não existe no sentido atual, mas existe no sentido potencial; pois é suficiente, para surgimento da atividade econômica, que uma das partes sinalize para a outra, comunicando: "Desejo interação econômica com você; para tanto, tenho preparo financeiro e técnico, e disponho de permissão legal". A citada sinalização é feita por intermédio do registro.

Conseqüência disso é que o início, propriamente dito, da existência de qualquer sociedade só pode coincidir com algo que é de fundamental importância para o mencionado público, a saber: a data da publicação, no *Diário Oficial*, do despacho de registro do contrato social. O início do prazo de duração coincide, porventura, com a mesma data? Não necessariamente. Com efeito, se é verdade que o

Código Civil/2002 não permite, ainda que indiretamente, a fixação de tal início em data anterior ao registro, também é verdade que não impede aos sócios, a meu ver, a fixação em data posterior. Em tais condições, acredito seja possível que os sócios adotem, na cláusula contratual própria, textos parecidos com os seguintes: "O prazo de duração da sociedade terá início no dia da publicação, no *Diário Oficial*, do despacho de registro do contrato social"; ou: "A fim de que haja tempo suficiente para solução dos problemas logísticos preliminares, o prazo de duração da sociedade terá início 30 dias após a publicação, no *Diário Oficial*, do despacho de registro do contrato social"; ou "(...) terá início no primeiro dia do mês seguinte ao da publicação, no *Diário Oficial*, do despacho de registro do contrato social; sendo que, se o referido despacho for publicado após o dia 20 do mês, o prazo de duração terá início não no primeiro dia do primeiro mês seguinte, mas no primeiro dia do segundo mês seguinte". Pode acontecer, porém, que os sócios da limitada nada tenham fixado no instrumento contratual; neste caso, o prazo de duração da sociedade só poderá, ao que tudo indica, ter início na data da publicação, no *Diário Oficial*, do despacho de registro do contrato social.

Cabe observar, por derradeiro, que o art. 1.151 do Código Civil/2002, no capítulo do registro, dispõe, em seu § 1º: "Os documentos necessários ao registro deverão ser apresentados no prazo de trinta dias, contado da lavratura dos atos respectivos"; e continua, no § 2º: "Requerido além do prazo previsto neste artigo, o registro somente produzirá efeito a partir da data de sua concessão". Trata-se, sem dúvida, de dispositivo de difícil interpretação; afinal, em que consiste esse "efeito" a que alude o legislador pátrio? Por outro lado, se o registro não produzir efeito a partir da data de sua concessão, produzirá efeito a partir de que data: a da entrada do pedido ou a do instrumento contratual? Há quem entenda que, requerido dentro do prazo de 30 dias, o registro produzirá efeito a partir da data dos atos respectivos, portanto, na hipótese de sociedade limitada, a partir da data do contrato social. Em conseqüência, poderia alguém ser levado a sustentar que o dispositivo citado não deixa de autorizar a contagem do prazo de duração da sociedade a partir da data do contrato. Em minha opinião, tal tese estaria em franco conflito com o art. 967, conforme sustentei acima. Tudo indica, pois, que o legislador pátrio, através do art. 1.151, § 2º, teve a intenção apenas de impedir que todas as sociedades contratuais, enquanto não obtido o registro de seus atos constitutivos, fossem consideradas e tratadas sempre como sociedades em comum, com base no art. 986, que dispõe: "Enquanto

OBJETO, PRAZO E SEDE

não inscritos os atos constitutivos, reger-se-á a sociedade, exceto por ações em organização, pelo disposto neste Capítulo, (...)" (capítulo esse que trata justamente da sociedade em comum).

3. Algumas considerações sobre a sede social

3.1 Atual conceito ampliado de "sede social"

A palavra "sede" vem do termo latino *sedes* e significa, etimologicamente, "lugar onde alguém senta". Hoje, *lato sensu*, significa o lugar onde alguém reside ou exerce determinada função ou atividade; ao passo que, *stricto sensu*, se afirma cada vez mais com o sentido de lugar que as pessoas jurídicas em geral (portanto, religiosas e não-religiosas, públicas e privadas, lucrativas e não-lucrativas, empresárias e não-empresárias) escolheram como centro de suas atividades. Neste último sentido é, às vezes, usada em seu lugar a palavra "matriz", que, curiosamente, quanto ao aspecto etimológico, significa "útero" (o útero da mãe, pois deriva do termo latino *mater*); passou depois a significar o lugar onde alguma coisa é gerada, até passar a indicar o estabelecimento central ou principal de determinada empresa econômica. Nos tempos atuais, pequena análise da expressão "sede social", ainda que realizada sem excessivo aprofundamento, e no tocante apenas às atividades empresariais, é capaz de revelar interessante ampliação do respectivo conceito; ampliação, essa, que acaba produzindo certo tipo de desdobramento, o qual permite seja por fim vislumbrada a existência de ao menos três espécies de sedes: *sede propriamente dita, sede subsidiária* e *sede apenas de fato*.

3.1.1 Como identificar a sede propriamente dita

O Código Civil/2002, em seu art. 75, após ter fixado a sede (indicada genericamente como "domicílio") da União, dos Estados ou Territórios e dos Municípios, dispõe, em seu inciso IV (primeira parte), que o domicílio é: "IV – das demais pessoas jurídicas, o lugar onde funcionarem as respectivas diretorias e administrações, (...)". Está-se, sem a menor dúvida, diante de figura jurídica que corresponde à *sede propriamente dita*, ou *matriz*, ou *sede principal*, ou *sede de direito e de fato* ao mesmo tempo. Percebe-se, com certa clareza (apesar da escassa clareza do texto legal, além do estranho pleonasmo existente na menção simultânea de "diretorias e administrações"), que a *sede propriamente dita* não corresponde a qualquer estabelecimento da pessoa jurídica ou, mais especificamente, da sociedade limitada: corresponde apenas e tão-somente ao estabelecimento onde ficam guardados os livros e demais documentos da sociedade, quer na qualidade de pessoa jurídica (em sua estrutura e em suas relações com os Poderes Públicos e com terceiros em geral), quer na qualidade de agente da atividade empresarial; corresponde também, e sobretudo, ao estabelecimento onde opera o mais alto órgão da administração social, no sentido representativo e executivo da palavra; ou, melhor dizendo, onde os principais administradores, juntamente com o inteiro corpo dos colaboradores administrativos, exercem suas funções em caráter permanente.

Como deve ser declarada a sede? A referida Lei 8.884, de 11.6.1994, sobre o Conselho Administrativo de Defesa Econômica, no mesmo art. 56, dispõe outrossim, no inciso IV, que as Juntas Comerciais ou órgãos correspondentes nos Estados não poderão arquivar quaisquer atos relativos a constituição, transformação, fusão, incorporação ou agrupamento de empresas, bem como quaisquer alterações nos respectivos atos constitutivos, sem que dos mesmos conste, entre as demais coisas, o local da sede e respectivo endereço, inclusive das filiais declaradas. Com base em tal dispositivo, e também na lógica jurídica, faço notar que qualquer sociedade deve ter sempre uma sede que corresponda não somente a uma cidade, mas também a um endereço completo, com o nome do logradouro público, o número, a indicação da unidade autônoma interna (se houver) e o Código de Endereçamento Postal. Estaria, portanto, em total desacordo com a lei uma sociedade que indicasse como sua sede tão-somente uma cidade (com respectivo Estado) ou, além da cidade, apenas uma caixa postal ou um telefone, ou um fax ou um endereço eletrônico. Chego a afirmar que até mesmo um endereço completo, mas em tudo igual ao de outra sociedade, seria inaceitável. Pois as sociedades, em condições normais, são pessoas jurídicas, e estas, justamente porque não passam de meras ficções da lei, inexistentes na realidade, precisam de elementos exteriores bem concretos para serem pronta e seguramente reconhecidas, sem qualquer confusão com outras pessoas jurídicas. Afinal, o Direito não foi, por certo, inventado para confundir os membros da sociedade, assim atrapalhando sua vida, mas para ajudar a resolver, da melhor forma possível, todos os problemas decorrentes da convivência social.

3.1.2 A *sede subsidiária e sua exata conceituação*

O Código Civil/2002, mais uma vez em seu art. 75, só que no § 1º, assim dispõe: "Tendo a pessoa jurídica diversos estabelecimentos em lugares diferentes, cada um deles será considerado domicílio para os atos nele praticados". Aqui o legislador pátrio foi perfeito, pois atendeu de forma magnífica aos justos reclamos do povo. Houve época em que se, por exemplo, um consumidor qualquer procurasse, em São Paulo, a filial de certa empresa com sede em Manaus, adquirisse determinado produto, verificasse depois ter adquirido algo com defeito e decidisse, em seguida, processar a empresa, só poderia fazê-lo em Manaus. Era, sem dúvida, uma flagrante injustiça, uma vez que, para aquele consumidor, a empresa inteira se identificava com a filial de São Paulo, ao menos com relação à aquisição realizada em São Paulo; afinal, por que era permitido resolver o problema da aquisição em São Paulo e não era, depois, permitido resolver na mesma cidade de São Paulo todos os problemas eventualmente decorrentes ou, melhor dizendo, os problemas que porventura representassem mera e simples conseqüência daquela aquisição? Não havia a menor lógica.

Mas a situação legal de hoje tem uma lógica perfeita: qualquer que seja a filial, esteja ela onde estiver dentro do território nacional, e desde que algum negócio tenha sido realizado nela, é justamente lá que se encontra a sede da empresa, para solução dos problemas conseqüentes. Trata-se, assim, de *sede subsidiária* ou *secundária*, figura que pode surgir em qualquer estabelecimento da empresa. Insisto, porém, na idéia de relatividade ou de alçada: é fundamental, com efeito, que o ato praticado o tenha sido no estabelecimento filiado ora em questão; pois é justamente isso que fixa a alçada. Ao contrário, se determinado assunto for abordado ou, mesmo, discutido em alguma dependência da filial mas disser respeito a problema que nada tem a ver com as competências da mesma filial (por exemplo, um problema estrutural da empresa), só poderá ser tomada em consideração a sede propriamente dita, ou principal. Como exemplo prático posso apontar o seguinte: certa pessoa jurídica de São Paulo, com filial em Manaus, deseja entrar como sócia em sociedade limitada de Manaus, para poder participar das vantagens da Zona Franca; pois bem, nesta hipótese não poderá dar como seu endereço o de sua filial em Manaus: deverá dar o endereço de sua sede principal.

Há mais um problema que merece ser colocado e comentado. Algum tempo atrás me aconteceu fato deveras curioso. Precisava eu viajar com urgência para a Europa Central, e pensei em pedir

206   SOCIEDADES LIMITADAS

as costumeiras informações sobre dias, horários, disponibilidades de lugares, preços etc. primeiramente à companhia aérea do país a ser visitado, em razão das facilidades práticas que ela oferecia. A referida companhia aérea tinha filial em São Paulo, ainda por cima bem perto de minha casa. Telefonei e fui atendido. Disseram-me: "As informações que o senhor deseja só podem ser fornecidas por nosso Setor de Reservas; espere um pouco: vamos transferir". Passados poucos instantes, ouvi nova voz, que começou a dialogar comigo. O Português era fluente, mas havia algo estranho na postura daquela voz: o estilo não parecia paulistano. Perguntei, com certa energia: "Quem é o senhor? De onde está falando?". Após hesitação de alguns instantes, respondeu: "De Buenos Aires". Sendo européia e operando com toda a América do Sul, evidentemente aquela empresa havia achado interessante centralizar seu serviço de reservas com relação a todo o Continente; e para tanto, como nos velhos tempos, havia escolhido a cidade de Buenos Aires. A perplexidade que tomou conta de mim me obrigou a refletir sobre a extraordinária facilidade que hoje as empresas têm para oferecer serviços que só podem ser contratados mediante telefone.

Tive experiência pessoal de um caso desses. Desejava eu contratar a prestação permanente de determinado serviço, e solicitei a amigos dicas sobre as melhores empresas da praça. Apontaram-me empresa muito conhecida e conceituada, que operava no inteiro território nacional. Pedi-lhes, então, o endereço, mas ninguém sabia; um deles, no entanto, tinha o telefone de alguém que funcionava como uma espécie de vendedor de dita empresa. Fiz imediato contato com tal pessoa, a qual me deu todas as informações de que eu precisava e concluiu fornecendo-me um telefone. "Ligue para este número na sede da empresa – disse ele – e faça seu cadastro completo, fornecendo, inclusive, os dados de uma sua conta bancária para débito das mensalidades; após o quê a prestação do serviço começará imediatamente". Perguntei: "Onde fica a sede da empresa?". Deu-me o nome de cidade longínqua. Perguntei de novo: "Mas não existe uma filial em São Paulo, já que ela opera muito nesta cidade?". Respondeu-me: "Não sei dizer; meu trabalho, em verdade, é coordenado por certa pessoa física que se apresenta como representante da empresa, e que não permite indagações ultrapassando o estrito campo de minhas tarefas específicas". Usei aquele telefone, fiz o cadastro, forneci todas as informações solicitadas e, a seguir, o serviço começou a ser prestado. Tempo depois, após pesquisa realizada com certa intensidade, descobri a existência, em São Paulo, de filial daquela empresa.

OBJETO, PRAZO E SEDE

Surge, naturalmente, então, a seguinte questão: caso apareçam problemas na prestação do serviço por mim contratado, e queira processar a empresa prestadora, posso mandar citá-la no endereço da filial de São Paulo, mesmo não tendo eu tido qualquer contato com esta última? Em minha opinião, sim, sem dúvida. Com efeito, se foi aberta uma filial na cidade de São Paulo, forçoso é supor que tal fato tenha acontecido para que a filial coordenasse e supervisionasse o serviço prestado, no mínimo, aos usuários da própria cidade de São Paulo, ou que, pelo menos, a filial representasse os interesses da empresa em dita cidade. Uma coisa é irrefutável: necessariamente, a abertura de filial deve ter tido um motivo plausível, no sentido jurídico da expressão. De forma que é irrelevante a maneira pela qual foi feito o contato que resultou na contratação do serviço. Afinal, na era do telefone e da Internet, pouco importa saber a posição geográfica do destinatário do telefonema ou da mensagem via Internet. Há telefones gratuitos (linhas 0800) com relação aos quais a pessoa que telefona não tem qualquer idéia a respeito da pessoa que está ouvindo. Quem é ela? Há casos em que ela nem pertence à própria empresa, pois o serviço foi terceirizado. Onde é que ela fica posicionada, em termos geográficos? Tanto pode estar na mesma cidade, inclusive no prédio ao lado, como em cidade que fica no outro extremo do país. Assim sendo, para determinado consumidor ou usuário de certa cidade ou área que tenha realizado, com alguma empresa, negócio previsto pelo objeto empresarial desta, o que realmente importa é saber se, naquela mesma cidade ou área, dita empresa costuma operar ampla e corriqueiramente, exercendo sua atividade ordinária, e tem filial; em caso afirmativo, o enquadramento automático no art. 75, § 1º, do Código Civil/2002 é de todo inevitável.

3.1.3 A sede apenas de fato e sua plena justificação

A Lei 11.101, de 9.2.2005, sobre a recuperação judicial, a extrajudicial e a falência do empresário e da sociedade empresária, reproduzindo quase literalmente texto contido na legislação anterior (Decreto-lei 7.661, de 21.6.1945, art. 7º, *caput*), dispõe, em seu art. 3º, o seguinte: "É competente para homologar o plano de recuperação extrajudicial, deferir a recuperação judicial ou decretar a falência o juízo do local do principal estabelecimento do devedor ou da filial de empresa que tenha sede fora do Brasil". A expressão "principal estabelecimento" dá a entender ser possível ulterior distinção doutrinária no tocante à idéia de "sede", surgindo, em conseqüência, mais duas

208 SOCIEDADES LIMITADAS

figuras, que são a *sede de direito* e a *sede de fato*, e encontrando a primeira delas amparo legal no Código Civil/2002, que, em seu art. 75, IV (segunda parte), após determinar o domicílio das demais pessoas jurídicas (as não-públicas), dispõe que o mesmo também pode estar "onde elegerem domicílio especial no seu estatuto ou atos constitutivos". Qual o motivo de tão curioso fenômeno?

Vou tentar explicar através de um exemplo bem prático. Há empresas industriais que, para exercerem eficazmente suas atividades estatutárias ou contratuais, precisam, em proporções enormes, de determinadas fontes de energia. Há casos em que tais empresas, para disporem das referidas fontes de energia com a maior facilidade, se instalam justamente nas imediações das mesmas, as quais, na melhor das hipóteses, se encontram em áreas suburbanas de grandes cidades, devendo às vezes ser procuradas em áreas ainda mais distantes, praticamente no mato. Aparece, então, problema que, de escassa ou nenhuma importância no plano técnico, tem, porém, relevante importância no sentido social: a empresa não dispõe de sede no centro ou em área nobre de alguma grande cidade. Tal fato pode arranhar o prestígio empresarial; ademais, é mais fácil e cômodo encontrar pessoas, realizar reuniões, organizar cerimônias, receber correspondências etc. em prédio no centro da cidade grande que fazê-lo no meio do mato. Compra-se, assim, escritório na cidade grande, o qual passa pomposamente a figurar, no estatuto ou contrato, como sede social. Trata-se, no entanto, de mera *sede de direito*, pois ficam em dito escritório, em caráter permanente, poucos funcionários e um ou pouquíssimos administradores, todos com funções secundárias; ao passo que o grosso dos funcionários, inclusive administrativos, a maioria dos administradores, constituindo o centro nevrálgico das atividades empresariais, todos os livros e os documentos mais importantes da empresa ficam, em caráter permanente, no estabelecimento localizado no meio do mato; com o quê, muito justamente, é possível tomar em consideração outro tipo de sede: a *sede apenas de fato*.

3.2 Figuras que complementam a sede social

Usei o verbo "complementar" porque as figuras às quais aludirei logo a seguir são, sem dúvida, em termos empresariais, efetivos ou autênticos complementos da sede social; e não apenas num único sentido, uma vez que elas chegam a complementar a sede social tanto no sentido jurídico, nos momentos em que podem ser tratadas, conforme já foi visto, tais quais a própria sede, como no sentido territorial, nos momentos em que, em verdade, permitem à sociedade, identificada com a sede, o exercício da atividade social em lugares que se encontrem pouco ou muito distantes.

Inicialmente, é preciso pôr em ressalte que a empresa se torna visível através de seus estabelecimentos. Qual a noção de *estabelecimento*? No Direito Italiano são usados dois termos: *azienda* e *stabilimento*. O primeiro indica o conjunto total dos bens utilizados pelo empresário para exercer sua atividade; ao passo que o segundo indica apenas a parte de bens organizada no âmbito de cada um dos edifícios utilizados pelo mesmo empresário. De forma que, na hipótese de utilização de dois ou mais edifícios, o *stabilimento* é parte da *azienda*. No Brasil existe apenas o *estabelecimento*, que o Código Civil/2002, em seu art. 1.142, define como sendo "todo complexo de bens organizado, para exercício da empresa, por empresário, ou por sociedade empresária". Trata-se, no entanto, de palavra equívoca, eis que costuma ser utilizada com dois significados ou acepções: ela indica as duas noções do Direito Italiano, isto é, o todo e a parte, ao mesmo tempo.

Esclarecida tal diferença, cabe colocar a seguinte questão: os estabelecimentos ou, melhor dizendo (para evitar confusões), as unidades em que são exercidas as atividades empresariais são sempre da mesma natureza? Sem dúvida não são, quer no plano jurídico, quer no econômico. No plano jurídico é corriqueiro existirem, de um lado, o estabelecimento-sede e, de outro, os estabelecimentos-filiais. Outras distinções não existem; tanto assim que, no âmbito da Junta Comercial, tudo aquilo que não é sede é sempre filial, não sendo reconhecida qualquer outra terminologia para indicar dependência ou unidade. Mesmo assim, o velho Decreto-lei 2.627, de 26.9.1940, em seu art. 64, *caput*, dispunha: "As sociedades anônimas ou companhias estrangeiras, qualquer que seja o seu objeto, não podem, sem autorização do Governo Federal, funcionar no país, por si mesmas, ou por filiais, sucursais, agências, ou estabelecimentos que as representem (...)". A expressão "por si mesmas" indicava, evidentemente, as respectivas sedes, ao passo que a expressão "estabelecimentos que as representem" não permitia qualquer comentário, uma vez que todas as unidades de uma empresa são estabelecimentos. Sobravam, pois, as seguintes palavras: "filiais", "sucursais" e "agências". O Código Civil/2002, em seu art. 1.136, § 2º, II, repete as mesmas palavras (não exatamente na mesma ordem), ao dispor que a sociedade estrangeira autorizada a funcionar no país não pode iniciar sua atividade antes de inscrita no registro próprio do lugar em que se deva estabelecer, devendo o registro conter, entre outras coisas, o "lugar da sucursal, filial ou agência, no país"; aliás, em seu art. 1.000, *caput*, utiliza idêntica terminologia (com idêntica ordem), ao dispor: "A sociedade simples que instituir sucursal, filial ou agência na circunscrição de outro Registro Civil das Pessoas Jurídicas, neste deverá também inscrevê-la, com a prova da inscrição originária".

Os três dispositivos legais que acabo de citar (sobre sociedades estrangeiras operando no país, de um lado, e sociedade simples, de outro) estão, sem sombra de dúvida, em total desacordo com o entendimento jurídico dominante, conforme já observei; refletem eles, no entanto, a terminologia ampla e corriqueiramente usada na esfera econômica, onde é muito comum que se ouça falar em: *sede* ou *matriz, filial, sucursal, agência* e algum outro tipo de estabelecimento. A noção de *sede* ou *matriz* já foi, acima, exaustivamente comentada. Os outros estabelecimentos são todos secundários. Há, porventura, alguma diferença entre os mesmos? Rubens Requião informa e comenta que "a intuição do comércio vai acentuando a maior importância da *sucursal* sobre a *filial*. Sucursal é, de fato, expressão mais pomposa.... Corresponde, geralmente, a estabelecimento secundário, cujo gerente tem certa autonomia, mas está vinculado ao estabelecimento principal, pois dele recebe instruções sobre os negócios de maior importância ou gravidade. A filial, porém, é mais estreitamente vinculada à administração centralizada do estabelecimento principal ou matriz, não tendo o gerente nenhuma autonomia" (*Curso de Direito Comercial*, vol. I, p. 193).

Em posição um pouco diferente encontra-se Gianni Cesana (*Dizionario dei Sinonimi e dei Contrari*, p. 499), que acaba definindo as palavras "filial", "sucursal" e "agência" da seguinte forma: "Querendo estabelecer hierarquia, não em sentido absoluto, pode-se dizer que a filial é colocada em cidade diversa daquela em que se encontra a casa matriz, e é mais importante que a sucursal, a qual se encontra na mesma cidade da casa matriz, ao passo que a agência pode ser a última ramificação da casa matriz, ou também importante representação da casa matriz em países distantes". Aliás, verdade seja dita, o significado etimológico da palavra "sucursal" parece fortalecer a posição de Cesana. De fato, "sucursal" deriva do verbo latino *succurrere* ("socorrer"), sendo que na antiga linguagem eclesiástica indicava a igreja em que eram atendidos os fiéis que moravam longe da paróquia (atividade claramente secundária, portanto). Mais tarde passou a indicar dependência de determinado estabelecimento, criada para mera comodidade do público; portanto, em minha opinião, dependência criada, na mesma cidade, para socorrer público distante.

A rigor, pois, os estabelecimentos deveriam ser hierarquizados da seguinte forma: surge, em determinada cidade, a *sede* ou *matriz*; em seguida, para atendimento de bairros distantes, surgem, na mesma cidade, as *sucursais*, diretamente dependentes da matriz; posteriormente surge, em outra cidade, uma *filial*, espécie de *alter ego* da matriz, ou mesmo matriz subsidiária ou secundária; para atendimento de bairros distantes de tal cidade (a segunda), surgem nesta, depois, *novas sucursais*, diretamente dependentes da filial. As *agências* deveriam ser estabelecimentos criados, em cidades distantes, não para exercer, no sentido direto da palavra, as atividades básicas da matriz (como fazem a filial e a sucursal), mas para cuidar, ainda que amplamente, dos interesses da matriz; hoje em dia pode existir, com tal função, estabelecimento muitas vezes denominado *representação*.

Até agora examinei os diversos estabelecimentos, e suas diferenças entre si, sob o aspecto hierárquico. Há, no entanto, diferenças também sob o aspecto operacional; em outras palavras, a atividade exercida em cada estabelecimento gera diferenças que, ao menos no plano econômico, vale a pena tomar na devida consideração. Vou limitar-me a alguns exemplos: *escritórios* são estabelecimentos onde se exerce atividade intelectual técnica e de administração; *lojas* são, ao contrário, estabelecimentos onde, comumente, são vendidas mercadorias (mas não é raro que sejam, nelas, prestados determinados serviços especiais); *depósitos*, abertos ou não ao público, são estabelecimentos onde mercadorias próprias ou alheias ficam armazenadas, aguardando algum tipo de utilização; *oficinas* são estabelecimentos onde são prestados serviços com a utilização de instalações, máquinas, instrumentos e eventuais outros objetos; *fábricas*, ao contrário, são estabelecimentos onde as instalações, as máquinas, os instrumentos etc. são utilizados para transformar bens; *laboratórios* são estabelecimentos onde se exerce atividade intelectual de pesquisa, com vistas ao aprimoramento da atividade de transformação (não confundir, porém, com os laboratórios de produtos farmacêuticos, que têm natureza industrial, nem com os laboratórios da área médica, que não passam de meros prestadores de serviços ao grande público).

Capítulo VII
Capital

1. Aspectos e características estruturais: 1.1 Clara e absoluta necessidade de sua existência – 1.2 Como surge: fixação, subscrição e realização: 1.2.1 Fixação do capital social em moeda nacional – 1.2.2 Subscrição das parcelas em que o capital se divide – 1.2.3 Realização dos valores subscritos pelos sócios – 1.2.4 Algumas questões no tocante à realização – 1.3 Sua histórica e indispensável divisão em quotas – 1.4 Avaliação recomendável nas subscrições em bens: 1.4.1 Pessoas que podem fazer a avaliação – 1.4.2 Os sócios que podem fazer a nomeação – 1.4.3 Critérios a serem adotados na avaliação – 1.4.4 Não há problemas de presença na constituição – 1.4.5 O laudo de avaliação deve ser aceito e aprovado. 2. Quais as operações que podem modificá-lo: 2.1 Notas sobre as deliberações que aprovam o aumento – 2.2 Operação de aumento: como deve ser processada: 2.2.1 Como fazer surgir a deliberação inicial – 2.2.2 Que fazer na utilização de recursos internos – 2.2.3 Que fazer na utilização de recursos externos – 2.2.4 Como determinar o valor de subscrição – 2.2.5 Como exercer o direito de preferência – 2.2.6 Como fazer surgir a deliberação final – 2.3 Operação de redução: como deve ser processada: 2.3.1 Redução do capital social por perdas irreparáveis – 2.3.2 Redução do capital social por ser excessivo – 2.3.3 Redução do capital social de pleno direito. 3. Aplicabilidade de institutos da companhia: 3.1 Subscrição pública e presença de capital autorizado – 3.2 Existência de quotas desprovidas de valor nominal – 3.3 Instituição contratual de preferências e vantagens. 4. Figuras discutíveis com relação às quotas: 4.1 O notável mistério da indivisibilidade da quota – 4.2 A curiosa persistência do condomínio de quota – 4.3 A já inexistente aquisição de quota pela sociedade – 4.4 Cancelamento de quota: como era e como ficou – 4.5 Distinção entre a quota primitiva e as posteriores.

214 SOCIEDADES LIMITADAS

1. Aspectos e características estruturais

1.1 Clara e absoluta necessidade de sua existência

Há em nosso ordenamento jurídico diversas instituições, umas de direito público, outras de direito privado, que são consideradas, sem a menor dúvida ou contestação, *pessoas jurídicas*; já fiz notar, por exemplo, em capítulo anterior, que são pessoas jurídicas a União, os Estados Federados, o Distrito Federal, os Territórios, os Municípios, as autarquias, as associações e as fundações, além de quase todas as sociedades econômicas, empresárias ou não. Em compensação, há outras instituições, aparentemente idênticas, semelhantes ou análogas às personificadas, que não são consideradas pessoas jurídicas, ficando a declaração de inexistência de personalidade jurídica normalmente a cargo da doutrina, exceto em alguns casos em que o próprio legislador pátrio se encarrega de declarar tal inexistência, para evitar, com toda probabilidade, possíveis mal-entendidos ou confusões na mente de diversos profissionais, não apenas da área jurídica, mas também, e sobretudo, de outras áreas. Como exemplos bem conhecidos de instituições não-personificadas podem ser citados o *grupo de sociedades*, o *consórcio de sociedades*, a velha *sociedade em conta de participação* (estranha e curiosamente ainda existente) e o *condomínio de prédio de apartamentos residenciais ou de conjuntos comerciais*.

Por que mencionei "mal-entendidos" e "confusões"? Porque não é raro – ao menos nos tempos atuais – que as pessoas em geral estejam desprovidas de idéias claras a respeito do assunto; melhor dizendo, chega mesmo a ser bastante comum as pessoas em geral desconhecerem por completo o verdadeiro motivo pelo qual as instituições sem personalidade jurídica costumam ser assim classificadas. O referido desconhecimento atinge em alguns casos proporções bem notáveis, a ponto de provocar o surgimento de situações embaraçosas, como uma que me envolveu pessoalmente, diversos anos atrás. Certo amigo meu me procurou para perguntar se o grupo de sociedades era, ou não, pessoa jurídica. Respondi de imediato que não. Estranhamente, no entanto, após ouvir minha resposta, começou a contestá-la com veemência, tentando demonstrar, com carradas de razões, que o grupo de sociedades só podia ser uma pessoa jurídica. Minha surpresa foi grande, sobretudo por causa da inesperada veemência; em razão disso, e uma vez que eu já tinha opinião formada e

CAPITAL

consolidada sobre o assunto, arranjei um pretexto qualquer e, a certa altura, encerrei definitivamente a conversa.

Lembro-me de que aquele meu amigo ficava muito impressionado com o fato de o grupo de sociedades ter administração própria, nos termos da Lei 6.404, de 15.12.1976, que, em seu art. 272, *caput*, dispõe: "A convenção deve definir a estrutura administrativa do grupo de sociedades, podendo criar órgãos de deliberação colegiada e cargos de direção-geral". Tal fato, porém, deve ser tido como absolutamente irrelevante; tanto assim que o condomínio de prédio de apartamentos residenciais ou de conjuntos comerciais tem não só administração própria, mas também inscrição no CNPJ, sendo que ninguém o considera pessoa jurídica por tal motivo. Em verdade, o grupo de sociedades não é uma pessoa jurídica porque não tem patrimônio próprio; em conseqüência, até mesmo os administradores do grupo podem ter sua remuneração rateada entre as diversas sociedades (ibidem, art. 274, primeira parte). O mesmo se diga do consórcio de sociedades, cujo contrato constitutivo deve definir, além de outras coisas, com relação ao empreendimento comum, as obrigações, as responsabilidades e as prestações de cada sociedade consorciada; em outras palavras, se determinada consorciada fornecer máquinas, estas continuarão sendo dela; e se fornecer alguns de seus empregados, estes continuarão vinculados a ela, devendo receber dela seus salários.

No tocante ao condomínio de prédio de apartamentos residenciais ou de conjuntos comerciais acontece algo perfeitamente análogo. As chamadas *unidades autônomas* pertencem aos condôminos, em caráter estritamente individual, em termos de uso; mas as áreas ditas de uso comum também pertencem aos condôminos individualmente, só que em frações ideais; e as despesas de manutenção do prédio são rateadas entre os condôminos mensalmente. Observe-se que a tendência do Poder Judiciário no sentido de permitir – conforme recente notícia – que condomínio credor de quotas mensais de despesas, em processo judicial de execução, possa pedir a adjudicação de unidade autônoma penhorada, para a seguir registrá-la em seu próprio nome, ajuda, sem dúvida, a resolver espinhoso problema prático, mas não deixa de ser frontalmente contrária aos princípios que regem o ordenamento jurídico. Quanto à sociedade em conta de participação, ela nunca faz surgir patrimônio social dela, uma vez que os sócios ocultos se limitam a entregar suas quotas de participação no empreendimento ao sócio ostensivo, que é sempre um empresário e que, administrando sozinho dito empreendimento, as mantém em seu próprio ativo empresarial, ainda que numa conta separada.

216 SOCIEDADES LIMITADAS

Uma vez concluídos os comentários acima desenvolvidos, só resta fazer notar que a sociedade limitada, empresária ou não, é autêntica e pacífica pessoa jurídica, cuja vida e cujas atividades nunca se confundem com a vida e com as atividades dos sócios que a compõem. Deve, então, de forma inelutável, possuir patrimônio próprio, para com ele, e apenas com ele, exercer suas atividades contratuais, remunerar seus administradores, cumprir suas obrigações trabalhistas e pagar todas as demais despesas. Ocorre que a base patrimonial da sociedade é o *capital social*, o qual se torna, assim, absolutamente indispensável para que a mesma sociedade possa nascer e ser mantida viva e ativa.

1.2 Como surge: fixação, subscrição e realização

1.2.1 Fixação do capital social em moeda nacional

Nos termos do art. 997, III, do Código Civil/2002, aplicável à sociedade limitada, a sociedade em geral se constitui mediante contrato escrito, particular ou público, que, além de todas as cláusulas estipuladas pelas partes, deve mencionar, entre outros elementos, o *capital da sociedade*, expresso em moeda corrente, podendo compreender qualquer espécie de bens suscetíveis de avaliação pecuniária; não pode, porém, compreender – com base em precisa e expressa proibição do art. 1.055, § 2º, do mesmo Código – contribuição que consista em prestação de serviços. Por "moeda corrente" se entende, corriqueiramente, a moeda nacional; de qualquer forma, para a hipótese (não de todo impossível) de eventuais dúvidas, tal idéia é confirmada pela Lei 6.404, de 15.12.1976, que, em seu art. 5º, *caput*, além de utilizar o verbo "fixar" – significativo, no caso –, dispõe, com notável clareza: "O estatuto da companhia fixará o valor do capital social, expresso em moeda nacional".

Com base em tais dispositivos legais, e também nas considerações tecidas na subseção anterior, é possível afirmar o que segue: a sociedade limitada precisa ter sempre, desde o começo, um capital bem definido; tal capital bem definido não pode ficar subentendido, devendo ser expressamente declarado no instrumento do contrato social (vi certa vez determinado instrumento contratual em que a cláusula do capital começava assim: "O capital social corresponde a cinco milhões de quotas, do valor de um Real cada uma (...)"; não há, evidentemente, como aceitar semelhante redação); a expressão

CAPITAL 217

do capital deve ser feita em moeda corrente nacional, mesmo que no país exista forte regime inflacionário (não poderia, por exemplo, ser utilizado o Dólar norte-americano, ainda que os sócios fossem todos cidadãos dos Estados Unidos da América e que o instrumento contratual, assinado naquele país, tivesse sido redigido na língua inglesa, conforme cheguei a ver, certa vez).

1.2.2 Subscrição das parcelas em que o capital se divide

A *subscrição*, quer do capital inicial, quer de seus aumentos, é sempre particular. Na sociedade anônima ou companhia, mesmo na hipótese de constituição por subscrição particular, formalizada em assembléia-geral, deve haver prévia elaboração e assinatura do estatuto social e prévia assinatura de lista ou boletins de subscrição (Lei 6.404/1976, já citada, art. 88, § 1º). O mesmo não ocorre no tocante à sociedade limitada, cuja constituição não exige o desenvolvimento por etapas, podendo os problemas ser resolvidos, direta e totalmente, por intermédio do instrumento do contrato social. Em outras palavras, não há primeiro subscrição das quotas e depois constituição da sociedade, sendo os dois atos praticados ao mesmo tempo e por intermédio, na maioria dos casos, de instrumento único.

"Subscrever" significa "escrever por baixo"; daí também "assinar por baixo", "aceitar ou aprovar escrito", "obrigar-se a certa cota ou contribuição" (*Dicionários Houaiss, Aurélio* e *Melhoramentos*). No âmbito da sociedade limitada significa obrigar-se a uma quota de capital. Qual o sentido prático, aqui, do verbo "obrigar-se"? É o de "prometer". De forma que, quando o sócio assina o contrato constitutivo, ele automaticamente assume o compromisso formal de transferir, à sociedade como pessoa jurídica, determinado valor econômico; compromisso, portanto, de pagar algo (*lato sensu*).

1.2.3 Realização dos valores subscritos pelos sócios

Quem promete pagar deve, após certo tempo, efetivamente pagar. Com relação à sociedade limitada o pagamento é chamado *realização de quota*. "Realização", pois, é palavra que, na terminologia societária (refiro-me, evidentemente, ao setor econômico em geral), é utilizada para indicar pagamento (em seu sentido mais amplo) de algo que se prometeu pagar em razão da subscrição. A realização pode ser feita

218 SOCIEDADES LIMITADAS

total ou parcialmente no ato da subscrição. Há inclusive quem entenda, diante da ausência de dispositivos legais expressos, não ser necessária, na limitada, qualquer realização inicial; o que não me parece razoável, considerando que, se a limitada for sociedade empresária, não terá a menor condição de iniciar suas atividades sem qualquer capital, ao passo que, se não for empresária, precisará pelo menos de um pouco de capital para que possa preparar-se ao exercício profissional. Se a realização for parcial, o pagamento futuro da parte restante poderá ser feito em prestações periódicas ou de uma só vez; devendo ser notado que o pagamento da última prestação da parte restante e o pagamento da parte restante de uma só vez são figuras jurídicas que costumam também ser designadas com a palavra "integralização" (de forma que a quota subscrita é integralizada apenas e tão-somente quando é efetuado o pagamento final).

De acordo com o art. 1.004 do Código Civil/2002, os sócios são obrigados, na forma e prazo previstos, às contribuições estabelecidas no contrato social; aquele que deixar de fazê-lo, nos 30 dias seguintes ao da notificação pela sociedade, responderá perante esta pelo dano emergente da mora. A *mora* é figura excepcional, da qual tratarei mais adiante, em outro capítulo. No presente momento o assunto a ser tratado é apenas a normal figura da *realização*. De que forma podem ser realizadas as quotas subscritas? Já foi visto que o capital social pode compreender qualquer espécie de bens suscetíveis de avaliação pecuniária, não podendo, porém, compreender contribuição que consista em prestação de serviços. O legislador pátrio foi, aqui, muito feliz, produzindo norma que, se, de um lado, é bem abrangente (pois genérica), de outro, fixa critério de seleção definido e lógico, que permite decidir com certa segurança quais os bens que podem e quais os que não podem ser utilizados.

Evidentemente – e repetindo conceito já enunciado –, apenas valores podem compor o capital social; mas os valores podem ter naturezas as mais diferentes. Há, por exemplo, os chamados "valores morais e intelectuais": fama, reputação, prestígio, inteligência, notável capacidade no campo das relações públicas. Pode até mesmo acontecer que os sócios convidem, para fazer parte da sociedade, determinada pessoa justamente por seu grande prestígio, a fim de que este último possa ajudar no desenvolvimento dos negócios. Poderia, em tal caso, a referida pessoa realizar sua quota com seu prestígio pessoal? Absolutamente não, uma vez que se trata de algo insuscetível de avaliação em dinheiro.

CAPITAL   219

1.2.4 *Algumas questões no tocante à realização*

Em primeiro lugar: deve ser depositada em banco a importância realizada no ato, em dinheiro? Não: no âmbito da sociedade limitada nunca surge a figura do depósito em banco, nem na constituição, nem nos aumentos de capital. Em segundo lugar: a transferência de bens imóveis à sociedade, a título de realização de valor subscrito, pode ser feita sem escritura pública? Sim, ao que tudo indica, conforme, aliás, já fiz notar. Antigamente tal coisa não era possível: em conseqüência, o contrato social ou mesmo a alteração contratual, em que os referidos bens imóveis fossem transferidos à sociedade, deveriam ser celebrados por instrumento público; a não ser que, logo após realizado o ato por instrumento particular, com aprovação do capital, ou do novo capital, o subscritor transferisse os bens mediante escritura pública. Hoje a situação está mudada, nos termos da Lei 8.934, de 18.11.1994, cujo art. 64 dispõe: "A certidão dos atos de constituição e de alteração de sociedades mercantis, passada pelas Juntas Comerciais em que foram arquivados, será o documento hábil para a transferência, por transcrição no registro público competente, dos bens com que o subscritor tiver contribuído para a formação ou aumento do capital social". Percebe-se que o dispositivo legal ora citado se aplica a todos os bens de forma genérica, sem qualquer exceção, independentemente de sua natureza; e a todas as sociedades que antes eram consideradas mercantis.

1.3 *Sua histórica e indispensável divisão em quotas*

O Código Civil/2002, em seu art. 997, IV, dispõe que o contrato constitutivo da sociedade deve mencionar também a *quota* de cada sócio no capital social, além do modo de realizá-la; em seu art. 1.055, *caput*, o Código acrescenta: "O capital social divide-se em quotas, iguais ou desiguais, cabendo uma ou diversas a cada sócio". A respeito do modo de realizar a quota social já discorri na subseção anterior, ainda que de forma sucinta; cabe-me, agora, discorrer a respeito da quota em si, começando por questionar o sentido a ser atribuído à palavra "quota", na hipótese ora em exame.

Quota é a forma feminina substantivada do adjetivo interrogativo latino *quotus*, que naqueles tempos significava, em termos quantitativos, mais precisamente em termos numéricos, "quanto?", "em que número?" (por exemplo, a expressão *Quota hora est?* tinha o

220 SOCIEDADES LIMITADAS

significado de "Que horas são?", no sentido de "Quantas horas temos?", ou "Em que número de horas estamos?"); encontra-se na forma feminina em razão de estar subentendida sua vinculação ao substantivo feminino *pars* (que significava "parte"; é por isso, aliás, que a expressão completa, a rigor, é "quota-parte", não raramente usada ainda hoje). Nos tempos atuais tem o sentido bem genérico de "porção que cabe a cada um"; sendo que, de forma menos sintética – e, portanto, mais explícita –, pode indicar, entre outras coisas, com relação a determinada quantia em dinheiro, necessária ao exercício de uma atividade qualquer, ainda que de fins econômicos, a parte devida individualmente por todos os que participam da mesma atividade. Procurando confirmação dos mencionados significados em alguns dicionários brasileiros da língua portuguesa, é possível encontrar que a palavra "quota" significa: "parcela determinada de um todo" ou "parcela com a qual a pessoa contribui para a realização de algo" (*Houaiss*); "quantia correspondente à contribuição de cada indivíduo de um grupo para certo fim" (*Aurélio*); "quantia com que cada indivíduo contribui para determinado fim" ou, em termos bem mais concisos, "determinada porção" ou, também, simplesmente, "quinhão" (*Melhoramentos*).

Percebe-se com clareza que a quota surge quando alguém contribui (operando, em conseqüência, em regime de efetivação parcial) para a formação de algo que interessa a determinado grupo inteiro do qual ele faz parte; melhor dizendo, para a formação de algo que transcende a pessoa dele, atingindo a totalidade grupal. Pois bem, em tais condições, a contribuição individual só pode ser única (não teria o menor sentido o contrário) e, sob certos aspectos, também indivisível; sendo que, em conseqüência disso, a quota social acaba adquirindo a natureza de parte (ou quinhão, ou porção) do capital social a que, de modo insofismável, se reduz a participação inteira de cada sócio. A conclusão mais lógica é a de que, de um lado, a cada sócio só pode corresponder uma única quota e, de outro, que as quotas sociais, muito embora possam ser perfeitamente iguais entre si (quem, de fato, teria condições de impedi-lo?), podem, no entanto, sem a menor dúvida, ser também totalmente desiguais entre si, uma vez que sua grandeza depende, como costuma acontecer em todas as participações societárias, da maior ou menor capacidade financeira dos sócios. O legislador pátrio parece ter pensado da mesma forma quando estabeleceu, no art. 997, IV, do Código Civil/2002, que o contrato constitutivo da sociedade simples deve mencionar, além de outros elementos, "a quota de cada sócio no capital social", num

CAPITAL   221

singular que, a meu ver, é de extraordinária eloqüência (note-se que o dispositivo se aplica também às sociedades em nome coletivo e às em comandita simples).

Tudo isso é o que ocorre, via de regra, em teoria. Na prática, no entanto, as coisas se passam, hoje em dia, de forma diferente. Com efeito, em decorrência de fenômeno por mim já há tempo detectado, e que gosto de definir como "tendência da sociedade limitada a ser tratada como pequena anônima", firma-se cada vez mais o hábito de tratar as quotas das sociedades limitadas como se fossem ações de sociedades anônimas. Costuma-se, assim, dividir o capital social em pequeninas partes de igual valor, que continuam a ser chamadas de "quotas", atribuindo-se certo número destas a cada sócio, de acordo com a respectiva participação no capital social. É aceitável tal comportamento? Trata-se, em verdade, a rigor, de algo em total e completo desacordo com a natureza da sociedade limitada, que é, sem contestações, uma sociedade contratual. Mas o hábito se encontra, nos tempos atuais, arraigado de forma irremediavelmente generalizada, a tal ponto que as pessoas já perderam, via de regra, a própria noção de *quota única*. Em tais condições, considerando não haver, no fundo, grandes prejuízos para o público, o hábito tem sido tolerado pelas Juntas Comerciais do país. Será que o legislador pátrio teve justamente a intenção de legalizar tal hábito quando, no art. 1.055, *caput*, do Código Civil/2002, estabeleceu que cada sócio pode ser titular de uma única quota ou de diversas delas?

É o que será visto, sucintamente. O velho Decreto 3.708, de 10.1.1919, ao regular a limitada anterior, dispunha, em seu art. 5º: "Para todos os efeitos, serão havidas como quotas distintas a quota primitiva de um sócio e as que posteriormente adquirir". O dispositivo é bastante estranho: dele tratarei mais adiante, em subseção específica, neste mesmo capítulo. É suficiente, agora, fazer notar que o mesmo não foi reproduzido na nova legislação; e ocorre que a distinção entre *quota primitiva* e *quotas posteriormente adquiridas* é algo que, por sua notável falta de lógica, só poderia ser estabelecido novamente, e de forma bem explícita e muito clara, pelo próprio Poder Legislativo, não sendo admissível, ao que me parece, que possa ser considerado subsistente mediante simples interpretação doutrinária. Em conseqüência, sou levado a crer que o legislador pátrio, por entender que o hábito errado a que aludi não estava, mesmo, prejudicando o público, ainda mais pelo fato de a limitada ser, sem dúvida, uma sociedade híbrida, a meio-caminho entre a sociedade em nome coletivo e a sociedade anônima, tenha tido justamente a intenção de legalizar o referido mau

222 SOCIEDADES LIMITADAS

hábito, fazendo-o desaparecer como tal e, de certa forma, facilitando a vida de empresários e profissionais.

1.4 Avaliação recomendável nas subscrições em bens

O Código Civil/2002, em seu art. 1.055, § 1º, dispõe: "Pela exata estimação de bens conferidos ao capital social respondem solidariamente todos os sócios, até o prazo de cinco anos da data do registro da sociedade". Observe-se que, ao que me parece, a conferência de bens ao capital social em razão de constituição societária tem a mesma natureza e os mesmos efeitos que a conferência de bens ao capital social, por força de aumento, em alteração societária; entendo, pois, que a última frase do dispositivo legal citado deva ser lida e aplicada como se estivesse assim redigida: "(...) até o prazo de cinco anos da data do registro da sociedade ou da data do registro da alteração contratual contendo o respectivo aumento de capital". Como deve ser interpretado o dispositivo inteiro?

Antes de mais nada, convém lembrar que a Lei 6.404, de 15.12.1976, em seu art. 7º, permite que o capital social seja formado com contribuições em dinheiro ou em qualquer espécie de bens suscetíveis de avaliação em dinheiro. Em seu art. 8º a mesma lei prevê processo de avaliação para a hipótese de algum subscritor ter oferecido bens; e usa, para tanto, linguagem indiscutivelmente firme e categórica, ao dispor que a avaliação dos bens "será feita" por três peritos ou por empresa especializada. De forma que, no âmbito das sociedades anônimas ou companhias, a avaliação dos bens é, sem dúvida, obrigatória. Seria obrigatória, ainda que indiretamente, também no âmbito das sociedades limitadas? Há quem entenda que não, com base na ausência de norma legal específica expressa em tal sentido. Eu entendo que sim, com base nos argumentos que passo a apresentar.

Em primeiro lugar, muito embora o legislador pátrio não tenha ordenado, direta e claramente, aos sócios da limitada o processamento de avaliação dos bens eventualmente conferidos ao capital social, deixou, contudo, muito explícitas, através do texto do citado art. 1.055, § 1º, algumas idéias importantes, a saber: que os bens devem ser estimados, portanto avaliados (ver *Dicionários Houaiss, Aurélio* e *Melhoramentos*); que tal estimação deve ser exata, não podendo apresentar quaisquer falhas, sejam elas de origem dolosa ou culposa; que por eventuais inexatidões responderão todos os sócios, solidariamente, por cinco anos (tal responsabilidade tem condições de chegar a bom nível de gravidade, eis que poderá conduzir a uma declaração judicial de avaliação insuficiente, a qual fará surgir automaticamente um capital social não-integralizado). Diante de quadro legal tão rígido, tenho a impressão nítida de que o legislador pátrio desejou instituir, mesmo no tocante às sociedades limitadas, a avaliação obrigatória dos bens. Na hipótese, porém, de minha interpretação parecer muito drástica, eu direi: ainda que não-obrigatória, a avaliação é, sem dúvida, aconselhável.

Em segundo lugar, não se pode perder de vista que, num regime econômico de inflação galopante (não é prudente esquecer que o Brasil esteve em situação assim até época bem recente), surge fenômeno curioso que pode ser definido como *perda da noção do valor das coisas*. Em tais condições, o valor das coisas, declarado individualmente pelas pessoas, deve ser objeto de constante verificação social. Aliás, tal verificação social deve ocorrer em qualquer hipótese, pois os valores derivam fundamentalmente de apreciações sociais (fala-se o tempo todo, hoje em dia, em "valores de mercado", onde a palavra "mercado" designa, no fundo, a própria sociedade). Em outras palavras, considerando que, para o indivíduo, em condições normais, a vida em sociedade é praticamente a única realidade objetiva existente, tenho para mim que valores fixados individualmente só poderão ser aceitos se corresponderem à média do pensamento social; portanto, à realidade em si mesma. Conseqüência disso é que pouco importa se o legislador pátrio fixou ou deixou de fixar normas específicas expressas sobre o assunto no tocante à sociedade limitada. Aliás, em geral, a legislação brasileira deixa entrever, com certa freqüência, a preocupação do legislador no sentido de os valores serem sempre reais; a tal ponto que da referida legislação (e preocupação) pode, a meu ver, ser deduzido princípio geral de Direito suscetível de ser denominado *princípio de realidade*.

Em terceiro lugar (já tratei disso outras vezes), a moderna empresa está ficando cada vez mais complexa em sua estrutura, havendo número crescente de interesses gravitando em torno da mesma. Em tais condições, o valor social da empresa em geral é hoje realidade incontestável, o que de certa forma confirma a necessidade de aplicação do princípio de realidade, acima citado. Aliás, é sabido que a atividade empresarial, para ser exercida eficazmente, não pode prescindir de ampla utilização do crédito; o que torna difícil imaginar que a empresa possa operar com valores não verificados ou incorretamente verificados, uma vez que surge automaticamente o problema da garantia oferecida aos credores e ao público em geral. Quando as sociedades contratuais comerciais (hoje, empresárias) tinham sócios que respondiam ilimitadamente pelas obrigações sociais, o problema da garantia tinha importância menor; mas a partir do momento em que surgiu a sociedade limitada, que só tem sócios respondendo apenas até o limite do capital social (ainda que de forma solidária), o problema da garantia passou a adquirir importância que antes não tinha. Sim, porque, quando uma sociedade limitada empresária se registra na Junta Comercial, ela automaticamente vincula seu capital social ao público em geral, ao qual passa a dever satisfações. Em conclusão, se o capital foi subscrito e realizado parcialmente em bens, e se tais bens não foram corretamente avaliados, tais fatos podem prejudicar o público, que adquire, assim, o direito de defender seus interesses, alegando diminuição da garantia social, com base em falta de correspondência entre o capital declarado e o capital de fato realizado.

Após todas as considerações acima expostas, sinto-me perfeitamente à vontade para insistir na idéia de que, ainda que não possa, no plano técnico, ser considerada obrigatória, a *avaliação dos bens* é, sem dúvida, aconselhável, a fim de que não se torne impossível evitar ou, ao menos, diminuir o risco de investidas judiciais, eventualmente promovidas por credores insatisfeitos, contra os sócios, todos eles, com solidariedade, uns por terem conferido bens incorretamente estimados, os demais por terem aceitado sem contestação tais estimações. Só resta saber como deverá ser processada, no âmbito da sociedade limitada, a referida avaliação. Em verdade, o laconismo do texto do art. 1.055, § 1º, do Código Civil/2002 e a ausência absoluta de ulteriores normas a respeito do assunto apontam, decididamente, a meu ver, para conhecido princípio segundo o qual, no âmbito de toda e qualquer sociedade de cunho contratual, a intromissão do legislador pátrio deve ser mínima, para deixar amplo espaço às normas livremente acordadas entre os sócios. De forma que os sócios podem decidir livremente – estabelecendo, inclusive, normas contratuais a respeito – sobre como deverá ser processada a avaliação dos bens porventura oferecidos pelos subscritores do capital social e respectivos aumentos, desde que observem as leis vigentes e não desvirtuem o tipo societário. Vou apresentar, em seguida, algumas sugestões, com base na citada Lei 6.404/1976, arts. 8º e ss.

1.4.1 *Pessoas que podem fazer a avaliação*

A avaliação deve ser feita por três peritos ou empresa especializada. A legislação existente nada dispõe sobre quem pode ser perito e

CAPITAL 225

sobre como aferir a especialização da empresa. Evidentemente, os peritos devem ser pessoas físicas, ostentando preparo científico ou exercício profissional suficiente para permitir normal desempenho no cumprimento da tarefa; de forma que não seria admissível – sendo, portanto, contestável –, a meu ver, que médicos ou literatos fossem convidados para avaliarem bem imóvel. Quanto à empresa, tenho algumas observações a fazer. Em primeiro lugar, entendo que a legislação existente se refira, aqui, apenas à sociedade empresária, uma vez que eventual empresa individual, por corresponder tão-somente a uma pessoa física, deveria a meu ver ser vista como integrando o grupos dos três peritos. Em segundo lugar, não creio que a legislação existente se refira, aqui, unicamente à sociedade empresária, uma vez que há sociedades econômicas, porém não-empresárias, que podem cumprir a tarefa ora em exame até mesmo melhor que sociedades empresárias. Em terceiro lugar, convém verificar evidentemente se as atividades sociais da empresa especializada guardam alguma relação, direta ou indireta, com a tarefa a cumprir (eu consideraria bastante aceitável, por exemplo, determinada avaliação de bem imóvel realizada por sociedade loteadora ou incorporadora, por sociedade de corretores imobiliários, por sociedade administradora de imóveis, por sociedade de engenheiros).

1.4.2 Os sócios que podem fazer a nomeação

Tomando em consideração o sócio que ofereceu o bem, tanto na constituição da sociedade como nos aumentos do capital social, tenho para mim que a nomeação dos peritos ou da empresa especializada deva ser feita pelos demais sócios. Já afirmei não existirem, com relação à inteira avaliação de bens na sociedade limitada, formas legais predeterminadas; disso resulta que, no presente caso específico, qualquer forma de nomeação é aceitável, seja ela explícita ou implícita, desde que o ato realizado possa, de modo direto ou indireto, ficar insofismavelmente comprovado.

1.4.3 Critérios a serem adotados na avaliação

Peritos ou empresa especializada devem apresentar laudo fundamentado, com a indicação dos critérios de avaliação e dos elementos de comparação adotados, e instruído com os documentos relativos aos bens avaliados. Cheguei no passado, algumas vezes, a examinar laudos de avaliação que apresentavam estrutura bem parecida com a seguinte:

"FULANO, SICRANO e BELTRANO (qualificação de cada um), peritos nomeados pelos sócios da sociedade VIAÇÃO LAGO AZUL LTDA. (dados da sociedade), para avaliar o bem imóvel situado à rua D. Pedro II, n. 567, Vila Mariana, São Paulo, SP (dados do registro), oferecido pelo sócio JOAQUIM MACEDO, para realização da quota de capital por ele subscrita, chegaram de comum acordo à conclusão de que dito bem imóvel tem o valor de R$ 50.000,00". Laudos assim, evidentemente, não seriam, de forma alguma, aceitáveis.

1.4.4 Não há problemas de presença na constituição

A rigor, antes da celebração do contrato constitutivo da sociedade deveria haver duas reuniões de todos os sócios: uma para oferecimento dos bens a serem avaliados e para nomeação dos peritos ou da empresa especializada; outra para apresentação do laudo e sua apreciação, na presença também dos peritos ou do representante da empresa, a fim de prestarem as informações eventualmente solicitadas. Tal procedimento, no entanto, é mais cabível para aumentos do capital social, dada a possibilidade de inexistência de unanimidade entre os sócios. Em razão disso, e uma vez que, na constituição da sociedade, é impossível o surgimento da referida figura, eis que sem unanimidade não pode haver constituição, nada impede, ao que parece, que na celebração do contrato constitutivo tudo fique suficientemente resolvido mediante simples ato de inserção de informações e declarações no respectivo instrumento, anexando-se a este o laudo de avaliação.

1.4.5 O laudo de avaliação deve ser aceito e aprovado

A avaliação deve ser aceita pelo sócio titular do bem e aprovada pelos demais sócios. Se tal acontecer, o bem passará a integrar o patrimônio social, após cumprirem os administradores as formalidades necessárias; se não acontecer, ficará sem efeito a constituição. Nos termos do art. 1.005 do Código Civil/2002, o sócio que, a título de quota social, transmitir domínio, posse ou uso responde pela evicção; sendo que, pela solvência do devedor, aquele que transferir crédito.

2. Quais as operações que podem modificá-lo

2.1 Notas sobre as deliberações que aprovam o aumento

O Código Civil/2002, em seu art. 1.081, caput, após ressalvar o disposto em lei especial, dispõe que, uma vez "integralizadas as

CAPITAL 227

quotas, pode ser o capital aumentado, com a correspondente modificação do contrato". No § 3º do mesmo artigo, o referido Código dispõe: "Decorrido o prazo da preferência, e assumida pelos sócios, ou por terceiros, a totalidade do aumento, haverá reunião ou assembléia dos sócios, para que seja aprovada a modificação do contrato". Infelizmente para todos os intérpretes, o legislador pátrio não entrou em detalhes sobre diversos aspectos importantes do problema ora em questão. Há pelo menos três aspectos que, em minha opinião, são de fundamental importância. O primeiro diz respeito ao prazo de 30 dias para exercício do direito de preferência. Pergunta-se: a partir de que dia é contado tal prazo? De que forma o começo do prazo é comunicado aos sócios? O segundo diz respeito ao prazo de 30 dias para exercício do direito de retirada de sócio dissidente. Pergunta-se, mais uma vez: a partir de que dia é contado tal prazo? O terceiro diz respeito ao *quorum* de deliberação das decisões dos sócios. Pergunta-se, enfim: se houver duas decisões, tomadas em momentos distintos, o *quorum* de deliberação será igual ou será diferente?

Em caráter preliminar, cumpre observar que *aumentar o capital* significa tomar uma deliberação social (o § 1º do citado art. 1.081 confirma expressamente tal conclusão, ao mencionar a palavra "deliberação"); por outro lado, as deliberações dos sócios da sociedade limitada são hoje tomadas em reunião ou assembléia (art. 1.072, *caput*). Em razão disso, quando o aumento de capital é processado com a utilização de recursos externos, pode haver, além de duas diferentes deliberações, também duas diferentes reuniões ou assembléias: a primeira para que o capital possa ser aumentado, com a correspondente modificação do contrato; a segunda para que, assumida a totalidade do aumento, pelos sócios ou por terceiros, possa ser aprovada a modificação do contrato. Curioso é que a expressão "modificação do contrato" está contida em ambos os dispositivos legais (*caput* e § 3º), como se estivesse sendo referida a ambas as reuniões ou assembléias. O que pensar disso?

Poderia alguém alegar que as duas idéias contidas no *caput* (aumento do capital e correspondente modificação do contrato) não passam de mera alusão inicial genérica aos dispositivos contidos nos parágrafos, inclusive o terceiro. Não creio nisso, no entanto, com base no § 1º. Com efeito, quando o *caput* dispõe que, uma vez "integralizadas as quotas, pode ser o capital aumentado, com a correspondente modificação do contrato", e o § 1º acrescenta que, até 30 dias após a deliberação, terão os sócios preferência para participar do aumento, o uso da palavra "deliberação", e no singular, por parte do §

228 SOCIEDADES LIMITADAS

1º, é prova irrefutável de que o *caput* já alude à primeira deliberação, a qual abrange tanto o aumento do capital como a correspondente modificação do contrato. Como conciliar a aparente divergência existente entre o *caput* e o § 3º do art. 1.081? Afinal, as duas citadas reuniões ou assembléias têm análoga finalidade? Têm peso equivalente? Têm idêntico *quorum* para as deliberações dos sócios?

O problema reveste-se de notável importância, uma vez que a modificação do contrato social depende de deliberação dos sócios (art. 1.071, V); deliberação, essa, que deve ser tomada pelos votos correspondentes, no mínimo, a três quartos do capital social (art. 1.076, I). Paralelamente, o aumento do capital social constitui, sem sombra de dúvida, clara hipótese de modificação do contrato social. Cumpre, então, indagar: qual das duas reuniões ou assembléias tem, em termos técnicos, a função de modificar o contrato social? Conforme minha maneira pessoal de ver as coisas, é fundamental, no âmbito do Direito, não confundir, em hipótese alguma, o ato com suas conseqüências, o principal com seus acessórios, o contrato com seu instrumento. Com efeito, é justamente o ato praticado que resulta da livre vontade do agente e produz conseqüências que não existiriam sem ele; algo semelhante pode ser afirmado no tocante a tudo aquilo que é classificável como principal, o qual constitui o que verdadeiramente determina a utilização das normas jurídicas, não passando os acessórios de meras conseqüências; quanto ao contrato, é por todos sabido que, em verdade, resulta apenas e tão-somente de simples acordo de vontades, que, em condições normais – portanto, na maioria dos casos –, tem o condão de gerar direitos e obrigações por si só, dispensando até mesmo a existência de instrumento, que, quando é produzido, acaba sendo, também, mera conseqüência.

No caso ora em exame, a deliberação dos sócios aprovando o aumento de capital – e que vem a ser a deliberação principal dos sócios – é, sem dúvida, tomada na primeira reunião ou assembléia. Tanto assim que: é esta que deflagra processo, via de regra sem volta, rumo à concretização do aumento; é esta que estabelece, para tanto, todas as condições indispensáveis, insuscetíveis de modificações de qualquer espécie; também é a partir desta que começa a correr o prazo para exercício do direito de preferência dos sócios em geral; e, por fim, é igualmente a partir desta que, pelo menos a meu ver, começa a correr o prazo para exercício do direito de retirada de eventuais sócios dissidentes. Acabo de usar a expressão "pelo menos a meu ver" porque, com relação a este último item, pode haver quem pense de forma diferente. Uma vez que o art. 1.077 do Código permite que o

CAPITAL 229

sócio dissidente se retire, na hipótese de haver modificação do contrato, pode alguém alegar que é justamente na segunda reunião ou assembléia que os sócios aprovam a modificação do contrato. Em verdade, porém, o problema é de estilo: o legislador foi simplesmente lacônico, sintético; pois, a rigor, o sócio se torna dissidente quando dissente de deliberação principal, não de deliberação acessória, como é a conseqüente modificação do instrumento contratual. Vale portanto, ao que me parece, a primeira deliberação. De qualquer forma, nada impede que o sócio, por prudência, comunique sua dissidência logo após a primeira deliberação (para não correr o risco de eventual perda de prazo, caso a sociedade tenha entendimento igual ao meu), confirmando-a ou reiterando-a logo após a segunda.

Aliás, a contagem dos dois referidos prazos, ambos de 30 dias, começa, ao que tudo indica, no dia seguinte ao da realização da reunião ou assembléia. Quanto à forma pela qual o começo do primeiro prazo (exercício do direito de preferência) é comunicado aos sócios, eu entendo não haver, a rigor, necessidade alguma de fazer tal comunicação, quer com base na lei, quer com base na lógica jurídica. A lei, simplesmente, nada exige com relação a semelhante questão. E, no tocante à lógica, cumpre não perder de vista que a limitada não deixa de ser sociedade contratual, por quotas, sempre superfechada, amiúde pequena; e que, ao tomarem conhecimento do anúncio de convocação da reunião ou assembléia, todos os sócios saberão que o aumento de capital, com toda probabilidade, será aprovado, motivo pelo qual cada um deles, mesmo sem a possibilidade ou a intenção de participar da reunião ou assembléia, deverá estar preparado para a subscrição, em caso de interesse. Evidentemente, nada impede, porém, que no próprio dia da reunião ou assembléia seja enviado novo anúncio à imprensa; ou que, nesse mesmo dia, funcionário da empresa faça contato direto com todos os sócios, colhendo a assinatura de cada um deles em carta circular contendo a comunicação.

Qual o *quorum* de deliberação na primeira reunião ou assembléia? É preciso, evidentemente, considerar: que o problema a ser resolvido é único, pois consiste no aumento do capital social; que, por isso, as duas reuniões ou assembléias estão intimamente interligadas; que a deliberação principal ou básica com referência ao problema é tomada na primeira reunião ou assembléia, atingindo ou podendo atingir interesses individuais de sócios. Com base nisso, não tenho dúvidas em afirmar que o *quorum* de deliberação na primeira reunião ou assembléia é o do art. 1.076, I, que se refere às deliberações tomadas pelos votos correspondentes, no mínimo, a três quartos do capital social.

230 SOCIEDADES LIMITADAS

A esta altura pode surgir outra vez a dúvida terminológica já apontada, pois alguém poderá alegar que o referido *quorum* atinge, a rigor, a modificação do contrato social (art. 1.071, V), sendo que o legislador pátrio deixou bem claro que a modificação do contrato deve ser aprovada na segunda reunião ou assembléia (art. 1.081, § 3º). O que houve, em verdade, ao que tudo indica, foi certa imperfeição terminológica no plano técnico; imperfeição, essa, que acabou criando, conforme já fiz notar, aparente divergência entre dispositivos legais, uma vez que também o *caput* do art. 1.081 menciona a modificação do contrato. O problema não me parece de difícil solução: basta lembrar a diferença entre *contrato* e *instrumento contratual*. A modificação de um contrato se faz por meio da celebração de outro contrato; e contrato – já foi afirmado – é apenas e tão-somente um acordo de vontades. Ao surgir o acordo de vontades, nasce o contrato, mesmo que não tenha sido redigido e assinado um instrumento contratual. Ocorre que, no caso ora em exame, o acordo de vontades surge na primeira reunião ou assembléia, no instante em que os sócios aprovam o aumento de capital.

Tudo isso, porém, não resolve o problema inteiro, uma vez que, para fins de registro, o contrato deve ficar corporificado em instrumento assinado. Torna-se, assim, necessário que, confirmada a deliberação dos sócios aumentando o capital e modificando o contrato, ocorra uma nova reunião ou assembléia para inserir a deliberação social, já tomada, em novo instrumento contratual. Pode, porventura, tal inserção ser feita em desacordo com o que foi deliberado na primeira reunião ou assembléia? Em hipótese alguma! A deliberação tomada na segunda reunião ou assembléia, sendo acessória, deve seguir, *ipsis litteris* e de forma inelutável, a deliberação tomada na primeira, que é principal. Tal significa que a segunda reunião ou assembléia tem caráter apenas formal, não podendo atingir negativamente os interesses individuais de quem quer que seja. Em conclusão, fica bastante claro que para a segunda reunião ou assembléia é suficiente um *quorum* mínimo de deliberação, que é o do art. 1.076, III. Este, com efeito, dispõe que as deliberações dos sócios serão tomadas "pela maioria de votos dos presentes, nos demais casos previstos na lei ou no contrato, se este não exigir maioria mais elevada". Trata-se, evidentemente, de minha opinião pessoal. De forma que, se os sócios não quiserem correr riscos, poderão adotar *quorum* máximo para ambas as deliberações.

CAPITAL   231

2.2 *Operação de aumento: como deve ser processada*

2.2.1 *Como fazer surgir a deliberação inicial*

Conforme já foi visto no início da subseção anterior, o Código Civil/2002, em seu art. 1.081, *caput*, ao permitir o aumento do capital social, com a correspondente modificação do contrato, deixa bem claro que tal aumento só pode ocorrer uma vez integralizadas as quotas. Com base em tal dispositivo, dúvida anterior, sobre se o aumento de capital por subscrição poderia ser aprovado depois de realizados apenas três quartos do capital social, como acontecia (e continua acontecendo) na sociedade anônima ou companhia, desapareceu por completo, pois hoje, de forma geral e abrangente, o capital da sociedade limitada só pode ser aumentado após realizadas totalmente as quotas em que ele se divide.

Como deve ser processado o aumento? Tal como acontece na sociedade anônima ou companhia, também na sociedade limitada o aumento do capital social deve ser proposto pelos administradores e aprovado pelos sócios. Não há especiais formalismos, legais ou regulamentares, para que os administradores apresentem sua proposta, podendo assim fazê-lo por escrito (comportamento, a meu ver, aconselhável) ou verbalmente, por unanimidade ou por maioria, dentro dos limites constantes das cláusulas contratuais. A aprovação dos sócios, no entanto, deve ocorrer por escrito, mediante celebração de alteração contratual. Deve, porventura, para tanto, haver reunião física dos sócios? Na hipótese de deliberação por unanimidade, não, evidentemente (conforme o art. 1.072, § 3º); caso haja, porém, dissidência ou simples desinteresse entre os sócios, é preciso que todos estes sejam convocados, com comunicação de dia, hora, local e ordem-do-dia, para que possam comparecer de fato, no sentido mais genuíno e autêntico da palavra.

A respeito do *quorum* de deliberação dos sócios já discorri amplamente na subseção anterior; tratando-se, porém, de assunto delicado, por ser novo, vale a pena insistir nele. Nos termos do art. 1.076, I, combinado com o art. 1.071, V, do Código Civil/2002, as deliberações dos sócios no tocante a qualquer modificação do contrato social – portanto, também ao aumento do capital social – deverão ser tomadas pelos votos correspondentes, no mínimo, a três quartos do mesmo capital social (note-se que se trata de maioria qualificada, computada com base no capital inteiro, não apenas no

232 SOCIEDADES LIMITADAS

capital presente); cabendo a cada sócio dissidente, de acordo com o referido Código, art. 1.077, combinado com o art. 1.031, tão-somente o direito de retirada, mediante reembolso do valor de sua quota. Para o aumento de capital ora em estudo podem ser utilizados dois tipos de recursos: os internos e os externos; os dois citados tipos, por sua vez, podem ser usados em conjunto ou de forma isolada.

2.2.2 Que fazer na utilização de recursos internos

Não se aplica a qualquer aumento do capital social mediante utilização pura e simples de recursos internos a exigência legal de prévia integralização das quotas subscritas pelos sócios. Por *recursos internos* entendo os gerados pela própria sociedade limitada, ainda que correspondam apenas a valores contábeis, resultantes de meros ajustes de outros valores, que já se encontram no patrimônio social. São eles os recursos existentes em contas como as seguintes: conta de reserva resultante de correção monetária do capital realizado; contas de reservas de reavaliação de elementos do ativo; outras contas de reservas, sejam elas de capital ou de lucros; conta de lucros suspensos; contas de retenção de lucros. É evidente que, para ser possível a utilização dos mesmos em aumento de capital, é necessário que se trate de recursos plenamente disponíveis; eventual vinculação a leis ou a especiais fins, portanto, deve ser examinada sempre com extremo cuidado, uma vez que poderia, conforme o caso, impedir de todo a utilização. A capitalização de recursos internos tem como conseqüência a valorização proporcional da quota de cada um dos sócios.

2.2.3 Que fazer na utilização de recursos externos

São *recursos externos*, a meu ver, os transferidos à sociedade por pessoas diferentes desta. Tais pessoas, físicas ou jurídicas, são, via de regra, as que já integram o quadro social; melhor dizendo, são os sócios já existentes; tanto assim que estes gozam, pelo prazo de 30 dias (ou, segundo o texto legal, até 30 dias após a deliberação), do direito de preferência para participar do aumento de capital na proporção da quota ou das quotas de cada um (Código Civil/2002, art. 1.081, § 1º). A operação obedece aos mesmos princípios que regem a formação do capital inicial. Em tal sentido, a referida participação no aumento ocorre mediante *subscrição*, ato praticado no âmbito de alteração contratual, e pelo qual se assume o compromisso de transferir

CAPITAL 233

valores à sociedade. A efetiva transferência é chamada *realização*, que pode ser feita tanto em dinheiro como em bens (incluindo direitos), no ato da subscrição ou depois. A realização no ato pode ser total ou parcial. Sempre que houver valores a serem realizados depois, a alteração contratual deverá declarar o modo (a forma e o prazo) da realização. Caso a realização seja feita em bens, convém que estes sejam avaliados, conforme fiz notar no começo deste capítulo, e nos moldes ali sugeridos.

2.2.4 *Como determinar o valor de subscrição*

Pode surgir figura análoga à do preço de emissão de ações, que pode ser diferente do valor nominal? Confesso que me senti forçado a rever posição anterior, em razão de longa reflexão que me induziu, a final, a ver as coisas de forma diversa. À vista disso, e apesar de a quota social não ser mesmo representada por título negociável ou algo equivalente que, circulando no âmbito do mercado, possa eventualmente gerar valores diferentes (nominal, de um lado, e real, de outro), entendo hoje não ser em nada contrário à lei determinado tipo de aumento de capital em que o subscritor se comprometa a pagar duas parcelas: uma destinada à conta de capital, outra destinada a uma conta de reservas. O motivo básico reside em que, tal como acontece na sociedade anônima ou companhia, também na limitada o capital social, apesar de representar o patrimônio líquido da empresa, em raros casos, porém, tem valor que coincide com o valor deste último, o qual com grande freqüência é mais alto; ademais, não convém perder de vista que outro importante problema pode surgir: o da perspectiva de rentabilidade da empresa, capaz de gerar valor novo. Em tais condições, se os sócios fossem sempre os mesmos, e se eles exercessem sempre, e totalmente, seu direito de preferência, não haveria prejuízos para ninguém.

É possível, no entanto, que aconteça algo diferente; pode acontecer, por exemplo, que, em determinado aumento de capital, alguns sócios não tenham dinheiro para subscrever e que, por tal motivo, sejam admitidos até mesmo alguns estranhos para compor o quadro social. Como impedir, ainda que em parte, a diluição injustificada da participação dos sócios que não subscreveram? Só fixando, a meu ver, valor de subscrição composto de duas partes: uma para a conta de capital social, outra para uma conta de reservas. Note-se que a figura da diluição injustificada da participação dos antigos sócios não

234 SOCIEDADES LIMITADAS

constitui característica básica da sociedade anônima ou companhia: ela caracteriza, ao menos hoje, todas as sociedades ditas empresárias, com base naquele mesmo princípio que não permite o enriquecimento sem causa.

2.2.5 *Como exercer o direito de preferência*

Nos termos do § 1º do art. 1.081 do Código Civil/2002, até 30 dias após a deliberação terão os sócios preferência para participar do aumento, na proporção das quotas de que sejam titulares. Surgem, logo, duas dúvidas. Em primeiro lugar: pode o direito de preferência ser objeto de cessão? Sim, evidentemente, com base no art. 1.081, § 2º, que remete ao art. 1.057, *caput*. Em conseqüência disso, e no silêncio do contrato, a cessão total ou parcial a sócios já existentes pode ser feita com a maior liberdade; ao passo que a cessão total ou parcial a terceiros estranhos só tem condições de ser celebrada desde que não haja oposição de titulares de mais de um quarto do capital social. Em segundo lugar: têm os administradores da sociedade o poder de convocar terceiros estranhos após decorrido o prazo de 30 dias?

A resposta não me parece simples, pois é preciso, antes de tudo, ponderar sobre algo que chego a reputar fundamental: a limitada, muito embora tenha sofrido, no decorrer de toda sua longa existência, diversas modificações, decorrentes de trabalhos interpretativos ou de simples tolerância de usos errados, continua pertencendo à categoria das sociedades superfechadas, onde os sócios já existentes são praticamente os senhores quase-absolutos da situação, não podendo terceiros estranhos entrar sem a permissão, direta ou indireta, e quase-soberana, deles. À vista disso, entendo que, se, ao terminar o prazo para exercício do direito de preferência, a subscrição não tiver sido feita totalmente, a sobra de aumento deverá, antes de tudo, ser oferecida aos sócios que já subscreveram; sendo que, se não houver acordo entre os interessados, a subscrição deverá ser feita na proporção da quota ou das quotas de cada um deles. Só depois é que a ulterior sobra, se houver, poderá ser oferecida a terceiros estranhos, os quais a subscreverão com toda a liberdade, desde que não haja oposição de titulares de mais de um quarto do capital social.

2.2.6 *Como fazer surgir a deliberação final*

A deliberação final não existe quando os recursos utilizados são apenas internos, hipótese em que uma única deliberação é suficiente

CAPITAL 235

para resolver o problema inteiro. Em seu art. 1.081, § 3º, o Código Civil/2002 dispõe: "Decorrido o prazo da preferência, e assumida pelos sócios, ou por terceiros, a totalidade do aumento, haverá reunião ou assembléia dos sócios, para que seja aprovada a modificação do contrato". Qual o *quorum* de deliberação, nesta hipótese? Repetindo, em síntese, quanto já afirmado na subseção anterior, insisto na idéia de que, sendo esta deliberação final mero elemento acessório de ato principal já praticado por intermédio da deliberação inicial, não precisa do mesmo *quorum* qualificado desta última, bastando, a meu ver, a maioria simples de votos dos presentes, fixada no art. 1.076, III (em caso de dúvida, porém, convém utilizar o mesmo *quorum* qualificado da deliberação inicial). Note-se que minha teoria do elemento acessório não é suficiente para que alguém se sinta autorizado a não convocar, de novo, todos os sócios, nos termos da lei.

2.3 Operação de redução: como deve ser processada

O velho Decreto 3.708/1919 – que, conforme já afirmado outras vezes, ao longo deste livro, regulava outrora a constituição e o funcionamento do tipo societário designado como sociedade por quotas, de responsabilidade limitada – não continha dispositivos prevendo *redução do capital social*. A mesma coisa poderia ser dita do velho Código Comercial. Havia dispositivos, no entanto, na legislação sobre sociedades por ações. Tratava-se dos arts. 173 e 174 da Lei 6.404/1976, os quais regulavam – e ainda regulam – a redução do capital social das sociedades anônimas ou companhias e das sociedades em comandita por ações. Nunca deixei de entender que tais normas legais se aplicassem à sociedade limitada. Afinal, sempre foi pacífica entre os juristas pátrios a tese segundo a qual, ausentes normas específicas sobre determinado assunto, no tocante a certo tipo societário, seriam a este aplicáveis as normas reguladoras do mesmo assunto no âmbito de outro tipo societário, desde que apresentassem características de generalidade e não desvirtuassem o primeiro tipo. Trata-se de algo que acredito possa ser designado como *princípio de subsidiariedade*, certamente construído mediante trabalho doutrinário, com o apoio de boa dose de lógica jurídica.

Aliás, a esse respeito tive, tempo atrás, notícia de caso bem curioso. Determinada sociedade limitada apresentou para registro alteração contratual contendo deliberação sobre redução do capital social mediante restituição voluntária, aos sócios, de parte do valor de suas quotas. Alguém fez notar que a sociedade deveria fazer chegar ao público a notícia do fato, aguardando 60 dias para eventuais oposições; com o quê não concordou a sociedade requerente, a qual alegou que tal norma pertencia à Lei das Sociedades Anônimas, não sendo, em conseqüência, aplicável à sociedade limitada. O primeiro aspecto curioso do caso foi justamente este: afinal, desde que, há muitos anos, comecei a estudar as sociedades comerciais, pude verificar a existência de pressões constantes do público no sentido de a legislação das sociedades anônimas ou companhias ser aplicada cada vez mais às sociedades limitadas. Como, então, tentar justificar os misteriosos motivos em razão dos quais a mesma legislação não poderia ser aplicada à sociedade limitada naquela hipótese específica?

Por ser tão pouco corriqueiro, o interessante assunto entrou, evidentemente, em debate, e foi objeto da mais ampla discussão, sendo registradas opiniões nas duas direções cabíveis: a contrária à aplicação supletiva (como havia sustentado a sociedade requerente) e a favorável (nos termos da exigência inicial). Digna de nota me pareceu uma das opiniões na segunda direção (favorável à aplicação). De acordo com a mesma, a redução de capital, pela restituição voluntária de parte do valor das quotas aos sócios, só poderia – por estar reduzindo a garantia dos credores – ser deliberada com base em algum dispositivo legal expresso, inexistente na legislação das limitadas e no próprio Código Comercial, mas existente na legislação das sociedades anônimas ou companhias. Em conseqüência, a sociedade já tinha aplicado à deliberação reduzindo o capital esta última legislação; a qual, evidentemente, deveria ser aplicada por inteiro. Tal aplicação parcial da lei foi, sem dúvida, em meu entendimento, o segundo aspecto curioso do caso; afinal, qual o misterioso motivo que impediu à sociedade requerente ir adiante na leitura do texto do dispositivo legal aplicado?

Felizmente o problema ficou superado com a entrada em vigor do Código Civil/2002, cujo art. 1.082 acolheu a idéia da redução do capital da sociedade limitada, ao dispor: "Pode a sociedade reduzir o capital, mediante a correspondente modificação do contrato: I – depois de integralizado, se houver perdas irreparáveis; II – se excessivo em relação ao objeto da sociedade". Percebe-se com extrema clareza que o dispositivo estabelece duas espécies de redução do capital social, de acordo com a natureza do motivo que faz surgir o fenômeno ora em exame: a *redução por perdas* e a *redução por excesso*. Por outro lado, peço que me seja permitido observar que o legislador pátrio, no citado art. 1.082 e nos dois seguintes, reproduziu quase por inteiro a legislação sobre sociedades por ações; o que significa, na prática,

CAPITAL   237

que minha anterior aplicação subsidiária desta última estava dentro
da lei e da lógica.

2.3.1 *Redução do capital social por perdas irreparáveis*

Trata-se de redução classificável como forçada – e, por isso
mesmo, como resultado de uma vontade não de todo livre –,
provocada, evidentemente, por circunstâncias adversas que, no exercício das atividades sociais, escaparam por completo ao controle da
administração. Admite, ao que tudo indica, apenas duas restrições:
a de que o capital já se encontre devidamente integralizado (se ainda não estiver, deverá primeiro ser integralizado, pois seria de todo
inconcebível reduzir o capital por perdas enquanto há dinheiro prome-
tido pelos sócios e ainda não pago) e a de que as perdas irreparáveis
possam ser amplamente explicadas e justificadas, com oferecimento
das devidas comprovações, as quais acredito não possam ser limitadas
a meras demonstrações contábeis (para evitar o risco de que algum
credor possa impugnar em juízo a validade da redução, ou de que resolva requerer, se cabível, a falência da sociedade, promovendo até
mesmo a responsabilidade dos administradores). Por isso entendo
ser necessário que a redução seja proposta, inclusive por escrito,
pelos administradores da sociedade, com presença de algum destes
na reunião ou assembléia, para eventuais esclarecimentos. No mais
a redução é livre, sem qualquer vinculação com os credores da sociedade.

Qual o motivo de tal desvinculação? A característica mais importante da atividade empresarial é, sem dúvida, o risco, que se traduz na
possibilidade de o empresário perder, a qualquer momento, no todo
ou em parte, o capital investido. Presume-se, em tais condições, que
a referida possibilidade seja do conhecimento de quantos realizem
negócios com empresários. Surge, assim, figura que me parece poder
ser designada como *risco reflexo* ou *derivado*: o empresário corre o
risco de perder seu capital, enquanto o respectivo credor corre o risco
de não receber seu crédito. Com relação à reunião ou assembléia,
faço notar que: é única; deve ser convocada conforme a lei; deve
deliberar a redução mediante diminuição proporcional do valor nominal das quotas sociais (art. 1.083); deve aprovar a correspondente
modificação do contrato; deve, em conseqüência, observar o *quorum*
de deliberação constante do art. 1.076, I, do Código Civil/2002 (votos correspondentes, no mínimo, a três quartos do capital social).
A redução do capital social torna-se efetiva a partir do registro, na

238 SOCIEDADES LIMITADAS

Junta Comercial competente, da ata da reunião ou assembléia que a tenha aprovado.

2.3.2 Redução do capital social por ser excessivo

Encontra-se regulada no art. 1.084 do Código Civil/2002, cujo *caput* dispõe: "No caso do inciso II do art. 1.082, a redução do capital será feita restituindo-se parte do valor das quotas aos sócios, ou dispensando-se as prestações ainda devidas, com diminuição proporcional, em ambos os casos, do valor nominal das quotas". Trata-se de redução genuinamente voluntária, muito pouco comum hoje em dia (uma vez que é freqüente em demasia o fenômeno contrário: necessidade cada vez maior de novos recursos econômicos), porém não de todo impossível; com efeito, não pode ser excluída *a priori* a hipótese de que a mudança de hábitos sociais ou a forte competição atual entre empresas aconselhem, a uma destas, renovação radical em seu objeto; e de que, algum tempo depois, a mesma empresa perceba ter capital excessivo para exercício da nova atividade. Admite duas subespécies: em primeiro lugar, redução mediante restituição aos sócios de parte de suas quotas; em segundo lugar, redução mediante dispensa de realização de partes de quotas ainda não realizadas.

O processamento da *redução por excesso* não é tão simples quanto o da redução por perdas. Nos três parágrafos do art. 1.084 o Código Civil/2002 estabelece pequeno roteiro, que passo a comentar. Para começar, entendo ser necessário, também nesta hipótese, que a redução seja proposta, mais uma vez por escrito, pelos administradores sociais, os quais, ainda que não devam oferecer comprovações de qualquer espécie, devem, no entanto, fornecer amplas explicações e justificativas, mesmo que a idéia da redução tenha surgido na mente apenas de um ou mais sócios; aliás, convém que algum dos administradores participe da reunião ou assembléia, para eventuais esclarecimentos. Com relação à reunião ou assembléia, faço igualmente notar que: é única; deve ser convocada conforme a lei; deve deliberar a redução com diminuição proporcional do valor nominal das quotas (art. 1.084, *caput*); deve aprovar a correspondente modificação do contrato; deve, em conseqüência, observar o *quorum* de deliberação constante do art. 1.076, I (votos correspondentes, no mínimo, a três quartos do capital social). Realizada a reunião ou assembléia, deve a respectiva ata, imediatamente (portanto, antes de ser levada ao registro), ser publicada. Durante o prazo de 90 dias, contado da data da publicação da ata, o credor quirografário por título

CAPITAL 239

líquido anterior a essa data poderá opor-se ao deliberado. A redução somente se tornará eficaz se, no referido prazo de 90 dias, não for impugnada, ou se provado o pagamento da dívida ou o depósito judicial do respectivo valor. Uma vez satisfeitas ditas condições, a ata da reunião ou assembléia poderá, finalmente, ser registrada na Junta Comercial competente. Pergunta-se: deve o credor impugnante dar ciência de sua impugnação à Junta Comercial? Com base na Lei das Sociedades Anônimas, deveria (Lei 6.404/1976, art. 174, § 1º), mas a nova legislação sobre limitadas nada dispõe a esse respeito. Tal ausência leva-me a crer que a citada ciência não seja obrigatória; ela é, no entanto, em minha opinião, bastante aconselhável.

Qual o motivo básico de tão grande vinculação aos credores? Há evidente necessidade de serem tutelados os direitos de ditos credores. Se todos os sócios, ou apenas um ou alguns, respondessem ilimitadamente pelas obrigações sociais (como acontece na sociedade em nome coletivo e nas sociedades em comandita) o assunto não seria importante; afinal, descapitalizada por qualquer motivo a sociedade, os credores teriam ainda a possibilidade de ir atrás dos bens particulares dos sócios ilimitadamente responsáveis. Como, no entanto, na hipótese ora em exame, os sócios têm responsabilidade limitada (sob esse aspecto, a limitada se afasta bastante das demais sociedades contratuais, para chegar bem perto da sociedade anônima ou companhia), o capital social, realizado ou a realizar, acaba convertendo-se também na maior garantia dos direitos dos credores; o que deixa bem claro que a redução do capital não pode ser feita de forma discricionária, cabendo, ao contrário, tomar, quase por inteiro, as mesmas cautelas aplicáveis a todas as sociedades por ações.

Não convém esquecer que o credor é, em condições normais, pessoa que resolve contratar após ter verificado tal garantia; com o quê o grau de garantia fica de certa forma vinculado ao capital, o qual não pode, em conseqüência, ser diminuído pela livre vontade dos sócios, sem permissão dos credores. Em verdade, ocorre – no tocante às sociedades de fins econômicos em que todos os sócios têm responsabilidade limitada – algo análogo ao que ocorre com relação às ofertas públicas. Se determinado empresário publicar anúncio em veículo da imprensa oferecendo certa mercadoria por preço bem baixo durante uma semana, ele estará automaticamente vinculado aos consumidores, os quais poderão, durante dita semana, dirigir-se ao estabelecimento do empresário e exigir a venda daquela mercadoria pelo preço anunciado. Porventura pode-se dizer o mesmo das sociedades?

240 SOCIEDADES LIMITADAS

Exatamente o mesmo, não; todavia, quando uma sociedade cujos sócios têm responsabilidade limitada se constitui, ela costuma fixar um capital. Por que motivo? Sem dúvida, para limitar o giro de suas operações econômicas. Não se trata, porém, de motivo único, um vez que tal fixação encerra, igualmente, intenção tácita de limitar algo mais. A sociedade, com efeito, ainda que de forma indireta, declara que, se ela vier a realizar negócios com o grande público, a garantia que oferecerá, para tanto, não irá além do capital fixado. Quando, a seguir, ela leva seu contrato social à Junta Comercial, arquivando-o, surge fenômeno curioso e interessante: a partir do instante em que o arquivamento é comunicado ao público pela imprensa, a sociedade fica automaticamente vinculada ao referido público. A vinculação é tão grande que a sociedade fica impedida até mesmo de reduzir seu capital, pois, se o fizesse, acabaria reduzindo unilateralmente a garantia do público, coisa que a lei não deixa fazer. Pois a lei, quando permitiu a existência de sociedades com responsabilidade limitada de todos os sócios, só teve a intenção de facilitar os negócios, nada mais; não teve, por certo, a intenção de deixar eventuais credores em situação de total desamparo. De tudo isso pode ser facilmente deduzido que a redução do capital social sem qualquer consulta aos credores só pode ser deliberada em casos muito especiais, excepcionais, expressamente autorizados pela própria lei.

2.3.3 Redução do capital social de pleno direito

Esgota-se aqui, porventura, o panorama da redução do capital social da sociedade limitada? Não, por certo; pois o legislador pátrio, muito embora não a tenha inserido entre as hipóteses de redução previstas pelo art. 1.082, deixou claro, em dispositivos esparsos, que existe uma derradeira figura de redução. O dispositivo principal está contido no art. 1.031, cujo § 1° menciona, direta e oficialmente, a figura jurídica a que aludi. Os demais dispositivos são: art. 1.004 que, combinado com o art. 1.058, trata do sócio remisso; art. 1.026, que trata do sócio judicialmente executado por credor particular; art. 1.028, que trata do falecimento de sócio; art. 1.030, que menciona o sócio falido; art. 1.077, que trata do sócio que se retira por dissidência; e, por fim, os arts. 1.085 e 1.086, que tratam do sócio excluído por atos graves.

Está-se diante de hipóteses em que o sócio: é excluído da sociedade, contra sua vontade e por diferentes motivos; ou nela permanece com sua quota social reduzida; ou se retira da mesma

CAPITAL 241

voluntariamente, por dissidência; ou morre, sem que os herdeiros entrem na sociedade. Em todas essas hipóteses aparece, via de regra, a figura da resolução do contrato referente a um sócio, com liquidação e pagamento da respectiva quota social. Uma vez paga a quota, ou reduzido o valor da mesma, sem que os demais sócios supram o respectivo valor, total ou parcial, o capital social deve ser reduzido.

Surge, de imediato, significativa questão: será que não bastaria apenas enquadrar a figura ora em exame na hipótese de redução do capital por perdas irreparáveis? Há evidentemente alguma semelhança entre as duas figuras jurídicas, uma vez que em ambas a redução é classificável como forçada, resultando de uma vontade não-livre. Ao mesmo tempo, porém, há em tais figuras importante diferença de grau, uma vez que, em cada uma delas, a intensidade de dita vontade não-livre não é a mesma. Com efeito, na hipótese genérica de redução do capital por perdas irreparáveis, a deliberação decorre de apreciações subjetivas que, feitas por administradores e sócios, podem sem dúvida ser objetivamente incorretas, ainda que em parte; o que, em termos objetivos, pode fazer desaparecer por completo a inelutabilidade da operação deliberada. Nada disso ocorre com a figura ora em exame, que aparece em decorrência de fatos incontestáveis, diante dos quais a vontade de sócios e administradores carece de liberdade em grau máximo, tornando a operação absolutamente inelutável, ainda que haja suprimento dos demais sócios; pois neste caso, em verdade, quando a redução do capital é efetivamente cabível, ela, a rigor, acontece sempre, sendo, no entanto, no plano técnico, neutralizada no mesmo ato, por algo que tem natureza semelhante à de um aumento de capital.

É por isso, aliás, que preferi tratar da redução de capital ora em exame na qualidade de categoria à parte, classificando-a como sendo "de pleno direito". É por isso também que considero inaplicável, a esta terceira hipótese de redução, a exigência de prévia integralização do capital, que o legislador pátrio, no entanto, entende cabível (com razão, a meu ver) na primeira hipótese. A própria justificativa da operação, que considero indispensável nas hipóteses primeira e segunda, não é, no meu entender, exigível nesta terceira, uma vez que não há nada a justificar, cabendo simples comunicação dos fatos. Tudo isso confirma, em caráter definitivo, minha tese de que são três, e não duas (como parece à primeira vista), as hipóteses de redução do capital da sociedade limitada.

Com relação à reunião ou assembléia desta terceira hipótese de redução, faço mais uma vez notar que: é única (refiro-me evidentemente

242 SOCIEDADES LIMITADAS

à simples deliberação de redução); deve ser convocada conforme a lei; não pode diminuir o valor nominal das quotas sociais dos demais sócios; deve aprovar a correspondente modificação do contrato; deve, em conseqüência, observar o *quorum* de deliberação constante do art. 1.076, I, do Código Civil/2002 (votos correspondentes, no mínimo, a três quartos do capital social). Poderia porventura dito *quorum* ser menor que o previsto para as outras duas hipóteses de redução? Não creio em tal possibilidade, diante do texto legal que, ao que tudo indica, não deixa alternativas. A redução do capital social torna-se efetiva, em minha opinião, a partir do registro, na Junta Comercial competente, da ata da reunião ou assembléia que a tenha aprovado.

3. Aplicabilidade de institutos da companhia

3.1 Subscrição pública e presença de capital autorizado

Com base na Lei 6.404, de 15.12.1976, a sociedade anônima ou companhia pode ser constituída mediante subscrição particular ou pública de seu capital. A constituição mediante *subscrição particular* (art. 88) pode ser feita por deliberação dos subscritores em assembléia-geral ou por escritura pública, considerando-se fundadores todos os subscritores; ela se parece, ao menos basicamente, com a constituição de qualquer sociedade de cunho contratual, uma vez que é realizada em caráter particular (mesmo quando o instrumento é público), por grupo relativamente pequeno de pessoas, as quais, via de regra, se conhecem, direta ou indiretamente. Ao passo que a constituição mediante *subscrição pública* (arts. 82-87) depende do prévio registro da emissão na Comissão de Valores Mobiliários, sendo que a subscrição só pode ser efetuada com a intermediação de alguma instituição financeira. Por que tudo isso? Porque os fundadores têm a clara intenção de recorrer à economia popular, convidando, para fazer parte da nova sociedade, o grande público. Tal significa, na prática, que a sociedade a ser constituída terá como sócios, em proporção considerável, pessoas que não são conhecidas, que não se conhecem entre si e, sobretudo, que não conhecem os fundadores. Numa situação dessas é compreensível que o legislador pátrio se preocupe com a sorte do público, estabelecendo certo tipo de controle; tanto assim que a Comissão de Valores Mobiliários pode condicionar o registro a modificações em certos documentos (projeto de estatuto e prospecto com todas as informações), e até mesmo

CAPITAL   243

denegá-lo, por inviabilidade ou temeridade do empreendimento, ou por inidoneidade dos fundadores. Ademais, o uso da palavra "emissão" (na expressão "registro da emissão") indica claramente que as participações societárias oferecidas ao público devem ter aquela especial natureza que lhes permite ficar corporificadas em títulos que sejam ao mesmo tempo negociáveis e de fácil circulação, no sentido real ou escritural do termo. Tais participações recebem o nome de *ações*, e só podem ser emitidas por sociedade anônima ou companhia, a única que é constantemente empresária, que foi com clareza concebida e estruturada para ser bastante grande, e que pode abranger notáveis massas de pessoas em seu quadro social.

Com base na mesma Lei 6.404/1976, art. 168, o estatuto da sociedade anônima ou companhia pode conter autorização para aumento do capital social independentemente de reforma estatutária, devendo tal autorização especificar: o limite do aumento, em valor de capital ou em número de ações, e as espécies e classes das ações que poderão ser emitidas; o órgão competente para deliberar sobre as emissões, o qual poderá ser a assembléia-geral ou o conselho de administração; as condições a que estiverem sujeitas as emissões; os casos ou as condições em que os acionistas terão direito de preferência para subscrição, ou de inexistência desse direito. A chamada *sociedade de capital autorizado* foi instituída pelo legislador pátrio numa época de excepcional instabilidade financeira, com a finalidade precípua de tornar mais fáceis, mais práticos, mais rápidos e também menos dispendiosos os aumentos do capital social, que se haviam tornado por demais freqüentes. Trata-se de mais uma hipótese em que o contexto legal permite facilmente deduzir que o instituto jurídico ora em exame só pode surgir no âmbito da sociedade anônima ou companhia, a única sociedade empresária que pode emitir e fazer circular ações, que pode ter conselho de administração com poderes especiais e que, de forma geral, tem estrutura suficientemente grande e complexa a ponto de lhe permitir lidar com notáveis massas de subscritores e, por conseqüência, inclusive com certo problema que tem enorme importância para as finanças do país: o recurso à economia popular.

Por mais evidentes que possam parecer minhas conclusões, acima manifestadas, com relação aos dois institutos legais sucintamente descritos (*subscrição pública* e *capital autorizado*), convém, no entanto, não perder nunca de vista que a imaginação de muitas pessoas se encontra dotada de incomum fertilidade, chegando às vezes a não ter qualquer limite. Em razão disso, tenho condições de registrar, neste momento, que no passado fui curiosamente consultado a res-

244 SOCIEDADES LIMITADAS

peito das seguintes questões: "Pode a sociedade limitada surgir por subscrição pública? Pode ao menos o aumento do capital social da sociedade limitada ser feito mediante subscrição pública? Pode a sociedade limitada ser sociedade de capital autorizado?". Lembro-me de que, em tom categórico, respondi de forma negativa a tudo. Com efeito, em minha opinião a sociedade limitada: é de claro cunho contratual, constituindo agrupamento superfechado e não tendo, pois, sido concebida para ser grande; em conseqüência, não recebeu do legislador pátrio estrutura suficientemente complexa para poder lidar com o grande público e a economia popular; tanto assim que suas quotas não têm a menor condição de ficar corporificadas em títulos negociáveis e de circulação bem fácil, sendo que o conselho de administração, ainda que por hipótese venha a ser criado no contrato social, não pode, evidentemente, receber os poderes especiais de que dispõe na sociedade anônima ou companhia.

3.2 Existência de quotas desprovidas de valor nominal

É ainda a referida Lei 6.404/1976 a dispor, em seu art. 11, que o estatuto da sociedade anônima ou companhia fixará o número das ações em que se divide o capital social e estabelecerá se as ações terão, ou não, valor nominal. O chamado *valor nominal* é um valor que é tal apenas no nome, não sendo, em conseqüência, ao menos na maioria dos casos, efetivo ou real. O capital social, em qualquer sociedade de fins econômicos, tem sempre valor nominal; por esse motivo, as partes em que ele se divide – quer sejam classificadas como quotas, quer como ações – deveriam ter também, e o tempo todo, valor nominal, pois a natureza de um todo homogêneo, ao menos em condições normais, costuma ser sempre igual à natureza de todas as suas respectivas partes. Aliás, de fato, elas nunca deixam de ter tal valor nominal: com efeito, mesmo quando, na sociedade anônima ou companhia, as ações são oficialmente consideradas como desprovidas do mencionado valor, elas não passam, contudo, de ações cujo valor nominal ficou, em verdade, latente ou escondido, ou, mais simplesmente, não foi declarado; tanto assim que basta dividir o valor do capital social pelo número das ações de que este último se compõe, para que o valor nominal de repente apareça, em toda sua essência e limpidez. Mas, então, por que misteriosa razão foi instituída a ação sem valor nominal?

Ela foi instituída porque algo curioso ocorre com as ações. A ação de uma sociedade anônima ou companhia não é apenas parte de um capital social: ela é também um valor que se corporifica em título negociável, de fato emitido ou virtual (como no caso das ações ditas escriturais), para facilitar em grau máximo sua circulação junto ao grande público. Tal título negociável tem o mesmo valor nominal da ação que ele representa; mas, ao mesmo tempo, justamente por circular perante o grande público, ele tem também valor efetivo ou real, que é determinado pelas constantes oscilações do mercado; em tais condições, o legislador pátrio resolveu facultar a emissão de título sem valor nominal para que a existência dos dois diferentes valores (o nominal, de um lado, e o efetivo ou real, de outro) não confundisse as idéias de vendedores e compradores, prejudicando o mercado e, em última análise, tumultuando a economia nacional. Percebe-se, assim, de forma que me parece inconfundível, que, a rigor, não é a ação em si que fica desprovida de valor nominal; pois a ação como tal, no fundo – conforme, aliás, já fiz notar –, tem sempre um valor nominal, que ninguém tem condições de desconhecer ou de ignorar. É o título representativo da ação que pode ter valor nominal e valor efetivo ou real, ou tão-somente este último (note-se que, mesmo quando escritural, a ação é sempre tratada, em sua circulação, como se estivesse corporificada em título negociável).

Pois bem, passou, algum tempo atrás, por minhas mãos, para exame e manifestação, pedido de arquivamento de alteração contratual de sociedade limitada em que a cláusula do capital dava notícia da existência de quotas sem valor nominal. Estas últimas, no entender da sociedade interessada, não poderiam ser contestadas nem rejeitadas, uma vez que nenhuma lei as vedava. Preliminarmente, tal colocação me pareceu simplista demais; afinal, nem tudo que compõe o ordenamento jurídico de um país está na lei: pode estar nos princípios gerais de Direito, na analogia, nos usos e costumes, e assim por diante. Em outras palavras, a aplicação da lei depende sempre de algo chamado *interpretação*, tarefa bastante complexa e difícil, que exige longos anos de estudo e reflexão. Não fosse assim, qualquer um poderia ser advogado: bastaria adquirir simples código!

Quanto ao mérito da questão ora em exame, apresentei alguns argumentos que – apesar de terem sido elaborados em plena vigência da legislação anterior – vou tentar, agora, sintetizar, usando o tempo presente, para deixar bem claro que, muito embora estejam sendo utilizados em plena vigência da nova legislação, eles não perderam nem um pouco de sua força. No tocante à sociedade limitada não me canso de repetir, com certa insistência, algumas idéias que me

246 SOCIEDADES LIMITADAS

parecem básicas: trata-se de tipo societário que faz parte do grupo das chamadas *sociedades por quotas* (em oposição às sociedades por ações); como todas as demais sociedades por quotas, constituídas, portanto, mediante contrato, ela também não foi concebida para ser empresa grande e para recorrer à economia popular (pois, para tanto, existe, sem dúvida, a sociedade anônima ou companhia); tal significa que suas quotas sociais não foram destinadas pelo legislador pátrio a terem circulação junto ao grande público; em razão do quê as mesmas quotas não ficam corporificadas em títulos negociáveis, não podendo, pois, surgir, em conseqüência, aquela duplicidade de valor que permite a coexistência pacífica de um valor nominal, de um lado, e de um valor efetivo ou real, de outro.

Em razão disso, pergunto: como é que a sociedade limitada pode ter quotas sem valor nominal, se suas quotas sociais nunca chegam a ficar corporificadas em títulos negociáveis (efetivos ou virtuais), em condições de facilitar sua circulação junto ao mercado? Melhor dizendo, se no tocante às ações o valor nominal pode, em caráter de todo excepcional, ficar escondido, para em nada atrapalhar a circulação dos respectivos títulos representativos (cujo valor real costuma ser diferente) no âmbito do mercado, por que as quotas de uma limitada deveriam poder também deixar escondido seu valor nominal, se elas não têm títulos representativos circulando junto a esse mesmo mercado? Afinal, a existência de participações societárias ditas sem valor nominal constitui problema essencialmente de mercado, não de contabilidade. Em conclusão, se tais quotas nunca chegam a circular, mediante títulos representativos, junto ao grande público, acabam permanecendo sempre e tão-somente como simples partes componentes do capital social. Ditas partes devem, no entanto, ser, de qualquer forma, definidas, uma vez que, podendo a participação dos sócios ser desigual, a própria dimensão de cada quota pode resultar desigual; tanto assim que o Código Civil/2002, em seu art. 997, dispõe que o contrato social deve mencionar o capital da sociedade (inciso III) e a quota de cada sócio no capital social (inciso IV). Pois bem, em tal definição, as referidas partes ou quotas só podem acompanhar o todo; melhor dizendo, o critério de definição deve ser o mesmo para o todo e para a parte. Com o quê as quotas devem, ao que me parece, ser declaradas da mesma forma com que é declarado o capital: em Reais; e, uma vez que tal declaração em Reais só pode ter por objeto o valor nominal, entendo ser absolutamente impossível aceitar a figura da quota sem valor nominal.

CAPITAL 247

3.3 Instituição contratual de preferências e vantagens

Alguns anos atrás me foi dirigida a seguinte pergunta: "Pode a sociedade limitada ter quotas preferenciais?". Acompanhando a legislação anterior, o Código Civil/2002 nada dispõe a respeito do assunto. Torna-se, assim, indispensável iniciar este sucinto estudo examinando o instituto jurídico da *participação preferencial* no âmbito da legislação sobre sociedades anônimas ou companhias. Nos termos da Lei 6.404/1976, já algumas vezes mencionada, as ações, conforme a natureza dos direitos ou vantagens que confiram a seus titulares, são *ordinárias*, *preferenciais* ou *de fruição* (art. 15, *caput*).

As *preferências* ou *vantagens* das *ações preferenciais* podem basicamente consistir: em prioridade na distribuição de dividendo, que pode ser fixo ou mínimo; em prioridade no reembolso do capital, com prêmio ou sem ele; na acumulação das referidas preferências e vantagens (art. 17, *caput*). Independentemente do direito de receber, ou não, o valor de reembolso do capital com prêmio ou sem ele, as ações preferenciais sem direito de voto, ou com restrição ao exercício deste direito, somente serão admitidas à negociação no mercado de valores mobiliários se a elas for atribuída pelo menos uma das seguintes preferências ou vantagens: direito de participar do dividendo a ser distribuído, correspondente a pelo menos 25% do lucro líquido do exercício, de acordo com o seguinte critério: prioridade no recebimento deste dividendo, correspondente a no mínimo 3% do valor de patrimônio líquido da ação, mais direito de participar dos lucros distribuídos, em igualdade de condições com as ordinárias, depois de a estas assegurado dividendo igual ao mínimo prioritário ora mencionado; ou direito ao recebimento de dividendo, por ação preferencial, pelo menos 10% maior que o atribuído a cada ação ordinária; ou direito de serem incluídas na oferta pública de alienação de controle, assegurado um dividendo pelo menos igual ao das ações ordinárias (art. 17, § 1º).

Além de fixo e mínimo, o dividendo prioritário pode ser cumulativo (art. 17, § 4º). O *dividendo fixo* consiste em importância determinada ou determinável que, se houver lucros, o acionista preferencial deverá receber prioritariamente, ainda que os demais acionistas nada recebam; eventuais lucros remanescentes, pequenos ou grandes que sejam, serão distribuídos apenas e tão-somente entre os demais acionistas, salvo disposição estatutária em contrário. O *dividendo mínimo* consiste, igualmente, em importância determinada ou determinável que, se houver lucros, o acionista preferencial de-

248 SOCIEDADES LIMITADAS

verá receber prioritariamente, ainda que os demais acionistas nada recebam; eventuais lucros remanescentes serão – salvo disposição estatutária em contrário – distribuídos entre os demais acionistas até o montante do dividendo mínimo, sendo que o resto, se houver, será distribuído entre todos os acionistas, como se não existissem diferenças entre eles. Dividendos fixos e mínimos são *cumulativos* quando, por disposição estatutária expressa, acumulam-se aos do exercício seguinte, caso não tenham sido pagos em determinado exercício, por falta de lucros.

O texto legal não deve ser considerado taxativo, uma vez que outras preferências ou vantagens podem ser atribuídas aos acionistas preferenciais, desde que constem do estatuto social com precisão e minúcia (art. 17, § 2º). Por fim, também vantagens políticas podem ser atribuídas às ações preferenciais. Assim sendo, o estatuto social pode assegurar a uma ou mais classes de ações preferenciais o direito de eleger, em votação em separado, um ou mais membros dos órgãos de administração; podendo, outrossim, subordinar as alterações estatutárias que especificar à aprovação, em assembléia especial, dos titulares de uma ou mais classes de ações preferenciais (art. 18).

O estatuto poderá deixar de conferir às ações preferenciais algum ou alguns dos direitos reconhecidos às ações ordinárias, inclusive o de voto, ou conferi-lo com restrições (art. 111, *caput*); sendo que o número de ações preferenciais sem direito a voto ou sujeitas a restrição no exercício desse direito não poderá ultrapassar 50% do total das ações emitidas (art. 15, § 2º). Percebe-se, sem qualquer dificuldade, que não é da essência da ação preferencial (como muitos imaginam) a ausência do direito de voto: pode existir tal direito, e o inteiro pacote dos demais direitos comuns, além das preferências e vantagens, pois todas as supressões ou restrições de direitos que muitas vezes são aplicadas o são sempre em caráter facultativo. Há, porventura, algum sentido na preferência ou vantagem, ausente qualquer supressão ou restrição de direito? Sim, sem dúvida. Motivo importante – sem exclusão de eventuais outros – pode, ao que me parece, ser a necessidade de atrair, para o empreendimento econômico, determinado grupo de investidores. Concede-se, em tal caso, certa vantagem (por exemplo, prioridade na distribuição de dividendo mínimo), sem suprimir ou restringir qualquer direito comum, justamente para que o investimento se torne mais atraente.

Até aqui um quadro bem sucinto da participação societária preferencial, nos termos em que esta última se encontra regulada na legislação sobre sociedades anônimas ou companhias. Resta saber

CAPITAL   249

se tal legislação é aplicável, no todo ou em parte, à sociedade limitada. Ao que me parece, com relação às preferências e vantagens, é perfeitamente aplicável. Com efeito, mesmo no âmbito da sociedade limitada, nada impede que existam dois ou mais grupos diferentes de investidores e que um deles (o inicial, o que teve a idéia do negócio) tenha atraído os demais com promessa de outorga de vantagens especiais. De forma que podem, a meu ver, existir quotas sociais com diferentes preferências ou vantagens, por exemplo: pagamento de lucros mínimos, maiores em 5% (ou 10%) aos atribuídos às demais quotas; prioridade na distribuição de lucros; prioridade no reembolso do capital, com prêmio ou sem ele; acumulação das referidas vantagens; prioridade na distribuição de lucros, juntamente com o direito de eleger um dos administradores ou mais; e eventuais outras.

Não me parece igualmente aplicável a mesma legislação na parte em que ela permite que se deixe de conferir às participações preferenciais algum ou alguns dos direitos ordinários, inclusive o de voto, ou que este último venha a ser conferido com restrições. Meu entendimento baseia-se nos argumentos que seguem. Em primeiro lugar, existe no ordenamento jurídico brasileiro determinado princípio segundo o qual a interpretação da lei pode ser ampla na aplicação de vantagens, não podendo sê-lo, no entanto, na aplicação de supressões ou restrições de direitos, as quais exigem sempre lei expressa e interpretação restritiva. Em outras palavras, a aplicação de supressões ou restrições de direitos nunca se presume. Em segundo lugar, a aplicação contratual de supressões ou restrições de direitos desvirtuaria, sem dúvida, o tipo legal da sociedade limitada. Esta última, por mais que se queira, não é, de forma alguma, tipo societário que possa em tudo ser confundido com a sociedade anônima ou companhia. Há entre os dois tipos diferenças substanciais que não podem ser ignoradas ou menosprezadas. Aliás, não há necessidade alguma de forçar a interpretação da legislação existente. Pois, se alguém quiser organizar sociedade empresária com quadro complexo de participação, poderá fazê-lo sem problemas: bastará que escolha a sociedade anônima ou companhia. Uma coisa que, por certo, não poderá fazer é pegar, de cada tipo societário, apenas as características mais vantajosas. Em terceiro lugar, sendo a limitada, apesar das atuais aparências em contrário, uma sociedade essencialmente superfechada, não pode o sócio minoritário correr o risco de vir a ser surpreendido com alterações contratuais implantando supressões ou restrições de direitos que lhe possam causar injustos prejuízos, e de cuja viabilidade ele nem sequer tenha suspeitado.

250 SOCIEDADES LIMITADAS

4. Figuras discutíveis com relação às quotas

4.1 O notável mistério da indivisibilidade da quota

O velho Decreto 3.708, de 10.1.1919, que outrora disciplinava a chamada *sociedade por quotas, de responsabilidade limitada*, dispunha, em seu art. 6º: "Devem exercer em comum os direitos respectivos os co-proprietários da quota indivisa, que designarão entre si um que os represente no exercício dos direitos de sócio. Na falta desse representante, os atos praticados pela sociedade em relação a qualquer dos co-proprietários produzem efeitos contra todos, inclusive quanto aos herdeiros dos sócios. Os co-proprietários da quota indivisa respondem solidariamente pelas prestações que faltarem para completar o pagamento da mesma quota". *Quota indivisa* é aquela que se encontra em situação de não-divisão; portanto, aquela que não foi dividida. Ora, o fato de a quota não ter sido dividida não significa necessariamente que ela não possa ser dividida; melhor dizendo, o fato de ela não ter sido dividida não significa que exista algo inelutável (uma lei, por exemplo) impedindo que a mesma, a qualquer momento, seja dividida em duas ou mais partes. De forma que, em meu modo de entender, o legislador anterior, ao ressaltar a expressão "quota indivisa" (usou-a duas vezes), não teve qualquer preocupação para com a divisibilidade ou não da quota, já que demonstrou tão-somente a intenção de disciplinar, ainda que sumariamente, o surgimento e o funcionamento do condomínio de quota.

O legislador atual, no entanto, ao disciplinar mais uma vez, no Código Civil/2002, a sociedade limitada, acabou usando, no texto contido no art. 1.056, *caput*, palavra com a mesma raiz, mas bem diferente: "A quota é indivisível em relação à sociedade, salvo para efeito de transferência, caso em que se observará o disposto no artigo seguinte". No referido artigo seguinte, mais precisamente no art. 1.057, *caput*, dispõe: "Na omissão do contrato, o sócio pode ceder sua quota, total ou parcialmente, a quem seja sócio, independentemente de audiência dos outros, ou a estranho, se não houver oposição de titulares de mais de um quarto do capital social". Achei bastante estranho o primeiro dos dois dispositivos legais; em conseqüência, tentei justificá-lo, imaginando ter havido forte influência por parte da citada Lei 6.404/1976, que, ao disciplinar as ações, dispõe, em seu art. 28:

"Art. 28. A ação é indivisível em relação à companhia.

CAPITAL 251

"Parágrafo único. Quando a ação pertencer a mais de uma pessoa, os direitos por ela conferidos serão exercidos pelo representante do condomínio."

"Indivisível" é palavra que costuma ser referida a algo que não pode ser dividido; em termos mais precisos, algo que não tem condições de ser dividido, uma vez que determinada força poderosa (com base na Natureza ou na lei) o impede em termos absolutos. Se a força poderosa a que aludi emanar de lei, ela não poderá prescindir da existência de algum significado de cunho lógico e social. Pois bem, tal significado de cunho lógico e social existe, a meu ver, sem a menor dúvida, com relação à ação; não existe, no entanto, com relação à quota. Pois *ação* e *quota* são participações societárias essencialmente diferentes, conforme sempre pus em ressalte.

Ação é parcela pequena e uniforme do capital social, criada, em primeiro lugar, para tornar viável a obtenção de recursos financeiros junto ao grande público; em segundo lugar, para facilitar a circulação das participações societárias no âmbito do mercado; em terceiro lugar, para permitir administração bem prática de tais participações. Se a ação fosse divisível, a companhia teria, com certeza, enorme dificuldade para administrar as participações de seus acionistas, muitas vezes numerosíssimos, em certos casos chegando a centenas de milhares.

Quota é parcela de capital que pode não ser pequena, nem uniforme, uma vez que normalmente ela equivale à participação inteira do sócio (note-se que, quando o contrato constitutivo da sociedade limitada estabelece que o capital social fica dividido em pequeninas quotas de igual valor, para que cada sócio fique com certa quantidade delas, tal comportamento, no fundo, acaba desvirtuando o tipo societário e aproximando-o indevidamente da sociedade anônima ou companhia). Ademais, conforme já comentei, a sociedade limitada não foi concebida para recorrer à economia popular; a quota social não foi estruturada para circular no âmbito do mercado; e a quantidade de sócios, via de regra pequena, não costuma chegar a dificultar a administração das participações societárias.

Qual, então, o sentido prático da indivisibilidade da quota social? Convém, a esta altura, não perder de vista que, curiosamente, o próprio legislador pátrio revela não acreditar muito na existência de tal sentido prático; pois a regra da indivisibilidade, nos termos do art. 1.056, *caput*, já citado, não vale para efeito de transferência; o que significa, com notável clareza, que cada sócio, ao menos para fins de transferência,

252 SOCIEDADES LIMITADAS

tanto a outros sócios (com total liberdade) como a estranhos (desde que não haja oposição), pode desmembrar sua própria quota quantas vezes ele quiser, podendo, dessa forma, fazer surgir até mesmo novos sócios. Terá tido o legislador atual preocupações de cunho meramente administrativo? Será que ele imaginou a possibilidade de a sociedade limitada vir a ter grande número de sócios? Peço sinceras vênias, mas tenho a nítida impressão de que, ao menos no plano prático, se está diante justamente da figura jurídica contrária, isto é, da figura da plena divisibilidade da quota.

4.2 A curiosa persistência do condomínio de quota

O Código Civil/2002, em seu art. 1.056, § 1º, dispõe: "No caso de condomínio de quota, os direitos a ela inerentes somente podem ser exercidos pelo condômino representante, ou pelo inventariante do espólio de sócio falecido". Percebe-se que o instituto do *condomínio de quota*, em sociedade limitada, foi mantido pela atual legislação. Como surge, na prática, tal figura? O Código aponta caminho no *caput* do próprio art. 1.056, combinado com o *caput* do art. 1.057, ao dispor que a quota é indivisível em relação à sociedade, salvo para efeito de transferência; sendo que, na omissão do contrato, o sócio pode ceder sua quota, total ou parcialmente, a quem seja sócio, independentemente de audiência dos outros, ou a estranho, se não houver oposição de titulares de mais de um quarto do capital social. Observe-se que, com base em ditos dispositivos, o condomínio de quota não surge em caráter necessário; mas nada impede que, em certas condições, possa surgir.

Evidentemente, não há como excluir *a priori* a hipótese de que alguém decida sustentar curiosa tese, assim concebida: a idéia da quota que é indivisível, exceto para transferências, foi a fórmula jurídica que o legislador pátrio encontrou para certamente transmitir a idéia de que a cessão total de quota pode ocorrer sem o estabelecimento de qualquer tipo de condomínio, ao passo que a cessão parcial de quota deve ocorrer sempre com o estabelecimento de condomínio. Em sã consciência, não vejo como possa ser aceita eventual tese contendo semelhante estrutura de pensamento. Em verdade, a divisibilidade da quota, ao menos para fins de transferência a terceiros, sócios ou não, é da própria essência de dita quota, não podendo, em conseqüência, depender, de modo algum, do surgimento ou não de condomínio; a quota, com efeito, por corresponder, via de regra, à participação in-

CAPITAL 253

teira do sócio, está automática e naturalmente sujeita, o tempo todo, a operações de acréscimo ou de decréscimo, em decorrência de cessões ou de aquisições, ou mesmo em decorrência de aumentos ou de reduções do capital social, de qualquer tipo. Ademais, condomínio de quota nunca se presume, exigindo sempre a presença de norma expressa, contida em lei ou em contrato; em outras palavras, em hipótese alguma ele tem condições de surgir apenas em razão de mero trabalho interpretativo.

Há outros caminhos que porventura levem ao surgimento do condomínio de quota em sociedade limitada? É o que será visto sucintamente logo mais. Antes, porém, convém pôr em ressalte que, de acordo com a Lei 6.404/1976, art. 28, também a ação é indivisível em relação à sociedade anônima ou companhia; sendo que, quando a ação pertence a mais de uma pessoa, os direitos por ela conferidos devem ser exercidos pelo representante do condomínio. Aliás, caso se tratasse efetivamente de companhia, haveria, a meu ver, todos os caminhos admitidos pelo Direito para transferência de bens. Tal conclusão encontra apoio na ausência de grandes restrições para a circulação das ações, mesmo na hipótese de existência de limitações, impostas pelo estatuto nos termos, mais uma vez, da Lei 6.404/1976, que, em seu art. 36, *caput*, dispõe: "O estatuto da companhia fechada pode impor limitações à circulação das ações nominativas, contanto que regule minuciosamente tais limitações e não impeça a negociação, nem sujeite o acionista ao arbítrio dos órgãos de administração da companhia ou da maioria dos acionistas". Convém ressaltar que a limitação não deve impedir a negociação, devendo esta ser realizada com certo grau de liberdade. Em tais condições, o condomínio da ação pode ter, ao que tudo indica, causas as mais diferentes, como as seguintes, por exemplo: venda e compra, permuta, doação, comunhão em casamento, herança ou legado, desapropriação, penhora com adjudicação; tudo no âmbito de contexto de relevante liberdade.

Pode a aplicação desta parte da legislação sobre companhias ser estendida às sociedades limitadas? Não, em minha opinião. É que, no tocante à circulação das respectivas participações, os dois tipos societários apresentam diferenças substanciais. Com efeito, a companhia, por mais fechada que seja, sempre pertence à categoria das organizações abertas (*lato sensu*); ao passo que a sociedade limitada, ainda que provida de notável grau de abertura, nunca deixa de pertencer à categoria das organizações superfechadas. De forma que o condomínio de quota em sociedade limitada está mesmo sujeito, a meu ver, ao acima citado art. 1.057, que em seu *caput* disciplina, na omissão do contrato, a cessão total ou parcial de quotas, a quem seja sócio (livremente) ou a estranho (sem oposição de mais de um quarto do capital); podendo, em conseqüência, surgir apenas com base naqueles meios de direito que se enquadrem em dito dispositivo legal. Em tais condições, forçoso é concluir que somente entre sócios o condomínio de quota em sociedade limitada pode ser negociado em regime de total liberdade. Não pode, em conseqüência, surgir livremente, por exemplo, em virtude de sucessão *causa mortis*, que faz desaparecer o sócio, aparecendo estranhos em seu lugar; ou em virtude de dívida, uma vez que o credor particular de sócio, nos termos do art. 1.026, parágrafo único, tem tão-somente o direito de requerer a liquidação da quota social do devedor. Observe-se, por fim, que, em meu modo de entender, faz surgir determinados tipos de condomínios legais o art. 1.027, ao dispor: "Os herdeiros do cônjuge de sócio, ou o cônjuge do que se separou judicialmente, não podem exigir desde logo a parte que lhes couber na quota social, mas concorrer à divisão periódica dos lucros, até que se liquide a sociedade"; tais condomínios, porém, mais em harmonia com a sistemática do Código Civil/2002, poderiam ter sido muito bem evitados.

Tem-se, após tudo isso, a nítida impressão de que, ao menos no âmbito da sociedade limitada, o instituto do condomínio de quota não tenha nem grande importância, nem muita lógica. Afinal, se a participação do sócio é de cunho unitário e assaz genérico, por estar ela completamente desprovida das características especiais que atingem a participação do acionista da sociedade anônima ou companhia, e se, por causa disso, ela pode a qualquer momento ser desmembrada, para fins de cessão a outros sócios ou a estranhos (ainda que, no tocante a estes, com pequena restrição), qual o sentido prático de um condomínio de quota? Por quais estranhos motivos deveria este surgir?

Ademais, há outro problema igualmente estranho. Surgiu, certa vez, curiosa questão prática: em caso de condomínio de quota (evidentemente permitida), devem todos os condôminos constar do instrumento contratual? Entendo que sim, com base no art. 1.056, § 2º, do Código Civil/2002, que dispõe: "Sem prejuízo do disposto no art. 1.052, os condôminos de quota indivisa respondem solidariamente pelas prestações necessárias à sua integralização". O referido art. 1.052, por sua vez, dispõe que, apesar de a responsabilidade de cada sócio ser restrita ao valor de suas quotas, todos, porém, respondem solidariamente pela integralização do capital social. Está-se claramente diante de interessante fenômeno de *dupla responsabilidade solidária*,

CAPITAL

pois os condôminos respondem não apenas pela integralização de sua quota, mas também pela integralização do inteiro capital social.

É justamente a existência desses dois tipos de responsabilidade solidária, entre os condôminos, que me obriga a confirmar minha resposta afirmativa à questão ora em exame. De fato, se os condôminos devem mesmo responder, devendo fazê-lo inclusive duplamente, como poderão ser identificados, com facilidade, certeza e segurança, se eles não constarem, com nome e demais dados pessoais, de documento oficial, ainda por cima registrado? Tal documento, ao que me parece, só poderá ser o contrato social, pois nenhum outro terá condições de oferecer as mesmas garantias. Posso, inclusive, imaginar hipótese bem prática: morre um sócio, deixando viúva-meeira e dois filhos; a quota respectiva deveria ser liquidada, mas os sócios remanescentes aceitam o pedido de entrada formulado pelos três sucessores, com a condição de estes criarem condomínio representado pela viúva; os sucessores concordam, assinam o instrumento de condomínio, entregam uma via à sociedade, que a engaveta, sem providenciar qualquer registro; por ignorância, insere-se no contrato social, na mesma posição do sócio falecido, apenas a viúva, pessoa muito simples, de prendas domésticas, que não costuma guardar papéis (ficam todos com os filhos); a via do instrumento de condomínio, recebida pela sociedade, fica, a certa altura, extraviada; na falência da sociedade, o administrador judicial descobre que o capital social, sempre muito pequeno, sofreu – para poder melhor impressionar os credores – considerável aumento, que foi subscrito proporcionalmente por todos os sócios, mas que foi realizado por todos apenas em 5%; na execução, a viúva declara que não tem dinheiro nem bens (ela é mantida pelos filhos). Numa situação dessas, conseguirá o administrador judicial executar os filhos? Poderá até conseguir, mas não será fácil.

Como pode ser feita, na prática, a inclusão no instrumento contratual? Sugiro que – no *caput* da cláusula do capital social, mais precisamente na parte em que é costume colocar lista dos sócios com respectivas quotas – se inclua o condomínio mediante texto parecido com este: "Condomínio de quota; valor R$ 60.000,00; condôminos: JOÃO SILVA, FÁBIO PRADO, CAIO LEMOS". Sugiro também que, em parágrafo único, se coloque mais um texto: "A qualificação completa dos condôminos é esta: JOÃO SILVA (inserir); FÁBIO PRADO (inserir); CAIO LEMOS (inserir). Funcionará como representante do condomínio JOÃO SILVA". Inútil é dizer que o contrato deverá ser assinado por todos os condôminos.

256 SOCIEDADES LIMITADAS

É evidente, porém, que os condôminos, dessa forma, acabam ficando em posição que, sem dúvida, é quase-idêntica à dos sócios, só não sendo perfeitamente idêntica por ser, em verdade, um pouco mais onerosa. Em conseqüência, torna-se inevitável a seguinte pergunta: "Por que não ficam, de uma vez, na posição de sócios? Afinal, não seria bem mais prático e menos estranho?". Minha resposta é de novo afirmativa; o que não impede, porém, uma derradeira observação: o condomínio pode ter surgido com base em interesses particulares legítimos de algum sócio; interesses, esses, que devem ser respeitados. Nada a objetar: devem, mesmo, ser observados. Só que o condomínio pode surgir com base em documento que, apesar de legítimo, tenha valor tão-somente entre as partes contratantes, não sendo, em conseqüência, sua existência comunicada à respectiva sociedade, mais ou menos nos moldes do que podia acontecer no passado, quando o velho Código Comercial dispunha, em seu art. 334, o seguinte: "A nenhum sócio é lícito ceder a um terceiro, que não seja sócio, a parte que tiver na sociedade, nem fazer-se substituir no exercício das funções que nela exercer sem expresso consentimento de todos os outros sócios, pena de nulidade do contrato; mas poderá associá-lo à sua parte, sem que por esse fato o associado fique considerado membro da sociedade".

Foi visto no início desta subseção que o art. 1.056, § 1º, após dispor que, no caso de condomínio de quota, os direitos a ela inerentes somente podem ser exercidos pelo condômino representante, arremata com esta frase: "ou pelo inventariante do espólio de sócio falecido". Como interpretar tão misteriosa frase? Não me parece nada fácil. Foram, por amigos, sugeridas algumas hipóteses, duas das quais me pareceram dignas de consideração. Com base na primeira, já existe um condomínio, com um condômino representante; morre um condômino; automaticamente, o condomínio passa a ser representado pelo inventariante do espólio. Dúvida: por que o legislador pátrio teria usado a expressão "espólio de sócio falecido" no lugar de "espólio de condômino falecido"? As duas figuras não são perfeitamente iguais; e ocorre que a lei deve ter extraordinária clareza. Com base na segunda, não existe qualquer condomínio, e morre um sócio, que lega sua quota social, em partes iguais, a três de seus filhos, vinculados porém por condomínio instituído pelo próprio testamento; condomínio esse que tanto os três filhos como os sócios remanescentes aceitam imediatamente. Dúvida: por que o legislador pátrio teria usado a expressão "no caso de condomínio de quota", se este, em verdade, só terá condições de ser tomado em consideração depois de terminado o inventário do espólio do sócio falecido?

CAPITAL 257

4.3 A já inexistente aquisição de quota pela sociedade

O velho Decreto 3.708/1919, em seu art. 8º, dispunha: "É lícito às sociedades a que se refere esta Lei adquirir quotas liberadas, desde que o façam com fundos disponíveis e sem ofensa do capital estipulado no contrato. A aquisição dar-se-á por acordo dos sócios, ou verificada a exclusão de algum sócio remisso, mantendo-se intacto o capital durante o prazo da sociedade". Tal dispositivo só se aplicava às outrora chamadas "sociedades por quotas, de responsabilidade limitada", não sendo, em conseqüência, aplicável às demais sociedades por quotas (também conhecidas como sociedades contratuais ou de pessoas), reguladas pelo velho Código Comercial. A rigor, de acordo com a terminologia legal, eram consideradas "liberadas" as quotas integralizadas, isto é, totalmente realizadas; com base, porém, na figura da *responsabilidade solidária*, que atingia o inteiro quadro dos sócios da limitada, as quotas só podiam, mesmo, ser consideradas liberadas quando o inteiro capital social estivesse totalmente realizado (note-se que a expressão utilizada pelo legislador de então constituía evidente metonímia: as quotas, com efeito, eram classificadas como liberadas porque, em verdade, eram os respectivos sócios que ficavam liberados, isto é, desvinculados de obrigações).

Havia duas condições básicas para que pudessem ser adquiridas quotas liberadas. A primeira consistia em que a aquisição fosse feita com *fundos disponíveis*, devendo esta última expressão ser tomada em seu sentido mais amplo: "fundos" como recursos econômicos, "disponíveis" como não vinculados a nada, inclusive a pagamentos futuros. A segunda consistia em que a aquisição fosse feita sem ofensa do capital estipulado no contrato; em outras palavras, mesmo disponíveis, os recursos econômicos utilizados na aquisição só poderiam corresponder a lucros ou reservas livres, nunca ao capital social, para não configurar, ainda que indiretamente, indevida devolução de valores subscritos e conseqüente redução do mesmo capital, sem observância dos ritos legais normais. A aquisição não dependia de simples decisão dos administradores da sociedade: em verdade, ela só podia resultar de acordo entre os sócios, uma vez que, atingindo a própria estrutura societária, acabava exigindo a celebração de alteração contratual, para que nova distribuição de quotas figurasse na cláusula do capital social. Curioso é que a permissão legal de adquirir quotas liberadas era igualmente aplicável a eventuais casos de exclusão de sócios remissos, muito embora tal exclusão não tivesse, a rigor, o condão de fazer surgir quotas liberadas; devia ter, porém, em minha opinião, o condão de influir na formação do preço de aquisição, uma vez que, ao que tudo indica, a aquisição da quota do sócio remisso também devia ser realizada com fundos disponíveis e sem ofensa do capital social (talvez parte do preço devesse ser destinada à realização total da quota).

Pois bem, a nova legislação sobre sociedade limitada não manteve a figura da aquisição de quotas liberadas, ficando, por isso, a meu ver, mais em consonância com a sistemática das sociedades contratuais. Afinal, por mais que se queira – às vezes, inclusive, com veemência – sustentar o contrário, a sociedade limitada nunca chegou a ser, ainda que apenas na prática, uma sociedade anônima; tampouco pode ser considerada uma pequena anônima; pois, muito embora se tenha aproximado razoavelmente da anônima, ela continua sendo, em verdade, uma sociedade contratual basicamente igual às demais. Mesmo assim, alguém poderia recordar-se de que as sociedades por ações (que são as sociedades anônimas ou companhias, de um lado, e as sociedades em comandita por ações, de outro) contam com dispositivo legal especial que, proibindo a negociação com as próprias ações, exclui da referida proibição, entre algumas outras operações, "a aquisição, para permanência em tesouraria ou cancelamento, desde que até o valor do saldo de lucros ou reservas, exceto a legal, e sem diminuição do capital social ou por doação" (Lei 6.404/1976, citada, art. 30, *caput* e § 1º, "b").

Pode, porventura, tal dispositivo legal ser de qualquer forma aplicado à sociedade limitada? Em minha opinião, não pode. Em verdade, não faltam na legislação sobre sociedades anônimas ou companhias dispositivos aplicáveis à sociedade limitada; trata-se, no entanto, de normas que, embora contidas em legislação especial, cuidam, porém, de problemas da sociedade anônima como sociedade, não como anônima. Não é o que acontece no caso ora em exame. Em verdade, a aquisição de ações para permanência em tesouraria ou cancelamento é operação típica de sociedade anônima como tal; em termos mais precisos, é uma das operações que caracterizam os dois tipos societários conhecidos pela designação genérica de *sociedades por ações*. Dir-se-á que a limitada regida pela legislação anterior podia, com permissão legal expressa, praticar tal operação. Podia, sem dúvida; porém, em desacordo, a meu ver, com a verdadeira essência de uma sociedade contratual, tida como por quotas. De forma que a nova legislação veio colocar a sociedade limitada no lugar que de fato lhe cabe.

4.4 Cancelamento de quota: como era e como ficou

Na subseção anterior, no tocante à sociedade limitada, fiz referência à figura jurídica da aquisição de quotas liberadas por parte da própria sociedade, com base no art. 8º, acima reproduzido, do velho Decreto 3.708/1919. Em minha sucinta referência aludi também a dispositivo análogo da Lei 6.404/1976, que exclui da proibição de negociar com as próprias ações, entre outras operações, "a aquisição, para permanência em tesouraria ou cancelamento, desde que até o valor do saldo de lucros ou reservas, exceto a legal, e sem diminuição do capital social ou por doação" (art. 30, *caput* e § 1º, "b").

Percebe-se com extrema clareza que no âmbito da sociedade anônima ou companhia a aquisição pode ter dois escopos, uma vez que pode ser realizada tanto para que as ações sejam mantidas em tesouraria como para que as mesmas sejam canceladas. O cancelamento terá conseqüências evidentes, nos termos do art. 12 da citada Lei 6.404/1976, que dispõe: "O número e o valor nominal das ações somente poderão ser alterados nos casos de modificação do valor do capital social ou da sua expressão monetária, de desdobramento ou grupamento de ações, ou de cancelamento de ações autorizado nesta Lei". A título de exemplo, se o capital da sociedade estiver dividido em 100 ações sem valor nominal, o cancelamento de 20 ações implicará alteração estatutária, para que o capital social passe a ser representado por 80 ações sem valor nominal; e, se as referidas 100 ações tiverem o valor nominal de R$ 1.000,00 cada uma, o cancelamento de 20 ações implicará alteração estatutária, para que o capital passe a ser representado por 80 ações de R$ 1.250,00 cada uma.

Com relação à sociedade limitada, e diante da ausência, no velho Decreto 3.708/1919, de dispositivo autorizando expressamente o cancelamento de eventuais quotas liberadas, adquiridas pela sociedade, chegou a surgir no império da legislação anterior a seguinte dúvida: pode a quota liberada, se adquirida pela sociedade, ser cancelada, imediatamente após a aquisição ou após qualquer período de permanência em tesouraria, com base apenas na legislação sobre as sociedades anônimas ou companhias? Minha resposta foi, decididamente, afirmativa. Ponderei que, se, de um lado, o legislador parecia fazer crer ter pensado apenas na manutenção em tesouraria, de outro, ele não proibia expressa e claramente o cancelamento. Ora, eventual proibição legal impediria por completo qualquer raciocínio; ao passo que ausência de proibição permitia, ao menos, que se desenvolvesse algum tipo de raciocínio. No caso

260 SOCIEDADES LIMITADAS

em questão, o cancelamento por certo não provocaria prejuízo algum: não desvirtuaria o tipo societário, não representaria vício ou nulidade para o contrato social, não causaria danos aos sócios, não enfraqueceria a empresa, não diminuiria ou modificaria a garantia dos credores e também não complicaria o relacionamento com usuários ou consumidores.

Acontece, no entanto, que, conforme já foi visto, a nova legislação sobre sociedade limitada não manteve a figura da aquisição, por parte da própria sociedade, de quotas liberadas; com o quê, não podendo a sociedade adquirir quotas para sua manutenção em tesouraria, também não pode, em conseqüência, adquiri-las para seu cancelamento. Tal significa, porventura, que a figura jurídica do *cancelamento de quota* de sociedade limitada desapareceu completamente, em caráter absoluto, sob todos os aspectos? Não, ao que me parece. Em verdade, há ainda casos em que a manutenção da quota social se torna inviável, devendo a mesma quota, por esse motivo, ser eliminada da estrutura societária; pois bem, a meu ver, nada impede que essa eliminação seja indicada com o nome de *cancelamento*. Entendo, pois, que se possa falar em *cancelamento de quota* com relação a todas as hipóteses de retirada, exclusão ou morte de sócio previstas pelo Código Civil/2002, mas ressalvados alguns casos de transferência.

A *retirada* pode ocorrer em virtude de dissidência (art. 1.077; observe-se que, com relação à sociedade simples, o art. 1.029, *caput*, prevê também a retirada por desinteresse). A *exclusão* pode ocorrer por diversos motivos: em virtude de inegável gravidade, pondo em risco a continuidade da empresa (art. 1.085, *caput*; observe-se que, mais uma vez com relação à sociedade simples, o art. 1.030, *caput*, prevê também a exclusão em virtude de falta grave no cumprimento de obrigações ou por incapacidade superveniente); em virtude de falência do próprio sócio (art. 1.030, parágrafo único); em virtude de liquidação de quota requerida por credor particular de sócio (art. 1.030, parágrafo único, combinado com o art. 1.026); e em virtude de falta de integralização de quota (art. 1.058, combinado com o art. 1.004, parágrafo único). Quanto à morte de sócio, cumpre-me fazer notar que a norma legal geral manda liquidar a quota (art. 1.028).

Em todas essas hipóteses o desaparecimento do sócio ensejará, a meu ver, o cancelamento da respectiva quota; a não ser que esta seja transferida a terceiro ou a herdeiro. Paralelamente, convém não perder de vista que, se os demais sócios suprirem o valor da quota, haverá cancelamento de quota do mesmo jeito, uma vez que os novos valores pagos só servirão para valorizar a quota de cada um

CAPITAL   261

dos demais sócios que tiverem efetuado o pagamento. No tocante à alteração contratual, é preciso ressaltar que o capital social sofrerá a correspondente redução, exceto se a quota do sócio que desapareceu for transferida a terceiro ou a herdeiro, ou se o respectivo valor for suprido pelos demais sócios. Nesta última hipótese, evidentemente, a cláusula específica deverá redistribuir o capital social entre os sócios, fazendo surgir novo quadro de quotas sociais; por outro lado, se for admitido algum herdeiro, o nome deste deverá substituir o do sócio falecido, ao passo que se, porventura, for admitido sócio novo (terceiro), nos termos do art. 1.058, o nome deste deverá substituir o do sócio remisso.

4.5 Distinção entre a quota primitiva e as posteriores

Em seu art. 5º, o velho Decreto 3.708/1919 dispunha: "Para todos os efeitos, serão havidas como quotas distintas a quota primitiva de um sócio e as que posteriormente adquirir". Tal dispositivo chegou a desafiar, ao longo de toda a sua existência, a inteligência dos intérpretes: qual seria, afinal, seu verdadeiro significado, ou sua verdadeira lógica? O motivo da perplexidade residia na seguinte dúvida: se, conforme entendimento pacífico, a quota era, a rigor, parte do capital social a que se reduzia a participação inteira de cada sócio, por que não se deveria aplicar esse mesmo princípio aos aumentos da participação, em virtude de aquisição total ou parcial de outras participações? Em quê a junção de quotas poderia prejudicar o sócio interessado ou a própria sociedade? À procura de luzes sobre o assunto, consultei alguns ilustres juristas pátrios, entre eles Nelson Abrão e Fran Martins.

O primeiro dos dois (*Sociedade por Quotas de Responsabilidade Limitada*, já citado, 3ª ed., pp. 59-60) esclarecia, de início, que existiam três sistemas legislativos: o da parte única inicial, o da parte única permanente e o da pluralidade de partes. Em seguida, definia (citando Felipe de Solá Cañizares e Enrique Aztiria): "O sistema da parte única inicial consiste em que cada sócio pode subscrever uma parte única; porém, se depois adquire outra ou outras, a primeira parte conserva uma individualidade distinta de cada uma das adquiridas posteriormente. No segundo sistema – parte única permanente – o sócio pode subscrever uma única parte, porém, se adquire outras, confundem-se com a primeira, de modo que o sócio nunca pode possuir mais de uma parte social. O terceiro sistema – pluralidade de partes

– consiste em que cada sócio pode subscrever e possuir a todo momento várias partes sociais". Completava, por fim, ressaltando não apenas a tese da filiação da lei brasileira ao sistema alemão da quota única inicial, mas também a de que a separação de quotas teria como intuito o de viabilizar as transferências, tanto *inter vivos* como *mortis causa*. Comentava ele, de fato, que não se compreenderia a eficácia da separação no concernente ao cômputo de votos nas deliberações sociais, à distribuição de lucros por ocasião do balanço, ao reembolso do capital nos casos de recesso, à partilha do acervo na liquidação da sociedade e à responsabilidade subsidiária e solidária dos sócios perante terceiros. Em conclusão (seguindo nisso, aliás, o pensamento de Azevedo Souto), a única diferença admissível seria a "de que o sócio poderia vender a segunda quota sem consentimento da sociedade, quando os estatutos o permitissem, ao passo que, se só uma quota existisse, o consentimento para a divisão seria indispensável".

Com a devida vênia, não me pareceu convincente, para fins de interpretação do pensamento do legislador pátrio, a referida teoria, por inaplicável ao Direito Brasileiro. Com efeito, nos termos do art. 334 do velho Código Comercial, a nenhum sócio era lícito ceder a um terceiro, que não fosse sócio, a parte que tivesse na sociedade, sem expresso consentimento de todos os outros sócios. Tal significava, a meu ver, que eventual permissão contratual para venda seria aplicável a todas as quotas (inicial e adquiridas); sendo que, se não houvesse permissão, mais uma vez todas as quotas seriam atingidas. Por causa disso, senti-me na necessidade de recorrer ao segundo jurista citado.

Fran Martins (*Sociedades por Quotas no Direito Estrangeiro e Brasileiro*, já citado, vol. II, pp. 630-631) assim se manifestava: "Na realidade, cada quota que o sócio passa a possuir continua a ter vida própria, gerando ou podendo gerar obrigações muitas vezes diferentes (uma quota liberada e uma ainda não totalmente integralizada geram obrigações diversas, não só em relação aos seus possuidores, como para os demais sócios, pois, no tocante à não integralizada, ficam todos os sócios solidariamente responsáveis pelo seu pagamento, em caso de falência, se não for pelo proprietário integralizada). Donde se pode dizer que, apesar de várias quotas serem possuídas por uma só pessoa, na realidade representam elas diversos sócios isolados e autônomos. E o possuidor, ao fazer valer seus direitos como proprietário desse número de quotas, na realidade está fazendo valer os direitos que poderiam ser possuídos por vários titulares, cada quota simbolizando um. As conseqüências que desse fato resultam são as mais variadas: a pluralidade de quotas distintas possuídas por uma mesma pessoa

CAPITAL 263

dá lugar a uma pluralidade de direitos autônomos que essa pessoa exercerá como lhe aprouver, nada existindo que a force a usá-los no mesmo sentido. Em outras palavras, e sem aprofundar muito a questão: um detentor de várias quotas pode fazer valer os seus direitos, em um determinado sentido, como possuidor de 'x' quotas, enquanto que, em outro sentido, poderá fazer valê-los como possuidor de 'y' quotas. Daí para se chegar à empresa individual de responsabilidade limitada (já que juridicamente não se pode conceber a sociedade unipessoal) é um passo; e foi esse passo que deram os alemães, alegando que as quotas, ficando, temporariamente, em mãos de um único possuidor, não acarretam a nulidade da sociedade, pois, de um momento para outro, poderão passar para pessoas diversas, restabelecendo, assim, o equilíbrio contratual".

Muito embora também não justificasse (em verdade, não era uma quota isolada que poderia ficar liberada: era cada sócio que, uma vez integralizado o capital inteiro, ficava liberado da obrigação de, eventualmente, pagar por outros sócios), este segundo autor, porém, explicava. Quero dizer que me ajudava a compreender o motivo do aparecimento de tão estranho dispositivo no Direito Brasileiro. Tratava-se, ao que tudo indicava, do seguinte: os alemães se haviam servido de tal artifício para justificar a empresa individual de responsabilidade limitada; os portugueses haviam adotado a nova legislação alemã, conservando o dispositivo; e o legislador brasileiro se havia limitado a copiar apressadamente a legislação portuguesa, sem refletir sobre as conseqüências do referido dispositivo.

Aliás, no âmbito do ordenamento jurídico brasileiro o dispositivo legal em questão nunca teve qualquer conseqüência, sendo letra morta, quer na teoria, quer na prática. Em conseqüência disso, se determinado sócio se tornasse, de repente, por qualquer motivo, titular único de todas as quotas sociais, ele deveria, no mesmo ato, reconstituir a pluralidade de sócios, pois o fenômeno da sociedade unipessoal não poderia, a meu ver, surgir no âmbito da sociedade limitada, tipo societário contratual, por quotas. Com efeito, ainda existindo, no mencionado ordenamento jurídico, princípio segundo o qual a palavra "sociedade" indicava a junção de duas pessoas no mínimo, disso emergia, como lógica conseqüência, que eventual derrogação de tal princípio somente seria aceitável se resultante de dispositivo legal expresso e específico, que não admitisse interpretação extensiva.

Hoje o referido dispositivo legal expresso e específico, derrogando o princípio, existe, uma vez que o Código Civil/2002, em seu art. 1.033, IV, dispõe: "Dissolve-se a sociedade quando ocorrer: (...)

264 SOCIEDADES LIMITADAS

IV – a falta de pluralidade de sócios, não reconstituída no prazo de cento e oitenta dias; (...)". E, muito oportunamente, a norma contida no art. 5º do velho Decreto 3.708/1919 acabou não sendo mantida, ficando, assim, felizmente, superado o respectivo e penoso problema de interpretação, com grande satisfação minha e de todos os estudiosos da sociedade limitada. Só quis comentá-la, juntamente com outras, nesta quarta seção do capítulo, por razões históricas e, sobretudo, para deixar bem em ressalte a natureza da transição que ocorreu entre a velha legislação e a nova do tipo societário.

Capítulo VIII
Deliberações dos Sócios

1. Enumeração das competências exclusivas: 1.1 A aprovação das contas da administração – 1.2 A designação dos administradores, em ato separado – 1.3 A destituição dos administradores, em qualquer caso – 1.4 O modo de remuneração dos administradores – 1.5 A modificação do contrato social – 1.6 Incorporação, fusão, dissolução, cessação da liquidação – 1.7 A nomeação e a destituição dos liquidantes – 1.8 O pedido de concordata, que hoje é de recuperação – 1.9 As citadas competências exclusivas não são as únicas. 2. Modos para as deliberações tomarem corpo: 2.1 Assembléia (modo de deliberação formal) – 2.2 Reunião efetiva (modo de deliberação semiformal) – 2.3 Reunião virtual (modo de deliberação informal). 3. O primeiro dos modos: a assembléia dos sócios: 3.1 Como promover a convocação dos participantes – 3.2 A conhecida figura do "quorum" e seus dois aspectos: 3.2.1 Considerações acerca do "quorum" de instalação – 3.2.2 Considerações acerca do "quorum" de deliberação: 3.2.2.1 Em que consiste a maioria absoluta – 3.2.2.2 Em que consiste a maioria simples – 3.2.2.3 Em que consiste a maioria qualificada – 3.2.3 Observações complementares sobre votações – 3.3 Roteiro de realização de qualquer assembléia – 3.4 Roteiro de realização da assembléia obrigatória. 4. Os modos restantes: os dois tipos de reuniões: 4.1 De que forma estruturar e processar a reunião efetiva – 4.2 De que forma estruturar e processar a reunião virtual. 5. Como processar a deliberação de um sócio só: 5.1 Colocação do problema na sociedade unipessoal – 5.2 Colocação do problema na sociedade pluripessoal. 6. Responsabilidades do sócio que deliberou: 6.1 Algumas considerações de cunho introdutório – 6.2 Breves comentários sobre as normas legais em vigor: 6.2.1 "As deliberações (...)" – 6.2.2 "(...) infringentes do contrato ou da lei (...)" – 6.2.3 "(...) tornam ilimitada a responsabilidade (...)" – 6.2.4 "(...) dos que expressamente as aprovaram".

266 SOCIEDADES LIMITADAS

1. Enumeração das competências exclusivas

A legislação anterior sobre sociedade limitada não continha qualquer dispositivo relacionando expressamente competências exclusivas dos sócios. Com razão, a meu ver. Afinal, numa sociedade de fins econômicos e de tipo fechado, classificada como contratual e por quotas e considerada de pessoas, onde, ainda por cima, a administração devia ser confiada a sócios, era lógico demais – e, portanto, implícito e inevitável – que todos os poderes sociais, ao menos os de caráter deliberativo, estivessem solidamente enfeixados nas mãos dos sócios; o que, evidentemente, dispensava qualquer explicitação dos mesmos. Hoje as coisas se passam de forma um pouco diferente. A sociedade limitada continua de tipo fechado, classificada como contratual e por quotas, e por alguns ainda considerada de pessoas, mas, de um lado, em sua evolução rumo à sociedade anônima ou companhia acabou avançando um pouco mais em direção a esta e, de outro, pode ter hoje, desde o começo, por eleição direta, administradores não-sócios. Por esse motivo, o legislador atual, talvez para que não pudesse, de modo algum, surgir qualquer possibilidade de confusão entre competências administrativas e competências deliberativas estruturais, resolveu, muito oportunamente, tornar explícito o que até agora foi apenas implícito. O Código Civil/2002, de fato, em seu art. 1.071, passou a relacionar os atos que dependem da deliberação dos sócios, conforme a seguir exposto.

1.1 A aprovação das contas da administração

Mais adiante será visto, neste mesmo capítulo, que dita aprovação é obrigatoriamente anual. Trata-se de item que em hipótese alguma poderia estar faltando; pois os administradores, mesmo não sendo sócios, administram, em última análise, em nome e por conta do conjunto dos sócios. Assim sendo, é muito natural que estes últimos tenham o direito de mantê-los sob certo controle, aprovando periodicamente seu trabalho administrativo.

1.2 A designação dos administradores, em ato separado

O texto completo da lei é um pouco mais extenso: "a designação dos administradores, quando feita em ato separado".

DELIBERAÇÕES DOS SÓCIOS

Outrora a designação dos administradores nem precisava ser feita, uma vez que, se ocorresse tal hipótese, todos os sócios, automaticamente, seriam administradores, com o nome de *sócios-gerentes*. Quando feita, a citada designação só poderia sê-lo no instrumento contratual ou em instrumento de alteração contratual. A legislação atual da limitada criou figura nova: a *designação de administrador feita em ato separado*.

1.3 A destituição dos administradores, em qualquer caso

A redação exata do texto da lei é simplesmente a seguinte: "a destituição dos administradores".

Trata-se de figura jurídica que, por certo, é bem rara (eu, por exemplo, nunca vi), até mesmo com relação à sociedade anônima ou companhia; como, no entanto, existe sempre alguma possibilidade de que ela venha a acontecer, ainda que remotamente, inclusive no âmbito de sociedade limitada, de tipo fechado e contratual, não teve como ser ignorada pelo Código Civil/2002. Em consideração ao fato de ter sido mencionada genericamente, creio nada impedir que ela seja deliberada em contrato (mais propriamente, em alteração contratual) ou em ato separado.

1.4 O modo de remuneração dos administradores

A redação exata do texto da lei é um pouco diferente: "o modo de sua remuneração, quando não estabelecido no contrato".

O *modo de remuneração dos administradores*, inclusive quando eram conhecidos como *sócios-gerentes* ou como *gerentes-delegados*, sempre foi objeto de deliberação cuja competência pertencia ao conjunto dos sócios. Mas os sócios, no império da legislação anterior, sempre deliberaram por intermédio do contrato social e de suas alterações. Algo mudou. A legislação atual, de fato, prevê deliberações em contrato, em modificações do contrato, em atas de assembléias ou reuniões, até mesmo em eventuais outros instrumentos; a deliberação, no entanto, continua da competência do conjunto dos sócios.

1.5 A modificação do contrato social

Parece item simples e despretensioso, mas é pura aparência, já que a realidade da modificação ou alteração contratual pode chegar a

268 SOCIEDADES LIMITADAS

ser bem complexa; afinal, toda a estrutura societária tem condições de ser atingida, a qualquer momento, por deliberações dos sócios tomadas em alteração contratual. Nada mais natural e lógico, sem dúvida, em razão de a limitada ser justamente uma sociedade de tipo contratual. De forma que minhas observações sobre este item têm por escopo apenas alertar os estudiosos a respeito de pormenor de fundamental importância: as competências dos sócios não encolheram, como parece, pois elas continuam aqui concentradas.

1.6 Incorporação, fusão, dissolução, cessação da liquidação

A redação exata do texto da lei é a seguinte: "a incorporação, a fusão e a dissolução da sociedade, ou a cessação do estado de liquidação".

De forma um tanto curiosa, o item não menciona as figuras jurídicas da *transformação* e da *cisão*. Aliás, mais curioso ainda é outro fato: o Código Civil/2002, em sua Parte Especial, Livro II ("Do Direito de Empresa"), Título II ("Da Sociedade"), Subtítulo II ("Da Sociedade Personificada"), Capítulo X ("Da Transformação, da Incorporação, da Fusão e da Cisão das Sociedades"), muito embora cite, no título deste último, tanto a transformação como a cisão, limita-se, em verdade, a conceituar, e a regulamentar com brevidade, apenas e tão-somente a transformação; quanto à cisão, ela deixa por completo de ser conceituada, ficando sua regulamentação reduzida a rápidas menções em apenas dois dispositivos. Qual o mistério de tão estranho comportamento? Acredito que o legislador pátrio tenha tido a intenção de atribuir às duas referidas figuras (no âmbito da cisão, ao menos à espécie sem incorporação) a natureza de simples alterações ou modificações do contrato social, a serem, por conseqüência, incluídas no item anterior (permanecendo neste item, porém, a espécie de cisão com incorporação).

1.7 A nomeação e a destituição dos liquidantes

O texto completo da lei é um pouco mais extenso: "a nomeação e destituição dos liquidantes e o julgamento das suas contas".

Quem administra a sociedade na fase da liquidação é o *liquidante*, o qual, em última análise, acaba ocupando posição perfeitamente análoga à do administrador de sociedade em plena atividade. Em virtude

DELIBERAÇÕES DOS SÓCIOS 269

de tal analogia, nada mais justo que o liquidante receba tratamento em tudo igual ao do administrador, quanto à sua nomeação, quanto à sua eventual destituição, quanto ao julgamento de suas contas.

1.8 O pedido de concordata, que hoje é de recuperação

Cabem aqui somente duas observações, cada uma das quais de natureza diferente. A primeira diz respeito à Lei 11.101, de 9.2.2005, conhecida como "nova Lei de Falências", a qual fez introdução parcial de terminologia nova, ao declarar, em seu art. 1º, que a lei disciplina a recuperação judicial, a recuperação extrajudicial e a falência do empresário e da sociedade empresária; em conseqüência, a palavra "concordata", sozinha ou com o acréscimo do adjetivo "preventiva", deve ser substituída pela palavra "recuperação", sem mais nada. A segunda observação diz respeito ao próprio Código Civil/2002, que fixa a regra da deliberação dos sócios para que possa ser apresentado eventual pedido de recuperação. Pois bem, tal regra admite pequena exceção, uma vez que o referido Código determina que, se houver urgência, os administradores poderão, com prévia autorização de titulares de mais da metade do capital social, requerer a recuperação (art. 1.072, § 4º). Note-se que a recuperação deverá ser sempre requerida pelos administradores, os únicos que podem representar a sociedade; só que, em condições normais, o requerimento deverá estar respaldado em ata de assembléia ou de reunião (ou em documento emitido com base no § 3º do art. 1.072), ao passo que, na hipótese de urgência, bastarão declarações individuais de sócios titulares de mais da metade do capital social.

1.9 As citadas competências exclusivas não são as únicas

A relação de competências exclusivas acima mencionada e comentada pode, porventura, ser considerada completa? Não, de forma alguma, conforme terei a oportunidade de demonstrar ao longo deste mesmo capítulo! Em verdade, é o próprio art. 1.071, já citado, a declarar expressamente que podem depender da deliberação dos sócios eventuais outras matérias indicadas em leis e sobretudo no contrato social. Convém, por derradeiro, não perder de vista que, nos termos do § 5º do art. 1.072 (o qual, aliás, fundamenta-se em princípio bem conhecido), as deliberações tomadas de acordo com a lei e com o contrato vinculam todos os sócios, ainda que ausentes ou dissidentes.

2. Modos para as deliberações tomarem corpo

Com base em dispositivos legais contidos no art. 1.072 do Código Civil/2002, mais precisamente em seu *caput* e em alguns de seus parágrafos, as deliberações dos sócios serão tomadas em *reunião* ou em *assembléia*, conforme previsto no contrato social (*caput*); a deliberação em assembléia será obrigatória se o número dos sócios for superior a 10 (§ 1º); tanto a reunião como a assembléia serão dispensáveis se todos os sócios decidirem, por escrito, sobre a matéria que seria objeto delas (§ 3º); aplicam-se às reuniões dos sócios, nos casos omissos no contrato, as normas aplicáveis à assembléia (§ 6º).

Interpretando os dispositivos legais que acabo de citar, tentarei oferecer, tanto quanto possível, quadro completo e racional dos meios de que dispõem os sócios para deliberar.

Em primeiro lugar, saltam aos olhos duas palavras que parecem indicar a existência de duas peças absolutamente básicas para o surgimento legal e a plena incontestabilidade das deliberações dos sócios da sociedade limitada. São elas: "reunião" e "assembléia". Qual o significado exato das duas? Há alguma diferença, entre uma e outra, que permita aos sócios efetuarem a escolha sugerida pela lei? De acordo com o *Dicionário Houaiss da Língua Portuguesa* (Rio de Janeiro, Objetiva, 2001), *reunião* é encontro, previamente marcado, entre duas ou mais pessoas, geralmente para tratar de negócios; ao passo que *assembléia* é reunião de pessoas que têm algum interesse em comum, geralmente em grande número, com a finalidade de discutir e deliberar conjuntamente sobre temas determinados. Deu para perceber a diferença? Não creio. Pois não há qualquer diferença substancial entre os dois conceitos; tanto assim que a definição de *assembléia* começa, curiosamente, com a palavra "reunião"; o que faz supor que *reunião* indique gênero e *assembléia* não passe de mera espécie. Se essa conclusão for verdadeira, constituirá ela, a meu ver, também prova irrefutável de que existe real diferença entre os dois conceitos, ainda que seja pequena ou secundária; basta apenas pesquisar um pouco para tentar encontrar as características fundamentais da espécie, portanto, da *assembléia*.

A primeira característica é perceptível no próprio *Dicionário Houaiss*, quando este – após observar que a *reunião* ocorre entre duas ou mais pessoas, e após deixar, além disso, entrever que aquelas "mais pessoas" não costumam ser "muitas pessoas" – faz notar que a *assembléia*, ao contrário, costuma ocorrer entre pessoas em grande número. Trata-se, então, de uma característica de natureza quantitativa

DELIBERAÇÕES DOS SÓCIOS 271

(*maior número de pessoas*). À procura de outras características, consultei alguns dicionários da língua italiana. O *Dizionario dei Sinonimi e dei Contrari*, de Gianni Cesana, já citado, confirmando – ainda que de forma indireta – minha observação sobre gênero e espécie, define a *reunião* como sendo genericamente um conjunto de pessoas, e a *assembléia* como sendo encontro de pessoas convocadas para discutir coisas de certa importância. Eis aí mais uma característica, desta vez de natureza qualitativa (*maior importância do assunto*). O *Grande Dizionario Illustrato della Lingua Italiana*, de Aldo Gabrielli, já citado, após definir a *reunião* como sendo encontro de duas ou mais pessoas no mesmo lugar e para determinado fim, acrescenta que ela é menos solene que uma *assembléia*; com o quê acaba aparecendo uma nova e derradeira característica da assembléia, que é de natureza puramente formal (*maior número de formalismos*).

Por fim, o *Vocabolario della Lingua Italiana* (Treccani), já citado, observa que a *reunião* tem, na maioria dos casos, conotação menos solene e menos oficial que a assembléia, reportando-se em geral a número não muito grande de pessoas. Com isso, de certa forma, direta ou indiretamente, acredito tenham ficado confirmadas, na prática, as três características da *assembléia*, que acabo de enunciar, e que, em minha opinião, com fundamento na idéia única de relevância, estão em condições de ser assim definidas e sistematizadas: *participação de número relevante de pessoas*; *abordagem de assuntos de relevante importância*; *observância de relevante quantidade de formalismos*. Digno de nota é que o Código Civil/2002 parece estar refletindo fielmente tal posição doutrinária, pois, de um lado, ele dispõe, conforme já visto, que a deliberação em *assembléia* é obrigatória caso o número dos sócios seja superior a 10 (art. 1.072, § 1º) e, de outro, ele fixa para a realização de assembléia, e só para esta, roteiro cheio de formalismos. Em compensação, para a realização de *reunião* o mesmo Código não fixa qualquer tipo de roteiro, deixando aos sócios a mais ampla e total liberdade para inserirem no texto do contrato social seu próprio e exclusivo roteiro de realização; e ficando os formalismos legais da assembléia disponíveis tão-somente para eventual aplicação subsidiária, em hipóteses de simples necessidade, decorrentes de lacunas contratuais.

Fica, porventura, completo, com a análise dos conceitos de *assembléia* e de *reunião*, o panorama dos meios postos à disposição dos sócios da limitada, para deliberarem? Não fica: há algo mais a ser observado. O mesmo art. 1.072, em seu § 3º, já citado, dispõe que a reunião ou a assembléia se tornam dispensáveis caso todos os sócios

272   SOCIEDADES LIMITADAS

decidam por escrito sobre a matéria que deveria ter sido objeto delas. Note-se que a lei exige apenas a assinatura de todos os sócios; e ocorre que *assinatura* não se confunde nem com *presença física*, nem com *unanimidade*. Em outras palavras, desde que os componentes do quadro social, em sua absoluta totalidade, se disponham a assinar o instrumento de deliberação, não pode, a meu ver, ser excluída *a priori* a hipótese de que o respectivo texto revele até mesmo o surgimento de autênticas dissidências, com a devida declaração do nome dos sócios dissidentes, para fins de eventual retirada da sociedade. É evidente que na hipótese de dissidência convém que o instrumento se pareça bastante com ata de reunião bem sintética, desprovida de qualquer formalismo, sendo suficiente que somente revele perfeita observância das normas legais fundamentais (não-desvirtuamento do tipo societário, livre manifestação da vontade dos sócios, respeito dos direitos de cada sócio, e assim por diante); ao passo que na ausência de qualquer dissidência o instrumento pode muito bem ter a forma da alteração contratual dos velhos tempos.

Deve haver, na hipótese ora em exame, efetiva reunião física de todos os sócios, na mesma hora e no mesmo local, para conhecimento e discussão do texto e para assinatura do instrumento? Já observei que *assinatura* não se confunde com *presença física*, e ocorre que o legislador pátrio só alude a *decisão por escrito*. É justamente isso que me leva a concluir não ser, de forma alguma, necessário que os sócios realizem qualquer espécie de reunião física, nem para conhecer e discutir o texto, tampouco para assinar o instrumento. Afinal, para conhecimento do texto, este pode ser enviado via *fax* ou via Internet; a discussão do mesmo texto pode ser feita por telefone ou via Internet; quanto às assinaturas do instrumento, podem elas ser recolhidas, ao longo de um dia inteiro, por portador, visitando cada sócio em seu próprio endereço particular. Como denominar, em tal caso, o ato jurídico praticado? É preciso ponderar que normalmente as pessoas efetuam reuniões para estabelecer, entre si, certo grau de comunicação. Ocorre que hoje é grande o número dos que se comunicam bastante por telefone (três pessoas podem falar entre si ao mesmo tempo, de três lugares distantes, sendo que o aparelho com "viva voz" permite que, em cada lugar, outras pessoas, bem próximas, participem da conversa) ou através da Internet, tomando amplo conhecimento de textos e, ainda por cima, promovendo, a respeito dos mesmos, acesos debates. Conseqüência disso é que o ato jurídico ora em exame, muito embora não tenha condições, evidentemente, de ser considerado e tratado como reunião realizada em termos físicos, deve, no entanto, ser tido, ao

DELIBERAÇÕES DOS SÓCIOS 273

menos, como reunião que de qualquer forma foi realizada, podendo, a meu ver, ser classificada como *reunião virtual*, em oposição à reunião mencionada pelo texto legal, que merece a classificação de *reunião efetiva*.

Em consideração a tudo quanto foi exposto, são três, em minha opinião, os modos postos à disposição dos sócios da sociedade limitada para produzir suas deliberações: a *assembléia*, como *modo formal*; a *reunião efetiva*, como *modo semiformal*; e a *reunião virtual*, como *modo informal*.

2.1 Assembléia (modo de deliberação formal)

A *assembléia* é a figura jurídica mais rica em formalismos, chegando a ser bastante parecida com a figura homônima da sociedade anônima ou companhia; sua escolha é comumente livre (pois só é obrigatória com quadro social constituído de mais de 10 sócios, portanto de 11, no mínimo), devendo constar do contrato social; deve ser convocada pela imprensa (trata-se de regra que comporta exceções); sua realização deve obedecer a formato bem rígido, que não admite modificações; seu resultado final é sempre uma ata formal, nos moldes tradicionais. Convém não perder de vista que a assembléia da sociedade limitada não pode ser denominada "assembléia-geral", como na sociedade anônima ou companhia; nesta, ela é *geral* em oposição à *especial*. A assembléia-geral é realizada por todos os acionistas, ao passo que a assembléia-especial é realizada tão-somente por uma ou mais categorias de acionistas. Ocorre que a sociedade limitada não tem diversas categorias de sócios.

2.2 Reunião efetiva (modo de deliberação semiformal)

A *reunião efetiva* é figura jurídica que tem clara e implícita permissão do legislador pátrio para ter menor quantidade de formalismos; sua escolha é, via de regra, livre (desde que o quadro social não se constitua de mais de 10 sócios, portanto de 11, no mínimo), devendo constar do contrato social; deve ser convocada formalmente (não sendo, a meu ver, obrigatória a imprensa), a não ser que compareça a totalidade dos sócios; sua realização obedece a formato desprovido de rigidez, pois que o mesmo tem condições de ser amoldado aos desejos pessoais dos sócios e às eventuais peculiaridades da sociedade, devendo depois ser inserido no texto contratual; seu resultado final

274 SOCIEDADES LIMITADAS

é sempre uma ata, que não precisa, porém, ser tão formal quanto a da assembléia.

2.3 Reunião virtual (modo de deliberação informal)

A *reunião virtual* é figura jurídica totalmente desprovida de formalismos; sua escolha não precisa de amparo contratual, dependendo apenas da certeza de que todos os sócios assinarão, sem problema algum, o correspondente instrumento de deliberação; não precisa ser convocada formalmente; sua realização não precisa obedecer a qualquer formato, bastando, conforme acima já ressaltei, que o mesmo se limite a deixar bem clara a observância perfeita das normas legais fundamentais aplicáveis ao ato jurídico praticado; seu resultado final é sempre um instrumento escrito, que pode ser redigido sem a menor preocupação formal, porém não podendo ser excluída a hipótese de corresponder a mera alteração contratual, de cunho tradicional.

3. O primeiro dos modos: a assembléia dos sócios

3.1 Como promover a convocação dos participantes

De acordo com o Código Civil/2002, a *assembléia dos sócios* deve, em situação normal, ser convocada pelos administradores, "nos casos previstos em lei ou no contrato" (art. 1.072, *caput*). Esta última frase, ao que me parece, não peca por excesso de clareza; pode de fato levar a crer que somente sua primeira parte ("previstos em lei") se aplique à assembléia, visto como a lei chega a ser minuciosa ao regular justamente a realização da assembléia, não fazendo o mesmo no tocante à reunião, cuja realização pode, com a permissão da lei, ser regulada pelo contrato. Acredito, no entanto, que também a segunda parte da frase ("ou no contrato") seja aplicável à realização da assembléia; pois nada impede, a meu ver, que a todas as exigências legais sejam somadas exigências contratuais.

Como interpretar o texto legal quando ele afirma que a assembléia deve ser convocada "pelos administradores"? Qual o motivo do uso do plural? Deve, porventura, tal uso ser interpretado como representando a vontade do legislador pátrio no sentido de o ato de convocação ser necessariamente assinado por todos os integrantes

DELIBERAÇÕES DOS SÓCIOS 275

da administração social, ainda que em número relevante? Não creio, uma vez que norma assim concebida estaria, por certo, em desacordo com a lógica e com os princípios que regem a administração das sociedades em geral. A administração, por exemplo, da sociedade simples, desde que ausentes normas contratuais a respeito, compete separadamente a cada um dos sócios (art. 1.013, *caput*), o que significa que cada um dos administradores pode usar suas competências de forma isolada; mas está prevista também a hipótese de competência conjunta de vários administradores (art. 1.014). Com base nisso, e com relação à sociedade limitada, sinto-me autorizado a afirmar que, se as competências dos administradores puderem ser usadas isoladamente (quero dizer, pela pessoa isolada de cada administrador), bastará uma única assinatura para o ato de convocação da assembléia; caso, porém, tenham sido fixadas para determinados atos (mesmo que a convocação da assembléia não tenha sido incluída no rol deles) diferentes competências de uso conjunto por parte de dois ou mais administradores, convém que a convocação seja assinada por administradores em número máximo, consideradas justamente tais competências; o que não impede, naturalmente, que o contrato social fixe determinada competência específica de uso conjunto, a ser aplicada tão-somente às hipóteses de convocação dos sócios para participarem de assembléia.

A assembléia poderá também ser convocada por sócio quando os administradores retardarem a convocação por mais de 60 dias, nos casos previstos em lei ou no contrato (art. 1.073, I, primeira parte). O caso mais típico, previsto em lei, é o do art. 1.078 do Código Civil/2002, cujo *caput* determina a realização obrigatória da assembléia ao menos uma vez por ano, nos quatro meses seguintes ao término do exercício social, para tratar, entre eventuais outros, dos seguintes assuntos: tomar as contas dos administradores e deliberar sobre o balanço patrimonial e o de resultado econômico. Exemplificando, se o exercício social terminar em 31 de dezembro, a assembléia em questão deverá ser realizada até o dia 30 de abril seguinte, inclusive. Se tal prazo não for observado, e se a mesma assembléia não for convocada até o dia 30 de junho seguinte, inclusive, o prazo do atraso terá completado 61 dias; com o quê já em 1º de julho, se dia útil, a assembléia poderá ser convocada por sócio. Que sócio? Qualquer componente do quadro social, independentemente de sua participação.

A assembléia poderá, outrossim, ser convocada por titulares de mais de um quinto do capital quando não atendido no prazo de oito dias pedido de convocação fundamentado, com indicação das matérias

276   SOCIEDADES LIMITADAS

a serem tratadas (art. 1.073, I, segunda parte). Grupo pequeno ou grande de sócios (mas nada impede que seja um único sócio), desde que titular de mais de um quinto do capital – portanto, com participação não igual mas superior a um quinto do capital social, ainda que a diferença a mais tenha proporções literalmente ínfimas –, tem o direito de dirigir, à administração da sociedade, pedido de convocação de assembléia. Tal pedido, como não poderia deixar de ser – pois a lei não tem condições de amparar leviandades e aventureirismos –, deve conter amplas e lógicas justificativas, além de todas as matérias a serem tratadas, com todos os pormenores necessários; deve também ser apresentado por escrito, regularmente assinado por todos os requerentes (não valem remessas via *fax* ou via Internet), e deve, por fim, ser entregue a qualquer um dos administradores (não valem funcionários, ainda que em alta posição), que só poderá aceitá-lo fornecendo recibo. A partir do dia seguinte, inclusive, começa a contagem de prazo de oito dias corridos, findo o qual, se a assembléia não tiver sido convocada, poderá ser convocada por todos os requerentes, em conjunto, ou pelo eventual requerente único. Deve ser notado que, nesta hipótese, o texto da convocação não poderá ser perfeitamente igual aos textos tradicionais, pois deverá conter, em caráter preliminar, notícia sucinta mas completa de tudo aquilo que aconteceu, para justificar o ato perante os convocados.

A assembléia poderá, enfim, ser convocada pelo conselho fiscal – caso exista – na hipótese de os administradores retardarem por mais de 30 dias sua convocação anual, ou em eventuais outras hipóteses, sempre que ocorrerem motivos graves e urgentes (art. 1.073, II). A hipótese inicial deste parágrafo é perfeitamente análoga à do exemplo que dei pouco acima, com referência ao art. 1.078, sendo diverso apenas o prazo de atraso, que é de mais de 30, não de mais de 60 dias. Em razão disso, se, em dito exemplo, a assembléia não for realizada até o dia 30 de abril, inclusive, e se a mesma assembléia não for convocada até o dia 31 de maio seguinte, inclusive, o prazo do atraso terá completado 31 dias; com o quê já em 1º de junho, se dia útil, a assembléia poderá ser convocada pelo conselho fiscal. Mas se este, por sua vez, também não efetuar a convocação, o prazo de atraso se transformará automaticamente em prazo de mais de 60 dias, continuando a ser contado até o dia 30 de junho. Completado, assim, o prazo de atraso de 61 dias, a assembléia poderá já em 1º de julho, se dia útil, ser convocada por qualquer sócio. As demais hipóteses deste parágrafo são de todo indefiníveis, visto como dependem de circunstâncias absolutamente imprevisíveis; devem, com efeito, ter

DELIBERAÇÕES DOS SÓCIOS

por base motivos graves e urgentes. Mas, atenção: tais motivos não podem ser só graves ou só urgentes, devendo ser, ao mesmo tempo, graves e urgentes; por outro lado, devem ser justificadas amplamente tanto a gravidade quanto a urgência, com fornecimento até de provas, se possível.

De acordo com o art. 1.152 do Código Civil/2002, salvo exceção expressa, as publicações ordenadas no Livro II da Parte Especial do mesmo Código serão feitas no órgão oficial da União ou do Estado, conforme o local da sede do empresário ou da sociedade, e em jornal de grande circulação (§ 1º); sendo que o anúncio de convocação da assembléia de sócios será publicado por três vezes, ao menos, devendo mediar entre a data da primeira inserção e a da realização da assembléia o prazo mínimo de oito dias para a primeira convocação, e de cinco dias para as posteriores (§ 3º). Os dois dispositivos legais, cujos textos inteiros acabo de citar, e que, muito oportunamente, vieram, por fim, preencher lacuna que foi outrora considerada bastante perigosa, no tocante à sociedade limitada, reproduzem, quase *ipsis litteris*, a legislação aplicável à convocação das assembléias da sociedade anônima ou companhia.

Lembro-me, aliás, de que com relação à sociedade anônima ou companhia surgiu certa vez quem sustentasse curiosa tese segundo a qual, ao usar a expressão "no órgão oficial da União ou do Estado", o legislador pátrio estabelecia a possibilidade de livre escolha entre um órgão oficial e outro. Não existe tal livre escolha; ao contrário, a expressão seguinte ("conforme o local da sede") estabelece nítida e inconfundível vinculação. Em outras palavras, se a sede da empresa estiver, por exemplo, na cidade de Belo Horizonte, o órgão oficial só poderá ser o do Estado de Minas Gerais. Quanto ao jornal de grande circulação, sou de opinião não ser necessário que ele seja do lugar da sede; entendo, porém, que sua circulação deva ser diária, e grande pelo menos no lugar da sede.

A expressão "publicado por três vezes" não significa necessariamente, ao que me parece, três vezes seguidas, em dias contíguos, pois, se assim fosse, o legislador pátrio deveria ter sido bem categórico e explícito em tal sentido; devem, porém, as três publicações ser feitas, sem falta, antes da realização da assembléia. A inteira operação aritmética de mediação, a que alude a lei, deve, com relação à primeira convocação, ser assim calculada: em determinado dia sai a primeira das três publicações do anúncio, nos dois jornais; no dia seguinte, e com a devida inclusão deste, começa a contagem do prazo de oito dias; terminado o oitavo dia, pode a assembléia ser realizada, no dia

278 SOCIEDADES LIMITADAS

seguinte ou em dia posterior. No tocante à segunda convocação, e eventuais outras, o prazo é menor (de cinco dias), mas a mediação completa só pode ser calculada de acordo com o mesmos critério.

Recordo-me de que, certa vez, em tempos idos, começou a surgir no âmbito da sociedade anônima ou companhia a prática de convocar mediante anúncio único contendo dois horários ao mesmo tempo, um destinado à primeira convocação, outro à segunda, como ainda acontece, com freqüência, em anúncios de convocação de assembléias de condomínios e associações. Nunca tive dúvidas em contestar, sempre com veemência, tal comportamento. Afinal, ao instituir a figura da segunda convocação, o legislador pátrio demonstrou com clareza a intenção de oferecer, a todos os convocados, duas diversas oportunidades; e ocorre que haverá apenas uma única oportunidade se o anúncio englobar as duas convocações, limitando-se a consignar dois diferentes horários. Os próprios prazos de mediação são diferentes, exigindo cálculo igualmente diferente. Em verdade, eles são a prova mais eloqüente de que o legislador pátrio exige que se faça normalmente a primeira convocação (com mediação de oito dias); e que, se a assembléia não puder ser realizada por falta de *quorum* de instalação, se faça posteriormente a segunda convocação (com mediação de cinco dias).

O já mencionado art. 1.072 dispõe, em seu § 2º, que a convocação pela imprensa poderá ser considerada dispensada em dois casos: em primeiro lugar, quando todos os sócios comparecerem; em segundo lugar, quando todos os sócios se declararem, por escrito, cientes do local, data, hora e ordem-do-dia. No primeiro caso não há, evidentemente, quaisquer tipos de convocação formal a fazer; pois a simples presença de todos os sócios os dispensa por inteiro. No segundo caso convém emitir instrumento de convocação formal, consistente em folha de papel contendo na metade superior o texto completo de anúncio, tal como deveria ter sido enviado à imprensa, e na metade inferior espaço suficiente para todos os sócios assinarem, embaixo da palavra "ciente", com linhas para tanto, e embaixo de cada linha o nome de um sócio, sendo os nomes dos sócios colocados em ordem alfabética, ou em ordem de participação no capital social, ou em ordem de idade, ou em qualquer outra ordem. Convém, outrossim, que tal instrumento de convocação seja apresentado a cada sócio por portador, o qual deverá recolher a assinatura e deixar cópia do texto do anúncio.

DELIBERAÇÕES DOS SÓCIOS

3.2 A conhecida figura do "quorum" e seus dois aspectos

Quorum é palavra latina que, literalmente, significa "dos quais", uma vez que se trata do genitivo masculino plural do pronome relativo *qui* ("o qual"). A idéia que tal palavra indica é assim definida por alguns dicionários da língua portuguesa: "Quantidade mínima obrigatória de membros presentes ou formalmente representados, para que uma assembléia possa deliberar e tomar decisões válidas" (*Houaiss*, 2001); "Número mínimo de pessoas presentes exigido por lei ou estatuto para que um órgão coletivo funcione" (*Aurélio*, 1ª ed., Rio de Janeiro, Nova Fronteira); "Número indispensável para o funcionamento legal de uma assembléia ou reunião e para que esta possa deliberar" (*Melhoramentos*, São Paulo, 1969). Como foi possível chegar a sentido tão curioso?

Com base em Aldo Gabrielli (*Nella Foresta del Vocabolario*, 1977), posso asseverar que o atual sentido da palavra *quorum* derivou de fórmula latina utilizada na Inglaterra, desde 1400, pelas comissões que elegiam os juízes de paz nos condados. A fórmula começava assim (em Latim): "Temos designado vós, FULANO, SICRANO, BELTRANO etc., para administrar da melhor forma possível a Justiça, na procura da verdade". E continuava: *Quorum vestrum (...) unum esse volumus*; frase, essa, em que, no lugar das reticências, eram repetidos os nomes, e no lugar de *unum* ("um"), podia haver *duos* ("dois"), *tres* ("três"), ou outro número. As palavras aqui citadas em Latim tinham o seguinte sentido: "*Dos quais [juízes relacionados]* queremos que um esteja presente" (conforme já observado: um, ou dois, ou três etc.), subentendendo-se a expressão conclusiva "para validade do voto de justiça". É sabido que o povo, em termos lingüísticos, tem o hábito de gerar sintetizações verdadeiramente admiráveis, com base em algum elemento da linguagem corrente que mais tenha chamado sua atenção. No caso ora em exame, a palavra *quorum* deve ter impressionado muito as pessoas, naquela época. Vulgarizou-se, assim, com o decorrer do tempo, a expressão "juízes do *quorum*", assumindo a última palavra o sentido de número legal exigido para validade de votação.

As três definições extraídas de dicionários, por mim submetidas, no começo desta subseção, à reflexão dos estudiosos, oferecem, a meu ver, condições suficientes para concluir que a idéia de *quorum* constitui gênero que admite duas espécies: **quorum** *de instalação* e **quorum** *de deliberação*.

280 SOCIEDADES LIMITADAS

3.2.1 Considerações acerca do "quorum" de instalação

O *"quorum" de instalação* indica o número mínimo de sócios cuja presença é absolutamente indispensável para que a assembléia possa ser instalada (palavra que, na prática, significa "iniciada oficialmente") em conformidade com a lei ou com os princípios gerais de Direito, a fim de que tenha condições de ser realizada validamente. Percebe-se que não basta ter sido a assembléia validamente convocada: ela deve também ser validamente instalada; pois, havendo dúvidas a respeito de tal fato, ela corre o notável risco de produzir deliberações completamente desprovidas de valor jurídico, podendo, assim, a realização do encontro resultar em mera perda de tempo para todos os participantes e em perda de dinheiro para a sociedade (refiro-me a todas as despesas feitas para organizar o evento jurídico). Há *quorum* de instalação no tocante à sociedade limitada? Havia notável e inconveniente lacuna, a esse respeito, na legislação anterior. Hoje tal lacuna se encontra devida e felizmente preenchida. O Código Civil/2002, com efeito, em seu art. 1.074, *caput*, dispõe: "A assembléia dos sócios instala-se com a presença, em primeira convocação, de titulares de no mínimo três quartos do capital social, e, em segunda, com qualquer número". A expressão "em segunda" convém seja lida como se fosse "e em cada uma das posteriores", nos termos do art. 1.152, § 3º.

3.2.2 Considerações acerca do "quorum" de deliberação

O *"quorum" de deliberação* indica o número mínimo necessário de votos para que a assembléia possa deliberar em conformidade com a lei ou com os princípios gerais de Direito; em outras palavras, para que a assembléia possa deliberar validamente. Os votos cabem aos sócios, sem qualquer distinção ou discriminação. De que forma? Em que proporções? Outrora, nos termos do velho Código Comercial, os votos dos sócios, nas sociedades contratuais ou por quotas, eram computados na proporção dos quinhões, sendo que o menor quinhão era contado por um voto (art. 486). Hoje, o Código Civil/2002 dispõe, em seu art. 1.010, *caput*: "Quando, por lei ou pelo contrato social, competir aos sócios decidir sobre os negócios da sociedade, as deliberações serão tomadas por maioria de votos, contados segundo o valor das quotas de cada um". O atual dispositivo legal parece ser diferente, inclusive muito genérico; no fundo, porém, a diferença é

DELIBERAÇÕES DOS SÓCIOS   281

apenas terminológica, uma vez que, a despeito da aparência genérica do dispositivo, o resultado prático da computação de todos os votos, obtido pela aplicação de critérios eminentemente lógicos, só pode ser o mesmo.

O problema tem como fulcro a obtenção da mais perfeita proporcionalidade entre os sócios, a fim de que a votação possa ocorrer de forma equilibrada. O critério de computação dos votos, portanto, não pode ser estabelecido senão pelo caminho da mais pura lógica. Convém dar alguns exemplos. Imagine-se um capital social de R$ 100.000,00 e um quadro social de 5 membros. Se cada sócio possuir uma quota de R$ 20.000,00, não haverá necessidade alguma de calcular proporções, pois elas estarão já calculadas, podendo cada sócio dispor de 1 voto. Se houver 5 quotas de valor desigual, respectivamente de R$ 5.000,00, de R$ 10.000,00, de R$ 20.000,00, de R$ 30.000,00 e de R$ 35.000,00, cada quota será divisível por 5.000, caso em que os sócios, respectivamente, poderão dispor de 1 voto, de 2 votos, de 4 votos, de 6 votos e de 7 votos. Se, enfim, houver 5 quotas de valor desigual, respectivamente de R$ 9.000,00, de R$ 17.000,00, de R$ 21.000,00, de R$ 26.000,00 e de R$ 27.000,00, cada quota será divisível por 1.000, caso em que os sócios, respectivamente, poderão dispor de 9 votos, de 17 votos, de 21 votos, de 26 votos e de 27 votos. Se as quotas não forem, de uma forma ou de outra, perfeitamente divisíveis, o cálculo poderá resultar em sobras, as quais deverão, por certo, ser desprezadas; poderão elas, no entanto, ser utilizadas, em minha opinião, para fins de desempate, se for o caso. Se o capital social tiver sido dividido em pequeninas quotas de valor igual, como se fossem ações de anônima ou companhia, a cada quota poderá, evidentemente, ser atribuído 1 voto.

3.2.2.1 Em que consiste a maioria absoluta

O *quorum* de deliberação pode exigir maioria absoluta, maioria simples ou maioria qualificada. *Maioria absoluta* é aquela que corresponde a 50% mais 1 dos votos, devendo a expressão "mais um" ser entendida como "mais um pouco" (para que passe de 50%) e devendo a palavra "votos", neste caso, ser entendida como correspondendo a todos os votos existentes na sociedade, nos termos do art. 1.010, § 1º, do Código Civil/2002, segundo o qual para formação da maioria absoluta são necessários votos correspondentes a mais de metade do capital. Trata-se de uma das normas que regulam a sociedade simples e que podem, via de regra, em caráter subsidiário, ser aplicadas a outros

282 SOCIEDADES LIMITADAS

tipos societários, não excluída a sociedade limitada. Em verdade, no tocante ao *quorum* de deliberação a limitada tem normas próprias; estas, no entanto, não deixaram de adotar a figura da maioria absoluta, tal com definida no citado art. 1.010, § 1º; pois o art. 1.076, II, exige mais de metade do capital social para designação dos administradores, quando feita em ato separado; para destituição dos administradores; para fixação do modo de remuneração dos administradores, quando não estabelecido no contrato; e, por fim, para apresentação de pedido de concordata, figura hoje substituída pela *recuperação judicial* e pela *recuperação extrajudicial*.

3.2.2.2 Em que consiste a maioria simples

Nem sempre é necessário ou aconselhável que as deliberações sociais sejam tomadas por maioria absoluta de votos, pois há diversos problemas, de importância bem reduzida para a estrutura e as atividades da sociedade, cuja solução não precisa de deliberações tomadas com *quorum* tão relevante, que poderia, inclusive, entravar a administração. Em tal hipótese é utilizada a figura jurídica da *maioria simples*, que, mesmo submetida a percentagem igual à da maioria absoluta (50% + 1 dos votos), difere desta por ter como base de cálculo, em lugar do capital social (portanto, de todos os votos existentes na sociedade), apenas todos os votos existentes (mediante presença física dos respectivos sócios ou mediante representação) no recinto da assembléia, no instante seguinte ao da instalação, desde que, evidentemente, a assembléia tenha sido convocada, instalada e conduzida de pleno acordo com o texto da lei e do contrato social. Com efeito, o art. 1.076 do Código Civil/2002, após fazer referência a alguns casos de maioria qualificada (inciso I) e de maioria absoluta (inciso II), dispõe, em seu inciso III, que as deliberações dos sócios serão tomadas pela maioria de votos dos presentes em todos os demais casos previstos na lei ou no contrato, se este não exigir maioria mais elevada.

3.2.2.3 Em que consiste a maioria qualificada

Maioria qualificada é aquela que corresponde a percentagem maior que a absoluta, podendo haver uma ou mais, cada uma com percentagem diferente. Note-se que, tal como ocorre no tocante à maioria absoluta, deve a maioria qualificada – faço questão de insistir

DELIBERAÇÕES DOS SÓCIOS 283

nisso, para que não surjam dúvidas – estar sempre expressa e clara na lei ou no contrato, uma vez que a maioria simples é de natureza genuinamente residual; em outras palavras, quando a lei não fixa, expressa e claramente, que a maioria é absoluta ou qualificada, ela, por certo, é simples. Com relação à limitada existem no Código Civil/2002 algumas hipóteses de maioria qualificada que merecem destaque, conforme segue.

Art. 1.061, parte inicial: exige a unanimidade dos sócios para fins de designação de administrador que não seja sócio, enquanto o capital social não estiver integralizado. *Art. 1.061, parte final*: exige dois terços dos sócios para fins de designação de administrador que não seja sócio, enquanto o capital social estiver integralizado (entendo que a expressão "dois terços dos sócios" deva ser lida como sendo "dois terços do capital social", com base na regra de contagem de votos constante do art. 1.010, *caput*). *Art. 1.063, § 1º*: exige dois terços do capital social (salvo disposição contratual diversa) para fins de destituição de sócio nomeado administrador no contrato. *Art. 1.076, I*: exige três quartos do capital social, no mínimo, para fins de modificação do contrato social (qualquer uma, sem a menor limitação); incorporação, fusão e dissolução da sociedade (o dispositivo não menciona *cisão*, a qual, no entanto, conforme já observei, creio deva ser tratada como mera modificação do contrato); cessação do estado de liquidação. *Art. 1.114*: exige a unanimidade dos sócios para fins de transformação da sociedade, quando não prevista no contrato social (quando prevista, deve ela, a meu ver, ser tratada como comum modificação do contrato social). Pode surgir – aliás, já surgiu no passado, diversas vezes – a seguinte dúvida: na hipótese de o contrato social não ter previsto a possibilidade de transformação da sociedade e de os sócios desejarem promover alteração para incluir dita previsão no contrato social, quantos votos serão necessários? Em minha opinião, e sem sombra de dúvida, será estritamente indispensável o voto favorável da totalidade dos sócios.

3.2.3 *Observações complementares sobre votações*

Que acontecerá em caso de empate na votação? Nos termos do art. 1.010, § 2º, do Código Civil/2002, prevalecerá a decisão sufragada por maior número de sócios, sendo que, se o empate persistir, decidirá o juiz. A decisão sufragada por maior número de sócios parece-me solução bem equilibrada. Pode, em meu entendimento, ser formulada, a respeito, a seguinte hipótese: determinada sociedade limitada, com

284 SOCIEDADES LIMITADAS

capital de R$ 100.000,00, tem ao todo sete sócios, os primeiros dois com participação de R$ 25.000,00 cada um, os demais cinco com participação de R$ 10.000,00 cada um; todos eles deliberam, causando empate, eis que os primeiros dois se defrontam com os demais cinco; em tal caso, prevalecerá a decisão destes últimos. É admissível que o *quorum* seja livremente modificado pelo contrato social? Entendo que sim, desde que a modificação não resulte em desrespeito a norma legal expressa e rígida, melhor dizendo, a norma cogente ou de ordem pública. A maioria simples, por exemplo, pode virar absoluta ou qualificada, sendo que a absoluta, por sua vez, pode virar qualificada. Paralelamente, nada impede, em minha opinião, que os mínimos legais venham a ser aumentados, pouco ou muito; prova eloqüente disso está no art. 1.076, III, segundo o qual a maioria de votos dos presentes (portanto, simples) fica valendo para os demais casos previstos na lei ou no contrato se este não exigir maioria mais elevada. Mas a maioria qualificada, estabelecida claramente em lei, não tem condições, a meu ver, de virar absoluta ou simples, em hipótese alguma.

3.3 Roteiro de realização de qualquer assembléia

Foi visto, ainda que de forma indireta, que o anúncio de convocação deve conter, além da ordem-do-dia, também local, data e hora de realização da assembléia. A ordem-do-dia deve conter detalhes suficientes para que o sócio possa devidamente preparar-se, em função do evento. De forma que seria, para mim, por certo inaceitável eventual item redigido simplesmente assim: "Aumento do capital social"; pois tal item deveria conter pelo menos as seguintes informações: "Aumento do capital social, de R$ 100.000,00 para R$ 150.000,00, mediante subscrição em dinheiro, com realização total no ato". O local deve ser a sede social; se não puder ser, por qualquer motivo plausível, tal motivo deverá ser sucintamente explicado no anúncio de convocação. Muito importante é não esquecer que, uma vez fixados, no anúncio de convocação, o local, a data e a hora, não poderão tais dados ser modificados de modo algum, sob pena de a assembléia poder ser anulada em juízo. Não poderiam, por exemplo, os sócios, ao chegar à sede social, receber a seguinte explicação: "Hoje mesmo, de forma inesperada, amigos nossos de prédio vizinho puseram à disposição da assembléia locais e instalações bem mais confortáveis, para onde os senhores deverão dirigir-se"; ou esta outra explicação: "A greve do 'Metrô', iniciada no começo do dia, está dificultando demais o trânsito da cidade; à vista disso, foi a assembléia adiada para depois

DELIBERAÇÕES DOS SÓCIOS 285

de amanhã, à mesma hora". Em ambas as hipóteses a assembléia deveria ser convocada de novo.

Lembro-me de caso assaz curioso, do qual cheguei a ser participante, e que merece certa atenção, apesar de não estar relacionado com sociedade limitada. Era eu titular de pequeno lote de ações de companhia de grande porte, a qual convocara assembléia-geral para discussão de assunto muito importante. Foi justamente a especial importância do assunto que atraiu notável número de acionistas. Pois bem, após uma interminável hora de espera, a assembléia não havia ainda começado: alegavam os funcionários que o presidente da companhia, o qual deveria presidir também a assembléia, estava atrasado, em razão de compromisso anteriormente assumido! Aquela assembléia, que chegou mais tarde a ser realizada, poderia, sem a menor dúvida, ser anulada em juízo; pois uma assembléia de pessoa jurídica não é um encontro de caráter social, para o qual os participantes possam atrasar-se, limitando-se, depois, a pedir desculpas: é um encontro de caráter eminentemente jurídico, com hora marcada, capaz de gerar direitos e obrigações, e que envolve interesses de terceiros. Aliás, se a assembléia não é um encontro de caráter social, tampouco o é de caráter político.

Lembro-me de outro caso, ainda mais curioso, que igualmente testemunhei, e que pode ser igualmente interessante para este estudo, apesar de também não estar relacionado com sociedade limitada. Era eu titular de pequeno lote de ações de certa companhia que, por ser de economia mista, abrangia acionistas minoritários privados e o controle de pessoa jurídica de direito público interno. Foi justamente uma mudança nesta última que determinou a substituição de toda a diretoria da companhia e a conseqüente realização de assembléia-geral para a devida formalização. Tentei participar de tal assembléia, mas não consegui atravessar a multidão de estranhos que apinhava o salão, em pé, como se se tratasse de um comício eleitoral (aliás, houve até mesmo diversos discursos, além de muitas e periódicas palmas; só faltava uma charanga no ingresso do salão!). Foi, por certo, a primeira vez – e também a única, em toda a minha vida – que vi uma assembléia de acionistas com acesso vedado aos respectivos acionistas! Inútil é dizer que, se eu o desejasse, teria plenas condições de anular aquela assembléia em juízo.

Uma vez feita a convocação, um ou mais administradores, com ou sem a ajuda de funcionários da sociedade, deverão, no local e dia do anúncio, mas um pouco antes da hora fixada, receber os sócios, pedindo a cada um que se identifique e que, a seguir, marque sua

286 SOCIEDADES LIMITADAS

presença mediante aposição de sua assinatura. Onde? A lei não diz; aliás, muito embora mencione o livro de atas da assembléia, não faz o mesmo no tocante a outro livro que, nos moldes do que acontece no âmbito da sociedade anônima ou companhia, poderia ser designado como "livro de presença de sócios", o que faz supor não ser ele obrigatório. Mas é aconselhável, no entanto, como livro facultativo; sendo que, na ausência dele, nada impede, a meu ver, seja o problema resolvido através de folha avulsa, contendo cabeçalho (com nome da sociedade, CNPJ, endereço, título de "Lista de Presença em Primeira Convocação"), todos os dados referentes à assembléia e, por fim, tantas linhas quantos forem os sócios, a fim de que cada sócio presente possa assinar em cima de uma delas, podendo depois ser colocado, embaixo de cada linha, o nome de quem assinou, em letras de fôrma. Uma coisa é certa: algum documento, com a assinatura dos sócios presentes, é aconselhável que seja produzido, pois dele dependerá a verificação do *quorum* de instalação, que, por sua vez, servirá, depois, de base para a verificação da validade de algumas deliberações. Conforme o art. 1.074, § 1º, do Código Civil/2002, o sócio poderá ser representado na assembléia por outro sócio ou por advogado, mediante outorga de mandato com especificação dos atos autorizados, devendo o instrumento, mais tarde, ser levado a registro, juntamente com a ata.

Na hora fixada no anúncio, em ponto, deverão os administradores, imediatamente, encerrar o trabalho de recepção de sócios e fechar as portas do recinto, por dois motivos básicos: em primeiro lugar, para que não se corra o risco de surgirem confusões com relação ao *quorum* de instalação; em segundo lugar, porque uma assembléia de sociedade de fins econômicos constitui evento privado, não público, sendo admitida a presença apenas dos sócios que chegaram em tempo, de um ou mais administradores da sociedade, para velar pela boa realização do evento e, se necessário, para prestar esclarecimentos, e de um ou mais funcionários da sociedade, para oferecer apoio logístico a sócios e administradores presentes. Estranhos não são admissíveis, a não ser que se trate de pessoas expressa e diretamente convidadas pelos administradores para, se necessário, oferecer aos sócios presentes opiniões ou informações a respeito de assuntos constantes da ordem-do-dia.

Fechadas as portas do recinto, deverão os administradores verificar as assinaturas e as quotas dos sócios presentes, a fim de que possa ser apurada a existência, ou não, de *quorum* de instalação. Se porventura não houver *quorum*, um dos administradores dará notícia,

DELIBERAÇÕES DOS SÓCIOS   287

aos sócios presentes, da impossibilidade de realização da assembléia, por falta de *quorum* de instalação; também lhes fará saber, se for o caso, que haverá uma segunda convocação. Se, no entanto, houver *quorum*, o mesmo administrador declarará oficialmente instalada a assembléia, convidará os sócios a escolherem, entre si, um presidente e um secretário para a mesma assembléia e coordenará a própria escolha, que poderá ser feita por aclamação, por votação aberta, por votação secreta ou por outros meios eventualmente propostos, desde que não sejam contrários à lei ou aos princípios gerais de Direito.

Uma vez composta a mesa diretora dos trabalhos, o presidente da assembléia declarará aberta a sessão, solicitará ao secretário que leia em voz alta o anúncio de convocação, contendo a ordem-do-dia, e, logo depois, observando a mesma seqüência, passará a cada item da citada ordem-do-dia, oferecendo, se houver necessidade, algumas explicações preliminares ou pedindo a algum dos administradores presentes que o faça, ou solicitando ao secretário que leia em voz alta algum texto escrito, contendo explicações (por exemplo, proposta dos administradores, algum parecer técnico encomendado, alguma mensagem recebida etc.). A seguir, o presidente abrirá sobre o assunto a indispensável discussão, franqueando a palavra aos sócios que dela quiserem fazer uso; sendo que, ao terminar a discussão, submeterá o mesmo assunto a votação. Esgotados os itens da ordem-do-dia, nada mais poderá ser objeto de discussão e votação, um vez que em assembléia de sociedade de fins econômicos pode ser discutido e votado apenas e tão-somente assunto que faça parte da ordem-do-dia, e de forma específica (itens genéricos, do tipo "outros assuntos de interesse social", tão ao gosto de muitos profissionais, não poderão ser tomados em consideração); em razão disso, eventuais discussões e votações porventura relacionadas com assuntos de todo estranhos à ordem-do-dia não terão o menor valor jurídico, devendo ser consideradas e tratadas como absolutamente inexistentes.

À vista disso, o presidente deverá interromper a sessão, a fim de dar tempo ao secretário para lavrar a competente ata no livro de atas da assembléia; tal lavratura deverá ser feita por ele mesmo, pessoalmente, ou por funcionário da sociedade, mas sob seu ditado. Reaberta a sessão, após a lavratura da ata, deverá esta, pelo secretário pessoalmente, ser lida em voz alta; sendo que, se aprovada pelos sócios presentes, deverá, de novo pelo secretário pessoalmente, ser encerrada e assinada, passando a ser assinada também pelo presidente da assembléia e, a seguir, por todos os sócios presentes. Note-se que, a rigor, de acordo com o art. 1.075, § 1º, do Código Civil/2002, a ata

288   SOCIEDADES LIMITADAS

deverá ser assinada por tantos sócios quantos bastem para validade das deliberações; mas todos os sócios presentes, que quiserem fazê-lo, poderão assiná-la. Cópia da ata, autenticada pelos membros da mesa ou pelos administradores, deverá, no prazo de 20 dias (contados a partir do dia seguinte, inclusive, ao dia da assembléia), ser apresentada ao órgão competente, para registro. Outras cópias da ata também deverão ser autenticadas, para serem entregues a todos os sócios que as solicitarem.

3.4 Roteiro de realização da assembléia obrigatória

No tocante à figura da assembléia, instituto jurídico que tem o condão de facilitar o encontro periódico dos sócios, a fim de deliberarem a respeito da estrutura da respectiva pessoa jurídica e dos correspondentes negócios sociais, a sociedade limitada – desta vez sem que a menor dúvida possa estar pairando sobre a mente dos estudiosos – aproximou-se bastante da sociedade anônima ou companhia; pois o legislador pátrio não se limitou a permitir a realização de assembléias: também determinou que, no meio das hipóteses de utilização de dito instituto – em razão de imposição legal ou mesmo em razão de livre escolha do contrato –, a realização de assembléia deverá ser considerada obrigatória no mínimo uma vez por ano. Convém observar que a lei não se referiu a algo chamado "assembléia ordinária", que constitui figura típica da sociedade anônima ou companhia; pois dita lei, ao menos no âmbito da sociedade limitada, houve por bem não estabelecer categorias, o que teria por certo ocorrido caso fizesse distinção entre assembléia ordinária e assembléia extraordinária. Dessa forma, limitando-se em sua determinação, preferiu a lei estabelecer que, ao menos uma vez por ano, em determinada época e com determinadas matérias a serem tratadas (ainda que constituindo só parcialmente a ordem-do-dia, a qual pode, eventualmente, ser mais extensa), a realização da assembléia deve ser tida como obrigatória. O Código Civil/2002, em seu art. 1.069, V, refere-se a dita assembléia como sendo "anual"; eu prefiro defini-la como sendo "obrigatória", pois este último termo, em minha opinião, deixa mais clara e precisa a idéia de imprescindibilidade.

De acordo com o art. 1.078, *caput*, combinado com os arts. 1.066, *caput*, 1.068, 1.070, parágrafo único, e 1.071, IV, do mesmo Código, a assembléia dos sócios deverá realizar-se ao menos uma vez por ano, nos quatro meses seguintes ao término do exercício social, com o objetivo de: I – tomar as contas dos administradores e deliberar

DELIBERAÇÕES DOS SÓCIOS   289

sobre o balanço patrimonial e o de resultado econômico; II – designar administradores, quando for o caso, e fixar sua remuneração, quando não estiver já fixada no contrato; III – eleger os membros, efetivos e suplentes, do conselho fiscal, quando for o caso, e fixar sua remuneração; IV – aprovar a remuneração de contabilista para assistir ao conselho fiscal, quando for o caso; V – tratar de qualquer outro assunto constante da ordem-do-dia.

Percebe-se que há quatro longos meses para que a assembléia possa ser realizada dentro da mais plena legalidade. Melhor dizendo, e considerado o dia do término do exercício social, está claro que a partir do dia seguinte, inclusive, é contado o prazo de quatro meses para a realização da assembléia; o que significa, na prática, que dita assembléia tem condições de ser realizada numa data qualquer – portanto, livremente escolhida – do inteiro prazo de quatro meses. A rigor, atrevo-me a afirmar que pode sê-lo até mesmo no primeiro dia do referido prazo (refiro-me, evidentemente, a casos excepcionais, de sociedades bem pequenas em todos os sentidos, em que todos os sócios são administradores; coisa que, a meu ver, não pode ser impedida); a praxe, no entanto, tem sido a de a realização ocorrer ao longo do quarto mês, para que a administração tenha tempo suficiente para fechar as contas do exercício findo, para providenciar o inventário, para elaborar o balanço patrimonial e o balanço de resultado econômico, para montar a prestação anual de contas e para tomar todas as demais providências necessárias para que o evento aconteça da melhor forma possível. Exemplificando; caso o exercício social, com base em norma contratual, termine no dia 31 de dezembro de cada ano, a assembléia anual legalmente obrigatória deverá ser realizada numa data qualquer, livremente escolhida, dos quatro meses subseqüentes – portanto, janeiro, fevereiro, março e abril –, nada impedindo que tal data caia no último dia do prazo; portanto, no próprio dia 30 de abril.

Como deverão ser apresentadas as contas dos administradores? Em muitos casos elas costumam ser apresentadas mediante oferecimento puro e simples dos balanços do exercício findo. Nada mais errôneo! Pois, se assim fosse, não teria sido de forma alguma necessário utilizar a frase "tomar as contas dos administradores"; teria bastado escrever apenas "deliberar sobre o balanço patrimonial e o de resultado econômico". Os legisladores em geral não podem dar-se ao luxo de utilizar textos inúteis. Por esse motivo, sempre sustentei, com firmeza, opinião segundo a qual os administradores de qualquer sociedade, ao prestarem contas de sua administração aos respectivos sócios, no término de cada exercício social, devem fazê-lo

290 SOCIEDADES LIMITADAS

mediante peça escrita e assinada que, a despeito de sua eventual brevidade (mesmo notável), contenha ao menos as informações básicas (ainda que em estilo bem lacônico) sobre sucessos e insucessos da administração no decorrer do exercício findo. Basta fazer saber se houve lucros, se foram normais ou bons, se a empresa cresceu ou não, como se comportou o mercado, se não houve lucros, quais os motivos, quais as perspectivas da empresa, e eventuais outras informações e considerações. Os balanços deverão, evidentemente, ser elaborados por contabilista habilitado, o qual também deverá assiná-los, juntamente com os administradores.

Com relação à designação dos administradores, a expressão "quando for o caso" faz pensar nas hipóteses em que a designação não ocorre. Por que tal designação pode não ocorrer? Por dois diferentes motivos: um é a nomeação dos administradores no texto do próprio contrato, comumente sem prazo determinado para o respectivo mandato; outro é a existência de mandatos ainda não concluídos, em caso de nomeação de administradores nos mesmos moldes do que ocorre na sociedade anônima ou companhia, portanto, com prazo determinado para os respectivos mandatos (qualquer que seja sua duração, desde que fixada no contrato social).

Quanto ao último item (tratar de qualquer outro assunto constante da ordem-do-dia), ele é, por certo, a prova cabal de que a assembléia obrigatória da sociedade limitada, muito embora lembre, sem dúvida, a assembléia ordinária da sociedade anônima ou companhia, não coincide, porém, perfeitamente com ela, uma vez que a ordem-do-dia desta última é de todo rígida, não admitindo modificações de qualquer espécie, inclusive acréscimos; ao passo que a ordem-do-dia da assembléia obrigatória da limitada pode conter qualquer assunto que seja do interesse da sociedade e que resulte de livre escolha dos membros da administração social. De forma que a assembléia obrigatória da limitada não passa, no fundo, de uma assembléia bem comum; fato, esse, que permite tirar a seguinte conclusão: se, em determinado momento, por qualquer motivo, e com qualquer ordem-do-dia, tiver de ser realizada uma assembléia e se o referido momento ocorrer justamente durante o prazo de quatro meses subseqüentes ao fim do exercício anterior, a ordem-do-dia poderá – se os documentos do exercício anterior já estiverem todos prontos e se ainda houver tempo para cumprimento da norma contida no § 1º do art. 1.078 (ver a seguir) – ser aumentada, mediante acréscimo dos itens próprios da assembléia obrigatória.

DELIBERAÇÕES DOS SÓCIOS 291

Antes da realização da assembléia cabe praticar ato que, em condições normais, é impossível dispensar, nos termos do § 1º do art. 1.078, que dispõe: "Até trinta dias antes da data marcada para a assembléia, os documentos referidos no inciso I deste artigo devem ser postos, por escrito, e com a prova do respectivo recebimento, à disposição dos sócios que não exerçam a administração". Os 30 dias devem, a meu ver, estar bem dentro do prazo que vai da data em que os documentos ficam à disposição até a data de realização da assembléia; em outras palavras, ao que me parece, devem ser computados estes 2 dias, mais os 30; de forma que, se for decidido que a assembléia se realizará no dia 30 de abril, os documentos só poderão ser postos à disposição dos sócios até o dia 30 de março, inclusive. Que acontecerá se o prazo não for observado ou se os documentos não forem postos à disposição dos sócios? Será, porventura, nula ou anulável a respectiva assembléia? Nula, não creio; talvez anulável, se o juiz competente ficar convencido de que as contas foram aprovadas indevidamente e com prejuízos para sócios e terceiros. De qualquer forma, entendo ser aplicável o art. 1.016 do Código Civil/2002, segundo o qual os administradores respondem solidariamente, perante a sociedade e eventuais terceiros prejudicados, por culpa no desempenho de suas funções.

Quais os documentos a serem postos à disposição dos sócios? Já tive a oportunidade de fazer notar que não são apenas os dois balanços (o patrimonial e o de resultado econômico), os quais não passam de documentos complementares; deve, a meu ver, ser acrescentado um terceiro documento, contendo a efetiva prestação de contas, ainda que em texto bem sucinto. De qualquer forma, não é necessário mencionar os documentos; basta escrever, na comunicação exigida pela lei, que são postos à disposição dos sócios os documentos referidos no inciso I do art. 1.078 do Código Civil/2002. Como deve ser feita a comunicação? Está claro que a lei não exige publicação em jornal. À vista disso, acredito que o meio mais simples, mais prático, mais rápido e mais seguro seja o envio de carta circular em papel impresso, com o nome da sociedade, seu CNPJ e seu endereço completo, contendo na metade superior o texto da comunicação (mais ou menos assim: "Ilustríssimos Srs. Sócios: Nos termos, para os efeitos e rigorosamente dentro do prazo da legislação em vigor, temos o prazer e a honra de comunicar-lhes que se encontram à disposição de Vossas Senhorias os documentos referidos no inciso I do art. 1.078 do Código Civil, relativos ao exercício social findo no último dia 31 de dezembro. Atenciosamente"; seguindo-se a assinatura de um ou

292   SOCIEDADES LIMITADAS

mais administradores) e na metade inferior espaço suficiente para todos os sócios assinarem (desde que não exerçam a administração), embaixo da palavra "ciente", com linhas para tanto, e embaixo de cada linha o nome de um sócio, sendo os nomes dos sócios colocados em algum tipo de ordem (conforme sugerido mais acima). Naturalmente, convém que tal carta circular seja apresentada a cada sócio por portador, que deverá recolher a assinatura e deixar cópia do texto da comunicação.

Nos termos dos §§ 2º, 3º e 4º do já citado art. 1.078, após a instalação, o presidente da assembléia solicitará ao secretário que faça a leitura dos documentos referidos no inciso I do *caput* do mesmo artigo; terminada a leitura, o presidente porá ditos documentos em discussão, submetendo-os, em seguida, a votação. Estarão impedidos de votar os membros da administração e, se houver, os do conselho fiscal. A aprovação, sem reserva, do balanço patrimonial e do de resultado econômico, salvo erro, dolo ou simulação, exonerará de responsabilidade os membros da administração e, se houver, os do conselho fiscal. Tal aprovação poderá ser anulada durante o prazo de dois anos, findo o qual se extinguirá o direito de fazê-lo. Que acontecerá se todos os sócios forem administradores? A assembléia anual obrigatória deixará, porventura, de ser tal, podendo, em conseqüência, não ser realizada? Segundo meu modo de entender, considerando que a lei não estabelece, expressamente, qualquer exceção, a assembléia deverá ser realizada de qualquer jeito, ainda que os documentos não precisem ser postos à disposição dos sócios; só que, ao entrar na ordem-do-dia e abordar o item que faz referência à prestação de contas, o presidente da assembléia, ao invés de solicitar a leitura dos documentos, de os pôr, depois, em discussão e submeter, afinal, a votação, deverá de imediato declarar que, em razão da absoluta inexistência de sócios desprovidos do cargo de administrador, as contas anuais dos administradores deverão, sem sombra de dúvida, ser consideradas, nos termos da lei, como automaticamente aprovadas, ausente por completo qualquer necessidade de votação.

4. Os modos restantes: os dois tipos de reuniões

4.1 De que forma estruturar e processar a reunião efetiva

Com relação à *reunião* dos sócios, por mim classificada como *efetiva*, eis que oficial e diretamente prevista pelo legislador pátrio, o

DELIBERAÇÕES DOS SÓCIOS   293

Código Civil/2002, em seu art. 1.072, § 6º, limita-se a dispor: "Aplica-se às reuniões dos sócios, nos casos omissos no contrato, o disposto na presente Seção sobre a assembléia". O uso da expressão "nos casos omissos no contrato" permite que o dispositivo ora citado seja interpretado basicamente assim: "O disposto na presente Seção sobre a assembléia aplica-se, em condições normais, somente à assembléia; pode, no entanto, em caráter subsidiário, total ou parcialmente, ser aplicado também à reunião, caso o contrato social não tenha previsto normas sobre esta última, ou as tenha previsto em parte". Imagino, pois, que estou interpretando corretamente o pensamento do legislador pátrio ao afirmar que, assim como as normas sobre assembléia dos sócios foram fixadas na lei, as normas sobre reunião dos sócios podem ser fixadas no texto contratual.

De forma completamente livre? Não creio! A liberdade total, a meu ver, não caberia na lógica do Código Civil/2002, o qual, ao que tudo indica, pretendeu, de um lado, preservar as prerrogativas de sócios operando no âmbito de sociedade que no fundo ainda é tida como contratual mas, de outro, também fez questão de proteger os sócios minoritários de sociedade que, apesar de tudo, se encaminha, decididamente e a passos largos, para a condição de organização ou de instituição. Em outras palavras, não faria sentido, para mim, se o legislador pátrio, após ter fixado normas bastante rígidas sobre a realização de assembléias, tivesse concedido a mais ampla liberdade possível para a fixação, no contrato social, de normas desprovidas de qualquer rigidez sobre a realização de reuniões. Afinal, numa situação dessas, todas as sociedades limitadas – creio eu – acabariam escolhendo, até o total de 10 sócios, a realização de reuniões, após fixarem, para tanto, normas sem qualquer rigidez.

Quando é que as normas contratuais não podem, de modo algum, afastar-se das normas legais? Em meu modo de entender, isso ocorre no momento em que estas últimas merecem claramente ser classificadas como normas de ordem pública ou normas cogentes. De forma que não podem, ao que me parece, ser modificadas pelo contrato – exceto nos casos de eventual permissão expressa em sentido contrário – as normas legais em geral que estabeleçam *quorum* de instalação e *quorum* de deliberação. Também não podem, a meu ver, ser modificadas pelo contrato as normas legais sobre: convocação dos sócios; representação de sócio por outro sócio ou por advogado, mediante outorga de mandato com especificação dos atos autorizados; responsabilidade dos sócios, em decorrência de deliberações, ainda que apenas na condição de mandatários; existência de mesa diretora

294 SOCIEDADES LIMITADAS

dos trabalhos, com um presidente e um secretário; lavratura de ata, assinada pelos membros da mesa e por tantos sócios participantes quantos bastem à validade das deliberações, assegurado, porém, a todos os participantes o direito de assiná-la; apresentação de cópia da ata ao registro competente, para que lá fique devidamente arquivada ou registrada; direito outorgado a sócio minoritário, que tenha dissentido de deliberação social aprovada, de promover sua retirada da sociedade; prazo para colocação dos documentos com as contas da administração à disposição dos sócios sem cargo administrativo; apreciação anual das mesmas contas, com deliberação a respeito do balanço patrimonial e do de resultado econômico; outros prazos com relação aos quais a lei não tenha permitido a fixação de qualquer exceção. Cumpre-me observar que, apesar de não muito curta, a relação é apenas exemplificativa.

Quais as normas contratuais que os sócios podem estabelecer com certa liberdade? Em meu modo de entender, têm os sócios – desejando regulamentar, no contrato social, a realização de sua própria reunião – condições de decidir: que a presença dos sócios seja registrada mediante aposição de assinatura sempre em folha avulsa; que a verificação de existência do *quorum* de instalação e a própria declaração de instalação da reunião sejam feitas não por qualquer administrador, mas por administrador determinado; que a reunião seja presidida pelo mesmo administrador ou por outro administrador determinado; que a reunião seja secretariada por pessoa presente, para tanto convidada por quem tenha assumido a presidência, podendo a escolha recair em sócio, em administrador ou, mesmo, em funcionário da sociedade; que a ata da reunião seja sempre redigida de forma esquemática ou sob a forma de sumário, sem prejuízo da menção precisa e completa de todas as deliberações tomadas e de como elas foram votadas; que a ata seja sempre lavrada em folhas soltas, mediante uso de computador, numa única via ou em diversas vias, todas elas diretamente assinadas. Trata-se, sem dúvida, de exemplificações, que, como tais, admitem acréscimos, de acordo com os desejos pessoais dos sócios e as eventuais peculiaridades da sociedade, conforme afirmei.

4.2 De que forma estruturar e processar a reunião virtual

No que diz respeito à *reunião virtual* as coisas se passam de forma bem diferente, uma vez que, justamente por ser virtual, ela não se realiza mediante encontro físico dos sócios; ademais, e sem a menor

DELIBERAÇÕES DOS SÓCIOS   295

dúvida, é absolutamente indispensável que todos os sócios manifestem sua vontade, ainda que, a meu ver, alguns o façam em posição de dissidência com relação à maioria. Aliás, não posso subtrair-me ao dever moral de fazer notar que, ao instituir este terceiro meio de deliberação, o legislador pátrio acabou fazendo coisa que me pareceu boa, por ter surgido de decisão equilibrada e, portanto, acertada. Com efeito, muito embora a sociedade limitada, como forma empresarial, venha sendo utilizada, cada vez mais, para empreendimentos médios e grandes (em certos casos – em franca oposição à minha opinião sobre o assunto – até mesmo muito grandes), continua, no entanto, sendo utilizada também, antes em notáveis proporções, para empreendimentos bem pequenos, por terem capital ínfimo e apenas dois sócios. Em razão disso, tenho condições de afirmar que, sem impedir ou dificultar a solução da problemática deliberativa da limitada média ou grande, a reunião virtual veio resolver a mesma problemática no tocante à limitada pequena ou ínfima. Convém, pois, que se passe a algumas considerações e alguns comentários sobre este último meio de deliberação.

Não precisará a administração preocupar-se, minimamente, com qualquer tipo de convocação, uma vez que, mesmo na hipótese de acontecerem encontros em número relevante, quer de membros da administração com todos os sócios, quer destes entre si, serão tais encontros, contudo, realizados sempre de modo absolutamente informal, alguns mediante telefone ou *fax*, sem exclusão da Internet, outros mediante presença física, na sede social ou fora dela. Não se justificará, por outro lado, qualquer preocupação quanto ao *quorum* de instalação, por estar presente, ainda que virtualmente, a totalidade dos sócios; totalidade, essa, que, ao que me parece, não exige, também neste caso, a presença direta do sócio, motivo pelo qual cada sócio pode ser representado por outro sócio ou por advogado, com regular procuração específica. Não haverá necessidade de figuras equivalentes às de presidente e secretário da assembléia ou da reunião. Caso as deliberações sociais sejam todas tomadas por unanimidade, não se justificará, evidentemente, qualquer preocupação quanto ao *quorum* de deliberação; mas se, porventura, um ou alguns dos sócios, muito embora participando normal e pacificamente do ato jurídico, se declararem em dissidência com relação a deliberações da maioria, deverá, em cada hipótese de dissidência, ser verificada a observância do *quorum* de deliberação.

Em minha opinião, não deverá haver utilização de livro de atas da assembléia dos sócios, ou de eventual livro de atas da reunião

296 SOCIEDADES LIMITADAS

dos sócios, caso exista um ou outro, em razão da inexistência, na hipótese, tanto de assembléia como de reunião, nos precisos e expressos termos do art. 1.072, § 3º, do Código Civil/2002 ("A reunião ou a assembléia tornam-se dispensáveis quando ..."). Não havendo assembléia nem reunião, não pode, igualmente, haver algo que das referidas figuras jurídicas é conseqüência necessária: uma ata. Mas, se as deliberações sociais às quais se refere o citado art. 1.072, § 3º, não produzem uma ata, que tipo de documento produzem? O Código Civil/2002 nada explica a esse respeito, limitando-se a aludir a algo conceituado como "decisão por escrito". Trata-se, sem a menor dúvida, de expressão classificável como excessivamente genérica; ademais, ela deixa de caracterizar o correspondente instrumento. À vista de dita omissão, sugiro para tal "decisão por escrito" um título igualmente genérico, a saber: "Instrumento de Deliberação" ou "Instrumento Deliberativo". Por outro lado, justamente por indicar a idéia de algo bem genérico, será que o instrumento em questão não admitiria duas ou mais espécies? Ao que me parece, admite pelo menos duas, conforme haja, ou não, dissidências no tocante às deliberações tomadas. Pois, na ausência de qualquer dissidência, o instrumento deliberativo pode muito bem assumir a forma de mera alteração contratual de cunho tradicional, como nos velhos tempos; ao passo que, na hipótese de surgir alguma dissidência, convém que o instrumento se pareça bastante com ata de reunião bem simples, sintética e esquemática, absolutamente desprovida de formalismos. Apenas para que sirva de base, vou oferecer, logo a seguir, breve exemplo de como eu vejo o referido instrumento deliberativo: "TORRE TALAO – TRANSPORTES RODOVIÁRIOS LIMITADA. Instrumento Deliberativo (art. 1.072, § 3º, do Código Civil). Neste dia 1º de julho de 2007, os abaixo-assinados, CAIO AZEVEDO (qualificação), GALBA MACHADO (qualificação) e FLÁVIO DE ASSIS (qualificação), sócios titulares da totalidade do capital social da sociedade limitada empresária denominada TORRE TALAO – TRANSPORTES RODOVIÁRIOS LIMITADA (incluir CNPJ, sede e registro), resolvem, nos termos e para os efeitos do art. 1.072, § 3º, do Código Civil, tomar a seguinte deliberação: o objeto social, que consistia no transporte rodoviário de passageiros mediante ônibus, fica totalmente substituído por novo objeto social, consistente no transporte rodoviário de cargas mediante caminhões, e passando a Cláusula 3ª do contrato social, em conseqüência de tal substituição, a vigorar com a seguinte redação: 'Cláusula 3ª. O objeto social consiste no transporte rodoviário de cargas mediante caminhões, podendo,

DELIBERAÇÕES DOS SÓCIOS 297

no exclusivo interesse da sociedade, ser parcialmente modificado ou inteiramente substituído a qualquer momento, mediante observância do *quorum* fixado no art. 1.076, I, do Código Civil'. A deliberação é tomada com base no voto de sócios titulares de 80% (oitenta por cento) do capital social, *quorum* superior ao fixado no art. 1.076, I, do Código Civil para modificações do contrato social, ficando consignado o voto contrário do sócio FLÁVIO DE ASSIS, titular de 20% (vinte por cento) do capital social, ao qual ficam, portanto, assegurados os direitos decorrentes do art. 1.077 do Código Civil. Nada mais havendo a deliberar, encerra-se o presente texto, que passa a ser assinado por todos os sócios da sociedade".

5. Como processar a deliberação de um sócio só

5.1 Colocação do problema na sociedade unipessoal

Pode a sociedade limitada existir e funcionar com *sócio único*? Em caráter permanente, tenho condições de afirmar, *a priori* e sem a menor hesitação, não existir tal possibilidade, visto ser unânime e pacífico entre os estudiosos do direito empresarial entendimento segundo o qual o legislador pátrio, ao criar a figura jurídica da subsidiária integral, única estrutura societária para a qual permitiu a existência permanente de quadro social composto de uma única pessoa, previu para ela, apenas e tão-somente, a forma de sociedade anônima ou companhia. De fato, a Lei 6.404, de 15.12.1976, a qual trata das sociedades por ações, dispõe claramente, em seu art. 251, *caput*, que a companhia pode ser constituída, mediante escritura pública, tendo como único acionista sociedade brasileira. Com base no dispositivo legal que acabo de citar, fica por demais evidente que, muito embora o acionista único possa identificar-se com qualquer espécie de sociedade empresária, excluídas, em conseqüência, as demais pessoas jurídicas e todas as pessoas físicas, deve, no entanto, a subsidiária integral assumir inelutavelmente a forma de sociedade anônima ou companhia, o que elimina por completo a possibilidade de existir subsidiária integral sob a forma de sociedade limitada (cabe-me, contudo, ressaltar que houve, anos atrás, algumas tentativas em sentido contrário, que chegaram a passar por minhas mãos). Será que há condições suficientes para que seja sustentado poder a sociedade limitada vir a existir com apenas um sócio, ao menos em caráter temporário?

298 SOCIEDADES LIMITADAS

A legislação anterior não continha qualquer dispositivo que permitisse solução clara e pacífica do problema. O assunto, entretanto, não deixou, por isso, de ser discutido. A título apenas de exemplo, tese defendida por Francisco Alberto Camargo Veiga de Castro, quando procurador de Estado em exercício na Procuradoria da Junta Comercial do Estado de São Paulo, concluiu pela possibilidade de existência de sociedade limitada unipessoal em caráter temporário. Aquele conceituado jurista paulista, com efeito, no Parecer 162/1989 (*Boletim JUCESP* 23.11.1989), após ressaltar, entre outras coisas, que estava assentada, na doutrina e na jurisprudência, a conveniência da manutenção da empresa por razões sócio-econômicas, e que, em conseqüência, a teoria da dissolução *pleno jure* da sociedade não era mais absoluta, sustentou, decididamente, que a sobrevivência da sociedade limitada com um único sócio tinha suporte legal, considerando-se dita sociedade dissolvida *pleno jure* se não reconstituída a pluralidade de sócios no prazo de seis meses, nos termos de quanto previsto no Projeto do novo Código Civil.

Muito embora na mesma linha de pensamento quanto ao fulcro do problema, houve quem contestasse a validade do prazo de seis meses, por entender que princípio geral de Direito devesse ser deduzido do Direito já feito, não do Direito a fazer. Tal entendimento acabou levando alguns estudiosos da época a aplicar à sociedade limitada a citada Lei 6.404/1976, que, para as sociedades anônimas ou companhias, conforme art. 206, I, "d", previa (aliás, continua prevendo) prazo oficial que os referidos estudiosos, estranhamente, computavam como sendo de 12 meses (a lei, em verdade, ainda hoje não fixa prazo de 12 meses: limita-se a mencionar duas assembléias-gerais ordinárias contíguas, sendo que a primeira representa o momento não em que surge a sociedade unipessoal, mas em que a existência desta última é verificada, nada impedindo, em conseqüência, que o quadro social se tenha reduzido a um único acionista no próprio dia seguinte ao da realização da assembléia ordinária anterior; resultado: praticamente dois anos).

Cheguei a sustentar, com certa firmeza, posição nitidamente contrária a tais entendimentos, muito embora eu não tivesse a menor dificuldade em aceitar alguns argumentos doutrinários utilizados para que ditos entendimentos fossem defendidos. Eu reconhecia, por exemplo, à tão falada *função social da empresa*, a característica de fenômeno pacífico e incontestável, em razão da existência de relevante número de interesses operando dentro de tão importante unidade econômica, ou girando em torno dela. Por outro lado, eu não deixava de admitir

DELIBERAÇÕES DOS SÓCIOS 299

a possibilidade de o desaparecimento momentâneo da pluralidade social ter sido fruto apenas de circunstâncias totalmente alheias à vontade dos sócios; circunstâncias, essas, que, em conseqüência, não deveriam ter o condão de influir na vida empresarial, pondo até mesmo em risco a sobrevivência da empresa e a preservação dos já mencionados inúmeros interesses.

Por que, então, a posição contrária? Qual era o problema? O problema estava em que as referidas considerações só poderiam, a meu ver, servir para defesa, junto ao legislador pátrio, de proposta de mudanças no direito empresarial, nada mais. Não se poderia perder de vista, de fato, que o Direito pátrio, seguindo, evidentemente, a realidade, considerava *sociedade* um conjunto de duas pessoas, no mínimo. Tratava-se, sem dúvida, de regra que, como tal, comportava exceções, ao menos no plano jurídico. Mas a exceção devia ser prevista pela lei de forma expressa e clara, não podendo ser apenas fruto de trabalho interpretativo. Também não cabia trabalho interpretativo para eventual aplicação extensiva da exceção; em outras palavras, já que era da natureza ou essência da sociedade ser ela composta de duas pessoas no mínimo, a exceção jurídica prevendo sociedade com sócio único constituía algo cuja aplicação extensiva não poderia ser presumida, devendo a interpretação ser restrita. Mesmo porque na sociedade anônima ou companhia, que era pessoa jurídica de tipo institucional, a exceção se justificava amplamente. Bem diferente era a situação da sociedade limitada, que constituía tipo societário de origem contratual, por quotas, até mesmo dito "de pessoas"; o que significava que entre as partes valia somente o contrato; em conseqüência, reduzidas as partes a uma única, desaparecia automaticamente o contrato e, com ele, a sociedade e a pessoa jurídica.

O problema a que me referi não existe mais. O Código Civil/2002, com efeito, em seu art. 1.033, IV, dispõe taxativamente que a sociedade se dissolverá quando ocorrer a falta de pluralidade de sócios, desde que não reconstituída no prazo de 180 dias. Surgiu assim, oficial e legalmente, pela primeira vez, a figura jurídica da *sociedade contratual unipessoal em caráter temporário*, devendo entender-se por *sociedade* a de fins econômicos, portanto, também a limitada.

Como deverá comportar-se o sócio único da limitada, para deliberar a respeito de todos os assuntos de interesse da sociedade? Em minha opinião, não deverá preocupar-se com a realização de assembléias; tampouco com a realização daquelas reuniões que classifico como efetivas: deverá limitar-se à aplicação pura e simples do art. 1.072, § 3º, cujo texto volto a reproduzir: "A reunião ou a assembléia

300 SOCIEDADES LIMITADAS

tornam-se dispensáveis quando todos os sócios decidirem, por escrito, sobre a matéria que seria objeto delas". Em outras palavras, deverá realizar aquelas reuniões que classifico como virtuais, e das quais trato com relativa brevidade na subseção anterior deste capítulo. O exemplo de instrumento deliberativo por mim oferecido na parte final da subseção poderá ser seguido com fidelidade em todos os aspectos básicos, tomando-se, evidentemente, o cuidado de desconsiderar por completo a hipótese de votação com dissidência e de transformar os plurais iniciais e finais em singulares ("... o abaixo assinado, FULANO DE TAL ... sócio titular da totalidade do capital social ... resolve ... tomar a seguinte deliberação ... passa a ser assinado pelo sócio único da sociedade").

5.2 Colocação do problema na sociedade pluripessoal

Já tive, neste mesmo capítulo, a oportunidade de comentar que na sociedade limitada há hipóteses (raras, em verdade) em que a deliberação social exige o consentimento unânime dos sócios (com mais exatidão, de todos os sócios que integram o quadro social). Nas demais hipóteses a deliberação social é tomada sempre por maioria de votos dos sócios; maioria, essa, que pode ser simples (quando corresponde à maioria dos sócios presentes), absoluta (quando corresponde a mais da metade de todos os sócios) e qualificada (quando corresponde a dois terços ou três quartos de todos os sócios).

A maioria é, em qualquer caso, de capital, pois ela encontra fundamento não nas pessoas que compõem a sociedade, mas nos votos de que estas dispõem; votos, esses, que, por sua vez, constituem emanação direta das correspondentes participações sociais. Note-se que é assim já faz tempo, a despeito de estranha e curiosa interpretação que foi dada, no passado, a determinado dispositivo legal. Refiro-me à antiga Lei 4.726, de 13.7.1965, que regulava os serviços do Registro do Comércio, e que, em seu art. 38, V, dispunha: "Não podem ser arquivados (...) os contratos sociais a que faltar a assinatura de algum sócio, salvo no caso em que for contratualmente permitida deliberação de sócios que representem a maioria do capital social (...)". Com base em tal dispositivo, muita gente no passado entendeu, ao menos durante certa época, que qualquer sociedade comercial de tipo contratual, inclusive a limitada, só tivesse condições de deliberar por unanimidade. Foi preciso muito estudo para que, em época posterior, alguns juristas, a partir do art. 15, parte inicial, do antigo Decreto 3.708, de 10.1.1919, começassem a sustentar a plena

DELIBERAÇÕES DOS SÓCIOS 301

validade da deliberação majoritária para a sociedade limitada. Dispunha dita norma: "Assiste aos sócios que divergirem da alteração do contrato social a faculdade de se retirarem da sociedade, obtendo o reembolso da quantia correspondente ao seu capital, na proporção do último balanço aprovado". Sustentavam os juristas a que aludi que, *se era admitida a divergência, a ponto de a mesma gerar retirada e reembolso, tal fato só significava que a alteração do contrato podia, ao menos na limitada, ser celebrada mediante deliberação majoritária.* E conseguiram, com o passar do tempo, a aceitação plena de sua teoria.

A verdade, no entanto, era, a meu ver, um pouco diferente. O velho Código Comercial, em seu art. 331, dispunha: "A maioria dos sócios não tem faculdade de entrar em operações diversas das convencionadas no contrato sem o consentimento unânime de todos os sócios. Nos mais casos todos os negócios sociais serão decididos pelo voto da maioria, computado pela forma prescrita no art. 486". No citado art. 486 o Código dispunha: "Nas parcerias ou sociedades de navios, o parecer da maioria no valor dos interesses prevalece contra o da minoria nos mesmos interesses, ainda que esta seja representada pelo maior número de sócios e aquela por um só. Os votos computam-se na proporção dos quinhões; o menor quinhão será contado por um voto; no caso de empate decidirá a sorte, se os sócios não preferirem cometer a decisão a um terceiro". Havia, porventura, algum mistério em tais textos? Nenhum mistério! Tratava-se, em minha opinião, de normas legais providas de autêntica clareza cristalina. Em que sentido? No sentido de que elas estabeleciam, sem a menor dúvida, o *princípio da deliberação majoritária* e, ao mesmo tempo, o *princípio da maioria de capital*, prevendo expressamente até mesmo a *deliberação majoritária unipessoal*. A única exceção legal, relativa à mudança de objeto social, e exigindo deliberação unânime dos sócios, era perfeitamente plausível, pois a adesão a qualquer sociedade de fins econômicos costuma ser sempre determinada justamente pelo objeto social, o qual se torna, assim, fundamental no relacionamento entre os sócios. Por outro lado, as normas legais ora em questão não se referiam apenas e tão-somente à sociedade limitada, uma vez que, por fazerem parte do Código Comercial, elas constituíam regra bem geral, a qual era aplicável, dentro dos limites do possível, a todas as sociedades comerciais contratuais.

O Código Civil/2002 acabou confirmando, basicamente, tudo isso, ao dispor, no já citado art. 1.010, *caput*, o seguinte: "Quando, por lei ou pelo contrato social, competir aos sócios decidir sobre os

302 SOCIEDADES LIMITADAS

negócios da sociedade, as deliberações serão tomadas por maioria de votos, contados segundo o valor das quotas de cada um". A deliberação por maioria de votos faz surgir dois grupos de votantes: de um lado o majoritário, que vence, e de outro o minoritário, que perde; quanto à contagem dos votos segundo o valor das quotas de cada sócio, melhor dizendo, quanto à maioria de capital, pode ela revelar fato curioso: a existência de menor número de sócios formando o primeiro grupo, isto é, o majoritário ou vencedor. Tem a maioria vencedora a possibilidade de ser representada por sócio único? Sim, sem dúvida: a lógica não autoriza conclusão diferente. De fato, se a maioria é de capital (conforme já foi demonstrado) e se a participação dos sócios pode ser desigual (coisa que ninguém tem condições de contestar), deve necessariamente ser permitido que sócio único seja titular de quota social de valor bem superior a 50% do capital social, tendo seu voto, em conseqüência, predomínio constante nas deliberações sociais. Exemplificando: o *quorum* maior, entre os mencionados pelo art. 1.076 do Código Civil/2002, é o de três quartos do capital social, o que corresponde a 75%; pois bem, nada impede que um único sócio seja titular de uma quota ou de um conjunto de quotas de valor total equivalente a 80% ou mais do capital social, com isso tendo predomínio sobre a quase-totalidade das deliberações da sociedade.

Se a maioria for representada por sócio único, poderá surgir problema de cunho prático. Com efeito, na hipótese de os sócios minoritários comparecerem, total ou parcialmente (em número apenas de um, por exemplo), ainda haverá possibilidade de ser realizada normal assembléia ou reunião (refiro-me à que classifico como efetiva) e assinada, afinal, ata de assembléia ou de reunião, com conseqüente aprovação, se for o caso, de alteração contratual; mas, se nenhum sócio minoritário comparecer, como realizar assembléia ou reunião e aprovar alteração contratual? Afinal, conforme é corriqueiro ouvir, *ninguém pode contratar consigo mesmo*! Cabem, a esta altura, algumas observações. Em primeiro lugar, nesta última hipótese, o sócio majoritário único só aparentemente estará contratando consigo mesmo, uma vez que, de fato, continuará a contratar, como sempre fez, com os demais sócios; o que ocorre é uma espécie de delegação tácita destes para que o sócio majoritário único delibere em nome de todos os sócios. Em segundo lugar, muito embora o problema apresente certa complexidade, não se pode, porém, perder de vista que é importante não confundir a idéia de *função* com a de *órgão*. A *função* é sempre a mesma: produzir deliberação social (observe-se que, por estar valendo para a inteira sociedade, a deliberação nunca deixa de ser social).

DELIBERAÇÕES DOS SÓCIOS 303

Quanto ao *órgão*, pode ele mudar tranqüilamente de natureza, de estrutura ou de tamanho, de pleno acordo com as circunstâncias, e, sem dúvida, no âmbito estrito de todas as exigências legais.

Assim sendo, se o órgão for pluripessoal, ele realizará normal assembléia ou reunião, tomará suas deliberações e, a final, assinará ata de assembléia ou de reunião, incluindo a aprovação, se for o caso, de alteração contratual. Se, no entanto, ainda que por força de circunstâncias passageiras (por não ter comparecido qualquer minoritário, a despeito de regular convocação), o órgão for unipessoal, o problema se tornará um pouco mais complexo mas, a meu ver, igualmente solúvel. De que forma? Porventura, mediante a aplicação do § 3º do art. 1.072 do Código Civil/2002? Não creio seja possível! Em verdade, o dispositivo citado usa a expressão "(...) quando todos os sócios decidirem, por escrito, (...)"; e ocorre que o único sócio participante e votante, na hipótese ora em exame, não é o único sócio da sociedade, havendo pelo menos mais um que, ausente, não pode assinar. Como superar o impasse? Em minha opinião, a lei não impede que o único sócio presente assuma a presidência e, como tal, acumule funções e vote. Em tais condições, se se tratar de uma *assembléia*, o único sócio presente poderá – após a instalação, por parte de um administrador – assumir a presidência, declarando que ele próprio exercerá a função de secretário e, como sócio, votará; uma vez esgotada a ordem-do-dia, interromperá os trabalhos e lavrará a ata no livro (ou alguém lavrará, sob seu ditado); em seguida lerá a ata, a aprovará e a encerrará, assinando-a três vezes: como secretário, como presidente e como sócio. Se, no entanto, se tratar de *reunião*, o referido único sócio presente poderá – após a instalação, por parte de um administrador – assumir a presidência, convidar alguém para funcionar como secretário (caso o contrato o permita) e, como sócio, votar; uma vez esgotada a ordem-do-dia, interromperá os trabalhos, para lavratura da ata, e os reabrirá tempo depois, para leitura e aprovação desta última, a qual será a final encerrada e assinada: primeiro pelo secretário, depois pelo presidente, como tal e como sócio.

6. Responsabilidades do sócio que deliberou

6.1 Algumas considerações de cunho introdutório

Na época em que as sociedades mercantis não passavam de pequenos agrupamentos de comerciantes individuais que operavam conjuntamente não podia haver a menor dúvida a respeito da seguinte regra: pelas deliberações tomadas no exercício conjunto da atividade cada um dos comerciantes que integravam o agrupamento respondia individual e ilimitadamente. Algum tempo depois, todas as sociedades mercantis começaram a ser vistas e tratadas como pessoas jurídicas, portanto, como novas pessoas, distintas das pessoas de seus sócios, e providas, como estes, da capacidade de exercer direitos e de assumir obrigações, inclusive tomando deliberações próprias, por intermédio de órgãos compostos, em condições normais, do conjunto dos respectivos sócios. Confirmando, de certa forma, tudo isso, o art. 20, *caput*, do anterior Código Civil fixara importante princípio ao dispor, com notável clareza: "As pessoas jurídicas têm existência distinta da dos seus membros". Tal princípio, ainda em pleno vigor, significava e continua significando, entre outras coisas, que os sócios, quando reunidos para discutir e equacionar os problemas da sociedade, muito embora tomem, no plano prático, deliberações que não deixam de ser de cunho estritamente pessoal, em verdade produzem, no plano teórico ou em termos legais, autênticas deliberações sociais, pelas quais responde a própria sociedade, em razão de sua existência como pessoa jurídica.

A responsabilidade da sociedade parece fazer diluir ou, mesmo, desaparecer a responsabilidade individual dos sócios; é, ao menos, a impressão que tem o observador leigo. Aliás, também costuma ser o desejo ou o pensamento de cada sócio, ao participar da tomada de decisões coletivas. Dita conclusão coincide com outra, de alcance mais amplo, que diz respeito às organizações (afinal, qualquer sociedade, por pequena que seja, não deixa de ser uma organização, ainda que embrionária ou em potencial). Com efeito, observações que pude levar a cabo no âmbito de organizações de bom porte (nem sempre de fins econômicos) levaram-me a assinalar a seguinte curiosa experiência: os respectivos membros tendem a revelar certo tipo e grau de irresponsabilidade no trato dos assuntos administrativos sociais, uma vez que se sentem firmemente escudados na personalidade jurídica e na responsabilidade própria da organização, a qual – no entender consciente ou inconsciente deles – acabará, por certo, assumindo, a final, e em qualquer hipótese, a solução de todos os problemas decorrentes de eventuais erros cometidos. Em razão disso tudo, não há, mesmo, como evitar a colocação de questão assim concebida: ainda que a sociedade, como pessoa jurídica, tenha deliberações e responsabilidades próprias, é, porventura, absoluta a irresponsabilidade dos sócios quando estes participam ativamente da formação das deliberações sociais? Em hipótese nenhuma!

DELIBERAÇÕES DOS SÓCIOS 305

Vejam-se, em tal sentido, alguns dispositivos referentes à sociedade anônima ou companhia, todos contidos no art. 115 da Lei 6.404, de 15.12.1976: "O acionista deve exercer o direito a voto no interesse da companhia; considerar-se-á abusivo o voto exercido com o fim de causar dano à companhia ou a outros acionistas, ou de obter, para si ou para outrem, vantagem a que não faz jus e de que resulte, ou possa resultar, prejuízo para a companhia ou para outros acionistas" (*caput*); "O acionista não poderá votar nas deliberações da assembléia-geral relativas ao laudo de avaliação de bens com que concorrer para a formação do capital social e à aprovação de suas contas como administrador, nem em quaisquer outras que puderem beneficiá-lo de modo particular, ou em que tiver interesse conflitante com o da companhia" (§ 1º); "O acionista responde pelos danos causados pelo exercício abusivo do direito de voto, ainda que seu voto não haja prevalecido" (§ 3º); "A deliberação tomada em decorrência do voto de acionista que tem interesse conflitante com o da companhia é anulável; o acionista responderá pelos danos causados e será obrigado a transferir para a companhia as vantagens que tiver auferido" (§ 4º). Percebe-se que nem sempre a lei exige a presença de dolo, genérico ou específico. A título apenas de exemplo, a expressão "voto exercido com o fim de causar dano" (incluída no *caput* do artigo) faz automaticamente pensar na necessidade de existência de dolo específico, algo não necessário, ao que tudo indica, na hipótese de interesse conflitante, em que o acionista pode, sem dúvida, não estar desejando causar danos a ninguém.

6.2 Breves comentários sobre as normas legais em vigor

Com relação à sociedade limitada é possível encontrar no Código Civil/2002 três diferentes dispositivos que regulam as responsabilidades decorrentes das deliberações dos sócios. O primeiro é de aplicação subsidiária, pois pertence à legislação específica da sociedade simples. Refiro-me ao art. 1.010, que, em seu § 3º, dispõe: "Responde por perdas e danos o sócio que, tendo em alguma operação interesse contrário ao da sociedade, participar da deliberação que a aprove graças a seu voto". Trata-se de hipótese bem típica de conflito de interesses. A deliberação, neste caso, para gerar a responsabilidade do sócio, exige, ao que parece, a presença de duas condições: uma preliminar, outra complementar. Em caráter preliminar, deve forçosamente ocorrer alguma espécie de prejuízo, pois a ausência absoluta de prejuízos impede, no plano técnico, o surgimento de qualquer tipo de responsabilização. Aliás, a propósito de tal questão, cabe, outrossim, perguntar: "Aparecendo algum tipo de prejuízo, quem pode pleitear as perdas e os danos correspondentes, contra o sócio que tenha, quiçá, revelado interesse contrário ao da sociedade, nos precisos termos da lei? Tão-somente a sociedade? Também os outros sócios e terceiros em geral?". Conforme entendo, tão-somente a sociedade. Explico. Na hipótese ora em exame, se houve algum prejuízo, tal se deu, por certo, em razão de a sociedade ter realizado justamente aquela operação aprovada inclusive pelo sócio com interesse conflitante. Ocorre que os outros sócios e também os terceiros em geral – eventualmente prejudicados em decorrência da referida operação – podem não saber da existência de sócio que, no âmbito da respectiva deliberação social, tenha tido interesse contrário ao da sociedade; aliás, mesmo que eles saibam, o simples fato de saberem não terá o condão de modificar as coisas, eis que, ao menos no plano formal, os prejuízos terão sido causados pela sociedade. Por esse motivo, se os outros sócios e terceiros puderem comprovar seus prejuízos, só terão condições de mover a competente ação judicial contra a sociedade. Esta, por sua vez, terá, em seguida, o direito indiscutível de voltar suas baterias contra o sócio que deliberou em situação de conflito de interesses com a sociedade.

Em caráter complementar, cumpre indagar: "É suficiente que o sócio tenha apenas participado da deliberação (votando a favor, evidentemente), ou é necessário que o voto do sócio tenha sido determinante para a aprovação da deliberação?". Entendo que é determinante o voto favorável sem o qual a deliberação não poderia ter sido aprovada; ao passo que não é determinante, a meu ver, o voto favorável sem o qual a deliberação teria sido aprovada do mesmo jeito. Nesta última hipótese, o voto do sócio em conflito constitui apenas "mais um" dos votos favoráveis, sendo perfeitamente dispensável para fins de aprovação da deliberação; e o conflito de interesses, em condições normais, nenhuma influência exerce sobre a deliberação social e as conseqüentes operações da sociedade. A fim de que não haja desentendimentos, cumpre-me fazer notar que a expressão legal "participar da deliberação" significa, para mim, "votar a favor dela".

Após tais considerações e comentários, respondo à indagação acima formulada afirmando: em minha opinião, é estritamente necessário que o voto do sócio em situação de conflito de interesses tenha sido determinante para a aprovação da deliberação. Não fosse assim, bastava que o legislador pátrio se utilizasse tão-somente da

DELIBERAÇÕES DOS SÓCIOS   307

frase "participar da deliberação que a aprove", pois já estaria clara a idéia da votação a favor, melhor dizendo, de uma votação a favor pura e simples, sem qualquer conotação de indispensabilidade. Mas o legislador pátrio não fez isso; alongou a frase, que terminou assim: "que a aprove graças a seu voto". Tornou-se claro, em meu entendimento, que a participação do sócio em situação de conflito de interesses deve ser determinante para que surja uma deliberação social de aprovação, diante da absoluta impossibilidade de dispensa do voto favorável do sócio em questão, sob pena de não poder ficar perfeitamente tipificada a figura jurídica da responsabilização, conforme o art. 1.010, § 3º, citado.

O segundo dos três dispositivos do Código Civil/2002 que regulam as responsabilidades decorrentes das deliberações dos sócios é aplicado em caráter principal, pois pertence à legislação específica da própria sociedade limitada. Refiro-me ao art. 1.074. que, em seu § 2º, dispõe: "Nenhum sócio, por si ou na condição de mandatário, pode votar matéria que lhe diga respeito diretamente". Trata-se, a meu ver, de mais uma norma sobre conflito de interesses. Só que, desta vez, algo diferente acontece: a proibição legal atinge o sócio não apenas em seus votos pessoais, mas também na condição de mandatário de outros sócios. Como interpretar com precisão a frase "matéria que lhe diga respeito diretamente"? Qual o alcance certo, nesta hipótese, do advérbio "diretamente"? Por incrível que pareça, é difícil dizer; afinal, numa sociedade de fins econômicos, tudo o que a sociedade faz e tudo o que os sócios deliberam são coisas que dizem respeito, de forma direta, a cada sócio! É por isso, aliás, que os sócios resolveram constituir sociedade. Com a devida vênia, não me parece ter sido muito feliz o legislador pátrio no uso desse advérbio. Será que o legislador pátrio quis dizer "pessoalmente"? Mas também o advérbio "pessoalmente" não seria de fácil interpretação. Cabe, por exemplo, perguntar: "Quando um sócio, tendo em alguma operação interesse contrário ao da sociedade, participa de deliberação que a aprova graças a seu voto, ele está votando matéria que lhe diz respeito pessoalmente?". Acredito que sim; afinal, se ele, que é sócio, tem interesse contrário ao da sociedade, tal interesse só pode ser estritamente pessoal. Imagino, pois, que o dispositivo legal ora em exame deva ser interpretado com certa elasticidade, de forma relativamente abrangente.

O terceiro dos três dispositivos do Código Civil/2002 que regulam as responsabilidades decorrentes das deliberações dos sócios é igualmente aplicado em caráter principal, pois também pertence à legislação específica da própria sociedade limitada. Refiro-me ao

308 SOCIEDADES LIMITADAS

art. 1.080, que categoricamente dispõe: "As deliberações infringentes do contrato ou da lei tornam ilimitada a responsabilidade dos que expressamente as aprovaram". O assunto, ao que parece, reveste-se de importância incomum, o que sugere que o texto legal inteiro, palavra após palavra, seja objeto de sucintos comentários, nos termos a seguir expostos.

6.2.1 *"As deliberações (...)"*

Como não poderia deixar de ser, são apenas as deliberações que os sócios tomam na sua qualidade de integrantes do órgão social que produz as deliberações da sociedade como pessoa jurídica, portanto, como pessoa diferente da dos próprios sócios. Sem dúvida, é a vontade pessoal de cada sócio que está em ação; mas, por uma ficção legal, a deliberação é social, é da pessoa jurídica.

6.2.2 *"(...) infringentes do contrato ou da lei (...)"*

Em toda e qualquer organização, grande ou pequena que seja, é sempre fácil encontrar, de um lado, determinadas pessoas – via de regra, os respectivos membros – que interagem entre si e, de outro, determinadas normas de comportamento. A ação é tão-somente dos membros, ao passo que a responsabilidade dela decorrente é tão-somente da organização. Para que tal princípio tenha condições de ser pacificamente aceito em quaisquer circunstâncias é de todo indispensável que a interação dos membros ocorra nos precisos e expressos termos das normas de comportamento já fixadas, e que são de duas espécies: as externas, que são as leis, e as internas, que são os estatutos, os contratos, os regulamentos, os regimentos e eventuais outras. A inobservância das normas torna inaplicável o princípio da irresponsabilidade dos membros. De forma que o legislador pátrio, ao tratar como exceções as deliberações infringentes do contrato social ou da lei, foi, sem dúvida, coerente com as teorias organizacionais existentes e hoje acolhidas por todos. Convém observar que, em minha opinião, não há necessidade de dolo específico: é suficiente infringir a lei ou o contrato, mesmo que inexista a vontade de causar dano a quem quer que seja.

6.2.3 *"(...) tornam ilimitada a responsabilidade (...)"*

É importante ressaltar que está sendo examinada sociedade na qual, pelas obrigações sociais, cada sócio responde apenas até o

DELIBERAÇÕES DOS SÓCIOS 309

montante do capital social. Na hipótese, porém, de o sócio participar de deliberação tomada com infração do contrato ou da lei, passa ele a responder com todo o seu patrimônio pessoal pelos prejuízos eventualmente causados. Aliás, a propósito de prejuízos, cabe, mais uma vez, indagar: "Aparecendo algum prejuízo, quem pode tomar as eventuais providências judiciais cabíveis contra os sócios que tenham, quiçá, aprovado deliberação infringente do contrato ou da lei? Tão-somente a sociedade? Também os outros sócios e terceiros em geral?". A questão jurídica não me parece substancialmente diferente da que diz respeito ao art. 1.010, § 3º; por isso, mesmo neste caso, respondo: tão-somente a sociedade. Em verdade, se algum prejuízo apareceu, foi ele, evidentemente, causado por algum comportamento da sociedade, ainda que em decorrência de deliberação em desacordo com a lei ou com o contrato. Aliás, a própria deliberação, em última análise, é imputável à sociedade. Em razão disso, os outros sócios e os terceiros eventualmente prejudicados só terão a possibilidade de mover a competente ação judicial contra a sociedade, a qual, por sua vez, terá, depois, o direito de voltar suas baterias contra todos aqueles sócios que aparecerem como responsáveis pela aprovação da deliberação em desacordo com o contrato ou com a lei.

Resta saber se a sociedade teria condições práticas de tomar providências judiciais contra a maioria de seus próprios sócios. Por incrível que pareça, acredito não ser impossível. Em primeiro lugar porque a maioria ora em questão pode ter sido meramente ocasional, circunstancial, portanto, contrastável; em segundo lugar porque, após pequeno espaço de tempo, pode ter surgido nova maioria permanente, em decorrência de modificações parciais ou totais ocorridas no quadro social. Em todos esses casos entendo que a verificação, dentro do prazo legal, da existência de prejuízo para a sociedade permita aos administradores tomarem todas as providências judiciais cabíveis, ainda que os sócios responsáveis pela aprovação da deliberação tenham deixado de ser sócios.

6.2.4 "(...) dos que expressamente as aprovaram"

Conforme se percebe com certa facilidade, não existe a figura jurídica da responsabilidade coletiva ou solidária: somente os sócios que votarem a favor da deliberação responderão, em caráter pessoal, pelos danos eventualmente causados. A votação não pode, evidentemente, ser objeto de mera dedução: deve ser expressa. Em condições normais, *votação expressa* é a que consta do instrumento de deliberação, com

310 SOCIEDADES LIMITADAS

o nome de quem votou; mas nada impede, a meu ver, que o mesmo resultado seja obtido de forma indireta. Assim, no caso, por exemplo, de o instrumento revelar que a deliberação foi aprovada com o voto contrário de Fulano e Sicrano e com a abstenção de Beltrano, os demais sócios presentes poderão ser responsabilizados.

Capítulo IX

Administradores e Fiscais

1. Gestão desvinculada da condição de sócio: 1.1 O que acontecia no âmbito da legislação anterior – 1.2 O que acontece no âmbito da legislação vigente. 2. A atual nova figura do administrador social: 2.1 Características fundamentais e preliminares do cargo – 2.2 Requisitos indispensáveis para exercício do cargo – 2.3 Maneiras diferentes de designação para o cargo – 2.4 Como interpretar a designação em ato separado – 2.5 Maneiras diferentes de investidura no cargo – 2.6 Maneiras diferentes de término do exercício do cargo – 2.7 Deveres, competências e prerrogativas do cargo – 2.8 Responsabilidades decorrentes do exercício do cargo. 3. A questão da solidariedade e os administradores. 4. Significado exato da expressão "uso da firma". 5. Transferência de poderes a procuradores. 6. Semelhanças possíveis com a sociedade anônima: 6.1 Diretoria com hierarquização e setorização – 6.2 Os poderes de eventual conselho de administração – 6.3 Órgãos administrativos complementares. 7. Os administradores e a limitada de grande porte. 8. O conselho fiscal virou agora órgão legal: 8.1 Considerações preliminares com base na companhia – 8.2 Surgimento e composição, investidura dos membros – 8.3 Atribuições e deveres, individuais ou conjuntos: 8.3.1 Exame periódico de livros, papéis, caixa e carteira – 8.3.2 Emissão de parecer anual sobre negócios e operações – 8.3.3 Denúncia de erros, fraudes ou crimes descobertos – 8.3.4 Convocação da assembléia em certas hipóteses – 8.3.5 Funcionamento durante o período da liquidação – 8.4 Alguns dispositivos complementares sobre o órgão.

312 SOCIEDADES LIMITADAS

1. Gestão desvinculada da condição de sócio

1.1 O que acontecia no âmbito da legislação anterior

No âmbito da sociedade anônima ou companhia, o administrador social, normalmente designado como *diretor*, pode ter a condição de sócio, com o nome de *acionista*, e pode não tê-la (Lei 6.404, de 15.12.1976, art. 146, *caput*). Acontece, porventura, a mesma coisa com relação à sociedade limitada? Não de forma exatamente igual. No tocante à legislação anterior, cumpre ressaltar que ela não proibia, de modo expresso, que a administração da sociedade ficasse nas mãos de pessoa estranha ao quadro social; mas com muita freqüência usava a palavra "gerente" juntamente com a palavra "sócio". O velho Decreto 3.708, de 10.1.1919, usava a expressão "sócios-gerentes" nos arts. 10, 12 e 13. O velho Código Comercial usava, no art. 293, a expressão "sócios administradores ou gerentes"; e no art. 302 exigia que o instrumento contratual contivesse, entre outras coisas, os nomes dos sócios que poderiam gerir em nome da sociedade. Em razão disso, sempre foi unânime e pacífico, no passado, entendimento segundo o qual o legislador pátrio, também com relação à sociedade limitada, exigia, pelo menos em situações normais, que o administrador fosse sócio.

Tal não significava, por certo, ser suficiente a existência da condição de sócio para, ao mesmo tempo, surgir a condição de administrador. Nada era automático. Em verdade, os sócios deviam escolher quem, entre eles, assumiria funções administrativas; podendo até mesmo resolver que todos deveriam assumir ditas funções, com o quê ficava afastada a idéia de assunção automática. Única hipótese de assunção automática era a do silêncio dos sócios com relação à gerência; pois o Decreto 3.708/1919, em seu art. 13, parte inicial, estabelecia: "O uso da firma cabe aos sócios-gerentes; se, porém, for omisso o contrato, todos os sócios dela poderão usar". Conforme será visto melhor mais adiante, neste mesmo capítulo, a expressão "usar a firma" ou "usar da firma" indicava (e continua indicando) a idéia de "administrar", "gerir"; afinal, quem legitimamente usava a firma social enfeixava amplos poderes de representação, agia como se fosse a própria sociedade, dispondo, em conseqüência, com relação a esta última, de plena competência para dirigir as atividades e administrar os respectivos bens.

O que acaba, porém, de ser enunciado nunca chegou a constituir, ao menos com relação à sociedade limitada, algo que fosse de aplicação total e absoluta. Com efeito, o Decreto 3.708/1919, em seu art. 13,

ADMINISTRADORES E FISCAIS 313

segunda parte, dispunha: "É lícito aos gerentes delegar o uso da firma somente quando o contrato não contiver cláusula que se oponha a essa delegação. Tal delegação, contra disposição do contrato, dá ao sócio que a fizer pessoalmente a responsabilidade das obrigações contraídas pelo substituto, sem que possa reclamar da sociedade mais do que a sua parte das vantagens auferidas do negócio". Ao que tudo indica, a figura jurídica da *delegação da gerência*, na sociedade limitada, fora provavelmente instituída – no regime da legislação anterior – para de alguma forma amenizar o rígido princípio da gerência exercida apenas e tão-somente por sócios; de fato, qualquer pessoa, sócia ou não, desde que física ou natural, residente no país e absolutamente capaz, e desde que não incidindo em qualquer proibição legal, passara a poder receber delegação. Justificava tal conclusão, ao que parece, o fato de a *sociedade limitada* ter sido criada para, em última análise, ficar a meio-caminho entre a extrema rigidez das sociedades por quotas ou contratuais, outrora ditas "de pessoas" – entre elas especialmente a mais típica, que era a *sociedade em nome coletivo* –, e a notável flexibilidade existente naquela que, sem dúvida, merecia o título de sociedade de capitais mais típica ou por excelência, e que era a *sociedade anônima* ou *companhia*.

1.2 O que acontece no âmbito da legislação vigente

Em que posição ficou a sociedade limitada – no tocante à administração – após o advento do Código Civil/2002? Não me parece que a situação tenha sofrido mudanças substanciais; tenho, porém, a nítida impressão de que a matéria tenha sido tratada de forma melhor, um pouco mais racional. Em princípio, foi mantido o tradicionalismo, posto que foi conservada como regra a idéia da administração social atribuída aos sócios; ao passo que a idéia da administração social atribuída a pessoas em geral, mesmo que desprovidas da condição de sócio, entrou como mera exceção, submetida à livre e soberana vontade dos sócios, manifestada no texto contratual. Houve, por certo, um avanço: o antigo gerente-delegado, por mais que, em teoria, pudesse chegar a ter os mesmos poderes dos chamados sócios-gerentes, não passava, no entanto, de modesta figura administrativa de segundo plano; não acontece o mesmo com o atual *administrador não-sócio*, o qual ocupa, ao menos em termos básicos (refiro-me ao exercício puro e simples do cargo), posição perfeitamente idêntica à do administrador-sócio, ainda que este último tenha sido nomeado em instrumento contratual.

Nada poderá, evidentemente, impedir o aparecimento de alguém que, insatisfeito com a escassez e a superficialidade das mudanças introduzidas na nova legislação empresarial, acabe classificando estas últimas como sendo apenas terminológicas; sem muita razão, acredito. Sim, porque a mente humana costuma revelar aspectos bem curiosos: gosta do novo e o quer, mas fica presa ao antigo! Em tais condições, toda e qualquer mudança nunca deixa de ser exasperantemente lenta, sendo feita sempre em "doses homeopáticas". Trata-se, portanto, de comportamento genuinamente humano, e, como tal, de todo normal. De qualquer forma, eu próprio reconheço que o legislador pátrio poderia, no plano técnico, ter avançado um pouco mais. Veja-se: outrora a legislação usava a expressão "sócios-gerentes", que não revelava a existência de órgão administrativo propriamente dito, pois, a rigor, não existia tal órgão; hoje usa o termo "administradores", que, curiosamente, continua não revelando a existência de órgão administrativo, pois, a rigor, continua não existindo tal órgão, a tal ponto que o art. 1.013, *caput*, do Código Civil/2002 dispõe: "A administração da sociedade, nada dispondo o contrato social, compete separadamente a cada um dos sócios". Ora, se, no âmbito de forma societária que vem sendo utilizada prevalentemente para exercício de atividades empresariais, a administração social tem a possibilidade de ficar a cargo de cada sócio separadamente, dita possibilidade – significando inexistência absoluta de qualquer tipo de coordenação e de disciplina, capaz de produzir e de impor algum grau de unidade administrativa – é a prova mais eloqüente da inexistência de órgão administrativo, no sentido mais técnico possível da expressão. Esta conclusão parece ser confirmada pelo art. 1.011 que, em seu § 2º, dispõe: "Aplicam-se às atividades dos administradores, no que couber, as disposições concernentes ao mandato" (ver, no Código Civil/2002, a matéria compreendida entre os arts. 653 e 692). Pois bem, não creio, em sã consciência, que ditas disposições sobre mandato possam coexistir pacificamente com a chamada "teoria do órgão".

Algo análogo acontece – sempre com relação à sociedade limitada – no tocante às deliberações dos sócios. Ao referir-se à assembléia dos sócios e regular seu funcionamento, parece, mesmo, que o legislador pátrio tenha tido a firme intenção de instituir, pela primeira vez, um órgão deliberativo numa sociedade contratual. Ledo engano! Em termos técnicos, não existe tal órgão deliberativo, uma vez que as deliberações dos sócios podem ser tomadas mediante procedimentos diferentes uns dos outros; portanto, sem qualquer unidade. Essa notável insistência em não criar órgãos em sociedades contratuais, até

ADMINISTRADORES E FISCAIS

mesmo na sociedade limitada, significa claramente, em minha opinião, que eles não são vistos como necessários; por outro lado, se tal fato acontece, o respectivo motivo deve ser, sem dúvida, procurado em certa incapacidade para enxergar a empresa como organização (ver, a esse respeito, o meu livro *Conceito de Empresa*, 1995). O que não deixa de ser deveras curioso. Com efeito, por mais que possa haver dúvidas sobre minha teoria organizacional da empresa, não creio, porém, que possa minimamente ser contestado o fato de a sociedade anônima ou companhia constituir autêntica organização; a tal ponto que sempre se distinguiu nitidamente das sociedades contratuais. Ocorre que a limitada, muito embora de inconfundível natureza contratual, foi sempre vista como sociedade caminhando a passos largos em direção à sociedade anônima ou companhia; o próprio Código Civil/2002 forneceu prova insofismável disso ao instituir, por exemplo, atas de assembléias. Creio, em conseqüência, que ao menos a sociedade limitada mereça, cada vez mais, ser tomada em consideração com verdadeira mentalidade organizacional, longe da velha mentalidade societária.

Nada impede, contudo, em minha opinião, que os sócios, ao elaborarem o texto do contrato social inicial ou, mesmo, de uma qualquer das posteriores alterações, se antecipem aos eventuais novos avanços do legislador pátrio e ofereçam boa solução interna ao problema da atual falha legal, estruturando o setor administrativo da sociedade como se fosse um completo e perfeito órgão, nos mesmos moldes do que acontece com a diretoria da sociedade anônima ou companhia. Poderão, em conseqüência, com a maior liberdade, providenciar um nome adequado para o órgão, estabelecer certa hierarquia entre os respectivos membros, atribuir competências bem setorizadas, determinar quantas e quais assinaturas serão necessárias para validade dos atos praticados, montar um quadro de substituições, instituir reuniões para deliberações conjuntas e incluir eventuais outras coisas. Voltarei a este assunto mais adiante, neste mesmo capítulo, com pormenores em maior número.

2. A atual nova figura do administrador social

2.1 Características fundamentais e preliminares do cargo

A sociedade anônima ou companhia não pode ter menos que dois diretores, para os quais não pode fixar prazo de gestão superior a três

316 SOCIEDADES LIMITADAS

anos, permitida, porém, a recondução. E a sociedade limitada? A legislação anterior nada dispunha a respeito dos dois citados assuntos. Por esse motivo, na ausência de qualquer estipulação legal sobre número mínimo ou máximo de gerentes, sempre me senti autorizado a concluir que a limitada poderia ter dois ou mais gerentes, assim como apenas um gerente. A legislação atual – que, conforme será visto logo mais, deixou de usar por completo a palavra "gerente", substituída que foi pela palavra "administrador" – confirmou minha conclusão, afirmando claramente que a limitada pode, mesmo, ter apenas um único administrador. Quanto ao *prazo de gestão*, a legislação atual continua não o prevendo. Tal significa que os sócios podem estabelecer qualquer prazo (pequeno, médio ou grande), assim como podem deixar de tomar qualquer decisão a respeito, com o quê o prazo de gestão dos administradores fica indeterminado. Esta última hipótese é bastante corriqueira. Aliás, se for estabelecido prazo de gestão determinado, serão permitidas contínuas reconduções. Cumpre aos sócios definir, no contrato social inicial, em alteração contratual ou em ato separado, conforme as circunstâncias, o *modo de remuneração* dos administradores (refiro-me àquilo que, em linguagem contábil, costuma ser indicado com o nome de *pró-labore*). Dita remuneração pode assumir formas as mais diferentes: importância mensal determinada, importância mensal indeterminada mas determinável, percentagem mensal de faturamento, percentagem anual de lucros, importância em parte fixa e em parte decorrente de percentagem, e assim por diante. Por outro lado, ao que me parece, ela não precisa ser igual para todos os administradores, nada impedindo que, nos termos da legislação sobre sociedade anônima ou companhia, seja fixada para cada um, com base em suas responsabilidades, o tempo dedicado às suas funções, sua competência e reputação profissional e o valor dos seus serviços no mercado.

A legislação anterior estabelecia que os sócios-gerentes poderiam ser dispensados de caução pelo contrato social (Decreto 3.708, de 10.1.1919, art. 12), querendo dizer, evidentemente, que em princípio a obrigação existia; mas era corriqueiro que os contratos sociais formalizassem a dispensa. Talvez justamente por isso o Código Civil/2002 tenha deixado por completo de abordar o assunto. Tal fato, no entanto, não impede aos sócios, a meu ver, a fixação de *caução* no contrato social, ou em alteração contratual, ainda mais que hoje os administradores podem facilmente ser pessoas que não integram o quadro social, tendo com a sociedade meros vínculos profissionais. A caução pode ser prestada mediante transferência temporária, à

ADMINISTRADORES E FISCAIS

sociedade, de bens e direitos os mais diferentes, portanto: títulos acionários, títulos de crédito, dinheiro, bens imóveis, objetos móveis e outros.

Outrora a designação dos gerentes não precisava ser feita sempre, uma vez que, nos termos do velho Código Comercial, art. 302, aplicável também à sociedade limitada, o contrato social desta última devia conter, entre outras coisas, os nomes dos sócios que poderiam usar da firma social ou gerir em nome da sociedade; sendo que, na falta de tal declaração, ficava implícito que todos os sócios poderiam usar da firma social e gerir em nome da sociedade. O Código Civil/2002 parece fazer crer ter rejeitado a norma do velho Código Comercial, posto que o texto do art. 1.013, *caput* ("A administração da sociedade, nada dispondo o contrato social, compete separadamente a cada um dos sócios"), pode induzir o intérprete, ao menos à primeira vista, a pensar em coisa bem diferente, mais precisamente nas competências separadas ou conjuntas dos administradores; aliás, caso tal dispositivo legal tenha sido inserido no Código Civil/2002 com outro sentido, ele pode, a meu ver, de certa forma, estar até mesmo em conflito, ainda que por meros motivos práticos (como causador de prováveis grandes confusões), com a norma constante do parágrafo único do art. 1.060 ("A administração atribuída no contrato a todos os sócios não se estende de pleno direito aos que posteriormente adquiram essa qualidade"), norma, essa, que se aplica especificamente à sociedade limitada (ao passo que o art. 1.013 está no capítulo da sociedade simples, sendo de aplicação subsidiária). Por causa disso, diante da escassa clareza da lei, reputo aconselhável que a designação, agora, ao menos no estrito âmbito interno da sociedade limitada, seja formalizada sempre. Há, contudo, importante inovação a ser ressaltada: no regime anterior, quando a designação chegasse a ser feita, poderia sê-lo tão-somente no contrato social (ou respectivas alterações), ao passo que hoje ela pode ser feita tanto no contrato social (ou respectivas alterações) como em ato separado; com o quê a limitada se aproximou ainda mais da sociedade anônima ou companhia, em razão da evidente possibilidade que agora ela igualmente tem de manter bem desvinculada do contrato social toda a problemática concernente à administração da sociedade.

2.2 Requisitos indispensáveis para exercício do cargo

De acordo com o art. 1.060, *caput*, do Código Civil/2002, a sociedade limitada é administrada por uma ou mais pessoas, designa-

318 SOCIEDADES LIMITADAS

das no contrato social ou em ato separado. As pessoas só podem ser físicas ou naturais, nos precisos e expressos termos do art. 997, VI; terminou, assim, célebre questão do passado sobre se uma pessoa jurídica, na qualidade de sócia, poderia, ou não, assumir a posição de gerente da sociedade. Tal questão chegou a ser bem importante, em razão da grande insistência de muitos empresários no sentido de ser aceita a figura da gerência exercida por sócia pessoa jurídica; insistência, aliás, deveras estranha, uma vez que é sabido ser a pessoa jurídica nada mais que mera ficção da lei. A pessoa jurídica não existe na realidade: ela é detentora apenas de existência ideal; como tal, ela não dispõe de corpo físico, com cérebro para pensar, boca para falar, mãos para assinar, e assim por diante. De que forma, então, ela se administra? Ela o faz tomando emprestado, para tanto, o corpo de uma ou mais pessoas físicas, por ser ele provido de cérebro, boca, mãos e todo o resto. Em tais condições, sem poder resolver, sozinha, o problema de sua própria administração, como poderia determinada pessoa jurídica resolver o problema da administração de outra pessoa jurídica? A pretensão não tinha, pois, o menor cabimento. As pressões, no entanto, foram grandes; à vista disso, em virtude das ponderações ora feitas, e considerada também a impossibilidade legal de estranhos ao quadro social gerirem a sociedade, a atribuição da gerência a sócias pessoas jurídicas acabou, afinal, surgindo pela utilização da figura da delegação: ao celebrarem o contrato social, os sócios designavam como gerente determinada sócia pessoa jurídica; esta aceitava e, no mesmo ato, delegava a gerência em alguma pessoa física. A solução nunca me agradou profundamente, pois sempre me pareceu forçada; minha solução ideal consistia, no fundo, na cessão de quotas mínimas a uma ou mais pessoas físicas destinadas a assumir a gerência. De forma que acabei acolhendo com verdadeira satisfação o esquema administrativo que o legislador pátrio inseriu no Código Civil/2002.

O requisito até aqui comentado não é o único: há alguns outros. Não pode o administrador deixar de residir no país. Com efeito, ele responde (conforme será visto) pela administração que exerce: se ele residisse fora do país – portanto, fora do alcance do ordenamento jurídico deste –, não poderia ser atingido por eventuais medidas judiciais, e o princípio da responsabilidade ficaria letra morta. Confirma tal tese a Lei 6.404, de 15.12.1976, que, em seu art. 138, *caput*, dispõe: "A administração da companhia competirá, conforme dispuser o estatuto, ao conselho de administração e à diretoria, ou somente à diretoria"; no § 1º do mesmo artigo, também dispõe: "O conselho de administração é

ADMINISTRADORES E FISCAIS

órgão de deliberação colegiada, sendo a representação da companhia privativa dos diretores"; e no art. 146, *caput*, enfim, dispõe: "Poderão ser eleitos para membros dos órgãos de administração pessoas naturais, devendo os membros do conselho de administração ser acionistas e os diretores residentes no país, acionistas ou não". Percebe-se clara e significativamente que os conselheiros não precisam residir no país; ao passo que os diretores precisam, por serem apenas eles que representam a companhia e que executam a administração da mesma. Outra coisa da qual o administrador deve manter notável distância é a qualidade de incapaz, absoluta ou relativamente. Em verdade, ficando ele incumbido da administração da sociedade, deve, em nome desta, praticar atos jurídicos; não poderia fazê-lo, no entanto, caso não pudesse sequer administrar seu patrimônio pessoal. A título de exemplo, havendo, porventura, menores no quadro social, não podem eles, de modo algum e qualquer que seja a hipótese, assumir cargo de administrador, nem simplesmente receber *pró-labore*. Por derradeiro, é oportuno que não se perca de vista o § 1º do art. 1.011 do Código Civil/2002, que dispõe: "Não podem ser administradores, além das pessoas impedidas por lei especial, os condenados a pena que vede, ainda que temporariamente, o acesso a cargos públicos; ou por crime falimentar, de prevaricação, peita ou suborno, concussão, peculato; ou contra a economia popular, contra o sistema financeiro nacional, contra as normas de defesa da concorrência, contra as relações de consumo, a fé pública ou a propriedade, enquanto perdurarem os efeitos da condenação".

2.3 Maneiras diferentes de designação para o cargo

Muito embora o citado art. 1.060, *caput*, do Código Civil/2002 aluda à questão da *designação dos administradores*, forneceu-me ele, no entanto, o ensejo de fazer, em caráter preliminar, sucinta abordagem do problema dos requisitos indispensáveis a quantos se disponham a ocupar o cargo de administrador de sociedade limitada. Retomando, agora, o assunto da designação, faço notar que o parágrafo único do mesmo artigo (o qual, por mera coincidência, já foi objeto de rápida citação destinada a embasar determinada argumentação específica) estabelece: "A administração atribuída no contrato a todos os sócios não se estende de pleno direito aos que posteriormente adquiram essa qualidade". Qual terá sido o verdadeiro motivo de tão estranho dispositivo legal? Não é fácil compreendê-lo, já que a impressão que se tem é a de que um dispositivo assim não pode estar, por completo, de

320 SOCIEDADES LIMITADAS

acordo com a lógica. Naturalmente, para fazer tal afirmação, eu parti de determinada interpretação do texto legal. Explico. A rigor, a frase "atribuir a administração a todos os sócios" pode ter, no fundo, duplo sentido prático, em conseqüência de a atribuição ter sido feita de forma genérica ou de forma específica. Se, por exemplo, a sociedade tiver três sócios, chamados "Fulano", "Sicrano" e "Beltrano", a atribuição a todos poderá ser feita de forma genérica, assim: "A sociedade será administrada por todos os sócios". Mas nada impede que seja feita de forma específica, assim: "A sociedade será administrada pelos sócios Fulano, Sicrano e Beltrano". Também nesta segunda hipótese a administração terá sido atribuída a todos os sócios; só que estarão automaticamente excluídos eventuais sócios novos, os quais, desejando ser administradores, deverão, por certo, pleitear a inclusão de seus nomes na específica cláusula contratual. Se a hipótese, no entanto, for a primeira (atribuição genérica a todos os sócios, sem qualquer menção de nomes, de acordo com o que já vi, no passado, inúmeras vezes, em contratos sociais), o dispositivo legal ora em exame poderá, em minha opinião, ser fonte notável de confusão, de incerteza e de insegurança na vida da sociedade.

Posso até dar outro exemplo, imaginando situação bem extrema. Em determinada sociedade limitada há apenas dois sócios, amigos que se entendem sempre em tudo, razão pela qual a cláusula contratual da administração acaba resultando em texto bem simples (como na primeira hipótese, mencionada acima). Em dado momento, os dois sócios, já velhos e cansados, e sem descendentes, resolvem aposentar-se, cedendo suas quotas a dois novos sócios. Nenhum dos velhos sócios se lembra da cláusula genérica da administração social, ao passo que nenhum dos novos sócios, lendo o texto contratual, percebe que a referida cláusula se encontra redigida de forma por demais genérica; em conseqüência, a alteração contratual é assinada e, logo depois, registrada. Bem em seguida, surge inesperado problema técnico que obriga a sociedade a tentar celebrar, com extraordinária urgência, contrato de prestação de serviços tendo como parte contratada certa empresa especializada. Parece estar tudo em ordem, mas, de repente, o advogado desta última, após examinar os atos constitutivos da sociedade, alega ser impossível a celebração do contrato de prestação de serviços, em virtude da absoluta ausência de administradores na estrutura da sociedade contratante. Em situação como a descrita, a elaboração de nova alteração contratual e o respectivo registro podem, por qualquer motivo, demorar; sendo que a sociedade pode vir a ter, em conseqüência disso, sérios prejuízos.

ADMINISTRADORES E FISCAIS 321

Dando seqüência aos dispositivos do Código Civil/2002 no tocante à designação dos administradores, cumpre citar também o art. 1.061, que estabelece: "Se o contrato permitir administradores não sócios, a designação deles dependerá de aprovação da unanimidade dos sócios, enquanto o capital não estiver integralizado, e de dois terços, no mínimo, após a integralização". Com base neste artigo e no anterior, já citado, e também em alguns dos posteriores, que serão citados mais adiante, é possível perceber que os atuais administradores da sociedade limitada, apesar de perfeitamente iguais entre si no exercício do cargo, não são, porém, tão iguais entre si quanto à maneira de iniciar e de terminar o referido exercício. Cabem, pois, algumas classificações, plenamente justificadas pelas diferenças legais que dizem respeito a cada uma. Em primeiro lugar, podem existir administradores sócios e administradores não-sócios; em segundo lugar, podem existir administradores designados em contrato e administradores designados em ato separado. Por outro lado, cabe observar que os administradores sócios podem ser designados tanto em contrato como em ato separado; e que os administradores não-sócios podem, igualmente, ser designados em contrato e em ato separado.

Acredito, aliás, seja possível tentar até mesmo uma espécie de classificação única, com categorias e seus respectivos elementos, destacando, inclusive, as diferenças caracterizadoras destes últimos (sempre entre parênteses), de acordo com o pequeno quadro sinóptico que segue.

Primeira categoria: ADMINISTRADORES DESIGNADOS EM INSTRUMENTO CONTRATUAL. Seus elementos componentes: *administradores sócios* (investidura no mesmo instrumento da designação; destituição pelo mínimo de dois terços do capital social, salvo disposição contratual diferente); *administradores não-sócios* (necessidade de permissão genérica contida no contrato social; designação feita pela totalidade do capital, antes da integralização, ou por dois terços, depois da integralização; investidura no mesmo instrumento da designação).

Segunda categoria: ADMINISTRADORES DESIGNADOS EM ATO SEPARADO. Seus elementos componentes: *administradores sócios* (investidura mediante assinatura de termo de posse em livro próprio); *administradores não-sócios* (necessidade de permissão genérica contida no contrato social; designação mais uma vez feita pela totalidade do capital, antes da integralização, ou por dois terços, depois da integralização; investidura, de novo, mediante assinatura de termo de posse em livro próprio).

322 SOCIEDADES LIMITADAS

2.4 Como interpretar a designação em ato separado

Acabo de sustentar que o art. 1.060, *caput*, do Código Civil/2002 permite que todos os administradores, não importa se sócios ou não-sócios, sejam alvo de designação tanto no contrato social como em ato separado. A bem da verdade, impõe-se o reconhecimento de que o texto legal ora em exame e os posteriores não pecam por excesso de clareza; o que pode induzir alguns estudiosos a sugerir outra interpretação para os referidos textos. Motivos para tanto não faltam; o mais importante de todos parece ser o disposto no art. 1.062, *caput*, o qual fixa investidura mediante termo de posse em livro próprio somente para o administrador designado em ato separado, nada fixando a respeito de como deverá ser investido no cargo o administrador designado em contrato. Não vou estender-me sobre tal assunto agora, eis que o mesmo será abordado na subseção seguinte. Limito-me apenas a fazer notar que os potenciais estudiosos a que aludi poderiam servir-se de tal questão para defender tese assim: quando o art. 1.060, *caput*, utiliza a frase "pessoas designadas no contrato social ou em ato separado", não quer isto dizer que as "pessoas designadas" sejam todas perfeitamente iguais entre si e que possa, em conseqüência, ser escolhido livremente o modo de designação, a ser feito no contrato ou em ato separado; ao contrário, o modo de designação deve ser escolhido – no contrato ou em ato separado – de acordo com a categoria de cada pessoa a ser designada, nos termos do inteiro conjunto dos dispositivos legais que regulam a administração da sociedade limitada. Quais seriam tais categorias? Poderiam ser eventualmente duas: a dos *administradores sócios*, que seriam sempre designados no contrato social, por poderem participar da celebração do mesmo; e a dos *administradores não-sócios*, que seriam sempre designados em ato separado, e que seriam investidos mediante termo de posse em livro próprio, por não poderem participar das deliberações sociais.

Peço humildes vênias, mas não consegui encontrar dispositivo legal algum que pudesse servir de base a teoria eventualmente assim enunciada. Em compensação, encontrei algo que ajuda a embasar minha interpretação. Refiro-me ao art. 1.063, que, na parte inicial de seu § 1º, usa a seguinte frase: "Tratando-se de sócio nomeado administrador no contrato (...)". Tal frase é a prova mais contundente de que o sócio, muito embora possa ser nomeado administrador no contrato, não precisa, porém, sê-lo apenas e tão-somente no contrato: pode sê-lo também em ato separado; pois, se assim não fosse, bastaria ter sido

ADMINISTRADORES E FISCAIS 323

usada só uma parte da frase, como segue: "Tratando-se de sócio nomeado administrador (...)". De forma que ficou comprovada uma das duas partes de minha interpretação: os sócios podem ser nomeados administradores tanto no contrato social como em ato separado. E a outra parte? Há, porventura, algum dispositivo legal que também a comprove? Diretamente, não! Há, no entanto, certo raciocínio bem lógico que, sem a menor dúvida, leva ao mesmo resultado prático. Explico. Com relação às deliberações sociais, o legislador pátrio, para facilitar a vida dos sócios da sociedade limitada, acabou introduzindo na nova legislação relevante quantidade de inovações: surgiram, assim, a assembléia dos sócios, a reunião dos sócios, as atas de uma e de outra, o *quorum* de instalação e de deliberação e outras coisas igualmente interessantes; surgiu também certa maneira bem informal de deliberar, que, teoricamente, não dá origem nem a uma assembléia, nem a uma reunião. Uma coisa, porém, salta aos olhos, após verificada a nova legislação: é a grande preocupação do legislador pátrio em garantir aos sócios de sociedades bem pequenas a permanente utilização de contratos sociais e alterações contratuais nos moldes mais tradicionais possíveis. Imagine-se, então, determinada sociedade limitada de porte bastante pequeno e que tenha apenas dois sócios, com igual participação no capital e extremamente acostumados a resolver qualquer problema social mediante celebração de tradicionais alterações contratuais: se eles, já velhos e cansados, quiserem colocar à testa de seu negócio um administrador não-sócio, serão, porventura, obrigados a fazê-lo, por exemplo, mediante ata de assembléia ou de reunião? Não terão, por acaso, o direito de fazê-lo mediante simples alteração contratual, como sempre fizeram durante toda a vida deles? Claro que terão tal direito! Pois esse direito é geral, é de todos; e, sem dúvida, independe da maneira de realizar a designação ou a nomeação: só é aconselhável que seja inserido no contrato, para que se saiba que pode ser usado.

Aliás, convém, outrossim, não perder de vista que o intérprete apenas interpreta: não tem o dever de adivinhar, nem de estar dentro da cabeça do técnico que colaborou para a redação do texto que depois foi transformado em lei. De forma que, apesar de não ser mistério para ninguém que existe uma técnica especial para ser usada na redação de textos legais, cumpre não esquecer nunca que todo e qualquer legislador tem o sagrado dever de ser claro; a tal ponto que não é raro ser ouvida a enunciação do seguinte princípio: quando um texto legal se encontra redigido com boa técnica literária, mas sua clareza deixa a desejar, é preciso sacrificar a boa técnica literária para privilegiar a clareza. Note-se: não estou criticando o legislador pátrio.

324   SOCIEDADES LIMITADAS

Apenas preparei-me para ressaltar que, se o legislador pátrio tivesse, mesmo, tido pensamento idêntico ou semelhante à teoria enunciada na parte inicial desta subseção, deveria ter sido bem claro, explícito e específico em tal sentido; coisa que ele não fez, de forma alguma, corroborando, em conseqüência, a interpretação que eu ofereci.

2.5 Maneiras diferentes de investidura no cargo

Tal como acontece com o diretor da sociedade anônima ou companhia, não é suficiente para o administrador da sociedade limitada ser designado ou nomeado para o cargo. Qual o motivo? O motivo reside em que qualquer um pode ser designado ou nomeado administrador à sua revelia, sem ter o menor interesse e sem nem sequer ficar sabendo. Tenho notícia de que diversas vezes, no passado, apareceram pessoas na Junta Comercial do Estado informando terem sido chamadas para integrar processo de falência de sociedade em cujo contrato constitutivo elas, misteriosamente, figuravam na posição de sócios-gerentes; tais fatos aconteciam, com freqüência, após essas mesmas pessoas terem perdido documentos pessoais ou terem sido roubadas ou furtadas. Trata-se de casos extremos, é verdade, em que a sociedade, em termos jurídicos, nunca existiu; eles permitem, porém, imaginar algum caso menos extremo. Por exemplo: surge, de forma absolutamente legal e com regular registro, determinada sociedade limitada com dois sócios apenas, ambos administradores; ela opera, durante certo tempo, em plena legalidade, mas a atividade não decola e os negócios vão de mal a pior; na proximidade da falência, resolvem, então, os sócios – pessoas de fraca moralidade – tomar providências com o intuito de despistar, ganhar tempo e levar alguma vantagem indevida: por meio de ato separado, eles renunciam ao cargo de administrador, nomeiam como administradores – com permissão do contrato – dois conhecidos, estranhos ao quadro social, e à revelia deles, sendo que, em seguida, desaparecem do mapa, deixando à testa da empresa unicamente um preposto. Numa hipótese dessas, responderiam, por acaso, os administradores não-sócios pelo desastre da empresa? De modo algum, por não terem sido investidos no cargo, assinando termo de posse no livro próprio.

Com efeito, o art. 1.062 do Código Civil/2002, em seu *caput*, determina: "O administrador designado em ato separado investir-se-á no cargo mediante termo de posse no livro de atas da administração"; em seu § 1º, ele acrescenta: "Se o termo não for assinado nos trinta dias seguintes à designação, esta se tornará sem efeito"; e em seu

ADMINISTRADORES E FISCAIS

§ 2º ele finaliza: "Nos dez dias seguintes ao da investidura, deve o administrador requerer seja averbada sua nomeação no registro competente, mencionando o seu nome, nacionalidade, estado civil, residência, com exibição de documento de identidade, o ato e a data da nomeação e o prazo de gestão". Torna-se, agora, oportuno fazer alguns breves comentários.

Que se deve entender por "ato separado"? Em minha opinião, uma vez que a designação dos administradores só pode resultar de deliberação dos sócios, conforme os incisos II e V do art. 1.071 do Código Civil/2002 (artigo, esse, que deixou de mencionar o contrato social porque, como algo inicial e constitutivo, ele é anterior a tudo, encerrando deliberação sempre unânime), o *ato separado* pode ser apenas uma ata de assembléia ou uma ata de reunião ou um instrumento deliberativo escrito, emitido com base no § 3º do art. 1.072 do mesmo Código, contanto que, neste último caso, o instrumento não se limite a corporificar simples e tradicional alteração contratual, a qual participa da mesma natureza do contrato social, não sendo, em conseqüência, classificável como ato separado. Convém relembrar a matéria das deliberações sociais, dando nova olhada no capítulo anterior. O "termo de posse" (a expressão pode ser utilizada como título) não passa de pequeno texto, necessariamente lavrado por administrador ou funcionário da sociedade no livro de atas da administração desta última, o qual declara que: "O Sr. FULANO DE TAL" [*nome e qualificação completos*] ou "Os Srs. FULANO, SICRANO e BELTRANO [*o termo pode, a meu ver, ser individual ou coletivo*], designados administradores da SOCIEDADE TAL [*identificação completa*], em ato separado consistente em [*identificar o ato com pelo menos nome do mesmo e respectiva data*], compareceram na sede da mesma Sociedade, em [*data tal*], e tomaram posse do referido cargo [*ou referidos cargos*] de administrador [*administradores*], assinando na linha [*ou nas linhas*] a seguir".

Se o termo de posse não for assinado dentro do prazo, e ficar sem efeito, deve, porventura, ser tomada alguma providência por causa disso? Nenhuma, a meu ver, a não ser a de promover, com certa rapidez, a designação de novo administrador. Mas, se o administrador assinar o termo de posse dentro do prazo, deverá a nomeação ser registrada. Quem deverá requerer tal registro? Nos precisos e expressos termos da lei, deverá – segundo a interpretação que me parece mais correta – ser o próprio administrador nomeado; nada impedindo, evidentemente, que ele o faça sozinho ou em conjunto com outros administradores que tenham tomado posse do cargo na mesma época.

326 SOCIEDADES LIMITADAS

Faz sentido, ao que tudo indica, a determinação do legislador pátrio. De fato, uma nomeação para cargo assemelha-se bastante a uma doação, a qual parece, à primeira vista, não passar de ato unilateral. Ela é, no entanto, autêntico ato bilateral, pois depende da existência simultânea de duas vontades, diversas e convergentes: a do doador, doando, e a do donatário, recebendo. É plena a analogia existente com a figura da nomeação para cargo, no âmbito da qual a manifestação da primeira vontade, singular ou coletiva, nomeando, não poderá aperfeiçoar-se se não se manifestar, no mesmo ato ou pouco depois, outra vontade: a do nomeado, aceitando. Em tais condições, nada mais lógico, oportuno e prudente, para garantir o mencionado aperfeiçoamento do ato jurídico bilateral praticado, que seja o próprio administrador, em caráter pessoal, a providenciar o registro de sua nomeação.

Como fica a investidura dos administradores designados no contrato social? O Código Civil/2002 nada dispõe a respeito. Será, por isso, desnecessária? Fundamentado no que sustentei na subseção anterior, creio que a designação de administrador no contrato social possa atingir pessoas as mais diferentes, ocupando ou não a posição de sócios. Note-se que não me refiro apenas às alterações contratuais, pois também no instrumento contratual inicial pode, a meu ver, ocorrer a designação de administradores não-sócios; afinal, com base em que dispositivo legal poderia ser impedida uma coisa dessas? Porventura com base no art. 1.061 do Código Civil/2002? Não creio! Afinal, a permissão para designar administradores não-sócios pode ser incluída, no instrumento contratual, no mesmo ato em que tal designação esteja sendo feita; ninguém pode impedi-lo. Quanto ao dúplice *quorum* de deliberação, ele por certo foi instituído principalmente para ser utilizado nos atos posteriores ao ato constitutivo da sociedade; mas nada impede que ele seja considerado aplicável inclusive a este último, posto que, sendo *quorum* mínimo, sua observância deve ser tida como automática em todos os casos de deliberação representativa da totalidade do capital social. Em razão disso, uma vez demonstrada – como acredito ter feito – a plena possibilidade de que sócios e não-sócios sejam designados administradores tanto no contrato social como em ato separado, surge naturalmente a necessidade de definir como se investirão no cargo os administradores designados naquilo que o legislador pátrio menciona como "contrato social", expressão bem abrangente, em minha opinião, pois abarca o instrumento inicial constitutivo e os diversos instrumentos posteriores, de alteração.

O sócio designado administrador no contrato social constitutivo não precisa fazer nada, uma vez que, tendo participado do ato e

ADMINISTRADORES E FISCAIS 327

assinado o respectivo instrumento, ele implicitamente concordou com a designação e, por conseqüência, se investiu no cargo. Mas o sócio designado administrador em alteração contratual, mesmo que tenha sido formalmente convocado, pode não ter participado do ato e não ter assinado o respectivo instrumento; quanto ao não-sócio designado administrador no contrato social constitutivo ou em alteração contratual, justamente por não ser sócio, pode não ter sido convocado e, por conseqüência, não ter participado do ato e não ter assinado o respectivo instrumento. Na segunda hipótese entendo ser aconselhável que o sócio, além de formalmente convocado, seja também contatado informalmente, com recomendação para que não se abstenha de comparecer, participando do ato, assinando o respectivo instrumento e ficando investido, assim, no cargo. Na terceira hipótese entendo ser por igual aconselhável que o não-sócio seja informalmente contatado, com recomendação para que compareça, presencie o ato e, depois que todos os sócios presentes tiverem assinado o respectivo instrumento, o assine também, embaixo de dizeres mais ou menos assim: "Aceito a designação como administrador". No caso de as duas recomendações acima (hipóteses segunda e terceira) não surtirem efeito, nada impede, a meu ver, que ambos os tipos de administradores designados se invistam em seus respectivos cargos mediante assinatura de termo de posse no livro de atas da administração, aplicando-se, pois, a norma do art. 1.062 do Código Civil/2002.

2.6 Maneiras diferentes de término do exercício do cargo

Foi visto que, uma vez realizada a designação ou nomeação dos administradores (não importa se no contrato social ou em ato separado), deve acontecer algo que permita aos nomeados darem início ao exercício do cargo; coincidindo tal início com conhecida figura chamada *investidura*, a qual, ao que tudo indica, não precisa ser sempre direta, podendo em certo casos ser indireta ou implícita. Surge, então, de forma automática e conseqüente, questão paralela de igual ou maior importância: se o exercício do cargo começa assim, como é que ele termina? Ele pode terminar de três maneiras diferentes: em primeiro lugar, pelo *término do prazo*, caso exista, sem que ocorra recondução; em segundo lugar, pela *destituição*, a qualquer tempo; em terceiro lugar, pela *renúncia*, também a qualquer tempo. Creio ser cabível e oportuno tecer, agora, alguns sucintos comentários.

Conforme já foi comentado, a sociedade limitada não precisa fixar prazo algum de gestão para seus administradores; mas nada impede que o fixe, caso em que, nos termos do art. 1.063, *caput*, segunda parte, do Código Civil/2002, o exercício do cargo de administrador cessa justamente pelo *término do prazo fixado no contrato ou em ato separado*, desde – claro! – que não haja recondução. *Recondução* significa designação ou nomeação para novo prazo de exercício do cargo; ao que tudo indica, na intenção do legislador pátrio a primeira nomeação, seguida de imediata série de reconduções contínuas e ininterruptas, gera uma espécie de exercício único, com prazo maior e, na prática, indeterminado. Admito ter achado um tanto estranha a expressão legal "fixado no contrato ou em ato separado", pois prazos de gestão costumam ser fixados não para uma única nomeação, mas para todas, o que sugere a conveniência de a referida fixação ser feita, de forma estável, permanente e duradoura, no contrato, não em ato separado; neste último, logo após a nomeação do administrador, convém, quando muito, especificar as datas precisas de início e de término do prazo de gestão (o que, em minha opinião, não é exatamente a mesma coisa).

O mencionado art. 1.063 também dispõe, na primeira parte de seu *caput*, que o exercício do cargo de administrador cessa, outrossim, pela *destituição* do respectivo titular, a qualquer tempo. Em que pese ao laconismo da norma legal, acredito possam desta ser deduzidos, por implícitos, alguns importantes princípios, em parte corroborados pelo art. 1.071, III, do mesmo Código. Em primeiro lugar, a destituição de administradores constitui direito dos sócios; em segundo lugar, não existem, via de regra, condições ou limitações dentro das quais a destituição deva ocorrer. Em conseqüência, a eventual existência de prazo de gestão, para os administradores designados, não chega a vincular os sócios, os quais podem não apenas destituir a qualquer tempo, mas também fazê-lo sem sequer explicar motivos; aliás, convém mesmo fazê-lo sem explicar motivos, pois estes, conforme sua natureza, poderiam dar aos destituídos a idéia de recorrerem ao Poder Judiciário, com o intuito de criarem tumulto mediante tentativas de discussão. Por outro lado, os destituídos, ainda que não-sócios, não adquirem o direito de serem contemplados com algum tipo de indenização pelo simples exercício do cargo; afinal, eles não são empregados da sociedade. Tais conclusões encontram apoio em Carlos Fulgêncio da Cunha Peixoto (*Sociedades por Ações*, vol. 4, p. 11), que, ao dissertar sobre administradores de sociedades anônimas ou companhias, observa: "Não obstante nomeados por período determinado, os administradores não têm garantia de chegar ao término de seu mandato. A maioria das legislações, inclusive a

ADMINISTRADORES E FISCAIS

brasileira, estabelece serem os administradores demissíveis *ad nutum*, ao arbítrio da assembléia, sem que esta tenha de justificar o ato". E, mais adiante, acrescenta: "Em conclusão, poderíamos afirmar que o diretor demitido não faz jus a indenização, eis que a sociedade, ao destituí-lo, usa de um direito".

Com relação aos administradores de sociedades anônimas ou companhias já houve quem colocasse a seguinte questão: "Pode a destituição ser deliberada sem constar da ordem-do-dia da assembléia?". Uma vez que dita questão pode atualmente ser colocada também com relação aos administradores das sociedades limitadas, posto que existem nestas últimas, por igual, assembléias e convocações, convém dar a ela um pouco de atenção. Houve quem sustentasse ser possível destituir administradores sem que o assunto constasse da ordem-do-dia. Motivos: em primeiro lugar, já que normalmente são os administradores que convocam a assembléia, poderiam eles dificultar sobremaneira a convocação para fins de destituição de um ou mais deles, ou mesmo de todos eles; em segundo lugar, há ao menos momentos especiais – como, por exemplo, o da apreciação das contas anuais – em que a inesperada verificação de desonestidades, negligências ou inaptidões pode recomendar a imediata solução do problema, pela destituição.

Não penso assim. Nunca gostei da idéia de que alguma deliberação pudesse ser tomada sem que o respectivo assunto constasse, de modo bem específico, da ordem-do-dia; e continuo não gostando. Sem dúvida, são justamente os administradores que costumam convocar; não são, porém, os únicos que podem fazê-lo. Há, por exemplo, os sócios titulares de mais de um quinto do capital, nas condições do art. 1.073, I, segunda parte; nem pode ser esquecido, se existente, o conselho fiscal, a quem compete convocar a assembléia sempre que ocorram motivos graves e urgentes (art. 1.069, V). Quanto à apreciação das contas anuais, é preciso não perder de vista que o sócio tem o hábito de decidir comparecer ou não às assembléias com base na análise da ordem-do-dia: uma ordem-do-dia mencionando apenas prestação de contas muitas vezes não atrai; ao passo que uma destituição de administrador atrairia, por certo, notável número de sócios. Pois bem, não se pode tirar de nenhum sócio o direito de escolher livremente participar ou não de qualquer assembléia, sob pena de o sócio poder recorrer ao Poder Judiciário. De forma que, na hipótese de prestação anual de contas, se verificada alguma irregularidade grave no decorrer da assembléia, será conveniente, logo após o término desta, convocar uma outra, só para deliberar a destituição, ou não, de algum administrador.

330 SOCIEDADES LIMITADAS

Afirmei pouco acima que não existem, via de regra, condições ou limitações dentro das quais a destituição deva ocorrer: pois bem, tal norma pode admitir exceção limitativa. É ainda o art. 1.063 que, em seu § 1º, dispõe: "Tratando-se de sócio nomeado administrador no contrato, sua destituição somente se opera pela aprovação de titulares de quotas correspondentes, no mínimo, a dois terços do capital social, salvo disposição contratual diversa". Está-se diante de um *quorum* qualificado, uma vez que em casos normais de destituição de administradores a deliberação é tomada pelos votos correspondentes a mais de metade do capital social. São necessárias duas condições simultâneas: de um lado, que o administrador seja sócio; de outro, que tenha sido nomeado no contrato. A frase "salvo disposição contratual diversa" não parece de interpretação fácil: será que se refere apenas à possibilidade de aumentar ou diminuir a percentagem do *quorum*? Pode ser, sem dúvida; creio, no entanto, não possa ser excluída a hipótese de seu alcance ser maior, com total liberdade de escolha.

É mais uma vez o art. 1.063 que, em seu § 2º, estabelece: "A cessação do exercício do cargo de administrador deve ser averbada no registro competente, mediante requerimento apresentado nos dez dias seguintes ao da ocorrência". Trata-se de dispositivo que, curiosamente, ocupa posição estratégica entre as figuras do término do prazo de gestão, sem recondução, e da destituição, de um lado, e a figura da renúncia, de outro. A rigor, também a renúncia é fonte de cessação do exercício do cargo de administrador; mas – verdade seja dita – sua natureza peculiar sugere que seu registro seja processado de forma um pouco diferente, conforme será visto logo mais. Neste momento cabe apenas indagar: quem deve pedir o registro da destituição e do término do prazo? Não se pode, a meu ver, pretender que tal pedido seja feito justamente pelos administradores atingidos, uma vez que o destituído se sentirá em situação de conflito com a sociedade, ao passo que o outro (o do término do prazo), com toda probabilidade, achará desnecessário tomar qualquer medida. Sou, portanto, levado a crer deva tal registro ser pedido pela própria sociedade, devidamente representada por um (ou por mais de um) de seus administradores restantes ou, se for o caso, de seus administradores novos.

Finalmente, o art. 1.063, ora em questão, em seu § 3º, estabelece: "A renúncia de administrador torna-se eficaz, em relação à sociedade, desde o momento em que esta toma conhecimento da comunicação escrita do renunciante; e, em relação a terceiros, após a averbação e publicação". Pelo visto, qualquer administrador, sócio ou não, tem o direito de renunciar ao respectivo cargo; poderá fazê-lo, ao que

ADMINISTRADORES E FISCAIS

tudo indica, a qualquer momento, bastando-lhe para tanto redigir breve comunicação escrita, sem necessidade de texto especial (o que importa é colocar no papel a idéia completa), assiná-la e entregá-la a seguir à sociedade, em duas vias, para que alguém possa, por sua vez, assinar a segunda via, com sintética declaração de recebimento, e devolvê-la.

A *renúncia* tem eficácia que opera em dois tempos diferentes, conforme a área de sua atuação. Perante a sociedade, a eficácia opera no exato instante em que a comunicação é entregue à mesma. Note-se que a entrega deve ser feita à sociedade (o texto legal utiliza frase equivalente, ao ressaltar que a sociedade deve tomar conhecimento da comunicação): tal significa que a comunicação não pode, por exemplo, ser entregue ao funcionário da portaria ou à secretária dos administradores, uma vez que ambos não são a sociedade, nem a representam, não tendo, em conseqüência, condições de receber papéis que digam respeito a assuntos de administração extraordinária; deve, portanto, a comunicação ser entregue pelo menos a um dos administradores, pessoalmente. Perante terceiros a eficácia opera logo após registro com publicação. Quem tem competência para pedir o registro? Em minha opinião, é o próprio renunciante. Com efeito, se é justamente o administrador que, após sua investidura, deve requerer o registro de sua nomeação (art. 1.062, § 2º), com maior razão deve o mesmo administrador poder requerer o registro de sua renúncia. Afinal, se a incumbência coubesse à sociedade, e se esta se recusasse a requerer o registro, em que situação ficaria o renunciante? Ficaria ele, porventura, vinculado ao cargo em caráter indefinido? Meu pensamento encontra amparo na Lei 6.404, de 15.12.1976, a qual, em seu art. 151, deixa bem claro que, na hipótese de renúncia de administrador, o registro do ato e a sua publicação "poderão ser promovidos pelo renunciante".

2.7 Deveres, competências e prerrogativas do cargo

Não me canso de repetir que a pessoa jurídica – e a sociedade limitada, como a maioria das outras sociedades, é, sem dúvida, dotada de personalidade jurídica – é apenas uma ficção legal, tendo, em conseqüência, existência ideal, não real. Como entidade ideal, ela não tem corpo físico, não tendo, portanto, cérebro para pensar, analisar e tomar decisões, boca para dar ordens, mãos para escrever, e assim por diante. Ela faz tudo isso servindo-se do cérebro, da boca, das mãos e demais partes do corpo de pessoas físicas conhecidas

332 SOCIEDADES LIMITADAS

justamente como *administradores*. É esse o motivo pelo qual todo e qualquer administrador da sociedade limitada deve, no exercício de suas funções sociais, comportar-se como se ele fosse a própria sociedade, como se se identificasse plenamente com ela, como se os negócios dela fossem negócios próprios. O Código Civil/2002 deixou bem claro tudo isso ao dispor, em seu art. 1.011, *caput*, o seguinte: "O administrador da sociedade deverá ter, no exercício de suas funções, o cuidado e a diligência que todo homem ativo e probo costuma empregar na administração de seus próprios negócios". É simplesmente extraordinária a força do dispositivo. O cuidado e a diligência necessários para administrar a sociedade não podem ser de nível comum: devem ser comparáveis aos de um homem que seja, ao mesmo tempo, ativo e probo; e não de um homem ativo e probo normal: de um homem ativo e probo cuidando de seus próprios negócios.

As *competências administrativas* devem ser vistas sob dúplice aspecto, de acordo com duas importantes questões. Em primeiro lugar: quais são? Em segundo lugar: como devem ser exercidas? Quanto à primeira questão (natureza das competências), o art. 1.015, *caput*, do Código Civil/2002 estabelece: "No silêncio do contrato, os administradores podem praticar todos os atos pertinentes à gestão da sociedade; não constituindo objeto social, a oneração ou a venda de bens imóveis depende do que a maioria dos sócios decidir". Curiosamente, o texto legal não menciona a representação da sociedade. Qual terá sido o motivo? Sou de opinião que a representação tenha sido vista como mera conseqüência da gestão ou – conforme o texto legal afirma em dispositivo anterior – da administração. Com razão, aliás. Afinal, ninguém conseguiria administrar ou gerir completa e satisfatoriamente uma sociedade sem ter também o poder de representá-la. Entram outrossim na gestão dos administradores a livre oneração e a livre venda de bens imóveis, desde que tais atos constituam o objeto social. Acho certo: trata-se de inclusão que está na lógica do direito de empresa inserido no Código Civil/2002. De fato, hoje em dia, nada impede que os referidos atos constituam o objeto social de qualquer sociedade empresária; a própria venda de bens imóveis, que outrora, sem a menor dúvida, era considerada de natureza civil, tem atualmente irrefutável natureza empresarial. Se, no entanto, os dois referidos atos não constituírem o objeto social, não integrarão as livres competências dos administradores, só podendo ser decididos, por maioria, em deliberação dos sócios. Trata-se, ao que parece, de deliberação majoritária, que, não tendo sido definida especificamente, fica sujeita ao *quorum* do art. 1.076, III (maioria de votos dos presentes, nos outros casos previstos em lei ou contrato, se este não exigir maioria mais elevada).

Quanto à segunda questão, reitero a pergunta: como devem os administradores exercer suas competências? Ao que tudo indica, podem fazê-lo separadamente ou em conjunto, ou de forma mista. Em seu *caput* e § 1º, o art. 1.013 do Código Civil/2002, disciplinando a sociedade simples, estabelece que a administração da sociedade – nada dispondo o contrato social – compete separadamente a cada um dos sócios (em minha opinião, esta última frase deve, no tocante à limitada, ser lida como se fosse "compete separadamente a cada um dos administradores"); sendo que, se a administração competir separadamente a vários administradores, cada um pode impugnar operação pretendida por outro, cabendo a decisão aos sócios, por maioria de votos. Convém notar que, nesta parte conclusiva do texto, a palavra "sócios" deve, a meu ver, ser interpretada. Em verdade, para que o citado dispositivo legal possa ser aplicado em caráter subsidiário deve ele ser submetido a adaptação prévia. O motivo está na diferença existente entre a sociedade simples e a sociedade limitada: nesta última, hoje, os sócios só têm poderes deliberativos, cabendo a administração unicamente aos administradores; não teria cabimento, em conseqüência, que os sócios, como tais, se intrometessem em assuntos administrativos. Em razão disso, a última frase do texto legal deve, no tocante à limitada, ser lida como se fosse "cabendo a decisão aos administradores, por maioria de votos". Tudo isso – claro! – não deixa de ser curiosa fórmula para que se possa conferir um pouco de unidade à administração da sociedade.

Quanto ao exercício conjunto, o art. 1.014 dispõe: "Nos atos de competência conjunta de vários administradores, torna-se necessário o concurso de todos, salvo nos casos urgentes, em que a omissão ou retardo das providências possa ocasionar dano irreparável ou grave". Pode ser que, direta ou indiretamente, tenham sido atribuídas a cada administrador, em caráter individual, competências administrativas gerais, a serem exercidas separadamente; pode ser também que tenham sido atribuídas a cada administrador, igualmente em caráter individual, competências administrativas não gerais, mas setoriais, no sentido de o referido administrador responder tão-somente, e de forma exclusiva, por apenas um setor da atividade societária. Pois bem, mesmo em hipóteses como estas, nada impede que para atos muito importantes, a serem definidos pelo contrato social, venham a ser atribuídas a dois ou mais administradores, em termos gerais ou específicos, competências que devam ser exercidas em conjunto. A título apenas de exemplo, não é impossível o contrato determinar que, para a outorga de procurações em geral, em nome da sociedade, não baste uma única assinatura, sendo necessárias duas ou mais, apostas em conjunto. Recomenda-se tomar bastante a sério tal norma legal, pois ela é de observância bem rigorosa; em outras palavras, se porventura houver necessidade de três assinaturas, e forem utilizadas somente duas para a prática do ato, este estará, sem dúvida, desprovido de validade. Por outro lado, é bom não esquecer que a exceção de urgência, caso venha a surgir, deve ser suficientemente justificada, por escrito e, se possível, no próprio instrumento do ato praticado, para garantia da plena e total validade deste.

A solução ideal, a meu ver, coincide com a adoção de sistema misto, uma vez que, conforme os antigos já alardeavam, a virtude está sempre no meio, sendo que o equilíbrio não deixa de ser a verdadeira medida de todas as coisas. Em tais condições, é recomendável que cada um dos administradores seja atingido por atribuições na seguinte ordem: de um lado, algumas competências de administração geral, relacionadas com assuntos de importância pequena, para exercício individual; de outro, algumas competências ordinárias de âmbito setorial, igualmente para exercício individual; e, por derradeiro, algumas competências ordinárias ou extraordinárias, de relevante importância no tocante à vida da sociedade e ao respectivo objeto, para exercício conjunto com outro ou outros administradores. Em síntese, com fundamento em tudo aquilo que foi sustentado e comentado até agora, creio possa ser afirmado que os administradores da sociedade limitada têm competência para, em conjunto ou separadamente, nos precisos e expressos termos das normas legais e contratuais: representar a sociedade, em juízo e fora dele; coordenar as atividades sociais, basicamente nos termos do objeto contratual; administrar o patrimônio social, com as restrições eventualmente contidas no contrato; supervisionar as intervenções dos auxiliares; constituir procuradores.

2.8 Responsabilidades decorrentes do exercício do cargo

Curiosamente, os dispositivos legais que tratam das *responsabilidades dos administradores*, em decorrência do exercício do cargo, foram inseridos no Código Civil/2002 de forma esparsa; o que, por certo, não facilita o estudo dos mesmos. Não o impede, porém. Tentarei, pois, realizar sucinta análise, começando pelo art. 1.012, o qual dispõe: "O administrador, nomeado por instrumento em separado, deve averbá-lo à margem da inscrição da sociedade, e, pelos atos que praticar, antes de requerer a averbação, responde pessoal e solidariamente com a sociedade". A nomeação de qualquer administrador chega ao conhecimento do público em geral por intermédio do registro; sendo que, se feita por instrumento em separado, o respectivo registro deve ser providenciado pelo próprio nomeado. Que acontecerá se este tiver praticado atos de gestão antes de ter providenciado o registro, e se tais atos tiverem causado algum dano a terceiros? A sociedade, evidentemente, responderá, uma vez que ela sabia da nomeação. Mas os terceiros não sabiam. Em razão disso, o administrador ora em questão também responderá pelo dano, em caráter pessoal, solidariamente com a sociedade.

Por sua vez, o art. 1.013, em seu § 2º, dispõe: "Responde por perdas e danos perante a sociedade o administrador que realizar operações, sabendo ou devendo saber que estava agindo em desacordo com a maioria". O referido art. 1.013 – já foi visto – contém normas sobre competências separadas para cada um dos administradores. Com base nisso, não creio seja difícil imaginar a situação prevista pelo § 2º: a sociedade tem diversos administradores, cada qual com amplos poderes administrativos gerais, passíveis de serem exercidos separadamente; em tais condições, um deles resolve realizar, sem avisar os colegas de administração, determinada operação em nome da sociedade; ele sabe, porém, que os demais administradores, todos ou em sua maioria, são contrários àquela operação, ou, mesmo não sabendo, ele dispõe de elementos suficientes para supor que os colegas, ainda que apenas em sua maioria, sejam contrários, só não percebendo o problema por negligência ou por incapacidade técnica; pois bem, numa situação dessas, se a operação for mal-sucedida e causar qualquer tipo de prejuízo à sociedade, por tal prejuízo responderá, em caráter pessoal, o administrador em questão.

Outro dispositivo que merece ser analisado é o que consta do art. 1.015, que, em seu parágrafo único, estabelece: "O excesso por parte dos administradores somente pode ser oposto a terceiros se ocorrer pelo menos uma das seguintes hipóteses: I – se a limitação de poderes estiver inscrita ou averbada no registro próprio da sociedade; II – provando-se que era conhecida do terceiro; III – tratando-se de operação evidentemente estranha aos negócios da sociedade". Que se deve entender por *excesso administrativo*, figura jurídica que a legislação anterior indicava como *excesso de mandato*? Surge, em minha opinião, a figura do excesso administrativo quando o administrador, muito embora provido de poderes genéricos para tanto, pratica

336 SOCIEDADES LIMITADAS

ato que não se enquadra em qualquer das atividades econômicas que compõem o objeto social do contrato, nem beneficia de qualquer forma a sociedade. Pode ser dado o exemplo do administrador que, no silêncio do contrato, presta fiança a terceiro, em nome da sociedade, a título exclusivo de favor e sem a menor justificativa.

O velho Decreto 3.708, de 10.1.1919, em seu art. 10, limitava-se a dispor, entre outras coisas, que os sócios-gerentes respondiam, para com a sociedade e terceiros, de forma solidária e ilimitada, pelo excesso de mandato. Estranhamente, a legislação atual colocou o problema em termos de todo diferentes, preferindo adotar discurso que, em última análise, não deixa de ser indireto. É preciso imaginar, em conseqüência, situação assim: em nome da sociedade, determinado administrador pratica ato que acaba causando dano a terceiro; este toma, então, contra a sociedade, as providências cabíveis, para fins de ressarcimento; uma vez que o ato do administrador é classificável como excesso administrativo, a sociedade resolve defender-se alegando tal fato. Tem ela a possibilidade de evitar o ressarcimento? Sim, se conseguir provar: que o administrador tinha poderes limitados, conforme contrato social devidamente registrado; ou que o terceiro sabia que o administrador não tinha poderes para o ato; ou que se tratava de ato evidentemente estranho aos negócios sociais. Não, se não conseguir apresentar qualquer das três mencionadas provas. Cabe, por fim, a seguinte questão: se a sociedade conseguir evitar o ressarcimento, ninguém responderá pelo dano causado ao terceiro? Em minha opinião, o administrador ora em questão poderá vir a ser responsabilizado caso o terceiro tenha condições de provar sua absoluta boa-fé e inexistência de negligência no exame dos papéis.

Conforme o art. 1.016, os administradores respondem, solidariamente, perante a sociedade e os terceiros prejudicados, por culpa no desempenho de suas funções. Percebe-se claramente que a responsabilidade: pode atingir os administradores por *ação tanto de terceiros como da própria sociedade*, sendo que, neste último caso, os sócios poderão encontrar-se na curiosa necessidade de resolver – previamente, portanto, antes que seja tomada qualquer atitude em juízo – o problema da representação, coisa que poderão fazer, por exemplo, em alteração contratual ou em ato separado que destitua os gerentes e nomeie outros; é *solidária*, com o quê poderá a pessoa prejudicada, quer seja um terceiro, quer seja a própria sociedade, propor a ação contra todos os administradores ou contra um ou alguns deles (mais adiante, neste mesmo capítulo, entrarei em detalhes sobre o assunto da solidariedade); muito embora o texto legal não o declare

ADMINISTRADORES E FISCAIS

expressamente, é *ilimitada*, eis que os administradores só podem responder com todos os seus bens particulares; surge, de forma geral, em virtude de *culpa* no desempenho das funções contratuais. No que concerne à culpa, creio possa ser utilizado o conceito penal, com base no qual o ato é culposo quando o agente deu causa ao resultado por imprudência, negligência ou imperícia. A Lei 6.404, de 15.12.1976, acrescenta a idéia de *dolo* quando, em seu art. 158, I, dispõe, entre outras coisas, que o administrador responde civilmente pelos prejuízos que causar quando proceder, dentro de suas atribuições ou poderes, com culpa ou dolo. Parece-me correta a colocação da chamada Lei das Sociedades Anônimas; a tal ponto que teria preferido que o Código Civil/2002 contivesse a idéia de dolo, a fim de que a norma mais geral sobre responsabilidade dos administradores da sociedade limitada ficasse completa. Sempre com base no conceito penal, o ato é doloso quando o agente quis o resultado ou assumiu o risco de produzi-lo.

Nos termos do art. 1.017, *caput*, o administrador que, sem o consentimento escrito dos sócios, aplicar créditos ou bens sociais em proveito próprio ou de terceiros terá de restituí-los à sociedade ou pagar o equivalente, com todos os lucros resultantes, e, se houver prejuízo, por ele também responderá. Trata-se de norma que não passa de mera conseqüência da posição que a lei acabou atribuindo ao administrador, o qual, em suas funções como tal, deixa de ser ele próprio, para passar a ser a sociedade; nessas condições, ele tem o dever incontestável de cuidar de todos os negócios da sociedade em benefício só desta, e de mais ninguém. Cumpre observar que o consentimento escrito dos sócios não pode ser da maioria: deve ser de todos os sócios. O mesmo artigo, em seu parágrafo único, acrescenta: "Fica sujeito às sanções o administrador que, tendo em qualquer operação interesse contrário ao da sociedade, tome parte na correspondente deliberação". Ao que me parece, o dispositivo legal atinge o administrador apenas como tal; não o atinge, pois, também como sócio, caso ele o seja. De fato, como sócio ele seria atingido, em situação idêntica, pelo § 3º do art. 1.010. Note-se, porém, que o administrador não pode participar da deliberação em hipótese alguma.

3. A questão da solidariedade e os administradores

Foi visto, pouco acima, que os administradores respondem, solidariamente, perante a sociedade e os terceiros prejudicados, por culpa no desempenho de suas funções (art. 1.016 do Código Civil/2002). Pois bem, no que diz respeito ao instituto jurídico da *solidariedade*, surgiu

338 SOCIEDADES LIMITADAS

algum tempo atrás certa dúvida, que acabou sendo submetida à minha apreciação, e que me pareceu merecedora de um pouco de atenção. A dúvida era a seguinte: a responsabilidade solidária, a que alude a lei, opera apenas e tão-somente com relação a todos os administradores que tenham cometido falhas – caso estas últimas tenham aparecido todas ao mesmo tempo, e tenham sido cometidas em conjunto, porém não pela totalidade dos administradores –, ou opera sempre com relação à totalidade dos administradores da sociedade, mesmo que alguns deles não tenham cometido qualquer tipo de falha? Não tenho dúvidas em afirmar que considero verdadeira esta segunda hipótese, que faz referência à totalidade dos administradores da sociedade, ainda que alguns deles nada tenham feito de errado.

A fim de tornar possível a montagem de uma ou mais linhas de argumentação, em condições de deixarem suficientemente clara a natureza de instituto jurídico tão delicado, ofereço de antemão, para cotejo, umas poucas definições de *solidariedade*. Em primeiro lugar: "Estado ou condição de duas ou mais pessoas que repartem entre si igualmente as responsabilidades duma ação, empresa ou negócio, respondendo todas por uma e cada uma por todas" (*Dicionário Melhoramentos*, São Paulo, 1969). Em segundo lugar: "No Direito, modo de ser de uma relação obrigatória com mais devedores (s. passiva) ou com mais credores (s. ativa), caracterizada pelo fato de a prestação poder ser exigida de um só ou ser cumprida perante um só, surtindo efeito também no tocante aos outros" (*Vocabolario della Lingua Italiana*, Treccani, já citado). Em terceiro e último lugar: "O vínculo que liga entre si mais membros de uma relação jurídica, constituída entre mais credores (solidariedade ativa) ou entre mais devedores (solidariedade passiva). O vínculo é tal que cada um dos membros pode exigir o cumprimento da inteira obrigação mesmo em nome dos outros (no caso da solidariedade ativa); ou então deve cumprir a inteira obrigação com seus bens particulares (no caso da solidariedade passiva)" (*Dizionario Italiano Ragionato*, D'Anna-Sintesi, já citado).

Gostaria de assinalar, com o merecido destaque, a expressão "mais membros de uma relação jurídica", que faz parte da definição derradeira. Em minha opinião, a relação jurídica, para ser verdadeiramente tal, necessita ser definida, fixa, estável e duradoura, não podendo, em conseqüência, ser apenas circunstancial. É circunstancial, entretanto, a relação que se forma entre administradores que eventualmente tenham cometido falhas ao mesmo tempo e em comum, eis que o surgimento de tal grupo é ocasional, por decorrer do aparecimento

ADMINISTRADORES E FISCAIS

não planejado de interesses individuais apenas justapostos, os quais não justificam a existência de solidariedade, uma vez que, em tais casos, vigora, via de regra, o princípio do "cada um por si e Deus por todos". Ao passo que não é de forma alguma circunstancial – sendo, em conseqüência, autenticamente jurídica – a relação que se cria entre todos os administradores da sociedade, os quais – ainda que, em certos casos, conforme já afirmei, não possam, a rigor, ser definidos como membros de autêntico órgão administrativo, em razão, por exemplo, de a administração ter sido atribuída a cada um deles separadamente – têm, porém, em qualquer hipótese, uma função com clara e nítida finalidade social, sendo, portanto, uma função comum a todos eles; função, essa, que é a de fazer com que a sociedade, independentemente do método administrativo utilizado, funcione de forma regular, unitária e harmônica, e que tem o condão de justificar a figura da vinculação recíproca, a fim de que os administradores em questão se sintam mais responsáveis no trato de questões que dizem respeito não a eles, mas à sociedade.

Tudo isso é confirmado pela Lei 6.404, de 15.12.1976, que, em seu art. 158, § 2º, dispõe: "Os administradores são solidariamente responsáveis pelos prejuízos causados em virtude do não-cumprimento dos deveres impostos por lei para assegurar o funcionamento normal da companhia, ainda que, pelo estatuto, tais deveres não caibam a todos eles". A última frase é, sem dúvida, muito significativa; chego quase a afirmar que é de uma eloqüência fora do comum. Pois, em verdade, se certo dever legal não cabe a determinado administrador, não pode surgir para ele a figura jurídica do descumprimento daquele dever; mas ele responde, mesmo assim, pelos prejuízos decorrentes.

4. Significado exato da expressão "uso da firma"

O art. 1.064 do Código Civil/2002 dispõe: "O uso da firma ou denominação social é privativo dos administradores que tenham os necessários poderes". Em meu livro *Empresa É Risco – Como Interpretar a Nova Definição*, já citado, mais precisamente à p. 277, tive o cuidado de ressaltar algo que gosto de definir como sendo a *inexorável perda da noção de "firma" por parte de todos*, destacando a gravidade das possíveis conseqüências de tal perda no âmbito das sociedades com firma. Ao fazer uso da expressão "por parte de todos" senti a necessidade de incluir o próprio legislador pátrio (peço vênia por isso; acontece que as leis, para o bem geral, devem ser objeto de aprimoramento constante, coisa impossível de ser conseguida sem críticas), o qual infelizmente revela certo desconhecimento da verdadeira natureza da *firma social*. Prova eloqüente disso pode ser encontrada justamente no dispositivo legal que acabo de citar. Por esse motivo, resolvi insistir na crítica já feita, repetindo-a, aqui, com a esperança de que ela possa ficar ainda mais convincente.

Há uma impropriedade técnica na expressão "uso da firma ou denominação social". Costuma-se dizer que a firma social é "usada" porque é algo que resulta de um ato de assinar; realmente, por incrível que pareça, a sociedade com firma tem o condão de aparecer aos olhos do público de forma direta, sem representante; coisa que acontece quando o público vê certo nome social assinado com certa caligrafia. Mas a denominação não pode ser assinada, não podendo, em conseqüência, "ser usada"; com efeito, a sociedade com denominação não tem o condão de aparecer diretamente aos olhos do público, só podendo revelar-se por intermédio de representante, o qual se confunde com a pessoa física de algum administrador no ato de assinar seu próprio nome civil. Ademais, a expressão "uso da firma" pertence à linguagem antiga, que tinha sentido quando a sociedade não dispunha de personalidade própria. Naquela época a sociedade – que não passava de pequeno grupo de pessoas físicas operando em conjunto – sequer precisava, conforme já afirmei, de representante: pois ela aparecia diretamente, toda vez que aparecesse sua firma. E era justamente sua firma – portanto, seu nome reproduzido com certa caligrafia – que revelava duas coisas fundamentais: a existência da sociedade e, ao mesmo tempo, sua identificação. A firma era dela, e apenas dela, o que significava que também a maneira de assinar o respectivo nome era dela e de mais ninguém; mas como ela, na realidade, não dispunha de mão para assinar, tomava emprestada a mão de algum de seus administradores para fazê-lo. Em conseqüência de tudo isso, a firma social – como não podia deixar de ser – não pertencia de forma alguma ao administrador, visto como este se limitava a fazer uso da mesma para que a sociedade pudesse revelar ao público sua existência e sua presença.

Hoje, à primeira vista, tudo parece igual, pois foram mantidas, de um lado, a firma como nome social e, de outro, a necessidade de tal firma ser reproduzida por administradores. Mas é apenas aparência, pois que, segundo entendo, alguma coisa mudou. Com a outorga de personalidade própria a praticamente todas as sociedades, acabou surgindo a chamada *teoria do órgão*, para justificar esquema de representação que, de uma forma ou de outra, é de aplicação geral; note-se: aplicação geral em termos atuais ou potenciais, uma vez que nem sempre a lei chega a criar autêntico *órgão*, no sentido mais pleno e completo da palavra, permitindo, no entanto, que os sócios, caso venham a desejá-lo, o criem sem empecilhos. De forma que é corriqueiro, hoje em dia, que toda e qualquer sociedade surja dotada de órgão – atual ou potencial que seja – que, comumente indicado como diretoria ou, mais genericamente, como órgão administrativo, tem dupla função: administrar a sociedade e, como lógica conseqüência, representá-la. *Lógica conseqüência* porque as duas funções são cada vez mais vistas como extremamente interligadas e interdependentes, a ponto de uma não ser, em absoluto, concebível sem a presença da outra. De fato, como poderiam os administradores administrar todas as atividades econômicas constantes do objeto social, operacionais ou não, e todos os problemas da sociedade, se não pudessem igualmente contar com o poder de representá-la?

Deve-se, porventura, aplicar tal teoria também às sociedades com firma? Em minha opinião, sim, sem dúvida. Torna-se, porém, necessário o estabelecimento de pequena diferenciação doutrinária. Com efeito, muito embora, numa interpretação rígida dos textos legais, a sociedade com firma continue existindo sem autêntico representante, pois ela ainda tem o condão de aparecer de forma direta aos olhos do público, mesmo assim ela também, ao virar pessoa jurídica, ficou dotada de órgão administrativo – atual ou potencial – com as duas mencionadas funções. Passou a ser diversa tão-somente a forma de estabelecer vinculação com as mesmas. De fato, na presença de denominação, o administrador, como tal, ao ser nomeado e tomar posse, está automaticamente investido nos correspondentes poderes administrativos e, portanto, de representação, sendo apenas admissível a existência de cláusula limitando esses poderes; ao passo que, na presença de firma social, o administrador, como tal, ao ser nomeado e tomar posse, está automaticamente investido nos correspondentes poderes de uso da firma (somente assim, pois a expressão legal abrange tudo; o problema, afinal, é apenas formal), sendo por igual admissível apenas a existência de cláusula limitando tais poderes. Em conseqüência, não há mais, em meu modo de entender, qualquer necessidade de separar as duas idéias em questão, que são a da administração, de um lado, e a da representação ou do uso da firma, de outro; sendo que seria admissível a existência de dispositivo legal com esta redação: "A administração da sociedade compete exclusivamente a sócios, podendo o uso da firma social ser limitado, no contrato, a um ou alguns dos administradores"; ou esta: "A sociedade é administrada por uma ou mais pessoas designadas no contrato ou em ato separado, podendo a representação da mesma ou o uso da firma social serem contratualmente limitados a um ou alguns dos administradores".

342 SOCIEDADES LIMITADAS

5. Transferência de poderes a procuradores

Jovem advogado que às vezes me procurava para conselhos me contou, algum tempo atrás, fato curioso. Por estar assistindo, profissionalmente, a certo cliente que deveria celebrar importante contrato com determinada sociedade limitada, foi ele, em companhia do cliente, e munido dos necessários documentos – entre os quais cópia do contrato constitutivo da sociedade –, ao escritório desta última. Cláusula contratual permitia que a representação da sociedade fosse feita por diversos administradores, nenhum dos quais, no entanto, poderia agir sozinho: era necessária sempre a assinatura de dois deles, escolhidos não ao acaso, mas de forma minuciosamente disciplinada, o que às vezes dificultava a vida dos referidos administradores. Informado, de antemão, a respeito dos nomes dos dois administradores que representariam a sociedade, o advogado ficou por demais perplexo quando, na hora da assinatura do instrumento contratual, só um dos dois administradores se apresentou, em companhia de estranho. Foi justamente o estranho que, alegando ser procurador pessoal do administrador que faltava, se prontificou a assinar no lugar dele, representando, assim, a sociedade; e exibiu, para tanto, instrumento de procuração que continha, de fato, poderes de representação do outorgante no exercício de suas funções de administrador da sociedade. Concluiu o advogado: "Recusei-me com firmeza a aceitar a representação feita daquela forma. Agi mal?". Em minha opinião, ele estava certíssimo; ele havia defendido corretamente os interesses do cliente.

Os poderes administrativos de uma sociedade pertencem tão-somente a esta última, e a ninguém mais. Não pertencem, em conseqüência, aos respectivos administradores, os quais devem limitar-se a exercê-los, em nome da sociedade, quase como se a esta estivessem emprestando sua própria mente (para tomar decisões), sua própria boca (para dar ordens e instruções) e suas próprias mãos (para assinar papéis). Tanto assim que as decisões pertencem à sociedade, não aos administradores que aparentemente as tomaram; da mesma forma, as obrigações pertencem à sociedade, não aos administradores que assinaram os respectivos papéis. Conseqüência disso é que os poderes sociais exercidos pelos administradores só podem sê-lo nos precisos e expressos termos da lei e do estatuto ou contrato; melhor dizendo, só podem sê-lo no âmbito estrito das limitações impostas, direta ou indiretamente, pela lei e pelo estatuto ou contrato. E não podem de forma alguma ser transferidos, por simples vontade do administrador,

ADMINISTRADORES E FISCAIS 343

a quem quer que seja: outro administrador, outro órgão social, terceiro estranho à sociedade. Pois se o administrador, por decisão absolutamente própria, transferisse os poderes que exerce, estaria transferindo algo que pertence não a ele, mas a outrem.

Aliás, a escolha de administrador, no âmbito de qualquer sociedade, é feita sempre *intuitu personae*, quer se trate de sócios, quer se trate de estranhos ao quadro social; em outras palavras, como o administrador social deverá administrar interesses não-próprios, ou apenas parcialmente próprios, devendo, em conseqüência, ser pessoa da mais alta confiança, sua escolha deverá recair em pessoa cujas qualidades (moralidade, competência, experiência, "jogo de cintura", bom senso etc.) a sociedade conheça. Mas se o administrador, uma vez escolhido, tivesse a liberdade de transferir a terceiro as competências recebidas, poderia a sociedade ver-se em situação muito curiosa e por demais perigosa: ser representada e administrada por pessoa perfeita e totalmente desconhecida.

Qual o pensamento do legislador pátrio a respeito? Quanto às sociedades contratuais em geral, o Código Civil/2002 dispõe, em seu art. 1.018: "Ao administrador é vedado fazer-se substituir no exercício de suas funções, sendo-lhe facultado, nos limites de seus poderes, constituir mandatários da sociedade, especificados no instrumento os atos e operações que poderão praticar". Percebe-se que o dispositivo legal tem clareza cristalina, confirmando todos os meus comentários já feitos e dispensando outros. Quanto à sociedade anônima ou companhia, a Lei 6.404, de 15.12.1976, em seu art. 139, dispõe: "As atribuições e poderes conferidos por lei aos órgãos de administração não podem ser outorgados a outro órgão, criado por lei ou pelo estatuto". Convém ponderar: os poderes dos administradores não podem sequer ser transferidos a outros órgãos legais ou estatutários da própria sociedade; seria absurdo imaginar que eles pudessem ser transferidos a terceiro estranho.

A esse propósito, justamente ao comentar o texto da anterior Lei das Sociedades Anônimas, que continha dispositivo quase-idêntico, Carlos Fulgêncio da Cunha Peixoto esclarece: "O cargo de diretor é de confiança da assembléia-geral. Sua função é pessoal e indelegável, quer para outro membro da diretoria, quer para estranho. A substituição se opera nos termos da lei ou dos estatutos. Assim, os diretores não podem transferir para outro órgão, criado por lei ou pelos estatutos, ou para terceiros, suas atribuições" (*Sociedades por Ações*, já citado, vol. 4º, p. 33). E continua: "A regra geral é que os administradores não podem designar representante, mesmo que o

344   SOCIEDADES LIMITADAS

ato venha sob a forma de um mandato, que, embora parcialmente, desempenhe suas funções (...). Em suma: os diretores têm de guardar inteiro o depósito das atribuições que lhes conferiram os acionistas. Devem ter em vista que foram eleitos para administrar e não para mandar administrar" (ibidem, p. 34).

6. Semelhanças possíveis com a sociedade anônima

No tocante à sociedade limitada foi por muito tempo usada, de modo corriqueiro, a expressão "sócio-gerente" ou a simples palavra "gerente"; hoje, passou a ser usada a palavra bem genérica "administrador". Tal realidade acaba provocando o surgimento de questão assim enunciável: pode a administração da limitada ser estruturada nos mesmos moldes da existente em normal sociedade anônima ou companhia? Ao que me parece, nada o impede, desde que admitidas algumas ressalvas. Sim, porque é evidente ser parcial a observância supletiva das normas legais sobre sociedade anônima ou companhia, posto que a sociedade limitada, apesar de atualmente muito próxima a esta última, continua, porém, sem a menor dúvida, sendo regida por diversas normas peculiares, não podendo, em conseqüência, ficar de forma alguma desvirtuada em suas incontestáveis características essenciais. Passo, então, a analisar e comentar cada um dos aspectos da questão ora em exame.

6.1 Diretoria com hierarquização e setorização

Conforme já fiz notar pouco acima, neste mesmo capítulo, a atual legislação não se opõe a que o conjunto dos administradores da sociedade limitada, titulares de poderes de execução administrativa e de representação, seja visto e tratado como sendo órgão unitário, com o nome de *diretoria*, com hierarquização relativa de seus membros, cada um com o título de *diretor*, com atribuição de competências em parte gerais e em parte individuais, estas últimas podendo ser bem setorizadas, e com certa interligação das respectivas funções individuais. Com relação a tais funções individuais é, a meu ver, admissível criar cargos de diretor-presidente, diretor-vice-presidente (até mesmo mais de um), diretor-superintendente (ou mesmo diretor-geral, com a função de coordenar o trabalho dos demais diretores em assuntos ordinários, assim aliviando as tarefas de presidente e vice-presidente), diretor-administrativo, diretor-industrial, diretor-co-

ADMINISTRADORES E FISCAIS 345

mercial, diretor-jurídico, diretor-adjunto, diretor sem denominação específica, vice-diretor, e assim por diante. Também me parece admissível: determinar quantas e quais assinaturas serão necessárias para validade dos atos jurídicos praticados (os quais poderão ser, inclusive, classificados em mais importantes e menos importantes); montar quadro de substituições, indicando substituto para cada membro da diretoria (relativamente a casos de impedimentos e de ausências); estabelecer algum tipo de hierarquização (com a criação, por exemplo, de três setores básicos: o da presidência, o das diretorias setorizadas, o dos demais diretores e dos vice-diretores); instituir reuniões para deliberações conjuntas (de conformidade com normas próprias de funcionamento e com atas a serem lavradas no livro de atas da administração).

6.2 Os poderes de eventual conselho de administração

No meu modo de entender, o Código Civil/2002 também não se opõe a que a sociedade limitada tenha um *conselho de administração*, como autêntico órgão administrativo, portanto provido de alguns poderes de administração, quase nos mesmos moldes do órgão correspondente que existe na sociedade anônima ou companhia. Por que utilizei a palavra "quase"? Porque sou de opinião que eventual conselho de administração da sociedade limitada esteja por completo desprovido de condições para ter o poder de eleger e destituir os administradores ou lhes fixar atribuições; ditas competências cabem, de fato, por lei, exclusivamente à assembléia dos sócios, não podendo, em conseqüência, ser outorgadas, pelo contrato, a outros órgãos. Os membros, a meu ver, devem ser sócios, pessoas físicas e capazes. As competências administrativas devem limitar-se, comumente, às deliberações necessárias para orientação geral dos administradores no exercício de suas funções, uma vez que a execução da administração e a representação da sociedade não podem ser retiradas das competências exclusivas dos administradores.

Esquema administrativo bastante razoável parece-me ser o seguinte: a assembléia dos sócios (ou eventual outra figura jurídica, desde que equivalente) elege, num primeiro momento, os membros de órgão chamado *conselho de administração*, composto de três ou mais sócios, com certas competências deliberativas de orientação administrativa geral; num segundo momento, os membros eleitos e empossados do mencionado conselho de administração selecionam e indicam, à assembléia dos sócios, nomes de pessoas físicas capazes, residentes

346 SOCIEDADES LIMITADAS

no país e não pertencentes ao quadro social, para preenchimento dos cargos componentes de órgão chamado *diretoria*; num terceiro e último momento, a assembléia dos sócios elege, com base apenas nas indicações do conselho de administração, os membros, todos eles não-sócios, da referida diretoria, esta última com competências para representação da sociedade e para execução da administração geral, de acordo com as orientações emanadas, periodicamente, pelo conselho de administração.

6.3 Órgãos administrativos complementares

Nada impede, ao que me parece, sejam criados os mais diferentes órgãos, desde que suas competências não entrem em conflito com as da diretoria e as do conselho de administração. Podem existir, portanto, um *conselho consultivo*, um *conselho de orientação*, um ou mais *conselhos técnicos*, um *conselho de honra* e eventuais outros órgãos. Não é estritamente necessária a presença da palavra "conselho", podendo em seu lugar ser utilizada a palavra "comissão" ou eventuais outras que tenham igualmente condições de transmitir a idéia de órgão colegiado. Se os referidos órgãos não tiverem, mesmo, quaisquer poderes administrativos propriamente ditos, poderão ter como membros, via de regra, pessoas físicas as mais diferentes, desde que capazes. Quanto à composição de tais órgãos, acredito possa haver, em cada um deles, cargos de presidente, vice-presidente, conselheiro; até mesmo cargo permanente de secretário. A eleição deve ser feita pela assembléia dos sócios. O prazo do mandato pode ser fixado livremente.

7. Os administradores e a limitada de grande porte

Em subseção anterior, neste mesmo capítulo, tratei sucintamente dos deveres, das competências e das prerrogativas dos administradores da limitada. Omiti, por motivos especiais que serão logo compreendidos, um dos deveres. Refiro-me à norma contida no art. 1.065 do Código Civil/2002, de acordo com a qual, ao terminar cada exercício social, devem os administradores da sociedade proceder à elaboração do inventário, do balanço patrimonial e do balanço de resultado econômico. Com relação a este assunto apareceu, faz pouco tempo, inovação legislativa que é, sem dúvida, da mais alta significação para os fins do aprimoramento e da evolução do Direito pátrio. Vale a pena dar

ADMINISTRADORES E FISCAIS

ampla e detalhada notícia das novas normas legais, dedicando-lhe pequenos comentários.

Em meu livro *Conceito de Empresa*, já citado, tive a oportunidade de pôr em ressalte que, historicamente, o antigo comerciante individual, passando a operar em companhia de outros comerciantes individuais, gerou, a certa altura, a sociedade comercial; a qual, por sua vez, evoluiu, adquirindo a condição de gênero, com diversas espécies. No século XIX, a proliferação das máquinas, a concentração de grandes massas de trabalhadores em locais determinados, a utilização de capitais cada vez mais vultosos e tantas outras coisas mais, gerando a chamada "Revolução Industrial", modificaram substancialmente a maneira de desenvolver as atividades comerciais em geral, provocando considerável aumento da importância da força de trabalho, enorme crescimento do estabelecimento comercial, espantosa fragmentação da antiga figura do comerciante, em suas duas funções básicas (a de fornecedor do capital e a de administrador da atividade), e fazendo surgir, ainda que lentamente, complexa estrutura de tipo organizacional, à qual hoje se dá o nome de *empresa*. Tal estrutura acabou fazendo desaparecer as diversas formas societárias de outrora (infelizmente ainda vivas no direito positivo), impondo a empresa – por enquanto apenas no âmbito da economia – como novo agente econômico unificado. Dita unificação, porém, não ocorreu de forma absoluta, eis que, curiosamente, apareceram três novas espécies, cada uma delas merecendo algum tipo de tratamento diferenciado: a *empresa pequena*, a *empresa média*, a *empresa grande*.

O Direito, sem a menor dúvida, está começando a reconhecer os novos tempos econômicos, muito embora o esteja fazendo em autênticas "doses homeopáticas". Prova importante desse inicial reconhecimento é a Lei 11.638, de 28.12.2007, que altera e revoga dispositivos da chamada Lei das Sociedades Anônimas, e que, em seu art. 3º, *caput*, dispõe: "Aplicam-se às sociedades de grande porte, ainda que não constituídas sob a forma de sociedades por ações, as disposições da Lei n. 6.404, de 15 de dezembro de 1976, sobre escrituração e elaboração de demonstrações financeiras e a obrigatoriedade de auditoria independente por auditor registrado na Comissão de Valores Mobiliários". No parágrafo único, o mencionado artigo esclarece: "Considera-se de grande porte, para os fins exclusivos desta Lei, a sociedade ou conjunto de sociedades sob controle comum que tiver, no exercício social anterior, ativo total superior a R$ 240.000.000,00 (duzentos e quarenta milhões de Reais) ou receita bruta anual superior a R$ 300.000.000,00 (trezentos milhões de Reais)".

348 SOCIEDADES LIMITADAS

Há, de fato, na Lei 6.404, de 15.12.1976, sobre sociedades por ações (que são as sociedades anônimas ou companhias e as sociedades em comandita por ações), diversas normas regulando, de um lado, a escrituração e a elaboração de demonstrações financeiras e, de outro, a obrigatoriedade de auditoria independente realizada por auditor registrado na Comissão de Valores Mobiliários; mais precisamente, encontram-se tais normas, em sua totalidade, no Capítulo XV, Seção II (arts. 176 e 177: "Demonstrações Financeiras"), Seção III (arts. 178-184: "Balanço Patrimonial"), Seção IV (art. 186: "Demonstração de Lucros ou Prejuízos Acumulados"), Seção V (art. 187: "Demonstração do Resultado do Exercício"), Seção VI (art. 188: "Demonstrações dos Fluxos de Caixa e do Valor Adicionado"). Pois bem, as mencionadas normas legais passaram a ser aplicáveis a todas as demais sociedades, desde que classificáveis como sendo de grande porte, e independentemente da forma jurídica adotada. Conseqüência importante disso é que, no meio de todas as sociedades, foi atingida também, e sobretudo, a limitada, a qual ficou, portanto, desdobrada em dois novos tipos societários: a *sociedade limitada de grande porte* e a *sociedade limitada de pequeno porte*. Convém observar, mais, que não foi atingida unicamente a sociedade em si, portanto a sociedade de forma isolada: foi, outrossim, atingido o conjunto de sociedades sob controle comum, com as mesmas limitações.

Deve tal controle comum pertencer necessariamente a uma outra sociedade? Não creio. Afinal, o texto legal é bem genérico, sendo, por isso, abrangente. Em conclusão, desde que verificada, entre as sociedades do conjunto, uma vinculação fundamentada no controle, passa a ser irrelevante, a meu ver, a natureza do titular deste: pode ser pessoa física ou jurídica, associação ou sociedade, sociedade empresária ou sociedade simples. Aliás, cumpre colocar mais uma questão: a sociedade simples foi abrangida pelo art. 3º da Lei 11.638/2007? Acredito que sim. Impõe-se, por certo, o mesmo argumento: se o texto legal continua sendo bastante genérico, continua, ao mesmo tempo, sendo bem abrangente. Ademais, se a sociedade conta com valores superiores aos mencionados pela lei, tal significa que ela opera com capital relevante, provavelmente preponderante no exercício da atividade. Nessas condições, ela é sociedade simples – portanto não-empresária – apenas e tão-somente na aparência.

Tenho ouvido e lido alguns comentários segundo os quais as demonstrações financeiras que as sociedades de grande porte devem escriturar e elaborar, tal como as anônimas, devem também ser publicadas. Eu não vi isso na lei: qual terá sido, então, o motivo

ADMINISTRADORES E FISCAIS

de tão estranha interpretação? Talvez tenha sido a frase "ainda que não constituídas sob a forma de sociedades por ações". Dita frase, apesar de morfológica e sintaticamente perfeita, contém, a meu ver, pequeno erro lógico, consistente no uso da expressão "ainda que", a qual deveria ter sido, pura e simplesmente, omitida. Com efeito, a frase em questão, nos termos em que foi construída, pode induzir o intérprete apressado a imaginar que as sociedades por ações, de um lado, e as sociedades por quotas ou contratuais de grande porte, de outro, tenham formado bloco único, com a obrigação de todas fazerem o que a Lei das Anônimas manda fazer: escriturar, elaborar e publicar. Não é assim, no entanto; pois as sociedades por ações continuaram formando bloco à parte, com a obrigação de escriturar, elaborar e publicar; ao passo que as demais sociedades formaram bloco novo, com a obrigação apenas de escriturar e elaborar.

Confirmando tal entendimento quanto à inexistência, para as sociedades contratuais de grande porte, da obrigação de publicar, a Comissão de Valores Mobiliários, em Comunicado de 14.1.2008, escreveu (IV, 1): "Como já mencionado, a Lei n. 11.638/2007 estendeu às sociedades de grande porte, assim consideradas aquelas que, individualmente ou sob controle comum, possuam ativo total superior a R$ 240 milhões ou receita bruta superior a R$ 300 milhões, a obrigatoriedade de manter escrituração e de elaborar demonstrações financeiras com observância às disposições da Lei Societária. Assim, embora não haja menção expressa à obrigatoriedade de publicação dessas demonstrações financeiras, [em] qualquer divulgação voluntária ou mesmo para atendimento de solicitações especiais (credores, fornecedores, clientes, empregados etc.), as referidas demonstrações deverão ter o devido grau de transparência e estar totalmente em linha com a nova lei (art. 3º)".

8. O conselho fiscal virou agora órgão legal

8.1 Considerações preliminares com base na companhia

A sociedade anônima ou companhia tem dois órgãos básicos: a assembléia-geral dos acionistas e a diretoria. Pode ter outros órgãos também: conselho de administração, conselhos consultivos diversos, comissões técnicas diversas, conselho fiscal. O mais significativo desses outros órgãos é, a meu ver, o *conselho fiscal*. Por quê? O motivo é simples: a assembléia-geral, em condições normais, costuma

350 SOCIEDADES LIMITADAS

eleger a diretoria, cujos membros podem – mas não precisam – ser acionistas; o que permite, em conseqüência, que, em sua totalidade, sejam pessoas estranhas ao quadro acionário. Os membros da diretoria podem, por exemplo, ser todos profissionais pertencentes a determinadas áreas administrativas ou técnicas, recrutados, pelos métodos mais corriqueiros, no mercado de trabalho. Em casos como este, a assembléia-geral tem o hábito de colocar, ao lado dos membros da diretoria, certo órgão fiscalizador, que é justamente o chamado *conselho fiscal*, cuja presença não deixa de ter, comumente, sua razão de ser. Diziam, de fato, os antigos, em Latim: *Qui custodes custodit?*. Em sua aparente tautologia, a frase significa: "Quem vigia os vigias?". Em verdade, são os diretores que detêm em suas mãos o poder empresarial, orientando e, em conseqüência, também fiscalizando o andamento da administração, pois cabem apenas a eles a representação da sociedade e a prática de todos os atos necessários ao seu funcionamento regular (Lei 6.404, de 15.12.1976, art. 144, *caput*).

Mas o poder, não raramente, corrompe, leva à loucura, gera abusos. Ninguém tem dúvidas a respeito disso. Tanto assim que a citada Lei 6.404/1976, em seu art. 158, *caput*, dispõe: "O administrador não é pessoalmente responsável pelas obrigações que contrair em nome da sociedade e em virtude de ato regular de gestão; responde, porém, civilmente, pelos prejuízos que causar, quando proceder: I – dentro de suas atribuições ou poderes, com culpa ou dolo; II – com violação da lei ou do estatuto". Trata-se da conhecida figura do *abuso de poder*, cujo surgimento costuma ser coibido, contido, impedido. Impede-se, via de regra, tal surgimento colocando-se, ao lado dos detentores do poder, determinado órgão fiscalizador, que, no caso, é pluripessoal: o *conselho fiscal*.

Quais as funções do conselho fiscal, no âmbito da sociedade anônima ou companhia? São diversas: opinar sobre o relatório anual da administração; opinar sobre diversas propostas dos órgãos administrativos, a serem submetidas à assembléia-geral; denunciar aos órgãos administrativos, ou, se necessário, à própria assembléia-geral, erros, fraudes ou crimes descobertos, sugerindo providências; convocar, em determinadas hipóteses, a assembléia-geral, tanto a ordinária como a extraordinária; analisar o balancete e demais demonstrações financeiras pelo menos a cada trimestre; examinar as demonstrações financeiras anuais e sobre elas opinar; funcionar, com as mesmas atribuições, durante a liquidação (Lei 6.404/1976, art. 163, *caput*, e incisos II-VIII). Mas a principal função do conselho fiscal é, sem dúvida, a que consta do inciso I do referido art. 163 da Lei

ADMINISTRADORES E FISCAIS

6.404/1976 (as funções constantes dos incisos II a VIII não passam de meras pormenorizações): fiscalizar os atos dos administradores e verificar o cumprimento dos seus deveres legais e estatutários. É evidente que se trata de fiscalização realizada, em última análise, por conta da assembléia-geral dos acionistas.

Aplicam-se, porventura, à sociedade limitada, os dispositivos da Lei das Sociedades Anônimas sobre conselho fiscal? No regime da legislação anterior sobre limitadas não se aplicavam. O motivo residia, em minha opinião, no fato de a limitada ser uma das sociedades classificadas como sendo contratuais, de pessoas, no âmbito das quais vigorava – e em algumas ainda vigora – o princípio de a administração social ser atribuída aos próprios sócios. Ora, existindo confusão entre sócios e administradores, não poderia surgir a necessidade ou apenas o desejo de os sócios fiscalizarem os administradores, uma vez que não teria o menor sentido os sócios quererem fiscalizar a si mesmos.

No regime da legislação atual, no entanto, o quadro administrativo da sociedade limitada mudou substancialmente, posto que o contrato social pode agora permitir a existência de administradores não-sócios sem qualquer restrição; o que, sem dúvida, abre espaço para que a limitada venha a ser administrada inteiramente por pessoas que não integram o quadro social, desaparecendo, assim, a antiga confusão existente entre sócios e administradores. Surgindo, por causa disso, tal como sempre ocorreu na sociedade anônima ou companhia, o fenômeno da distinção entre sócios, de um lado, e administradores, de outro, surgiu, paralelamente, a necessidade de os primeiros, querendo, poderem organizar sistema de fiscalização da atividade dos segundos. O problema acabou sendo resolvido, com sabedoria, a meu ver, pelo Código Civil/2002, que, na parte inicial do art. 1.066, concedeu permissão para que, em caso de interesse, fosse instituído no contrato da sociedade limitada órgão fiscalizador análogo ao da sociedade anônima ou companhia, inclusive com o mesmo nome de *conselho fiscal* e com normas reguladoras no citado art. 1.066 e nos seguintes, até o art. 1.070.

8.2 Surgimento e composição, investidura dos membros

Em seu art. 1.066, *caput*, o Código Civil/2002 dispõe: "Sem prejuízo dos poderes da assembléia dos sócios, pode o contrato instituir conselho fiscal composto de três ou mais membros e respectivos suplentes, sócios ou não, residentes no país, eleitos na assembléia

352 SOCIEDADES LIMITADAS

anual prevista no art. 1.078". A primeira parte deste dispositivo – mais precisamente, o conjunto das palavras "Sem prejuízo dos poderes da assembléia dos sócios" – constitui frase que, ao que me parece, se apresenta com certa conotação de mistério. O que ela significa, afinal? Porventura ela quer dizer que o conselho fiscal pode ser instituído tanto pelos sócios reunidos para celebrar o contrato social inicial como pelos sócios reunidos para realizar uma regular assembléia? Para a hipótese de a resposta ser afirmativa, tenho algumas ponderações a submeter à apreciação de todos. O conselho fiscal é agora, por força de lei, um órgão – ainda que de existência não-obrigatória – da sociedade limitada; em razão disso, constitui ele um dos elementos estruturais, mesmo que apenas em caráter potencial, desta última. Ocorre que os elementos estruturais de uma sociedade só podem fazer parte integrante da respectiva lei máxima interna, que na sociedade anônima ou companhia é o estatuto, e na sociedade limitada é o contrato. A que título entram, no raciocínio ora feito, os poderes da assembléia dos sócios?

Dir-se-á não haver qualquer empecilho para que a assembléia dos sócios tome determinada deliberação aprovando alteração ou modificação contratual que contenha a instituição de conselho fiscal. Estou de pleno acordo. Acontece, no entanto, que o conselho fiscal, surgindo dessa forma, terá sido instituído pelo contrato, pois que a alteração contratual, justamente por modificar o contrato, tem a mesma natureza deste; o que permite – antes recomenda, por razões de boa técnica redacional – a eliminação pura e simples do texto inicial ora examinado. Por que, então, ele foi incluído? Sua inclusão pode ter sido o resultado de pequena falha no desenvolvimento da tarefa de unificação do inteiro texto dedicado ao direito de empresa. Tanto assim que a seção do conselho fiscal, no âmbito do capítulo da sociedade limitada, tem claras características de texto de última hora; a melhor prova disso encontra-se na parte final do dispositivo ora citado, que manda eleger os membros do conselho fiscal na assembléia anual prevista no art. 1.078: pois bem, no *caput* deste último, entre os itens que compõem o objetivo da assembléia, não foi incluída a eleição do conselho fiscal. Evidentemente, a falha a que aludi não é grave; aliás, o legislador pátrio nem teria condições de dar certa unidade à vasta e complexa legislação do país: tal tarefa cabe por inteiro ao intérprete.

O § 1º do referido art. 1.066, por sua vez, dispõe: "Não podem fazer parte do conselho fiscal, além dos inelegíveis enumerados no § 1º do artigo 1.011, os membros dos demais órgãos da sociedade ou

ADMINISTRADORES E FISCAIS

de outra por ela controlada, os empregados de quaisquer delas ou dos respectivos administradores, o cônjuge ou parente destes até o terceiro grau". Os inelegíveis enumerados no § 1º do artigo 1.011 são, em verdade, os mesmos que não podem ser administradores da sociedade. Ao mencionar os "membros dos demais órgãos da sociedade", o legislador pátrio quis, em minha opinião, aludir aos administradores; quanto à expressão "de outra por ela controlada", pode a mesma estar atingindo os membros de órgãos os mais diferentes: conselho de administração, diretoria, conselho fiscal, outros conselhos, eventuais outros órgãos. A expressão "os empregados de quaisquer delas" alude, de um lado, a todos os que prestam serviços com vínculo trabalhista (Consolidação das Leis do Trabalho), não sendo, por isso, abrangidos os que prestam serviços como profissionais autônomos; de outro, alude à sociedade e às suas controladas, não sendo, por isso, abrangidas as sociedades coligadas ou filiadas e as de simples participação. No tocante à frase que alude aos empregados dos respectivos administradores, convém ponderar que estes últimos são justamente os administradores da sociedade e de suas controladas, referindo-se aos mesmos administradores, a meu ver, a expressão "o cônjuge ou parente". Quanto ao grau de parentesco, ele é medido de acordo com as linhas que unem os dois parentes em questão, passando pelo ascendente comum. Um pai é parente de seu filho em primeiro grau (unidos por linha única); dois irmãos são parentes entre si em segundo grau (duas linhas, passando pelo pai comum); um sobrinho é parente de seu tio em terceiro grau (três linhas: sobrinho ® pai, pai ® avô, avô ® tio).

O § 2º do mencionado art. 1.066, enfim, dispõe: "É assegurado aos sócios minoritários, que representarem pelo menos um quinto do capital social, o direito de eleger, separadamente, um dos membros do conselho fiscal e o respectivo suplente". A expressão final "o respectivo suplente" – reproduzindo, aliás, expressão análoga que se encontra no *caput* do artigo – indica claramente que cada membro efetivo deve ter seu próprio suplente, não podendo os suplentes ser eleitos genericamente.

Conforme o art. 1.067, *caput* e parágrafo único, o membro ou suplente eleito, assinando termo de posse lavrado no livro de atas e pareceres do conselho fiscal, ficará investido nas suas funções, que exercerá, salvo cessação anterior, até a subseqüente assembléia anual, sendo que, se o termo não for assinado nos 30 dias seguintes ao da eleição, esta se tornará sem efeito; o termo de posse deverá mencionar: nome, nacionalidade, estado civil, residência e data de

354 SOCIEDADES LIMITADAS

escolha do eleito. Percebe-se que todos os membros eleitos, tanto efetivos como suplentes, devem tomar posse, mediante assinatura do respectivo termo; e que o prazo de mandato é de apenas um ano, indo de uma assembléia anual à imediatamente sucessiva. Pode haver recondução? Por quantas vezes? O Código Civil/2002 nada dispõe a respeito; tal fato me induz a concluir ser possível a recondução, de forma absolutamente ilimitada.

De acordo com o art. 1.068, a remuneração dos membros do conselho fiscal será fixada, anualmente, pela assembléia dos sócios que os eleger; ressaltando-se que dita remuneração deverá ser paga tão-somente aos membros efetivos, pois os membros suplentes, muito embora tomem posse como os efetivos, só poderão, contudo, receber remuneração nas hipóteses de substituição, por ausência temporária do membro efetivo ou vacância do respectivo cargo. Por outro lado, nos termos do parágrafo único do art. 1.070, o conselho fiscal poderá escolher, para assisti-lo no exame de livros, balanços e contas, contabilista legalmente habilitado, mediante remuneração aprovada pela assembléia dos sócios. Muito justo este último dispositivo. O conselho fiscal, evidentemente, tem o dever de "estar de olho" no comportamento inteiro dos administradores, motivo pelo qual seus membros não podem ser obrigados a pertencer a esta ou àquela profissão; sabe-se, porém, que, em grande parte, a administração de qualquer sociedade de fins econômicos tende a concentrar seus resultados em peças de natureza contábil. Pois bem, o exame e a apreciação de tais peças só podem ser feitos, pelos membros do conselho fiscal, com a ajuda técnica de algum profissional da área.

8.3 Atribuições e deveres, individuais ou conjuntos

O Código Civil/2002, em seu art. 1.069, dispõe que, além de outras atribuições determinadas na lei ou no contrato social, incumbe aos membros do conselho fiscal, *individual ou conjuntamente*, uma série de deveres relacionados nos diversos incisos do mesmo dispositivo legal. O que se deve entender por "individual ou conjuntamente"? Indica, porventura, tal expressão que todos os deveres relacionados no dispositivo ora em exame podem ser cumpridos, sempre e livremente, quaisquer que sejam as circunstâncias, tanto pelo órgão inteiro, em sua unidade, como por um ou mais membros, de forma isolada? Não creio! Percebe-se, pelo exame dos deveres elencados, que alguns deles são de tal natureza que só podem ser cumpridos pelo inteiro órgão, como tal (por exemplo, exarar parecer sobre as contas do exercício e

ADMINISTRADORES E FISCAIS 355

apresentá-lo à assembléia anual); ao passo que há deveres passíveis, se necessário, de serem cumpridos isoladamente (por exemplo, denunciar erros, fraudes ou crimes). De forma que é necessário, em cada inciso, ponderar calmamente sobre a natureza do dever nele fixado, para poder concluir se a mesma exige apenas cumprimento conjunto, ou se também permite cumprimento individual. Passo, agora, a transcrever, e comentar brevemente, os deveres em questão.

8.3.1 *Exame periódico de livros, papéis, caixa e carteira*

O conselho fiscal deve examinar, ao menos trimestralmente, os livros e papéis da sociedade e o estado da caixa e da carteira, devendo os administradores ou liquidantes prestar as informações solicitadas; o resultado dos exames deverá ser lavrado no livro de atas e pareceres do conselho fiscal.

A expressão "ao menos trimestralmente" é prova cabal de que os exames podem ser feitos a qualquer momento, e quantas vezes o conselho fiscal quiser fazê-los; se feitos trimestralmente, é bom que coincidam com os primeiros dias do mês seguinte ao término de cada trimestre do exercício social. Curiosamente, o novo texto legal não usa a palavra "parecer", usando em seu lugar a expressão "o resultado dos exames". Tal fato me leva a crer deva ser lavrado, no livro, sucinto relatório sob a forma de ata.

8.3.2 *Emissão de parecer anual sobre negócios e operações*

O conselho fiscal deve também exarar, no mesmo livro, e apresentar à assembléia anual dos sócios, parecer sobre os negócios e as operações sociais do exercício em que ditos membros tenham servido, tomando por base o balanço patrimonial e o de resultado econômico.

A expressão "apresentar à assembléia" significa que o parecer – por intermédio de cópia – não pode ser entregue aos administradores, para que estes, por sua vez, o apresentem à assembléia: ele deve, ao contrário, ser apresentado à assembléia diretamente pelo conselho fiscal, por intermédio de todos os seus membros ou ao menos de um deles, para que, inclusive, possa haver esclarecimento de eventuais dúvidas. O parecer deve referir-se aos negócios e às operações sociais do exercício no decorrer do qual os membros do conselho fiscal foram eleitos.

8.3.3 Denúncia de erros, fraudes ou crimes descobertos

O conselho fiscal deve, outrossim, denunciar erros, fraudes ou crimes descobertos, sugerindo providências úteis à sociedade.

Que *erros, fraudes* ou *crimes* são esses? Todos os que estejam causando danos à sociedade, ou possa vir a causá-los, direta ou indiretamente, cometidos ou praticados por quem? Por qualquer pessoa que, em posição interna (funcionário, administrador, sócio etc.) ou externa (fornecedor, consumidor ou usuário, profissional autônomo, representante de Poderes Públicos etc.), de qualquer forma e qualquer que seja o motivo, esteja prejudicando, ou possa vir a prejudicar, direta ou indiretamente, a sociedade. Já tive a oportunidade de fazer notar que, ao que me parece, tal dever tem condições de ser cumprido individualmente. Com efeito, sendo o conselho fiscal um órgão colegiado, pode não ter a agilidade necessária para realizar reunião e deliberar com a extrema rapidez que o caso requeira; mas um membro isolado tem sempre condições de agir, se necessário, com grande celeridade e eficiência.

Curiosamente, alguém que conhecia minhas posições doutrinárias, conseguiu, não faz muito tempo, fazer chegar às minhas mãos observação assim redigida: "Não teriam os membros do conselho fiscal a obrigação de denunciar os erros, as fraudes e os crimes – ou, ao menos, apenas os crimes – sempre, em todas as hipóteses, mesmo na de não terem surgido danos para a sociedade?" A observação é perfeitamente cabível, uma vez que se refere a problema bastante delicado, exigindo a mais ampla discussão. Trata-se no entanto de questão que, ao que tudo indica, merece colocação um pouco diferente, que confirma meu ponto de vista. Como base de meu raciocínio vou tomar em consideração justamente a idéia de *crime*, que apresenta maiores complexidades.

Qualquer membro do conselho fiscal é, ao mesmo tempo, um cidadão livre, que dispõe de direitos e deveres próprios, ao ponto de não ser admissível que as duas posições fiquem, de uma forma ou de outra, embaralhadas. Como cidadão livre ele deve, sem dúvida, ao descobrir um crime, comunicá-lo à Polícia ou ao Ministério Público, mesmo que tal dever seja apenas de natureza moral; afinal, o Direito Penal foi instituído para defesa da sociedade maior, da qual todos os cidadãos são membros, e cuja sobrevivência é de interesse geral. Deve porventura, igualmente, comunicar o referido crime à sociedade menor ou, mais precisamente, à de que ele é conselheiro fiscal?

ADMINISTRADORES E FISCAIS

Depende da finalidade. Não poderá evidentemente fazê-lo para que seja promovido o inquérito policial ou a ação penal pela sociedade limitada, em razão da absoluta falta, nesta última, de competência para tanto; só poderá fazê-lo, em conseqüência, para que a sociedade limitada promova a defesa de seus próprios interesses, evitando que estes sofram danos.

Que danos? O campo de incidência de tais figuras pode ser bem extenso; podendo assim os danos ser atuais ou potenciais, diretos ou indiretos, materiais ou imateriais. Uma tentativa de incêndio em dependência da empresa pode representar dano potencial; um furto de produtos da empresa pode constituir dano atual ou direto; uma invasão de dependência da empresa, para fotografar instalações secretas, pode resultar em dano indireto; um roubo que, cometido por funcionário da sociedade, não tenha, porém, qualquer relação com esta, pode, mesmo assim, representar risco para o bom conceito da empresa e constituir dano imaterial. Apesar desses exemplos, e dos inúmeros outros que poderiam ser dados em sentido idêntico, semelhante ou análogo, não creio que todo e qualquer crime, ainda que tenha algum tipo de relação com a empresa, possa sempre fazer surgir alguma espécie de dano para esta última.

8.3.4 Convocação da assembléia em certas hipóteses

O conselho fiscal deve ainda convocar a assembléia dos sócios se os administradores retardarem por mais de trinta dias a sua convocação anual, ou sempre que ocorrerem motivos graves e urgentes.

Sobre a convocação da assembléia anual, por parte do conselho fiscal, já discorri no capítulo dedicado às deliberações dos sócios. Quanto aos motivos graves e urgentes, que devem existir simultaneamente, quais são eles? É difícil oferecer opinião segura a respeito, pois a gravidade e a urgência sempre dependem da livre apreciação do agente, em cada caso concreto. Pode tal dever ser cumprido individualmente? Com relação à assembléia anual, não creio, uma vez que a existência de prazos legais impede que o problema possa ser classificado como tendo urgência. Com relação, porém, aos motivos graves e urgentes, acredito possa ser sustentada a possibilidade de cumprimento individual, desde que o membro convocante declare sucintamente no anúncio o motivo da convocação, e desde que o mesmo possa, no decorrer da assembléia, demonstrar ou provar tanto a gravidade como a urgência.

8.3.5 Funcionamento durante o período da liquidação

O conselho fiscal deve por fim praticar, durante o período da liquidação da sociedade, os mesmos atos

já mencionados, tendo em vista as disposições especiais reguladoras da liquidação.

Será que – uma vez dissolvida a sociedade e nomeado o liquidante – pode o conselho fiscal, se porventura já existente, continuar a funcionar, sem a menor interrupção em seu exercício, durante todo o período da liquidação? É o que parece fazer crer o texto do inciso. De qualquer forma, o referido texto não é dos mais felizes, não apenas pela sua relativa falta de clareza, mas também porque deveria constituir artigo legal à parte.

8.4 Alguns dispositivos complementares sobre o órgão

Finalizando, é possível verificar no corpo do art. 1.070 a existência de mais duas diferentes normas, estranhamente misturadas. De um lado, a norma que estabelece que a responsabilidade dos membros do conselho fiscal obedece à mesma regra que define a dos administradores, os quais respondem com solidariedade, perante a sociedade e os terceiros eventualmente prejudicados, por culpa no desempenho de suas funções (art. 1.016). De outro lado, a norma que estabelece que as atribuições e os poderes conferidos por lei ao conselho fiscal não podem ser outorgados a outro órgão da sociedade. Note-se que o termo "órgão" é, aqui, utilizado de forma genérica e abrangente.

Capítulo X

Sócio que Deixa de Ser Tal

1. Exclusão de sócio por razões de cunho objetivo: 1.1 Sócio que descumpriu o dever de realizar sua quota – 1.2 Sócio que deixou de pagar débito a credor particular – 1.3 Sócio que, como empresário, teve a falência decretada. 2. Exclusão de sócio pela prática de atos graves: 2.1 Algumas opiniões com base na legislação anterior – 2.2 Minha opinião com base na legislação anterior – 2.3 Como o problema foi resolvido pela atual legislação. 3. Diferentes hipóteses de sucessão de sócio: 3.1 Sucessão "inter vivos", por cessão total de quota – 3.2 Sucessão "causa mortis", por herança ou outras figuras. 4. Retirada de sócio em caso de dissidência: 4.1 Normas sobre a companhia, para eventuais subsídios: 4.1.1 Determinação do valor de reembolso – 4.1.2 Último balanço ou balanço especial – 4.1.3 Utilização de contas de lucros ou reservas – 4.1.4 Possibilidade de redução do capital social – 4.2 Normas específicas constantes da nova legislação. 5. Estimação de bens para liquidação de quota.

1. Exclusão de sócio por razões de cunho objetivo

1.1 Sócio que descumpriu o dever de realizar sua quota

Trata-se de assunto jurídico bastante conhecido como *mora de sócio*, e que diz respeito a certa figura que costuma ser indicada como *sócio remisso*. Deve-se entender por "remisso" quem demonstra negligência, quem revela ser descuidado, indolente (*Dicionário Houaiss da Língua Portuguesa*, já citado). Em seu art. 981, *caput*, o Código Civil/2002 dispõe: "Celebram contrato de sociedade as pessoas que reciprocamente se obrigam a contribuir, com bens ou serviços, para o exercício de atividade econômica e a partilha, entre si, dos resultados". Não há contribuição consistente em serviços na sociedade limitada (art. 1.055, § 2º); quanto aos "bens", a palavra deve ser considerada em seu sentido mais amplo, abrangendo dinheiro, bens propriamente ditos, direitos. Por sua vez, o art. 1.004, que faz parte dos que, no Código Civil/2002, regulam a sociedade simples, mas que, em caráter subsidiário, também é aplicável à sociedade limitada, determina:

"Art. 1.004. Os sócios são obrigados, na forma e prazo previstos, às contribuições estabelecidas no contrato social, e aquele que deixar de fazê-lo, nos trinta dias seguintes ao da notificação pela sociedade, responderá perante esta pelo dano emergente da mora.

"Parágrafo único. Verificada a mora, poderá a maioria dos demais sócios preferir, à indenização, a exclusão do sócio remisso, ou reduzir-lhe a quota ao montante já realizado, aplicando-se, em ambos os casos, o disposto no § 1º do art. 1.031" (este dispositivo, conforme já visto, dispõe que o capital social sofrerá a correspondente redução, salvo se os demais sócios suprirem o valor da quota).

Por fim, o art. 1.058, que faz parte dos que, no mesmo Código, regulam a própria limitada, estabelece, à guisa de complemento, que, não integralizada a quota de sócio remisso, os outros sócios podem, sem prejuízo do disposto no art. 1.004 (inteiro), tomá-la para si ou transferi-la a terceiros, excluindo o primitivo titular e devolvendo-lhe o que houver pago, deduzidos os juros da mora, as prestações estabelecidas no contrato e as despesas.

Com base nos textos legais que acabo de citar e em conceitos já explicados e comentados em capítulo anterior, faço notar mais uma vez que a contribuição a que alude o legislador pátrio se materializa por intermédio de dois atos: o primeiro, chamado "subscrição", é praticado sempre no começo, isto é, no momento da celebração do contrato social (refiro-me, evidentemente, ao exato momento da constituição da sociedade); o segundo, chamado "realização", é praticado, às vezes, imediatamente após a subscrição (ou, como alguns preferem dizer, no próprio ato da subscrição), ao passo que outras vezes algum tempo depois, nos termos do texto contratual. "Subscrever quota de capital social" significa comprometer-se a entregar à sociedade o valor correspondente, em dinheiro, bens ou direitos; melhor dizendo, significa prometer a entrega ou transferência de algo, a título de propriedade ou de simples uso. Tal promessa obriga; tanto assim que, se a entrega ou transferência não for feita no momento sucessivo à promessa (portanto – na prática –, no mesmo ato), ela de-

SÓCIO QUE DEIXA DE SER TAL 361

verá necessariamente ser feita no futuro, nos termos contratuais, não podendo ser cancelada unilateral e livremente, uma vez que, a partir do instante em que se torna objeto de declaração pública (mediante arquivamento do ato constitutivo na Junta Comercial, com publicação do respectivo despacho no órgão de imprensa oficial), o capital de qualquer sociedade empresária – conforme, aliás, já sustentei – fica vinculado aos direitos dos credores. De forma que o sócio não tem a menor condição de ficar livre, nem por si nem por seus eventuais sucessores a qualquer título, da inelutável obrigação de realizar totalmente (ou integralizar) a quota por ele subscrita.

Diante de quadro tão rígido, que acontece se o sócio deixa de cumprir sua obrigação de entregar ou transferir tudo o que prometeu?

Já foi verificado que o contrato constitutivo deve informar, entre diversas outras coisas, também a quota de cada sócio no capital social, além do modo de realizá-la (art. 997, IV). Ao que tudo indica, deve-se entender por "modo" a forma e o prazo de realização; tanto assim que o art. 1.004, *caput*, numa espécie de oportuna explicitação, menciona justamente a expressão "na forma e prazo previstos". À vista do quê parece não poder haver dúvidas a respeito de ser o instrumento contratual o único documento válido para estabelecer, com todas as minúcias, como e quando deverá ser feita a realização total das quotas; a tal ponto que reputo indispensável providenciar alteração contratual na hipótese de não haver normas a respeito, ou de serem insuficientes ou incompletas. Com relação à forma, o instrumento contratual deve informar se a realização será feita em dinheiro, em bens propriamente ditos ou em direitos, com as devidas especificações; quanto ao prazo, se a realização será feita no ato ou no futuro, se de uma vez ou em parcelas, com o número de parcelas e respectivas datas; se em datas já determinadas ou mediante chamadas da administração, e assim por diante.

Se o sócio não realizar sua quota na forma e prazo previstos no contrato, poderá a sociedade, por sua administração, enviar-lhe notificação solicitando que o faça no prazo de 30 dias, sob pena de responder pelo dano emergente da mora; ao que me parece, a contagem do mencionado prazo começa no dia seguinte ao do recebimento da notificação por parte do sócio. Caso seja verificada a mora, a sociedade tem, para resolver o problema, a faculdade de tomar três diferentes providências, as quais se excluem reciprocamente, uma vez que, tomada uma delas (qualquer que seja), não podem ser tomadas ao mesmo tempo as duas restantes. Em primeiro lugar, a sociedade pode recorrer ao Poder Judiciário, para impelir o sócio remisso a dar

362 SOCIEDADES LIMITADAS

o que deve; portanto, a pagar o dinheiro, ou a entregar os bens, ou a transferir os direitos; em segundo lugar, pode reduzir a quota do sócio remisso ao montante já realizado; em terceiro e último lugar, pode, pura e simplesmente, excluir o sócio remisso da sociedade, com devolução do que ele tiver pago, após deduzidos os juros da mora e as despesas, além de eventuais outras parcelas estabelecidas no contrato. Não se pode, a esta altura, deixar de lembrar que, se o sócio excluído tiver realizado sua quota apenas parcialmente, deverá esta, a meu ver, também neste caso, com base no art. 1.031, *caput* – que é bem genérico, e, portanto, de aplicação bem geral –, ser liquidada; sendo que a liquidação, salvo disposição contratual em contrário (a qual, no entanto, não poderá chegar a prejudicar injustamente o sócio), deverá ser efetuada tendo por base a situação patrimonial da sociedade, verificada em balanço especialmente levantado.

As duas últimas providências motivarão a redução correspondente do capital social, a não ser que os demais sócios supram – total ou parcialmente, conforme a hipótese – o valor da quota ou permitam que terceiros estranhos o façam. Caso não haja redução, deverão os demais sócios, conforme já fiz notar, observar em tudo as normas aplicáveis ao aumento do capital social mediante subscrição, inclusive com abertura de prazo para exercício do direito de preferência. Percebe-se que, motivando a redução do capital da sociedade ou a modificação do quadro dos sócios, por força do aumento da participação dos demais sócios existentes ou da admissão de um ou mais sócios novos, as duas últimas providências devem ser tomadas em reunião ou assembléia. Qual o *quorum* de deliberação? Uma vez que se trata de deliberações que alteram o contrato social, devem elas, em minha opinião, ser tomadas pelos votos correspondentes, no mínimo, a três quartos do capital social (art. 1.076, I). Por outro lado, não pode passar despercebido que as três providências acima mencionadas foram por mim elencadas em certa ordem que, mesmo estando numa seqüência bem lógica, não é, porém, de forma alguma vinculante. Em outras palavras, não é estritamente necessário que a sociedade, querendo dar solução ao problema do sócio remisso, comece com tentativas de cobrança, tanto amigáveis como judiciais, para em seguida tomar em consideração a viabilidade da idéia de reduzir a quota, resvalando, afinal, para a figura da exclusão. Em razão disso, pode a sociedade, por exemplo, não conseguindo o pagamento no fim do prazo, chegar à conclusão de que a melhor coisa a fazer é a imediata exclusão do sócio, tomando tal decisão no mesmo instante, com a maior tranqüilidade; trata-se, aliás, de decisão discricionária, que, em minha opinião, não precisa sequer ser justificada.

SÓCIO QUE DEIXA DE SER TAL 363

Por derradeiro, pequena questão bastante curiosa. Pode surgir a figura de um sócio majoritário que, de repente, se torne remisso? Pode tal sócio chegar a ser excluído pelos demais sócios? Em princípio, ao que tudo indica, a lei permite até mesmo a exclusão de sócio remisso que tenha participação majoritária. Pode parecer muito estranho; não creio, no entanto, seja difícil imaginar como tudo isso teria condições de acontecer na realidade. Vou, inclusive, tentar. Há na vida em sociedade determinados indivíduos que são verdadeiros campeões de relações públicas: sempre grandes "amigões" de todos, sempre muito prestativos e disponíveis, ao menos na aparência. Sim, porque, sendo, no fundo, autênticos aventureiros, são obrigados a enganar a todos, o tempo todo, e para tanto vivem de aparência: casa bem confortável, automóvel vistoso, filhos em boas escolas, técnicas requintadas para transmitir impressões lisonjeiras, mas não-verdadeiras, sobre diversos assuntos (cultura, capacidade, amizade, apreço, preocupação, bondade etc.) e títulos, muitos títulos, para ostentar ("doutor", "professor", "escritor", "comendador", "conselheiro" ou "presidente" disto e daquilo).

Não pode ser excluída a hipótese de que um tipo desses acabe entrevendo, a certa altura, determinada atividade econômica bastante rendosa e decida constituir sociedade limitada para exercê-la. Procura, então, grupo de amigos endinheirados, a quem propõe sociedade, mas reservando para si a posição de sócio majoritário (51%), um pouco por ganância, um pouco pela própria mística do personagem (que, para sobreviver socialmente, deve estar acima dos outros). Na constituição, ele pede a cada um dos demais sócios que realize sua quota inteiramente; mas logo acrescenta que precisa da compreensão e da paciência de todos porque ele próprio, em razão de momentânea crise de liquidez (devida a inesperados problemas familiares), não pode realizar sua quota, a qual, porém, será realizada, por certo, o quanto antes. O tempo passa, mas a realização não acontece. Os demais sócios começam, então, a desconfiar; até que, um dia, com enorme surpresa e grande desgosto, eles se dão conta de que o outro não passa de simples aventureiro, que quer levar vantagem indevida.

Que fazer, numa situação tão estranha? Em minha opinião, os administradores competentes – ou todos os demais administradores, caso o majoritário tenha assumido cargo administrativo, ainda que o mais importante – podem assinar notificação em nome da sociedade, enviando-a ao sócio ora em questão, para, em primeiro lugar, após decorrido o prazo, constituí-lo em mora e, em seguida, excluí-lo do quadro social. Trata-se, evidentemente, de situação por demais deli-

364 SOCIEDADES LIMITADAS

cada, que exige cuidados extraordinários; motivo pelo qual não se pode deixar de tomar em consideração a hipótese de o sócio tentar manobras para de algum modo dificultar as coisas, na prática. Creio, no entanto, que existam armas contra tal fato; pois, ao que me parece, os administradores (ou os demais administradores, conforme acima), em nome da sociedade, ou eventualmente todos os demais sócios, em seu próprio nome pessoal, por sua clara identificação com o conjunto dos demais contratantes, poderão recorrer ao Poder Judiciário.

1.2 Sócio que deixou de pagar débito a credor particular

Havia, na legislação anterior, norma segundo a qual a nenhum sócio era lícito ceder a terceiro, que não fosse sócio, a parte que detivesse na sociedade, sem expresso consentimento de todos os outros sócios, sob pena de nulidade do contrato. Tal norma – contida no art. 334 do velho Código Comercial e perfeitamente aplicável, a meu ver, à sociedade limitada – tinha sua razão de ser. Com efeito, a limitada, por ser uma sociedade contratual, classificada até mesmo como sendo de pessoas, registrava em seu âmbito fenômeno sem dúvida peculiar: os sócios se escolhiam, reciprocamente, tomando muito em consideração suas qualidades pessoais. Ora, se determinado sócio tivesse a faculdade de introduzir na sociedade elementos de todo estranhos, tal fato poderia transformar-se em algo extremamente perturbador, podendo chegar a pôr em risco a própria sobrevivência da vida social e, em conseqüência, da atividade econômica exercida. Por idêntico motivo, por muito tempo se entendeu serem impenhoráveis as quotas de sociedades limitadas. Não sem razão, aliás. Afinal, se a penhora de quotas podia resultar em transferência das mesmas a terceiro estranho à sociedade, e se a referida transferência não era permitida sem expresso consentimento de todos os demais sócios, surgia, como conseqüência lógica, a conclusão de que também não podia ser permitida a penhora.

Dita impenhorabilidade era, porventura, tida como absoluta? Não! A penhora das quotas era vista como possível em caráter excepcional, no âmbito de determinadas circunstâncias, cujo aparecimento dependia do ponto de vista do intérprete. Assim, por exemplo, encontrava-se em Rubens Requião a seguinte posição doutrinária: "A cota somente será penhorável, em nosso entender, se houver, no contrato social, cláusula pela qual possa ser ela cessível a terceiro, sem a anuência dos demais companheiros. A sociedade demonstraria, com isso, sua completa despreocupação e alheamento em relação à pes-

SÓCIO QUE DEIXA DE SER TAL 365

soa dos sócios, dando-lhe um nítido sabor de sociedade de capital"
(Rubens Requião, *Curso de Direito Comercial*, já citado, vol. I, p.
331). Em verdade, Rubens Requião sustentava tese (que coincidia,
aliás, com a minha) segundo a qual, no silêncio do contrato social, a
cessão de quotas sociais a terceiros estranhos ao quadro dos sócios
só era possível com o expresso consentimento de todos os demais
sócios, nos termos do já citado art. 334 do antigo Código Comercial.
João Eunápio Borges, no entanto, sustentava tese que ficava em posição diametralmente oposta, ressaltando que as quotas sociais eram
livremente transferíveis, inclusive a estranhos, desde que o contrato
não restringisse tal possibilidade de transferência; em razão disso,
ele curiosamente chegava, com relação à penhora de quotas, a conclusão prática que, de certa forma, tinha pontos em comum com a
de Rubens Requião. Afirmava ele: "Entre nós, porém, se o contrato
proibir a cessão das cotas, segue-se que elas são inalienáveis, não
podendo pois ser nem apenhadas nem penhoradas, a não ser com o
consentimento dos sócios" (João Eunápio Borges, *Curso de Direito
Comercial Terrestre*, já citado, vol. II, pp. 145 e 162).

A partir de certo momento histórico os juízes começaram a
penhorar – passando, aliás, a fazê-lo cada vez mais – as quotas de
sociedades limitadas, sem qualquer preocupação com o art. 334 do
velho Código Comercial ou com eventuais cláusulas contratuais; o
que fez surgir, no âmbito das Juntas Comerciais, notáveis e complexos
problemas de interpretação. Afinal – questionaram-se alguns, durante
tempo prolongado –, deve a penhora ser anotada em qualquer hipótese,
só porque o juiz resolveu fazê-la? Como é que fica a lei? Como é que
fica o contrato? Como é que ficam os demais sócios na hipótese de
entrada de um estranho com o qual eles não simpatizem ou no qual
eles não confiem? Podem eles impedir tal entrada? Deve a Junta
Comercial comunicar ao juiz, em certas hipóteses, que a penhora
das quotas não pode ser feita? Tenho testemunhado, ao longo de relevante número de anos, enormes dúvidas, notáveis perplexidades,
excepcionais hesitações e – por que não admiti-lo? – sofrimento não
pequeno antes da tomada de certas deliberações delicadas.

Até que, a certa altura, alguns juristas conseguiram dar-se conta
da existência de importante princípio, que podia ser enunciado nos
termos a seguir expostos. *A posição patrimonial do sócio nunca
deve ser confundida com a posição de sócio propriamente dita ou,
melhor dizendo, com a qualidade de sócio. Em outras palavras,
eventual direito a parcela dos haveres sociais não se transforma necessariamente em direito à aquisição da correspondente qualidade*

366 SOCIEDADES LIMITADAS

de sócio, uma vez que esta última, numa sociedade dita "de pessoas" – portanto, extremamente fechada –, depende mesmo, em condições normais, da vontade dos demais sócios. Em conseqüência, a penhora de quotas de sociedade limitada pode ser feita e anotada sempre, em qualquer hipótese, posto que, se não houver cláusula contratual expressa em sentido contrário, a entrada de qualquer estranho na sociedade, em razão da penhora de quotas, poderá ser impedida pelos demais sócios, os quais poderão preferir o pagamento dos respectivos haveres, mesmo que isso represente grande e arriscada descapitalização empresarial; afinal, ninguém pode ser obrigado a associar-se a alguém contra sua firme vontade.

Como ficou, no âmbito da atual legislação sobre sociedade limitada, a questão ora examinada? Ela ficou, a meu ver, muito bem equacionada e resolvida, de pleno acordo com as concepções e as doutrinas acima enunciadas. Com efeito, em seu art. 1.026, *caput*, o Código Civil/2002 dispõe: "O credor particular de sócio pode, na insuficiência de outros bens do devedor, fazer recair a execução sobre o que a este couber nos lucros da sociedade, ou na parte que lhe tocar em liquidação". Percebe-se que, se o devedor (portanto, o sócio) tiver outros bens, é sobre eles que deverá recair a execução; se, no entanto, não houver outros bens ou, mesmo havendo, forem insuficientes para pagamento da dívida, a execução poderá recair sobre lucros da sociedade, a serem pagos ao sócio devedor, ou sobre a parte a este atribuída, em eventual liquidação da sociedade.

E se a sociedade não tiver lucros, nem estiver em liquidação? Aplicar-se-á o parágrafo único do mesmo artigo, que dispõe: "Se a sociedade não estiver dissolvida, pode o credor requerer a liquidação da quota do devedor, cujo valor, apurado na forma do art. 1.031, será depositado em dinheiro, no juízo da execução, até noventa dias após aquela liquidação". A expressão "liquidação da quota do devedor", provavelmente mais própria no plano técnico, é nova; usava-se outrora expressão diferente, que era comum consistir no seguinte: "apuração dos haveres do devedor" (pois a idéia de valor patrimonial da quota costumava ser enunciada mediante uso das palavras "haveres do sócio na sociedade"). O art. 1.031 fixa norma – que o contrato social, contudo, pode modificar livremente – sobre como efetuar a liquidação da quota.

Uma vez liquidada a quota e depositado em juízo o respectivo valor em dinheiro, o sócio fica, de pleno direito, nos termos do parágrafo único do art. 1.030, excluído da sociedade. A expressão "de pleno direito" deve ser entendida como significando "automaticamente". Em

SÓCIO QUE DEIXA DE SER TAL 367

razão disso, o sócio excluído não deve fazer absolutamente nada a não ser receber, em juízo, eventuais sobras, visto como o valor patrimonial de sua antiga quota pode mesmo ser superior ao valor da dívida e das correspondentes despesas. Quanto à sociedade, ela deve tão-somente, em minha opinião, celebrar alteração contratual, contendo pelo menos: ampla notícia da exclusão automática do sócio; a redução do capital social, caso os demais sócios não tenham suprido o valor da quota liquidada; a nova distribuição do capital social; e os dados básicos da ação judicial respectiva (considero, porém, bem aconselháveis: de um lado, a transcrição completa do texto do recibo de depósito e, de outro, a juntada de cópia autêntica do mesmo recibo), sem necessidade da intervenção – e, portanto, da assinatura – do sócio excluído.

1.3 Sócio que, como empresário, teve a falência decretada

Na parte final da subseção anterior aludi ao parágrafo único do art. 1.030 do Código Civil/2002 sem, contudo, reproduzir seu texto. Faço-o agora. O texto completo é o seguinte: "Será de pleno direito excluído da sociedade o sócio declarado falido, ou aquele cuja quota tenha sido liquidada nos termos do parágrafo único do art. 1.026". Também neste caso a expressão "de pleno direito" deve ser entendida como significando "automaticamente". Poderão alguns dizer: "Muito estranho: pode o sócio de uma sociedade limitada ser atingido pela figura jurídica da falência, independentemente da sociedade?". Não é bem assim! O problema exige colocação diversa. Em verdade, sócios em geral de sociedade em nome coletivo, sócios comanditados de sociedade em comandita simples e acionistas diretores de sociedade em comandita por ações correm, sem dúvida, o risco de serem arrastados inexoravelmente para um processo falimentar em virtude de sua responsabilidade ilimitada pelas obrigações sociais; é indispensável, porém, que, antes de mais nada, seja decretada (é oportuno notar que a atual Lei de Falências não usa mais o verbo "declarar") a falência da respectiva sociedade.

A hipótese ora em exame, no entanto, é bastante diferente. Com efeito, a sociedade nada tem a ver com processos falimentares de qualquer tipo; de forma que o problema falimentar que atinge o sócio diz respeito apenas e tão-somente a este último, em caráter estritamente pessoal. Como é possível tal coisa? Não é difícil explicar. Quando alguém resolve passar a integrar o quadro social de uma sociedade empresária, ele não fica, por isso, de modo algum impedido de fazer parte de outras sociedades de cunho econômico (empresárias ou não, portanto: anônimas, limitadas, em nome coletivo, simples e outras); assim como não fica absolutamente impedido de exercer atividades econômicas sozinho, tanto na qualidade de profissional autônomo como na qualidade de empresário individual. Eventuais impedimentos só poderiam surgir com base em contratos sociais, tendo em vista inibir possíveis concorrências desleais; mas isso não é corriqueiro. Dir-se-á que ninguém consegue exercer, com grande eficiência, muitas atividades econômicas ao mesmo tempo: é verdade; mas também é verdade que ser sócio de qualquer sociedade não significa necessariamente estar exercendo atividade, isto é, ter assumido cargo administrativo; pode significar apenas ter aplicado capitais, nada mais. Em conseqüência, nada impede que alguém seja sócio de sociedade empresária, sem qualquer cargo administrativo, e ao mesmo tempo exerça atividades econômicas na qualidade de empresário individual. Como empresário individual ele pode ter sua falência decretada, sendo, por isso, atingido, como sócio, pelos efeitos do citado art. 1030, parágrafo único.

É justo que aconteça tudo isso? Propriamente justo não me parece, uma vez que, se ele exercesse suas atividades empresariais não na qualidade de empresário individual mas na qualidade de sócio majoritário – ainda que quase-totalitário – de sociedade limitada, as coisas se passariam de forma diferente: como sócio, de fato, ele não poderia falir. Sem dúvida, poderia falir a sociedade, podendo o sócio, quando muito, ser atingido indiretamente, através da perda total de sua quota de capital; mas se ele fosse titular de outras participações, em sociedades diferentes, evidentemente não as perderia, pois elas não seriam atingidas pela falência da primeira sociedade. Qual o motivo de tudo isso? Qual a diferença entre as duas posições? Por que misterioso motivo a empresa exercida por sociedade pode evoluir e limitar cada vez mais a responsabilidade de seus sócios, ao passo que a empresa exercida por empresário individual deve continuar sendo tratada como na Idade Média? A empresa agora é uma só, e adquire contornos cada vez mais definidos como estrutura organizacional, de um lado, e como agente econômica única, de outro; pouco importando se tem como titular grupo grande ou pequeno de pessoas ou uma única pessoa. Ademais, a impressão que se tem é a de que falência seja crime, devendo, por isso, gerar castigo: "Sua empresa individual foi à falência? Por castigo, você perde também o investimento feito como sócio na sociedade tal!". Em verdade, muito embora possa revelar a existência de crimes, a falência, em si, não é crime: pode resultar de meras fatalidades imprevistas, que nada têm a ver com falta de moralidade, de capacidade técnica ou de diligência. Houve época em

SÓCIO QUE DEIXA DE SER TAL 369

que todos usavam chapéu; de repente, ninguém mais usava! Empresas quebraram por isso. Qual a culpa dos respectivos empresários? Hoje os usos mudam, às vezes, com rapidez assustadora. Em termos estritamente jurídicos, no entanto, forçoso é reconhecer que o parágrafo único do art. 1.030 está perfeitamente de acordo com a sistemática da atual legislação pátria. Se, com efeito, o sócio de limitada é ao mesmo tempo empresário individual, ele responde ilimitadamente – portanto, com todo o seu patrimônio pessoal – por suas obrigações empresariais. Em conseqüência, se vier a ser decretada a falência dele, o administrador judicial terá o dever de comunicar o fato à sociedade, para que esta promova a liquidação da quota do falido e permita, em seguida, a arrecadação da mesma. Uma vez arrecadada a quota, o sócio fica, de pleno direito, excluído da sociedade. Em razão disso, o sócio excluído, em minha opinião, não deve fazer absolutamente nada. Quanto à sociedade, ela deve celebrar alteração contratual, contendo, pelo menos: ampla notícia da exclusão automática do sócio; a redução do capital social, caso os demais sócios não tenham suprido o valor da quota liquidada; a nova distribuição do capital social; e os dados básicos do processo de falência (considero, porém, aconselhável a juntada de cópia autêntica do documento judicial comprovando a arrecadação da quota social), sem necessidade da intervenção – e da assinatura – do sócio excluído.

2. Exclusão de sócio pela prática de atos graves

2.1 Algumas opiniões com base na legislação anterior

Tal como fiz em diversas outras partes do presente estudo jurídico, também desta vez pretendo deter-me, preliminar e sucintamente, em algumas reminiscências históricas sobre o conhecido e importante problema dos *atos graves* que – porventura praticados por algum dos sócios, em situação de aberta dissidência ou, mesmo, em outras circunstâncias – possam vir a ter resultados nocivos ao eficiente desenvolvimento do objeto social e ao bom conceito da própria sociedade, em sua dúplice posição de pessoa jurídica, de um lado, e de agente das atividades econômicas gerais, de outro. Sempre sustentei, aliás, que o conhecimento, ainda que bem sintético, de como os problemas jurídicos nascem, se definem, se consolidam e evoluem é de grande valia para a mais correta e mais eficaz interpretação das normas que, a certa altura, o legislador pátrio acaba editando para resolvê-los.

370   SOCIEDADES LIMITADAS

No império da legislação anterior, sobretudo na última fase, muito se escreveu a respeito do citado problema, via de regra em defesa da possibilidade de a maioria dos sócios, nas sociedades comerciais contratuais, excluir sócios minoritários dissidentes. Os defensores da tese alegavam que o sócio dissidente tinha condições de adotar comportamento prejudicial ao bom andamento da sociedade, portanto, da própria empresa; e que, à vista da necessidade cada vez maior de ser preservada a empresa, em razão de sua crescente função social, devia o sócio dissidente, em princípio, antes que os prejuízos pudessem ocorrer, ser afastado da estrutura empresarial. Foi sem dúvida notável, em tal sentido, a lúcida e firme opinião que o eminente jurista Francisco A. C. Veiga de Castro, procurador da Junta Comercial do Estado de São Paulo durante longos anos, teve a ocasião de manifestar em seu Parecer 521/1984, de 15.10.1984 (*Boletim JUCESP* 201, de 1.11.1984).

Sustentou ele, em caráter preliminar: "Realmente, prevalece hoje o entendimento da possibilidade legal da exclusão do sócio considerado inadimplente. A inadimplência não se restringe à falta de pagamento de quotas subscritas, mas se refere a qualquer descumprimento de obrigação contratual ou convencional. Um dos elementos, o principal, para diferenciar a sociedade da mera comunhão ou condomínio é a *affectio societatis*, que é a intenção dos sócios de conjugar esforços para a realização de um fim comum. Ora, no contrato de sociedade, a quebra da *affectio societatis* constitui, sem dúvida, descumprimento de obrigação social, tornando inadimplente o sócio transgressor". Não hesitou, pois, em concluir: "No presente, a sobrevivência da empresa, como organização econômica destinada a produzir bens e serviços, é o que deve ser posto em consideração". E mais: "Está assim assentado, na doutrina e na jurisprudência, que aos sócios, representando a maioria do capital social, por ato próprio, é lícito excluir da sociedade o sócio considerado inadimplente". Foi ele próprio que citou outras ilustres opiniões; citações essas que faço minhas e passo a reproduzir como tais.

"Inclinamo-nos a crer que, em determinadas circunstâncias, mesmo em falta de previsão estatutária específica, poderão os sócios em maioria, por *justa causa*, decretar a exclusão ou eliminação de sócio faltoso. Normalmente, as *causas* da exclusão deverão constar do pacto social. Não é desarrazoado, contudo, afirmar que a ocorrência dessa *justa causa* (ainda que não prevista contratualmente) habilite a maioria dos sócios a votar a exclusão do sócio indesejável. Se a doutrina e a jurisprudência, em falta de texto legal explícito, foram

SÓCIO QUE DEIXA DE SER TAL   371

levadas a incluir, entre as razões de dissolução social, a desarmonia e a séria divergência entre os sócios, parece-nos lógico e eqüitativo que o mesmo se dê em relação à exclusão de sócio. Se o sócio pratica atos capazes de autorizar o pedido de dissolução da sociedade (abuso, prevaricação, inabilidade ou incapacidade moral ou civil), afigura-se-nos que os sócios inocentes poderão, salvaguardando a sobrevivência da empresa, deliberar a exclusão do sócio culpado. A eventual injustiça ou a temeridade da exclusão seriam corrigidas através da anulação judicial da deliberação societária e a reposição do excluído em seu estado anterior com todas as vantagens inerentes e derivadas" (Egberto Lacerda Teixeira, *Das Sociedades por Quotas de Responsabilidade Limitada*, 1956, p. 274).

"Daí admitir-se, teoricamente, que o problema da exclusão do sócio só pode ser equacionado em função desse escopo comum, ou seja, se é indispensável para a realização do objetivo de produção e partilha de lucros ou para a realização do objeto de exploração de uma atividade empresarial o afastamento de um sócio, esse afastamento se justifica. Ele encontra uma razão de justiça e de direito, se pode ser admitido sem a extinção de todas as demais relações que entram em contrato de sociedade" (Fábio Konder Comparato, "Exclusão de sócios nas sociedades por cotas de responsabilidade limitada"; *RDM*, Nova Série, 25/41).

"O Direito moderno, identificando a complexa teia das relações jurídicas decorrentes do funcionamento da sociedade, inadmite a sua dissolução, quando indeterminado o tempo de sua duração, se a ela se opõem os detentores da maioria do capital social. Assim, uma de duas: ou o sócio dissidente se retira ou é excluído. Caso contrário a minoria, com a liberdade de perturbar a atuação da empresa, criaria a condição para a sua extinção e estaria impondo a sua vontade" (acórdão do 1º Tribunal de Alçada Civil de São Paulo, 5ª Câmara, *RT* 475/121).

Com base no parecer acima citado, do procurador Veiga de Castro, a Junta Comercial do Estado de São Paulo, poucos dias depois, tomou deliberação nos seguintes termos:

"Deliberação n. 11/1984-JUCESP

"O Plenário da Junta Comercial do Estado de São Paulo, por proposta de seu Presidente; considerando que o Parecer n. 521/1984 exarado pela D. Procuradoria Regional examinou a posição desta Junta Comercial em face da exclusão de sócio; considerando que o Código Comercial, além dos casos previstos nos arts. 289 e 317, admite a exclusão de sócio com causa justificada (art. 339, segunda parte); con-

372 SOCIEDADES LIMITADAS

siderando que a doutrina aponta a inadimplência dos deveres de sócio, em toda a gama de sua manifestação, como causa justa da exclusão, independentemente de previsão contratual; considerando que a jurisprudência vem se manifestando pela legalidade da eliminação de sócio por deliberação majoritária, ao mesmo tempo que acentua competir à Junta Comercial apenas a verificação da validade do instrumento, sem exame da *validade ou invalidade das decisões e deliberações dos órgãos societários* (*RT* 577/88); considerando que a validade do instrumento depende da observância dos requisitos formais, relativos ao *quorum* de decisão e à indicação da causa justificadora da exclusão; considerando o disposto pelo art. 6º, I, 'b' e 'c', da Lei n. 6.939, de 9 de setembro de 1981; Delibera:

"Art. 1º. Serão arquivados os instrumentos de exclusão de sócio, sob a forma de alteração contratual, que observarem os seguintes requisitos, sem prejuízo dos demais pertinentes aos contratos em geral: a) apresentarem deliberação tomada por sócios representando a maioria do capital social; b) indicarem a causa com menção de fatos que permitam ao excluído impugnar em juízo a eventual injustiça ou imprudência da exclusão; c) indiquem o destino das quotas do sócio despedido.

"Art. 2º. Esta Deliberação entrará em vigor na data de sua publicação, revogando-se as disposições em contrário.

"Sala das Sessões, 24 de outubro de 1984 – *João Baptista Morello Netto*, presidente" (*Boletim JUCESP* 201, de 1.11.1984).

2.2 Minha opinião com base na legislação anterior

A respeito do mesmo problema não pude deixar de manifestar, na época, minha opinião pessoal. Senti-me obrigado a fazê-lo por estar vendo as coisas de forma um pouco diferente. Afinal, o Direito não pode, por certo, ser definido como ciência exata. Por outro lado, segundo voz corrente, é da discussão que costuma nascer a luz, sendo a discussão nada mais que cotejo de opiniões diferentes. Com base nessas considerações, e em caráter preliminar, ressaltei que, apesar de sua aparente lógica, as ilustres e respeitáveis opiniões citadas na subseção anterior refletiam – a meu ver, e com a devida vênia – tão-somente o ponto de vista dos sócios majoritários. Ora, "ser majoritário" não significava necessariamente ter razão, posto que, em qualquer situação da vida, as maiorias podiam tomar atitudes tirânicas com relação às minorias. Tratava-se, aliás, de tendência natural; em

SÓCIO QUE DEIXA DE SER TAL 373

outras palavras, muito embora não pudesse ser excluída a hipótese de também a minoria ser tirânica, era forçoso reconhecer que a maioria tendia a sê-lo bem mais e com maior facilidade. Por esse motivo, eu achava conveniente oferecer aos sócios minoritários algum argumento de defesa, colocando o problema da exclusão em termos ligeiramente divergentes. Convinha destacar que, durante meus longos anos de estudo sobre sociedades comerciais, tivera eu diversas experiências significativas, umas referentes a sócios minoritários sumariamente excluídos sem qualquer motivo plausível, outras a juízes perplexos diante da arbitrariedade de certas exclusões. Entrando no assunto propriamente dito, fiz notar inicialmente que o problema não atingia a sociedade anônima. Considerava-se que o acionista, como tal, não tinha condições de prejudicar a empresa, pois, como mero fornecedor de capitais, ele tinha apenas o direito de receber os dividendos e de votar com relação às deliberações sociais. Votando em desacordo com a maioria, ele seria vencido. Nada mais poderia acontecer.

No tocante às sociedades contratuais, naquela época também chamadas "sociedades de pessoas", havia quem sustentasse ser possível e admissível a exclusão de um sócio pela maioria, com base no art. 339 do velho Código Comercial, o qual aludia a sócio que se despedisse ou fosse despedido com causa justificada. Não me pareceu nem um pouco aceitável tal entendimento. É que o mesmo Código, em dois dispositivos distintos, fazia referência justamente à exclusão de sócio. No art. 289, ao determinar que os sócios deviam entrar para o fundo social com as quotas e contingentes a que se tivessem obrigado, dispunha que poderiam os outros sócios preferir, à indenização pela mora, a rescisão da sociedade a respeito do sócio remisso. E no art. 317, ao tratar das sociedades de capital e indústria, dispunha que o sócio de indústria não podia, salvo convenção em contrário, empregar-se em operação alguma comercial estranha à sociedade; pena de ser privado dos lucros daquela e excluído desta. Ora, se o Código Comercial fixava, expressamente, determinadas causas de exclusão ou despedida, parecia mais lógico concluir que, ao aludir genericamente a sócio despedido com causa justificada, ele se referisse apenas e tão-somente às causas já previstas, não a outras arbitrariamente escolhidas pelos sócios majoritários. Ademais, como imaginar que a maioria dos sócios pudesse chegar a dispor de tão grande poder (o de excluir minoritários dissidentes) se ela, de acordo com o art. 331 do Código, não tinha sequer a faculdade de entrar em operações diversas das convencionadas no contrato, sem o consentimento unânime dos membros do quadro social?

374 SOCIEDADES LIMITADAS

Resta, agora, verificar o que acontecia, especificamente, com a sociedade limitada. Usei o advérbio "especificamente" porque a limitada, em minha opinião, sempre formou grupo com as sociedades contratuais – naquela época ditas "de pessoas" – previstas pelo velho Código, eis que, conforme no passado já fiz notar, e não apenas uma única vez, havia na legislação própria claros sinais de que o legislador pátrio, ao criar a limitada, só pretendera instituir tipo societário com as características básicas da sociedade em nome coletivo, mas sem a responsabilidade ilimitada desta. Tanto assim que o velho Decreto 3.708, de 10.1.1919, em seu art. 7º, reportando-se ao art. 289 do Código Comercial, só mencionava a hipótese de exclusão de sócio remisso deliberada pelos outros sócios. De forma que a sociedade limitada deliberava, sim, por maioria, mas, a meu ver, nos mesmos moldes que as demais sociedades contratuais ou de pessoas; portanto, com as limitações do art. 331 do velho Código. Inúmeros estudiosos, no entanto, em decorrência de análise – que sempre me pareceu apressada – do texto do citado Decreto 3.708/1919, sustentavam que a sociedade limitada podia deliberar por maioria sempre, em qualquer hipótese; e incluíam até mesmo a hipótese de exclusão de sócio não prevista nem pela lei, nem pelo contrato. Não tive dúvidas em discordar, de novo. Observei que a saída, voluntária ou compulsória, de um sócio do quadro social, muito embora parecida com comum alteração contratual, equivalia, em verdade, a uma espécie de distrato parcial.

Apresentei, então, meu argumento básico, que pode ser assim sintetizado: *distrato não se confunde com alteração contratual, uma vez que, por mais curioso que possa parecer, o documento conhecido com o nome de "distrato" não passa de outro contrato, não podendo em conseqüência ser celebrado sem a manifestação da vontade de todas as partes contratantes. Tal vontade pode ser manifestada no ato, hipótese em que o sócio que sai assina livremente o instrumento de distrato, ou por antecipação, hipótese em que determinada cláusula contratual, livremente aceita pelo sócio, permite que a saída deste seja decidida apenas pelos demais sócios ou pela maioria. Inexistindo vontade, pode a mesma ser suprida por norma legal expressa ou pelo Poder Judiciário.* Voltando ao problema analisado, era fácil perceber que não havia norma legal expressa em sentido geral, pois o velho Decreto 3.708/1919, em seu art. 15, só aludia às alterações contratuais, não aos distratos, e em seu art. 7º só permitia (conforme já visto) a exclusão de sócio remisso. De forma que a exclusão em geral só podia ser realizada diretamente, pela maioria, com base em cláusula contratual expressa e específica. Inexistindo tal cláusula, a exclusão não podia prescindir de autorização prévia do Poder Judiciário.

SÓCIO QUE DEIXA DE SER TAL 375

Aliás, tudo isso estava perfeitamente na lógica do nosso ordenamento jurídico, que, já naquela época, agasalhava conhecido princípio segundo o qual *a ninguém é permitido fazer justiça por suas próprias mãos*. Por outro lado, a alegação de que o sócio excluído poderia recorrer ao Poder Judiciário, para eliminar eventuais injustiças, encerrava pormenor inaceitável: indevida inversão do ônus da prova. Em verdade, caso a maioria entendesse estar algum dos sócios minoritários adotando comportamento prejudicial à sociedade, deveria ser ela – apenas ela – a fazer prova de tal fato perante um magistrado; se, no entanto, a exclusão fosse realizada mediante simples alteração contratual, o excluído seria obrigado a recorrer ao Poder Judiciário para fazer prova negativa, portanto, prova de não ter feito nada de errado. Conseguiria ele fazer tal prova? Por derradeiro, a grande possibilidade – segundo alguns bem real – de o minoritário dissidente causar maiores estragos à sociedade, enquanto a maioria recorresse ao Poder Judiciário, não constituiria, por certo, problema insolúvel, com base no Código de Processo Civil, cujo art. 798 dispunha que, se houvesse fundado receio de que uma parte, antes do julgamento da lide, causasse ao direito da outra lesão grave e de difícil reparação, poderia o juiz determinar as medidas cautelares provisórias que julgasse adequadas.

2.3 Como o problema foi resolvido pela atual legislação

As soluções por mim preconizadas acabaram sendo aceitas pelo legislador pátrio e, por isso, agasalhadas pelo Código Civil/2002. Aliás o foram, ao que me parece, de forma bem clara e precisa, em ambos os dispositivos que o Código declara aplicáveis à sociedade limitada. Sim, porque a hipótese de exclusão de sócio que ora está sendo examinada foi prevista pelo legislador pátrio em dois diferentes artigos, a saber: no art. 1.085, o qual faz parte das normas especificamente aplicáveis à sociedade limitada, e no anterior art. 1.030, *caput*, o qual, citado pelo art. 1.085, faz parte porém das normas especificamente aplicáveis à sociedade simples; note-se que tais normas, em caso de cabimento, são, outrossim, aplicáveis à sociedade limitada, em caráter supletivo.

O art. 1.085, em seu *caput*, dispõe, *ipsis litteris*: "Ressalvado o disposto no art. 1.030, quando a maioria dos sócios, representativa de mais da metade do capital social, entender que um ou mais sócios estão pondo em risco a continuidade da empresa, em virtude de atos de inegável gravidade, poderá excluí-los da sociedade, mediante al-

376 SOCIEDADES LIMITADAS

teração do contrato social, desde que prevista neste a exclusão por justa causa". A respeito do disposto no art. 1.030 discorrerei, de forma pormenorizada, mais adiante, nesta mesma subseção. A deliberação social deve, no caso ora em exame, ser tomada por maioria absoluta; em outras palavras, não basta que se trate de maioria dos sócios presentes: deve – independentemente do número destes últimos – representar, no mínimo, mais da metade do capital. O uso que o legislador faz do verbo "entender" indica com clareza que se estará diante de decisão social por demais subjetiva, passível, inclusive, de ser impugnada em juízo; tal fato, pois, recomenda sobremaneira que a decisão seja amplamente explicada e justificada, sem a menor economia de palavras. A decisão pode atingir um único sócio ou alguns sócios ao mesmo tempo, ainda que o problema de cada sócio seja diferente do dos demais; neste último caso, evidentemente, a justificativa não poderá ser única para todos os sócios atingidos. A expressão "pondo em risco", também usada pelo legislador, significa que nenhum dano atual precisa ser verificado: basta haver um dano potencial; melhor dizendo, é suficiente que surja mera, mas clara, situação de perigo para a empresa. Qualquer situação de perigo? Não, em meu entendimento! Deve ser, por certo, uma situação de perigo em condições de comprometer a própria continuidade da empresa, portanto, na prática, a existência desta. Por esse motivo, o ato ou os atos praticados pelos sócios atingidos não podem ser quaisquer atos contrários aos interesses da sociedade: devem ser atos de certa importância, que os demais sócios possam classificar como graves, e de uma gravidade evidente; o que, sem dúvida, não causará o desaparecimento da subjetividade da deliberação social, mas a tornará menos vulnerável.

A exclusão, aqui, é feita diretamente pela maioria dos sócios, sem recurso ao Poder Judiciário; é, porém, indispensável – conforme sempre preconizei no passado – que o contrato social tenha previsto, em suas cláusulas, a figura jurídica da *exclusão por justa causa*. Como efetuar tal previsão? Em meu modo de entender, é suficiente, a rigor, o simples uso da expressão legal, assim: "Qualquer sócio poderá, por maioria absoluta, ser excluído da sociedade por justa causa". Uma vez que se trata, entretanto, de assunto muito delicado, além de bem novo, é recomendável que o texto contratual seja mais explícito; por exemplo, assim: "Qualquer sócio poderá, a qualquer tempo, por maioria absoluta, ser excluído da sociedade por justa causa, mediante alteração do contrato social, desde que, na opinião da mesma maioria absoluta, devida e amplamente justificada, esteja pondo em risco a continuidade da empresa, em virtude de atos de inegável gravidade, nos termos do art. 1.085 do Código Civil". Deve, porventura, tal cláusula ser necessariamente inserida no contrato inicial? Não creio: entendo possa ser inserida no contrato social também por intermédio de alteração contratual. Preciso, porém, fazer uma observação que alguns poderão estranhar: em minha opinião, na hipótese de alteração contratual, o respectivo instrumento deverá ser assinado por todos os sócios, inclusive e sobretudo por todos os minoritários, os quais estarão, dessa forma, manifestando sua livre vontade por antecipação, conforme expliquei na subseção anterior. Dirão alguns: "E se um novo sócio for admitido depois?". Não haverá qualquer problema, pois ele, no ato de assinar o instrumento de sua admissão, estará automaticamente aceitando todas as cláusulas contidas no contrato da sociedade.

O referido art. 1.085 dispõe, igualmente, em seu parágrafo único: "A exclusão somente poderá ser determinada em reunião ou assembléia especialmente convocada para esse fim, ciente o acusado em tempo hábil para permitir seu comparecimento e o exercício do direito de defesa". Note-se que a alusão a "reunião ou assembléia", contida no parágrafo único do artigo, não conflita com a alusão à "alteração do contrato social" contida no *caput* do mesmo artigo. Os dois atos podem ser praticados em regime de simultaneidade, assim: convoca-se a reunião ou assembléia; debate-se o assunto; abre-se espaço para defesa; aprova-se a exclusão; vota-se a conseqüente alteração contratual. Tudo num só instrumento: a ata da reunião ou assembléia. Convém observar que dita alteração contratual não exige, a meu ver, o *quorum* qualificado de deliberação previsto no art. 1.076, I, do Código Civil/2002 (três quartos do capital social); aplica-se o *quorum* previsto no inciso II do mesmo dispositivo (mais de metade do capital social), por ser a alteração ora em exame mera conseqüência da exclusão, ato que, por vontade expressa do legislador pátrio, exige *quorum* igual. A expressão "especialmente convocada para esse fim" parece fazer crer, à primeira vista, que a reunião ou assembléia deva ter na ordem-do-dia tão-somente a exclusão; acredito, contudo, não ser a única interpretação admissível. Quanto à expressão "ciente o acusado em tempo hábil", tem ela, a meu ver, dois sentidos: em primeiro lugar, significa que não basta convocar pela imprensa, sendo necessário que o acusado seja também convocado mediante carta, com prova de recebimento; em segundo lugar, que tal carta deve ser enviada com a maior urgência (aconselho o primeiro dia da publicação), uma vez que o acusado tem o direito de poder preparar sua defesa.

Nos termos do art. 1.086 do Código Civil/2002, tão logo efetuado o registro da alteração contratual, será aplicado o disposto nos arts. 1.031 e 1.032. O primeiro desses dois artigos trata da liquidação da quota de sócio que, por qualquer motivo, tenha deixado de ser tal; o segundo, em decorrência do mesmo fenômeno jurídico, estabelece certo tipo de responsabilidade. Os dois assuntos serão por mim abordados, com todos os pormenores necessários, na última seção deste mesmo capítulo.

Outro dispositivo em que o Código Civil/2002 enfrenta o problema do comportamento do sócio, admitindo a exclusão deste da sociedade, é o art. 1.030, *caput*, segundo o qual "pode o sócio ser excluído judicialmente, mediante iniciativa da maioria dos demais sócios, por falta grave no cumprimento de suas obrigações, ou, ainda, por incapacidade superveniente". Trata-se de artigo inserido nas normas que regulam a sociedade simples, que não é empresária, ao passo que a limitada é, ao menos em termos básicos, sociedade empresária. No tocante à sociedade simples o dispositivo ora em exame faz pleno sentido. Está-se, com efeito, diante de tipo societário em que a atividade econômica é desenvolvida basicamente pelos sócios, em caráter pessoal, sendo o capital algo secundário (v. meu livro *Empresa É Risco – Como Interpretar a Nova Definição*, já citado); em que a posição do sócio ainda se confunde bastante com a posição do administrador; e em que o sócio deve, em conseqüência, ser pessoa capaz. Ao contrário, no tocante à limitada – sociedade empresária que foi ganhando estrutura cada vez mais próxima da sociedade anônima ou companhia e onde os sócios não precisam mais ser administradores, uma vez que sua função mais importante é a de fornecer o capital necessário ao exercício da atividade, podendo, por isso, fazer parte do quadro social até mesmo incapazes – o dispositivo ora em exame chega a ser incompreensível. A título de exemplo, a expressão "por incapacidade superveniente" não se aplica à limitada; quanto à expressão "por falta grave no cumprimento de suas obrigações", surge naturalmente a seguinte dúvida: quais são, na sociedade limitada, as obrigações de um sócio, como tal? Dada a atual separação nítida entre a posição do administrador e a do sócio, creio que este tenha agora, fundamentalmente, uma única obrigação, que é a de integralizar, na época certa, a quota subscrita ou adquirida. Ocorre que, se ele não integralizar, fará surgir outra figura jurídica (a mora), sujeita a tratamento legal diferente.

Por que então estou dando espaço à exclusão prevista no art. 1.030, *caput*? Por uma razão muito simples: é o próprio art. 1.085

SÓCIO QUE DEIXA DE SER TAL   379

que, conforme já visto, inicia seu texto com a frase "Ressalvado o disposto no art. 1.030". A frase, sem dúvida, não peca por excesso de clareza, mas permite breve análise. A palavra "ressalvado" é o particípio passado do verbo "ressalvar", que significa "fazer ressalva". O substantivo "ressalva", por sua vez, significa, basicamente, "exceção". É como se a referida frase tivesse sido escrita assim: "Feita a exceção do disposto no art. 1.030"; e claramente significando que os dois dispositivos (art. 1.085 e art. 1.030) são ambos aplicáveis à sociedade limitada, um como regra, outro como exceção. Trata-se de problema análogo ao do próprio art. 1.030, que, por sua vez, começa com a frase "Ressalvado o disposto no art. 1.004". Ocorre que o art. 1.004, também específico da sociedade simples, trata do sócio remisso e da possibilidade de sua exclusão, constituindo efetiva exceção para a regra do art. 1.030. O mesmo não pode ser dito deste último com relação ao art. 1.085. Pode ter sido um cochilo do legislador pátrio. Coisa que, aliás, me parece absolutamente normal, por dois motivos: em primeiro lugar, porque ninguém tem a obrigação de ser perfeito; em segundo lugar, porque qualquer lei, após entrar em vigor, deve necessariamente ser submetida ao trabalho dos intérpretes, que por certo a completarão, com suas análises. De forma que sugiro: caso o problema seja da limitada, convém recorrer apenas e tão-somente ao art. 1.085.

3. Diferentes hipóteses de sucessão de sócio

3.1 Sucessão "inter vivos", por cessão total de quota

Em seu art. 334, o velho Código Comercial dispunha: "A nenhum sócio é lícito ceder a um terceiro, que não seja sócio, a parte que tiver na sociedade, nem fazer-se substituir no exercício das funções que nela exercer sem expresso consentimento de todos os outros sócios; pena de nulidade do contrato; mas poderá associá-lo à sua parte, sem que por esse fato o associado fique considerado membro da sociedade". Tal dispositivo – sem dúvida, aplicável à sociedade limitada – levava à colocação simultânea de dois problemas. O primeiro era sobre se podiam as quotas de limitada ser objeto de livre cessão entre os sócios; o segundo era sobre se podiam os sócios de limitada ceder livremente suas quotas a terceiros estranhos à sociedade. Quanto à livre cessão de quotas entre os próprios sócios parecia ser incontestável a existência, na lei, de permissão evidente, ainda que indireta; afinal, se a lei estabelecia determinada restrição, e a dirigia tão-somente aos estranhos, ficava claro que não queria vê-la aplicada aos sócios. Em conseqüência, a cessão de quotas a terceiros estranhos à sociedade não era livre: dependia do expresso consentimento de todos os outros sócios, sob pena de nulidade do contrato. "Expresso" significava, a meu ver, que o consentimento não podia ser tácito ou implícito ou presumido; de forma que só podia ser manifestado por escrito e previamente. A expressão "todos os outros sócios" deixava bem nítida a idéia de que o legislador pátrio não considerava de forma alguma suficiente o consentimento da maioria; e, com relação à nulidade do contrato, ela se referia, evidentemente, apenas ao contrato de cessão de quotas.

A legislação atual sobre o assunto é um pouco diferente, e diz respeito tão-somente à sociedade limitada. Com efeito, o art. 1.057 do Código Civil/2002 dispõe, em seu *caput*: "Na omissão do contrato, o sócio pode ceder sua quota, total ou parcialmente, a quem seja sócio, independentemente de audiência dos outros, ou a estranho, se não houver oposição de titulares de mais de um quarto do capital social". Não houve mudança substancial entre a norma antiga e a nova. Quanto à ora acenada diferença, ela consiste no que segue. A livre cessão de quotas, entre os próprios sócios, continua existindo; só que, desta vez, foi fixada de forma direta, ficando, em conseqüência, bem mais clara e bem melhor. A cessão de quotas a terceiros estranhos ao quadro social continua não sendo livre; só que, desta vez, o extremo rigor da norma anterior foi amenizado, eis que, se antes a cessão dependia do expresso consentimento de todos os demais sócios, agora a oposição de uma minoria de sócios, representando o capital social até o máximo de um quarto, não teria o condão de impedir a cessão a estranho; cessão, essa, que ficaria impedida tão-somente pela oposição de sócios representando mais que um quarto do capital social. Qual o motivo de tal amenização? Sem dúvida, é o extraordinário caminho até agora percorrido pela sociedade limitada em direção à sociedade anônima ou companhia; caminho, esse, que permite – à limitada de hoje, que possa contar com sólida, compacta e harmônica maioria, representando parte considerável do capital social – administrar sem grandes dificuldades eventuais problemáticas decorrentes da existência de uma minoria dissidente e quiçá também agressiva, mas que represente, no entanto, nada mais que um quarto do mesmo capital.

De qualquer forma, é preciso reconhecer – e acabo, indiretamente, de fazê-lo notar – que *um quarto de capital* não é tão grande assim: sobra parte considerável de capital que pode impedir, com facilidade,

SÓCIO QUE DEIXA DE SER TAL 381

a cessão de quota a estranho; sendo que tal parte pode ser tão considerável a ponto de ficar bem próxima do *quorum* de deliberação que gera maioria qualificada. Tem razão o legislador pátrio ao impor tão grande obstáculo? Em minha opinião, tem carradas de razões. A limitada, de fato, continua devendo ser incluída no rol das sociedades contratuais classificadas outrora como sendo de pessoas; e ocorre que, nestas, os sócios se escolhem, reciprocamente, com base não apenas no capital que podem fornecer, mas também com base em suas qualidades pessoais. Em tais condições, se um dos sócios tivesse a faculdade de fazer ingressar na sociedade determinado estranho sem o consentimento de, ao menos, boa parte dos demais sócios, tal ingresso poderia ser fator de notável desequilíbrio social, pois o novo sócio poderia não ser, ainda que parcialmente, do agrado e da confiança de parte importante, talvez até fundamental, dos demais sócios. A sociedade correria, assim, o enorme risco de resultar danificada em sua estrutura, inclusive o de desaparecer.

Tudo isso leva à colocação de interessante problema: pode o contrato social dispensar o expresso consentimento de outros sócios, previsto pela lei? Rubens Requião, referindo-se à legislação anterior, entendeu que sim: "Para nós, entretanto, que consideramos a sociedade limitada como ligada mais às sociedades *intuitu personae* que às de capital, não temos dúvida em invocar, na falta de estipulação contratual, a regra geral do art. 334 do Código Comercial. Em síntese: o contrato pode dispor livremente sobre a cessão das cotas, a forma de realizá-la, dando aos cotistas o direito de opção em relação às cotas que o sócio deseje transferir; pode estipular que não havendo interesse da sociedade em adquirir as ações do cotista, nem dos demais companheiros, o sócio pode cedê-las a terceiro. Silenciando o contrato, a cessão não se poderá efetivar" (*Curso de Direito Comercial*, já citado, vol. I, p. 330); observe-se que houve evidente *lapsus calami*: onde está "ações" leia-se "cotas".

Concordo com tal opinião, que é válida tanto para a legislação anterior como para a atual. E não porque o contrato social tenha o poder de modificar a lei: decididamente, ele não tem tal poder. Ocorre que quando os sócios inserem, no contrato social, cláusulas sobre cessão de quotas a terceiros estranhos, inclusive permitindo a cessão em certas condições, estão praticamente oferecendo seu consentimento por antecipação. Logo, a lei não está sendo modificada; ao contrário, está sendo observada em sua plenitude. Tanto isto é verdade que o próprio art. 1.057, *caput*, inicia seu texto com a expressão "na omissão do contrato", a qual indica claramente, a meu ver, que a norma legal pode

382 SOCIEDADES LIMITADAS

sofrer alterações, desde que não-substanciais. De forma que convém sempre colocar, ao que me parece, em contratos constitutivos de sociedades limitadas, cláusula sobre cessão de quotas, prevendo, por exemplo: modo de notificação dos sócios, modo e prazo de exercício de eventual direito de preferência, terceiros estranhos que podem ou não podem ser admitidos, modo de admissão, modo de elaboração do respectivo instrumento, modo de liquidação da quota nas hipóteses de os sócios não terem interesse e de os estranhos não se enquadrarem nas condições contratuais.

Mais um problema que merece ser colocado é o seguinte: admitida, em contrato, a livre cessão das quotas a terceiros estranhos, deve o ato ser corporificado em instrumento de alteração contratual ou pode sê-lo em instrumento à parte, só de cessão de quota? Há quem entenda ser possível o instrumento à parte; com o quê, ao menos em princípio, não tenho dúvidas em concordar, sobretudo no âmbito da legislação atual. Em verdade, os contratos, bilaterais ou plurilaterais que sejam, não passam de meros acordos de vontade, os quais, a rigor, podem subsistir, comumente, sem qualquer instrumento; mas, caso o tenham, não precisa ele, por certo, ser único: pode muito bem ser múltiplo, dando origem a figura de contrato que poderia (sem preocupações de purismo lingüístico) ser definido como "pluri-instrumental". Já fiz comentários mais extensos a respeito em capítulo anterior. Ora, nada impede, ao que tudo indica, que o contrato constitutivo de uma sociedade limitada seja pluri-instrumental no sentido mais amplo da expressão; portanto, também no de haver instrumento que resolva, de forma isolada, certo problema específico que atinge a estrutura social.

Existe no entanto a questão do registro. Conforme o parágrafo único do citado art. 1.057, a cessão terá eficácia, quanto à sociedade e terceiros, inclusive para os fins do parágrafo único do art. 1.003, a partir da averbação do respectivo instrumento, subscrito pelos sócios anuentes. Está claro, portanto, que o instrumento contratual de cessão de quota deve ser registrado (junto ao registro da sociedade); pois é justamente a partir da data de tal registro (com mais precisão, a partir da data da respectiva publicação) que o ato jurídico terá eficácia perante todos; entendendo-se por "todos" a sociedade e os terceiros em geral. Ocorre, porém, que nem o cedente nem o cessionário podem tomar, em caráter pessoal, a iniciativa de levar a registro eventual instrumento isolado, pois na Junta Comercial, por exemplo, vigora princípio segundo o qual os registros referentes a determinada empresa devem, com as costumeiras e infalíveis exceções, ser requeridos pela própria empresa. Por outro lado, a empresa não pode levar a registro

SÓCIO QUE DEIXA DE SER TAL 383

tão-somente o instrumento de cessão de quotas, pois a cessão faz surgir ao menos a necessidade de modificar a cláusula do capital no contrato social; modificação, essa, que não pode ser feita pela própria Junta Comercial. Resultado: o instrumento de cessão deve ser levado a registro juntamente com a correspondente alteração contratual, tendo, na prática, em minha opinião, a função apenas de dispensar a assinatura do cedente no instrumento da mencionada alteração.

Para finalizar, duas observações conclusivas. A primeira diz respeito à frase "subscrito pelos sócios anuentes". Tal frase significa, com certa clareza, ainda que indiretamente, que a idéia da manifestação dos demais sócios, enunciada no *caput* do artigo de forma negativa ("se não houver oposição"), deve, em verdade, com base no parágrafo, ser concretizada de forma positiva, através de anuência. Tentarei explicar com palavras mais simples. A frase "se não houver oposição" pode fazer crer que se devam manifestar os sócios que se opõem, com o seguinte resultado: representando tais sócios um quarto ou menos do capital social, a cessão a terceiro é realizada; se, no entanto, os referidos sócios representarem mais de um quarto do capital social, a cessão a terceiro não poderá ser realizada. Ocorre que, se o problema fosse mesmo colocado nesses termos, poderia vir a exigir procedimento complexo demais para uma operação jurídica às vezes modesta. Andou bem, pois, ao que tudo indica, o legislador pátrio quando recolocou o problema da oposição em termos indiretos. Entendo que o método indireto deva funcionar como segue. O sócio que deseja ceder sua quota a estranho deve – claro! – conversar com os demais sócios. Todos? Não necessariamente. Ele deve, com efeito, concentrar seu trabalho de proselitismo nos sócios que, em seu entendimento, tenham predisposição para concordar com a cessão. Conseguindo concordâncias em número promissor, deverá somar sua própria quota às quotas de todos os concordantes. Obtido o resultado de tal soma e verificada a correspondente quantidade de capital social, haverá, certamente, uma sobra de capital. Pois bem, se a sobra corresponder a um quarto do capital ou menos, a cessão poderá ser celebrada, devendo o cedente assinar, em algumas vias (por exemplo, três: duas para as partes, uma para a sociedade), o respectivo instrumento, juntamente com o cessionário, colhendo em seguida a assinatura de todos os sócios concordantes e, a final, entregando uma via aos administradores da sociedade, para providenciarem seu registro, simultaneamente com o da alteração contratual.

A segunda observação conclusiva diz respeito ao parágrafo único do citado art. 1.003, que dispõe: "Até dois anos depois de averbada a modificação do contrato, responde o cedente solidariamente com o cessionário, perante a sociedade e terceiros, pelas obrigações que tinha como sócio". Está claro que se trata de norma estabelecendo uma responsabilidade solidária que me parece ter toda a lógica do mundo. O cedente pode ter bens, o cessionário nenhum. Se, porventura, a quota objeto de cessão não tiver sido integralizada, o cessionário responderá, sem dúvida, pela integralização; mas, para que possa ser evitada eventual falcatrua, o cedente, durante dois anos, responderá também.

3.2 Sucessão "causa mortis", por herança ou outras figuras

No regime da legislação anterior a sociedade limitada não tinha norma própria regulando a morte de sócio e a conseqüente sucessão *causa mortis*. No regime da legislação atual continua ela não tendo tal norma própria; pode, no entanto, desta vez, ser utilizada, em caráter subsidiário, a respeito do mesmo assunto, a norma própria da sociedade simples. Trata-se do art. 1.028 do Código Civil/2002, que dispõe: "No caso de morte de sócio, liquidar-se-á sua quota, salvo: I – se o contrato dispuser diferentemente; II – se os sócios remanescentes optarem pela dissolução da sociedade; III – se, por acordo com os herdeiros, regular-se a substituição do sócio falecido". Está claro que a regra geral é a da liquidação da quota, a fim de que o resultado da operação possa ser oferecido em pagamento aos herdeiros, aos legatários ou ao viúvo-meeiro (entendo que a palavra "herdeiros" deva, aqui, ser interpretada como "sucessores"). Muito certo, em minha opinião. Em verdade, ao menos em teoria, a morte de um sócio não deixa de representar o término da sociedade. Afinal, se a sociedade tem como sócios três pessoas físicas, chamadas "A", "B" e "C", no momento do falecimento de "C" a sociedade termina. Ninguém se espante, por favor! Sei que alguns se apressarão em afirmar que a sociedade poderá continuar, sem problema algum, apenas com "A" e "B", ou ainda com três sócios, substituindo-se "C". Mas a sociedade não será a mesma: surgirá uma nova sociedade, para que possa ficar resolvido o grave problema da continuidade da empresa, em razão da importante função social desta última. Pois, apesar das aparências em sentido contrário, *sociedade* e *empresa* representam conceitos diferentes, que não se confundem. Assim sendo, o legislador pátrio andou bem ao fixar, como regra geral, a simples liquidação da quota do sócio falecido; pois isso permitiu, ao menos no mais profundo sentido teórico, que uma nova sociedade desse continuidade a idêntica empresa.

SÓCIO QUE DEIXA DE SER TAL 385

Mas o legislador pátrio – como não poderia deixar de ser, com relação a sociedades de tipo contratual, portanto fechadas e, como se dizia outrora, de pessoas – fixou também três exceções, que passo a examinar uma por vez, só que numa ordem diferente. Em primeiro lugar, a do inciso II ("se os sócios remanescentes optarem pela dissolução da sociedade"). Acabo de ressaltar a necessidade de ser garantida a continuidade da empresa, por sua importante função social. Dita necessidade, no entanto, não significa, de modo algum, que os sócios remanescentes tenham a obrigação, jurídica ou moral, de preservar a empresa. Pode ser que eles, mesmo gostando da idéia de preservar a empresa, simplesmente não disponham de condições para tanto, por motivos os mais diferentes. Imagine-se, por exemplo, que o sócio falecido tenha sido sempre, como se diz em linguagem comercial, a verdadeira "alma do negócio", e que sua morte tenha ocorrido de forma muito rápida e totalmente inesperada. Em tais condições, não pode ser excluída a hipótese de que os sócios remanescentes: de um lado, não tenham tido tempo de adquirir preparo suficiente para continuarem o negócio sem a presença animadora e orientadora do sócio falecido; de outro, não tenham tido a idéia de estimular os filhos do falecido a assumirem cada vez mais a posição do pai; e, enfim, não tenham tido nunca a oportunidade de encontrarem estranhos interessados em adquirir o controle da empresa. Numa situação dessas, só resta a dissolução da sociedade; cabendo ao inventariante dos bens do falecido acompanhar o processamento da respectiva liquidação, para poder tutelar os interesses do espólio.

Em segundo lugar, convém examinar a exceção do inciso III ("se, por acordo com os herdeiros, regular-se a substituição do sócio falecido"). Aqui os fatos podem ter acontecido de forma bem diferente. Imagine-se, por exemplo, situação assim: o sócio falecido tinha um filho, que, desde menino, sempre circulou pelas dependências da empresa, fazendo grande amizade com os outros sócios, com os administradores e com os funcionários; já na adolescência, começou a ficar entrosado nas atividades sociais, conseguindo emprego na maioridade e assumindo cargo de chefia alguns anos depois; após diversos anos de experiência nos principais setores das atividades sociais, foi alçado à condição de administrador da sociedade. Numa situação dessas, mesmo que o contrato social nada disponha a respeito, a lei não impede – sendo, inclusive, muito natural e lógico, além de benéfico para as atividades da empresa – que os sócios remanescentes, mediante livre acordo com o herdeiro do sócio, aceitem pacificamente que este substitua o pai na composição do quadro social.

386 SOCIEDADES LIMITADAS

Em terceiro e último lugar, resta examinar a exceção do inciso I ("se o contrato dispuser diferentemente"). Pelo visto, no tocante à morte de sócio o Código Civil/2002 reserva certo espaço à livre estipulação dos sócios no contrato social. O advérbio "diferentemente" refere-se apenas à liquidação da quota, devendo, por isso, o texto do inciso ser entendido assim: o contrato social pode dispor algo que seja diferente da liquidação da quota do sócio falecido. Em que pode consistir esse "algo que seja diferente"? Para que se possa chegar a uma noção bem concreta disso, é preciso que antes se tenha uma certa idéia, ainda que sucinta, da problemática que pode surgir após a morte de um sócio. Em caráter preliminar, cabe ressaltar que os sucessores (herdeiros, legatários ou viúvos-meeiros) podem estar sem vontade nenhuma de ingressar na sociedade, preferindo receber, em moeda corrente do país, os haveres correspondentes à participação social do sócio falecido. Nesta hipótese é possível que apareça certo problema de importância não pequena, de acordo com as proporções da mencionada participação social: pois, se dita participação for de proporções extraordinariamente consideráveis, poderá a empresa correr o risco de uma precipitada e bem perigosa descapitalização. É permitido ao contrato social, com vistas a uma hipótese dessas, barrar a liquidação da quota, obrigando, na prática, os sucessores a entrar na sociedade? Depende: em minha opinião, se os sócios, ao constituírem a sociedade, entenderem que uma inesperada descapitalização de proporções bem notáveis terá condições de pôr seriamente em risco a continuidade da empresa, podendo, em conseqüência, fazer desaparecer a importante função social desta última, será perfeitamente cabível que os referidos sócios impeçam, no contrato social, a liquidação da quota de sócio falecido; considero aconselhável, porém, por uma questão de equilíbrio, que o contrato social não deixe de fixar certo valor máximo, determinando que, se a quota de sócio falecido tiver valor nominal menor, ela será liquidada obrigatoriamente, a pedido dos sucessores.

Pode acontecer, porém, que os sucessores do sócio falecido demonstrem forte desejo de entrar na sociedade. Nesta hipótese, a problemática ora em exame muda completamente de figura, admitindo até mesmo solução definida mediante graduação entre os diferentes níveis de uma escala. Imagine-se, por exemplo, que os sócios remanescentes tenham claro e relevante receio de que os sucessores possam prejudicar demais, ou até mesmo arruinar, o equilíbrio social interno, com gravíssimas conseqüências no tocante à continuidade da empresa: neste caso, parece-me cabível sugerir que o contrato social adote solução escolhida entre três, todas elas, em minha opinião,

SÓCIO QUE DEIXA DE SER TAL 387

permitidas pela lei. A solução inicial é a mais radical: a entrada dos sucessores fica total e absolutamente proibida. A solução intermediária é um pouco mais suave: a entrada dos sucessores somente ocorre se aprovada pelos votos dos sócios remanescentes que correspondam a três quartos, no mínimo, do valor das quotas de que os mesmos sejam titulares. A solução final é a menos radical: a entrada automática dos sucessores é permitida desde que se trate do cônjuge supérstite ou dos filhos do falecido.

Evidentemente, não se pode ignorar uma derradeira hipótese, que pode ser imaginada nos termos que seguem. Há sócios que, muito embora nem queiram ouvir falar em sociedade anônima ou companhia, por complexa e dispendiosa, preferem, no entanto, que a limitada por eles constituída adquira estrutura e feições cada vez mais parecidas com as de uma pequena anônima. Assim, por exemplo, adotam denominação, criam conselho de administração (só para sócios), estruturam diretoria hierarquizada, setorizada e profissionalizada, instituem conselho fiscal, dividem o capital social em pequeninas quotas de valor igual (como se fossem ações), mantêm o referido capital sempre integralizado (para que nunca possa surgir o fenômeno da responsabilidade solidária), montam sistema de controle solidamente mantido nas mãos de alguns deles (para que, em caráter permanente, possam evitar qualquer tipo de surpresa), e assim por diante. Em tais condições, não interessa a eles: de um lado, criar qualquer obstáculo à entrada de sucessores de sócios falecidos; de outro, facilitar uma eventual descapitalização da empresa. Para uma situação dessas, sugiro a adoção de cláusula com a seguinte redação: "Na hipótese de falecimento de qualquer sócio, a sociedade não poderá ser dissolvida pelos sócios remanescentes, os quais também não poderão impedir a entrada dos sucessores na sociedade. A entrada dos sucessores acontecerá de forma automática e obrigatória, excluído, em conseqüência, qualquer direito ao recebimento dos haveres correspondentes à participação do sócio falecido. Estará assegurado, no entanto, aos referidos sucessores, o direito de livre cessão de sua quota ou quotas, a qualquer momento, a quem seja sócio ou a estranho, independentemente de audiência e anuência dos demais sócios".

De qualquer forma, se, na sucessão *causa mortis*, os sucessores do sócio falecido não entrarem, por qualquer motivo legalmente admissível, na sociedade, deverá necessariamente ser liquidada a quota do falecido, nos termos do art. 1.031, *caput* e parágrafos, do Código Civil/2002 ou de eventuais disposições contratuais em sentido contrário, prevalecendo, sem dúvida, estas últimas, se existentes.

388   SOCIEDADES LIMITADAS

4. Retirada de sócio em caso de dissidência

4.1 Normas sobre a companhia, para eventuais subsídios

Trata-se de assunto jurídico bastante conhecido como *reembolso de quota*, e que diz respeito a determinada figura que costuma ser indicada como *retirada de sócio da sociedade*. De forma geral, o substantivo "reembolso" indica o ato ou o efeito de reembolsar; o verbo "reembolsar", por sua vez, tem o sentido genérico de "tornar a embolsar", podendo especificamente significar, de um lado, reaver, de alguém, valor que anteriormente se desembolsou e, de outro, restituir, a alguém, valor por este anteriormente desembolsado. Em termos jurídicos, sobretudo societários, o *reembolso* encontra sua maior e mais complexa regulamentação na legislação sobre as chamadas *sociedades por ações*, que são as sociedades anônimas ou companhias e as sociedades em comandita por ações. A Lei 6.404, de 15.12.1976, com efeito, em seu art. 45, *caput*, o define como sendo "a operação pela qual, nos casos previstos em lei, a companhia paga aos acionistas dissidentes de deliberação da assembléia-geral o valor de suas ações". Em seus diversos parágrafos o referido dispositivo legal fixa algumas normas de procedimento, que farei objeto de poucos e bem sucintos comentários logo a seguir, para que possam eventualmente servir de base – no sentido total ou parcial da expressão – aos sócios da sociedade limitada na elaboração de normas próprias que queiram incluir em seu contrato social.

4.1.1 Determinação do valor de reembolso

O estatuto pode estabelecer normas para a determinação do *valor de reembolso*, que, entretanto, somente poderá ser inferior ao valor de patrimônio líquido constante do último balanço aprovado pela assembléia-geral se estipulado com base no valor econômico da companhia, a ser apurado em avaliação (§ 1º). Se o estatuto determinar a avaliação da ação, para efeito de reembolso, o valor será o determinado por três peritos ou empresa especializada (§ 3º). Percebe-se que a fixação do valor é, de certa forma, livre, desde que as respectivas normas sejam consignadas no estatuto social; a lei limita-se, na prática, a estabelecer valor mínimo. Que outros valores poderiam ser adotados? Ao que me parece, o patrimônio líquido da sociedade (diferença entre ativo e passivo) pode ser determinado se-

SÓCIO QUE DEIXA DE SER TAL 389

gundo critérios que tomem por base valores de natureza diferente: valores meramente contábeis, valores contábeis atualizados, valores de mercado, eventuais outros; todos eles aceitáveis desde que, a meu ver, não acabem causando injustos danos ao sócio que se despede.

4.1.2 *Último balanço ou balanço especial*

Se a deliberação da assembléia-geral ocorrer mais de 60 dias depois da data do último balanço aprovado, será facultado ao acionista dissidente pedir, juntamente com o reembolso, levantamento de *balanço especial* em data que atenda àquele prazo. Neste caso, a companhia pagará imediatamente 80% do valor de reembolso, calculado com base no último balanço, e, levantado o balanço especial, pagará o saldo no prazo de 120 dias, a contar da data da deliberação da assembléia-geral (§ 2º). Como deverá ser feito o pagamento na hipótese de inexistência de balanço especial? Acredito deva sê-lo imediatamente e por inteiro. Com efeito, ausente autorização legal expressa, e na hipótese de o estatuto social também não conter qualquer tipo de autorização, de maneira alguma se justificaria eventual pagamento realizado em parcelas, ou ao longo do tempo, sem limitações.

4.1.3 *Utilização de contas de lucros ou reservas*

O valor de reembolso poderá ser pago à conta de *lucros ou reservas*, exceto a legal, e nesse caso as ações reembolsadas ficarão em tesouraria (§ 5º). Será que precisam, mesmo, ficar em tesouraria? Não creio. A perfeita analogia, a meu ver, existente entre a hipótese legal ora em exame e a prevista pelo art. 30, § 1º, "b", da mesma lei (aquisição de ações para permanência em tesouraria ou cancelamento) permite-me concluir que nada impede, também, o cancelamento.

4.1.4 *Possibilidade de redução do capital social*

Se no prazo de 120 dias, a contar da publicação da ata da assembléia, não forem substituídos os acionistas cujas ações tenham sido reembolsadas à conta do capital social, este será considerado reduzido no montante correspondente, cumprindo, dentro de 5 dias, aos órgãos da administração convocar a assembléia-geral, para tomar conhecimento daquela redução (§ 6º). Nesta hipótese, conforme exceção legal expressa, os credores da sociedade não podem opor-se à redução.

390 SOCIEDADES LIMITADAS

4.2 Normas específicas constantes da nova legislação

Aplica-se a citada legislação às demais sociedades empresárias, ditas "contratuais" ou "por quotas", outrora ditas também "de pessoas"? Não, por certo. Mas a sociedade limitada, desde sua instituição, sempre teve, a respeito do assunto ora em exame, dispositivo legal próprio. O velho Decreto 3.708, de 10.1.1919, em seu art. 15, primeira parte, dispunha: "Assiste aos sócios que divergirem da alteração do contrato social a faculdade de se retirarem da sociedade, obtendo o reembolso da quantia correspondente ao seu capital, na proporção do último balanço aprovado". Na atual legislação, o Código Civil/2002 acabou aperfeiçoando o velho dispositivo; o novo, que está contido no art. 1.077, estabelece: "Quando houver modificação do contrato, fusão da sociedade, incorporação de outra, ou dela por outra, terá o sócio que dissentiu o direito de retirar-se da sociedade, nos trinta dias subseqüentes à reunião, aplicando-se, no silêncio do contrato social antes vigente, o disposto no artigo 1.031".

Percebe-se claramente que também na sociedade limitada o reembolso é conseqüência da retirada de sócio; retirada que precisa fundamentar-se em dissidência referente a deliberação tomada – por qualquer meio admitido em Direito (em situações normais, mediante reunião ou assembléia) – pela maioria dos sócios. Há, contudo, pormenor bem diferente: na sociedade anônima ou companhia não é qualquer dissidência que permite a retirada com reembolso, uma vez que a lei prevê expressa e especificamente cada uma das hipóteses de cabimento; ao passo que na sociedade limitada a dissidência causadora de retirada e reembolso pode ficar caracterizada em qualquer alteração do contrato social, pois a lei, além de mencionar fusão e incorporação (ativa e passiva), não desce a ulteriores minúcias, preferindo utilizar expressão genérica e abrangente. Outra coisa importante que ocorre no tocante à sociedade limitada é que o sócio dissidente que se retira não tem direito apenas ao recebimento do valor nominal de sua quota, como muitos entendiam no regime da legislação anterior, com base na escassa clareza da expressão "na proporção do último balanço aprovado"; pois agora também a limitada, tal como acontece com a sociedade anônima ou companhia, deve pagar o valor patrimonial da mesma quota. Não pode haver a menor dúvida a esse respeito, diante da claríssima terminologia utilizada pelo legislador pátrio, a qual faz referência à liquidação da quota com base na situação patrimonial da sociedade, verificada em balanço especialmente levantado.

Aliás, cumpre observar que a legislação atual não menciona a palavra "reembolso", preferindo usar a expressão mais abrangente

SÓCIO QUE DEIXA DE SER TAL 391

"liquidação de quota", a qual, muito embora indique idéia diversa (*reembolso* significa "devolução de dinheiro", ao passo que *liquidação de quota* significa "redução da quota a dinheiro"), combina mais, no entanto, com a idéia de resolução da sociedade em relação a um sócio; resolução, essa, que equivale a uma dissolução social. De forma que acaba surgindo figura jurídica classificável como *dissolução parcial de sociedade* (pois referente a apenas um sócio), que tem como lógica conseqüência uma liquidação parcial de patrimônio social (pois referente a apenas uma quota). O efetivo pagamento não passa de mais uma conseqüência, que fica subentendida.

Quando começa o prazo de 30 dias? É importante considerar que o futuro sócio dissidente não poderá furtar-se à obrigação de estar presente à reunião ou assembléia convocada para: fusão da sociedade, incorporação de outra, ou dela por outra, e modificação do contrato social em geral (devendo, ao que tudo indica, ser entendidas como modificações do contrato também as figuras da transformação e da cisão, conforme explicarei em capítulo próximo); pois, se ele não estiver presente, não terá condições de manifestar sua dissidência. Como deverá, na prática, manifestar tal dissidência? Há, porventura, algum rito especial para tanto? Não me parece! Acredito ser suficiente que ele vote em sentido contrário à deliberação social aprovada pela maioria dos sócios, tomando, porém, o cuidado de fazer constar expressamente, da ata ou do instrumento, seu nome completo, como autor do voto contrário. Nada mais deverá fazer, ao menos no decorrer da realização do ato.

Uma vez terminada a realização do referido ato jurídico (assembléia, reunião ou outra coisa) e consumada, por isso, a dissidência, convém que o sócio dissidente tome mais um cuidado: o de solicitar que lhe seja entregue cópia autêntica da respectiva ata (caso tenha havido assembléia ou reunião) ou do respectivo instrumento. Quanto aos administradores da sociedade, sobretudo no caso de a mencionada cópia autêntica ter sido entregue mediante recibo, nada precisarão comunicar ao dissidente, em razão de o mesmo ter participado de tudo e saber de tudo. Em tais condições, a contagem do prazo de 30 dias, que é objeto desta análise, deverá, ao que tudo indica, começar automaticamente no dia seguinte ao da realização do ato jurídico (assembléia, reunião ou outra coisa); durante esse prazo o sócio dissidente deverá, por escrito, comunicar à administração social sua vontade de deixar a sociedade, retirando-se da mesma, nos termos do art. 1.077 do Código Civil/2002, e solicitando – com base no art. 1.031 de dito Código (caso não existam, no texto contratual anterior ao surgimento da dissidência, disposições diferentes aplicáveis à espécie) – a liquidação do valor de sua quota e o conseqüente pagamento de seus haveres na sociedade. Note-se que a comunicação do sócio dissidente deverá chegar às mãos de algum membro da administração social (não valem outras pessoas) dentro do prazo de 30 dias, sem atrasos de qualquer espécie; não creio, pois, que teria condições de ser aceita eventual alegação do sócio dissidente, ainda que validamente comprovada, no sentido de ter colocado a comunicação no correio rigorosamente antes do término do prazo.

Qual é a data da resolução do contrato no tocante ao sócio dissidente? Em minha opinião, é a mesma data em que a administração social recebeu a comunicação do dissidente. Convém não perder de vista que a comunicação ora em exame não faz parte das atividades que compõem o objeto operacional da sociedade, não constituindo, pois, um dos assuntos ordinários da administração social; em conseqüência disso, a comunicação não poderá ser recebida por simples funcionário, ainda que graduado, ou por procurador: deverá sê-lo diretamente por algum dos membros da administração.

5. Estimação de bens para liquidação de quota

Um dos aspectos mais positivos do Código Civil/2002, em sua parte empresarial, está, a meu ver, no fato de o legislador pátrio ter enxergado de forma unitária as diversas hipóteses de sócios que deixam de ser tais; comportamento que lhe permitiu, a fim de poder resolver brilhantemente o problema das respectivas conseqüências econômicas, dar origem a uma figura jurídica antes de todo desconhecida – a liquidação de quota – e que concebeu como única, para ela criando norma reguladora também única, que, por certo, facilitará o trabalho de juristas e empresários. Deve, no entanto, ser notado que nem sempre, quando o sócio deixa de ser tal, surge a figura da liquidação de quota: ela não surge, de fato, na retirada de sócio da sociedade em virtude de sucessão inter vivos (cessão de quota) e no falecimento de sócio, com entrada de seus sucessores na sociedade; mas nos demais casos a referida figura surge, obedecendo a conjunto único de normas. Preferi usar a expressão "estimação de bens", no lugar da tradicional "avaliação de bens", em homenagem ao legislador pátrio, que, no art. 1.055, § 1º, a utilizou ao fazer referência aos bens conferidos ao capital social. Dir-se-á que na liquidação de quota não há bens conferidos ao capital social. É verdade. Mas também é verdade que os bens são sempre os mesmos, mudando apenas a natureza da operação

SÓCIO QUE DEIXA DE SER TAL 393

realizada com eles. Assim, na conferência de bens eles entram no capital, ao passo que na liquidação de quota eles saem do capital. A nova expressão vale, pois, para ambas as situações.

A figura jurídica da *liquidação de quota* foi disciplinada pelo art. 1.031, que, em seu *caput*, dispõe: "Nos casos em que a sociedade se resolver em relação a um sócio, o valor da sua quota, considerada pelo montante efetivamente realizado, liquidar-se-á, salvo disposição contratual em contrário, com base na situação patrimonial da sociedade, à data da resolução, verificada em balanço especialmente levantado". Convém tecer, a respeito de tal dispositivo, alguns breves comentários.

A quota a ser liquidada deverá ser tomada em consideração pelo montante efetivamente realizado. A impressão que se tem é a de que dita norma seja redundante: por que motivo teria sido incluída no texto legal? Atrevo-me a imaginar curiosa situação: determinado sócio dissidente que ainda não integralizou sua quota, mas sabe que a sociedade tem patrimônio líquido de proporções bastante respeitáveis, vislumbra a possibilidade de levar vantagem e, sem pestanejar, declara aos administradores estar disposto, antes de mais nada, a "cumprir seu dever de sócio", integralizando sua quota. Se algo assim acontecesse, ele poderia acabar recebendo valor bem mais alto que o efetivamente merecido. Acredito, pois, que o legislador pátrio tenha tido a sábia intenção de evitar malandragens e, por conseqüência, injustiças, eliminando até mesmo a possibilidade de pressões.

Como determinar o valor da quota? É o próprio legislador pátrio que responde: com base na situação patrimonial da sociedade, verificada em balanço especialmente levantado. Não consigo deixar de ficar perplexo diante de norma assim concebida, uma vez que um balanço nem sempre reflete a verdadeira situação patrimonial da empresa. Com efeito, os valores de um balanço podem às vezes ter por base meros lançamentos contábeis, absolutamente divorciados dos reais valores de mercado; outras vezes tais valores podem ter sido objeto de simples atualização monetária, nada mais. De qualquer forma, mesmo que autêntica a situação patrimonial descrita pelo balanço, pode, ela também, não refletir a verdadeira situação econômica da empresa. Já vi empresas quase à beira da falência que tinham, no entanto, patrimônio enorme; já vi outras empresas ostentando patrimônio sem dúvida bem reduzido mas revelando – por causa de promissor mercado extraordinariamente favorável – pujança em tão alto grau que lhes conferia valor econômico entre os mais atraentes.

Ocorre que a empresa econômica é figura que representa valor dinâmico, não estático. Por outro lado, a partir do momento em que o legislador pátrio admite a figura da saída do sócio e aceita, ao mesmo tempo, a idéia de que o pagamento de seus haveres não seja feito apenas com base no valor nominal de sua quota, surge, a meu ver, a necessidade de que dito sócio venha a receber o que lhe cabe por justiça. Como determinar corretamente tal justiça? Que fazer, por exemplo, se não houver como impedir que a liquidação da quota do sócio que sai seja feita com base em mero balanço, e este se revelar claramente insuficiente para determinar o real valor da quota? Em minha opinião, não pode, de forma alguma, ser excluída a hipótese de recurso ao Poder Judiciário, com base no art. 884, *caput*, do Código Civil/2002, que dispõe: "Aquele que, sem justa causa, se enriquecer à custa de outrem, será obrigado a restituir o indevidamente auferido, feita a atualização dos valores monetários".

Evidentemente, porém, melhor será resolver tão espinhoso problema no contrato social, mediante inserção de cláusulas capazes de estabelecer autêntico equilíbrio entre três grupos de interesses fundamentais, que são: os da empresa em si, a qual merece sobreviver e desenvolver-se; os da sociedade geral junto à qual as atividades econômicas são exercidas, em razão da chamada *função social da empresa*; e os do sócio que deixa de ser tal, o qual também tem seus direitos, que devem ser respeitados. É possível tal inserção no contrato social? Sim, sem dúvida, com base na expressão legal "salvo disposição contratual em contrário", a qual não significa, por certo, que o contrato social tenha o poder de reduzir os direitos do sócio. De forma que o *caput* do já citado art. 1.031 se limita a estabelecer padrões básicos ou mínimos para determinação do valor da quota: de modo algum ele impede que o contrato social estabeleça padrões complementares ou diferentes, até mesmo contrários, para a referida determinação; deixando, inclusive, subentendido que, na hipótese de divergência entre a lei e o contrato, prevalece este último. De que forma o contrato social poderia ser complementar, diferente ou contrário? Sugiro que se procure inspiração, para tanto, nas normas contidas, sobre o assunto em questão, na legislação aplicável à sociedade anônima ou companhia.

Qual é a *data da resolução da sociedade* em relação a um sócio? Em meu entendimento, pode ela ser determinada com base no quadro que segue. *Sócio remisso*: dia da publicação do despacho de registro do ato contendo a deliberação social de exclusão. *Sócio em débito perante credor particular*: dia do recebimento da ordem judicial pa-

SÓCIO QUE DEIXA DE SER TAL 395

ra liquidar a quota. *Sócio falido*: dia da publicação da sentença de decretação da falência. *Sócio excluído em virtude de atos graves*: dia da publicação do despacho de registro do ato contendo a deliberação social de exclusão. *Sócio falecido, sem admissão dos sucessores*: dia do falecimento do sócio. *Sócio dissidente que se retira*: dia do recebimento, por algum membro da administração, da comunicação do dissidente sobre sua vontade de sair da sociedade.

Uma vez liquidada a quota do sócio dissidente, o capital social sofrerá a correspondente redução, salvo se os demais sócios suprirem o valor da quota (art. 1.031, § 1º). Trata-se de curiosa figura jurídica nova, que poderia ser chamada de *recomposição*, diferente tanto da redução do capital como do seu aumento, mas englobando as duas figuras, nos termos do que acontece, por exemplo, com a fusão, que não se confunde nem com a dissolução, nem com a constituição, mas engloba as duas figuras. Na hipótese de os demais sócios resolverem suprir o valor da quota, deverão, ao que tudo indica, observar por inteiro as normas aplicáveis ao aumento do capital social mediante subscrição, inclusive com abertura de prazo para exercício do direito de preferência. Por que o legislador pátrio mencionou apenas e tão-somente "os demais sócios"? Porventura para impedir que estes últimos permitissem a terceiro estranho a subscrição da quota liquidada? Não me parece conveniente, nem lógico: de fato, um impedimento dessa natureza não respeitaria a inteira sistemática do Código Civil/2002; ademais, pelo menos com relação à sociedade limitada, o mesmo Código, em situação perfeitamente análoga e referente à hipótese de sócio remisso (art. 1.058), alude com clareza à possibilidade que os outros sócios têm de tomar para si a quota que não foi integralizada ou de transferi-la a terceiros.

A quota liquidada será paga em dinheiro, no prazo de 90 dias, a partir da liquidação, salvo acordo ou estipulação contratual em contrário (art. 1.031, § 2º). Percebe-se claramente que a norma legal em questão não é de observância rigorosa, uma vez que, a respeito do assunto, a sociedade pode ter, em seu contrato social, estipulação diferente, até mesmo contrária; sendo que, mesmo não havendo tal estipulação diferente, nada impede que a sociedade e, sendo possível, o sócio que deixa de ser tal celebrem qualquer tipo de acordo. Mas, caso inexista estipulação contratual diferente ou acordo, o pagamento a ser efetuado no prazo de 90 dias não significa, em minha opinião, que ele deva ser feito necessariamente em parcelas periódicas, que ainda por cima sejam iguais; podendo, em conseqüência, por exemplo, ser feito da seguinte forma: em quatro parcelas iguais, uma no ato e

396 SOCIEDADES LIMITADAS

uma no fim de cada mês; ou apenas em três parcelas mensais, iguais ou desiguais, uma no fim de cada mês; ou em duas parcelas, iguais ou desiguais, em datas discricionariamente estabelecidas pela sociedade, dentro do prazo; ou mediante pagamento único, no começo, no meio ou no fim do prazo.

Em seu art. 1.032, o Código Civil/2002 dispõe: "A retirada, exclusão ou morte do sócio, não o exime, ou a seus herdeiros, da responsabilidade pelas obrigações sociais anteriores, até dois anos após averbada a resolução da sociedade; nem nos dois primeiros casos, pelas posteriores e em igual prazo, enquanto não se requerer a averbação". Trata-se de redação ligeiramente apressada e confusa, que muito dificulta o trabalho de interpretação. Em meu modo de entender, o legislador pátrio quis transmitir a seguinte idéia: na hipótese de retirada, exclusão ou morte, caso a resolução da sociedade tenha sido averbada na época certa (no registro competente), deverá ser contado a partir de tal averbação o prazo de dois anos durante o qual o sócio ou seus herdeiros (*lato sensu*) responderão pelas obrigações sociais anteriores à resolução; no entanto, na hipótese apenas de retirada ou exclusão, caso a resolução da sociedade não tenha sido averbada na época certa, deverá ser contado a partir da efetiva averbação (se ela chegar a ser feita um dia) o prazo de dois anos durante o qual o sócio ou seus herdeiros responderão pelas obrigações sociais anteriores e posteriores à resolução.

Capítulo XI

Término

1. Primeiro passo para alcançar o término: 1.1 A figura jurídica da dissolução e sua noção conceitual – 1.2 As diversas causas que podem resultar em dissolução: 1.2.1 Vencimento do prazo de duração – 1.2.2 Consenso unânime dos sócios – 1.2.3 Deliberação dos sócios, havendo prazo indeterminado – 1.2.4 Falta de pluralidade de sócios – 1.2.5 Extinção de autorização para funcionar – 1.2.6 Decretação da falência de sociedade empresária – 1.2.7 Causas de origem contratual e dissolução judicial – 1.3 As antigas causas de dissolução que desapareceram: 1.3.1 Falecimento de um dos sócios – 1.3.2 Vontade de apenas um dos sócios – 1.4 Por que sócio único não pode mais provocar a dissolução – 1.5 A deliberação; a nomeação do liquidante; as conseqüências. 2. Segundo passo: o processamento da liquidação. 3. Terceiro passo: a declaração de extinção: 3.1 Elementos constitutivos do cabeçalho – 3.2 Referências que não podem ser omitidas – 3.3 Prestação final das contas da liquidação – 3.4 Declarações que não podem ser evitadas – 3.5 Elementos componentes do encerramento – 3.6 Posteriores providências judiciais cabíveis. 4. Algumas formas extraordinárias de extinção: 4.1 Extinção "de fato" e a questão da responsabilidade – 4.2 Cancelamento do registro contratual e conseqüências.

1. Primeiro passo para alcançar o término

1.1 A figura jurídica da dissolução e sua noção conceitual

Dissolução é ato ou efeito de "dissolver", que significa "desagregar", oposto de "agregar", que, por sua vez, significa "reunir" (reunir coisas de natureza diferente); no caso ora em exame, as pessoas que, para formar sociedade, foram um dia agregadas, a dissolução após certo tempo desagrega. A figura da dissolução sempre foi, e com razoável freqüência, confundida com a da extinção, como se na prática fosse possível extinguir de repente sociedades de fins econômicos em plena atividade, sem fazê-las passar por fase preparatória raramente curta. Prova eloqüente disso podia ser facilmente encontrada no passado naqueles ofícios judiciais que chegavam com alguma freqüência às Juntas Comerciais e em que juízes davam notícia da decretação de dissolução judicial, solicitando no mesmo texto a baixa do registro da sociedade, como se não houvesse atividades a encerrar, bens ou direitos a liquidar, impostos a pagar, débitos a solver, compromissos a cumprir, e assim por diante.

Reconheço, evidentemente, que, quando os juízes adotavam o citado comportamento, via de regra o faziam a pedido de alguma das partes; também me dou conta de fato que me parece notável: o velho Código Comercial parecia fazer crer que o distrato social devesse ser celebrado justamente no começo do processo terminativo da sociedade; portanto, na dissolução. Ora, o referido diploma legal podia ser assim interpretado em época anterior ao primeiro Código Civil, uma vez que em tal época as sociedades contratuais, constituindo meras comunhões de interesses ou espécies de condomínios – portanto, agrupamentos não-personificados –, terminavam justamente no momento da dissolução, cabendo à figura da liquidação a natureza de providência administrativa, mera conseqüência do desfazimento do agrupamento, simples acerto conclusivo de contas. Com o advento do primeiro Código Civil algo importante mudou, obrigando os intérpretes a mudar seu ponto de vista. De fato, a sociedade contratual em geral deixou de ser simples agrupamento de pessoas, ou condomínio, para virar ela própria uma pessoa (jurídica), uma nova pessoa, diferente da pessoa de cada sócio. Conseqüência disso é que, dissolvido o agrupamento, que nunca deixou de existir, como substrato da pessoa jurídica, continua existindo esta, dependendo seu término da prática de mais algum ato.

Com base em todas as ponderações acima oferecidas, tenho condições de afirmar que, para poder ser considerada definitiva e cabalmente terminada, deve a sociedade limitada dar três importantes passos jurídicos, os quais se confundem com três figuras que, apesar de intimamente relacionadas entre si, a ponto de poderem ser consideradas interdependentes, se distinguem, no entanto, com grande nitidez uma da outra, merecendo tratamento bem diferenciado. Re-

TÉRMINO 399

firo-me à *dissolução* e à *extinção* das sociedades, mais à respectiva *liquidação*, que, em verdade, ocupa posição intermediária no tocante a ambas; trata-se de três diferentes estágios de um único processo, destinado a permitir o desaparecimento – do mundo jurídico – de todas as sociedades, não somente das contratuais.

Convém, agora, fornecer sucinta conceituação da primeira das citadas figuras, mais precisamente a *dissolução*. Mas aproveitarei o ensejo para conceituar também, por antecipação, e com a maior brevidade possível, as outras duas figuras, que são a *liquidação* e a *extinção*, para que possa ser mais facilmente notado o excepcional grau de relacionamento existente entre todas elas. *Dissolução* é o ato pelo qual a sociedade, embora conservando a personalidade jurídica, encerra definitivamente suas atividades normais, com vistas ao seu desaparecimento. *Liquidação*, por sua vez, é o conjunto de atos praticados após a dissolução com a finalidade de ultimar os negócios sociais, realizar o ativo, pagar o passivo e partilhar o remanescente entre os sócios. *Extinção*, por fim, é o ato pelo qual a sociedade, uma vez encerrada a liquidação, deixa de ser uma pessoa, sujeito de direitos e de obrigações, desaparecendo para sempre do mundo jurídico. Praticamente, a dissolução representa o início da liquidação, ao passo que a extinção o seu fim (a extinção direta só será possível se a sociedade não tiver patrimônio, tanto no sentido ativo como no passivo; hipótese, essa, que, ao menos em teoria, parece não poder ser excluída, devendo, porém, ser tida como bem rara).

O Código Civil/2002, na parte referente à sociedade limitada, somente dispõe, em seu art. 1.087, o seguinte: "A sociedade dissolve-se, de pleno direito, por qualquer das causas previstas no art. 1.044". O art. 1.044, que diz respeito à sociedade em nome coletivo, dispõe, por sua vez: "A sociedade se dissolve de pleno direito por qualquer das causas enumeradas no art. 1.033 e, se empresária, também pela declaração de falência". O art. 1.033 faz parte das normas que regem a sociedade simples (antiga sociedade civil de fins lucrativos), que não está sujeita a falência; no caso ora em exame, em conseqüência, a todas as causas enumeradas no art. 1.033 é preciso acrescentar a decretação de falência, uma vez que a limitada é tipo societário corriqueiramente utilizado para atividades de claro tipo empresarial. Cumpre notar que, em minha opinião, apesar de a expressa referência legal atingir unicamente o art. 1.033, não é apenas este que se aplica subsidiariamente à dissolução da sociedade limitada: aplica-se toda a seção que disciplina a dissolução, que vai do art. 1.033 ao art. 1.038, em razão da inexistência, na limitada, de normas específicas sobre dissolução.

400 SOCIEDADES LIMITADAS

1.2 As diversas causas que podem resultar em dissolução

A sociedade limitada pode, em primeiro lugar, ser dissolvida *extrajudicialmente*, com base em causas diversas que não têm todas o mesmo peso, sendo algumas de origem legal – isto é, previstas pela lei –, outras de origem contratual, isto é, previstas apenas pelo contrato social; pode, em segundo lugar, ser dissolvida *judicialmente*. Assim, à vista das observações feitas no começo desta subseção e no fim da anterior, e com base no art. 1.087, no art. 1.044 e no art. 1.033 do Código Civil/2002, a sociedade é tida como dissolvida nas hipóteses a seguir mencionadas e sucintamente comentadas.

1.2.1 Vencimento do prazo de duração

O texto completo da lei é um pouco mais extenso: "vencimento do prazo de duração, salvo se, vencido este e sem oposição de sócio, não entrar a sociedade em liquidação, caso em que se prorrogará por tempo indeterminado".

Tal prazo pode, evidentemente, ser prorrogado ou transformado em prazo de duração indeterminada, mediante simples alteração contratual (desde que, em minha opinião, assinada por todos os sócios). Se, no entanto, não houver alteração de prazo, a sociedade se dissolverá. De pleno direito, isto é automaticamente? Não! Os administradores deverão tomar, com a maior brevidade possível, todas as providências cabíveis para que a sociedade entre em liquidação. Se tais providências não forem tomadas e, ao mesmo tempo, nenhum sócio revelar qualquer tipo de oposição, o prazo de duração estará automaticamente prorrogado por tempo indeterminado. Convém observar que a ausência de oposição de sócio, a que alude a lei, não exige o cumprimento de qualquer ato; em outras palavras, nenhum sócio será obrigado a enviar carta à sociedade, declarando expressamente que não se opõe: é suficiente que ele fique, pelo tempo mínimo necessário, em posição de inércia.

Que "tempo mínimo necessário" é esse? Sou de opinião deva, aqui, a interpretação ser extremamente rigorosa; à vista disso, caso no primeiro dia após o vencimento do prazo os administradores não tenham começado a tomar as providências necessárias à investidura do liquidante (conforme será visto, a lei usa a expressão "providenciar imediatamente") e caso no segundo dia nenhum sócio tenha apresentado oposição, entendo que já no terceiro dia o prazo de

TÉRMINO 401

duração deva ser tido como indeterminado. Pode ocorrer, no entanto, que, mesmo havendo oposição de algum sócio, os administradores nenhuma providência tomem para que, no momento certo, surja a figura do liquidante, para dar início aos trabalhos da liquidação. Em tal caso, o mesmo sócio que apresentou a oposição tem, conforme será visto, a faculdade de requerer a liquidação judicial.

Como fica a responsabilidade dos sócios durante o período que vai do vencimento do prazo de duração ao deferimento da liquidação judicial? Porventura os sócios da limitada tornam-se ilimitadamente responsáveis pelas dívidas da sociedade contraídas durante o referido período? Não creio; e por dois motivos básicos: primeiro, porque se está ainda no âmbito dos trâmites normais do ato; segundo, porque a responsabilidade cabe aos administradores, não podendo, pois, ser penalizados os sócios.

1.2.2 *Consenso unânime dos sócios*

O dispositivo, evidentemente, aplica-se à hipótese de sociedade constituída com prazo de duração determinado e cujos sócios queiram deliberar a dissolução antes de vencido o prazo ajustado, em contraposição ao item legal anterior, já visto, e ao item legal seguinte, que será visto logo mais. O dispositivo tem sua lógica. Explico. Por incrível que pareça, se duas ou mais pessoas celebram contrato de sociedade com determinado prazo de duração, eventual modificação estabelecendo novo prazo, determinado ou não, tem o condão de fazer desaparecer a primeira sociedade, fazendo surgir em seu lugar uma nova. Ocorre que toda sociedade nova exige o *consentimento unânime dos sócios*; não pode existir contrato inicial de constituição societária celebrado por maioria: todos os participantes devem assinar. No caso ora em exame, eventual modificação de prazo determinado, por outro prazo qualquer, poderia colher de surpresa um ou mais sócios, os quais poderiam alegar: "A sociedade é contratual, e nós contratamos sua constituição com o primeiro prazo, não com o segundo, que não nos interessa: onde é que fica a autonomia da nossa vontade?".

Dir-se-á que se está tratando de dissolução societária, não de modificação de prazo societário; mas o problema, no fundo, é perfeitamente igual. O término de uma sociedade contratual é deliberado mediante ato plurilateral tradicionalmente denominado *distrato*. Pois bem, o distrato é considerado, sem a menor objeção, uma espécie de contrato novo, que, como tal, só pode surgir com a

402 SOCIEDADES LIMITADAS

participação de todos os sócios. No entanto, problemas assim deixam as pessoas cada vez mais perplexas. A razão primordial de tal perplexidade deve ser procurada na confusão que se faz amiúde, hoje em dia, entre os conceitos de *sociedade* e *empresa*. A *empresa* é uma organização, ainda que às vezes apenas potencial, e deveria, por isso, ser sempre uma instituição; ao passo que a verdadeira *sociedade* (note-se que as sociedades por ações não passam de organizações) é mero agrupamento de pessoas, físicas ou jurídicas; portanto, nada mais que simples contrato (mais detalhes podem ser encontrados em meu livro *Conceito de Empresa*, já citado). Trata-se de conceitos bem distintos, portanto inconfundíveis, e que não podem, por isso, de maneira alguma, ser misturados.

1.2.3 *Deliberação dos sócios, havendo prazo indeterminado*

O texto completo da lei é um pouco diferente: "deliberação dos sócios, por maioria absoluta, na sociedade de prazo indeterminado".

O mencionado *quorum* de deliberação (*maioria absoluta*) não se aplica, porém, à sociedade limitada, que tem *quorum* próprio, mais precisamente o do art. 1.076, I ("votos correspondentes, no mínimo, a três quartos do capital social"). Alguém poderia observar: "Como é que ficam, aqui, os princípios expostos no item anterior, sobre consenso unânime dos sócios?". Ao que me parece, também neste caso o dispositivo não deixa de ter certa lógica. Em verdade, as duas situações ora comparadas são, em substância, bastante diferentes, produzindo, por isso, efeitos psicológicos igualmente diferentes. Um sócio que se prepara para assinar contrato constitutivo de sociedade com prazo indeterminado de duração sabe que tal duração pode terminar a qualquer momento. Não há nisso a menor surpresa; de forma que, se o sócio aceitar a cláusula e assinar o contrato, estará aceitando, outrossim, todas as conseqüências naturais tanto da cláusula como do inteiro contrato, agindo em plena atmosfera de respeito para com a autonomia de sua vontade.

1.2.4 *Falta de pluralidade de sócios*

O texto completo da lei é o seguinte: "falta de pluralidade de sócios, não reconstituída no prazo de cento e oitenta dias".

Trata-se de item bem novo, introduzido que foi pela primeira vez, em nosso direito positivo, com o advento do Código Civil/2002. Quase sempre fui contrário à existência de sociedade unipessoal, ainda que apenas em caráter temporário, no âmbito das sociedades contratuais, pois a sociedade, conforme já afirmei, não é uma organização; mas reconheço que no setor das atividades antes ditas comerciais, e hoje ditas empresariais, a chamada *empresa* está literalmente "engolindo", a olhos vistos, o que sobra das sociedades classificadas como contratuais, as quais só têm hoje em dia, na prática, mera existência nominal, em benefício da citada empresa, que deve a qualquer preço ser preservada e ter assegurada sua continuidade, inclusive, em minha opinião, em razão de sua bastante conhecida e por demais importante função social.

Mas não há empresa na sociedade simples: como justificar, nela, quadro social do qual faça parte um único sócio? No entanto, o dispositivo encontra-se justamente entre as normas legais que regulam a sociedade simples. Então, de duas, uma: ou o dispositivo ora em exame carece de algum tipo de aperfeiçoamento, ou merece firme reparo o fato de o legislador pátrio não ter unificado, como alguns preconizavam, as atividades econômicas. De qualquer forma, convém que eu o admita: ao menos a sociedade limitada, por seus notáveis e contínuos avanços em direção à sociedade anônima ou companhia, talvez merecesse esse prêmio que o Código Civil/2002 lhe reservou.

Para finalizar, uma questão prática: a partir de que data deve ser contado o prazo de 180 dias? Sugiro consulta ao capítulo anterior ("Sócio que Deixa de Ser Tal"), seção 5 ("Estimação de bens para liquidação de quota"), resposta à questão "Qual é a data da resolução da sociedade em relação a um sócio?". Pode ali ser encontrado pequeno quadro, perfeitamente aplicável ao caso ora em exame, uma vez que a pluralidade de sócios só pode desaparecer em virtude do aparecimento das seguintes figuras: sócio remisso, sócio em débito perante credor particular, sócio falido, sócio excluído em virtude de atos graves, sócio falecido sem admissão dos sucessores, sócio dissidente que se retira. Pois bem, em meu modo de entender, uma vez estabelecida a data da resolução da sociedade em relação ao sócio que fez desaparecer a pluralidade social, o prazo de 180 dias começa a ser contado no dia seguinte, inclusive. Note-se que, no citado quadro, deixou apenas de ser inserida a hipótese de saída de sócio decorrente de cessão total de quota, posto que tal saída, por não admitir a liquidação de quota, também não admite a estimação de bens; em dita hipótese creio que, para determinação da data da resolução, deva ser tomado em consideração o dia da publicação do despacho de registro do respectivo instrumento.

404 SOCIEDADES LIMITADAS

1.2.5 *Extinção de autorização para funcionar*

A redação exata do texto da lei é a seguinte: "extinção, na forma da lei, de autorização para funcionar".

Foi visto em capítulo anterior que há sociedades nacionais – sendo, hoje em dia, sempre de fins econômicos – cujo objeto social é composto de atividades que, pelos mais diversos motivos, estão intimamente vinculadas aos mais altos interesses do país, a tal ponto que tais atividades só podem, em caráter excepcional, ser exercidas com autorização do Poder Executivo Federal. Será que as referidas sociedades nacionais só podem adotar a forma das anônimas ou companhias? Não! Ao que tudo indica, pela análise do texto legal, podem ser também sociedades contratuais, nestas incluídas, como não poderia deixar de ser, as limitadas. Em conseqüência de tudo isso, a *autorização para funcionar* deve ser considerada condição indispensável para a própria existência das sociedades ora em exame, a tal ponto que, se, porventura, se extinguir ou, por qualquer razão plausível, for cassada dita autorização, as respectivas sociedades não terão mais a menor condição de sobrevivência, devendo a conseqüente entrada em liquidação ser imediata.

Há, porém, importante observação a fazer: a entrada em liquidação deve ser realmente imediata; não precisa, no entanto, ser automática. Explico. A sociedade estrangeira, para poder funcionar no país, depende sempre de autorização, qualquer que seja seu objeto; já a nacional depende de autorização apenas em certos casos, determinados com base na análise das atividades econômicas exercidas. A rigor, portanto, não é a sociedade que depende de autorização para funcionar: é, ao contrário, a atividade constante de seu objeto que depende de autorização para ser exercida. Colocado assim o problema, forçoso é concluir que a sociedade, em lugar de entrar imediatamente em liquidação, pode substituir imediatamente, em seu contrato, as atividades que constituem seu objeto social, subtraindo-se, assim, à necessidade legal de depender de autorização.

1.2.6 *Decretação da falência de sociedade empresária*

O correspondente dispositivo do velho Código Comercial era "quebra da sociedade ou de qualquer dos sócios" (art. 335, item 2). A quebra de qualquer dos sócios não tinha, já bem antes do advento do Código Civil/2002, o condão de provocar a dissolução da sociedade. É que na época da entrada em vigor do Código Comercial, corriqueiramente, as sociedades comerciais contratuais não eram consideradas como tendo personalidade. A situação ficou bem diferente com o advento do anterior Código Civil, que, em seu art. 16, II, declarou que eram pessoas jurídicas as sociedades mercantis em geral e que, em seu art. 20, *caput*, também dispôs: "As pessoas jurídicas têm existência distinta da dos seus membros". Foram, aliás, justamente as pessoas jurídicas que passaram a exercer o comércio, em lugar de seus membros; e foi tão-somente a quebra ou falência da sociedade ou pessoa jurídica que passou a ter o condão de determinar a dissolução social.

Discutia-se certa vez, tempo atrás, entre advogados, a respeito de curioso assunto: a quebra ou falência de sociedade comercial, hoje empresária, acaba com esta, ou há sobrevivência da mesma, sem atividade, até a extinção das obrigações, para eventual novo exercício das atividades comerciais ou empresariais? O velho Código Comercial parecia não deixar margem a dúvidas: a quebra provocava a dissolução automática da sociedade; o Código Civil/2002 está na mesma linha: a falência dissolve a sociedade. De forma que a decretação de falência equivale a uma dissolução judicial, sendo, a meu ver, completada, de certa forma, pelo processo falimentar, que equivale à liquidação societária, e pelo encerramento da falência, que equivale à extinção societária. A sociedade, pois, desaparece, sem dúvida; não há como sustentar a tese de eventual sobrevivência da sociedade, ainda que parada (não existe tal figura). Em razão disso, quando a nova Lei de Falências (Lei 11.101, de 9.2.2005), em seu art. 102, *caput*, dispõe que o falido fica inabilitado para exercer qualquer atividade empresarial a partir da decretação da falência e até a sentença que extingue suas obrigações, ela se refere, em minha opinião, unicamente ao falido *pessoa física*, cuja personalidade não pode, por certo, ser suprimida por causa da falência, e cuja existência permanece até a morte.

1.2.7 *Causas de origem contratual e dissolução judicial*

Foram até aqui apontadas e analisadas as causas de origem legal que levam a uma dissolução classificável como extrajudicial (convém observar que a falência foi incluída corretamente, uma vez que, muito embora consistindo em processo judicial, ela não é, no plano técnico, uma dissolução, sendo apenas uma execução; tem, no entanto, como conseqüência, uma dissolução, por força de lei). Com relação às *causas de origem contratual* que também levam a uma

406 SOCIEDADES LIMITADAS

dissolução extrajudicial, o art. 1.035 dispõe: "O contrato pode prever outras causas de dissolução, a serem verificadas judicialmente quando contestadas". Que causas são essas? A norma legal, pelo visto, não impõe limites: de forma que podem ser as mais diversas, desde que não ofendam a lei, a ordem pública e os bons costumes. Por outro lado, não podem, a meu ver, evidentemente na hipótese de sociedade empresária, pôr obstáculos à função social da empresa. Se ofenderem interesses particulares, elas poderão ser impugnadas em juízo, onde serão analisadas no tocante à sua legitimidade, ou não. Quem poderá impugná-las? Também neste caso, a norma não impõe limites: poderá fazê-lo quem demonstrar que tem interesse de agir.

Quanto à *dissolução judicial*, o art. 1.034 dispõe: "A sociedade pode ser dissolvida judicialmente, a requerimento de qualquer dos sócios, quando: I – anulada a sua constituição; II – exaurido o fim social, ou verificada a sua inexeqüibilidade". Em meu entendimento, em cada uma dessas três hipóteses há duas tarefas judiciais a serem cumpridas, não apenas uma, como parece fazer crer, à primeira vista, o dispositivo legal. Com efeito, para que um juiz possa, a pedido de um sócio, decretar a dissolução de determinada sociedade é estritamente necessário que outro juiz, ou o mesmo (caso a lei o permita), a pedido do mesmo sócio, ou quiçá de outro, reconheça a nulidade da constituição, ou declare exaurido o fim social, ou verifique a inexeqüibilidade deste último. O motivo de tudo isso está em que o sócio requerente pode não ter razão; melhor dizendo, em cada uma das referidas três hipóteses, o sócio requerente pode estar enganado redondamente em seu pedido, permitindo, em conseqüência, aos administradores da sociedade, convencer o juiz de que nada precisa ser deferido.

1.3 As antigas causas de dissolução que desapareceram

Em razão de minha notável preocupação em tornar mais fácil a transição da legislação antiga para a nova, já tive a possibilidade, em diversos outros pontos deste meu estudo, de permitir ao leitor compreender melhor a nova legislação pelo conhecimento, ainda que bem sucinto, da evolução histórica de certos dispositivos. Vou fazer isso mais uma vez, passando a apontar, analisar e brevemente comentar mais duas causas de dissolução que estavam contidas no velho Código Comercial, mas que não foram reproduzidas – a meu ver, oportunamente – pelo Código Civil/2002.

TÉRMINO 407

1.3.1 *Falecimento de um dos sócios*

O texto completo da lei era um pouco diferente, além de mais extenso: "morte de um dos sócios, salvo convenção em contrário, a respeito, dos que sobreviverem".

Não é fácil interpretar corretamente uma coisa dessas nos tempos atuais; sinto, por isso, a necessidade de relembrar algo que já outras vezes foi por mim enunciado. Quando o dispositivo legal ora em exame foi inserido no velho Código Comercial as sociedades contratuais não eram pessoas jurídicas, correspondendo apenas a grupos de pessoas físicas que, direta ou indiretamente, comerciavam em comum, vinculadas pelo contrato. Em tais condições, a morte de um membro tinha o condão de desequilibrar gravemente o grupo, a ponto de provocar seu desaparecimento, permitida apenas, aos membros remanescentes, sua reestruturação ou reorganização, disso resultando sempre, em qualquer hipótese (apesar de eventuais aparências contrárias), um novo grupo.

A certa altura a sociedade comercial contratual foi, na quase-totalidade dos casos, personificada; mas no âmbito interno do grupo de sócios as coisas, em substância, permaneceram iguais. Mudariam substancialmente se o Direito começasse, em determinado momento, a reconhecer a superação das sociedades contratuais e o surgimento da empresa como novo agente único, no lugar dos antigos diferentes agentes ainda existentes (comerciante individual e sociedades comerciais de diversos tipos), passando a moderna empresa a ser vista como entidade complexa, resultante da conjugação de diversos elementos, reduzido o grupo detentor do capital social a apenas um desses elementos.

Mas o legislador pátrio não absorveu tal idéia, e – ao menos no plano jurídico – tudo continuou como nos primeiros tempos. A expressão "salvo convenção em contrário a respeito dos que sobreviverem" significava que não havia empecilhos a que os sócios antevissem a morte de um deles e, por antecipação, colocassem no contrato social cláusulas de reorganização automática do grupo remanescente; inclusão, essa, que, no entanto, não era permitida após a morte do sócio. Por outro lado, era juridicamente impossível que, em razão da morte de sócio ou sócios, a sociedade ficasse funcionando reduzida a um único membro, em razão da absoluta inadmissibilidade da existência de contrato com uma única parte; sempre foi possível, porém, a meu ver, a reconstituição da pluralidade de sócios, no mesmo ato.

408 SOCIEDADES LIMITADAS

1.3.2 *Vontade de apenas um dos sócios*

A redação exata do texto da lei era a seguinte: "vontade de um dos sócios, sendo a sociedade celebrada por tempo indeterminado". Assim como no âmbito da legislação anterior tentei explicar a lógica do primeiro item desta subseção (morte de um dos sócios), tentei também explicar a lógica deste segundo item. Fiz notar, de antemão, que ninguém podia ser obrigado a ficar numa sociedade comercial por tempo indeterminado. Poderia, sem dúvida, ser observado: "Mas por que dissolver a inteira sociedade quando, em verdade, o problema poderia ser resolvido com a simples retirada do sócio sem vontade de ficar?". Por uma simples questão de princípio, que encontrava apoio nos mesmos argumentos por mim sucintamente desenvolvidos nesta subseção e na anterior.

Aliás, algum tempo antes chegara eu a enunciar a seguinte idéia: "Substancialmente, uma sociedade é o próprio conjunto dos sócios, sem qualquer abstração que faça desaparecer a individualidade de cada um. De forma que uma sociedade constituída por 'A', 'B' e 'C' não é uma entidade abstrata, em cujo âmbito se perde a individualidade dos três sócios; ela é o conjunto de 'A' mais 'B' mais 'C', três pessoas determinadas, que conservam íntegras suas individualidades, a ponto de, desaparecendo uma, ou sendo substituída, a sociedade não ser mais a mesma". Repare-se bem na última frase, bastante significativa para a correta interpretação do dispositivo legal ora em exame.

Em determinado momento, no entanto, os juízes, preocupados com a figura econômica da empresa como organização e com seu novo papel de único agente comercial, em torno do qual giravam inúmeros interesses (o que permitia que se falasse em *função social da empresa*), não concederam mais, a pedido de apenas um sócio, a dissolução total da sociedade, concedendo tão-somente o direito de retirada do sócio, com pagamento dos respectivos haveres; o que costumava ser classificado como *dissolução parcial da sociedade*. De qualquer forma, pensando bem, a lei, no fundo, não estava sendo desrespeitada, uma vez que se mantinha a empresa, não a sociedade; esta não era mais a mesma, pois, a rigor, desaparecia a antiga, surgindo uma nova. Voltarei a este assunto na subseção seguinte, para explicá-lo com mais convincentes detalhes.

1.4 *Por que sócio único não pode mais provocar a dissolução*

Foi visto, nos dois textos anteriores, que no regime da velha legislação havia duas hipóteses legais em que a sociedade comercial poderia ser atingida pela grave medida jurídica da dissolução apenas por provocação, consciente ou inconsciente, de um único sócio. As duas hipóteses eram: vontade de um dos sócios e morte de um dos sócios. Na época em que o velho Código Comercial entrou em vigor as sociedades comerciais eram verdadeiras *sociedades*, no sentido mais genuíno, autêntico e tradicional da palavra; por isso, as duas mencionadas hipóteses de dissolução contavam com carradas de razões para que sua existência pudesse ser justificada amplamente. Aliás, nos mesmos dois textos anteriores tentei explicar, de qualquer forma, a lógica da existência de ditas hipóteses.

Mas, a certa altura, algo começou a mudar. Em razão de curioso fenômeno conhecido como *Revolução Industrial*, as sociedades comerciais começaram a crescer, sob todos os aspectos: sob o aspecto do capital investido na atividade, do número de empregados, da quantidade de espaços físicos ocupados, do número de administradores nomeados, do número de investidores atraídos para o empreendimento, da quantidade de fornecedores contratados, da quantidade de praças comerciais atingidas para fazer escoar a produção, e assim por diante. O crescimento foi tão grande que, em tempos relativamente breves, permitiu a verificação de outro fenômeno, ainda mais curioso: o desvirtuamento paulatino da natureza da sociedade comercial e o progressivo surgimento, em seu lugar, de uma figura nova, complexa, de natureza organizacional, composta de diversos elementos interdependentes, e que se firmou cada vez mais como centro de múltiplos interesses. Uma vez que a atividade do comerciante, e também da sociedade comercial, era conhecida sob o nome de *empresa*, acabou, por motivos inerciais, sendo atribuído o mesmo nome a essa figura nova de que estou tratando. De forma que *sociedade* e *empresa* não são a mesma coisa, como muitos pensam; ao contrário, são duas coisas bem diferentes entre si: mais precisamente, são dois estágios de um mesmo processo de evolução econômica.

Como sempre acontece em fases de transição, a nova figura não foi percebida em seus contornos mais definidos. Melhor dizendo, na esfera econômica ela foi percebida total e amplamente, pois já há muito tempo todos a tratam como sendo o novo e único agente das atividades econômicas ditas empresariais; mas o Direito ainda hoje, bem no começo do século XXI, reluta em reconhecê-la como tal, agarrando-se desesperadamente aos velhos conceitos de *comerciante* ou *empresário individual* e de *sociedade comercial* ou *empresária*. Como não poderia deixar de ser, tal fato acabou gerando, ao longo do tempo, problemas de não pequena monta. Pois, de um lado, os avanços

410 SOCIEDADES LIMITADAS

econômicos sempre pressionaram, com extraordinária insistência, a sociedade em geral; ao passo que, de outro, a legislação comercial ou empresarial ficou, ainda que em parte, exasperantemente parada e sem qualquer perspectiva por tempo notável, a tal ponto que em fins do século XX ainda vigorava com relação às sociedades comerciais ditas contratuais o velho Código Comercial, que fora sancionado por D. Pedro II e que continha as duas causas de dissolução que desapareceram.

No afã de encontrar solução doutrinária para o penoso problema das duas citadas causas, os juristas pátrios começaram, em determinado momento, a comentar, com insistência cada vez maior, figura jurídica nova, chamada *abuso do direito*. O que vem a ser? Como é possível que alguém tenha um direito e chegue a abusar dele? Não se estaria, porventura, diante de idéias perfeitamente antitéticas? Sem dúvida, há certa antítese entre as duas idéias. Todavia, a noção de *abuso do direito* pode realmente ser construída, sem grandes dificuldades, com base em outro conceito, também de formação recente, que é a *função social do Direito*. O Direito surge para regular a convivência das pessoas; tem ele, portanto, função eminentemente social. Outorgam-se, amiúde, direitos individuais porque tornam mais fácil administrar a convivência; a partir do momento, porém, em que o uso do direito individual não facilita a vida em sociedade, antes a complica, se está diante de algo que é classificável não como simples uso, mas como *abuso*, o qual deve ser contrastado e eliminado.

Na sociedade limitada era incontestável a obrigação que a sociedade tinha de ser dissolvida em caso de morte de sócio, no silêncio do contrato social; assim como era igualmente incontestável o direito que cada sócio tinha, isoladamente, de pedir a dissolução da sociedade. Estavam tais normas, de forma clara e cristalina, no Código Comercial, que, apesar de velho, vigorava e era aplicável também às sociedades limitadas. Mas a economia, base do direito comercial, estava mudando substancialmente. No plano econômico, o comércio não estava mais sendo exercido, comumente, por comerciantes individuais e sociedades comerciais. Em seu lugar havia surgido a já comentada figura nova chamada *empresa*, como organização e centro de múltiplos e diferentes interesses.

A título de exemplo, na moderna empresa podiam ser encontrados diversos tipos de detentores do capital, entre eles a figura do sócio pequeno (pequeno investidor que, às vezes, contava muito com a renda do investimento); diversos tipos de administradores, entre eles algumas figuras que, na prática, não se enquadravam no esquema clássico do administrador societário (o diretor que, na realidade, não passava de empregado ou de técnico contratado); a grande massa dos empregados, os quais, em sua maioria, precisavam muito do emprego para sobreviver. Todos eles tinham, via de regra, enorme interesse na continuidade da empresa. E não podiam ser esquecidos os interesses dos credores, dos fornecedores, dos consumidores ou usuários, da própria comunidade em que a empresa operava, além do Poder Público em geral com relação a setores os mais diferentes (tributos, abastecimento, exportação de bens e serviços, poderio econômico, segurança nacional e outros).

Eram tais e tantos os interesses que giravam em torno da empresa, que a continuidade desta não podia mais, de forma alguma, depender de fato concernente a uma única pessoa (morte de um sócio) ou do arbítrio de uma única pessoa (vontade de um sócio). Entendeu-se, pois, que o sócio, caso pretendesse de forma isolada a dissolução da sociedade (portanto, da *empresa*, no moderno e avançado sentido econômico da palavra), estaria, em condições normais, abusando de seu direito. Seu comportamento anti-social (porque voltado para situação que poderia prejudicar excessivo número de pessoas) seria digno de contestação e repressão; o que poderia acontecer por intermédio do Poder Judiciário. Aliás, o Poder Judiciário aceitou de bom grado a teoria, e – conforme já fiz notar na subseção anterior – passou a não permitir mais a dissolução de sociedades comerciais contratuais a pedido de apenas um dos sócios. Passou também a constituir preocupação de todos a idéia de salvar a empresa, tanto quanto possível. Mas o direito individual do sócio também mereceu respeito. Pois o Poder Judiciário começou a conceder, na hipótese ora em exame, a chamada *dissolução parcial* da sociedade limitada, tendo valor prático de alteração contratual com retirada de sócio. Com o advento do Código Civil/2002 a figura do abuso do direito acabou sendo acolhida, ainda que de forma indireta, pela nova legislação, inclusive com relação à obrigação, que antigamente existia, de os administradores promoverem a liquidação da sociedade pela simples morte de um dos sócios.

1.5 A deliberação; a nomeação do liquidante; as conseqüências

Quando a dissolução não acontece no âmbito do Poder Judiciário, deve ela, em minha opinião, ser deliberada, em condições normais, em assembléia ou reunião dos sócios. Convém não perder de vista que, muito embora o velho Código Comercial parecesse fazer crer o

412 SOCIEDADES LIMITADAS

contrário, o instrumento chamado *distrato*, caso venha a ser utilizado (a meu ver, nada o impede), deve ficar para o fim da liquidação, isto é, para a extinção, constituindo o último ato societário. Na mesma assembléia ou reunião deve ser nomeado o liquidante, conforme o art. 1.038, *caput*, do Código Civil/2002, que dispõe: "Se não estiver designado no contrato social, o liquidante será eleito por deliberação dos sócios, podendo a escolha recair em pessoa estranha à sociedade". Como deve ser feita eventual designação no contrato? É difícil dizer. Não creio que a lei se refira a pessoa física determinada, uma vez que a dissolução de qualquer sociedade, sobretudo se empresária, pode acontecer muitos e muitos anos depois da constituição. Sou, pois, de opinião deva a designação em contrato ser feita de forma genérica, assim: "Em caso de dissolução, funcionará como liquidante o administrador da sociedade que for escolhido pela maioria de seus colegas administradores", ou "o administrador mais antigo no cargo", ou "o presidente da diretoria" (se houver). Mas, se a nomeação do liquidante precisar ser feita com base em escolha dos sócios mediante eleição, qual o *quorum* de deliberação a ser observado? Mais uma vez, a sociedade limitada tem *quorum* próprio, que é o do art. 1.076, III (maioria de votos dos presentes; portanto, maioria simples, se o contrato não exigir uma maioria mais elevada).

Deve a figura do liquidante ser necessariamente unipessoal, ou pode ser pluripessoal? Em outras palavras: pode haver mais de um liquidante? O velho Código Comercial, em seus arts. 344 e ss., parecia fazer crer que sim. Convém, no entanto, ponderar que, ao menos neste aspecto, o sistema do Código Comercial, anterior à personificação das sociedades mercantis contratuais (ocorrida em 1916), diferia do sistema que ficou implantado posteriormente. Na época do sistema anterior a liquidação era operada pelos próprios sócios-gerentes; de forma que estes deixavam de ser gerentes para, automaticamente, passarem a ser liquidantes. Posteriormente as coisas mudaram, mesmo no regime do velho Código Comercial. Hoje, no regime do Código Civil/2002, o liquidante é sempre figura nova, podendo ser um dos antigos administradores, ou um sócio que nunca tenha sido administrador, ou pessoa estranha ao quadro social, ou um funcionário da sociedade. De forma que a resposta é negativa: não pode haver mais de uma pessoa como responsável pela liquidação; o liquidante é sempre um só. Mas nada impede, ao que tudo indica, que ele opere com a ajuda de grupo de colaboradores de alto nível, classificáveis, por exemplo, como assistentes; entendo até mesmo que ele possa constituir procuradores, sempre para a prática de atos bem específicos.

TÉRMINO 413

O liquidante deve, evidentemente, ser pessoa física, além de residente no país e capaz. Está, porventura, sujeito aos impedimentos legais que atingem os administradores em geral, sobretudo os do § 1º do art. 1.011? Infelizmente, o Código Civil/2002 não está claro em tal sentido. Eu entendo que o liquidante deva ser considerado e tratado como administrador da sociedade, sob todos os aspectos. Verifique-se, por exemplo, o art. 1.104: "As obrigações e a responsabilidade do liquidante regem-se pelos preceitos peculiares às dos administradores da sociedade liquidanda". Por que motivo as obrigações e a responsabilidade teriam por base os preceitos aplicáveis aos administradores e as demais coisas não teriam tal base, quando, em verdade, as funções de liquidante e administrador são fundamentalmente as mesmas, pois se resumem na administração dos problemas de uma sociedade de fins econômicos? Não haveria lógica nisso, se fosse realmente assim. Outro dispositivo digno de atenção é o contido no art. 1.102, parágrafo único, o qual dispõe: "O liquidante, que não seja administrador da sociedade, investir-se-á nas funções, averbada a sua nomeação no registro próprio". Sobre a investidura do liquidante o Código Civil/2002 não é explícito, não deixando entender como deverá ser feita: acredito deva sê-lo mediante assinatura de termo de posse no livro de atas da administração. Não é isso, no entanto, o que eu quero ressaltar. Quero chamar a atenção geral sobre a primeira parte do dispositivo ("O liquidante, que não seja administrador da sociedade, investir-se-á nas funções ..."): cumpre deduzir da mesma que, se o liquidante tiver sido escolhido entre os administradores, não precisará ele preocupar-se com nova investidura, continuando a valer a já realizada como administrador; o que, de certa forma, confirma que liquidante e administrador exercem funções basicamente iguais, devendo o liquidante ser tratado em tudo como administrador.

O § 1º do citado art. 1.038 estabelece: "O liquidante pode ser destituído, a todo tempo: I – se eleito pela forma prevista neste artigo, mediante deliberação dos sócios; II – em qualquer caso, por via judicial, a requerimento de um ou mais sócios, ocorrendo justa causa". A impressão que se tem é a de que na hipótese do inciso I os sócios não tenham a necessidade de alegar quaisquer motivos; quanto ao *quorum* de deliberação, é o mesmo da eleição: *quorum* próprio do art. 1.076, III (maioria de votos dos presentes – portanto, maioria simples –, se o contrato não exigir maioria mais elevada).

Nos termos do art. 1.036, *caput*, ocorrida a dissolução, cumpre aos administradores providenciar imediatamente a investidura do liquidante e restringir a gestão própria aos negócios inadiáveis, vedadas

414 SOCIEDADES LIMITADAS

novas operações, pelas quais responderão solidária e ilimitadamente. Cotejando esta norma, em sua primeira parte, com a do parágrafo único do art. 1.102 e a do inciso I do art. 1.103, chego a concluir ser vontade do legislador pátrio que, uma vez deliberada a dissolução da sociedade e nomeado o liquidante, devem os administradores, em caráter preliminar, convidar o nomeado a assinar termo de posse no livro de atas da administração, para que o mesmo possa, logo em seguida, providenciar o registro da ata de reunião ou assembléia contendo a deliberação e a nomeação. A partir de tal registro os administradores sociais não podem mais realizar negócios novos, devendo limitar-se aos negócios inadiáveis e – acredito – também aos já iniciados (quem pode realizar negócios inadiáveis pode, com maior razão, terminar os negócios já iniciados), muito embora, curiosamente, conste entre os deveres do liquidante o de ultimar os negócios da sociedade, norma que, além do mais, está em posição de claro conflito com a proibição de prosseguir, sem expressa autorização, e a qualquer título, na atividade social. Aliás, parece estar suficientemente claro, ao que tudo indica, que na fase inicial da liquidação seja possível coexistirem, sem o menor conflito, ao menos durante certo tempo, o trabalho do liquidante e o dos administradores. A frase final "pelas quais responderão solidária e ilimitadamente" significa que, se novas operações forem realizadas e não conseguirem elas lograr êxito, pelos eventuais prejuízos responderão apenas os administradores, todos juntos – ainda que a iniciativa tenha sido tomada tão-somente por alguns deles –, e sem quaisquer limites.

O parágrafo único do citado art. 1.036, por sua vez, estabelece: "Dissolvida de pleno direito a sociedade, pode o sócio requerer, desde logo, a liquidação judicial". As dissoluções de pleno direito são as que ocorrem automaticamente, sem dependerem de deliberação dos sócios; por exemplo, a falta de pluralidade de sócios, após o prazo legal, e a extinção da autorização para funcionar. A primeira hipótese é, a meu ver, de difícil administração, pois o sócio único, com toda probabilidade também o principal administrador, poderá ter interesse em ficar inerte, deixando as coisas como estão, e correndo apenas o risco de o registro competente rejeitar eventuais alterações contratuais.

A segunda hipótese é mais administrável. Com relação a ela, evidentemente, a assembléia ou reunião dos sócios não poderá deliberar a dissolução, que já aconteceu, mas convém que tome conhecimento oficial da mesma, para, inclusive, justificar a nomeação de liquidante, que deve ser feita a seguir. Nos termos do art. 1.037, se

TÉRMINO   415

os administradores da sociedade, nos 30 dias seguintes à perda da autorização, não tiverem tomado qualquer providência e se nenhum dos sócios tiver recorrido ao Poder Judiciário, conforme o parágrafo único do art. 1.036, o Ministério Público, nos 15 dias subseqüentes ao recebimento da comunicação, promoverá a liquidação judicial da sociedade; caso contrário a autoridade competente para conceder a autorização nomeará interventor com poderes para requerer a medida e administrar a sociedade até que seja nomeado o liquidante.

2. Segundo passo: o processamento da liquidação

Uma vez deliberada ou de qualquer outra forma determinada a dissolução e nomeado, em conseqüência, o liquidante, deve este proceder à liquidação da sociedade, de conformidade com as normas contidas nos arts. 1.102 a 1.112 do Código Civil/2002, respeitadas eventuais outras normas que façam parte do contrato social – nele incluídas as alterações contratuais, se existentes – e do instrumento da dissolução. As referidas normas legais serão, quase por inteiro, reproduzidas logo em seguida.

Compete ao liquidante representar a sociedade e praticar todos os atos necessários à sua liquidação, inclusive alienar bens móveis ou imóveis, transigir, receber e dar quitação. Em todos os atos, documentos ou publicações o liquidante empregará a firma ou denominação social sempre seguida da cláusula "em liquidação" e de sua assinatura individual, com a declaração de sua qualidade. Aconselho o uso de vírgula após a palavra "limitada"; assim: "Roberto Azevedo & Cia. Ltda., em liquidação" ou "Restaurante Silano Ltda., em liquidação". Sem estar expressamente autorizado pelo contrato social ou pelo voto da maioria dos sócios não pode o liquidante gravar de ônus reais os móveis e imóveis, contrair empréstimos, salvo quando indispensáveis ao pagamento de obrigações inadiáveis, nem prosseguir, embora para facilitar a liquidação, na atividade social.

Constituem deveres do liquidante: registrar e publicar o instrumento de dissolução (sentença, ata de assembléia ou reunião, outro documento qualquer); arrecadar todos os bens, todos os livros e todos os documentos sociais, onde quer que eles estejam; proceder, nos 15 dias seguintes ao de sua investidura e, sendo possível, com a assistência dos administradores, à elaboração do inventário e do balanço geral do ativo e do passivo; ultimar os negócios sociais, realizar o ativo, pagar o passivo e partilhar o remanescente entre os sócios; exigir dos sócios,

416   SOCIEDADES LIMITADAS

quando insuficiente o ativo à solução do passivo, a integralização de suas quotas, repartindo-se o devido pelo insolvente entre os sócios solventes, na proporção da participação de cada um no capital social; convocar assembléia ou reunião dos sócios sempre que necessário, ou pelo menos a cada seis meses, para apresentar relatório e balanço do estado da liquidação, prestando contas dos atos praticados durante o semestre; requerer a falência, a recuperação judicial e a extrajudicial; finda a liquidação, apresentar aos sócios o relatório da liquidação e as suas contas finais; providenciar o registro da ata da assembléia ou reunião, ou de outro instrumento assinado pelos sócios, que considerar encerrada a liquidação.

Respeitados os direitos de eventuais credores preferenciais, pagará o liquidante as dívidas sociais proporcionalmente, sem distinção entre vencidas e vincendas, mas em relação a estas com o devido desconto. Se o ativo for superior ao passivo, poderá o liquidante, sob sua responsabilidade pessoal, pagar integralmente as dívidas vencidas. Os sócios podem resolver, por maioria de votos, antes de ultimada a liquidação, mas depois de pagos todos os credores, que o liquidante faça rateios por antecipação da partilha, à medida que se apurem os haveres sociais. Pago o passivo e partilhado o remanescente, convocará o liquidante assembléia ou reunião dos sócios para apresentar o relatório da liquidação e a prestação final de contas. Aprovadas as contas finais, ainda com o *quorum* próprio de deliberação constante do art. 1.076, III (maioria de votos dos presentes – portanto, maioria simples –, caso o contrato não exija maioria mais elevada), a liquidação fica encerrada, de forma automática.

Na hipótese de liquidação judicial será observado o disposto na lei processual. No curso do processo, se necessário, o juiz convocará, para deliberar sobre os interesses da liquidação, reuniões ou assembléias, que ele presidirá, resolvendo sumariamente as questões suscitadas; todas as atas das reuniões ou assembléias serão, por intermédio de cópia autêntica, apensadas ao processo judicial.

3. Terceiro passo: a declaração de extinção

Conforme é sabido, da forma mais ampla e incontestável, as sociedades contratuais sempre terminaram sua existência pela assinatura de especial instrumento chamado *distrato*. Afinal, o que é um distrato? Em termos de etimologia, a palavra vem do termo latino *distractus*, que, ao menos basicamente, significa "rompimento ou

TÉRMINO 417

desfazimento de um acordo". Quanto ao aspecto gráfico, parece curiosamente indicar a antítese de um contrato; na realidade, porém, ele não passa de mais um contrato. Com efeito, pelo chamado *contrato* é celebrado acordo de vontades que constitui determinada relação jurídica; ao passo que pelo chamado *distrato* é celebrado acordo de vontades que desconstitui a mesma relação jurídica. De qualquer forma, neste momento, não é a natureza jurídica do distrato que importa; pois o que importa, mais que tudo, é saber como se realiza a extinção da sociedade limitada, e se ela deve continuar, como dantes, a utilizar a figura do distrato.

No Decreto 3.708, de 10.1.1919, não havia quaisquer dispositivos a respeito do assunto. Aplicava-se então, como era costume, o velho Código Comercial, que mencionava o distrato em seu art. 338, cujo texto completo era o seguinte: "O distrato da sociedade, ou seja voluntário ou judicial, deve ser inserto no Registro do Comércio, e publicado nos periódicos do domicílio social, ou no mais próximo que houver, e na falta deste por anúncios fixados nos lugares públicos; pena de subsistir a responsabilidade de todos os sócios a respeito de quaisquer obrigações que algum deles possa contrair com terceiro em nome da sociedade". Tal norma aplicava-se a todas as sociedades mercantis contratuais, portanto também à sociedade limitada, que era a última das contratuais.

Mas havia algo estranho no Código, conforme já fiz notar outras vezes: o referido dispositivo encontrava-se em seção dedicada à *dissolução da sociedade*, antes da seção dedicada à *liquidação da sociedade*, levando a crer que na época em que entrara em vigor o Código as sociedades mercantis contratuais se distratassem no momento da dissolução, só depois cuidando da liquidação. Há alguma lógica em tal procedimento? Acredito que sim, no sentido histórico da palavra. No passado, por não existir a figura da extinção propriamente dita, era comum operar a dissolução pelo distrato e fazer a liquidação depois; resultando tudo isso num procedimento que seria impossível adotar na atualidade, uma vez que hoje a dissolução só faz desaparecer a sociedade como agrupamento dos sócios (os quais continuam como fonte de poder e de decisões, desaparecendo, no entanto, como fonte de atividades mercantis), mas a sociedade permanece como pessoa jurídica, a qual só pode desaparecer, pela extinção, após efetuados todos os acertos decorrentes da liquidação. De forma que na época do velho Código Comercial, antes da entrada em vigor do anterior Código Civil (1916), que acabou personificando quase todas as sociedades mercantis contratuais, estas, desprovidas de personalidade

418 SOCIEDADES LIMITADAS

jurídica e reduzidas a meros agrupamentos humanos, terminavam com a simples dissolução, pois a liquidação não passava de mero ato administrativo de acerto de contas entre os antigos sócios, e entre estes e os credores.

Por não preverem a figura da extinção, os dispositivos do Código Comercial precisaram, a certa altura, ser considerados insuficientes, passando a ser completados pelas normas contidas na Lei 6.404, de 15.12.1976, que ainda vigora e que regula as sociedades por ações. Em seu art. 219, a Lei 6.404 menciona expressamente a figura da *extinção*, a ponto de a respectiva seção ter como título justamente tal palavra; não faz, contudo, qualquer referência a eventual instrumento especial que corporifique, isoladamente ou não, o ato que extingue a sociedade, pois a extinção é vista como mera conseqüência automática do término da liquidação. Tanto assim que, de acordo com o referido artigo, inciso I, a companhia extingue-se "pelo encerramento da liquidação". Outros dispositivos revelam a mesma linha de pensamento. No § 1º do art. 216 pode ser encontrado o significativo texto seguinte: "Aprovadas as contas, encerra-se a liquidação e a companhia se extingue". Por fim, pelo inciso IX do art. 210 é possível verificar que um dos deveres do liquidante consiste em "arquivar e publicar a ata da assembléia-geral que houver encerrado a liquidação" (sem alusão ao arquivamento e à publicação de ata de assembléia-geral de extinção, como antigamente).

Qual a posição da legislação atual no tocante à extinção da sociedade limitada? O Código Civil/2002, em seu art. 1.109, *caput*, dispõe: "Aprovadas as contas, encerra-se a liquidação, e a sociedade se extingue, ao ser averbada no registro próprio a ata da assembléia". Percebe-se claramente que o legislador pátrio seguiu à risca a mesma linha de pensamento já seguida na atual Lei das Sociedades por Ações. Tal significa, porventura, que a figura jurídica da extinção das sociedades foi abolida? Não creio ser essa a realidade das coisas. Afinal, o substantivo "extinção" e o verbo "extinguir" continuam sendo usados corriqueiramente, revelando certa necessidade mental de que não se faça confusão entre a idéia de *término da liquidação* e a idéia de *término da pessoa jurídica*. As idéias, de fato, são duas, e bem distintas uma da outra; as duas são, portanto, indispensáveis a fim de que todas as pessoas que compõem a comunidade social tenham noção muito clara, assaz nítida, e sem a menor sombra de dúvida, de que determinada pessoa – ainda por cima desprovida de existência real, porque resultado ideal de mera ficção legal – entrou em certo momento no mundo jurídico, teve sua vida normal como qualquer outra pessoa e, por fim, saiu definitivamente de dito mundo jurídico.

TÉRMINO   419

Mas, se as idéias são duas, e não podem ser confundidas, por que, então, não foi mantido, em separado, o velho ato de extinção? Em minha opinião, foi por uma questão de economia processual. Em outras palavras, foi usada uma espécie de acumulação de funções: utilização de instrumento único para a prática de dois diferentes atos, o segundo dos quais, por sinal, consistente em simples, breve e rápida declaração. Assim, já que era necessário reunir os sócios para que o liquidante pudesse, de um lado, apresentar seu relatório e, de outro, prestar suas contas finais e para que, em conseqüência, a liquidação pudesse ser considerada encerrada, alguém, por certo, deve ter tido a feliz idéia de que se poderia aproveitar o ensejo para permitir aos referidos sócios, simultaneamente, pelo mesmo instrumento e sem delongas, declarar a extinção da sociedade, como pessoa jurídica.

Em que consiste esse instrumento único a que acabo de aludir? Para uma sociedade limitada, hoje em dia, ele consiste, em condições normais, numa ata de assembléia ou de reunião. Poderia consistir também no tradicional distrato? Em minha opinião, sim, sem a menor dúvida. Note-se: o Código Civil/2002 não menciona a palavra "distrato". Em compensação, menciona muito a palavra "contrato" e a expressão "modificação ou alteração contratual"; também menciona, no § 3º do art. 1.072, curiosa peça, que não é, por certo, uma ata de assembléia ou de reunião. Por fim, inclui entre os deveres do liquidante o de "averbar a ata da reunião ou da assembléia, ou o instrumento firmado pelos sócios, que considerar encerrada a liquidação" (art. 1.103, IX). Pois bem, entendo que esse instrumento firmado pelos sócios possa ser um distrato como outrora, provido dos elementos básicos que passo a elencar, com sucintos comentários.

3.1 Elementos constitutivos do cabeçalho

O distrato deve começar mencionando todos os sócios (pois, por ser, tecnicamente, um contrato novo, sua celebração só pode ocorrer por unanimidade), com sua qualificação completa, além da própria sociedade, também devidamente qualificada, com o número de sua inscrição no CNPJ, endereço completo de sua sede e número de sua inscrição inicial no registro competente.

3.2 Referências que não podem ser omitidas

O distrato deve, a meu ver, fazer sucintas mas suficientes referências ao ato de dissolução e sua motivação, ao registro do mesmo

420   SOCIEDADES LIMITADAS

ato, ao processamento da liquidação, à pessoa do liquidante, com menção de seu nome e, se estranho ao quadro social, de sua qualificação completa.

3.3 Prestação final das contas da liquidação

O distrato deve conter, a meu ver, ainda que sucintamente, a prestação final das contas da liquidação, com sua aprovação pelos sócios; tal prestação de contas deve abranger informações gerais sobre a venda do ativo, o pagamento do passivo, a partilha do remanescente entre os sócios.

3.4 Declarações que não podem ser evitadas

Convém que o distrato contenha declaração de que a liquidação foi considerada encerrada e que, em conseqüência, a sociedade foi declarada extinta. Por outro lado, parece-me aconselhável (apesar do silêncio do Código Civil/2002 a respeito) que continue a declarar o nome do sócio escolhido pelos demais sócios para permanecer como depositário dos livros de escrituração da sociedade e dos respectivos documentos; tais dados podem ser importantes para fins trabalhistas.

3.5 Elementos componentes do encerramento

O distrato deve ser concluído com o costumeiro texto final de todo e qualquer contrato, com a assinatura de todos os sócios e com a assinatura do liquidante, caso seja pessoa estranha ao quadro social; não sendo necessária, como outrora, a assinatura de duas testemunhas.

3.6 Posteriores providências judiciais cabíveis

Uma vez aprovadas as contas finais do liquidante, encerrada a liquidação, extinta a sociedade, elaborado e assinado o respectivo documento final e providenciado o registro deste último, o sócio dissidente disporá, nos termos do art. 1.109, parágrafo único, do prazo de 30 dias, a contar da publicação do mencionado documento final (ata ou instrumento), devidamente registrado, para promover a ação que

TÉRMINO 421

couber. Após o referido prazo, de acordo com o art. 1.110, o credor não-satisfeito só terá direito a exigir dos sócios, individualmente, o pagamento do seu crédito, até o limite da soma por eles recebida em partilha, e a propor contra o liquidante ação de perdas e danos.

4. Algumas formas extraordinárias de extinção

4.1 Extinção "de fato" e a questão da responsabilidade

Nos estranhos tempos atuais, de escassa ou dúbia moralidade, não é raro acontecer fenômeno que, em outros tempos, não seria sequer concebível: determinada empresa individual ou coletiva, de porte pequeno, médio ou, mesmo, razoavelmente grande, de um dia para outro desaparece por completo, como por um passe-de-mágica; e os credores, pessoas físicas ou jurídicas, entidades públicas ou privadas, ficam "a ver navios". Aludo, naturalmente, ao desaparecimento desacompanhado de qualquer providência jurídica capaz de legitimá-lo. Dessa forma, desaparecem às vezes empresas coletivas de certa complexidade, sem passarem pelas fases de dissolução, liquidação, extinção; e sem pleitearem o conseqüente registro no órgão público competente. Cheguei a ter experiência pessoal direta e indireta de casos assim. Diversos anos atrás determinada empresa coletiva de proporções respeitáveis, no âmbito da qual estavam em jogo até mesmo interesses pessoais meus, desenvolveu normalmente seus trabalhos no decorrer do expediente ordinário de certa sexta-feira; pois bem, na segunda-feira seguinte, de manhã, quando os empregados chegaram, para retomar suas atividades habituais, encontraram, com espanto, o imóvel completamente vazio e abandonado.

Qual a posição em que ficam, numa situação dessas, os credores em geral? Têm estes alguma possibilidade, ainda que remota, de receber seus créditos? Comumente, desaparecendo a empresa dessa forma, desaparecem de circulação, por igual, o respectivo titular individual ou os respectivos sócios e administradores, conforme os casos. Em tais hipóteses é evidente que os credores ficam sem a menor saída, sem qualquer possibilidade. Sendo, porém, possível localizar alguma ou algumas das referidas pessoas, a situação jurídica e econômica pode mudar substancialmente de figura.

De fato, é possível que se trate: em primeiro lugar, de pessoas que, como acontece com os empresários individuais (ainda bem conhecidos pela expressão "firmas individuais"), respondem ilimitadamente pelas

422   SOCIEDADES LIMITADAS

obrigações da empresa; em segundo lugar, de pessoas que pelas mesmas obrigações respondem solidária e ilimitadamente, como acontece com os sócios em geral das sociedades em nome coletivo, com os sócios comanditados das sociedades em comandita simples e com os acionistas diretores das sociedades em comandita por ações. Nestas hipóteses é provável que o problema possa ser resolvido sem grandes dificuldades, pela execução direta e imediata dos bens particulares das mencionadas pessoas, mesmo no caso de sociedade, posto que, desaparecida a empresa de forma tão irregularmente extraordinária, não serão, por certo, encontrados bens sociais em condições de serem executados em caráter preliminar; sendo cabível, em conseqüência, a aplicação do *princípio da responsabilidade subsidiária*, fixado pelo legislador no art. 1.024 do Código Civil/2002.

Quando se trata, no entanto, de pessoas que respondem de forma limitada pelas obrigações da empresa – como acontece com os sócios comanditários das sociedades em comandita simples, com os sócios em geral das sociedades limitadas, com os acionistas em geral das sociedades anônimas ou companhias e com os acionistas comuns das sociedades em comandita por ações – o problema não admite solução tão vantajosa, eis que os bens particulares de cada uma dessas pessoas só podem ser executados até o valor total da respectiva quota social, ou até o valor total do capital social (devido à existência de solidariedade), ou até o valor total do preço de emissão das ações subscritas ou adquiridas, desde que tais valores já não se encontrem devidamente integralizados; cabendo, a meu ver, a cada executado, caso a integralização já tenha sido feita, apresentar a prova correspondente.

Quanto aos administradores, não respondem eles, normalmente, como tais, pelas obrigações da empresa; podem, contudo, vir a responder em caráter excepcional, nos precisos e expressos termos da lei. O velho Decreto 3.708, de 10.1.1919, em seu art. 10, dispunha que os sócios-gerentes da sociedade limitada não respondiam pessoalmente pelas obrigações contraídas em nome da sociedade, mas respondiam para com esta e para com terceiros, solidária e ilimitadamente, por excesso de mandato e pelos atos praticados com violação do contrato ou da lei. Estranhamente, o Código Civil/2002 contém dispositivo bem lacônico e, ao menos na aparência, menos incisivo; pois o art. 1.016 limita-se a dispor: "Os administradores respondem solidariamente perante a sociedade e os terceiros prejudicados, por culpa no desempenho de suas funções". A Lei 6.404, de 15.12.1976, em seu art. 158, *caput*, dispõe que o administrador da sociedade anônima ou companhia "não

TÉRMINO   423

é pessoalmente responsável pelas obrigações que contrair em nome da sociedade e em virtude de ato regular de gestão; responde, porém, civilmente, pelos prejuízos que causar, quando proceder: I – dentro de suas atribuições ou poderes, com culpa ou dolo; II – com violação da lei ou do estatuto".

Fazer desaparecer determinada sociedade, encerrando-a – ou, numa linguagem mais técnica, "extinguindo-a" – sem a deliberação de dissolução, o processamento de liquidação e a declaração de extinção, e sem o conseqüente registro no órgão público competente, é, com certeza, um ato praticado com flagrante violação da lei; paralelamente, não deixa de ser também, antes, sobretudo, um ato que prejudica terceiros, pessoas físicas e jurídicas, pertencentes a diversas categorias, em razão de evidente culpa dos administradores no desempenho de suas funções. Por esse motivo, sou de opinião possam os administradores, num caso como este, ser executados, em regime de solidariedade, como pessoalmente responsáveis pelas obrigações da sociedade que desapareceu.

Preocupei-me, até aqui, com a teoria. Na prática, porém, os referidos administradores, mesmo que tenham sido localizados com facilidade, conseguem muitas vezes demonstrar que não têm quaisquer bens capazes de cobrir, ainda que em parte, as dívidas da sociedade. Ninguém pode impedir que eles estejam apenas mentindo; mas, se estiverem dizendo a verdade, mesmo assim não deverão ser considerados em situação regular. Afinal, não se pode esquecer que, em caso de insolvência pura e simples, os empresários em geral têm a obrigação de requerer sua própria falência. Veja-se, a respeito, a Lei 11.101, de 9.2.2005. Em seu art. 105 dispõe, claramente, que o devedor em crise econômico-financeira que julgue não atender aos requisitos para pleitear sua recuperação judicial deverá requerer ao juízo sua falência, expondo as razões da impossibilidade de prosseguimento da atividade empresarial. E em seu art. 81, § 2º, estabelece, mais: "As sociedades falidas serão representadas na falência por seus administradores ou liquidantes, os quais terão os mesmos direitos e, sob as mesmas penas, ficarão sujeitos às obrigações que cabem ao falido".

Em tais hipóteses, convém sempre, a meu ver, requerer a falência da sociedade desaparecida, por uma razão muito simples: ainda que não se encontrem quaisquer bens, nem sociais nem particulares, poderão os administradores ser responsabilizados por crime falimentar, com magníficas chances de passarem certa temporada na prisão. Acredito que o caso ora em exame possa ser enquadrado no crime de *fraude*

424   SOCIEDADES LIMITADAS

a credores, assim definido pela citada Lei 11.101/2005, em seu art. 168: praticar, antes ou depois da sentença que decretar a falência, que conceder a recuperação judicial ou que homologar a recuperação extrajudicial, ato fraudulento de que resulte ou possa resultar prejuízo aos credores, com o fim de obter ou assegurar vantagem indevida para si ou para outrem. A pena é de reclusão, de três a seis anos, e multa. De acordo com o art. 181, a condenação tem os seguintes efeitos, a serem incluídos na sentença: I – inabilitação para o exercício de atividade empresarial; II – impedimento para o exercício de cargo ou função em conselho de administração ou em diretoria das sociedades empresárias; III – impossibilidade de gerir empresas por mandato ou por gestão de negócio.

4.2 Cancelamento do registro contratual e conseqüências

Ao usar, no título desta subseção, a expressão sintética "cancelamento do registro contratual", tive, em sentido analítico, a intenção de aludir a fenômeno jurídico do qual tenho experiência sem dúvida incomum. Refiro-me ao momento em que a Junta Comercial cancela o arquivamento dos atos constitutivos de sociedade limitada; sendo que por "atos constitutivos" sou de opinião deva ser entendido, nesta hipótese, o contrato social inicial, juntamente com todas as respectivas alterações, ou apenas o contrato social inicial, caso este não tenha sido ainda objeto de qualquer alteração ou modificação. Por outro lado, convém nunca perder de vista que a existência legal das pessoas jurídicas de direito privado – e a sociedade limitada é uma delas – começa justamente "com a inscrição do ato constitutivo no respectivo registro" (Código Civil/2002, art. 45, *caput*). Em outras palavras, hoje em dia, desde a entrada em vigor do anterior Código Civil, as sociedades empresárias são quase todas pessoas jurídicas, sendo que não há pessoa jurídica de direito privado sem registro, o qual, no caso das sociedades empresárias, é a Junta Comercial da respectiva circunscrição.

O registro dá publicidade ao contrato social, conferindo-lhe eficácia perante terceiros. Que acontece quando se verifica a inexistência de tal eficácia? Por que tal eficácia pode não existir? Quais as hipóteses? Cumpre apontar ao menos algumas delas. Conforme a primeira, o contrato foi redigido e assinado corretamente, nos precisos e expressos termos da lei, mas nunca foi registrado; melhor dizendo, nunca teve seu instrumento arquivado na Junta Comercial, motivo pelo qual nunca adquiriu eficácia. De acordo com a segunda, o contrato foi arquivado na Junta Comercial, mas em determinado momento foi descoberto ser ele nulo, não tendo, em conseqüência, validade, ainda menos eficácia, motivo pelo qual foi cancelado seu arquivamento. Nos termos da terceira, o contrato não é tecnicamente nulo, e chegou a ter seu instrumento arquivado na Junta Comercial, mas tal arquivamento foi, a certa altura, por qualquer motivo, cancelado, desaparecendo, em conseqüência, a eficácia do contrato. Para verificação das conseqüências, convém, agora, realizar pequena análise.

A hipótese de contrato social que tenha sido redigido e assinado corretamente, nos precisos e expressos termos da lei, mas cujo instrumento nunca tenha sido arquivado na Junta Comercial, enquadra-se perfeitamente na figura da chamada *sociedade em comum* (outrora, *sociedade de fato*), a que o Código Civil/2002 dedica pequeno capítulo, e cujo art. 986 dispõe: "Enquanto não inscritos os atos constitutivos, reger-se-á a sociedade, exceto por ações em organização, pelo disposto neste Capítulo, observadas, subsidiariamente e no que com ele forem compatíveis, as normas da sociedade simples". Já tratei deste assunto em capítulo anterior; não creio ser oportuno repetir tudo de novo. É suficiente ressaltar, neste momento, apenas a norma contida no art. 990, que estabelece: "Todos os sócios respondem solidária e ilimitadamente pelas obrigações sociais, excluído do benefício de ordem, previsto no art. 1.024, aquele que contratou pela sociedade". Tal significa que a sociedade cujo instrumento contratual constitutivo careça de arquivamento na Junta Comercial não pode sequer ser equiparada à sociedade em nome coletivo antes da personificação; pois sua situação, no tocante à responsabilidade dos sócios, é ainda mais rígida. E se o contrato social, não levado a arquivamento na Junta Comercial, tiver conferido à sociedade a forma de limitada? Vou repetir minha idéia, para que ela chegue a ter maior penetração mental: formas societárias ostentando características especiais, previstas pela lei, só podem prevalecer caso o contrato se encontre em situação de plena e total legalidade, portanto, com seu instrumento contratual arquivado. Sem tal arquivamento não há, mesmo, como evitar o enquadramento na figura da sociedade em comum.

Na hipótese de contrato social que, por ter sido considerado nulo, teve cancelado o arquivamento do respectivo instrumento entendo ser perfeitamente aplicável a norma do inciso I do art. 1.034 do Código Civil/2002, segundo a qual a sociedade pode ser dissolvida judicialmente, a requerimento de qualquer dos sócios, quando anulada sua constituição. Poder-se-á alegar que se anula apenas algo anulável, uma vez que ato eivado de nulidade, propriamente dita, deve

426 SOCIEDADES LIMITADAS

tão-somente ser declarado nulo. Mesmo assim, o legislador pátrio consegue transmitir a idéia de não ter tido outra intenção senão a de abranger ambas as figuras jurídicas (*anulabilidade* e *nulidade*). Em verdade, pouco importa se a constituição da sociedade foi anulada ou declarada nula, pois este estudo não tem por fim tentar resolver questões semânticas. O que verdadeiramente importa, ao menos neste momento, é a análise das conseqüências cabíveis, que, por sinal, são as mesmas. Que conseqüências são essas?

Uma vez cancelado o arquivamento do instrumento contratual constitutivo, pela existência de nulidade, pode a sociedade, em caráter preliminar, recorrer ao Poder Judiciário para demonstrar a inexistência de nulidade e pedir a restauração do arquivamento cancelado. Caso o cancelamento seja confirmado, só resta à sociedade escolher entre dois caminhos: de um lado, considerar em definitivo encerradas suas atividades econômicas, requerendo em juízo (em razão de sua incomum situação jurídica), por seus administradores ou por algum de seus sócios, a declaração de sua dissolução e o processamento de sua liquidação; de outro, continuar normalmente com suas atividades econômicas. Se ela resolver continuar com as atividades, estará, de forma automática, enquadrada na figura da sociedade em comum (arts. 986-990 do Código Civil/2002), desaparecendo as diferenças porventura existentes entre os respectivos sócios e passando todos eles, em conseqüência, a responder solidária e ilimitadamente pelas obrigações sociais, independentemente da forma societária adotada no instrumento contratual cancelado, transformado em algo inexistente desde o momento inicial.

Na última hipótese, há um contrato social que não contém qualquer nulidade e cujo instrumento foi devida e regularmente arquivado na Junta Comercial. Só que, em razão da presença de algum defeito nem sempre voluntário, às vezes de mero cunho subjetivo (como, por exemplo, uma semelhança entre nomes empresariais), que foi objeto de impugnação de terceiro em recurso administrativo, tal instrumento é atingido, em determinado momento, por deliberação que cancela de vez seu arquivamento. Foi-me perguntado, algum tempo atrás: "Quais as conseqüências de tal cancelamento? Como é que fica a sociedade – caso seja uma limitada – a partir daquele instante?". A sociedade pode, também neste caso, recorrer ao Poder Judiciário para impugnar o ato da Junta Comercial e pedir a restauração do arquivamento cancelado. Se houver confirmação de dito cancelamento, restarão igualmente à sociedade as seguintes opções: de um lado, alterar o contrato social, com a eliminação do defeito impugnado, e requerer,

TÉRMINO

por isso, a restauração do arquivamento cancelado; de outro, encerrar definitivamente as atividades econômicas, requerendo em juízo, por um ou mais de seus administradores ou por qualquer de seus sócios, a declaração de dissolução, com conseqüente processamento da necessária liquidação; ou, ainda, continuar com suas atividades econômicas, como se nada tivesse acontecido. Neste último caso, em minha opinião, surgem três conseqüências fundamentais: de início, desaparece a personalidade jurídica; paralelamente, muda o tipo de responsabilidade dos sócios pelas obrigações sociais; por fim, opera-se certa espécie de sucessão ou de sub-rogação em direitos e obrigações. Concluo o assunto com breves comentários.

A conseqüência inicial é bem simples: uma vez que é justamente por intermédio do arquivamento de seus atos constitutivos na Junta Comercial que a sociedade empresária adquire a personalidade jurídica, deve esta última ser tida como automaticamente perdida se cancelado o referido arquivamento. Quanto à conseqüência seguinte, tenho a observar que pelas obrigações sociais contraídas até o momento do cancelamento os sócios continuam, a meu ver, respondendo como respondiam antes; sendo que pelas obrigações sociais contraídas após o cancelamento (caso a sociedade ache interessante prosseguir nas atividades econômicas) os sócios passam, em minha opinião, a responder ilimitada e solidariamente, equiparados a membros de sociedade em comum.

Com relação à terceira conseqüência, e para tentar facilitar sua compreensão, a melhor coisa a fazer é oferecer pequeno exemplo. Imagine-se certa sociedade empresária denominada "Sila Figos Secos Ltda.", composta de três sócios: "Francisco Cosenza", "Roberto Mancuso" e "José Catanzaro". Tal sociedade está sendo acionada em juízo. Pois bem: a partir do ato de cancelamento desacompanhado das providências legais decorrentes, a ação judicial, ao que me parece, deixa de ter como ré a sociedade "Sila Figos Secos Ltda." e passa a ter como réus os sócios "Francisco Cosenza", "Roberto Mancuso" e "José Catanzaro". O motivo está em que, desaparecida a personalidade jurídica da sociedade empresária, aparece, em seu lugar, uma espécie de condomínio ou uma comunhão de interesses (em minha opinião, a chamada *sociedade em comum*, antiga *sociedade de fato*, não passa, na prática, de simples comunhão de interesses).

Capítulo XII

Mudanças Substanciais

1. A transformação e seus múltiplos aspectos: 1.1 Algumas observações de natureza conceitual – 1.2 Normas gerais a serem observadas na operação – 1.3 Quando a operação envolve a sociedade anônima – 1.4 Quando a operação envolve sociedade contratual empresária: 1.4.1 Observações sobre o cabeçalho – 1.4.2 Observações sobre o nome empresarial – 1.4.3 Observações sobre o quadro social – 1.4.4 Observações sobre o capital social – 1.4.5 Observações sobre a administração – 1.4.6 Cumpre aprovar consolidação contratual – 1.4.7 Algumas observações complementares – 1.5 Quando a operação envolve a sociedade simples: 1.5.1 Limitada empresária que vira limitada simples – 1.5.2 Limitada empresária que vira simples de outro tipo – 1.5.3 Sociedade anônima que vira limitada simples – 1.5.4 Empresária de outro tipo que vira limitada simples – 1.5.5 Possível necessidade de mudança de registro – 1.5.6 Que acontece na realização das operações inversas – 1.6 Quando a operação envolve, de fato, a empresa individual: 1.6.1 Sociedade limitada substituída por empresa individual – 1.6.2 Empresa individual substituída por sociedade limitada. 2. A fusão, figura societária quase não utilizada: 2.1 Conceituação; em quê ela difere de outras figuras – 2.2 Dispositivos legais aplicáveis; algumas dúvidas: 2.2.1 Assinatura conjunta de protocolo – 2.2.2 Elaboração separada de justificação – 2.2.3 Deliberação da fusão, pelos sócios – 2.2.4 Avaliação do patrimônio líquido – 2.2.5 Aprovação dos laudos de avaliação – 2.2.6 Constituição da nova sociedade – 2.2.7 Anulação judicial por credor anterior – 2.2.8 Sucessão nos registros públicos. 3. A incorporação, arma eficiente para concentrar: 3.1 Conceituação e algumas observações introdutórias – 3.2 Quadro sinóptico dos atos fundamentais da operação: 3.2.1 Incorporadora: grupo das deliberações introdutórias – 3.2.2 Sociedades a incorporar: grupo único de deliberações – 3.2.3 Sociedades a incorporar: avaliação patrimonial – 3.2.4 Incorporadora: grupo das deliberações conclusivas – 3.3 Normas complementares e conseqüências

430   SOCIEDADES LIMITADAS

da operação: 3.3.1 Tipos de "quorum" das sociedades limitadas – 3.3.2 Avaliação dos patrimônios líquidos – 3.3.3 Registro e publicação dos atos da operação – 3.3.4 Anulação judicial por credor anterior – 3.3.5 Sucessão nos registros públicos. 4. A cisão, arma bem eficiente para reestruturar: 4.1 Admissibilidade da figura com relação à limitada: 4.1.1 Norma geral da Lei 6.404/1976 – 4.1.2 Ausência, na lei, de unidade perfeita – 4.1.3 A exclusão estaria desprovida de lógica – 4.2 A cisão da limitada e o estranho conteúdo do Código – 4.3 Conceituação da figura e suas complexas modalidades – 4.4 Roteiros básicos para realização da operação: 4.4.1 Documentos preliminares: elaboração e assinatura – 4.4.2 Cisão sem incorporação, com ou sem extinção – 4.4.3 Cisão com incorporação, com ou sem extinção – 4.5 Normas complementares e conseqüências da operação.

1. A transformação e seus múltiplos aspectos

1.1 Algumas observações de natureza conceitual

O velho Código Comercial (Lei 556, de 25.6.1850), no tocante às chamadas *sociedades comerciais* (arts. 300-353), não regulava nem mencionava a figura da *transformação*. Por sua vez, o Decreto 3.708, de 10.1.1919, que regulava justamente a constituição de sociedades limitadas, seguindo o mesmo estilo do Código Comercial, também nada dispunha a respeito da transformação. Que fazer, então? Há, com relação à doutrina pátria, muitos juristas que cerram fileiras em torno de princípio segundo o qual, quando a lei que regula certo tipo societário nada dispõe a respeito de determinado problema não-peculiar – portanto, de cunho geral –, pode este ser resolvido mediante aplicação de lei que regule outro tipo societário. Sempre entendi, por isso, ser possível recorrer tranqüilamente à Lei 6.404, de 15.12.1976, que basicamente regulava, e ainda regula, a sociedade anônima ou companhia. Aliás, o art. 18 do Decreto 3.708/1919 dispunha: "Serão observadas quanto às sociedades por quotas, de responsabilidade limitada, no que não for regulado no estatuto social, e na parte aplicável, as disposições da Lei das Sociedades Anônimas". Tratava-se de dispositivo muito discutido, é verdade, e de compreensão bem difícil; mas aplicável, sem dúvida, à hipótese de transformação. De forma que, qualquer que fosse o tipo societário, a transformação era sempre regida, em ambos os sentidos, pela Lei das Anônimas.

A ausência de legislação específica regulando a matéria não era o único argumento a favor da legislação sobre sociedades anônimas ou companhias: outro argumento encontrava apoio na própria termi-

MUDANÇAS SUBSTANCIAIS

nologia adotada pela Lei 6.404/1976. Esta última, com efeito, ao mencionar genericamente a palavra "sociedade" (no lugar da palavra "companhia", de utilização bastante corriqueira) e as expressões "sócios ou acionistas" e "estatuto ou contrato social", dava a entender, com suficiente clareza, o alcance geral de seus dispositivos quanto ao assunto ora em exame, aplicando-se também, em conseqüência, tanto aos casos de sociedades limitadas que se transformassem em outros tipos societários (quaisquer que eles fossem, portanto, não apenas sociedades anônimas ou companhias) como aos casos de sociedades de quaisquer tipos que se transformassem em sociedades limitadas.

A situação acabou mudando, muito embora não de forma substancial, com o advento do Código Civil/2002. Mudou porque o referido Código adotou, pela primeira vez, algumas normas prevendo e regulando a transformação das sociedades econômicas por quotas, mais conhecidas como *sociedades contratuais*, outrora classificadas igualmente como sendo sociedades de pessoas; mas a mudança não pode ser tida como substancial, uma vez que foram reproduzidos, quase *ipsis litteris*, todos os dispositivos existentes a respeito do assunto na citada Lei 6.404/1976, que basicamente regula a sociedade anônima ou companhia. A única exceção que creio possa ser apontada é esta: no afã de não alongar os dispositivos, o legislador pátrio deixou de definir, no novo texto legal, a figura jurídica ora em exame; ocorre que uma definição, entendida apenas no sentido meramente técnico da palavra, teria sido, sem dúvida, interessante, pois as definições sempre ajudam na interpretação.

Cumpre, portanto, recorrer mais uma vez à Lei 6.404/1976, cujo art. 220, *caput*, define: "A transformação é a operação pela qual a sociedade passa, independentemente de dissolução e liquidação, de um tipo para outro". Trata-se de figura jurídica que tem o condão de simplificar e facilitar as coisas quando os sócios de determinada sociedade não mais consideram conveniente aos seus interesses o tipo societário adotado, e, ao mesmo tempo, não desejam abandonar o exercício da respectiva atividade econômica. Pequeno exemplo poderá esclarecer melhor a idéia. Imagine-se que os sócios de determinada sociedade limitada não queiram mais continuar com os riscos de sua responsabilidade solidária; ou, então, prefiram a comodidade dos títulos negociáveis representando o capital social. A rigor, eles deveriam, em tal caso, dissolver, liquidar e extinguir a sociedade limitada, constituindo, em seguida, sociedade anônima ou companhia. Tanto assim que, conforme já ressaltei anteriormente, em diversos pontos deste estudo, o velho Código Comercial não previa

432 SOCIEDADES LIMITADAS

a transformação das sociedades contratuais, limitando-se a regular a dissolução e a liquidação (a própria extinção também ficou fora; afinal, se a dissolução faz desaparecer a sociedade como agente econômico, e a extinção faz desaparecer a mesma sociedade como pessoa jurídica, não havia por certo, naquela época, antes do anterior Código Civil, o que a extinção pudesse fazer desaparecer).

Mas dissolver, liquidar e extinguir uma sociedade e constituir outra em seu lugar não são atos que possam, normalmente, ser classificados como tarefa simples e rápida, ainda menos como tarefa barata; por outro lado, eles ficam totalmente desprovidos de sentido prático quando a atividade, o patrimônio, o quadro social, os contratos, a clientela etc. (às vezes até mesmo o nome social, em sua parte essencial) podem continuar perfeitamente iguais. A transformação, em tal caso, simplifica tudo, eis que tudo fica reduzido a ato comparável a simples alteração estatutária ou contratual.

Em verdade, a figura jurídica da transformação societária nada mais é, em minha opinião, que natural e lógica emanação da mudança dos tempos. Quando a palavra "empresa" significava apenas e tãosomente "atividade" o comércio era exercido por *comerciantes individuais* e por *comerciantes coletivos*, no sentido mais puro e mais genuíno de tais expressões. Usei a expressão "comerciantes coletivos" porque as sociedades comerciais resultavam, comumente, de meros agrupamentos de comerciantes individuais; em outras palavras, para tornar o exercício da atividade mercantil mais leve, mais eficiente e mais lucrativo, o comerciante individual se associava, às vezes, a outros comerciantes individuais. E o agrupamento que disso resultava não passava a ser considerado e tratado como entidade personificada, bem diferente da pessoa física de cada um de seus membros. Em tais condições, era mesmo impossível, ao que me parece, transformar agrupamentos dessa natureza, os quais se identificavam demais com meros acordos humanos: afinal, transformá-los em quê? Mas os tempos continuaram sua corrida em direção ao futuro, aparecendo, a certa altura, até mesmo figuras novas, como a do sócio sem capital mas prestador de serviços (sociedade de capital e indústria) e a do sócio mero prestador de capital (sociedade em comandita), figuras, essas, que, a meu ver, constituíram autênticos prenúncios de alguns elementos da futura organização empresarial.

Assim, quando o exercício do comércio – conforme já fiz notar neste estudo – se tornou complexo, pelo extraordinário aumento do capital nele aplicado, pelo considerável crescimento do número de empregados, pela notável fragmentação da figura do antigo co-

MUDANÇAS SUBSTANCIAIS 433

merciante em diversas figuras menores (diferentes tipos de sócios, de órgãos administrativos, consultivos e fiscalizadores, de administradores propriamente ditos etc.) e pelo evidente surgimento, na órbita da atividade exercida, de enorme quantidade de interesses, dos mais diversos gêneros, a palavra "empresa", que antes designava apenas a atividade do comerciante, passou a designar uma verdadeira organização, que, transcendendo a antiga sociedade comercial, adquiriu vida própria e, ao menos em termos econômicos, assumiu o comando do exercício do comércio. As sociedades comerciais tornaram-se simples entidades nominais, pairando acima delas algo novo e de cunho unitário, algo que é o real agente econômico dos tempos atuais: justamente a *empresa*. De forma que hoje as pessoas em geral continuam mencionando as sociedades comerciais ou empresárias, mas em verdade apontam para uma realidade do passado, no âmbito de uma seqüência evolutiva que começa com o comerciante individual, passa pela sociedade comercial e termina na organização. Em tais condições, a figura da *transformação* faz, hoje, pleno sentido, uma vez que, no fundo, não se transforma uma sociedade: transforma-se um tipo empresarial em outro tipo empresarial, a despeito da unidade da empresa; é que a unidade da empresa é, por enquanto, apenas ideal, por subsistirem, curiosa e estranhamente, algumas formas do passado que teimam em continuar revestindo realidade que, em verdade, é completamente nova.

1.2 Normas gerais a serem observadas na operação

Na subseção anterior, com base no art. 220, *caput*, da Lei 6.404/1976, foi definida a figura jurídica da *transformação societária*, com alguns sucintos comentários. Cumpre, agora, tecer mais alguns rápidos comentários a respeito do mesmo assunto, comentários, esses, para os quais, no entanto, passarei a utilizar os dispositivos contidos no Código Civil/2002, que são os arts. 1.113 a 1.115.

As normas a serem observadas na transformação são as que regulam a constituição e o registro do novo tipo societário. Exemplificando: se determinada sociedade limitada quiser transformar-se em sociedade anônima ou companhia, deverão seus sócios, mediante assembléia-geral ou escritura pública, após devidamente identificados e identificada também, por completo, a sociedade, deliberar a transformação, observando, no que for aplicável, as normas que regulam a constituição das sociedades por ações (Lei 6.404, de 15.12.1976). Deverá, portanto, a ata da assembléia-geral (ou a escri-

434 SOCIEDADES LIMITADAS

tura pública) conter no mínimo as seguintes informações: nome e qualificação completa de cada sócio; nome e identificação completa da sociedade; deliberação referente à transformação; texto completo do estatuto social; relação completa e pormenorizada das ações que caberão a cada sócio com base em sua já existente participação no capital; eleição dos primeiros administradores e, se for o caso, dos primeiros membros do conselho de administração e do conselho fiscal, com declaração do nome e respectiva qualificação completa de cada um dos eleitos, inclusive suplentes.

Se o problema for inverso (transformação de sociedade anônima ou companhia em limitada), deverá, em minha opinião, ser realizada assembléia-geral de transformação, com ata contendo, no mínimo, as seguintes informações: nome e qualificação completa de cada acionista (no passado, também os possuidores de ações ao portador deveriam ser mencionados e devidamente qualificados); nome e identificação completa da sociedade; deliberação referente à transformação; descrição pormenorizada do novo quadro social; texto completo do contrato social (apenas o texto, mas com o cabeçalho); nomeação, se já não tiver sido feita no texto contratual, dos primeiros integrantes dos órgãos societários, administrativos ou não. Pode ser que a Junta Comercial ainda esteja exigindo – como outrora exigia – também o texto contratual reproduzido em instrumento separado, devida e regularmente assinado pelos sócios, nos mesmos moldes do que acontece nas verdadeiras constituições, por certo para facilitar o surgimento, em seus arquivos e assentamentos, da sociedade por quotas ou contratual resultante da transformação, como se nova sociedade fosse.

Caso não tenha sido prevista no ato constitutivo – portanto, no contrato ou no estatuto –, a transformação só poderá ser efetivada se todos os sócios existentes a aprovarem; o que significa, em minha opinião, que, no âmbito de deliberação de sociedade anônima ou companhia que esteja querendo transformar-se em limitada, todos os acionistas devem votar, até mesmo os titulares de ações preferenciais sem voto (no passado os possuidores de ações ao portador também deveriam votar), não sendo permitidos votos contrários, votos nulos, votos em branco nem abstenções.

No regime da legislação anterior, quando a transformação era regulada tão-somente pela Lei 6.404/1976, houve quem contestasse a plena e total aplicabilidade da norma constante do respectivo art. 221, *caput*, à sociedade limitada., pelas razões que seguem: "Efetivamente, sobretudo agora que a mais alta Corte Judiciária do país

MUDANÇAS SUBSTANCIAIS 435

deixou assentada a possibilidade de alteração do contrato social por maioria de votos (RE 76.710, *RTJ* 70/777), não seria de exigir-se, para a transformação da sociedade por quotas em outro tipo, a unanimidade, mesmo porque, em última análise, a transformação redunda em modificação do contrato, e esta pode ser decidida por maioria de votos. Portanto, no sistema legal vigente, caberá, se for o caso, à jurisprudência dizer se o art. 221 da Lei das Sociedades por Ações é inaplicável à transformação da sociedade por quotas, à falta de dispositivo especial específico regulador. Entendemos que, para agravar a responsabilidade do sócio, dever-se-ia exigir a unanimidade para a transformação; caso contrário, basta a maioria" (Nelson Abrão, *Sociedade por Quotas de Responsabilidade Limitada*, já citado, 3ª ed., p. 130).

Com o maior respeito possível pelo saudoso Mestre paulista, nunca deixei de considerar o art. 221, *caput*, da Lei 6.404/1976, como perfeitamente aplicável também à sociedade limitada, pelos motivos que passo a expor. Em caráter preliminar, o alegado agravamento da responsabilidade podia facilmente revelar aspectos de todo subjetivos, uma vez que o sócio, ao passar, por exemplo, de uma sociedade anônima ou companhia para uma limitada, podia sentir-se bem mais seguro nesta última, a despeito de sua responsabilidade ter ficado levemente mais pesada. Ademais, a referida norma legal sempre obedeceu, em minha opinião, a certa lógica jurídica provida de boas características de aceitabilidade. Afinal, a transformação não passa de ato que, em última análise, se identifica demais com a constituição de uma nova sociedade; e ocorre que uma nova sociedade sempre surge – ainda que, em certos casos, de forma indireta – com base em acordo entre todos os sócios. Uma prova eloqüente disso tudo está em que o Código Civil/2002, ao regular a transformação das sociedades contratuais – entre elas a limitada –, manteve, em substância, a legislação já existente na Lei 6.404.

Existindo previsão contratual ou estatutária (mera previsão genérica, assim: "A sociedade poderá, a qualquer tempo, ser transformada em outro tipo societário"), a transformação poderá ser aprovada mediante deliberação majoritária. Quais os tipos de *quorum* a serem observados?

No tocante à *sociedade limitada* é preciso, de início, ponderar que a transformação não foi mencionada pelo Código Civil/2002, em seu art. 1.071, onde se encontram as matérias que dependem da deliberação dos sócios; acredito, por isso, que dita figura jurídica deva ser vista no inciso V, que menciona a modificação do contrato social.

436 SOCIEDADES LIMITADAS

Pois bem, para tal inciso o art. 1.076 fixa *quorum* de deliberação correspondente, no mínimo, a três quartos do capital social; mínimo, este, que coincide com o *quorum* de instalação da assembléia ou reunião dos sócios, estabelecido pelo art. 1.074, *caput*, para a primeira convocação.

No tocante à *sociedade anônima* ou *companhia* o *quorum* de instalação de assembléia-geral extraordinária para reforma do estatuto é de dois terços, no mínimo, do capital votante, em primeira convocação; ao passo que o *quorum* mínimo de deliberação, para casos normais, é de maioria absoluta de votos, maioria, essa, que corresponde, ao que tudo indica, com base em análise atenta do texto da Lei 6.404/1976, a 50% mais um dos votos. Cabe, a esta altura, indagar: com relação aos dois referidos tipos de *quorum*, vale como base o capital votante também na hipótese de transformação? Não creio. Em verdade, não se pode deixar de observar que, se a regra fundamental da transformação é a do consentimento unânime dos sócios, surge, naturalmente, o princípio de que todos os sócios ou acionistas têm igual importância, aplicando-se tal princípio também à deliberação excepcional, que é a majoritária; afinal, conforme acabo de ressaltar, se está diante de situação análoga à da constituição societária, sendo que a Lei 6.404/1976, ao regular a constituição da sociedade anônima ou companhia, deixa bem claro que, independentemente de sua espécie ou classe, cada ação dá direito a um voto na respectiva assembléia (art. 87, § 2º). De acordo com quanto exposto, entendo que o *quorum* de instalação deva ser de dois terços, no mínimo, do capital social; e que o *quorum* mínimo de deliberação deva representar a maioria absoluta de votos de todos os acionistas presentes; a não ser que se entenda serem aplicáveis os tipos de *quorum* próprios da espécie societária a ser adotada, que no caso é a sociedade limitada. Conseqüência disso é que a dissidência, a qual existe nas duas sociedades, com igual dispositivo, constitui direito que beneficia a todos, tanto sócios como acionistas, sem distinções de qualquer espécie. Na limitada, na hipótese de deliberação majoritária, o sócio dissidente terá o direito de sair da sociedade, aplicando-se, no silêncio do contrato, o disposto no art. 1.031 a respeito de liquidação da respectiva quota social.

De qualquer forma, a transformação não modificará nem prejudicará os direitos dos credores, os quais continuarão, até o pagamento integral dos seus créditos, com as mesmas garantias que o tipo societário anterior lhes oferecia (este dispositivo tem sua primeira parte no Código Civil/2002 e a segunda na Lei 6.404/1976; note-se que a segunda parte tem mera função elucidativa). É melhor explicar

MUDANÇAS SUBSTANCIAIS 437

exemplificando. Na sociedade limitada a responsabilidade pela integralização das quotas subscritas é solidária entre os sócios. Isto quer dizer que, se a sociedade tiver três sócios (Abrantes, Abreu, & Almeida Ltda.) e eles tiverem realizado suas quotas em proporções desiguais (Abrantes em 100%, Abreu em 75% e Almeida em 50%), o sócio Abrantes poderá, se for o único dos três com recursos suficientes, ser executado para integralização do capital social inteiro. Disso pode ser facilmente deduzido que a sociedade limitada oferece aos credores em geral maiores garantias que a sociedade anônima ou companhia, a qual não admite que determinado acionista venha a ser executado para integralização das ações de outro ou outros acionistas. De forma que, se a sociedade limitada se transformar em anônima, os respectivos credores poderão tranqüilamente continuar a considerar a sociedade como sendo uma limitada, para fins de garantia dos créditos anteriores à transformação.

No caso de falência de sociedade transformada, os sócios que, no tipo societário anterior, a ela estariam de qualquer forma sujeitos não serão atingidos automaticamente. Só o serão se tal coisa for requerida pelos titulares de créditos anteriores à transformação; sendo que somente estes serão beneficiados pela extensão da responsabilidade. Em situação normal a falência da sociedade acarreta a falência também dos sócios com responsabilidade ilimitada, nos termos da Lei 11.101, de 9.2.2005, cujo art. 81, *caput*, dispõe: "A decisão que decreta a falência da sociedade com sócios ilimitadamente responsáveis também acarreta a falência destes, que ficam sujeitos aos mesmos efeitos jurídicos produzidos em relação à sociedade falida e, por isso, deverão ser citados para apresentar contestação, se assim o desejarem". Se, no entanto, a falência atingir a sociedade após sua transformação, os sócios somente serão atingidos se o pedirem os titulares de créditos anteriores.

1.3 Quando a operação envolve a sociedade anônima

Para ser transformada em sociedade anônima ou companhia, determinada sociedade limitada que, por hipótese, se chame "Aspromonte Madeiras Nobres Ltda.", esteja sediada na cidade de São Paulo, tenha capital de R$ 10.000.000,00 e se componha de cinco sócios, deve realizar assembléia-geral de transformação, cuja ata deve ser redigida, basicamente, nos termos a seguir expostos:

"ASPROMONTE MADEIRAS NOBRES LTDA., em transformação para ASPROMONTE MADEIRAS NOBRES S.A.

438 SOCIEDADES LIMITADAS

"Ata da assembléia-geral de transformação, de sociedade limitada empresária em sociedade anônima, realizada no dia 9.3.2006.

"Aos nove dias do mês de março do ano de dois mil e seis, às nove horas, na cidade de São Paulo, Estado de São Paulo, à rua dos Bandeirantes, n. 369, sede social de ASPROMONTE MADEIRAS NOBRES LTDA., sociedade limitada empresária com atos constitutivos arquivados na Junta Comercial do Estado de São Paulo sob NIRE n. (colocar número), reuniram-se em assembléia-geral os sócios-quotistas da mesma sociedade, representando a totalidade do capital social, conforme relação a seguir: (1º) JOAQUIM CEREJEIRA (qualificação completa), titular de quota de R$ 2.000.000,00; (2º) ROBERTO FAGUNDES (qualificação completa), titular de quota de R$ 2.000.000,00; (3º) ANTÔNIO MACHADO (qualificação completa), titular de quota de R$ 2.000.000,00; (4º) MANOEL DE ANDRADE (qualificação completa), titular de quota de R$ 2.000.000,00; (5º) ARNALDO MAGALHÃES (qualificação completa), titular de quota de R$ 2.000.000,00. Assumiu a presidência da assembléia, por aclamação dos presentes, o sócio-quotista JOAQUIM CEREJEIRA, que convidou a mim, CELSO DOS SANTOS, presente a pedido dos sócios-quotistas da sociedade, para servir de secretário. Assim composta a mesa diretora dos trabalhos, o presidente da assembléia declarou aberta a sessão e expôs ser de todo conveniente que a empresa passasse a operar sob a forma de sociedade anônima ou companhia, eis que desapareceria a responsabilidade solidária dos sócios, e o capital social seria representado por títulos negociáveis, o que facilitaria a transferência, total ou parcial, da participação social de cada sócio; também informou que a transformação não modificaria substancialmente a estrutura empresarial existente, conforme texto estatutário que, a título de proposta, havia sido elaborado; por fim, passou às minhas mãos, para que eu, secretário, procedesse à sua leitura, o referido texto estatutário, que aqui transcrevo: "'ASPROMONTE MADEIRAS NOBRES S.A. Estatuto Social' [reproduzir texto completo]. "Terminada a leitura do texto estatutário proposto, o presidente da assembléia pôs em discussão a transformação da sociedade limitada empresária em sociedade anônima ou companhia e o texto acima transcrito do respectivo estatuto social. Após breve e proveitoso debate, que não revelou qualquer divergência entre os presentes, o presidente da assembléia submeteu à votação as mesmas matérias. Falando um por vez, todos os sócios-quotistas declararam que aprovavam, sem a menor reserva, tanto a transformação da sociedade limitada empresária em sociedade

MUDANÇAS SUBSTANCIAIS 439

anônima ou companhia como o texto acima transcrito do respectivo estatuto social. À vista de tal aprovação unânime, o presidente da assembléia declarou que a sociedade passava a denominar-se AS-PROMONTE MADEIRAS NOBRES S.A., que os sócios-quotistas passavam a ser acionistas e que a participação de cada sócio passava a ser de dois milhões de ações ordinárias, nominativas, de um Real cada uma. A seguir, o presidente da assembléia pediu aos acionistas que elegessem os primeiros membros da diretoria, com mandato até a assembléia-geral ordinária a ser realizada no começo do exercício de 2009. Colheram-se, por unanimidade, os seguintes resultados: para o cargo de diretor-geral foi eleito PAULO AZEVEDO (qualificação completa), com remuneração mensal de R$ 5.500,00; para o cargo de diretor-administrativo foi eleito JOÃO GOMES (qualificação completa), com remuneração mensal de R$ 5.000,00; para o cargo de diretor-comercial foi eleito PEDRO DA COSTA (qualificação completa), com remuneração mensal de R$ 5.000,00. Encontrando-se todos presentes, a pedido dos antigos sócios-quotistas e ora acionistas da sociedade, os três diretores eleitos aceitaram seus respectivos cargos, sendo em conseqüência neles imediatamente empossados pelo presidente da assembléia. Nada mais havendo a tratar, e ninguém desejando usar da palavra, o presidente da assembléia suspendeu a sessão pelo tempo necessário à lavratura desta ata. Reaberta a sessão, após a lavratura da ata, foi esta, por mim, secretário, lida e, após sua unânime aprovação, encerrada, passando a ser assinada pelos presentes – a) *Celso dos Santos*, secretário da assembléia – a) *Joaquim Cerejeira*, presidente da assembléia – Acionistas: aa) *Joaquim Cerejeira, Roberto Fagundes, Antônio Machado, Manoel de Andrade, Arnaldo Magalhães* – Diretores: aa) *Paulo Azevedo, João Gomes, Pedro da Costa.*"

Para que a mesma sociedade do exemplo acima, caso se arrependa, algum dia, da operação realizada, possa efetuar operação inversa – portanto, transformar-se de sociedade anônima ou companhia em sociedade limitada –, deve ela realizar assembléia de transformação, em princípio, nos termos que já foram expostos sucintamente na subseção anterior, observando-se, com relação à ata respectiva, o seguinte: assim como todos os sócios da limitada, também todos os acionistas devem ser inicialmente mencionados e qualificados, com a declaração de sua participação pessoal; a justificativa deve ser diferente (por exemplo: necessidade de diminuição das despesas operacionais, necessidade de simplificação administrativa; e assim por diante); no lugar do texto do estatuto social deve ser reproduzido o texto do contrato social

440 SOCIEDADES LIMITADAS

(bem completo, incluindo o cabeçalho; mas, evidentemente, sem a reprodução das assinaturas), que pode conter também o nome e a qualificação dos administradores, seu eventual prazo de mandato, sua remuneração. Apesar da existência de ata de assembléia, contendo o texto do contrato social, convém não dispensar a elaboração de peça avulsa, em folhas soltas, contendo o texto do mesmo contrato social, com o acréscimo das assinaturas de todos os sócios e, eventualmente, de todos os administradores (aceitando o cargo e tomando posse do mesmo), para a hipótese de a Junta Comercial a exigir.

1.4 Quando a operação envolve sociedade contratual empresária

Não é de todo impossível (apesar de constituir hipótese bastante remota) que uma sociedade limitada venha a ser transformada em sociedade em nome coletivo ou em sociedade em comandita simples. Aliás, passou pelas minhas mãos, diversos anos atrás, curiosa alteração contratual pela qual determinada sociedade limitada, com seus atos constitutivos arquivados, de forma absolutamente regular, na Junta Comercial, se transformava na antiga e já extinta sociedade de capital e indústria.

Uma vez que lhe é permitido, agora, deliberar em assembléia ou reunião, qualquer limitada, ao que me parece, mesmo para ser transformada em sociedade em nome coletivo ou em sociedade em comandita simples, deveria poder utilizar normal ata de assembléia ou reunião, nos moldes do modelo que acabei inserindo, como uma espécie de padrão geral (*mutatis mutandis*), na subseção anterior. Não creio, no entanto, que tal permissão pudesse ser estendida às demais sociedades contratuais, já referidas. Assim sendo, e considerando também que a limitada pode continuar utilizando as tradicionais formas de contratos sociais e de alterações ou modificações contratuais, nada impede, em minha opinião, que o problema do instrumento da transformação seja colocado tão-somente em termos tradicionais, para que o leitor possa ter apenas uma idéia, ainda que imperfeita, da figura ora em exame. Em razão disso, cumpre ressaltar que o ato de transformação se corporifica, via de regra, em instrumento semelhante ao de alteração contratual pelo qual a sociedade limitada modifica sua estrutura, assumindo a estrutura de outro tipo societário contratual, ou vice-versa. Por conseqüência, com base no exemplo da subseção anterior (sociedade limitada com sede na cidade de São Paulo, composta de cinco sócios, com capital de R$ 10.000.000,00

MUDANÇAS SUBSTANCIAIS 441

dividido em cinco quotas iguais, e denominada "Aspromonte Madeiras Nobres Ltda."), podem ser feitas as observações que seguem.

1.4.1 *Observações sobre o cabeçalho*

O cabeçalho pode ser semelhante ao de qualquer alteração contratual de sociedade limitada, com título diferente (*Instrumento de Transformação Societária*, de "Aspromonte Madeiras Nobres Ltda." para "Joaquim Cerejeira & Cia.", sociedade em nome coletivo ou sociedade em comandita simples). Exemplo: "Os abaixo-assinados, JOAQUIM CEREJEIRA (qualificação completa), titular de quota de R$ 2.000.000,00; ROBERTO FAGUNDES (qualificação completa), titular de quota de R$ 2.000.000,00; ANTÔNIO MACHADO (qualificação completa), titular de quota de R$ 2.000.000,00; MANOEL DE ANDRADE (qualificação completa), titular de quota de R$ 2.000.000,00; e ARNALDO MAGALHÃES (qualificação completa), titular de quota de R$ 2.000.000,00; únicos sócios componentes da sociedade limitada empresária denominada ASPROMONTE MADEIRAS NOBRES LTDA. (identificação completa), devidamente registrada na Junta Comercial do Estado de São Paulo, com (dados do NIRE e do último arquivamento), resolvem, de comum acordo, deliberar a transformação da referida sociedade limitada em sociedade empresária em nome coletivo [*ou em comandita simples*], nos termos e para os efeitos dos arts. 1.113 a 1.115 do Código Civil (Lei 10.406, de 10.1.2002). Em conseqüência da transformação, a estrutura da sociedade passa a contar com as seguintes modificações: (1º) nome: (declarar como fica, devendo ser firma social, como a seguinte: JOAQUIM CEREJEIRA & CIA.); (2º) quadro social: (declarar como fica); (3º) duração, sede e objeto: (declarar se mudam e como ficam); (4º) capital social: (declarar como fica); (5º) administração: (declarar como fica); (6º) outras modificações: (descrevê-las, se houver)".

1.4.2 *Observações sobre o nome empresarial*

O nome empresarial deve ser modificado, em qualquer hipótese. Sendo *firma social*, a modificação pode ser superficial (por exemplo, simples supressão da palavra "limitada" no fim); nada impedindo, no entanto, que seja substancial (por exemplo, ulterior supressão do nome de um ou mais sócios que passam a ser comanditários). Sendo *denominação*, a modificação é sempre substancial, uma vez que se

442 SOCIEDADES LIMITADAS

torna necessário abandonar tal tipo de nome e compor firma social, mediante utilização de um ou mais nomes de sócios, inteiros ou abreviados, com ou sem o aditamento "e companhia", conforme o caso, e sem esquecer que a lei proíbe rigorosamente a utilização de nomes de sócios comanditários.

1.4.3 Observações sobre o quadro social

Quando a transformação resulta em sociedade em nome coletivo, o *quadro social*, desde que seja composto tão-somente de pessoas físicas, pode permanecer exatamente como está, ocorrendo apenas mudança na responsabilidade dos sócios, a qual passa a ser ilimitada, além de solidária e subsidiária. Na hipótese de transformação em sociedade em comandita simples não precisa ser modificada a participação de cada sócio, mas é fundamental que os sócios sejam divididos em dois grupos: o dos sócios comanditados (todos pessoas físicas, com responsabilidade ilimitada, solidária e subsidiária) e o dos sócios comanditários (com responsabilidade limitada).

1.4.4 Observações sobre o capital social

O capital social, via de regra, não precisa ser modificado em sua substância. Com efeito, na sociedade em nome coletivo pode ele ficar exatamente como está. Na sociedade em comandita simples há algo um pouco diferente: devem os sócios, a rigor, ser divididos em dois grupos, mas o montante do capital e o valor de cada participação podem permanecer exatamente como estão.

1.4.5 Observações sobre a administração

É preciso tomar muito cuidado com os seguintes pormenores: a sociedade em nome coletivo e a sociedade em comandita simples não admitem, da forma mais absoluta, a figura do administrador que não seja sócio, coisa que, no entanto, é facilmente admissível na sociedade limitada; por outro lado, na sociedade em comandita simples o cargo de administrador social pode ser atribuído tão-somente a sócios de responsabilidade ilimitada (isto é, sócios comanditados).

1.4.6 Cumpre aprovar consolidação contratual

Uma vez inseridas no instrumento contratual de transformação todas as disposições que digam respeito, de uma forma ou de outra,

MUDANÇAS SUBSTANCIAIS 443

à transformação societária, devem ser consolidadas as normas contratuais da nova sociedade. Convém que as referidas normas contratuais consolidadas sirvam de base à elaboração de peça avulsa, em folhas soltas, como se fosse o contrato social inicial da nova sociedade, com normal cabeçalho e com a notícia de que a sociedade resulta da transformação de outra, com a assinatura de todos os sócios, para arquivamento autônomo na Junta Comercial, caso esta o exija, no mesmo momento do arquivamento do ato de transformação.

1.4.7 *Algumas observações complementares*

A fim de que as mesmas sociedades do exemplo acima possam efetuar operação inversa – isto é, realizar sua transformação de sociedade em nome coletivo ou sociedade em comandita simples para sociedade limitada –, devem elas, igualmente, elaborar e, por seus sócios, assinar instrumento contratual de transformação societária, modificando sua estrutura e assumindo a estrutura da outra sociedade. O instrumento de transformação societária que acabo de comentar deve, evidentemente, sofrer as devidas adaptações, não podendo as partes esquecer que os sócios comanditários devem tornar-se iguais aos demais sócios e que a sociedade limitada admite administradores não-sócios. As referidas adaptações a serem realizadas no instrumento de transformação serão, a meu ver, igualmente cabíveis na hipótese – de todo incontestável no plano técnico – de transformação de sociedade em nome coletivo em sociedade em comandita simples e vice-versa, assunto que porém foge ao objeto deste estudo.

É possível transformar sociedade limitada em sociedade em conta de participação? Não vejo como! Em verdade, a transformação é uma operação jurídica que, a meu ver, só pode ser realizada caso tenha por base dois tipos societários providos de personalidade jurídica própria, portanto de patrimônio próprio. Ocorre que não existem tais coisas na sociedade em conta de participação, a qual, mesmo exercendo atividade empresarial, não o faz com estrutura empresarial própria, uma vez que, para exercer sua atividade, ela se serve da estrutura empresarial do chamado *sócio ostensivo*, o qual deve, em conseqüência, ser necessariamente um empresário, operando em seu próprio nome.

1.5 *Quando a operação envolve a sociedade simples*

Conforme já foi visto em outras partes deste estudo, a sociedade simples (como gênero) pode adotar a forma específica de sociedade limitada. Em conseqüência, é possível que ocorra, no âmbito deste último tipo societário, determinada transformação que envolva apenas e tão-somente mudança de natureza, com pouca importância em termos estruturais. Não pode, no entanto, ser excluída *a priori* a hipótese de que a transformação da limitada, no tocante ao universo das sociedades simples, envolva, ao mesmo tempo, além da mudança de natureza, outras modificações, em substância mais importantes. Convém, pois, analisar sucintamente as diversas hipóteses que parecem admissíveis.

1.5.1 *Limitada empresária que vira limitada simples*

Quando a limitada empresária se transforma em sociedade limitada simples nada muda na estrutura societária, exceto uma coisa: a cláusula do objeto social (é possível que, em razão da mudança do objeto, venha a ser necessário modificar igualmente o nome da sociedade). Em condições normais o objeto social muda de forma substancial; o que significa que a sociedade passa de uma atividade determinada a outra, completamente diferente. Nem sempre, porém, a mudança precisa ser tão radical. A título de exemplo, posso imaginar certa sociedade limitada empresária, registrada na Junta Comercial, que tenha também em seu objeto atividades não-empresariais: estas últimas podem, numa eventual transformação em sociedade simples, permanecer integralmente, devendo apenas ser eliminadas as atividades empresariais. É verdadeira transformação a que ocorre quando a sociedade limitada muda tão-somente a natureza de seu objeto? Creio que sim. Pois, em verdade, a mudança acarreta três conseqüências de importância extraordinária: a sociedade deve mudar de registro (indo para o Registro Civil das Pessoas Jurídicas); não pode mais requerer os benefícios da recuperação, judicial ou extrajudicial; e seus credores não podem mais requerer a decretação de sua falência.

1.5.2 *Limitada empresária que vira simples de outro tipo*

Na transformação de limitada empresária em sociedade simples de outro tipo, a expressão "de outro tipo" se refere à sociedade simples propriamente dita e, ao mesmo tempo, à sociedade simples que adota formas de outras sociedades empresárias (excluída evidentemente a forma da limitada). Nesta hipótese a alteração contratual é mais com-

MUDANÇAS SUBSTANCIAIS   445

plexa, uma vez que, além da cláusula do objeto social e, em certos casos, também da cláusula do nome, deve ser modificada igualmente a estrutura da sociedade, na parte que diz respeito à responsabilidade dos sócios e, às vezes, à própria posição ocupada por estes últimos; podendo vir a ser necessário mudar, outrossim, a cláusula da administração. Note-se que – muito embora seja, para mim, difícil imaginar a existência de sociedade simples constituída sob a forma de sociedade em nome coletivo ou de sociedade em comandita simples – podem, no entanto, na esfera do registro civil, ser adotadas todas as formas das sociedades empresárias, salvo as formas das sociedades por ações, nos termos do art. 983, *caput*, e do art. 982, parágrafo único, do Código Civil/2002.

1.5.3 *Sociedade anônima que vira limitada simples*

Acabo de observar que a sociedade anônima (a qual pode, outrossim, ser designada como companhia), na sua qualidade de uma das sociedades por ações (a outra é a sociedade em comandita por ações), é forma que não pode ser adotada no âmbito do registro civil; melhor dizendo, a sociedade anônima ou companhia, por lei, é sempre considerada empresária, devendo, por isso, ter sempre seus atos constitutivos arquivados na Junta Comercial. Na sua transformação em sociedade limitada simples deve ser seguido o mesmo roteiro oferecido em subseção anterior com referência à sua transformação em sociedade limitada empresária. Considerando, porém, que o objeto social nem sempre precisa ser modificado (há, com efeito, hipóteses em que o objeto da sociedade anônima ou companhia já é, a rigor, de natureza não-empresarial), pode ocorrer, às vezes, que pura e simples transformação em sociedade limitada – com insignificante modificação do nome (por exemplo, de "S.A." para "Ltda.") – determine mudança automática para o Registro Civil das Pessoas Jurídicas.

1.5.4 *Empresária de outro tipo que vira limitada simples*

Na transformação de outro tipo de sociedade empresária em limitada simples devem ser aplicados os mesmos princípios por mim apontados em subseções anteriores, onde fiquei discorrendo sobre as transformações que atingem as sociedades limitadas com relação às sociedades contratuais em geral. Não pode, porém, ser esquecido algo muito importante: a alteração contratual, pela qual vier a ser

446 SOCIEDADES LIMITADAS

formalizada a operação, deverá conter, via de regra, mudança substancial da cláusula do objeto social. Em outras palavras, conforme já fiz notar ao comentar a primeira hipótese, a sociedade deverá passar de uma atividade determinada a outra completamente diferente, exceto se já tiver em seu objeto atividades não-empresariais, caso em que bastará eliminar as atividades empresariais.

1.5.5 Possível necessidade de mudança de registro

A transformação de qualquer sociedade empresária em qualquer tipo de sociedade simples acarreta sempre a mudança de registro. Sugiro, para tanto, o seguinte roteiro: celebração de alteração contratual (aconselhável incluir, no instrumento, consolidação das normas contratuais em vigor) ou realização de assembléia ou reunião (incluindo na ata o texto do novo contrato social); arquivamento, na Junta Comercial, do instrumento de alteração contratual ou de cópia da ata da assembléia ou reunião; registro da documentação constitutiva da nova sociedade simples em cartório de Registro Civil das Pessoas Jurídicas (a referida documentação pode, evidentemente, limitar-se a uma mera certidão da Junta Comercial, contendo todos os dados básicos em vigor da sociedade, inclusive normas contratuais).

1.5.6 Que acontece na realização das operações inversas

Abordei aqui, sucintamente, as transformações que atingem a sociedade limitada com relação às sociedades simples; e o fiz a partir de tipos societários de natureza empresarial. Nada impede, no entanto, que a operação ora em exame seja realizada em sentido inverso, isto é, a partir de tipos societários de natureza não-empresarial. É possível, então, formular as seguintes hipóteses: transformação de sociedade limitada simples em sociedade limitada empresária; transformação de sociedade simples de outro tipo em sociedade limitada empresária; transformação de sociedade limitada simples em sociedade anônima ou companhia; transformação de sociedade limitada simples em outro tipo de sociedade empresária. Evidentemente, as observações por mim já feitas aplicam-se, em condições normais, de modo igual, só que em sentido contrário. Por que "em condições normais"? Convém dar um exemplo. A transformação de limitada simples em sociedade por ações não enseja necessariamente a modificação do objeto social, pois, conforme já afirmei, a sociedade por ações é sempre empresária,

MUDANÇAS SUBSTANCIAIS 447

mesmo que tecnicamente seu objeto não seja empresarial. Por outro lado, não se proíbe às demais sociedades de fins econômicos possuir objeto contendo atividades somente em parte empresariais; entendo, neste caso, que as sociedades sejam sempre empresárias, uma vez que, sendo a Junta Comercial um órgão que promove o registro das empresas, que é registro especial, ela exerce certo tipo de atração sobre toda e qualquer atividade empresarial, ainda que bastante pequena no âmbito de contexto basicamente não-empresarial. Decorre de tal princípio que a sociedade simples é obrigada a ter sempre objeto por inteiro não-empresarial, a ser modificado em proporções razoáveis na transformação em sociedade empresária que não seja por ações.

1.6 Quando a operação envolve, de fato, a empresa individual

Poderão alguns observar: "Como é possível incluir a empresa individual em assunto que trata das sociedades limitadas e suas transformações?". Não sem razão! Com efeito, a limitada – como revela claramente a própria expressão indicadora da figura jurídica – é uma sociedade; portanto, agrupamento de duas ou mais pessoas, que podem ser jurídicas ou físicas. Duas ou mais pessoas jurídicas podem, sem dúvida, tornar-se uma única pessoa jurídica, mas apenas mediante fusão ou incorporação, nunca mediante transformação; ademais, uma pessoa jurídica não pode ser titular de empresa individual. Quanto ao agrupamento de duas ou mais pessoas físicas, evidentemente ele não tem condições de ser transformado numa única pessoa física, ainda que seja possível reduzir o agrupamento a um só membro; o que não é a mesma coisa. Em verdade, reduzir a um só membro o agrupamento significa que os demais membros se retiram; ao passo que transformar o agrupamento em uma única pessoa física – caso possível – deveria significar que duas ou mais pessoas físicas desaparecem, reaparecendo no mesmo ato "condensadas" numa única pessoa física. Quanto à empresa individual, entendo coincidir ela com a pessoa física do empresário individual; e ocorre que uma única pessoa física não tem condições de, em determinado momento, passar a ser duas ou mais pessoa físicas. Tudo isso no âmbito estrito da teoria. Na prática, porém, pode acontecer algo bastante parecido com a figura jurídica da transformação, em razão da unidade que a empresa apresenta; refiro-me a determinado procedimento pelo qual, em certos casos, uma sociedade limitada pode – mediante substituição – ser literalmente continuada por certa empresa individual, e vice-versa.

448   SOCIEDADES LIMITADAS

1.6.1 *Sociedade limitada substituída por empresa individual*

Imagine-se hipótese como a que passo a descrever. Determinada sociedade limitada denomina-se "Síbaris Vinhos Finos Ltda."; compõe-se de dois sócios, um chamado "Roberto Albano", com participação de 90%, o outro "Fausto Cavalcante", com participação de 10%; tem capital, inteiramente realizado, de R$ 1.000.000,00; e se dedica à atividade de comércio de vinhos de diversas proveniências. A certa altura, o segundo sócio, em razão de novos interesses surgidos em sua vida e que o impelem a tentar outras atividades, comunica ao primeiro que deseja retirar-se da sociedade. O primeiro, com receio de não mais ter paciência suficiente para aturar novos sócios, promete adquirir, pelo valor patrimonial de mercado, a participação do segundo, mas pede a este que aguarde seis meses, tempo mínimo necessário para praticar o exercício da atividade empresarial sem a ajuda de qualquer sócio.

Imediatamente, os dois sócios celebram alteração contratual, com as seguintes modificações: o segundo sócio deixa a administração, passando o primeiro a ser administrador único, com os mais amplos poderes administrativos; o nome comercial da sociedade passa a ser firma social, a saber: "Roberto Albano & Cia. Ltda."; a sociedade passa a utilizar título de estabelecimento, a saber: "Síbaris Vinhos Finos". Decorrido o prazo de seis meses, estipulado pelos sócios, estes, sem qualquer liquidação, celebram distrato social, com base no qual: de um lado, o segundo sócio recebe seus haveres na sociedade, pelo valor patrimonial de mercado, retirando-se completamente do negócio; de outro, o primeiro sócio fica com o direito de continuar exercendo a atividade sozinho, com o ativo e o passivo da sociedade. Em seguida, o primeiro sócio providencia o arquivamento do distrato social na Junta Comercial; ao mesmo tempo, providencia também o arquivamento de suas declarações de firma individual. Os dois expedientes são apresentados de forma autônoma, tendo, contudo, andamento conjunto, para poderem ser apreciados conjuntamente, em razão de determinada vinculação: ambos devem conter declaração segundo a qual a empresa individual assume todo o ativo e todo o passivo da sociedade empresária. No lugar desta passa, então, a operar uma empresa individual, com a firma de "Roberto Albano", usando estabelecimento com o título de "Síbaris Vinhos Finos", com o mesmo endereço, a mesma atividade, o mesmo capital, os mesmos empregados, os mesmos fornecedores, a mesma freguesia, o mesmo aviamento, e assim por diante.

MUDANÇAS SUBSTANCIAIS 449

1.6.2 *Empresa individual substituída por sociedade limitada*

Pode ser formulada a mesma hipótese ao contrário. Determinado empresário individual, chamado "Roberto Albano", tem seu nome completo registrado na Junta Comercial como sua firma empresarial. Ele se dedica à atividade de comércio de vinhos de diversas proveniências; utiliza como título de seu estabelecimento a expressão "Síbaris Vinhos Finos"; e se serve, para o exercício de tal atividade, de um capital de R$ 1.000.000,00, destacado no âmbito de seu patrimônio pessoal. Os negócios vão bem, a freguesia aumenta, as perspectivas são promissoras. Concebe, então, o empresário a idéia de preparar paulatinamente futuras ampliações de seu negócio. Mas as dúvidas o assaltam. Como deverá comportar-se? Qual a melhor forma jurídica? Deverá, porventura, continuar com sua empresa individual? Muito perigoso! Com efeito, já no começo do Terceiro Milênio, o empresário individual ainda responde com seu patrimônio pessoal inteiro pelas obrigações assumidas no exercício de suas atividades!

Resolve, então, o empresário passar a exercer suas atividades no âmbito de sociedade limitada. Mas como fazê-lo? Perdendo o aviamento da empresa individual? Não é necessário. A empresa individual deve, evidentemente, ser encerrada na Junta Comercial, mas pode sê-lo de forma vinculada; em outras palavras, a documentação de baixa pode conter uma derradeira declaração segundo a qual todo o ativo e todo o passivo da empresa individual são assumidos por sociedade limitada constituída no mesmo momento do encerramento das atividades da empresa individual. Quanto à sociedade, aconselha-se que a mesma seja constituída com as seguintes características fundamentais: que o nome empresarial seja primeiramente uma firma social, a saber "Roberto Albano & Cia. Ltda."; que continue sendo usada como título do estabelecimento a expressão "Síbaris Vinhos Finos"; que seja admitido apenas um sócio (pode ser um filho, um irmão, um primo, um tio etc.), com participação ínfima (por exemplo, quota do valor de R$ 1,00, a ser realizada no ato, em dinheiro); que o capital continue o mesmo (R$ 1.000.000,00); que o sócio "Roberto Albano" subscreva quota de R$ 999.999,00, realizando-a totalmente no ato, com o acervo da empresa individual; que o sócio "Roberto Albano" assuma sozinho a administração da sociedade, com os mais amplos e ilimitados poderes; que o contrato social contenha cláusula declarando que a sociedade assume todo o ativo e todo o passivo da empresa individual; que permaneçam o mesmo endereço, a mesma atividade, os mesmos empregados, os mesmos fornecedores. Com tanto cuidado,

450 SOCIEDADES LIMITADAS

quase certamente a freguesia permanecerá, e o aviamento passará, de forma automática, à nova sociedade. O arquivamento na Junta Comercial obedecerá aos mesmos princípios já enunciados. Mais tarde a sociedade poderá abandonar a firma social e adotar, em seu lugar, uma denominação ("Síbaris Vinhos Finos Ltda.").

2. A fusão, figura societária quase não utilizada

2.1 Conceituação; em quê ela difere de outras figuras

Encontra-se em Fran Martins o significativo trecho que segue: "Uma das características das modernas sociedades anônimas é a sua tendência para a concentração. Essa tendência dia a dia se acentua e tem atraído a atenção de inúmeros juristas, que dedicam teses ou ensaios de profundidade sobre a matéria, sempre destacando que o fenômeno concentracionista está intimamente ligado à grande empresa. Assim, sendo a sociedade anônima o instrumento de que se deve utilizar a grande empresa, a concentração das sociedades, para que se tornem empresas de grande porte, tem sido usada em larga escala e em várias modalidades, através de processos especiais regulados em lei" (*Comentários à Lei das Sociedades Anônimas*, vol. 3, p. 108).

As formas tradicionais de *concentração* – ao menos no significado direto do termo – são a *fusão* e a *incorporação*. Ambas essas figuras jurídicas têm o condão de fazer desaparecer a empresa, ainda que a segunda apenas no sentido parcial do termo, de acordo com o art. 219, II, da Lei 6.404, de 15.12.1976, o qual dispõe que a companhia se extingue "pela incorporação ou fusão, e pela cisão com versão de todo o patrimônio em outras sociedades". Note-se que o tipo de cisão a que alude o dispositivo legal não deixa de ser, na prática, qualquer que seja a hipótese, algo bem parecido com a figura da incorporação; ao passo que a cisão pela qual a sociedade continua existindo, mesmo que com patrimônio bem reduzido, talvez possa ser considerada como uma espécie de transformação.

De forma que as figuras jurídicas básicas a considerar são, de fato, a fusão e a incorporação. Cabe, a esta altura, pequena dúvida: se ambas levam ao mesmo resultado (fazer desaparecer uma ou mais empresas), qual a diferença entre as duas? A diferença fundamental entre as duas está em que na *fusão* a sociedade que absorve o patrimônio inteiro das demais sociedades (as quais, por força disso, desaparecem) é nova, surgindo no mesmo ato; ao passo que na *incorporação* o patrimônio in-

MUDANÇAS SUBSTANCIAIS 451

teiro das sociedades que desaparecem é absorvido por uma sociedade já existente, e que ainda por cima continua existindo. Convém fazer pequeno exemplo. Três sociedades empresárias – "Operadora Turística Apolo Ltda.", "Transportes Netuno Ltda." e "Hotéis Mercúrio Ltda." – acabam submetidas ao mesmo controle de capital e resolvem, para fins de redução de custos e de aumento da garantia dos credores, passar pelo processo de concentração. Se elas decidirem adotar a figura da fusão, desaparecerão as três, surgindo, em seu lugar, uma quarta ("Turismo Júpiter Ltda.", por exemplo); se, ao contrário, optarem pela figura da incorporação, somente duas desaparecerão, permanecendo apenas uma, sozinha, com maior quantidade de patrimônio, mas com a mesma estrutura básica.

Qual a figura considerada mais aconselhável? A figura que os empresários utilizam de forma bem corriqueira é a da incorporação; tanto assim que, durante minha experiência de longos anos na Procuradoria da Junta Comercial do Estado de São Paulo, nunca passaram pelas minhas mãos quaisquer documentos que dissessem respeito à figura da fusão. Há evidente lógica nisso: a incorporação, com efeito, apresenta certas vantagens práticas que não existem na fusão. Posso apontar ao menos duas. Uma diz respeito à *avaliação*: na fusão deve ser avaliado o patrimônio líquido de todas as sociedades que, já existentes, estão envolvidas na operação; ao passo que na incorporação não é necessário avaliar o patrimônio líquido de uma das sociedades envolvidas na operação, mais precisamente da chamada *incorporadora*, o que não deixa de ser uma espécie de *economia processual*, que, sem dúvida, torna mais prática e mais atraente a realização da operação. A outra vantagem diz respeito ao *aviamento*: na fusão o aviamento empresarial de cada uma das sociedades já existentes, envolvidas na operação, está fadado a desaparecer, no todo ou em parte (quando em parte, via de regra, em boa parte), pois que as atividades empresariais conjuntas serão continuadas por sociedade nova, que, por isso mesmo – isto é, por ser desconhecida –, será naturalmente levada a começar tudo de novo, ou quase tudo; ao passo que na incorporação as atividades empresariais conjuntas serão continuadas pela sociedade incorporadora, que é sociedade já existente, tem seu próprio aviamento e não precisa introduzir modificações substanciais em sua estrutura; tanto assim que, corriqueiramente, o nome comercial permanece como está, sendo o objeto social, na maioria das vezes, simplesmente ampliado (aliás, a escolha da sociedade que deverá participar da operação na posição de incorporadora é feita, não raro, com base justamente em seu aviamento).

452 SOCIEDADES LIMITADAS

A *fusão* é a operação pela qual se unem duas ou mais sociedades para formar sociedade nova, que lhes sucederá em todos os direitos e obrigações. É o que dispõe textualmente, em seu art. 228, *caput*, o diploma legal regulador das sociedades por ações, que é a citada Lei 6.404/1976. É, porventura, aplicável esta última lei à fusão de sociedades limitadas? No regime da legislação anterior eu entendia que sim. Não podia, aliás, haver dúvidas, com base em argumentos por mim diversas vezes já enunciados; por exemplo: o fato de o problema jurídico não ter natureza peculiar, sendo, portanto, de cunho geral e podendo, por isso, atingir sociedades de qualquer tipo; a verificação de que a aplicação não desvirtuava, em conseqüência, o tipo societário ora em questão; a ausência de outra legislação regulando a matéria; a existência na Lei 6.404/1976 de especial terminologia que dispunha de muita clareza no sentido afirmativo. Com efeito, além de mencionar genericamente, e mais de uma vez, ao longo do texto inteiro do citado art. 228, a palavra "sociedade", no singular e no plural (no lugar da costumeira palavra "companhia"), e a expressão "sócios ou acionistas", as quais davam facilmente a entender o alcance geral de seus dispositivos, a Lei 6.404/1976 estabelecia claramente, em seu art. 223, *caput*, que a fusão (porém, não somente ela, pois a norma legal mencionava também a incorporação e a cisão) podia ser operada entre sociedades de tipos iguais ou diferentes, devendo ser deliberada na forma prevista para a alteração dos respectivos estatutos ou contratos sociais.

O legislador pátrio, no entanto, resolveu incluir no Código Civil/2002 alguns dispositivos sobre fusão de sociedades contratuais em geral. Correspondem eles aos arts. 1.119 a 1.122, os quais, em conseqüência, passaram, agora, a regular a fusão entre sociedades limitadas. Somente entre sociedades limitadas? Não! Em minha opinião, também ficou abrangida a fusão de sociedades limitadas com sociedades contratuais personificadas de qualquer outro tipo, não excluídas as sociedades simples. Como fica a fusão de sociedades limitadas com sociedades por ações? Uma vez que estas últimas têm legislação própria, não podem furtar-se, ao que me parece, ao dever de observar a mesma, devendo as demais sociedades segui-las em tal observância; cumpre, aliás, fazer notar que há atos conjuntos – como, por exemplo, a assinatura de protocolo – que as sociedades por ações serão obrigadas a praticar, motivo pelo qual as demais sociedades terão indiretamente a obrigação de fazer o mesmo. Note-se, no entanto, que a legislação do Código Civil/2002 não é diferente da existente, sobre fusão, na Lei 6.404/1976; ela é apenas mais resumida, sendo,

MUDANÇAS SUBSTANCIAIS 453

por isso, mais difícil de interpretar. De forma que é bom, a meu ver, não perder de vista a legislação sobre sociedades por ações, pois ela pode revelar-se bem interessante para fins de interpretação das normas sobre fusão das limitadas.

2.2 Dispositivos legais aplicáveis; algumas dúvidas

A rigor, no sentido estritamente técnico da palavra, o Código Civil/2002 não chega a definir a figura jurídica ora em exame, como faz a Lei 6.404/1976, limitando-se, em seu art. 1.119, a estabelecer que a fusão determina a extinção das sociedades que se unem, para formar sociedade nova, que a elas sucederá nos direitos e obrigações; e acrescentando, em seu art. 1.120, *caput*, que a fusão será decidida, na forma estabelecida para os respectivos tipos, pelas sociedades que pretendam unir-se. O roteiro básico da fusão, na hipótese de esta envolver sociedades limitadas, pode, ao que tudo indica, ser montado, de forma bem esquemática, nos termos a seguir expostos, com fundamento nos citados arts. 1.119 a 1.122 do Código Civil/2002 e, em caráter subsidiário, na Lei das Sociedades por Ações.

2.2.1 Assinatura conjunta de protocolo

Antes de mais nada, os administradores que, em cada uma das sociedades interessadas na operação pretendida, tenham competência para tanto (um ou mais, nos precisos e expressos termos do contrato social) devem, todos juntos, assinar determinado documento único, a que o Código Civil/2002 não dá nome, mas que a Lei das Sociedades por Ações denomina *protocolo*, contendo o projeto do ato constitutivo da nova sociedade bem como o plano de distribuição do capital social.

2.2.2 Elaboração separada de justificação

A seguir, a fusão deve – por intermédio do já citado protocolo, acompanhado de outro documento, desta vez não único, que a Lei das Sociedades por Ações denomina *justificação* – ser submetida à apreciação do órgão deliberativo máximo de cada uma das sociedades interessadas; órgão, esse, que, no caso da sociedade limitada, é a assembléia ou reunião dos sócios. Cumpre notar que a nova legislação nem sequer menciona a justificação (o protocolo é ao menos mencionado in-

454   SOCIEDADES LIMITADAS

diretamente); tanto o protocolo como a justificação são, porém, a meu ver, necessários, uma vez que seria de todo inconcebível apresentar proposta de tão grande importância a uma assembléia ou reunião de sócios sem a preliminar celebração de acordo, fixando determinados princípios, e sem o posterior oferecimento de motivos e vantagens, para justificar sua aprovação por todos os sócios.

2.2.3 Deliberação da fusão, pelos sócios

Os sócios de cada uma das sociedades interessadas devem, então – com razoável antecedência, para que possam preparar-se com relativa calma –, ser convocados para deliberar. No âmbito das sociedades limitadas podem deliberar em assembléia ou reunião, que, em primeira convocação, se instala com a presença mínima de titulares de três quartos do capital social (art. 1.074, *caput*); a *deliberação* deve ser tomada com igual *quorum*: votos correspondentes, no mínimo, a três quartos do capital social (art. 1.076, I); tudo deve constar, em condições normais, do texto de ata assinada pelos sócios presentes, desde que em número suficiente para validade da deliberação.

2.2.4 Avaliação do patrimônio líquido

Aprovado o protocolo – com o projeto do ato constitutivo da nova sociedade e com o plano de distribuição do capital social – e deliberada, em conseqüência, a fusão, devem os sócios de cada sociedade interessada, na mesma assembléia ou reunião, nomear os peritos ou a empresa especializada, para *avaliação do patrimônio líquido* das demais sociedades. Reproduzi a última frase assim como ela se encontra, em substância, no § 1º do art. 228 da Lei 6.404/1976. Mas o § 1º do art. 1.120 do Código Civil/2002 utiliza, com relação ao mesmo assunto, redação ligeiramente diferente, ao afirmar que "serão nomeados os peritos para a avaliação do patrimônio da sociedade". Há algo estranho nisso tudo. Afinal, que sociedade é essa? É, porventura, a nova sociedade? Mas, no momento, a nova sociedade não existe, não existindo também seu patrimônio. É, porventura, a mesma sociedade que nomeia os peritos? Mas não é costume que ela nomeie peritos para avaliar seu próprio patrimônio: sempre se entendeu que tal fato, se realmente acontecesse, seria contrário aos princípios que regem a matéria, uma vez que, em qualquer hipótese, poderia deixar dúvidas

MUDANÇAS SUBSTANCIAIS 455

sobre a lisura da avaliação. Afinal, o § 3º do artigo em questão deixa claro que é vedado aos sócios votar o laudo de avaliação do patrimônio da sociedade de que façam parte; e não se pode deixar de observar que se trata de dispositivo reproduzindo textualmente norma contida na chamada Lei das Anônimas, a qual não permite, em conseqüência, que os referidos sócios (no caso, acionistas) votem o laudo em questão, ainda que elaborado pelos peritos nomeados por outra sociedade. Em razão disso, como justificar que eles tenham o poder de nomear os peritos? A impressão que se tem é a de que a norma legal ora discutida deva ser vista como algo que, decididamente, não peca por excesso de coerência. Verdade é que, com base na Lei das Anônimas, podem surgir – caso as sociedades interessadas não sejam poucas – diversos laudos referentes a cada sociedade, com valores finais até diferentes, ao menos em teoria: será que o legislador pátrio quis evitar tal problema e simplificar as coisas? Tudo é possível. Uma coisa é certa: em meu entendimento, ao menos em termos estritamente gramaticais, o § 1º do art. 1.120 do Código Civil/2002 permite aos sócios de cada sociedade interessada nomearem os peritos para avaliação do patrimônio de sua própria sociedade. No que diz respeito à nomeação dos peritos ou da empresa especializada, aos critérios de avaliação utilizados e à maneira de elaboração do laudo não há dispositivos no Código Civil/2002; creio, portanto, devam ser aplicadas, em caráter subsidiário, as normas constantes do inteiro art. 8º da Lei 6.404/1976, as quais parecem ser as únicas sobre o assunto.

2.2.5 Aprovação dos laudos de avaliação

Uma vez apresentados todos os laudos de avaliação, os administradores de cada sociedade interessada devem convocar os respectivos sócios para assembléia ou reunião cuja realização deve, a meu ver, ser conjunta. No âmbito das sociedades limitadas, os laudos de avaliação podem, ao que parece, ser aprovados pela maioria de votos dos presentes, caso o contrato não exija maioria mais elevada (art. 1.076, III). Não pode deixar de ser observado que, apesar de a assembléia ou reunião ser conjunta, cada sociedade participante conserva – em meu entendimento – certo grau de autonomia, devendo tomar suas deliberações em separado; parece haver dois motivos para tanto: a necessidade de calcular corretamente o *quorum* de deliberação e a proibição legal aos sócios de votar o laudo de avaliação do patrimônio líquido de sua própria sociedade.

456 SOCIEDADES LIMITADAS

2.2.6 Constituição da nova sociedade

Aprovados todos os laudos de avaliação, deve a reunião ou assembléia deliberar a *constituição da nova sociedade*, a qual tanto pode ser uma nova sociedade limitada como outro tipo de sociedade contratual; no procedimento de constituição não podem deixar de ser observadas as normas específicas aplicáveis ao tipo societário resultante da fusão. Não se perca, porém, de vista pormenor, a meu ver, bem importante: já que da fusão resultará sociedade contratual, não excluída sequer a que tenha natureza de sociedade simples, deverá em seguida ser elaborado e assinado, como peça à parte, o contrato social da nova sociedade, para inscrição autônoma no registro competente (caso este último costume fazer tal exigência). Os primeiros administradores deverão, posteriormente, promover o registro de todos os atos relativos à fusão; atos, esses, que, em seguida, deverão, segundo entendo, em caráter obrigatório, ser publicados, acompanhados da respectiva certidão do registro, com a devida observância do disposto no § 1º do art. 1.152 do Código Civil/2002.

2.2.7 Anulação judicial por credor anterior

Até 90 dias após a publicação dos atos relativos à fusão, o credor anterior, que por ela tenha sido prejudicado, poderá promover judicialmente a anulação dos mesmos atos; mas a consignação em pagamento tornará sem efeito a anulação pleiteada. Caso a dívida seja ilíquida, a sociedade poderá garantir-lhe a execução, com o quê o processo de anulação ficará suspenso. Ocorrendo, no mesmo prazo, a falência da sociedade, qualquer credor anterior terá o direito de pedir a separação dos patrimônios, para que os créditos sejam pagos pelos bens das respectivas massas.

2.2.8 Sucessão nos registros públicos

A certidão da fusão, passada pelo Registro das Empresas, é o documento hábil para a averbação, se necessária, nos registros públicos competentes, da sucessão em bens, direitos e obrigações, em decorrência da operação. Tal norma legal, em tempos passados aplicável apenas e tão-somente às sociedades anônimas ou companhias (ao menos com relação aos bens imóveis), é atualmente aplicável a

MUDANÇAS SUBSTANCIAIS 457

todas as sociedades empresárias – portanto, também às limitadas – em razão do dispositivo constante do art. 64 da Lei 8.934, de 18.11.1994 (nova Lei das Juntas Comerciais).

3. A incorporação, arma eficiente para concentrar

3.1 Conceituação e algumas observações introdutórias

Na parte inicial da primeira subseção da seção anterior tive o prazer de citar trecho do eminente jurista pátrio Fran Martins, submetendo à atenção dos estudiosos o que ele chama de "fenômeno concentracionista", visto por ele como intimamente ligado à grande empresa, portanto, típico da sociedade anônima. Com a devida vênia, vejo o fenômeno concentracionista não como algo ligado à grande empresa, mas como algo gerando a grande empresa, o que, em termos conceituais, não deixa de ser um pouco diferente. Por esse motivo, ainda que ocorra com mais freqüência entre as sociedades anônimas ou companhias – ou, mais precisamente, entre sociedades por ações em geral –, nada impede, contudo, que ele ocorra também – aliás, está mesmo ocorrendo, cada vez mais – a partir de sociedades contratuais, sobretudo limitadas. Com base nisso, ressaltei serem a fusão e a incorporação as formas tradicionais de concentração, ao menos no significado direto do termo. Com esta última frase quis dizer que não são as únicas formas, havendo outras igualmente importantes; pode-se afirmar, por exemplo, que hoje a concentração empresarial é realizada bastante pela criação de grupos de subordinação, os quais, no entanto, concentram empresas de forma indireta – portanto, parcial –, através de figura que pode ser chamada de *controle unificado*, que preserva a autonomia jurídica de cada empresa, preservando, em conseqüência, também sua autonomia econômica e administrativa. Na fusão e na incorporação, ao contrário, a concentração é máxima – portanto, direta e total –, eis que desaparece qualquer tipo de autonomia, quer no sentido jurídico, quer no econômico e administrativo, do termo.

Ao tentar, após tais considerações (escritas ou apenas imaginadas), conceituar a figura da fusão, justamente como uma das duas formas tradicionais diretas de concentração empresarial, senti uma forte e imediata necessidade de estabelecer certo paralelo entre ditas formas; sucumbi, assim – por importantes e evidentes razões de clareza –, à impelente tentação de elaborar tipo de conceituação que tivesse por

458 SOCIEDADES LIMITADAS

base o método da ampla e pormenorizada comparação com a outra figura, a da *incorporação*. Acabei, por isso, de forma inevitável, e por antecipação, conceituando igualmente esta última, ao menos em termos doutrinários. Quanto aos termos legislativos, a incorporação pode ser definida como a operação pela qual uma ou mais sociedades são absorvidas por outra, que lhes sucede em todos os direitos e obrigações. É o que dispõe, em seu art. 227, *caput*, a Lei 6.404, de 15.12.1976, que, conforme já comentei em outras oportunidades, regula as sociedades por ações, entre elas, em caráter principal, a sociedade anônima ou companhia. Mais uma vez surge a dúvida: é aplicável esta parte da Lei das Sociedades por Ações à sociedade limitada? Quando vigorava a legislação anterior sobre a limitada, também neste caso eu entendia que sim, com base nos mesmos argumentos que já tive a oportunidade de oferecer ao tratar da fusão (entenda-se: mesmos argumentos, mas *mutatis mutandis*; aliás, só para dar exemplo bem corriqueiro, as duas figuras ora em exame eram tratadas – e continuam a sê-lo – em artigos legais diferentes).

O legislador pátrio, no entanto, resolveu incluir no Código Civil/2002, além de alguns dispositivos sobre fusão, conforme já foi visto, mais alguns sobre incorporação – tanto no sentido ativo como no passivo da palavra – de sociedades contratuais em geral. Correspondem eles aos arts. 1.116 a 1.118, mais o art. 1.122, os quais, em conseqüência, passaram, agora, a regular a figura jurídica da incorporação na hipótese de atingir sociedades limitadas, não importa se na posição de incorporadoras ou na de incorporadas. Somente sociedades limitadas? De novo, minha resposta é negativa. Em meu entendimento, ficaram igualmente abrangidas as seguintes operações: de um lado, a de sociedade limitada incorporando sociedade ou sociedades contratuais personificadas de qualquer outro tipo, não excluídas as sociedades simples; e, de outro, a de sociedade contratual personificada de qualquer outro tipo, não excluída a sociedade simples, incorporando sociedade ou sociedades limitadas. Como fica a figura da incorporação na hipótese de atingir – qualquer que seja a posição ocupada – sociedades limitadas e sociedades por ações, ao mesmo tempo? Uma vez que estas últimas dispõem de legislação própria, não podem – conforme já ressaltei ao tratar da figura jurídica da fusão – furtar-se ao dever de cumprir dita legislação; observe-se, porém, que a legislação do Código Civil/2002 não é diferente da que existe, sobre incorporação, na Lei 6.404/1976; ela é, apenas, mais resumida.

Outra vez me vejo na necessidade de fazer notar que, a rigor, no sentido estritamente técnico da palavra, o Código Civil/2002 não chega

MUDANÇAS SUBSTANCIAIS 459

a definir a figura jurídica ora em exame, como faz a Lei 6.404/1976: ele se limita, em seu art. 1.116, a estabelecer que, na incorporação, uma ou várias sociedades são absorvidas por outra, que lhes sucede em todos os direitos e obrigações, devendo todas aprová-la, na forma estabelecida para os respectivos tipos. Trata-se de operação jurídica no âmbito da qual as sociedades atingidas não ocupam a mesma posição, uma vez que existe, de um lado, a posição de incorporadora e, de outro, a de incorporada. Na posição de incorporadora só pode existir uma única ocupante, a qual sempre sobrevive à operação; ao passo que na posição de incorporada é possível encontrar uma ou mais ocupantes, que a operação sempre faz desaparecer. Na hipótese ora em exame, conforme já salientei, as sociedades são todas contratuais; mesmo assim, podem pertencer a tipos diferentes, cada qual com suas características e sua própria maneira de deliberar. Pois bem, no momento de deliberar, cada tipo deverá fazê-lo de acordo com as normas que lhe são peculiares.

Não pode a incorporação, sem a menor dúvida, ser tida como operação tendo características de extraordinária complexidade; mas, por outro lado, não teria, por igual, qualquer cabimento ser ela considerada operação extremamente simples e fácil. Convém, pois, apontar, de forma bem didática, todos os itens do roteiro básico, para que possam ser evitadas danosas confusões. Vêm em primeiro lugar os documentos preliminares (protocolo e justificação); vêm depois os atos fundamentais (deliberações de incorporadora e de incorporadas, mais avaliação patrimonial); vêm, por fim, as conseqüências da operação (necessárias: registro e publicação; possíveis: pedido de anulação judicial da operação e pedido de separação patrimonial em caso de falência). Vou entrar de imediato no roteiro básico, incluindo nesta subseção breves comentários sobre os documentos preliminares.

Para que uma operação jurídica da envergadura da incorporação de sociedades possa ser levada adiante e ter boas chances de ser completada com pleno êxito devem, antes de qualquer outra coisa, os administradores que, em cada uma das sociedades interessadas na operação pretendida, tenham competência para tanto (portanto, um ou mais, nos precisos e expressos termos do contrato social) entabular conversações sobre todos os detalhes da operação. Não podem, porém, fazê-lo de forma extra-oficial, uma vez que as futuras deliberações dos sócios das respectivas sociedades não poderão ser tomadas se não tiverem por base documento escrito e assinado, conferindo à proposta de incorporação a devida seriedade, unidade e estabilidade; devem, pois, os referidos administradores elaborar e assinar, todos

460 SOCIEDADES LIMITADAS

juntos, determinado documento único, a que o Código Civil/2002 não dá nome, mas que a Lei das Sociedades por Ações denomina *protocolo*, contendo as bases da operação e o projeto de reforma do ato constitutivo da sociedade incorporadora.

Em seguida, os administradores de cada sociedade, desta vez separadamente, devem, em minha opinião, elaborar e assinar outro documento, que a Lei das Sociedades por Ações denomina *justificação*, para acompanhar o citado protocolo no momento em que este for submetido à deliberação do órgão deliberativo máximo da respectiva sociedade; órgão, esse, que, no caso da sociedade limitada, é a assembléia ou a reunião dos sócios. Cumpre notar que o Código Civil/2002 nem sequer menciona a justificação; a qual, no entanto, parece-me ser absolutamente necessária, pois creio que seria de todo inconcebível apresentar proposta de tão relevante importância, a uma assembléia ou reunião de sócios, sem o simultâneo oferecimento de todos os motivos e de todas as vantagens que justificam sua aprovação pelos mesmos sócios. Note-se que o protocolo não se presta para ao mesmo tempo justificar, por ser documento único, ainda por cima com outra função: a de conter dados econômicos e jurídicos, nada mais. Em razão disso, a justificação, no âmbito apenas de cada sociedade interessada, não pode ser eliminada, uma vez que, em cada sociedade, o motivo do interesse pode ser diferente do das demais sociedades.

3.2 Quadro sinóptico
dos atos fundamentais da operação

Uma vez elaborados e assinados, por parte dos administradores competentes de cada sociedade interessada, os *documentos preliminares* (o primeiro em conjunto, o segundo em separado), cumpre passar aos *atos fundamentais* da operação. Qual o motivo da classificação como tais? O motivo é o que segue: enquanto os *documentos preliminares* não passam de meros atos preparatórios, os *atos fundamentais*, ao contrário, constituem autêntica espinha dorsal para a operação, sendo, por isso, atos essenciais, pois emanam do órgão deliberativo máximo de cada sociedade. Trata-se das deliberações dos sócios, divididas em três grupos: dois grupos de deliberações para a sociedade incorporadora e um grupo de deliberações para cada uma das sociedades incorporadas. É preciso acrescentar a tudo isso a *avaliação patrimonial*, que não constitui, a rigor, mais uma deliberação dos sócios, por ter simples função instrumental: ela de fato permite aos sócios tomar uma das deliberações conclusivas. Convém não perder de vista que os referidos

MUDANÇAS SUBSTANCIAIS — 461

três grupos de deliberações não podem, de forma alguma, surgir simultaneamente: devem surgir em três tempos distintos, um logo depois do outro; em verdade, existe entre os três ditos grupos certa seqüência lógica que não pode ser atropelada.

3.2.1 Incorporadora:
grupo das deliberações introdutórias

Em primeiro lugar, a sociedade que detém a tarefa de incorporar as demais – portanto, a chamada *incorporadora* – deve, em caráter introdutório, em assembléia ou reunião dos sócios, ou mesmo por intermédio de alteração contratual (conforme seu tipo societário): aprovar o protocolo, contendo as bases da inteira operação e o projeto de reforma de seu próprio ato constitutivo; autorizar o aumento de seu próprio capital social, a ser subscrito tão-somente pela sociedade ou sociedades que houverem de ser incorporadas, e a ser realizado mediante versão dos patrimônios líquidos das mesmas, entendendo-se por "patrimônio líquido" o valor da diferença verificada entre o ativo e o passivo; nomear os peritos ou a empresa especializada que ficarão com a incumbência de avaliar cada um dos citados patrimônios líquidos. Ninguém se esqueça de que o patrimônio da sociedade incorporadora não precisará ser avaliado.

3.2.2 Sociedades a incorporar:
grupo único de deliberações

Em segundo lugar, logo após ser oficial e devidamente informada a respeito das deliberações introdutórias tomadas pela sociedade incorporadora, cada uma das sociedades a serem incorporadas deve, em assembléia ou reunião dos sócios, ou mesmo por intermédio de alteração contratual (conforme seu tipo societário): aprovar o protocolo, contendo as bases da inteira operação e o projeto de reforma do ato constitutivo da sociedade incorporadora; autorizar seus próprios administradores (os quais deverão servir-se de tal autorização, evidentemente, de pleno acordo com as competências e com as limitações existentes no respectivo contrato social) a praticarem todos os atos exigidos pela incorporação, neles incluída, antes de mais nada, a subscrição proporcional, em bens, do aumento do capital social da sociedade incorporadora; aumento, esse, que só pode, em caráter de necessidade, ser realizado por completo no ato, e mediante versão do patrimônio líquido da mesma sociedade (note-se que, conforme

462 SOCIEDADES LIMITADAS

já fiz notar, o "patrimônio líquido" corresponde ao valor da diferença verificada entre o ativo e o passivo; diferença que, no caso, deve ser positiva). É oportuno não esquecer que, se as sociedades a serem incorporadas forem duas ou mais, as deliberações pertencentes a este grupo único poderão ser tomadas, pelas sociedades, de forma simultânea, ainda que separadamente.

3.2.3 Sociedades a incorporar:
avaliação patrimonial

Em terceiro lugar, tão logo cada uma das sociedades a serem incorporadas tenha devidamente comunicado, em caráter oficial, sua plena e total aprovação da operação à sociedade incorporadora, deve esta última, a seguir, enviar os peritos ou a empresa especializada, anteriormente nomeados, à sede das mesmas sociedades, para avaliarem, separadamente, o patrimônio líquido de cada uma delas, elaborando para cada avaliação (e, portanto, para cada patrimônio líquido) um laudo diferente. Uma vez elaborados todos os laudos, devem eles ser remetidos, imediatamente, à sede da sociedade incorporadora.

3.2.4 Incorporadora:
grupo das deliberações conclusivas

Em quarto lugar, tão logo esteja de posse de todos os laudos elaborados pelos peritos ou empresa especializada, deve a sociedade incorporadora, sem demoras, em assembléia ou reunião dos sócios, ou mesmo por intermédio de alteração contratual (conforme seu tipo societário): aprovar o laudo ou os laudos de avaliação (um por vez, separadamente); aprovar a própria incorporação; declarar extinta a sociedade ou sociedades incorporadas. Nenhuma das sociedades incorporadas tem necessidade de participar deste grupo de deliberações que concluem a operação; deliberações, essas, que são de clara competência exclusiva da sociedade incorporadora. Por outro lado, nenhuma outra providência mais deverá ser tomada pelas referidas sociedades incorporadas, as quais, conforme foi visto, são declaradas extintas pela própria sociedade incorporadora (a título apenas de curiosidade, outrora, nos termos do antigo Decreto-lei 2.627, de 26.9.1940, cada sociedade incorporada deveria tomar providência derradeira consistente na realização de assembléia, ou algo equivalente, em que ela formalmente se declararia extinta).

MUDANÇAS SUBSTANCIAIS   463

3.3 Normas complementares e conseqüências da operação

3.3.1 Tipos de "quorum" das sociedades limitadas

As deliberações que tiverem de ser tomadas por sociedades limitadas poderão sê-lo em assembléia ou reunião dos sócios, cuja instalação só poderá ser feita, em primeira convocação, com a presença mínima de titulares de três quartos do capital social (com qualquer número, em segunda convocação). Quanto às deliberações, é preciso fazer pequena distinção. Na primeira assembléia ou reunião da sociedade incorporadora (*grupo das deliberações introdutórias*) e na assembléia ou reunião única de cada sociedade a ser incorporada as deliberações dos sócios deverão ser tomadas pelos votos correspondentes, no mínimo, a três quartos do capital social, uma vez que a incorporação propriamente dita é votada nessas duas assembléias ou reuniões. Na segunda assembléia ou reunião da sociedade incorporadora (*grupo das deliberações conclusivas*) as deliberações dos sócios poderão, a meu ver, ser tomadas pela maioria de votos dos presentes, caso o contrato não exija maioria mais elevada, uma vez que as deliberações em questão não passam de mera conseqüência de deliberações fundamentais que já foram tomadas.

Concluo este item com pequena observação. O art. 1.117, *caput*, do Código Civil/2002 dispõe: "A deliberação dos sócios da sociedade incorporada deverá aprovar as bases da operação e o projeto de reforma do ato constitutivo". Pois bem, a expressão "da sociedade incorporada" está errada; a expressão certa é "da sociedade incorporadora". Trata-se, no entanto, de simples *lapsus calami*, fácil de ser percebido.

3.3.2 Avaliação dos patrimônios líquidos

No que concerne à nomeação dos peritos ou da empresa especializada, aos critérios de avaliação utilizados e à maneira de elaboração do laudo, já fiz notar, na segunda subseção da seção anterior, que não há qualquer dispositivo no Código Civil/2002. Creio, portanto, que devam ser aplicadas também aqui, em caráter subsidiário, as normas constantes do art. 8º da Lei 6.404/1976, as quais, ao que tudo indica, são as únicas sobre o assunto. A avaliação, pois, dos patrimônios líquidos das sociedades a serem incorporadas deve ser feita por três peritos ou por empresa especializada; devendo, em minha opinião, ser efetuada com base em valores de mercado (considero passível

464 SOCIEDADES LIMITADAS

de impugnação eventual avaliação feita – como às vezes acontece – com base apenas em valores contábeis). O laudo ou os laudos devem ser entregues, aos administradores da incorporadora, devidamente fundamentados, com a indicação dos critérios de avaliação e dos elementos de comparação adotados, e instruídos com os documentos relativos aos bens avaliados; quando de sua apreciação, os peritos ou o representante da empresa especializada devem participar da respectiva assembléia ou reunião dos sócios (ou, ao menos, estar presentes no momento das deliberações), para prestarem as informações e os esclarecimentos eventualmente solicitados.

3.3.3 *Registro e publicação dos atos da operação*

Uma vez deliberada a incorporação em caráter definitivo, por intermédio da aprovação dos atos finais da operação, e extintas, em conseqüência, todas as sociedades incorporadas, só restam, como meras conseqüências, os *atos complementares*. Em razão disso, os administradores da sociedade incorporadora deverão, sem demoras, promover o registro de todos os atos relativos à incorporação. Em seguida, tais atos deverão, segundo entendo, e em caráter obrigatório, ser publicados, acompanhados da respectiva certidão do registro, com a devida observância do disposto no § 1º do art. 1.152 do Código Civil/2002, que dispõe: "Salvo exceção expressa, as publicações ordenadas neste Livro serão feitas no órgão oficial da União ou do Estado, conforme o local da sede do empresário ou da sociedade, e em jornal de grande circulação".

3.3.4 *Anulação judicial por credor anterior*

Durante o prazo de 90 dias, a ser contado, ao que me parece, a partir do dia seguinte, inclusive, ao da publicação dos atos relativos à incorporação, o credor anterior que por ela tenha sido prejudicado poderá promover judicialmente a anulação dos referidos atos. Se houver, no entanto, consignação em pagamento, esta tornará sem efeito a anulação pleiteada; sendo que, na hipótese de a dívida ser ilíquida, a sociedade incorporadora terá a faculdade de lhe garantir a execução, com o quê o processo de anulação ficará suspenso. Ocorrendo, no mesmo prazo, a falência da sociedade incorporadora, qualquer credor anterior terá o direito de pedir a separação dos patrimônios, para que os créditos sejam pagos pelos bens das respectivas massas.

MUDANÇAS SUBSTANCIAIS 465

3.3.5 *Sucessão nos registros públicos*

Uma certidão da incorporação, fornecida pelo Registro Público de Empresas Mercantis (a cargo das Juntas Comerciais), após o devido arquivamento, é o documento hábil para que a sociedade incorporadora possa providenciar a averbação, caso venha a ser necessária, nos registros públicos competentes, de sua sucessão na propriedade dos bens e na titularidade dos direitos e das obrigações das incorporadas, em decorrência da operação realizada. Tal princípio legal – que em tempos passados era aplicável apenas e tão-somente às sociedades por ações (anônimas ou companhias e comanditas por ações), ao menos com relação aos bens imóveis – é atualmente aplicável a todas as sociedades empresárias – portanto, também às limitadas –, em razão do dispositivo constante do art. 64 da Lei 8.934, de 18.11.1994 (nova Lei das Juntas Comerciais).

4. A cisão,
arma bem eficiente para reestruturar

4.1 *Admissibilidade da figura*
com relação à limitada

Sem dúvida, há entre os juristas pátrios quem – na época da legislação anterior – tenha sustentado não ser o instituto jurídico da *cisão* aplicável às sociedades limitadas, posto que utilizável apenas e tão-somente com referência às sociedades por ações, principalmente às sociedades anônimas ou companhias. A título apenas de exemplo, vale a pena citar o jurista Egberto Lacerda Teixeira, um dos mais conhecidos e respeitados monografistas brasileiros no campo das sociedades limitadas. Em artigo publicado na *RDM* 23, intitulado "Repercussões da nova Lei das Sociedades Anônimas na vida das sociedades limitadas no Brasil", o referido estudioso, após declarar que, em seu modo de entender, se aplicavam à sociedade limitada, comumente, as normas da Lei 6.404, de 15.12.1976, sobre transformação, incorporação e fusão, concluiu no entanto, com certa firmeza: "A interpretação literal do art. 229 leva à conclusão de que a *cisão*, instituto novo da legislação brasileira, só pode ocorrer quando *a sociedade matriz for anônima*. Nessas condições, as sociedades novas, fruto da cisão, poderão ser limitadas, mas a limitada não pode cindir-se".

De fato, é o que ainda hoje parece fazer crer o art. 229 da citada Lei 6.404/1976, onde o legislador pátrio, referindo-se à sociedade que se cinde, usa sempre a palavra "companhia"; ao passo que, referindo-se às sociedades novas ou já existentes que absorvem parcelas do patrimônio da sociedade cindida, usa quase sempre a simples palavra "sociedade", no singular ou no plural. "Quase sempre" por que há dois casos em que a sociedade que absorve parcela do patrimônio da sociedade cindida é mencionada como companhia. Aludo ao § 2º, parte final, em que a palavra "companhia" é usada diretamente, e ao § 4º, parte final, em que a mesma é usada indireta ou implicitamente. Com o quê o raciocínio do eminente jurista, baseado em simples análise gramatical do art. 229, pareceu-me, desde o começo, só em parte justificável.

Não foi só por isso, no entanto, que sempre discordei do ilustre pensamento que acabo de enunciar. Convém também ressaltar que, em momento algum, tive o intuito simplista de contestar e polemizar (o que nem caberia, no caso, porque o Direito não é ciência exata: cada intérprete tem sua própria maneira de ver as coisas); ao contrário, nunca me faltou o desejo de – ao submeter à apreciação dos interessados ponto de vista diferente – oferecer novos subsídios para consecução de interpretação legal capaz de permitir a melhor solução possível do problema. Pois bem, tomo a liberdade de discordar mais uma vez, com base em alguns argumentos já enunciados no passado, e que, de forma sucinta, passo agora a submeter de novo à apreciação dos estudiosos.

4.1.1 Norma geral da Lei 6.404/1976

Em minha opinião, não é a interpretação literal – portanto, gramatical – do art. 229 que importa, uma vez que tal dispositivo deve ser interpretado em seu contexto, ou, melhor dizendo, à luz do inteiro texto de seu respectivo capítulo, onde se encontra outro dispositivo altamente significativo, assim redigido:

"Art. 223. A incorporação, fusão ou cisão podem ser operadas entre sociedades de tipos iguais ou diferentes e deverão ser deliberadas na forma prevista para a alteração dos respectivos estatutos ou contratos sociais.

"§ 1º. Nas operações em que houver criação de sociedade serão observadas as normas reguladoras da constituição das sociedades do seu tipo.

MUDANÇAS SUBSTANCIAIS 467

"§ 2º. Os sócios ou acionistas das sociedades incorporadas, fundidas ou cindidas receberão, diretamente da companhia emissora, as ações que lhes couberem."

O § 1º confirma que as sociedades novas, resultantes da cisão, podem ser limitadas; mas o resto do artigo também diz claramente, a meu ver, que as próprias sociedades que se cindem podem ser limitadas. De fato, reduzindo o *caput*, resulta: "A cisão deverá ser deliberada na forma prevista para a alteração dos respectivos estatutos ou contratos sociais". E reduzindo o § 2º resulta: "Os sócios ou acionistas das sociedades cindidas receberão". Com o quê as sociedades cindidas não têm a obrigação legal de ter estatutos e acionistas, portanto de ser anônimas ou, ao menos, por ações: podem ter contratos sociais e sócios comuns, e ser, portanto, limitadas. Este é, sem dúvida, ao que tudo indica, o argumento fundamental; os seguintes servirão tão-somente para reforçar minha tese.

4.1.2 *Ausência, na lei, de unidade perfeita*

Não me parece aconselhável, no caso específico ora em exame, que o intérprete se atenha, com extremo rigor, aos termos de dispositivo legal isolado, numa interpretação puramente gramatical; pois já foi verificado que no texto da Lei 6.404/1976 não faltam imperfeições, consistentes em certa ausência de unidade, na presença de algumas impropriedades terminológicas, até mesmo na existência de alguns erros sintáticos.

Trata-se, sem dúvida, de algo que convém enxergar dentro de um contexto de pura normalidade. Afinal, as leis são elaboradas por seres humanos; e ocorre que nenhum ser humano tem a obrigação moral de alcançar perfeição.

4.1.3 *A exclusão estaria desprovida de lógica*

O Capítulo XVIII da Lei 6.404/1976 trata de três institutos jurídicos antigos – *transformação, fusão* e *incorporação* – e de um novo, a *cisão*. Ocorre que não existe a menor dúvida, no âmbito da doutrina pátria, a respeito da tese segundo a qual os três institutos antigos sempre foram aplicáveis às sociedades limitadas. Pergunta-se, então: por que a lei excluiria de tal aplicação tão-somente o novo instituto? Não haveria lógica na exclusão. Afinal, o fato de ser novo não tira nem acrescenta

468 SOCIEDADES LIMITADAS

nada a qualquer instituto jurídico. Aliás, a aplicação subsidiária da lei existente, em caso de ausência de legislação específica, constitui mais uma tese pacificamente aceita pelos juristas pátrios, sendo, a meu ver, admissível sempre que não venha a ferir outras normas ou, mesmo, princípios contidos no ordenamento jurídico do país. Em conclusão, a cisão de sociedades limitadas sempre me pareceu perfeitamente enquadrável nesse raciocínio.

4.2 A cisão da limitada e o estranho conteúdo do Código

Qual o motivo profundo que me induziu a conferir ênfase especial à tese da aplicabilidade da Lei das Sociedades por Ações à cisão operada por sociedades limitadas? Afinal, não fui eu mesmo que, ao longo deste capítulo, tive o cuidado constante de ressaltar que no império da legislação anterior as figuras jurídicas da transformação, da fusão e da incorporação, sempre que atingissem, de uma forma ou de outra, as sociedades limitadas, deveriam ser operadas mediante utilização das normas contidas na Lei 6.404/1976? E não fui eu, igualmente, que, com relação às três referidas figuras jurídicas, nunca deixei de fazer notar que as coisas haviam mudado – ainda que, a rigor, não de forma verdadeiramente substancial – com o advento do Código Civil/2002, no qual o legislador pátrio havia introduzido alguns dispositivos disciplinando, pela primeira vez, a transformação, a fusão e a incorporação das sociedades limitadas e de todas as demais sociedades contratuais, nelas incluídas as próprias sociedades simples? Por qual razão tomei, então, a iniciativa de não adotar idêntico comportamento no tocante a esta última figura, a da cisão atingindo sociedades limitadas?

Em verdade, há algo curioso, quase estranho, no Código Civil/2002. Explico. Este último, em sua Parte Especial, no Livro II, trata do "direito de empresa", no âmbito do qual aborda diversos assuntos: no Título I, o "empresário"; no Título II, a "sociedade"; no respectivo Subtítulo II, a "sociedade personificada"; e, nos correspondentes Capítulos I, II, III e IV, as chamadas "sociedades contratuais" (sociedade simples, sociedade em nome coletivo, sociedade em comandita simples e sociedade limitada). Finalmente, no Capítulo X do citado Subtítulo II aborda o assunto ora em questão: "Da Transformação, Incorporação, Fusão e Cisão das Sociedades". O referido Capítulo X compõe-se de poucos dispositivos (arts. 1.113-1.122), nos quais o legislador pátrio, com relação a cada uma das figuras jurídicas

MUDANÇAS SUBSTANCIAIS 469

tratadas, fornece noção bem sucinta de conceituação e breves normas de procedimento, deixando o último artigo para normas gerais. Pois bem, os arts. 1.113 a 1.115 foram destinados à transformação; os arts. 1.116 a 1.118 foram destinados à incorporação; e os arts. 1.119 a 1.121 foram destinados à fusão; sendo que o art. 1.122, conforme já afirmei, foi destinado a umas poucas normas de aplicação geral. De cisão, nem sombra! Impõe-se, então, indagar: já que eles não estão no mencionado Capítulo X, onde será que devem ser achados os dispositivos legais destinados à figura jurídica da cisão?

A esta altura, poderia alguém responder: a ausência de dispositivos específicos sobre noção de conceituação e normas de procedimento, contrariando frontalmente a presença de tais dispositivos no tocante às demais figuras (transformação, incorporação e fusão), pode muito bem ser interpretada como norma legal indireta, proibindo às sociedades contratuais em geral a utilização da figura da cisão, em consonância, aliás, com a opinião, acima citada, do jurista pátrio Egberto Lacerda Teixeira. Com todo o respeito, não creio. O Capítulo X, ora em questão, contém normas aplicáveis a todas as sociedades ditas contratuais; seu próprio título é, *ipsis litteris*, o seguinte: "Da Transformação, da Incorporação, da Fusão e da Cisão das Sociedades". Ora, se já no título o legislador pátrio usa a expressão "cisão das sociedades", isso é sinal evidente de que, hoje em dia, de forma incontestável, todas as sociedades contratuais – inclusive e sobretudo as limitadas, que são quase umas pequenas anônimas – podem cindir-se, e não apenas ser as resultantes de uma cisão. O citado art. 1.122, de aplicação geral, menciona a palavra "cisão" em seu *caput* e a expressão "sociedade cindida" em seu § 3º; este último dispositivo confirma minha tese, ao começar seu texto assim: "Ocorrendo, no prazo deste artigo, a falência da sociedade incorporadora, da sociedade nova ou da cindida (...)". Trata-se de norma legal que é aplicável tão-somente a sociedades contratuais, uma vez que as sociedades por ações têm normas próprias a respeito do assunto; com isso, não pode mais haver dúvidas: as sociedades limitadas e todas as demais sociedades contratuais podem cindir-se. Aliás, a lógica não permitiria conclusão diferente; como compreender, do contrário, legislação societária nova (aprovada após a atual Lei das Sociedades por Ações) disciplinando pela primeira vez figuras como transformação, incorporação e fusão das sociedades contratuais e não permitindo justamente a cisão? A que título? Afinal, existem hoje sociedades limitadas de proporções bem grandes, que têm quase os mesmos problemas práticos de qualquer sociedade anônima ou companhia que se preze.

470 SOCIEDADES LIMITADAS

Como, então, deve ser interpretada a estranha ausência de legislação no caso ora em exame? Como deverá comportar-se alguém que queira cindir uma sociedade limitada? Quais as normas que deverá aplicar? Em minha opinião, convém tecer algumas considerações em caráter preliminar. Em primeiro lugar, não se pode perder de vista que uma cisão, quando realizada mediante simples versão de parcela ou parcelas do respectivo patrimônio em uma ou mais sociedades novas, é basicamente algo muito parecido com mera alteração contratual, podendo, ao menos em substância, ser tratada como tal. Em segundo lugar, quando uma cisão é realizada mediante simples versão de parcela ou parcelas do respectivo patrimônio em uma ou mais sociedades já existentes se está diante de algo muito parecido com mera incorporação, podendo, ao menos em substância, ser tratada como tal. Em terceiro lugar, não se deve esquecer que as sociedades contratuais sempre gozaram de larga margem de liberdade na complementação das normas cogentes que as atingiram; liberdade, essa, que continua existindo, ainda que em parte, e permitindo que ditas sociedades criem normas próprias, contratuais, ao menos para completar ou adaptar dispositivos legais aplicáveis. Em quarto lugar, convém lembrar que em caso de dúvidas é permitido, antes aconselhável, recorrer às normas sobre cisão que se encontram na Lei das Sociedades por Ações, por constituírem a única legislação existente sobre o assunto (excluído, naturalmente, o art. 1.122 do Código Civil/2002, que, como pequeno repositório de normas gerais, é curiosamente aplicável também à cisão, que não foi sequer disciplinada). Em conclusão, acredito que o legislador pátrio tenha considerado desnecessário criar normas específicas sobre cisão de sociedades contratuais, posto que estas últimas podem, conforme os casos, e com adaptações, aplicar os dispositivos sobre alteração contratual ou sobre incorporação.

4.3 Conceituação da figura e suas complexas modalidades

Segundo os dicionários da língua pátria, *cisão* é o ato ou o efeito de "cindir", verbo transitivo direto que significa "dividir" ou "separar" e que, etimologicamente, vem do verbo latino *scindere*, que significava "rasgar" e também "rachar" ou "dividir". No caso ora em exame, com efeito, a palavra "cisão" significa divisão do patrimônio de uma sociedade de fins econômicos em duas ou mais partes.

MUDANÇAS SUBSTANCIAIS 471

Distingue-se a cisão da mera transferência de ativos patrimoniais, apesar de adquirir esta última figura, não raro, ao menos à primeira vista, a aparência de cisão. Em verdade, na cisão propriamente dita ocorre a divisão de um patrimônio, isto é, de um conjunto de elementos ativos e passivos; em outras palavras, onde antes havia um único conjunto de elementos ativos e passivos passa a haver dois ou mais conjuntos de iguais elementos. Ao passo que na transferência de ativos patrimoniais a operação não inclui a transferência também de elementos passivos, incluindo, porém, via de regra, para fins de equilíbrio, a substituição de elementos ativos (no caso de venda de um estabelecimento da empresa, por exemplo, os elementos componentes deste podem ficar substituídos por dinheiro em caixa, dinheiro em bancos, títulos de crédito em carteira ou eventuais outros valores). Naturalmente, ocorrendo a substituição de elementos ativos, não surge a figura da redução do capital social, a qual surge, ao contrário, via de regra, no âmbito da cisão sem extinção, que é a modalidade mais típica.

Distingue-se a cisão também da criação de uma ou mais sociedades subsidiárias, muito embora o resultado prático, em condições normais, pareça idêntico. É que a criação de subsidiárias se assemelha à transferência de ativos patrimoniais; em outras palavras, uma vez que a sociedade permanece como controladora das subsidiárias, acaba ocorrendo igual substituição de elementos ativos, pois no lugar do dinheiro, por exemplo, aparecem participações societárias. Ao passo que a cisão gera transferência de parcelas patrimoniais – portanto, de conjuntos de elementos ativos e passivos – e provoca, em caso de não-extinção, a diminuição do patrimônio da sociedade cindida, a qual, em conseqüência, na criação de sociedades novas, não assume o controle destas últimas, em razão de as mesmas ficarem, via de regra, com quadro social idêntico ao da sociedade cindida. Está claro, pois, que a divisão patrimonial não atinge necessariamente o quadro social da cindida; o que não exclui, no entanto, em minha opinião, a possibilidade de dito quadro social (refiro-me, sem dúvida, ao conjunto dos sócios) resultar igualmente dividido com base em eventuais interesses pessoais decorrentes de livre acordo. Melhor esclarecendo, nada impede que, ao que tudo indica, uma vez dividido o patrimônio social e constituída, por hipótese, mais uma sociedade, alguns sócios permaneçam apenas na primeira, passando os demais a ser sócios tão-somente da segunda.

Poderia, porventura, algum desses sócios ficar, em conseqüência de cisão, como titular de empresa individual? Parece-me que não,

472 SOCIEDADES LIMITADAS

uma vez que a Lei 6.404/1976, em seu art. 229, *caput*, prevê unicamente sociedades como resultantes da operação. Mesmo assim entendo que seria muito oportuno para o equilíbrio social, além de muito conveniente para a economia nacional, se o legislador pátrio, após limitar, direta ou indiretamente, a respectiva responsabilidade, admitisse a empresa individual quer como objeto da cisão, quer como sua resultante. Aliás, é justamente para facilitar a solução de problemas como o ora apontado que há bastante tempo venho sustentando a tese da personificação da empresa como tal, substituindo as sociedades e os empresários individuais da atualidade (de fato, já substituídos na esfera econômica). Para maiores detalhes com relação a tão fascinante assunto, tomo a liberdade de remeter todos os interessados ao meu livro *Conceito de Empresa*, já citado.

A figura jurídica da cisão foi instituída em época relativamente recente, pela referida Lei 6.404/1976. Pode, então, surgir curiosa dúvida: era de todo impossível em tempos passados cindir sociedades? Sem dúvida, ao menos em meu entendimento, não era, de modo algum; seria, no entanto, necessário realizar diversos atos que levariam, evidentemente, ao mesmo resultado prático e que, considerados em seu conjunto, poderiam ser classificados como *negócio indireto*. O novo instituto jurídico veio, assim, simplificar, facilitar e melhorar as coisas, transformando o negócio em direto.

Com base na já citada Lei 6.404/1976, art. 229, *caput*, a cisão pode ser definida como sendo a operação pela qual determinada sociedade transfere parcelas do seu patrimônio para uma ou mais sociedades, constituídas para esse fim ou já existentes, extinguindo-se a sociedade cindida, se houver versão de todo o seu patrimônio, ou dividindo-se seu capital, se parcial a versão. Pequena análise de tal definição leva-me a concluir existirem quatro modalidades básicas de cisão, a saber: *sem extinção* e *com extinção, sem incorporação* e *com incorporação*. Trata-se de formas puras, cuja concepção só é justificada por motivos de ordem didática, uma vez que, na prática, só se encontram as combinações. As formas puras são: *cisão sem extinção* – uma ou mais sociedades assumem parte do patrimônio da sociedade cindida, a qual continua a existir, sobrevivendo com capital social menor; *cisão com extinção* – duas ou mais sociedades assumem o patrimônio inteiro da sociedade cindida, a qual, em conseqüência, fica sem condições de sobreviver e se extingue; *cisão sem incorporação* – o patrimônio da sociedade cindida, no todo ou em parte, é utilizado para a constituição de uma ou mais sociedades novas; *cisão com incorporação* – o patrimônio da sociedade cindida,

MUDANÇAS SUBSTANCIAIS 473

no todo ou em parte, é utilizado para incorporação numa ou mais sociedades já existentes.

As combinações podem ser as mais diversas. Por simples curiosidade, vou dar apenas alguns poucos exemplos. *Primeiro grupo de exemplos*: a sociedade cindida não se extingue, sendo que o patrimônio destacado é utilizado para a constituição de uma ou mais sociedades novas; ou é incorporado numa ou mais sociedades já existentes; ou, então, é parcialmente utilizado para a constituição de uma ou mais sociedades novas e parcialmente incorporado numa ou mais sociedades já existentes. *Segundo grupo de exemplos*: a sociedade cindida extingue-se, sendo que todo seu patrimônio é utilizado para a constituição de duas ou mais sociedades novas; ou é incorporado em duas ou mais sociedades já existentes; ou, então, é parcialmente utilizado para a constituição de uma ou mais sociedades novas e parcialmente incorporado numa ou mais sociedades já existentes.

Percebe-se, às vezes, que há pessoas utilizando as expressões "cisão total" e "cisão parcial" (aliás, na própria Lei 6.404/1976, parágrafo único do art. 233, foi usada a expressão "cisão parcial"). Acredito que os usuários de tais expressões o façam em substituição às expressões "cisão com extinção" e "cisão sem extinção", uma vez que na primeira das duas referidas figuras o patrimônio total da sociedade cindida é transferido a outras sociedades, ao passo que na segunda figura a transferência de patrimônio é parcial. Trata-se, ao que me parece, de expressões tecnicamente impróprias, que deveriam ser evitadas, pois têm por base distinção inexistente: a cisão é sempre total, em qualquer hipótese; pois, conforme já foi visto, "cindir" significa, simplesmente, "dividir". De forma que, se alguém pegar um bolo e o dividir, tal operação será sempre total, pois atingirá o bolo sempre por inteiro. A mesma coisa acontecerá, evidentemente, se determinado patrimônio empresarial for dividido: como poderá tal operação ser considerada parcial, ainda que só em algumas hipóteses?

Há quem sustente ser a cisão arma poderosa para a criação de grupos de subordinação. Não posso concordar plenamente com tal afirmação. Sem dúvida, nada impede que um grupo de subordinação comece a adquirir contornos definidos a partir de uma cisão; não creio, no entanto, que essa seja a função mais importante da figura jurídica ora em exame. A função mais importante deve, a meu ver, ser identificada com a capacidade – que a cisão tem de sobra – de permitir prática, fácil e proveitosa reorganização ou reestruturação de grupo já existente. Infelizmente, a vida humana está sempre cheia de imprevistos. Organiza-se determinada empresa, que consegue

474 SOCIEDADES LIMITADAS

êxito, progride, se torna grande, gera poderoso grupo econômico de subordinação, e, de repente, alguma coisa começa a não dar certo. Estudam-se as causas e se descobre que aconteceu curioso problema social que ninguém teve condições de prever. É preciso tomar providências radicais com certa rapidez, principalmente introduzir modificações de notável profundidade na própria estrutura do grupo. Mas isso pode levar tempo considerável e exigir dispêndios de grandes proporções. Pois bem, a figura da cisão poderá permitir a mais ampla reestruturação do grupo com dispêndios bem limitados, em tempos breves.

4.4 Roteiros básicos para realização da operação

4.4.1 Documentos preliminares: elaboração e assinatura

A cisão de uma sociedade limitada, com incorporação em sociedade ou sociedades já existentes (que poderão ser igualmente sociedades limitadas ou outras sociedades contratuais, inclusive sociedades simples), deverá, em minha opinião, ser precedida da elaboração e assinatura de dois documentos fundamentais, que são o *protocolo*, de um lado, e a *justificação*, de outro. O *protocolo* será documento único, assinado em conjunto pelos administradores (evidentemente, pelos que tiverem competência para tanto, com base no respectivo contrato social) de cada uma das sociedades interessadas na operação, contendo as bases de dita operação e o projeto de reforma do ato constitutivo da sociedade a ser cindida (se esta, porventura, sobreviver) e do de cada sociedade incorporadora. A *justificação* será documento não-único, uma vez que cada sociedade interessada, por seus administradores (de novo, pelos que tiverem competência contratual para tanto), deverá apresentá-lo, juntamente com o protocolo, para justificar a operação, ao ser esta submetida à deliberação dos sócios, quer estejam realizando formal assembléia ou reunião, quer informalmente elaborando instrumento de alteração contratual (conforme o tipo societário). Caso a cisão da sociedade limitada seja concebida para ser realizada sem incorporação – portanto, com a criação de sociedade ou sociedades novas (as quais, também nesta hipótese, poderão ser outras limitadas ou pertencer a tipos diferentes de sociedades contratuais, quaisquer que sejam) –, deverá ela ser precedida da elaboração e assinatura de apenas um documento, a justificação, a qual, no entanto, deverá

MUDANÇAS SUBSTANCIAIS 475

incluir o seguinte: as bases da operação, o projeto de reforma do ato constitutivo da sociedade a ser cindida (se esta, porventura, sobreviver) e o projeto de constituição de cada sociedade nova a ser criada.

4.4.2 Cisão sem incorporação, com ou sem extinção

Uma *cisão sem incorporação*, com ou sem extinção, pode, a meu ver, após elaborada a justificação, ser realizada com base no seguinte roteiro: em primeiro lugar, realização de assembléia ou reunião dos sócios, para aprovação da justificação – e, portanto, da própria operação – e para nomeação de três peritos ou empresa especializada, para procederem à avaliação patrimonial, nos termos do art. 8º da citada Lei 6.404/1976; em segundo lugar, realização da avaliação da parcela ou parcelas do patrimônio da sociedade (que se cinde) a serem transferidas à nova ou às novas sociedades, resultantes da operação; em terceiro e último lugar, realização de assembléia ou reunião dos sócios para aprovação do laudo ou laudos de avaliação, constituição da nova ou novas sociedades (mediante aprovação do contrato, eleição dos membros dos órgãos administrativos e fiscais, conforme o caso, fixação de remunerações etc.) e, por fim, declaração de extinção da sociedade que se cindiu, ou, então, celebração de alteração do respectivo contrato social.

4.4.3 Cisão com incorporação, com ou sem extinção

O roteiro básico de uma *cisão com incorporação*, com ou sem extinção, compreende, ao que tudo indica, deliberações a serem tomadas após elaborados e assinados o protocolo e a justificação, conforme segue: *inicialmente, numa fase de deliberações introdutórias*, a sociedade incorporadora ou cada uma das sociedades incorporadoras, em assembléia ou reunião dos sócios, ou mesmo por intermédio de alteração contratual (conforme o tipo societário), deve aprovar o protocolo da operação, autorizar o aumento de seu capital, a ser subscrito pelos sócios da sociedade que se cinde e realizado mediante versão de parcela do patrimônio desta última, e nomear três peritos ou empresa especializada que, nos termos do art. 8º da citada Lei 6.404/1976, avaliarão tal parcela patrimonial; *a seguir, numa fase de deliberações complementares*, a sociedade que se cinde, em assembléia ou reunião dos sócios, ou mesmo por intermédio de alteração contratual (conforme o tipo societário), deve aprovar o protocolo da

476 SOCIEDADES LIMITADAS

operação e autorizar seus administradores a praticarem os atos necessários à incorporação, inclusive a subscrição do aumento de capital da sociedade ou sociedades incorporadoras; *após tudo isso, numa fase de deliberações conclusivas*, a sociedade incorporadora ou cada uma das sociedades incorporadoras, em assembléia ou reunião dos sócios, ou mesmo por intermédio de alteração contratual (conforme o tipo societário), deve aprovar o laudo de avaliação e a própria incorporação, com o quê a cisão estará consumada; *por derradeiro, numa fase de deliberações suplementares*, a sociedade cindida, em assembléia ou reunião dos sócios, ou mesmo por intermédio de alteração contratual (conforme o tipo societário), deve aprovar a alteração de seu contrato social, caso sobreviva, ou, em hipótese contrária, declarar sua própria extinção.

Dir-se-á que a última fase é desnecessária, uma vez que, por lei (art. 1.118 do Código Civil/2002), é a sociedade incorporadora que declara extintas as incorporadas. É verdade: numa incorporação comum é assim. Ocorre, no entanto, que numa incorporação comum a sociedade incorporadora é sempre uma só, sendo que todas as sociedades incorporadas se extinguem sempre; de forma que a última deliberação da incorporadora se torna simples, fácil, prática e segura: basta aguardar a chegada do comprovante da deliberação de cada incorporada e, a seguir, declarar extintas todas as incorporadas. Na cisão as coisas se passam de forma um pouco diferente: de um lado, pode haver duas ou mais incorporadoras, agindo em regime de total desvinculação, e tornando, por isso, inviável, na prática, eventual declaração de extinção feita por uma ou por todas as sociedades incorporadoras; de outro, a sociedade cindida deve, no caso de sobrevivência, tomar uma última deliberação, que ninguém pode tomar por ela, e que consiste na aprovação da alteração de seu contrato social, nada impedindo, em conseqüência, numa interpretação livre mas lógica da legislação em vigor, que se aceite a idéia da fase de deliberações suplementares, por mim proposta, para a sociedade cindida.

4.5 Normas complementares e conseqüências da operação

Conforme já fiz notar com relação à figura da incorporação, as deliberações que tiverem de ser tomadas por sociedades limitadas poderão sê-lo em assembléia ou em reunião dos sócios, cuja instalação só poderá ser feita, em primeira convocação, com a presença mínima

MUDANÇAS SUBSTANCIAIS 477

de titulares de três quartos do capital social (com qualquer número, em segunda convocação). No tocante, porém, às próprias deliberações, é preciso analisar cada caso. O maior *quorum* de deliberação é o que exige votos correspondentes, no mínimo, a três quartos do capital social (art. 1.076, I, do Código Civil/2002), e que é necessário para modificação do contrato social e para incorporação (entre outras coisas), cabendo, a meu ver, observação segundo a qual, de um lado, a cisão deve ser vista como modificação contratual e, de outro, a constituição de sociedades novas deve ser vista como algo ainda mais sério que simples modificação contratual. Tal *quorum* de deliberação deve, pois, ser observado, na hipótese de *cisão sem incorporação*, para os seguintes atos: aprovação da justificação e, por conseguinte, da própria operação; constituição das sociedades novas; celebração da alteração contratual. Igual *quorum* deve ser observado na hipótese de *cisão com incorporação*, para os seguintes atos: aprovação, pelas incorporadoras, do protocolo e, por conseguinte, do projeto de reforma de seus atos constitutivos; aprovação, pela sociedade que se cinde, do protocolo, com conseqüente autorização dos atos necessários à incorporação, inclusive subscrição do aumento de capital das incorporadoras; celebração, se cabível, de alteração contratual da sociedade que se cindiu. Em compensação, atos jurídicos como a nomeação de peritos ou de empresa especializada, a aprovação de laudos de avaliação e eventuais outros atos de natureza idêntica, semelhante ou análoga terão validade, em meu entendimento, se receberem a maioria de votos dos presentes, caso o contrato não exija maioria mais elevada, uma vez que os mesmos não passam de meras conseqüências de deliberações fundamentais já tomadas.

Efetivada a cisão, com extinção da sociedade cindida, caberá aos administradores das sociedades que tiverem absorvido parcelas do seu patrimônio (em ambas as hipóteses: na de sociedades já existentes ou na de sociedades novas) promover o registro e a publicação dos atos da operação. Na cisão com versão parcial do patrimônio (portanto, sem extinção) o referido dever caberá aos administradores da sociedade cindida e aos da sociedade ou sociedades que tiverem absorvido parcelas do seu patrimônio. O dispositivo foi extraído da Lei 6.404/1976, mais precisamente do § 4º do art. 229, e parece, à primeira vista, um tanto estranho, uma vez que muitas sociedades ficam com o dever de registrar os atos da cisão. Em verdade, é preciso considerar que, na ausência de extinção, todas as sociedades interessadas na operação terão vida própria e registro próprio, não podendo cada uma furtar-se ao dever de registrar os atos que lhe disserem respeito especificamente; como, porém, a cisão, em que pese à sua complexidade, é ato unitário, não pode cada sociedade, ao promover o registro, dispensar a juntada dos demais documentos da operação para provar a vinculação geral das sociedades envolvidas e a interdependência dos atos praticados. A publicação a que aludi é, segundo entendo, necessária, por estar não apenas na Lei 6.404/1976, mas também no art. 1.122 do Código Civil/2002. De forma que, após devidamente registrados no registro competente, devem os atos da cisão ser publicados, em caráter obrigatório, e acompanhados da respectiva certidão do registro, com a precisa e rigorosa observância do disposto no § 1º do art. 1.152 do Código Civil/2002, cujo texto fica aqui de novo reproduzido: "Salvo exceção expressa, as publicações ordenadas neste Livro serão feitas no órgão oficial da União ou do Estado, conforme o local da sede do empresário ou da sociedade, e em jornal de grande circulação".

Toda e qualquer sociedade, para tanto criada ou já existente, que absorver parcela do patrimônio da sociedade cindida, com ou sem extinção, sucederá a esta última nos direitos e nas obrigações relacionados no ato da cisão; se os direitos e as obrigações não tiverem sido relacionados e a sociedade cindida se encontrar extinta, as demais sociedades atingidas pela operação sucederão à sociedade cindida em direitos e obrigações proporcionais ao patrimônio líquido a elas transferido.

Durante o prazo de 90 dias, a ser contado – conforme já ressaltei – a partir do dia seguinte, inclusive, ao da publicação dos atos relativos à cisão, o credor anterior que por dita cisão tenha sido eventualmente prejudicado poderá promover em juízo a anulação dos mencionados atos. Se houver, no entanto, consignação em pagamento, esta tornará sem efeito a anulação pleiteada; sendo que, na hipótese de a dívida ser ilíquida, a sociedade cindida, se ainda existente, ou, então, uma das novas sociedades constituídas, ou, se for o caso, uma das sociedades incorporadoras, terá a faculdade de lhe garantir a execução, com o quê o processo de anulação ficará suspenso. Ocorrendo, no mesmo prazo citado, a falência da sociedade cindida, qualquer credor anterior terá o direito de pedir a separação dos patrimônios, para que os créditos sejam pagos pelos bens das respectivas massas.

A certidão da cisão, emitida pela Junta Comercial, será o documento hábil para a averbação que se fizer necessária, nos registros públicos competentes, da sucessão em bens, direitos e obrigações, em decorrência da operação. Se a sucessão envolvesse bens imóveis e as sociedades recebedoras de parcelas do patrimônio da sociedade cindida

MUDANÇAS SUBSTANCIAIS 479

fossem limitadas (novas ou já existentes) a operação deveria, outrora, a meu ver, se realizada mediante escritura ou escrituras públicas, pois a dispensa destas, então, na utilização de imóveis para formação de capitais sociais, aplicava-se apenas – inclusive segundo entendimento pacífico – às sociedades por ações; aplicando-se às demais sociedades a regra geral, que normalmente exigia (e ainda exige) escritura pública para a transferência de imóveis. Atualmente não é mais assim. Com efeito, conforme já algumas vezes ressaltado, nos termos da Lei 8.934, de 18.11.1994, art. 64, a certidão dos atos de constituição e de alteração de sociedades mercantis (hoje, empresárias), passada pelas Juntas Comerciais em que foram arquivados, será o documento hábil para a transferência, por transcrição no registro público competente, dos bens (portanto, também dos imóveis) com que o subscritor tiver contribuído para a formação ou o aumento do capital social.

Capítulo XIII
Considerações Conclusivas

1. Relações entre sociedades econômicas: 1.1 A limitada e o grupo econômico de subordinação: 1.1.1 Combinação de recursos ou esforços – 1.1.2 Relacionamento sem despersonalização – 1.1.3 Surgimento mediante convenção – 1.1.4 Designação própria e exclusiva – 1.1.5 Registro e publicidade da convenção – 1.1.6 Definição da estrutura administrativa – 1.1.7 Representação das sociedades participantes – 1.1.8 Publicação de demonstrações consolidadas – 1.2 A limitada e a figura societária da subsidiária integral – 1.3 A limitada e o consórcio ou grupo de coordenação: 1.3.1 Constituição mediante contrato – 1.3.2 Cláusulas contratuais básicas – 1.3.3 Registro e publicidade do contrato – 1.3.4 Designação própria e exclusiva – 1.3.5 Necessidade de endereço próprio – 1.3.6 Obrigações das sociedades consorciadas – 1.3.7 Falência de sociedade consorciada. 2. Capitais públicos e formas empresariais: 2.1 Pode a limitada ser sociedade de economia mista? – 2.2 Pode a limitada dar forma jurídica a empresa pública? 2.2.1 "A entidade dotada de personalidade jurídica (...)" – 2.2.2 "(...) de direito privado, (...)" – 2.2.3 "(...) com patrimônio próprio (...)" – 2.2.4 "(...) e capital exclusivo da União, (...)" – 2.2.5 "(...) criada por lei (...)" – 2.2.6 "(...) para a exploração de atividade econômica (...)" – 2.2.7 "(...) que o Governo seja levado a exercer (...)" – 2.2.8 "(...) por força de contingência ou de conveniência administrativa, (...)" – 2.2.9 "(...) podendo revestir-se de qualquer das formas admitidas em Direito" – 2.2.10 Alguns comentários complementares. 3. Desconsideração da personalidade jurídica. 4. Algumas considerações a respeito dos prepostos. 5. Algumas considerações a respeito da escrituração: 5.1 Livros contábeis e sua escrituração – 5.2 Existência também de livros societários.

482 SOCIEDADES LIMITADAS

1. Relações entre sociedades econômicas

1.1 A limitada e o grupo econômico de subordinação

Regulando os grupos econômicos, que a legislação brasileira denomina *grupos de sociedades* e que os estudiosos em geral designam, em termos específicos, como *grupos de subordinação*, há apenas alguns dispositivos contidos na Lei 6.404, de 15.12.1976, mais precisamente nos arts. 265 a 277. O art. 265, no *caput* e no § 1º, dispõe que a sociedade controladora e suas controladas podem constituir grupo de sociedades, mediante convenção pela qual se obriguem a combinar recursos ou esforços para a realização dos respectivos objetos, ou a participar de atividades ou empreendimentos comuns; e que a sociedade controladora, ou de comando do grupo, deve ser brasileira e exercer, de forma direta ou indireta, e de modo permanente, o controle das sociedades filiadas, como titular de direitos de sócio ou acionista, ou mediante acordo com outros sócios ou com outros acionistas.

Pode tal dispositivo ser aplicado à sociedade limitada? Melhor dizendo, pode a limitada ser membro de grupo de sociedades como controlada? Pode também sê-lo como controladora? Sem dúvida, pode sê-lo como controladora, com base no art. 275, § 2º, que dispõe: "A sociedade de comando deverá publicar demonstrações financeiras nos termos desta Lei, ainda que não tenha a forma de companhia". Tal significa, evidentemente, que a sociedade de comando do grupo pode ser sociedade empresária de qualquer outra espécie, sem exclusão da espécie *sociedade limitada*.

Pode sê-lo também como controlada, com base no art. 270, *caput* e parágrafo único, segundo o qual a convenção de grupo deve ser aprovada com observância das normas para a alteração do contrato social ou do estatuto (na sociedade limitada, em conseqüência, tal aprovação só pode ser deliberada – nos termos do art. 1.076, I, do Código Civil/2002 – pelos votos correspondentes, no mínimo, a três quartos do capital social); sendo que os sócios ou acionistas dissidentes da deliberação têm direito ao reembolso de suas ações ou quotas. Repare-se bem na maneira genérica pela qual o legislador pátrio usa as expressões "do contrato social ou do estatuto", "os sócios ou acionistas" e "de suas ações ou quotas": elas indicam claramente que a limitada pode entrar em grupo de sociedades sem a menor restrição, qualquer que seja a posição que ela venha a adotar. Aliás,

CONSIDERAÇÕES CONCLUSIVAS 483

não é apenas o art. 270 que merece ser citado: o parágrafo único do art. 272, por exemplo, estabelece que a representação das sociedades perante terceiros cabe, via de regra, tão-somente aos administradores de cada uma delas, escolhidos de conformidade com os respectivos estatutos ou contratos sociais.

Resolvido tão importante problema, que considero absolutamente fundamental para o presente estudo (aludo à possibilidade de entrada da sociedade limitada no grupo e ao posicionamento que ela tem condições de assumir no âmbito interno do mesmo), convém, agora, oferecer, com certa brevidade, algumas noções básicas sobre o nascimento, a estrutura e o funcionamento do grupo de sociedades; o que passarei a fazer, por uma questão de cunho prático, de forma bem esquemática.

1.1.1 *Combinação de recursos ou esforços*

O *grupo econômico de subordinação* tem por fim, de um lado, a combinação de recursos ou esforços de todas as sociedades participantes para a realização dos respectivos objetos sociais ou, de outro, a participação em atividades e empreendimentos comuns, incluindo a subordinação dos interesses de uma sociedade aos de outra, ou aos do próprio grupo, e a distribuição de custos, receitas e resultados de atividades ou empreendimentos, não excluídas as próprias compensações entre as sociedades.

1.1.2 *Relacionamento sem despersonalização*

O relacionamento, entre si, de todas as sociedades participantes, a estrutura administrativa do grupo de sociedades e a coordenação ou subordinação dos administradores das sociedades filiadas serão estabelecidos em convenção do grupo; a despeito disso, no entanto, cada sociedade participante conservará, bem distintos, sua personalidade jurídica e seu patrimônio.

1.1.3 *Surgimento mediante convenção*

O grupo de sociedades será constituído mediante convenção que, aprovada pelas sociedades que o componham, deverá conter obrigatoriamente os seguintes elementos: a designação do próprio grupo;

484 SOCIEDADES LIMITADAS

a indicação da sociedade de comando e das filiadas; as condições de participação; o prazo de duração, se houver; as condições de extinção; as condições para admissão ou retirada de participantes; os órgãos e cargos da administração do grupo, com as respectivas atribuições; as relações entre a administração do grupo e a de cada sociedade participante; a declaração da nacionalidade do controle do grupo; e as condições para alteração da convenção.

1.1.4 Designação própria e exclusiva

O grupo de sociedades terá designação da qual constarão as palavras "grupo de sociedades" ou simplesmente "grupo", sempre completadas, evidentemente, por uma expressão individualizadora (exemplos: "Grupo Rio São Francisco", "Grupo Joaquim Machado", "Grupo Ital-Brasil"). Somente grupos organizados de acordo com a lei poderão usar designação contendo as referidas palavras (os demais grupos usam, às vezes, outras palavras: "conglomerado", "sistema" etc.). A partir da data do registro da convenção na Junta Comercial a sociedade de comando e as filiadas passarão a usar os respectivos nomes empresariais acrescidos da designação do grupo.

1.1.5 Registro e publicidade da convenção

Considera-se constituído o grupo a partir da data do registro, na Junta Comercial da sede da sociedade de comando, da referida convenção, acompanhada de alguns outros documentos; sem prejuízo disso, sociedades filiadas com sede em circunscrições diferentes devem registrar na Junta Comercial respectiva as atas de assembléia ou as alterações contratuais que tenham aprovado a convenção. As certidões de registro na Junta Comercial devem ser publicadas. Por outro lado, as alterações da convenção devem igualmente ser objeto de registro e publicação.

1.1.6 Definição da estrutura administrativa

A convenção deverá bem definir a estrutura administrativa do grupo de sociedades, tendo a faculdade de criar órgãos de deliberação colegiada e cargos de direção geral. Os administradores do grupo, além daqueles que, evidentemente, tiverem sido investidos em cargos

CONSIDERAÇÕES CONCLUSIVAS 485

de mais de uma sociedade, poderão ter a respectiva remuneração rateada entre as diversas sociedades. Quanto à gratificação dos administradores, se houver, poderá ela ser fixada, dentro dos limites legais, com base nos resultados apurados nas demonstrações financeiras consolidadas do grupo.

1.1.7 Representação das sociedades participantes

A representação, perante terceiros, de todas as sociedades participantes do grupo – salvo disposição diferente que conste expressamente da convenção, devidamente registrada e publicada – caberá, de acordo com os respectivos estatutos ou contratos sociais, exclusivamente aos administradores de cada sociedade. Aos administradores das sociedades filiadas, no entanto, sem prejuízo de seus específicos e ordinários poderes, responsabilidades e atribuições, competirá observar a orientação geral estabelecida e as instruções expedidas pelos administradores do grupo, desde que – claro! – não importem violação da lei ou da convenção.

1.1.8 Publicação de demonstrações consolidadas

Além das demonstrações financeiras referentes a cada uma das sociedades participantes que tenham a obrigação legal de publicá-las, o grupo de sociedades publicará também demonstrações consolidadas, compreendendo todas as sociedades do grupo. Tais demonstrações consolidadas serão publicadas juntamente com as da sociedade de comando, ainda que esta não seja uma sociedade anônima ou companhia, sendo, por exemplo, sociedade limitada.

1.2 A limitada e a figura societária da subsidiária integral

A citada Lei 6.404/1976, em seu art. 251, *caput*, dispõe o seguinte: "A companhia pode ser constituída, mediante escritura pública, tendo como único acionista sociedade brasileira". Em seu § 2º, o mesmo art. 251 também dispõe: "A companhia pode ser convertida em subsidiária integral mediante aquisição, por sociedade brasileira, de todas as suas ações, ou nos termos do art. 252". O referido art. 252, por sua vez, dispõe, em seu *caput*: "A incorporação de todas as ações do capital social ao patrimônio de outra companhia brasileira, para convertê-la em

486 SOCIEDADES LIMITADAS

subsidiária integral, será submetida à deliberação da assembléia-geral das duas companhias mediante protocolo e justificação, nos termos dos arts. 224 e 225". Acredito se deva entender por *sociedade brasileira* a que o Código Civil/2002 denomina "sociedade nacional" e que, em seu art. 1.126, *caput*, define como sendo a sociedade organizada de conformidade com a lei brasileira e que tenha no país a sede de sua administração.

Dos mencionados dispositivos legais resulta que a *subsidiária integral*, criada pela lei que regula as sociedades por ações, na parte destinada às sociedades anônimas ou companhias, nada mais é que uma sociedade controlada de tipo especial, em razão de característica que lhe é peculiar: ela é atingida pela figura jurídico-econômica do controle dito total ou totalitário, que existe quando a sociedade controladora é titular de todas as ações da sociedade controlada. Tal controlada especial, conforme já foi visto, pode surgir pela utilização de três diferentes métodos ou procedimentos, a saber: mediante constituição direta, por subscrição particular, obrigatoriamente utilizada a escritura pública, sendo a controladora a única subscritora do capital inteiro; ou mediante aquisição, por qualquer meio lícito, do inteiro pacote acionário de companhia já existente, de uma só vez ou aos poucos, ocorrendo, em conseqüência, pura e simples substituição de valores no ativo da controladora e desaparecendo todos os antigos acionistas da controlada; ou mediante incorporação de todas as ações de companhia já existente, ocorrendo, em conseqüência, aumento no ativo da controladora, compensado no passivo por aumento do capital social, subscrito apenas pelos antigos acionistas da companhia convertida em subsidiária integral e realizado justamente com as ações incorporadas.

Pode a legislação ora mencionada – que, como não poderia deixar de ser, e sob todos os aspectos, é aplicável à sociedade anônima ou companhia – ser igualmente aplicada, ainda que apenas em caráter subsidiário, à sociedade limitada? A dúvida tem sua razão de ser: com efeito, mais de uma vez já passaram por minhas mãos – para fins de arquivamento na Junta Comercial – os atos constitutivos de subsidiárias integrais que ostentavam a forma de sociedade limitada. Sempre me manifestei, no entanto, e com firmeza, em sentido contrário à constituição de subsidiária integral sob a forma de sociedade limitada, por interpretar a referida legislação aplicável como só permitindo o surgimento de subsidiária integral sob a forma de sociedade anônima ou companhia. Usei o termo genérico "surgimento" porque foi minha intenção fazer referência a todos os três procedimentos a que acabo

CONSIDERAÇÕES CONCLUSIVAS

de aludir. Em outras palavras, caso determinada sociedade resolva ter o controle de subsidiária integral e comece a tomar as providências para tanto necessárias, tenho para mim que, independentemente do procedimento por ela adotado, o resultado final da operação só possa ser uma sociedade anônima ou companhia. Os motivos deste meu entendimento são, basicamente, três.

Em primeiro lugar, a terminologia usada pelo legislador pátrio no já citado art. 251 parece não deixar margem a dúvidas. Observe-se o *caput*: "A companhia pode ser constituída (...) tendo como único acionista sociedade brasileira". O § 2º confirma tal idéia: "A companhia pode ser convertida em subsidiária integral mediante aquisição, por sociedade brasileira (...)". Percebe-se claramente que a controladora é sempre uma "sociedade brasileira", ao passo que a subsidiária integral é sempre uma "companhia". Até mesmo no art. 252 a subsidiária integral é classificada como "companhia", muito embora nesta hipótese a controladora também receba a mesma classificação. Qual o motivo desta última classificação? A lei não explica, o que dificulta o trabalho do intérprete, pois este não tem a obrigação de ter poderes divinatórios. Afinal, ao menos aparentemente, não existem razões técnicas impedindo a incorporação de ações por parte de sociedade brasileira que não seja companhia; em outras palavras, se as ações podem ser adquiridas, porque não podem ser incorporadas? As leis não podem ser arbitrárias: seus dispositivos devem ser sempre, além de claros e compreensíveis, também lógicos e justificáveis, de forma ampla e à primeira vista; sendo que, se eles não forem suficientemente lógicos e justificáveis à primeira vista, exigirão do legislador texto mais minucioso e explícito que o normal. Pois do contrário o intérprete terá o direito de imaginar que está diante de mera falha terminológica ou de insuficiente trabalho de uniformização e de aperfeiçoamento do texto legal.

Em segundo lugar, a sociedade anônima ou companhia é, ao menos por enquanto, a única forma empresarial brasileira elevada à posição de entidade institucionalizada. Como tal, ela é também a única forma empresarial que não chega a ser atingida, de modo permanente e duradouro, pelo problema do número dos detentores de seu capital, uma vez que é de todo irrelevante que os acionistas sejam muitos ou poucos, ou que haja somente um detentor para o capital inteiro. O que interessa é apenas sua complexa estrutura organizacional; melhor dizendo, seu funcionamento como verdadeira organização; portanto, não mais como simples forma societária, nos moldes de outrora.

Em terceiro lugar, não se pode perder de vista que as demais formas societárias não se prestam, no fundo, para o surgimento da

488 SOCIEDADES LIMITADAS

figura jurídica chamada *sócio único*, a despeito da atual existência, tanto na Lei das Sociedades por Ações como no Código Civil/2002, de dispositivo permitindo o sócio único em caráter temporário. De fato, as sociedades em comandita, simples e por ações, não podendo por sua própria essência dispensar a existência de dois tipos de sócios, são obrigadas a ter no mínimo dois sócios; de forma que, mesmo autorizadas pela lei a ficarem durante certo tempo com sócio único, estarão, porém, a meu ver, durante esse tempo, automaticamente descaracterizadas, deixando, por isso, de ser sociedades em comandita, pois a lei não pode mudar a natureza das coisas. Quanto às demais sociedades, sendo elas de tipo contratual, não permitem que as partes fiquem reduzidas a uma só, pois o surgimento de qualquer contrato exige no mínimo duas pessoas (ninguém pode celebrar contrato consigo mesmo; o que significa, mais uma vez, que a lei não pode mudar a natureza das coisas). Em verdade, de acordo com a intenção do legislador pátrio, cumpre preservar e estimular a continuidade organizacional da empresa. Ocorre, porém, que o Direito, ao menos na prática, só trata como organização empresarial a sociedade anônima ou companhia, recusando-se a tratar como autêntica organização a empresa em geral, isto é, a empresa como tal, ainda que em certos casos ela chegue a aparecer, aos olhos de todos, apenas como embrionária ou potencial. Surge, então, situação curiosa: pois, ao mesmo tempo em que fica preso a figuras tradicionais mas ultrapassadas, o legislador pátrio sucumbe às pressões dos novos tempos, fazendo a estes últimos, de vez em quando, algumas concessões isoladas; as quais não se limitam a deixar os problemas sem solução, mas vão além, estabelecendo confusão conceitual bem danosa.

Mas a sociedade limitada pode muito bem figurar na posição de controladora de subsidiária integral; em outras palavras, ela "não pode ser" subsidiária integral, mas "pode ter" subsidiárias integrais. Com efeito, a expressão legal "sociedade brasileira" é muito abrangente, atingindo, ao menos, todas as sociedades empresárias personificadas. Em meu entendimento, aliás, a sociedade limitada pode vir a ser controladora de subsidiárias integrais pela utilização dos três procedimentos já relacionados e comentados, inclusive o último (incorporação de todas as ações de companhia brasileira já existente, uma vez devidamente adaptadas às normas legais), com base nos argumentos acima apresentados. Poderia determinada sociedade limitada adquirir ou incorporar todas as quotas de outra sociedade limitada, sendo esta – em momento posterior, no mesmo dia – transformada em sociedade anônima ou companhia? A lei nada dispõe a esse

CONSIDERAÇÕES CONCLUSIVAS 489

respeito; porém, ao que tudo indica, também não impede que tal coisa aconteça, pois o que importa, numa hipótese dessas, é, a meu ver, tão-somente o resultado final (o qual acabaria sendo alcançado, na mencionada hipótese, mediante negócio indireto). Cabe, por derradeiro, fazer notar que, de forma geral, na incorporação de ações é oportuno declarar que a operação é realizada com a finalidade de fazer surgir uma subsidiária integral; e que na aquisição de ações é aconselhável que os sócios tomem deliberação aprovando a já realizada aquisição de todas as ações da sociedade (fazer menção desta, na deliberação), para torná-la subsidiária integral. A bem da verdade, a lei não exige todas essas providências; parece-me, no entanto, oportuno tomá-las, para completo esclarecimento do mercado.

1.3 A limitada e o consórcio ou grupo de coordenação

Por *consórcio* não entendo, evidentemente, o constituído para fins de aquisição de automóveis ou de outros bens duráveis, como muitos podem estar imaginando: entendo apenas o constituído para dar origem a determinada associação de sociedades de fins econômicos (corriqueiramente empresárias, não excluídas, no entanto, *a priori*, as sociedades simples), as quais se obrigam a executar em conjunto determinado empreendimento, sem, porém, fazer surgir pessoa jurídica nova.

O consórcio difere do grupo de sociedades pelos seguintes motivos: seus membros contratam comumente em pé de igualdade, surgindo o chamado *grupo de coordenação*, o que não acontece com o grupo propriamente dito, onde há uma sociedade com poder de comando sobre as demais, fazendo surgir o *grupo de subordinação*; tem por fim a execução de empreendimento bem determinado, ao passo que o grupo costuma ter finalidade bem genérica: subordinar os interesses de cada membro aos interesses gerais do grupo; é via de regra de existência passageira, justamente porque tal existência fica restrita à duração de empreendimento único, ao passo que o grupo é normalmente constituído em caráter permanente. Note-se que a "existência passageira", a que acabo de aludir, deve ser entendida como tal apenas *lato sensu*, indicando regra que comporta exceções; admite-se, por exemplo, a existência de empreendimento único consistente em serviço público que, ao menos na aparência, é prestado de forma permanente (um dos casos mais notáveis é a organização de certa escala de horários para que aviões de diversas empresas aéreas prestem serviço de "Ponte Aérea" entre duas cidades).

490 SOCIEDADES LIMITADAS

Regulando os consórcios há apenas alguns poucos dispositivos contidos na Lei 6.404/1976, mais precisamente os arts. 278 e 279. O art. 278 dispõe, em seu *caput*, que as companhias e quaisquer outras sociedades, sob o mesmo controle ou não, podem constituir consórcio para executar determinado empreendimento. Disso deriva, com extrema clareza, que o consórcio pode ser constituído não apenas por sociedades anônimas ou companhias, mas também por quaisquer outras sociedades econômicas; portanto, inclusive por sociedades limitadas, sozinhas ou em companhia de sociedades de outras espécies; a lei não impede sequer que as consorciadas estejam sob o mesmo controle, muito embora não haja subordinação no consórcio.

Visto, então, que a sociedade limitada tem condições de ingressar livremente, sem a menor restrição, em qualquer consórcio, posso, agora, passar a oferecer algumas noções básicas sobre a estrutura de tal figura jurídica e sobre o respectivo surgimento; o que, mais uma vez por razões práticas, procurarei fazer de forma bem esquemática, logo a seguir.

1.3.1 *Constituição mediante contrato*

O consórcio deverá ser constituído mediante contrato aprovado pelo órgão que, em cada uma das sociedades contratantes, tiver competência para autorizar a alienação de bens do ativo permanente; devendo-se entender por "ativo permanente" o constituído de bens (*lato sensu*) que, em termos jurídicos, não circulam (no setor de vinhos de um supermercado, por exemplo, as garrafas de vinho constituem o ativo circulante, ao passo que as prateleiras onde as mesmas garrafas ficam expostas constituem o ativo permanente). Na sociedade limitada, em meu entendimento, o referido órgão corresponde, em condições normais, à assembléia ou reunião dos sócios, não excluída, porém, a existência de eventual outro órgão com igual competência, nos termos do contrato social. Mas cuidado! Não confundir *aprovação* com *celebração*: o contrato é celebrado por quem representa a sociedade; portanto, pelos administradores (um ou mais, de acordo com norma contratual) que tenham poderes para tanto. O instrumento contratual do consórcio poderá ser público ou particular.

1.3.2 *Cláusulas contratuais básicas*

O contrato constitutivo do consórcio deverá necessariamente conter: designação do consórcio, se houver; empreendimento que

CONSIDERAÇÕES CONCLUSIVAS 491

constitui o objeto do consórcio; duração, endereço e foro; definição das obrigações, das responsabilidades e das prestações específicas das sociedades consorciadas; normas sobre recebimento de receitas e sobre partilha de resultados; normas sobre administração do consórcio e sobre representação das sociedades consorciadas; normas sobre contabilização e sobre taxa de administração, se houver; forma de deliberação sobre assuntos de interesse comum, com o número de votos que cabem a cada sociedade consorciada; contribuição das sociedades consorciadas para todas as despesas comuns, se houver.

1.3.3 *Registro e publicidade do contrato*

O instrumento do contrato constitutivo do consórcio deverá ser registrado na Junta Comercial em cujo âmbito territorial tiver de ficar localizado o endereço do consórcio constituído, devendo a certidão do referido registro ser também publicada; procedimento em tudo igual deverá ser adotado com relação a cada uma das eventuais alterações contratuais respectivas.

1.3.4 *Designação própria e exclusiva*

O legislador pátrio deixa entender não ser obrigatória, no tocante ao consórcio, a existência de designação ou denominação própria; em minha opinião, no entanto, é importante que tal denominação exista, para facilitar o registro do contrato constitutivo na Junta Comercial. Como deve ser composta? Sem sombra de dúvida, a palavra "consórcio" deve fazer parte da denominação; outro elemento, a meu ver, indispensável é uma expressão qualquer que lhe confira a necessária particularidade (é o que se costuma chamar *elemento individualizador*: nome próprio de pessoa ou coisa, nome comum, sigla, expressão de fantasia etc.); aconselho, por fim, caso não seja de todo impossível, a inclusão de palavras que indiquem de forma sumária o empreendimento, para permitir que as mesmas consorciadas venham a constituir novos consórcios, conservando em sua designação os mesmos dois elementos necessários. Exemplos: "Consórcio Bandeirante da Via dos Imigrantes", "Consórcio Bandeirante da Via Anhangüera". Não creio possa a palavra "consórcio" ser utilizada para compor denominação de sociedade personificada. Alguns anos atrás, determinadas sociedades empresárias conceberam a idéia de constituir consórcio para executar certo empreendimento bem específico; acabaram, porém – não sei por que motivo –, criando uma

492 SOCIEDADES LIMITADAS

normal sociedade limitada. Uma vez que todos os sócios estavam em pé de igualdade (com idêntica participação) e a idéia inicial havia sido a de consórcio, não tiveram dúvida em inserir na denominação da sociedade a palavra "consórcio". Convidado a manifestar minha opinião, classifiquei o comportamento ora descrito como contrário à lei. Aleguei o seguinte: *consórcio* e *sociedade limitada* são duas figuras jurídicas com características por demais diferentes; e ocorre que a lei existe para esclarecer, não para confundir. Com base nisso, se determinada figura constitui um consórcio, ela não pode, ao mesmo tempo, ser uma limitada; se, ao contrário, ela constitui uma limitada, não pode ser chamada de consórcio.

1.3.5 *Necessidade de endereço próprio*

O consórcio deve ter endereço próprio. Tal significa que nenhum consórcio precisa funcionar necessariamente na sede ou em estabelecimento de uma das sociedades consorciadas. Aliás, o referido endereço próprio nem precisa estar localizado na mesma cidade em que, de uma forma ou de outra, opere alguma das consorciadas: pode ser escolhido qualquer lugar, em qualquer parte do país. Assim, por exemplo, se duas sociedades – uma do Rio de Janeiro, outra de Belo Horizonte – formarem consórcio para a construção de rodovia no Estado de São Paulo, nada impede que tal consórcio tenha seu endereço (ou sede) em determinado imóvel da cidade de São Paulo.

1.3.6 *Obrigações das sociedades consorciadas*

Considerando que o consórcio é entidade desprovida de personalidade jurídica própria, todas as sociedades consorciadas podem obrigar-se apenas nas condições e nos limites previstos no respectivo contrato, respondendo cada uma, em conseqüência, tão-somente por suas próprias obrigações, sem a menor presunção de solidariedade.

1.3.7 *Falência de sociedade consorciada*

Como não poderia deixar de ser, em razão da estrutura e da lógica próprias do instituto, a falência de uma das sociedades consorciadas não se estende às demais, subsistindo o consórcio com as outras sociedades contratantes; sendo que os créditos porventura pertencentes à consorciada falida deverão ser apurados e pagos pela forma prevista no contrato.

CONSIDERAÇÕES CONCLUSIVAS

2. Capitais públicos e formas empresariais

2.1 Pode a limitada ser sociedade de economia mista?

O Decreto-lei 200, de 25.2.1967, que dispõe basicamente sobre a organização da Administração Federal, define a *sociedade de economia mista* como sendo "a entidade dotada de personalidade jurídica de direito privado, criada por lei para a exploração de atividade econômica, sob forma de sociedade anônima, cujas ações com direito a voto pertençam, em sua maioria, à União ou a entidade da Administração indireta" (art. 5º, III). Análise atenta do texto legal citado permite que as características fundamentais do instituto jurídico definido sejam percebidas com clareza, nos termos a seguir expostos.

Personalidade jurídica de direito privado – Isso implica, evidentemente, a existência de atos constitutivos arquivados ou registrados em registro público competente, em inegável oposição à personalidade jurídica de direito público interno, que surge sem a menor necessidade de registro.

Criação por lei – A lei, como não poderia deixar de ser, não tem condições de substituir os atos constitutivos e o respectivo registro ou arquivamento, segundo alguns imaginam: ela pode apenas autorizar o processamento da constituição e o arquivamento ou registro dos atos constitutivos.

Exploração de atividade econômica – A atividade é econômica quando tem finalidades lucrativas; seriam, então, de todo inadmissíveis, em conseqüência, atividades meramente assistenciais, literárias, científicas, desportivas, recreativas, religiosas, políticas e eventuais outras da mesma natureza.

Forma de sociedade anônima – As pessoas jurídicas de direito privado podem apresentar-se sob duas diferentes formas básicas: a de *corporação* e a de *fundação*. Corporações são as associações e as sociedades; fica, assim, afastada, na hipótese ora em exame, a utilização das formas "associação" e "fundação".

Maioria das ações votantes nas mãos do Poder Público – Tal significa, em minha opinião, duas coisas: o Poder Público não pode, neste caso específico, deter a totalidade da participação, não podendo também deter participação minoritária; deve ser titular de controle de tipo majoritário.

494 SOCIEDADES LIMITADAS

A respeito do assunto, convém também dar rápida olhada na Lei 6.404, de 15.12.1976, que dispõe sobre as sociedades por ações em geral, principalmente sociedades anônimas ou companhias, e que é o primeiro texto legislativo a regular as sociedades de economia mista, a elas dedicando o Capítulo XIX (arts. 235-240). Reza o art. 235, *caput*: "As sociedades anônimas de economia mista estão sujeitas a esta Lei, sem prejuízo das disposições especiais de lei federal". As disposições especiais de lei federal podem, evidentemente, não existir: o legislador pátrio, com efeito, quis apenas ressaltar que outras leis federais poderão, a qualquer tempo, estabelecer outras disposições especiais. Por que usei duas vezes a palavra "outras"? Em primeiro lugar, porque a Lei 6.404/1976 é federal; em segundo, porque também esta última, a rigor, estabeleceu disposições especiais, se comparadas com as disposições gerais aplicáveis a todas as sociedades anônimas ou companhias.

Quais são as disposições especiais a que acabo de aludir? Passo a exemplificar. A constituição de sociedade anônima ou companhia de economia mista depende de prévia autorização legislativa (art. 236, *caput*). Sempre que pessoa jurídica de direito público adquirir, por desapropriação, o controle de companhia em funcionamento, os acionistas terão, via de regra, o direito de pedir o reembolso de suas ações (art. 236, parágrafo único). A companhia de economia mista somente poderá explorar os empreendimentos ou exercer as atividades conforme previsto na lei que tiver autorizado sua constituição (art. 237, *caput*). A pessoa jurídica controladora tem os deveres e responsabilidades de qualquer outro controlador; pode, porém, orientar as atividades sociais no sentido de a companhia atender ao interesse público que justificou sua criação (art. 238). A companhia de economia mista terá, obrigatoriamente, conselho de administração, assegurado à minoria o direito de eleger um dos conselheiros, se maior número não lhe couber pelo processo do voto múltiplo (art. 239, *caput*). O funcionamento do conselho fiscal será permanente na companhia de economia mista; um dos membros (com respectivo suplente) será eleito pelas ações ordinárias minoritárias, outro pelas ações preferenciais, se houver (art. 240).

É, porventura, aplicável, a mencionada legislação à sociedade limitada? Em outras palavras, *é admissível a existência de sociedade de economia mista sob a forma de sociedade limitada?* À primeira vista, o art. 235, *caput*, da Lei 6.404/1976 parece fazer crer que sim, quando utiliza a seguinte terminologia: "As sociedades anônimas de economia mista estão sujeitas (...)"; com efeito, pode o intérprete ser

CONSIDERAÇÕES CONCLUSIVAS 495

levado a pensar que, se o Legislador pátrio mencionou as sociedades anônimas de economia mista, só pode tê-lo feito em razão da existência de espécies não-anônimas de sociedades de economia mista. Exame mais atento, porém, leva a concluir não ser essa a melhor interpretação. Em verdade, ao que me parece, o Legislador pátrio quis dizer, apenas, que entre as sociedades mercantis (hoje, empresárias) há certa espécie chamada *sociedade anônima de economia mista* (não se pode perder de vista que ela foi regulada justamente na chamada *Lei das Anônimas*).

Deve-se, em conseqüência, tentar responder à pergunta com base na definição contida no citado Decreto-lei 200/1967. Preliminarmente, tenho condições de afirmar que: a sociedade limitada tem sempre personalidade jurídica de direito privado; nada impede que sua constituição seja autorizada por lei; sempre explora atividade econômica (de natureza empresarial ou não); admite o surgimento da figura do controle majoritário. Há, no entanto, obstáculo insuperável: a expressa e clara exigência de que se adote a forma de sociedade anônima. Mesmo assim, nada impede que haja uma última indagação: é, porventura, possível interpretar *lato sensu* a expressão legal ("sociedade anônima") e incluir mais uma forma societária, bastante próxima da forma mencionada pela lei, por não ter estrutura peculiar e por ser de responsabilidade limitada? Não me parece possível. De fato, sendo as pessoas jurídicas de direito público entidades providas de altíssimo grau de institucionalização, não teria, por certo, o menor sentido que elas controlassem sociedades econômicas providas de baixíssimo grau de institucionalização como são as chamadas sociedades por quotas ou contratuais, ainda ditas "de pessoas", entre elas as limitadas (convém não esquecer que, apesar das recentes e atuais distorções a respeito, as sociedades ditas "de pessoas" surgiram para serem integradas tão-somente por pessoas físicas).

2.2 Pode a limitada dar forma jurídica a empresa pública?

O mesmo Decreto-lei 200/1967, que dispõe sobre a organização da Administração Federal, define a *empresa pública* como sendo "a entidade dotada de personalidade jurídica de direito privado, com patrimônio próprio e capital exclusivo da União, criada por lei para a exploração de atividade econômica que o Governo seja levado a exercer por força de contingência ou de conveniência administrativa, podendo revestir-se de qualquer das formas admitidas em Direito" (art. 5º, II). Cabe oferecer sucintos comentários sobre as características fundamentais do instituto jurídico definido; o que faço a seguir.

496 SOCIEDADES LIMITADAS

2.2.1 "A entidade dotada de personalidade jurídica (...)"

Entidade é aquilo que existe, que pode existir ou imaginamos que exista, na maioria dos casos tendo individualidade própria. É oportuno que não se confunda *individualidade* com *personalidade jurídica*, esta última não estritamente necessária na entidade; a qual, aliás, nem sempre se apresenta como personificada. Veja-se, por exemplo, a Junta Comercial do Estado de São Paulo: como Corte Administrativa, ela é, sem dúvida, uma entidade, a tal ponto que os magistrados, às vezes, insistem em mandar citá-la, para contestar ações judiciais; mas faz parte, em verdade, de Secretaria Estadual que, por sua vez, faz parte da pessoa jurídica conhecida como "Estado de São Paulo".

Quanto à personalidade, a empresa pública não teria a menor condição de existir e operar, relacionando-se com terceiros, se ela fosse algo desprovido de personalidade jurídica própria.

2.2.2 "(...) de direito privado, (...)"

Conforme já fiz notar no começo deste estudo, a personalidade jurídica pode ser de direito público, externo ou interno, e de direito privado. *Pessoas jurídicas de direito público externo* são, por exemplo, os Estados estrangeiros; *de direito público interno* são: a União, os Estados, os Municípios, as respectivas autarquias. *Pessoas jurídicas de direito privado* são: as associações, as fundações e as sociedades de fins lucrativos (empresárias ou simples). A empresa pública é considerada sempre uma sociedade, ainda que tenha sócio único, sendo, em conseqüência, privada (quanto à forma e ao exercício), apesar de designada como "pública" (quanto ao controle).

2.2.3 "(...) com patrimônio próprio (...)"

Trata-se de autêntico pleonasmo, constituindo repetição inútil, uma vez que a existência de personalidade jurídica implica a existência automática e simultânea de patrimônio próprio. Em outras palavras, é literalmente inconcebível a existência de pessoa jurídica desprovida de patrimônio próprio: é justamente tal fato que distingue as entidades personificadas das demais.

2.2.4 "(...) e capital exclusivo da União, (...)"

O Decreto-lei 200/1967 menciona tão-somente a União porque cuida apenas da Administração Pública Federal; mas sempre foi

CONSIDERAÇÕES CONCLUSIVAS

497

entendimento pacífico entre a maioria dos estudiosos que também Estados e Municípios possam constituir empresas públicas. Há, no entanto, pequeno problema técnico. A União Federal, em razão de suas exclusivas competências legislativas em matéria de direito comercial ou empresarial, pode criar empresas públicas com sócio único em caráter permanente; aliás, a definição inicial da figura jurídica continha trecho que foi posteriormente retirado: "(...) e capital exclusivo da União ou de suas entidades da Administração indireta (...)". Ocorre que Estados e Municípios não têm a mesma competência legislativa que a União tem: eles precisam servir-se de uma ou mais entidades de sua Administração indireta para montarem quadro social que lhes permita cumprir o último item da definição. A expressão ora analisada deve, pois, em minha opinião, ser lida assim: "(...) e capital exclusivo do Poder Público"; devendo o *Poder Público* ser entendido em seu sentido mais amplo, abrangendo, portanto, entidades de qualquer esfera administrativa (federal, estadual ou municipal) e respectivas autarquias e empresas públicas. Note-se que a participação do Poder Público na empresa pública não pode ser minoritária; mas também não pode ser apenas majoritária (como acontece na sociedade de economia mista), devendo ser necessariamente totalitária, com a mais absoluta exclusão de capitais privados.

2.2.5 "(...) criada por lei (...)"

Conforme já ressaltado, a lei, evidentemente, não substitui os atos constitutivos e o respectivo registro ou arquivamento: limita-se a autorizar o processamento da constituição e o arquivamento ou registro dos atos constitutivos. Há atos constitutivos até mesmo na hipótese de empresa pública com capital exclusivo da União, figurando esta como sócia única, eis que em tal caso o presidente da República costuma ficar incumbido de elaborar o estatuto e de nomear os integrantes dos órgãos estatutários.

2.2.6 "(...) para a exploração de atividade econômica (...)"

A atividade é *econômica* quando tem fins lucrativos; é justamente ela que permite distinguir a empresa pública da autarquia, que é mero serviço público autônomo, sem qualquer finalidade lucrativa. Trata-se de observação provida de certa importância prática: há hoje, com efeito, empresas públicas que, no passado, foram impropriamente autarquias.

498 SOCIEDADES LIMITADAS

2.2.7 "(...) que o Governo seja levado a exercer (...)"

Sem a menor dúvida, o surgimento de empresas públicas não pode depender de simpatias ou tendências pessoais deste ou daquele governante: é estritamente necessário que tenha sempre por base uma forte e racional motivação, de evidente cunho social.

2.2.8 "(...) por força de contingência ou de conveniência administrativa, (...)"

Trata-se da motivação a que aludi antes. Como exemplo de *contingência* pode ser imaginada a necessidade de aplicar capitais em atividade econômica de grande interesse para o necessário desenvolvimento do país, a qual, porém, não desperta o interesse de qualquer particular. Como exemplo de *conveniência* pode ser imaginada a vontade de desenvolver determinada atividade econômica com aplicação de métodos empresariais, no intuito de conseguir maior eficiência, como na hipótese de um serviço de transporte público urbano, prestado em determinado Município, primeiro através de puro e simples departamento do Governo Municipal, depois por intermédio de empresa pública criada pela respectiva Prefeitura.

2.2.9 "(...) podendo revestir-se de qualquer das formas admitidas em Direito"

Por "formas admitidas em Direito" devem ser entendidas todas as formas societárias previstas pelo Direito para as atividades econômicas. Teoricamente, como não há restrições, pode ser adotada qualquer uma delas, desde que personificada. Para a União esta parte da norma representa mera faculdade, em razão da já apontada competência legislativa especial para constituir empresas públicas desprovidas de forma societária.

2.2.10 *Alguns comentários complementares*

Até aqui meu sucinto comentário à definição. Afirmei que somente a União pode constituir empresas públicas desprovidas de forma societária; e ocorre que a União tem usado tal poder. Que dizer disso? Pode-se concordar? No plano estritamente legal não há saída: deve-se concordar; no plano lógico, no entanto, não há qualquer possibilidade de concordância. A rigor, uma vez estabelecido o ordenamento jurídico, todos deveriam submeter-se a ele, inclusive as mais altas autoridades do Estado, até mesmo o Poder Legislativo. "Fazer leis" significa fixar padrões de comportamento, válidos para todos, pois somente assim todos saberão como agir; em outras palavras, ao que me parece, fixar primeiro determinados padrões de comportamento, para depois adotar alguns comportamentos estapafúrdios, completamente fora dos padrões já fixados, significa fazer algo perigoso, que, por certo, não tem condições de facilitar a vida em sociedade.

De qualquer forma, a esta altura, cabe apenas perguntar: como é que Estados e Municípios poderão constituir suas empresas públicas? Em minha opinião, deverão preliminarmente arranjar, no mínimo, mais uma pessoa jurídica de controle público total; a seguir, constituir com ela uma sociedade. Pode esta, porventura, ser uma sociedade limitada? Ao que tudo indica, sim, com base tão-somente na legislação existente, a qual menciona "qualquer das formas". Mas uma empresa pública ostentando a forma de sociedade limitada não teria sentido, a meu ver. A limitada continua incluída no rol das sociedades por quotas ou contratuais, que muitos ainda consideram "de pessoas", no âmbito das quais os sócios se escolhem, principalmente, com base em qualidades pessoais. Não é o que acontece com as pessoas jurídicas de direito público interno, no âmbito das quais é apenas e tão-somente o capital que determina a constituição e a estruturação das sociedades empresárias.

3. Desconsideração da personalidade jurídica

Em seu art. 50, o Código Civil/2002 dispõe: "Em caso de abuso da personalidade jurídica, caracterizado pelo desvio de finalidade, ou pela confusão patrimonial, pode o juiz decidir, a requerimento da parte, ou do Ministério Público quando lhe couber intervir no processo, que os efeitos de certas e determinadas relações de obrigações sejam estendidos aos bens particulares dos administradores ou sócios da pessoa jurídica". Muito embora, há diversos anos, a figura da chamada *desconsideração da personalidade jurídica* venha sendo cada vez mais agasalhada pelas leis do país, precisa, no entanto, sua origem ser procurada nas decisões do Poder Judiciário; pois foram justamente os juízes que, a partir de determinado momento histórico, por certo após provocação das pessoas interessadas, construíram a referida figura e começaram a aplicá-la aos casos concretos.

Cumpre, no entanto, observar que os juízes devem simplesmente limitar-se a aplicar Direito já existente, cuja criação é de competência exclusiva dos legisladores; pois, se não o fizerem, estarão desrespeitando a clássica divisão entre os Poderes do Estado. Não se poderia, então, sustentar que os juízes, ao construírem a figura ora em questão, ultrapassaram os limites constitucionais e acabaram indevidamente criando Direito? Em outras palavras, tinham eles competência suficiente para aquilo que fizeram? Em resposta, eu só posso afirmar que sim: em minha opinião, eles tinham! Em verdade, o ordenamento jurídico de qualquer país, ao menos em condições normais, constitui conjunto hierárquico, harmônico e lógico de normas que se desenvolve a partir de princípios gerais únicos, cuja existência pode, com certa facilidade, ser depois verificada por simples dedução das próprias leis vigentes. E, uma vez que as leis vigentes nunca conseguem antever tudo, são justamente tais princípios gerais que, ao complementarem a lei mediante utilização de meros recursos internos, resolvem da melhor forma possível o problema das lacunas legais, permitindo aos juízes cumprirem seu dever de fazer justiça.

Qual a problemática fundamental que costuma surgir com relação à personalidade jurídica? Ao que tudo indica, a enorme complexidade atual da vida em sociedade gera com grande freqüência a necessidade de racionalizar, facilitar e simplificar a administração e o desenvolvimento de todas as atividades humanas, qualquer que seja sua finalidade. Atribui-se, assim, em determinados casos, a certas entidades a chamada *personalidade jurídica*, como técnica para consecução de certo tipo de separação patrimonial. Sabe-se que a existência de patrimônio próprio constitui, em termos jurídicos, o substrato de toda e qualquer personalidade; em razão disso, a separação patrimonial, para fins de atribuição de personalidade jurídica, provoca em última análise o surgimento automático de novo centro de imputação de interesses e de obrigações, o qual não costuma guardar relação direta com as pessoas (físicas ou mesmo jurídicas) que forneceram os bens e os direitos componentes do patrimônio que ficou separado, posto que pelas obrigações da pessoa jurídica passa a responder unicamente esta última (note-se que, hoje em dia, é apenas teórica a possibilidade de existência de pessoas jurídicas em que sócios ou associados ainda respondam com seus bens particulares pelas obrigações sociais; pois atualmente ninguém mais gosta sequer de ouvir falar em responsabilidade ilimitada).

A separação patrimonial, no entanto, parece não ser a única idéia a ser ressaltada. Afinal, o patrimônio separado constitui o aspecto

CONSIDERAÇÕES CONCLUSIVAS   501

estático da pessoa jurídica. Mas há outro: o aspecto dinâmico, que permite à mesma pessoa jurídica dispor de vasto campo de ação; em termos mais simples, permite-lhe adotar determinado comportamento. Como pode a pessoa jurídica agir ou adotar comportamento se não dispõe de corpo físico? Ela o faz tomando emprestado o corpo físico de seus administradores e representantes. Conseqüência disso é que estes últimos agem apenas aparentemente; pois, em verdade, através deles, age a própria pessoa jurídica. Pois bem, se é a pessoa jurídica que age, também é ela, e somente ela, que responde por seus atos. Tais considerações me levam a observar que a atribuição de personalidade jurídica merece ser igualmente ressaltada como técnica de limitação da responsabilidade individual de todas as pessoas físicas que, a qualquer título, agem em nome ou por conta da pessoa jurídica; pois, ao agirem nessas condições – e muito embora tenham, ao menos na aparência, normal comportamento individual –, as referidas pessoas físicas, em verdade, não respondem por seus atos.

Acredito ter ficado suficientemente claro, ao longo deste estudo, que a personalidade jurídica constitui algo que, a rigor, não existe na realidade, uma vez que não passa de simples ficção da lei; em outros termos, é apenas o ordenamento jurídico do país que a concebe, que a cria e, por ser socialmente benéfica, permite que todos os cidadãos a utilizem com a maior liberdade. Só que, para ser livre da forma mais absoluta, tal utilização deve necessariamente ocorrer com a fiel e rigorosa observância de todas as leis contidas no mesmo ordenamento jurídico, assim como de todos os princípios que o regem. Por outro lado, afirmei, mais acima, que o ordenamento jurídico constitui conjunto hierárquico, harmônico e lógico de normas que se desenvolve a partir de princípios gerais únicos. Pois bem, em razão de tudo isso, o referido ordenamento tem sólida e coerente estrutura unitária, que não pode ser destruída, nem ignorada, no todo ou em parte. Nenhum cidadão pode, em conseqüência, operar uma espécie de divisão do ordenamento em setores, pensando: as normas que me interessam eu cumpro; as que não me interessam não cumpro. Pois é livre apenas a escolha deste ou daquele instituto jurídico; mas, uma vez feita a escolha do instituto, o resto (refiro-me às normas que o regulamentam, aos princípios que o regem etc.) é de observância necessária. Em linguagem comercial, poder-se-ia dizer que se trata de "pacote": se um dos itens interessar, os demais deverão ser comprados também.

Em conclusão, já que a pessoa jurídica não existe na realidade, sendo mera ficção da lei, e uma vez que as vantagens da separação patrimonial e da limitação da responsabilidade (tal como acima vistas) são meras concessões da lei, surge disso, como natural e lógica conseqüência, que a simples inobservância de leis e princípios neutraliza as correspondentes concessões, ficando, assim, o Poder Judiciário, de forma automática, na hipótese de injustos prejuízos causados a terceiros, com competência suficiente para desconsiderar por completo a pessoa jurídica e tomar as providências pessoais cabíveis contra os verdadeiros responsáveis, com as sanções patrimoniais finais aplicáveis.

O que é que, na prática, provoca o surgimento do fenômeno da *desconsideração da personalidade jurídica*? Em condições de plena normalidade, a personalidade jurídica é atribuída a determinadas entidades, independentemente de suas finalidades (que podem ser públicas ou privadas, econômicas ou não, empresariais ou não, beneficentes, científicas, religiosas, recreativas, e assim por diante) e de sua complexidade estrutural (que pode ser grande, média ou pequena, até mesmo embrionária ou potencial). O fenômeno, sem dúvida, tem bem mais facilidade de aparecer no âmbito das atividades empresariais, mais precisamente no âmbito das sociedades empresárias, muitas das quais, hoje em dia, merecem ser tidas como reais e autênticas organizações; merecem igualmente ser tidas como tais algumas entidades de fins não-econômicos (associações e fundações). Pois bem, há muitos seres humanos que, decididamente, não têm a menor noção do que seja uma verdadeira organização, empresarial, ou não; a tal ponto que, quando eles detêm o controle de certa empresa, ou mesmo administram determinada associação com plenos poderes, consideram e tratam dita empresa ou dita associação como se fosse nada mais, nada menos, que o quintal de sua própria residência.

Lembro-me, ainda hoje, do controlador de poderosa sociedade anônima que nunca assumia cargos na diretoria da empresa mas ocupava, na sede desta, luxuoso escritório, a partir do qual exercia grande controle sobre todas as atividades, dava ordens contínuas a todos os funcionários e transmitia freqüentes instruções a todos os diretores. Era ele que, quando as atividades sociais exigiam a utilização de imóveis, os comprava a título pessoal e os alugava à empresa, por preços fixados sempre por ele próprio. Havia diversos familiares e parentes dele que ocupavam altos cargos na empresa, com altos salários, mas nunca apareciam para trabalhar. Aliás, todos os problemas dele e de seus familiares e parentes eram sempre resolvidos na empresa ou pela empresa: o carro que ele usava para suas atividades estritamente pessoais era da empresa; se a casa dele precisasse de um guarda noturno, a empresa mandava funcionário para exercer tal

CONSIDERAÇÕES CONCLUSIVAS 503

função; se algum familiar dele tivesse necessidade de carro para ir ao supermercado, a empresa mandava um de sua própria frota, com funcionário servindo de motorista; se familiares e parentes – não raro, simples amigos – tivessem algum problema de caráter pessoal, funcionários da empresa resolviam; se a empresa encomendasse brindes, às vezes caros, para distribuição aos clientes, boa parte dos mesmos ia parar na casa dele, para uso dele e de seus familiares, parentes e amigos. Poderia continuar (pois me lembro de muitas outras coisas), mas creio que a exemplificação tenha sido suficiente. Aquele controlador costumava justificar seu comportamento dizendo, curiosamente: "A empresa é minha!". Como poderia ser dele uma coisa que tem função social e que cada vez mais é considerada e tratada como organização, portanto, como conjunto de seres humanos, em torno dos quais gravitam tão grandes interesses?

4. Algumas considerações a respeito dos prepostos

Quando determinado ser humano exerce atividade de fins econômicos ele nunca deixa de ocupar uma das seguintes posições: a de empresário, a de administrador de sociedade, a de profissional autônomo, a de empregado. Ao ocupar a última posição – a de empregado – ele opera em plena esfera trabalhista, sendo sua atividade regida pela Consolidação das Leis do Trabalho. Como empregado, ele não passa de simples auxiliar ou colaborador do empregador, não importa que este seja de natureza individual (por exemplo, empresário individual) ou de natureza coletiva (por exemplo, sociedade empresária). Em tais condições, ao exercer suas funções, ele tem o hábito de fazê-lo de forma meramente complementar no que diz respeito às funções do empregador; melhor dizendo, ele costuma fazê-lo como pura e simples extensão deste último. Nem sempre, porém; pois há casos em que o empregado, por força de prementes necessidades de cunho organizacional, se vê obrigado a ultrapassar ditos limites, literalmente assumindo posição que, a rigor, cabe apenas ao empregador.

A título de ilustração, quando determinada empresa deve, por conta de suas atividades normais, receber pagamentos, quem costuma fazer isso é o empregado encarregado da caixa, o qual às vezes se vê obrigado a emitir recibo nos moldes tradicionais, com carimbo da empresa e assinatura. Assinatura de quem? Deveria ser do próprio empregador, pois é somente ele que representa a empresa. Mas o empregador não tem condições de ficar na caixa, uma vez que, se o fizesse, não lhe sobraria tempo para administrar a empresa inteira; aliás, foi por isso que contratou empregado. De forma que o mencionado recibo acaba sendo assinado pelo próprio encarregado da caixa, o qual fica representando a empresa sem ser empresário, nem administrador, nem procurador; não raro, sem sequer ter sido autorizado por escrito. Foilhe, porém, atribuída, ainda que verbalmente, função determinada e bem específica, que ele exerce praticando atos corriqueiros, que fazem parte do objeto empresarial: todos devem, portanto, supor que ele tenha sido autorizado a receber em nome da empresa. Pode-se dizer a mesma coisa de outros empregados. Por exemplo: do porteiro da sede, quando recebe a correspondência normal da empresa; do encarregado do depósito, no ato de receber mercadorias que a empresa costuma revender; do contabilista que, no começo do ano, remete em nome da empresa os informes de rendimentos relativos ao exercício anterior; do chefe de uma filial que, no âmbito apenas da filial, e no tocante às atividades que constam do objeto empresarial, é obrigado a praticar a maioria dos atos que costumam ser praticados pelo empresário (quando a empresa é individual) ou pelos administradores da empresa (no caso de sociedade empresária).

Quando o contrato de trabalho do empregado contém poderes limitados de representação se está diante de uma *preposição*, merecendo o empregado o título de *preposto*. No meu modo de entender, a preposição pode ser legal, tácita, verbal ou escrita. É *legal* quando é a própria lei que a estabelece; veja-se, por exemplo, o Código Civil/2002, em seu art. 1.177, *caput*: "Os assentos lançados nos livros ou fichas do preponente, por qualquer dos prepostos encarregados de sua escrituração, produzem, salvo se houver procedido de má-fé, os mesmos efeitos como se o fossem por aquele". É *tácita* quando, apesar de não ter sido declarada, está porém implícita na própria designação para o exercício de determinada função; designação, essa, que do contrário não teria o menor sentido. É *verbal* quando os correspondentes poderes foram outorgados apenas verbalmente mas são dedutíveis com extraordinária facilidade, dentro do inteiro contexto das atividades exercidas, por quantos circulam pela sede e pelas dependências da empresa, quer como empregados, quer como fornecedores, quer como consumidores ou usuários. É *escrita* quando se corporifica em instrumento escrito assinado pelo preponente; instrumento, esse, que o Código Civil/2002, muito propriamente, denomina "outorga de poderes", mas que nada impede, a meu ver, continue a ser denominado "autorização", conforme cheguei a ver diversas vezes, no passado.

Com certa brevidade, o Código Civil/2002 trata dos prepostos em seus arts. 1.169 a 1.178, limitando-se a mencionar o gerente, o

CONSIDERAÇÕES CONCLUSIVAS 505

contabilista e outros auxiliares. Com relação às responsabilidades dos prepostos, o art. 1.177, parágrafo único, dispõe que, no exercício de suas funções, os prepostos são responsáveis, em caráter pessoal, perante os preponentes, pelos atos culposos; e perante terceiros, solidariamente com o preponente, pelos atos dolosos. Quanto às responsabilidades dos preponentes, o art. 1.178, em seu *caput*, dispõe que estes últimos são responsáveis pelos atos de quaisquer prepostos, praticados em seus estabelecimentos e relativos à atividade da empresa, ainda que não autorizados por escrito; e em seu parágrafo único acrescenta que quando tais atos forem praticados fora do estabelecimento somente obrigarão o preponente nos limites dos poderes conferidos por escrito, cujo instrumento pode ser suprido por certidão ou pela cópia autêntica do respectivo teor.

No meio dos prepostos em geral merece destaque especial o *gerente*, em razão de particular confusão que pode surgir na mente de quantos lidam com o tipo societário ora em exame. No regime da legislação anterior a sociedade limitada era administrada por figura jurídica chamada "gerente", dividida em duas espécies: o "sócio-gerente" e o "gerente-delegado". A nova legislação designa tal figura genericamente como "administrador"; mas é provável que, tanto na prática como nos próprios contratos sociais, a mesma continue a ser chamada de "gerente". Pois bem, tal gerente, sozinho ou em grupo, constitui o órgão administrativo da sociedade, provido de todos os poderes para administrar e representar esta última da forma mais ampla possível; evidentemente, ele está longe de ser um subordinado. Não pode, em conseqüência, de modo algum, ser confundido com o *gerente-preposto*, o qual, além de ser autêntico e típico subordinado, apenas tem condições, ao menos em teoria (sei que nem sempre, na prática, certos princípios são observados), de representar a empresa em operações de natureza ordinária ou corriqueira, integrantes das atividades que compõem o objeto empresarial.

De acordo com o art. 1.172 do Código Civil/2002, considera-se gerente o preposto permanente no exercício da empresa, na sede desta ou em sucursal, filial ou agência. Percebe-se que se trata de uma espécie de chefe-geral (é aí que está a idéia de "permanente") do dia-a-dia das operações que compõem o objeto empresarial (é aí que está a idéia de "exercício da empresa"), sendo indispensável em filiais, sucursais ou agências, em razão da maior ou menor distância física dos administradores, mas sendo admissível até mesmo na matriz, portanto, bem ao lado dos administradores, uma vez que estes têm a obrigação de dedicar seu trabalho única e exclusivamente aos problemas globais da empresa.

506 SOCIEDADES LIMITADAS

O Código Civil/2002 contém também alguns dispositivos sobre concessão de poderes ao gerente-preposto. O art. 1.173 dispõe: "Quando a lei não exigir poderes especiais, considera-se o gerente autorizado a praticar todos os atos necessários ao exercício dos poderes que lhe foram outorgados". Acredito que o legislador pátrio se refira, aqui, à hipótese de atribuição genérica dos poderes de gerente, ausente qualquer profusão de detalhes, ou, então, de simples atribuição genérica das funções de gerente, sem a menor especificação dos poderes correspondentes. Nos termos do art. 1.174, *caput*, as limitações contidas na outorga de poderes, para serem opostas a terceiros, dependem do registro do instrumento na Junta Comercial, exceto se provado serem conhecidas da pessoa que tratou com o gerente; no parágrafo único o citado artigo acrescenta que, para o mesmo efeito e com idêntica ressalva, deve a modificação ou revogação do mandato ser também registrada na Junta Comercial.

Sobraram mais alguns dispositivos sobre o gerente-preposto. O parágrafo único do art. 1.173 dispõe: "Na falta de estipulação diversa, consideram-se solidários os poderes conferidos a dois ou mais gerentes". Não está clara, a meu ver, a idéia de "poderes solidários": é preciso, pois, tentar interpretá-la. Para tanto, limito-me a observar que a mencionada idéia talvez possa ser interpretada como algo englobando simultaneamente ambos os aspectos tradicionais da solidariedade: o ativo e o passivo; com o quê haveria solidariedade entre os gerentes tanto com relação ao exercício dos poderes como no tocante às responsabilidades dele decorrentes. Note-se que, em minha opinião, só faz sentido a idéia da solidariedade se aplicada a gerentes-prepostos que trabalhem juntos, ainda que com tarefas diferentes, desde que complementares; pois não me parece, de forma alguma, aceitável a idéia de que um gerente operando na matriz e outro em filial distante possam ser solidários em alguma coisa. De acordo com o art. 1.175, o preponente responde com o gerente pelos atos que este pratique em seu próprio nome, mas à conta daquele. Por fim, nos termos do art. 1.176, o gerente pode estar em juízo em nome do preponente, pelas obrigações resultantes do exercício de sua função. Tal fato é assaz conhecido, pois ocorre com grande freqüência no tocante a processos perante a Justiça do Trabalho.

5. Algumas considerações a respeito da escrituração

De acordo com o art. 1.179 do Código Civil/2002, o empresário e a sociedade empresária são obrigados a seguir um sistema de con-

CONSIDERAÇÕES CONCLUSIVAS 507

tabilidade, mecanizado ou não, com base na escrituração uniforme de seus livros, em correspondência com a documentação respectiva, e a levantar anualmente o balanço patrimonial e o de resultado econômico. Percebe-se que o dispositivo legal menciona "livros". Pois bem, a sociedade empresária, quando adota a forma de limitada, deve ter: livros fiscais, parafiscais, trabalhistas e outros de natureza semelhante ou análoga; livros contábeis em geral; livros societários. Os primeiros costumam ser exigidos por legislações que, sem dúvida, atingem a empresa com tal – portanto, qualquer tipo de empresa –, mas o fazem de forma especial, com a corriqueira finalidade de estabelecer algum tipo de controle específico: controle para facilitar o pagamento de impostos, controle para facilitar o recolhimento de contribuições, controle de relações humanas submetidas ao direito do trabalho, e eventuais outros; desses livros, evidentemente, não tratarei, por fugirem ao assunto que é objeto deste estudo. Os livros contábeis dizem respeito à limitada na sua qualidade de empresa (em conseqüência, dizem respeito a todas as empresas), ao passo que os livros societários dizem respeito à limitada justamente na sua qualidade de sociedade limitada; de ambas as categorias tratarei, com certa brevidade e separadamente, logo a seguir. Antes de fazê-lo, preciso acrescentar que os livros empresariais podem também ser classificados de forma diferente, a saber: como livros obrigatórios (sendo todos os que a lei exige, quase sem deixar escolha) e como livros facultativos (sendo todos os que a empresa pode adotar em razão de conveniências administrativas próprias).

5.1 Livros contábeis e sua escrituração

De acordo com o Código Civil/2002, a escrituração ficará sob a responsabilidade de contabilista legalmente habilitado, salvo se nenhum houver na localidade (art. 1.182); além dos demais livros exigidos por lei, é indispensável o *Diário*, que pode ser substituído por fichas no caso de escrituração mecanizada ou eletrônica (art. 1.180, *caput*); serão lançados no Diário o balanço patrimonial e o de resultado econômico, devendo ambos ser assinados por técnico em Ciências Contábeis, legalmente habilitado, e pelo empresário ou sociedade empresária (art. 1.184, § 2º; convém observar que o balanço de resultado econômico corresponde à tradicional demonstração da conta de lucros e perdas); a adoção de fichas não dispensa o uso de livro apropriado para o lançamento do balanço patrimonial e do de resultado econômico (art. 1.180, parágrafo único); o empresário ou

508 SOCIEDADES LIMITADAS

sociedade empresária que adotar o sistema de fichas de lançamentos poderá substituir o livro Diário pelo livro *Balancetes Diários e Balanços*, observadas as mesmas formalidades extrínsecas exigidas para aquele (art. 1.185; notando-se que, se for mesmo adotado este último livro, é justamente nele que deverão ser registrados o balanço patrimonial e o de resultado econômico).

5.2 Existência também de livros societários

Considerando que, com o advento do Código Civil/2002, a sociedade limitada deu notável passo à frente no caminho de sua aproximação à sociedade anônima ou companhia, podendo, hoje, oficialmente, sem mais depender de interpretações doutrinárias, permitir a existência de administradores não-sócios, instituir conselho fiscal, realizar assembléias de sócios, promover a lavratura e assinatura de atas, fazer convocações pela imprensa e assim por diante, ganhou também o direito de ter e usar alguns livros de cunho nitidamente societário, nos mesmos moldes de uma comum companhia. O Código Civil/2002 limita-se a mencionar tão-somente os seguintes: *livro de atas da administração; livro de atas e pareceres do conselho fiscal; livro de atas da assembléia*. Trata-se, sem a menor dúvida, de livros obrigatórios, ao menos na hipótese de existirem as correspondentes instituições; tal não significa, no entanto, que eles devam ser necessariamente os únicos, com base no art. 1.179, que, em seu § 1º, estabelece: "Salvo o disposto no artigo 1.180, o número e a espécie de livros ficam a critério dos interessados" (o art. 1.180 fixa a obrigatoriedade do livro dito *Diário*).

Bibliografia

ABRÃO, Nelson. *Sociedade por Quotas de Responsabilidade Limitada.* 3ª ed. São Paulo, Saraiva, 1983.

BORGES, João Eunápio. *Curso de Direito Comercial Terrestre.* vol. II. Rio de Janeiro, Forense, 1959.

CESANA, Gianni. *Dizionario dei Sinonimi e dei Contrari.* De Vecchi, Specola, Itália, 1990.

CRISTIANO, Romano. *Características e Títulos da Sociedade Anônima.* São Paulo, Ed. RT, 1981.

_____. *Conceito de Empresa.* São Paulo, 1995.

_____. *Empresa É Risco – Como Interpretar a Nova Definição.* São Paulo, Malheiros Editores, 2007.

_____. "O menor e a sociedade por cotas de responsabilidade limitada". *RT Informa* 104. São Paulo, Ed. RT (30.4.1974).

CUNHA PEIXOTO, Carlos Fulgêncio da. *Sociedades por Ações.* vol. 4. São Paulo, Saraiva.

GABRIELLI, Aldo. *Grande Dizionario Illustrato della Lingua Italiana.* vol. I, Milão, Itália, Mondadori, 1989.

_____. *Nella Foresta del Vocabolario.* Milão, Itália, Mondadori, 1977.

MARTINS, Fran. *Comentários à Lei das Sociedades Anônimas.* vol. 3. Rio de Janeiro, Forense, 1979.

510 SOCIEDADES LIMITADAS

_____. *Curso de Direito Comercial*. Rio de Janeiro, Forense, 1977.

_____. *Sociedades por Quotas no Direito Estrangeiro e Brasileiro*. vols. I e II. Rio de Janeiro, Forense, 1960.

REQUIÃO, Rubens. *Curso de Direito Comercial*. vol. I. São Paulo, Saraiva, 1977.

TEIXEIRA, Egberto Lacerda. "Repercussões da nova Lei das Sociedades Anônimas na vida das sociedades limitadas no Brasil", *RDM* (*Revista de Direito Mercantil, Industrial, Econômico e Financeiro*) 23. São Paulo, Ed. RT, 1976.

VEIGA DE CASTRO, Francisco A. C. "Parecer 521/1984, de 15.10.1984". *Boletim JUCESP* 201, de 1.11.1984.

Dizionario Italiano Ragionato. Florença, Itália, D'Anna-Sintesi, 1988.

Vocabolario della Lingua Italiana. vol. II. Roma, Itália, Treccani, 1987.

GRÁFICA PAYM
Tel. (011) 4392-3344
paym@terra.com.br

00591